Carl Schmitt
Tagebücher

Dr. Carl Schmitt

Carl Schmitt
Tagebücher

Oktober 1912
bis
Februar 1915

Herausgegeben von
Ernst Hüsmert

2., korrigierte Auflage

Akademie Verlag

Frontispiz:
Fotografie von Carl Schmitt 1910.

ISBN 3-05-004093-9

Das eingesetzte Papier ist alterungsbeständig nach DIN/ISO 9706.

Satz: Werksatz Schmidt & Schulz, Gräfenhainichen
Druck und Bindung: Druckhaus „Thomas Münzer", Bad Langensalza

Printed in the Federal Republic of Germany

Inhalt

Vorwort

Im Nachlass Carl Schmitts im Nordrhein-Westfälischen Hauptstaatsarchiv zu Düsseldorf befinden sich in verschiedenen Abteilungen unterschiedlich gestaltete Tagebuchaufzeichnungen in abgeschlossenen oder begonnenen Heften, Notizkalendern und mehr oder weniger umfangreichen Zettelsammlungen.[1] Ihnen allen ist gemein, dass sie mit wenigen Ausnahmen in der heute fast vergessenen Gabelsberger Stenografie unter Verwendung eigener Kürzel geschrieben wurden. Übertragungen in Langschrift förderte der verstorbene Testamentsvollstrecker Prof. Dr. Joseph Kaiser (Freiburg) aus aktuellem Anlass mit den Aufzeichnungen der Jahre 1932/33 (RW 265–20920)[2] und neuerdings dessen Nachfolger Prof. Dr. Jürgen Becker (Freiburg/München) im Einvernehmen mit dem Akademie Verlag Berlin und dem Herausgeber, beginnend mit dem ersten erhaltenen Tagebuchheft von Oktober bis Dezember 1912 (Signatur RW 265–19599), hier bezeichnet als Tagebuch, Erster Teil, mit Beilage.

Der im Bereich des Oberlandesgerichts Düsseldorf als Referendar unentgeltlich angestellte und in seiner Freizeit in zwei Anwaltskanzleien seinen Lebensunterhalt verdienende dreiundzwanzigjährige Dr. Carl Schmitt schreibt im Anschluss an den ersten Teil seines Tagebuchs von Januar bis Mai 1913 sein drittes Buch „Der Wert des Staates und die Bedeutung des Einzelnen“[3], das 1916 in Straßburg als Habilitationsschrift anerkannt wird und führt dann wieder ab

---

1 Dirk van Laak, Ingeborg Villinger (Hg.), Nachlass Carl Schmitt: Verzeichnis des Bestandes im Nordrhein-Westfälischen Hauptstaatsarchiv, Siegburg 1993.

2 Wolfram Pyta und Gabriel Seiberth, „Die Staatskrise der Weimarer Republik im Spiegel des Tagebuchs von Carl Schmitt“, in: Der Staat, Bd. 38, H. 3, 1999, S. 423–448 und H. 4, S. 594–610. Siehe außerdem Gabriel Seiberth, Anwalt des Reiches – Carl Schmitt und der Prozess „Preußen contra Reich“ vor dem Staatsgerichtshof, Duncker & Humblot, Berlin 2001.

3 Carl Schmitt, Der Wert des Staates und die Bedeutung des Einzelnen, Verlag J. C. B. Mohr (Paul Siebeck), Tübingen 1914, Nachdruck als Habilitationsschrift, Verlag Jakob Hegner, Hellerau 1917, nachfolgend kurz „Wert des Staates“ genannt. Eine Neuauflage wird im Verlag Duncker & Humblot, Berlin erscheinen.

September 1913 mit geringen Unterbrechungen Tagebuch (RW 265–21629), hier bezeichnet als Tagebuch, Zweiter und Dritter Teil. Dieses Tagebuch unterbricht er im Februar 1915 nach bestandenem Assessorexamen beim Beginn seiner militärischen Ausbildung als Kriegsfreiwilliger und führt für die Zeit der Ausbildung in der Münchener Türkenkaserne bis Mitte Mai ein gesondertes Tagebuch. Anschließend setzt er das unterbrochene Tagebuch bis Ende 1915 fort (RW 265–21630). Die letzte Information führt bereits über den Zeitraum der hier veröffentlichten Aufzeichnungen hinaus. Aus Gründen der Übersichtlichkeit empfiehlt es sich, bei der vom Autor gemachten Zäsur zu bleiben und diese erste Tagebuch-Edition mit seiner Einberufung zum Wehrdienst abzuschließen.

In den Jahren 1912 bis 1913 überschneidet sich das Tagebuch mit der im gleichen Verlag erschienenen Ausgabe von Carl Schmitt: „Jugendbriefe – Briefschaften an seine Schwester Auguste 1905–1913"[4], die zum Schluss Mitteilungen über sein Verlöbnis mit der Tänzerin Pabla Dorotić, gen. Cari[5], enthalten. Einzelheiten über Carl Schmitts Jugendzeit und die allgemeinen Verhältnisse der Familie Schmitt im sauerländischen Plettenberg können der ausführlichen Einführung zu diesem Briefband entnommen werden.

Im Vergleich mit den Briefen fällt auf, dass fast nichts von dem, was er seiner Schwester schreibt, im Tagebuch steht, und dass er fast alles, was im Tagebuch steht, seiner Schwester nicht mitteilt. Das bedeutet indessen keinerlei Widerspruch, denn es ist eine Sache, die Schwester in der Ferne zu informieren und zu trösten und eine andere, Liebesbriefe zu schreiben, Zeitanalyse zu betreiben, zu philosophieren und seine Gedanken über den Staat und die Bedeutung des Einzelnen festzuhalten und zu ordnen. Was die Schwester nichts angeht, ist in der Reihenfolge des Tagebuchs von 1912 zunächst seine große Liebe zu Pabla von Dorotić, die ihn zu Liebesbriefen von geradezu kleistscher Intensität und Ausdruckstiefe hinreißt, sodann das ihm und dem Lyriker Theodor Däubler gemeinsame mythisch-kosmische Welt- und Menschenbild[6], sein Nachdenken über Otto Weiningers sexual-wissenschaftliche Psychologie[7] bei gleich-

---

[4] Carl Schmitt, Jugendbriefe – Briefschaften an seine Schwester Auguste 1905–1913, Ernst Hüsmert (Hg.), Akademie Verlag, Berlin 2000, nachfolgend „Jugendbriefe" genannt.

[5] Lt. Aufnahmeurkunde 101 für die Staatsangehörigkeit im Freistaat Bayern, ausgestellt vom Stadtrat München am 18. Februar 1920, lautet der vollständige Name der am 18. Juli 1888 zu Wien geborenen Cari „Pauline Carita Maria Isabella, geb. von Dorotić"; siehe Anhang, S. 328.

[6] Theodor Däubler, Das Nordlicht, Florentiner Ausgabe, 3 Theile, Georg Müller, München und Leipzig 1909; Genfer Ausgabe, 2 Bde., Insel, Leipzig 1921.

[7] Otto Weininger, Geschlecht und Charakter – Eine prinzipielle Untersuchung, Wilhelm Braumüller, Wien 1903, Nachdruck der 1. Auflage, Matthes & Seitz Verlag, München 1997.

zeitiger ostentativer Ablehnung der Analysen Sigmund Freuds[8], ferner das Zerwürfnis mit seinem Freund Eduard Rosenbaum[9] und die sich daraus ergebende Trübung der Beziehungen zu seinem Förderer, dem einflussreichen Schriftsteller Wilhelm Schäfer[10]; selbst seine Bestimmung zum Rechtsanwalt aus der Determiniertheit seines Charakters geht die Schwester nichts an und seine Philosophie des Staatsrechts mit dem Ideal des Kirchenstaats jenseits jeglichem konfessionellen Engagements gar nichts.

Seinem Tagebuch von 1912 hat Carl Schmitt zwei wissenschaftliche Ausarbeitungen beigelegt: Einen fiktiven Brief an den Schriftsteller und Sprachphilosophen Fritz Mauthner mit Exzerpten aus dessen Werken „Logik und Grammatik" und „Wörterbuch der Philosophie"[11] und eine kritische Studie über die „Theorie der Rechtswissenschaft"[12] des führenden Vertreters der Marburger Schule des Neukantianismus Rudolf Stammler. Beide Ausarbeitungen belegen seine geistige Unabhängigkeit und seinen wissenschaftlichen Anspruch; er erledigt den Vielschreiber Mauthner im Spiegel eines Nietzsche-Zitats und enttarnt den Neukantianer Stammler mit theologischen Parallelen zu Anselm von Canterbury. Beide Ausarbeitungen sind hier dem Ersten Teil des Tagebuches als Anhang direkt angefügt.

Außerdem schreibt Carl Schmitt in den Jahren 1912 und 1913 verschiedentlich über den Dichter Theodor Däubler, der bei ihm im Sommer beider Jahre wochenlang zu Besuch weilt. Eine Version davon, den Aufsatz „Theodor Däubler, der Dichter des Nordlichts", schickt er an Ludwig von Ficker zur Veröffentlichung in dessen Zeitschrift „Der Brenner". Zwar unterbleibt der Abdruck, doch hat sich das Manuskript im Brenner-Archiv der Universität Innsbruck erhalten und konnte 1988 von Prof. Dr. Piet Tommissen erstmals veröffentlicht werden[13]. Dieser Text befindet sich mit anderen Dokumenten im Anhang.

---

8 Siegmund Freud, Die Traumdeutung (1900), Zur Psychologie des Alltagslebens (1901), Der Witz und seine Beziehung zum Unbewussten (1905), Totem und Tabu (1913).

9 Eduard Rosenbaum, siehe die Kurzbiographie im Anhang, S. 404f.

10 Wilhelm Schäfer (1886–1952), dt. Schriftsteller, Hg. der Monatsschrift „Die Rheinlande", förderte den jungen Carl Schmitt durch Veröffentlichungen und Vermittlung von Kontakten, u. a. mit Walther Rathenau. Siehe „Jugendbriefe", S. 23/24.

11 Fritz Mauthner (1849–1923), öster. Schriftsteller und Sprachphilosoph, Autor von: Beiträge zu einer Kritik der Sprache, 3 Bde. (1906), Dritter Band, „Zur Grammatik und Logik"; sowie Wörterbuch der Philosophie, Erstausgabe 1910/11.

12 Rudolf Stammler (1856–1938), dt. Rechtsphilosoph, Autor von: Theorie der Rechtswissenschaft, 1911.

13 Piet Tommissen (Hg.), Schmittiana I, in der Reihe ‚Eclectica', 17.Jg., Nr.71–72, EHSAL, Brüssel 1988, nachfolgend als „Schmittiana" mit entsprechender Nummerierung und Verlagsangabe bezeichnet.

Nachdem Carl Schmitt vom 10. Januar bis zum 10. Mai 1913 seine spätere Habilitationsschrift „Der Wert des Staates und die Bedeutung des Einzelnen" verfasst hat, von dem er die stenografische Urschrift dem Tagebuch beifügt, Besuche empfängt und ins Elsass verreist, überrascht er mit einem nach Art und Inhalt total veränderten Tagebuch, einer tagtäglichen exakten Beschreibung der Tagesabläufe und einer Nabelschau im Stil eines vorweggenommenen Ulysses[14]. Der für den „Nachlass Carl Schmitt" zuständige Testamentsvollstrecker hat sich in Abstimmung mit Verlag und Herausgeber trotz anfänglicher Bedenken für eine vollständige Drucklegung sämtlicher Passagen der Tagebücher entschieden.

Ein gewisses Problem bereiten nicht eindeutig lesbare und unleserliche Schriftzüge der Gabelsberger Stenografie. Sofern Nichteindeutiges aus dem Sinnzusammenhang bestimmt wurde, stehen die Wörter bzw. Passagen zwischen spitzen Pfeilen (> <), während sinngemäße Hinzufügungen zwischen offenen Pfeilen (< >) gekennzeichnet sind.

Bei Anstreichungen und Unterstreichungen ist der Zeitpunkt ihrer Anbringung meistens nicht zu bestimmen, da Carl Schmitt in seinem Tagebuch häufig nachgelesen hat und dabei wichtig erscheinende Passagen kenntlich machte. Dort, wo er das Datum der abermaligen Lektüre vermerkt, ist es als Nachtrag in den Text eingefügt worden. Grundsätzlich werden sämtliche angestrichene Stellen kursiv gedruckt.

Klammern im Original werden als runde Klammern übernommen. Zufügungen des Herausgebers stehen in eckigen Klammern. Da die Interpunktion oft variabel gehandhabt wird, was hauptsächlich Komma und Semikolon betrifft, ist eine Vereinheitlichung im Sinne der von Carl Schmitt am häufigsten gebrauchten Verwendung angestrebt worden. Die Rechtschreibung ist entsprechend der neuen deutschen Rechtschreibung geändert sowie der Städtename Cöln in Köln.

Ich habe vor allem dem Testamentsvollstrecker Carl Schmitts, Prof. Dr. Jürgen Becker, für das mir entgegengebrachte Vertrauen und dem Leiter des Akademie Verlages in Berlin, Dr. Gerd Giesler, für dessen aktive Mitarbeit herzlich zu danken. Besonderen Verdienst erwarb sich Hans Gebhardt aus Eckersdorf durch die mühevolle Transkribierung Gabelsberger Stenografie in Carl Schmitts eigenwilliger Schreibweise, einer Arbeit, die vielleicht in wenigen Jahren von niemandem mehr geleistet werden kann. Stellvertretend für alle Freunde und Freundinnen, die mir selbstlos geholfen haben, möchte ich meinen Dank an drei Herren hervorheben. Es sind Professor Dr. Piet Tommissen (Grimbergen, Belgien), ohne dessen fundierte Kenntnis des wissenschaftlichen und künstlerischen Umfeldes des frühen Carl Schmitt meine Arbeit auf tönernen Füßen stände, Pater Wolfgang Hariolf Spindler OP (Augsburg), der mir den Blick in die Weite katholischer Moraltheologie öffnete und meinem Lehrer Prof. Dr.

[14] James Joyce, „Ulysses" 1922. Dt. Übers. in James Joyce, Werke, Frankfurter Ausgabe, S. Fischer, Frankfurt a. M. 1969.

Klaus Goebel, Universität Dortmund, für zahlreiche praktische Ratschläge. Dem Nordrhein-Westfälischen Hauptstaatsarchiv Düsseldorf bin ich für vielfältige Unterstützung bei Recherchen im Nachlass Carl Schmitt zu Dank verpflichtet, vor allem auch für die Genehmigung zum Abdruck von Archivalien. In den Dank einschließen möchte ich ebenfalls das Stadtarchiv Düsseldorf und die zahlreichen freundlichen Helfer in weiteren Archiven, Bibliotheken, Verwaltungen, Informationszentren und Auskunftstellen für ihre oft großartige Hilfeleistung.

Herscheid, im April 2003 Ernst Hüsmert

Vorwort zur 2., korrigierten Auflage

Dank des großen Interesses für die Zeugnisse der frühen Jahre Carl Schmitts kann eine 2. Auflage veröffentlicht werden, in der Lese- und Druckfehler korrigiert sind. Besonders Professor Wolfgang Schuller, Konstanz, bin ich für zahlreiche Hinweise zu Dank verpflichtet.

Außerdem bedanke ich mich bei Professor Hans-Werner am Zehnhoff, Antwerpen, dass er die bisher falsch transkribierten Namen der Schwester des Geheimrats Hugo am Zehnhoff, Agnes Hammenstede, und der von ihm stets als Nichte bezeichneten späteren Adoptivtochter, Agnes Schröder, richtigstellte.

Herscheid, im August 2005 Ernst Hüsmert

Ich habe in meinem langen Juristenleben keinen Menschen kennengelernt, der mehr Ordnung in seinen Gedanken und Begriffen hatte als Sie, aber auch keinen, der mehr Unordnung und Durcheinander in seinem Privatleben gehabt hätte.

Der Geheime Justizrat Hugo am Zehnhoff[1] zu Carl Schmitt (1913/14)[2].

Einführung

von Ernst Hüsmert

Den jungen Katholiken Dr. jur. Carl Schmitt bewegt vor dem Ersten Weltkrieg die eher protestantisch-calvinistische Frage nach der Determiniertheit seiner Existenz, ausgelöst durch die verblüffenden Weissagungen des Nostradamus[3]. Am 24. Oktober 1912 schreibt er darüber an seine Geliebte Cari: „Was Du morgen tust, hat vielleicht vor 500 Jahren einer aufgeschrieben, mit allen Kleinigkeiten. Es gibt keinen Zufall und gibt kein Entrinnen vor der Schuld. Es bleibt nichts als ein guter Mensch zu sein. Wir sind hilflos verloren in einer brutalen Maschinerie, wenn wir uns nicht selbst mit einem ernsten Entschluss zur Selbstachtung bestimmen. Es handelt sich immer um einen Kampf des Selbst mit der Außenwelt; um die Frage, ob man selbst sein Schicksal bestimmt oder

---

[1] Geheimrat (Geheimer Justizrat) Hugo am Zehnhoff, Rechtsanwalt am Oberlandesgericht Düsseldorf. Siehe die Kurzbiographie im Anhang, S. 405–408.

[2] Carl Schmitt, Glossarium, Aufzeichnungen der Jahre 1949–1951, Eberhard Freiherr von Medem (Hg.), Duncker & Humblot, Berlin 1991, S. 168.

[3] Nostradamus, eigtl. Michel de No(s)tredame (1503–1566), frz. Mathematiker, Astrologe und Arzt, Leibarzt König Karls IX., stellte Horoskope und prophezeite aufgrund angeblicher göttlicher Offenbarungen. Seine in Vierzeilern abgefassten Visionen (Quatrains) wirken bis in die Neuzeit und werden immer wieder neu gedeutet. 1781 wurden seine Prophezeiungen („Centuries“ 1558) indiziert, weil er den Untergang des Papsttums vorausgesagt hatte.

sich ihm hingibt. Schau, Cari, deshalb ist Kant größer als Napoleon, und Nostradamus konnte Napoleons Schicksal vorher prophezeien, nicht aber von Kant etwas wissen."

Der Vorsatz, ein guter Mensch zu sein, das beständige Bemühen darum und ein nahezu tägliches Scheitern, durchzieht die Aufzeichnungen Carl Schmitts und offenbart uns in brutaler Ehrlichkeit sein Streben und seine Anfechtungen, Erfolg, Misslingen und Verzweiflung, seine leidenschaftliche Liebe in Armut und Not inmitten einer wohlhabenden Gesellschaft. Mit eigenen Worten: „Was werde ich für ein Mensch? Esse bei dem Millionär Josten[4], dem schwerreichen Fabrikbesitzer, zu Mittag als gehörte ich zur Familie, gehe zu Lamberts[5], zum Geheimrat, wie es mir passt, habe eine Braut in Köln, die aus einer alten adeligen kroatischen Familie stammt und heiße Schmitt und bin aus Plettenberg und weiß nicht, wovon ich morgen leben soll."

Und er spürt, dass der bürgerliche Umgang ihn seiner geistigen Kraft beraubt, dass er niemals Bourgeois werden darf, wenn er sein Ziel, ein wesentlicher Mensch zu werden, erreichen will. Deshalb ist der Plan seines einflussreichen Gönners, des Zentrumsabgeordneten und Geheimrats Hugo am Zehnhoff, chancenlos, den jungen begabten Juristen mit seiner Nichte zu verheiraten, auch wenn er die betreffende Dame mit Geldgeschenken überhäuft. Lieber trennt sich Carl Schmitt in einem langwierigen Abnabelungsprozess von seinem Gönner, bleibt arm und sucht sein Heil in der Liebe zu seiner vermeintlich aristokratischen Geliebten mittels permanenter suggestiver Selbstentzweifelung. Aber die Sorge um das tägliche Brot macht ihn mürbe.

Zu Anfang des Weltkrieges befindet er sich körperlich und geistig in einer schweren Krise. Sein bester Freund Fritz Eisler[6] ist in Frankreich gefallen. Als ein Kommissionsgeschäft schlechter als erhofft abläuft, muss er sich eingestehen, dass er ganz vernichtet ist und sich nicht mehr zu helfen weiß. Der Wahnsinn klopft an sein Gehirn und Selbstmordgedanken drängen sich auf. Dennoch bleibt ein Funke Hoffnung. Er hat oft erfahren, wie ihm in größter Bedrängnis unerwartet geholfen wurde und deutet diesen Umstand als Beweis seiner schicksalhaften Berufung. Warum sollte ihn sein Gott dieses Mal ver-

---

[4] Leonhard Josten (1852–1923), Vorstand und Mehrheitsaktionär der Textilfirma Gladbacher Wollindustrie AG vorm. L. Josten, Mönchengladbach. Nach kaufm. Lehre in der Fa. des bedeutenden Textilunternehmers Fritz Brandts (Mönchengladbach), gründete Josten 1882 eine kleine Weberei mit 8 englischen Webstühlen und baute diese in den folgenden Jahren zu einer vollstufigen Tuchfabrik aus. Er war zweimal verheiratet und hatte drei Töchter. Vermutlich weil ihm ein männlicher Nachkomme fehlte, wandelte er seine Fa. 1885 in eine AG um.

[5] Lamberts, die Familien des Unternehmers Arthur Lamberts und seines Bruders Justizrat Hugo Lamberts in Mönchengladbach. Siehe „Jugendbriefe", S. 21/22.

[6] Fritz Eisler (1887–1914) studierte gemeinsam in Straßburg mit Carl Schmitt Rechtswissenschaft und schrieb mit ihm die „Schattenrisse". Siehe die Kurzbiographie im Anhang, S. 401f.

lassen? Abends am 8. Oktober 1914 war er so traurig Eislers wegen, dass er wiederholt weinte. Dann geschah sein „Nimm und lies-Erlebnis", das er mit einfachen Worten seinem Tagebuch anvertraut: „Schrieb Cari in tiefster Not, brachte den Brief zur Bahn, aß zu Hause, las Kierkegaard[7] und schlug plötzlich die Stelle über das Schicksal und das Genie auf[8]. Gott sei gepriesen, ich bin gerettet. Ich war selig, wollte es gleich Däubler schreiben, aber ich zerriss den Brief gleich wieder. Ich darf es niemand sagen. Ich weiß inzwischen, dass ich recht habe mit meinem Glauben an das Schicksal, meiner Überzeugung, dass alles davon abhängt, ob ich ein guter Mensch bin oder nicht. Allein ich weiß es."

Carl Schmitts Kierkegaard-Erlebnis ist ein Sich-Wiederfinden in einem Bruder im Geist. Es bewirkt keine Totalveränderung, sondern die Erkenntnis, dass er nicht verrückt, vielmehr der exemplarische Fall eines Ausnahmetalentes ist mit all seinen Licht- und Schattenseiten. Es bringt dem Verzweifelten Trost und Licht auf den Weg des Suchenden. „Im Schatten Gottes" wird er nach dem ersten Weltkrieg ein anderes Tagebuch überschreiben[9].

---

7 Sören Kierkegaard (1813–1855), dän. Theologe, Schriftsteller und Philosoph. Immer wieder haben Interpreten der Werke Carl Schmitts auf Parallelen zu Kierkegaard hingewiesen. Dieses Tagebuch macht zwar die These des Italieners Michele Nicoletti, dass Carl Schmitt und Fritz Eisler den Titel „Schattenrisse" der Überschrift eines Abschnitts aus Kierkegaards „Entweder – Oder" entnommen haben, wovon 1913 die erste deutsche Übersetzung erschien, unwahrscheinlich, denn Carl Schmitt berichtet anlässlich des Todes Eislers, dass die „Schattenrisse" bereits 1912 in Mönchengladbach gemeinsam geschrieben wurden, aber es bestätigt andererseits eine a priori gegebene Parallelität in ihrem existentialistischen Denken. Nun wird die Bedeutung dieser Erfahrung für Carl Schmitt nachvollziehbar, beginnend mit „Stadien auf dem Lebensweg" (1845, dt. 1886, und 1914 in den 12-bändigen gesammelten Werken im Eugen Diederichs Verlag, Jena), und „Der Begriff der Angst" (1844, dt. erstmals 1890). Vgl. u. a. Rüdiger Kramme, Helmuth Plessner und Carl Schmitt. Eine historische Fallstudie zum Verhältnis von Anthropologie und Politik in der deutschen Philosophie der zwanziger Jahre, Duncker & Humblot, Berlin 1989, dort S. 174–178: „Carl Schmitt und Sören Kierkegaard".

8 Sören Kierkegaard über das Schicksal und das Genie in „Der Begriff der Angst", Drittes Kapitel: „Angst als Folge derjenigen Sünde, welche das Ausbleiben des Sündenbewusstseins ist" (§ 2. Die Angst dialektisch bestimmt in Richtung auf das Schicksal), Bd. IV, S. 368–378 der maßgeblichen Ausgabe der „Samlede Vaerker", 1902. Die Parallele der schmitt'schen Selbsterfahrung und der kierkegaardschen These ist darin so evident, dass sich daraus unmittelbar Carl Schmitts schicksalhaftes Verhältnis zu seinem Tagebuch erschließt und a priori nicht auszuschließen ist, dass er sich gerade deshalb trotz aller Peinlichkeiten nicht zu dessen Vernichtung entscheiden konnte. Der genannte Abschnitt § 2 ist aus diesem Grund komplett im Anhang, S. 385–391, abgedruckt, und zwar in der Übersetzung des evangelischen Theologen Emanuel Hirsch (1888–1972), einschließlich der Anmerkungen des Übersetzers, Eugen Diederichs Verlag, Düsseldorf 1952, S. 98–105 und S. 261–263.

9 Hauptstaatsarchiv Düsseldorf, RW 265–19605.

Carl Schmitt 1912

Nachdem Carl Schmitt das Weihnachtsfest in seiner Heimatstadt Plettenberg im Kreis seiner Familie und Verwandten verbringt, fährt er zum Jahreswechsel 1911/12, der auf ein Wochenende fiel, zu seinem Schul- und Studienfreund Franz Kluxen[10] nach Münster, dem Sohn eines reichen Kaufhausbesitzers. Am nächsten Wochenende besucht ihn sein Freund Eduard Rosenbaum in Düsseldorf, Steinstraße 53. Mit ihm, Kluxen und dem Vierten im Bunde, Fritz Eisler, schreibt er abwechselnd an einem dadaistischen Roman über eine absurde Figur namens Schnecke, die von Carl Schmitt erfunden wurde. Während Rosenbaum und Eisler, die beide aus wohlhabenden jüdischen Häusern stammen, eine Hochschulkarriere im öffentlichen Recht anstreben, arbeitet sich der kunstbeflissene Kluxen im Geschäft seines Vaters ein und Carl Schmitt verfolgt mangels elterlicher Unterstützung das Ziel, möglichst bald das Assessorexamen zu machen, um im Öffentlichen Dienst Geld zu verdienen und unabhängig zu werden. Als ältestes Kind aus zweiter Ehe des Buchhalters Johann Schmitt, dessen jüngere Geschwister studieren bzw. noch studieren sollen, muss er sich seinen Lebensunterhalt in befreundeten Anwaltbüros verdienen, da seine Tätigkeit bei Gericht nicht honoriert wird.

Über seine wechselnden Unterkünfte und Tätigkeiten als Referendar im Bereich des Oberlandesgerichts Düsseldorf sind wir durch seine Briefe an seine Schwester Auguste informiert[11], die seit Oktober 1911 Hauslehrerin in Portugal ist. Er wohnt möbliert bis Ende März in der Steinstraße und ab Mai in der Aderstraße 22, nach einem kurzem Übergangsaufenthalt in der Alleestraße 49 (heute Heinrich-Heine-Allee). Von dort schreibt er seiner Schwester: „Ich bin zu meiner größten Erleichterung jetzt wieder in Düsseldorf, wohne wieder in meiner früheren Wohnung und schreibe an einem neuen Buche. In 1 1/2 Jahren bin ich fertig." Daraus wird schließlich und pünktlich „Der Wert des Staates und die Bedeutung des Einzelnen"[12], obwohl es im Tagebuch zunächst um allgemeine Rechtsfragen wie Norm und Interesse oder Recht und Kultur oder die Persönlichkeit im Recht geht[13].

Auch der Aufenthalt in der Aderstraße ist von kurzer Dauer, denn Ende Mai schreibt er vorsorglich, dass Graf Adolfstraße 41 III ab 1. Juli seine neue Adresse ist. Hier ist Theodor Däubler 6 Wochen lang sein Gast, inklusive einer gemeinsamen Reise mit dem Kunstmäzen Albert Kollmann durch das Rheinland und das Elsass[14]. Ferner fallen Besuche von Eisler und Kluxen in diesen

---

[10] Franz Kluxen. Siehe Kurzbiographie im Anhang, S. 403f.

[11] Siehe „Jugendbriefe".

[12] Siehe den Vermerk vom 28. 11. 1912.

[13] Siehe den Vermerk vom 27. 12. 1912.

[14] Siehe hierzu Thomas Rietzschel, Theodor Däubler, Verlag Philipp Reclam jun., Leipzig 1988, S. 385.

Zeitraum, in dem auch Eisler und Carl Schmitt an den „Schattenrissen"[15] weiter schreiben, die sie in Straßburg nach dem Staatsexamen (mox Doctor) begonnen haben. Von diesem Besuchsprogramm und einer anstrengenden Tätigkeit bei der Staatsanwaltschaft erholt er sich Ende August bei seinen Verwandten mütterlicherseits in Bussingen in Lothringen. Ende September zieht er nach Mönchengladbach, wo er ein Praktikum in der Anwaltskanzlei des Justizrats Hugo Lamberts absolviert. Zu dieser Tätigkeit fühlt er sich moralisch verpflichtet, da er von den Familien Arthur und Hugo Lamberts finanziell unterstützt wird. U.a. leistet Arthur Lamberts einen erheblichen Kostenzuschuss für den Druck von Carl Schmitts Dissertation[16]. Dennoch lautet sein Kommentar zur Tätigkeit beim Justizrat Hugo Lamberts vom 23. Oktober in seinem am 19. dieses Monats neu begonnenen Tagebuch: In der Not werde ich wohl in diese saure Fliege beißen müssen.

Dass Carl Schmitt auch in den vorausgegangenen Monaten und Jahren Tagebuch geführt hat, ergibt sich aus den Aufforderungen an seine Schwester, ebenfalls Tagebuch zu führen. Aber von seinen Aufzeichnungen ist so gut wie nichts mehr erhalten. Aus den Briefen geht hervor, dass sein neues juristisches Buch[17] im Februar gedruckt wird und sein Märchen „Der Spiegel" in der von Wilhelm Schäfer herausgegebenen Monatsschrift „Die Rheinlande"[18] erschienen ist, dass er Ostern bei seinen Eltern in Plettenberg verbrachte und an der Verlobungsfeier seiner Schulfreundin Emmi Achterrath teilnahm, selbst aber die junge Konzertpianistin Helene Bernstein heiraten möchte. Im Mai berichtet er vom Widerstand der Eltern Bernstein gegen eine Verbindung mit einem positionslosen Ehekandidaten und über eine entzückende Freundschaft mit einer spanischen Tänzerin. Besonders erwähnt er seinen ersten Auftritt vor Gericht. In einer Strafsache wegen Widerstands gegen die Staatsgewalt paukt er

---

15 Johannes Negelinus, Schattenrisse, Skiamacheten-Verlag (Auslieferung durch Otto Maier G.M.B.H.), Leipzig 1913. Nachdruck in Ingeborg Villinger, Carl Schmitts Kulturkritik der Moderne, Akademie Verlag, Berlin 1995, nachfolgend „Carl Schmitts Kulturkritik der Moderne" genannt.

16 Carl Schmitt, Über Schuld und Schuldarten. Eine terminologische Untersuchung (Diss. 1910), Reihe ‚Strafrechtliche Abhandlungen', Heft 120, Schletter'sche Buchhandlung, Breslau 1910. Nachdruck Keip/Yushido, Frankfurt am Main/Tokyo, Reprint 1977.

17 Carl Schmitt, Gesetz und Urteil. Eine Untersuchung zum Problem der Rechtspraxis, Verlag Otto Liebmann, Berlin 1912; unveränderte Neuauflage C. H. Beck'sche Verlagsbuchhandlung, München 1969, nachfolgend „Gesetz und Urteil" genannt. Siehe auch Anm. 47.

18 Die Rheinlande. Monatsschrift für deutsche Kunst und Dichtung, Hg. Wilhelm Schäfer (siehe S. IX, Anm. 10), veröffentlichte von Carl Schmitt 1912 das Märchen „Der Spiegel" in Band 22, S. 61–62 (Nachdruck in „Jugendbriefe", S. 185–189); außerdem eine Rezension über das Buch von Walther Rathenau, „Kritik der Zeit", S. 223–224 und den Aufsatz „Don Quijote und das Publikum", S. 348–350. Siehe auch Anm. 47.

seinen Freund Wülfing[19] mit einem großen halbstündigen Plädoyer heraus. Als er mit seinem neuen Buch „Gesetz und Urteil" Erfolg hat, wird ihm von der Universität Straßburg die Stelle eines Privatdozenten angeboten, die er aber, wie er am 20. Juni seiner Schwester schreibt, aus finanziellen Gründen ablehnen muss, weil die Remuneration nur 1000 Mark im Jahr beträgt. Doch macht er mit einer Veröffentlichung in „Bayreuther Blätter. Deutsche Zeitschrift im Geiste Richard Wagners"[20] auf sich aufmerksam.

Nach den mit Besuchen ausgefüllten Sommermonaten kehrt er nur vorübergehend im September nach Düsseldorf zurück und nimmt am 24. d. M. an der Silberhochzeit seiner Eltern in Plettenberg teil, die er seiner Schwester ausführlich im Stil eines Schulaufsatzes schildert und teilt abschließend mit, dass er von Düsseldorf nach Mönchengladbach umzieht, um ab 6. Oktober beim Justizrat Lamberts ‚feste' zu arbeiten.

In Mönchengladbach beginnt er am 19. Oktober das uns vorliegende Tagebuch. Aus der spanischen Tänzerin ist inzwischen die kroatische Aristokratin Cari von Dorotič geworden und aus der entzückenden Freundschaft Carl Schmitts große Liebe, die derzeit fern von ihm als Tänzerin in Görlitz engagiert ist. Von dort wechselt sie in ein neues Engagement nach Wiesbaden. Gegen Ende des Jahres kommt es zu Spannungen, weil der Plan, Weihnachten gemeinsam zu verbringen, in Frage gestellt wird. Nach heftigem Hin und Her reist Carl Schmitt nach Wiesbaden, wo er liebevoll auf dem Bahnhof abgeholt wird und sich alles wieder einrenkt. Einer nachträglichen Zusammenstellung ist zu entnehmen, dass beide den Weihnachtsabend in Köln verbringen. In Plettenberg ist er vermutlich erst im Laufe des zweiten Weihnachtstages eingetroffen. In einem Familienbrief an die Schwester schildert ihn sein jüngerer Bruder als launisch und gereizt.

Aber das liegt vielleicht auch daran, dass seine Überlegungen zu seinem neuen Buch jetzt entscheidungsreif sind und die Gedanken unbedingt zu Papier gebracht werden müssen. Für die letzten Tage des alten Jahres führt er sogar zwei Tagebücher nebeneinander. Aber noch immer sind darin Titel und Thema seines neuen Werkes nicht auszumachen. Am 28. Dezember verlässt er Plettenberg und macht sich in Mönchengladbach an die Arbeit. Als diese nach 5 Monaten getan ist, notiert er stolz: Begonnen 10. Jan. 1913, fertig 10. Mai 1913[21].

---

[19] Friedrich Wülfing, Rechtsreferendar aus Düsseldorf, Sohn von Friedrich Wülfing (1857–1938), Inhaber einer Zivil- und Uniformschneiderei, Hoflieferant, Tuch- und Militäreffektenhandlung, Düsseldorf, Bismarckstr. 35.

[20] Carl Schmitt, „Richard Wagner und eine neue Lehre vom Wahn", Bayreuther Blätter, Jg. XXXV, Juli–September 1912, S. 239–241.

[21] Hauptstaatsarchiv Düsseldorf, RW 265–21692.

Carl Schmitt 1913

Ebenso wie 1912 gibt für das Jahr 1913 zunächst der Briefwechsel mit seiner Schwester Auguste Auskunft über die Lebensumstände Carl Schmitts, bis er am 13. September 1913 sein neues ausführliches Tagebuch beginnt. Den ersten Brief im neuen Jahr schreibt er am 14.1.13 aus Mönchengladbach, Königstr. 12. und teilt mit, dass er in der ersten Woche des Jahres nicht, wie erhofft, an seinem neuen Buch arbeiten kann, sondern sogar über das erste Wochenende wie ein Zugtier beim Justizrat Hugo Lamberts schuften muss und nichts dafür kriegt. Auch zu Weihnachten hat er für seine Tätigkeit seit Oktober 1912 nichts als einen warmen Händedruck bekommen. „Dafür tue ich aber auch jetzt nichts mehr“, fährt er in seinem Brief fort, „und arbeite an meinem rechtsphilosophischen Buch[22]; einsam in meiner Kammer, die von einem Bett, einem Kleiderschrank, einem Waschtisch, einem Öfchen und 3 Stühlen so vollständig gefüllt ist, dass ein Mann von <gewissem> Umfang auch nicht 3 Schritte im Zimmer tun könnte, und auch meine turnerische Gewandtheit und Schlangenmenschlichkeit große Fortschritte gemacht hat.“

Wie lange er in diesem Zimmerchen am „Wert des Staates“ schreibt, ist dem Briefwechsel nicht zu entnehmen, denn die Schwester muss 5 Monate auf den nächsten Brief warten, der am 19. Juni in der Alleestraße 49 in Düsseldorf geschrieben wird. Carl Schmitt informiert sie, dass sein rechtsphilosophisches Buch gerade fertig geworden ist, und er am Gericht ein großes Gutachten für seine hochfürstliche Durchlaucht, den Herzog von Arenberg[23], macht. Arbeit hat er in Menge, und in der freien Zeit verleitet ihn sein väterlicher Freund, Herr Reichstagsabgeordneter Geheimrat am Zehnhoff, zum Weintrinken. Der bescheinigt ihm auch in späteren Jahren, als er inzwischen preußischer Justizminister geworden war, dass er Carl Schmitt in seinem Rechtsanwaltbüro in Düsseldorf vom 1. Mai 1913 bis 1. Februar 1915 beschäftigte, wo er namentlich Fideikommiss- und Hausvermögenssachen sehr gut bearbeitete und ein gründlicher Kenner des gemeinen und preußischen Fideikommissrechtes[24] und des

---

[22] Carl Schmitt, Der Wert des Staates; siehe S. VII, Anm. 3.

[23] Der Herzog von Arenberg war Klient des Geheimrats am Zehnhoff und beabsichtigte Veränderungen der Erbverträge seines Hauses. Die Herzöge sind ein deutsch-französisch-belgisches Adelsgeschlecht, das 1803 für die linksrheinischen Verluste mit dem Herzogtum Arenberg entschädigt wurde, das aus Recklinghausen und dem Amt Meppen bestand. Seit 1854 waren die Herzöge von Arenberg-Meppen Mitglieder des Preußischen Herrenhauses. Gegen dessen Sohn, Prinz Prosper von Arenberg (geb. 1875), lief zur gleichen Zeit ein Verfahren in einer Steuersache, wie sich den Tagebuchaufzeichnungen Carl Schmitts indirekt entnehmen lässt.

[24] Fideikommiss = lat. zu treuen Händen überlassen. Die Rechtsfigur des Fideikommisses war im hohen Mittelalter entstanden: Der Adel wollte die Zersplitterung seines Familienbesitzes verhindern und schloss zunächst durch Familienverträge Erbteilungen aus. Das Fideikommiss wurde in der Folge auch bürgerlichen Familien zugäng-

Privatfürstenrechts[25] ist. Irgendwann im Frühjahr zieht er also wieder in seine frühere Wohnung in Düsseldorf, in der er sein neues Buch begonnen hat und beendet es am 10. Mai daselbst. Ansonsten teilt er der Schwester mit, dass er keine Zeit hat, zu den Eltern nach Plettenberg zu fahren, nicht einmal Pfingsten, und dass er am gleichen Tage Theodor Däubler aus Berlin und einige Tage später Fritz Eisler aus Straßburg erwartet. Den Besuch Däublers notiert er später auf einem Zettel folgendermaßen:

19. 6. 13 kam Däubler zu mir nach Düsseldorf, sah furchtbar aus, >zerschlissener Anzug<, am Rhein spazieren. Angst vor seinem Schicksal. Nachts um 12 noch bei [zwei Wörter nicht deutbar].

20. 6. 13 in Düsseldorf, im Kaiserhof zu Mittag gegessen, im Hofgarten spazieren, bei mir auf dem Zimmer vorgelesen; Eisler war dabei. Däubler las die Hymne an Sizilien[26] vor.

21. 6. 13 Mit Däubler und Eisler in Düsseldorf, >Grafenberg, Kaiserswerth<. In Düsseldorfer Kneipe bei Sonnen gegessen.

22. 6. 13 (Sonntag) Matineeveranstaltung, empört <über> eine flache Repräsentation, auf meinem Zimmer, am Rhein spazieren, Däubler erzählt von Oberdank.[27]

23. 6. 13 (Düsseldorf) Eisler spricht eine Sangorphonie [vermutlich Wortschöpfung aus „Sang", „Orpheus" und „Phonie"], während ich mit Däubler spazieren ging. Trafen Flechtheim[28] auf der Graf-Adolf-Straße. Er lud uns für den Abend ein. Mir war aber nicht gut, und ich blieb zu Hause. Däubler ging allein hin.

---

lich. Seit der Frz. Revolution wurde die Einrichtung des Fideikommisses bekämpft. In Deutschland erging die endgültige Anordnung zur Auflösung der Fideikommisse erst in Art. 155 Abs. 2 der Weimarer Reichsverfassung von 1919.

[25] Fürstenrecht: Den Standesherrn wurde der Fortbestand ihres Hausrechts in Art. XIV der Dt. Bundesakte von 1815 garantiert. Art. 57, 58 des Einführungsgesetzes zum BGB von 1900 enthielten allgemeine Vorbehalte zugunsten der Sonderrechte des hohen Adels. Nach herrschender Meinung stand das Fürstenrecht mit dem Gleichheitssatz von Art. 109 der Weimarer Verfassung von 1919 in Widerspruch. Zu seiner Aufhebung wären jedoch Ländergesetze erforderlich gewesen, die nur vereinzelt ergingen. Das Fürstenrecht wurde nicht generell aufgehoben, ist andererseits aber unvereinbar mit Art. 3 GG.

[26] Theodor Däubler veröffentlichte im Verlag der neuen Blätter, Hellerau bei Dresden 1913 unter dem Titel: „Ode und Gesänge" sechs Gedichtzyklen („Ode an Rom", „Sang an Siena", „Sang an Pisa", „Sang an Volterra", „Hymne an Sizilien" und „Sang an Genua"), die später in den Gedichtband „Hymne an Italien" übernommen wurden, erschienen bei Georg Müller, München 1916, 2. Auflage, Insel, Leipzig 1919, 3. durchgesehene Auflage Leipzig 1924.

[27] Oberdank ist nicht mehr zu ermitteln.

[28] Alfred Flechtheim (1878–1937), Galerist in Düsseldorf, später in Berlin, propagierte in Deutschland erstmals die moderne französische Malerei.

24.6.13 Mit Däubler und Eisler über Hauptmanns Festspiel [in deutschen Reimen][29] geschimpft. Däubler erzählt von Neapel und Italien. (Eisler reist ab.)

25.6.13 Gespräch mit Däubler, erklärte sich als Gegner >Baumgartens[30]< und der Ästhetik! Rühmt mein Buch „Der Wert des Staates"; fuhr III. Klasse nach Berlin.

Im nächsten Brief an die Schwester vom 7. Juli schreibt er, dass er bis Mitte August Urlaub genommen hat und dieser Tage zu Eisler nach Straßburg fährt, um sich zu erholen. Er fügt dem Brief vermutlich Druckfahnen der „Schattenrisse" bei und gibt ihr zu den Satiren „Gottfried von Bouillon und „Pipin der Kleine" den Hinweis: „Beide sind lediglich in ihren witzigen Teilen ein Spaß und ohne Anspielung zu verstehen[31]". Was die Veröffentlichung seines neuen Buches über Staat und Individuum betrifft, erfährt sie von Verhandlungen über das Honorar mit Verlegern und von dem großen Erfolg, den er sich von diesem Buch verspricht. Die nächsten Briefe überschneiden sich mit dem am 19. Oktober beginnenden ausführlicheren Informationen des neuen Tagebuchs. Von einem vorausgehenden, anscheinend verloren gegangenen Tagebuch ist später die Rede, als Carl Schmitt darin nachliest, wann und wie er den Geheimrat Hugo am Zehnhoff kennen gelernt hat – doch was die ersten Kontakte zu dem Geheimrat angeht, weiß sein überaus zuverlässiger Bibliograph, Prof. Dr. Piet Tommissen, aus seinen Gesprächen mit Carl Schmitt zu berichten, dass es die Brüder Lamberts aus Mönchengladbach gewesen sind, die beide zusammenbringen. Vermutlich ist es Carl Schmitt ohnehin nicht möglich, länger in Mönchengladbach zu bleiben, weil er nach seinem Praktikum bei einem Rechtsanwalt seine Tätigkeit als Referendar am Landgericht in Düsseldorf wieder aufnehmen muss.

Auf seiner zweiten Arbeitsstelle ohne feste Anstellung und garantiertes Einkommen genießt er bald unter den Mitarbeitern des unverheirateten Geheimrats, die in seinem Hause und seiner Kanzlei wie in einer großen Familie zusammenleben, eine Sonderstellung. Als Autor rechtswissenschaftlicher und literarischer Schriften[32] besitzt er ideale Vorzeigequalitäten für eine Kanzlei mit

---

[29] Gerhart Hauptmann (1862–1946), dt. Dichter; Festspiel in deutschen Reimen, S. Fischer, Berlin 1913.

[30] Alexander Gottlieb Baumgarten (1714–1762), dt. Philosoph, begründete die Ästhetik mit seinem Werk „Aesthetica", 2 Bd., 1750, 1758.

[31] Siehe hierzu die Ausführungen von Ingeborg Villinger zu „Gottfried von Bouillon", S. 201–214 und zu „Pipin der Kleine", S. 242–250 in „Carl Schmitts Kulturkritik der Moderne". Beide Satiren befinden sich als Nachdruck auch im Anhang der „Jugendbriefe", S. 191–198.

[32] Außer der Buchveröffentlichung „Schattenrisse" erschienen 1913 von Carl Schmitt folgende Aufsätze: „Die Philosophie und ihre Resultate" in: Die Rheinlande, 23. Jg., Jan.–Dez. 1913, S. 34–36. „Schopenhauers Rechtsphilosophie außerhalb seines philo-

vorwiegend wohlhabender, vornehmer und adeliger Klientel. Bei seiner außergewöhnlich schnellen Auffassungsgabe kennt er sich bald in den Sonderrechten des hohen Adels aus und eruiert mit großem Eifer bei Gericht Präzedenzfälle, die sich auf aktuelle Gutachten und Gerichtsverfahren anwenden lassen. Dieses Geben und Nehmen ist es wohl, was den Geheimrat veranlasst, ihn an Verhandlungen und Entscheidungen zu beteiligen und ihn in bestimmten Verfahren selbständig agieren zu lassen. Darüber hinaus nimmt er ihn gleichrangig in den Kreis seiner Freunde und Kollegen auf.

Nicht zum ersten Mal sieht er sich bettelarm in die bessere Gesellschaft versetzt, doch nun ist seine Situation eine entschieden andere, denn er lebt noch dazu inkognito als Bohemien zusammen mit seiner Geliebten, die entweder ihrem Beruf als Tänzerin entsagt hat oder längere Zeit ohne Engagement ist. Wie bei anderen bedeutenden Zeitgenossen sind seine Tagebuchprotokolle von der ganzheitlichen Betrachtung seiner selbst geprägt, was u. a. aus den Details seiner Liebesbeziehungen hervorgeht. Aber auch die vom Eros beherrschte Weltsicht Theodor Däublers hinterlässt dabei deutlich ihre Spuren[33].

Trotz aller freisinnigen Sexualmoral will und muss er den Zustand seiner ungebundenen Beziehung ändern, verlobt sich und mietet für seine Braut eine Wohnung in Köln. Während er dabei ist, die Formalitäten für die Eheschließung mit seiner österreichischen Braut zu regeln, verliert sie ihren Pass. Damit rückt der Hochzeitstermin in weite Ferne, denn die Verhandlungen mit dem Konsulat ziehen sich hin. In seiner finanziellen Bedrängnis beschließt Carl Schmitt, seine Braut vorübergehend bei seinen Eltern in Plettenberg unterzubringen. Dorthin kehrt zur selben Zeit seine Schwester aus Portugal zurück. Die Spannungen zwischen der Verlobten, seiner Schwester und der Mutter sind vorprogrammiert, werden aber zur Weihnachtszeit weitgehend unterdrückt. Die Familie Schmitt und, was noch keiner weiß, die ganze Welt schlittert in ein ungewisses Jahr 1914.

---

sophischen Systems“ in: Monatsschrift für Kriminalpsychologie und Strafrechtsreform, 10. Jg., 1. April 1913, S. 27–31. „Juristische Fiktionen“ in: Deutsche Juristen-Zeitung, 18. Jg., 1913, Bd. 12, S. 804–806. Selbstanzeigen seiner Bücher in Kant-Studien. Philosophische Zeitschrift, hg. von Hans Vaihinger und Bruno Bauch: „Gesetz und Urteil“, 18. Jg., 1913, S. 165/166 und „Der Wert des Staates und die Bedeutung des Einzelnen“, 19. Jg, 1914, S. 529/30. Nachdrucke der Selbstanzeigen im Anhang, S. 345–347.

[33] Siehe S. 96, Anm. 6.

Carl Schmitt 1914

Carl Schmitt, nach eigenem Bekunden verheirateter Junggeselle und unbezahlter Referendar am Landgericht Düsseldorf, wohnt das ganze Jahr über möbliert am Ort, verpflegt sich teils selbst, teils in preiswerten Lokalen, oder wird beim Geheimrat am Zehnhoff, in dessen Kanzlei er unregelmäßig Geld verdient, öfter zu Mittag oder zum Abend eingeladen, meistens in dessen Wohnung, wo die Schwester des Geheimrats, Agnes Hammenstede, für das leibliche Wohl sorgt. Permanent drücken ihn Geldsorgen, denn er muss Kost und Logis für seine außerhalb wohnende Verlobte aufbringen, so dass er darauf angewiesen ist, dass ihm gute Freunde immer wieder aus der Klemme helfen. An den Wochenenden besucht er seine Braut, wenn eben möglich, doch erweist sich deren Unterkunft bei seiner Familie in Plettenberg als wenig hilfreich, zumal die Mutter offenbar die finanzielle Situation ihres Sohnes falsch einschätzt und reichlich Pensionsgeld verlangt. Ihr Aufenthalt in Plettenberg währt gewiss nicht lange über den 13. Februar hinaus, dem Tag, an dem die täglichen Aufzeichnungen Carl Schmitts für 4 Monate abrupt unterbrochen werden. Eintragungen nach diesem Datum reißt er heraus. Auch 5 vorangegangene Seiten werden versehentlich herausgerissen und dabei beschädigt, aber nachträglich wieder eingefügt[34]. Die letzten Eintragungen vom 12. und 13. Februar belegen den zerrütteten Zustand seiner Nerven, sowohl im Hinblick auf überschwängliche Begeisterung als auch maßlose Verärgerung. „Sensationen bis zur Vernichtung" bezeichnet er die Symptome und meint damit wohl sensitive Überreaktionen. Auch der Umzug der Braut von Plettenberg nach Köln geht nicht ohne Aufregung vonstatten, denn es kommt danach zu einer langjährigen Verstimmung mit seinen Eltern, was die Reduzierung der Kontakte zum Elternhaus bis auf gelegentliche Briefe an seinen Vater erklärt. Dagegen ist die Braut, die jetzt in der Pension eines Nonnenklosters in der Venloer Straße in Köln wohnt, mit der Bahn alle Tage bequem zu besuchen. Außerdem entspricht der Rhythmus der Korrespondenz den täglichen Telefonaten verliebter Paare heutzutage.

Bevor Carl Schmitt am 13. Juni sein Tagebuch fortsetzt, rekapituliert er 5 Stationen auf seinem Lebensweg der letzten beiden Jahre:

1.) Mai 1912 Düsseldorf. [Da er seit Mitte 1911 in Düsseldorf wohnt, meint er hier Düsseldorf als Dienstsitz beim Landgericht, denn er war zuvor auch an den untergeordneten Gerichten Lobberich und Mönchengladbach tätig.]

[34] Beim Herausreißen wurden die wieder eingefügten Seiten im unteren Drittel am Heftrand beschädigt. Außerdem wurde die letzte Seite mit einer Schere um 2 cm gekürzt. Siehe Abb. im Anhang S. 329–330.

2.) Herbst 1912 Mönchengladbach. [Der Beginn seiner Referendartätigkeit in der Kanzlei des Justizrats Hugo Lamberts und Umzug nach Mönchengladbach.]
3.) Weihnachten 1912 Köln bei Lerkas. [Es ist das erste Weihnachtsfest, das er zunächst nicht im Kreis seiner Familie verbringt, sondern mit seiner Geliebten Cari.]
4.) Mai 1913 Düsseldorf (am Zehnhoff). [Der Beginn seiner nebenberuflichen Tätigkeit im Büro des Geheimrats.]
5.) Weihnachten 1913 Plettenberg. [Im Elternhaus gemeinsam mit seinen Geschwistern und seiner Verlobten.]

Wieder ändert sich der Stil seiner Aufzeichnungen. Ohne von den Details des Tagesablauf abzuweichen, erweitert er sein Tagebuch sichtlich vermehrt um Gedanken und Eindrücke, Zustandsbeschreibungen und schonungslose Selbstanalyse. Sein Gemütszustand ist gegenüber dem Befund vor der Unterbrechung des Tagebuchs noch desolater geworden. „Denn nichts ist mehr da. Ich bin verloren und halb tot. Ich taumele und schwanke wie ein Verwundeter; mein Gehirn ist müde, matt, welk, dürr. Kein Glaube, keine Verzweiflung, keine Wut, keine Empörung, nur ein klägliches Nichts. Ich kann an alles glauben und glaube an nichts." notiert er an dem Tag, an dem er erfährt, dass sein Freund Wülfing verunglückt und nicht zu retten ist, und an dessen Todestag, dem 29. Juni, lautet der letzte Satz: „Da soll einer nicht grimmig lachen: Der Thronfolger von Österreich und seine Gemahlin werden erschossen von einem 19-jährigen Gymnasiasten, der Prinčip[35] heißt." Synchron mit dem Wahn, der Europa in den Weltkrieg treibt, gerät er in ein Wechselbad der Gefühle, erfassen ihn Hoffen und Bangen, tödliche Zweifel an sich selbst und seiner Geliebten, Wahnvorstellungen, Mord und Selbstmordgedanken.

Seine Rolle im Umgang mit dem Geheimrat empfindet er als entwürdigend. Er sieht sich als Supplikant, als lästiger Bittsteller. Wohl wissend um Carl Schmitts Geldnot, hält ihn der Geheimrat knapp und versucht ihm die Ehe mit seiner Nichte schmackhaft zu machen. Über das Vorleben der heißgeliebten Cari weiß der Geheimrat besser Bescheid als Carl Schmitt selbst, denn, wenn ein so erfahrener Jurist wie am Zehnhoff vom Tingeltangel spricht, weiß er, was er sagt. Aber er erreicht genau das Gegenteil. Carl Schmitt, der an sich selbst fast verzweifelt, macht seine Cari zur Richtschnur und Erfüllung seines Lebens. Er zwingt sich zu blindem Vertrauen und weiß nicht, welchem unerhörten Glückszufall er es verdankt, dass er ihre Liebe gewonnen hat.

[35] Gavrilo Prinčip (1885–1918), Attentäter von Sarajewo 1914. Auftraggeber war der Geheimbund ‚Ujedinjeje ili Smrt' [= Vereinigung oder Tod] des serbischen Oberst Dragutin Dimtriewic-Apis († 1917).

Als er das, was er jetzt darüber niederschreibt, nach Jahren wieder liest, notiert er an den Rand: „Der Glückspilz, Roman von Alice Berend“[36]. Aber Alice Berend simplifiziert den Fall, wenn sie ihren gestrauchelten Romanhelden, der bis zu seinem letzten Atemzug daran glaubt, dass ihn die Liebe seiner Frau retten wird, mit einer Fußverletzung in einem verschneiten Park erfrieren lässt, während seine Frau sich mit anderen amüsiert. In Wirklichkeit befällt ihn ein abgrundtiefes, unerklärbares und unwiderlegbares Misstrauen gegen seine Braut. Doch ringt er den Zweifel in seiner Brust nieder und sieht in ihr schließlich nur noch seine unentbehrliche Stütze in seinem Kampf um die Befreiung vom Geheimrat. Selbst eine Anzeige wegen eines Diebstahls im Kloster gegen sie ändert nichts daran. Ohne Argwohn besorgt er ihr sofort eine andere Unterkunft in Köln.

In Kummer und Bedrängnis fährt Carl Schmitt Ende Juli zu seinen Verwandten nach Lothringen zur Familie des reichen Bruders seiner Mutter André Steinlein. Hier wird er vom Ausbruch des Krieges überrascht. Bei seinem vorherrschend depressiven Gemütszustand hält sich der Glaube an einen deutsch-österreichischen Sieg in Grenzen, aber er zeigt doch große Anteilnahme bei Vorstößen feindlicher Armeen auf deutsches Reichsgebiet. Ganz persönlich fühlt er sich vom Vormarsch der Franzosen auf Straßburg betroffen. Sie werden in erbitterten Kämpfen um Saarburg gestoppt und zurückgeworfen. In Saarburg verbrachte er seine schönsten Ferien bei der Schwester seiner Mutter und seinem Lieblingsonkel Jacob Soissong[37]. An eine Studentenliebe zu einer gewissen Rosalie aus Saarburg erinnert er sich so lebhaft, dass ihn das Schlachtgeschehen in seinen Träumen verfolgt.

Der Kriegzustand steigert seine Sensibilität und überträgt sich auf sein Verhältnis zum Geheimrat. Er darf sich der tausend Beleidigungen und Gemeinheiten, die er ihm zugefügt hat, nicht erinnern, um nicht außer sich zu geraten und sagt zu sich selbst: „Aber ich weiß: Ermorden könnte ich ihn nicht, dafür ist er mir zu dreckig“. Doch die Realität fordert ihren Tribut. Der Geheimrat braucht ihn und er den Geheimrat. Die Absicht, sofort zu heiraten, scheitert an fehlenden Personalpapieren. Der Termin für das Assessorexamen rückt un-

---

36 Alice Berend (1878–1938), dt. Schriftstellerin, Schwester der zweiten Frau des Malers Lovis Corinth (1858–1925), der Tänzerin und Malerin Charlotte Berend (1880–1907), gehörte zum Freundeskreis Carl Schmitts in München während des Ersten Weltkriegs. In ihrem 1918 bei Albert Langen, München, erschienenen Roman „Der Glückspilz“ trägt der Titelheld, ein habilitierter junger Biologe, eindeutig Züge Carl Schmitts und dessen untreue Gattin solche seiner Ehefrau Cari. Aus Carl Schmitts Buch „Der Wert des Staates und die Bedeutung des Einzelnen“ wird in dem Roman ein Aufsehen erregendes wissenschaftliches Werk über den Ameisenstaat. Ansonsten sind die Analogien so gut getarnt, dass diese von den Zeitgenossen trotz einer Auflage von 20 000 Exemplaren kaum bemerkt wurden.

37 Soissong, vermutlich der Vater des Onkels Jacob. Siehe „Jugendbriefe“, S. 76, Brief von Anfang Nov. 1908.

aufhaltsam heran und die schriftliche Hausarbeit muss abgeschickt werden. Ein umfangreicher Stoff ist für das schriftliche Examen zu repetieren. Dennoch findet er trotz aller Anspannung in seiner Gutmütigkeit und Hilfsbereitschaft die Zeit, eine zweite Hausarbeit für einen befreundeten Kollegen zu diktieren. Am 7. Oktober erschüttert ihn die Nachricht, dass sein bester Freund Fritz Eisler am 27. September an der Westfront gefallen ist. Am nächsten Tag findet er Besonnenheit und Halt bei Sören Kierkegaards, s. S. 222. Dann fährt er mit den Geschwistern Eislers nach Straßburg, um den Nachlass seines Freundes zu ordnen und gewinnt einen neuen Freund in Georg, dem Bruder Fritz Eislers.

Seine Kontakte mit dem Geheimrat reduziert er auf das Notwendige und spürt, wie ihm aus der Distanz neue Kraft zuwächst. Das Tagebuch verzeichnet gesteigerte geistige Interessen und neue Pläne, aus seiner finanziellen Misere herauszukommen. Er erwägt, seine gesellschaftlichen Beziehungen zu nutzen und mit dem Agenten Emanuel, dem er bei der Dissertation helfen soll, und dem der Geheimrat für 400.000 Reichsmark einen bayrischen Adelstitel verschafft hat, auf Provisionsbasis zusammenzuarbeiten. Ferner kommt er mit dem Vater seines verstorbenen Freundes Wülfing zu einem Geschäftsabschluss für die Beschaffung von Uniformstoffen aus der Firma seines vertrauten Bekannten Leonhard Josten. Zwar erweist sich bei der Abwicklung, dass Carl Schmitt nicht zum Geschäftsmann geboren ist und in Zukunft die Finger von solchen Aktionen lassen wird, aber 2.000,– Reichsmark, die schließlich bei der Sache herauskommen, bilden den Grundstock dafür, dass er sich um eine gemeinsame Wohnung für sich und seine Braut bemüht und realistisch an die Heirat denkt.

Am 18. und 19. Dezember schreibt er die Prüfungsarbeiten für das Assessorexamen im Berliner Kammergericht eher nebenbei, denn Däubler ist in Berlin und nimmt ihn voll in Beschlag. Er beobachtet kritisch den Kulturbetrieb um Däubler und die Zeitschrift „Zeitecho“[38], pflegt das Gespräch mit Avantgarde und Literaturwissenschaft[39]. Das Examen hakt er ab; eine gelungene und eine ausreichende Arbeit werden genügen, um ihn ins mündliche Examen zu bringen. Am Tag vor Heiligabend verlässt er Berlin und fährt nach Hamburg, wohin ihn die jüdische Familie Eisler über Weihnachten eingeladen hat. Dort fin-

[38] „Zeitecho. Ein Kriegs-Tagebuch der Künstler“ (1914–1917, ab 1915 ohne Untertitel). Schriftleiter im ersten Jahr des Erscheinens war Friedrich Markus Huebner (siehe S. 277, Anm. 108). Theodor Däubler gehörte zu den Mitarbeitern. Herausgeber war Otto Haas-Heye.

[39] Hauptstaatsarchiv Düsseldorf, RW 265–20115. In einer Sammelmappe hält Carl Schmitt unter der Überschrift „Zusammentreffen mit Däubler“ die Zeit vom 17.–22.12 in Berlin mit folgender Notiz fest: „Wohnte im Kurhotel in der Linkestraße; machte meine Klausurarbeit des Assessorexamens beim Kammergericht, gleichzeitig mit Moeller van den Bruck, Frau Bienert, Buschbeck, Neuenhofer. Aßen einmal bei Hiller zu Mittag mit Haas-Heye, der das Zeit-Echo herausgibt; suchte Julius Bab im Grunewald auf, um ihn für Däubler zu interessieren.“

det er zwar nicht eine Spur der Vornehmheit des rheinischen Großbürgertums, aber sehr viel Gutmütigkeit und Weichheit und fängt an, die Juden zu respektieren.

Wieder zu Hause macht er sich an die Korrektur eines Aufsatzes, den Carl Schmitt aus dem Nachlass Fritz Eislers[40] herausgibt. Die Tage in Berlin und Hamburg haben ihm nach einem Jahr der Kämpfe um Leben und Tod seine alte Stärke wiedergegeben. „Vor wem soll ich eigentlich noch bange sein?", fragt er sich in der Silvesternacht.

Carl Schmitt bis Ende Februar 1915

Zu Anfang des Jahres 1915 macht sich Carl Schmitt flüchtige Notizen unter der Überschrift „Pläne", die leider nur unvollständig zu entziffern sind. Trotzdem ergibt sich daraus ein längerfristiges Programm, das die Wahrscheinlichkeit einer baldigen Einberufung zum Kriegsdienst nicht berücksichtigt. Er notiert:

> „Aufsatz über Däubler. Wie abstrakt ist Ricarda Huch! Dagegen die Modernen (Trakl, Becher). Sie zählen Einzelheiten auf. Däubler auch: Beispiele! Und schließlich: Die Dinge sterben ab, die letzten bleiben die Objektivität. Sie sprechen nicht mehr von sich. Sie wollen die Dinge sehen.
>
> Das Rechtssubjekt im Privatrecht. Haftung und fremdes Verschulden. Antiindividualismus im Privatrecht: 1.) Juristische Person, 2.) Haftung für fremdes Verschulden, 3.) Aktienrecht, GmbH usw., 4.) Zivilprozess, der Richter, die Kammer.
>
> Knapp[41], Staatliche Theorie des Geldes, Leipzig 1905.
> Die These: Die Seele des Geldwesens liegt nicht im Stoff, der Palette, sondern in der Rechtsordnung, welche den Gebrauch reguliert. Der Empfänger von Papiergeld ist nicht real, sondern nur zirkulatorisch beteiligt.

---

[40] Fritz Eisler, Einleitung zu einer Untersuchung der Bedeutung des Gewohnheitsrechtes im Strafrecht, aus dem Nachlass hg. von Carl Schmitt in: Zeitschrift für die gesamte Strafrechtswissenschaft, 36. Jg., 1914–15, S. 361–369.

[41] Georg Friedrich Knapp (1842–1926), dt. Nationalökonom, berühmt durch „Die staatliche Theorie des Geldes", Duncker & Humblot, Leipzig 1905; vgl. „Schmittiana" III (EHSA, Brüssel 1990), S. 150–151, FN Punkt a) und „Schmittiana" VIII (Duncker & Humblot, Berlin 2003), S. 80, FN 2 Punkt b).

Rosenbaum in Schmollers Jahrbuch[42], XXXVIII, Heft 4, S. 456.
[Darunter]: „Für die abstrakte wissenschaftliche Vernunft aber korrespondiert der Wert des Geldes dem letzten hypothetischen Einheitsbegriff wissenschaftlicher Systeme (Atom, Energie)."

Käte Asch[43], Die Lehre des Charles Fourier[44], Jena 1914, S. 44: Nach F.[ourier] steht die neue, reine verklärte Welt im ursächlichen Zusammenhang mit der Entstehung einer Strahlenkrone um den Nordpol „la couronne aureoble". Dies soll durch Wärmeverteilung das Klima verändern, [selbst das Meerwasser in eine wohlschmeckende Flüssigkeit umwandeln] und neue Tier- und Pflanzenarten hervorbringen. (Der Antilöwe, hier z. B. mit der Bedeutung, die man damals den Nordlichterscheinungen zuschrieb.)[45]

(1716 Halley, >Euler[46]<, magnetischer Ausfluss.)

Sowohl den Aufsatz über Däubler und die expressionistische Lyrik als auch die Untersuchung über das Rechtssubjekt im Privatrecht kann er 1915 angesichts der sich überschlagenden Ereignisse nicht realisieren. Spontan mietet er am 2. Januar eine für seine Verhältnisse kostspielige Wohnung und bringt sich durch die laufenden Kosten und die erforderliche Möblierung in nervenzehrende Zahlungszwänge. Seine Braut drängt auf baldige Hochzeit und hat mit einem Schreiben an den Kaiser von Österreich erreicht, dass ihr Antrag auf

[42] Schmollers Jahrbuch, Hg. Gustav von Schmoller (1838–1917), dt. Nationalökonom. Eduard Rosenbaum hat in 38. Jg. Nr. 3, 1914, S. 445–492 den Aufsatz veröffentlicht: „Ferdinand Tönnies Werk."

[43] Käte Asch (geb. 1887), dt. Nationalökonomin studierte in Lausanne (1908), Straßburg (1908–1909), München (1909–1914), Dissertation über Charles Fourier, Doktorvater: Lujo Brentano (1844–1931). Siehe S. 281, Anm. 116 sowie S. 284, 286, 403.

[44] Charles Fourier (1772–1837), frz. Sozialphilosoph und Frühsozialist, der mit sog. Phalanstères, Gemeinschaften von 1620 Personen, die zusammen produzieren und konsumieren, die Welt reorganisieren wollte. Die einzige wirklich gelungene Phalanstère wurde von dem Ofenfabrikanten Jean-Baptiste Godin (1817–1888) in Guise gegründet und hat bis 1970 funktioniert.

[45] Käte Asch fährt nach diesem fast wörtlichem Zitat in dem betreffenden Absatz S. 44 fort: „So entstehen jene berüchtigten Antilöwen und Antitiger, welche im Gegensatz zu den wilden Tieren Haustiere des Menschen sein werden .... Die Idee, der nördlichen Strahlenkrone eine besondere Bedeutung zu verleihen, mag damit zusammenhängen, dass in jenen Zeiten Nordlichterscheinungen besonderes Interesse erregten. Im Jahre 1716 zeigte sich eine auffallende Nordlichterscheinung, die Halley zu der Theorie veranlasste, es handele sich um einen magnetischen Ausfluss am Nordpol, der sich in der Folgezeit dem Südpol zuwenden würde."

[46] Edmond Halley (1656–1742), engl. Mathematiker, Physiker, entdeckte die Identität der Kometen von 1531, 1607 und 1682 (Halleyscher Komet), er schuf 1701 eine Karte der magnetischen Deklination und führte 1702 die erste Kartierung der Gezeiten im

Personalpapiere jetzt positiv beschieden wird. Er selbst wartet täglich auf die Bekanntgabe des Termins der mündlichen Prüfung für das Assessorexamen, die irgendwann im Februar in Berlin stattfinden soll. Während seine Referendarkollegen Gross und Haas-Heye, die mit ihm im Examen stehen, den Prüfungsstoff eifrig repetieren, arbeitet er für den Geheimrat, um seiner Geldnot abzuhelfen.

Das alles bewirkt in ihm eine wahnsinnige Überreizung, in der Vorwürfe gegenüber sich selbst und seiner Braut ihn dermaßen erregen, dass er an dem Punkt steht, „überzuschnappen". Hinzu kommt der Bescheid, dass in der Strafsache gegen seine Braut neu ermittelt und am 26. Januar entschieden werden soll. Ein Besuch von Georg Eisler vom 15. bis 25. Januar bringt ihn wieder ins Gleichgewicht. Sein Resümee: „Georg ist ein großartiger Kerl, ein kluger, intelligenter, anständiger Jude. Das können doch Prachtkerle sein, was ich gar nicht gedacht hatte. Mir tut es gut, dass er da ist"[47].

Nun beginnt die Vorbereitung auf die mündliche Prüfung gemeinsam mit seinen Kollegen Gross und Haas-Heye, bei Carl Schmitt oft unterbrochen durch die Einrichtung der Wohnung. Dann die beruhigende Nachricht, dass die Prüfung erst am 25. Februar stattfindet; eine Woche später trifft das aufregende Angebot seines Doktorvaters Fritz van Calker ein, ihm beim Leibregiment in München einen Posten zu verschaffen. Er fährt am 7. Februar sofort nach München, wo er Georg Eisler wiedertrifft und der Major beim Leibregiment Fritz van Calker ihm nach einer ärztlichen Untersuchung erklärt, dass er wegen eines Sehfehlers nicht felddiensttauglich, sondern nur garnisonsdienstfähig sei, aber als Kriegsfreiwilliger gleich angenommen würde. Er bekommt einen Stellungsbefehl für den 15. Februar und hat gerade noch eine Woche Zeit, die er in Düsseldorf besser nutzen kann. Umgehend reist er zurück. Die Einberufung zum Kriegsdienst ermöglicht eine Kriegstrauung. Am 13. Februar be-

Kanal durch. Leonhard Euler (1707–1783), schweiz. Mathematiker. Im Zusammenhang mit Halley dachte Carl Schmitt vermutlich an die Eulersche Strömungslehre.

47 An dieser Stelle erlaubt sich der Herausgeber von seiner selbstverordneten Regel, Carl Schmitt nicht mit zeitlich späteren Äußerungen oder Handlungen zu kommentieren, abzuweichen; eine Regel, die ohnehin nur für die Person Carl Schmitt und nicht für Anmerkungen zu anderen Personen gilt.
Carl Schmitt wirkte in seinem geistreichen Gehabe offenbar überaus anziehend auf intellektuelle Juden. Freundschaften, die daraus entstanden, wurden ihm durchweg von Juden angetragen und von ihm gewährt. Dagegen brachten sich im Fall Georg Eisler, wie es im Tagebuch deutlich wird, beide ihre Freundschaft entgegen. Das war auch mein persönlicher Eindruck, als ich 1982 mit Georg Eisler telefonierte und ihm berichtete, dass meiner Meinung nach Carl Schmitt an einem neuen Zusammenfinden gelegen sei. Da er meinen Äußerungen zunächst entnahm, dass in meiner Beurteilung die Freundschaft Carl Schmitts mit seinem Bruder Fritz vor der Freundschaft mit ihm rangierte, betonte er mehrfach wie eng und eigenständig das Verhältnis zwischen ihm und Carl Schmitt war. (Siehe dazu Ernst Hüsmert, Die letzten Jahre von Carl Schmitt, in „Schmittiana" I, S. 49/50.)

kommt seine Braut vom österreichischen Konsulat eine Bescheinigung, die Carl Schmitt zwar nicht für ausreichend hält, die aber der Standesbeamte in Köln akzeptiert und ohne weitere Bedenken die Trauung durchführt. Die Trauzeugen waren zwei unbekannte Invaliden.

Als Carl Schmitt am 15. Februar in München beim Leibregiment eintrifft, erklärt ihm ein freundlicher Feldwebel, dass er erst nach dem Assessorexamen eingekleidet werden solle. Er erhält bis dahin Urlaub und kann in Zivil auf Militärfahrschein nach Hause und vermutlich auch nach Berlin und zurück nach München reisen. „Dass Calker noch einmal soviel für mich tun würde, hätte ich nie gedacht", schreibt er am 16. Februar in sein Tagebuch. In Düsseldorf erfährt er zudem, dass der Staatsanwalt das Verfahren gegen seine Frau endgültig eingestellt hat. Auf einmal läuft alles glatt. Nach München zurückgekehrt notiert er in seinem Tagebuch aus der Türkenkaserne: „1915, 25./II. Assessorexamen; es dauerte lange, bis 3 Uhr. Nicht besonders gut abgeschnitten. Ich war froh, jetzt dem Examen entwischt zu sein, Abends >beisammen<, beendet! Gross in Südende[48]. Heftige Sehnsucht. Nachts nach München gefahren."

Jahrelang hat Carl Schmitt mit seinem Schicksal gehadert und doch geglaubt, dass sich für ihn alles zum Guten kehrt. Selbst in kleinsten Dingen sah er den Finger des Schicksals, der ihn auf- oder hinrichtete. Jetzt, wo sich ihm durch seinen Freund und Doktorvater das Tor zu einer wissenschaftlichen Karriere auftut, beendet er am Freitag, dem 19. Februar 1915 das Tagebuch dieses Lebensabschnittes dennoch bedrückt mit den Worten: „Es war herrliches Wetter. Der Frühling liegt mir in den Gliedern. Ich bin müde und traurig, sehnsüchtig und schwer. Wer hilft mir? Lieber Gott. Währenddessen sterben Tausende Menschen. Dachte oft sehnsüchtig an meinen Bruder Jup, der im Schützengraben liegt. Wäre doch erst alles zu Ende."

48 Südende – Bahnstation in Berlin-Steglitz, westlich von Berlin-Mariendorf, wo der Referendar Heinrich Gross bis zum 9. Februar 1915 gemeldet war.

Erster Teil

Tagebuch
vom 16. Oktober bis 29. Dezember 1912

Oktober 1912

[Nachträgliche Randbemerkung, vermutlich 1947]:
München=Gladbach

16. Mittwoch

Aus dem Brief an Cari *(mit dem Wappen auf dem Zinnteller gesiegelt)*:

Ich werde es mir doch nicht nehmen lassen, ein Paket für meine Cari eigenhändig an die Post zu besorgen, um noch einen grüßenden Blick anzuheften, wenn es von den Postbeamten in schönem Bogen zwischen die anderen Pakete geworfen wird, unter Pakete mit Anzügen, gefärbten Kleidern, Akten, Kleinschlappen und Wichsdosen.

Zweitens, geehrter Schatz, wirst Du die Trauben vermissen, die ich Dir vor einigen Tagen in Aussicht stellte. Aber ich befürchtete, sie würden beschädigt, der Saft würde, statt in Deinen süßen Schleckermund, in das Paket dringen und Bücher, Briefe und anderes mit ungebetener Verzuckerung überraschen. Da ich nun statt dessen eine Büchse mit schönen Ananas da stehen sah und der eifrige Kaufmann meine Bedenken, sie werde sich schwer öffnen lassen, durch den beiliegend überreichten Öffner prompt zerstreute, da schienen mir alle Einwände widerlegt und ich wagte es, meinem Schatz eine Büchse Ananas zu schicken.

Ich möchte nun nicht verhehlen, königlicher Schatz, mit diesen Geschenken den Ausdruck ehrerbietigster Ergebenheit zu übersenden. Seitdem das Schicksal, dessen Tücken gerade die Spitzen der Menschheit, am meisten aber gekrönte Häupter, ausgesetzt sind, uns aus unserem Residenzschloss Wussing, erste Etage links, letztes Zimmer am Korridor links, vertrieben, uns dann nach kurzer Rast in Düsseldorf für längere Zeit auseinandergerissen hat, bin ich zu dem unabweisbaren Ergebnis gekommen, dass meine Nerven ohne das Schönheit spendende Antlitz Ihrer Königin verrohen, verengen, versumpfen, ja, sich verzehren. In Anbetracht dessen ist der Zustand in meinen Ländern ein desolater, und stelle ich ergebenst anheim, solches als Ursache dieser Verwüstungen zu betrachten. Sie, königlicher Schatz, Sie erhabene Frau, haben, zwar nicht durch handgreifliche Tat, wohl aber durch Entlassung und Abwesenheit ein blühendes Reich zur Wüste gemacht, in der als schüchterne Oase die Hoffnung auf den 15. dec. blüht.

In gewissem Sinne, Cari, bin ich heute Abend verrückt und toll nach Dir, und wenn ich mich nicht durch ein Paket und diesen Brief ablenkte, säße ich morgen Abend in Görlitz und wir hätten ein Glück und ein Unglück. Kommt aber das Paket mit diesem Brief allein, so ist es ein, wenn auch kleineres Glück, aber dafür kein Unglück. Diese einleitende Rechnung stört mich und hoffentlich Dich, teure Cari, erst recht, und so wollen wir uns dabei trösten. Eines Tages hört dieses Harren doch auf, dann wird alles schön und <gut>, in unserer beider Standhaftigkeit und Treue werden die Fundamente fürs feste Haus gelegt, in dem wir unser Leben lang schön, munter, unangreifbar werden. – Cari, wenn Du Dir diese Hoffnung durch ein nichts als nutzloses Empfinden >nehmen< lässt, dann verdienst Du dieses Paket nicht. Und ist dieses Paket etwa ein kleines? Bitte sehr, hat Dir schon einmal jemand einen Büchsenöffner geschenkt? Macht nicht dieser Büchsenöffner eigentlich das Paket zu einem vernünftigen? Alles andere ist Schleckerei, Ausfluss des Bedürfnisses, meinem lieben, süßen Schatz ein Vergnügen zu machen; aber dieser Büchsenöffner hat einen praktischen Zweck, eine sachliche Bedeutung; er wird noch fortbestehen, wenn nichts anderes von dem Paket mehr da ist. Er ist eigentlich der Kern und das bleibende Zentrum des Paketes.

Cari, sei brav und behalte mich lieb. Du weißt, wie ich Dich liebe. Nun ist es wieder Nacht, mein Zimmer ist totenstill; wenn die Tür aufginge und Du trätest herein, ich stürbe vor freudigem Schreck und hätte einen schönen Tod. Ginge es Dir nicht ebenso? Mir versinkt die ganze Welt. Du bleibst meine Ruhe und mein Frieden. So viel wie Du mir hat mir noch kein Mensch geben können. Cari, ich danke Dir in Ewigkeit dafür. So wie auf Dich habe ich mich noch auf keinen verlassen. Du bist mir eine Stütze und ein Hoffen. Liebe, gute, schöne Cari, ich küsse Dich, ich umarme Dich, in heftiger Hingabe. Ganz Dein Carl.

17. Donnerstag

Was ist meine Liebe anders als ein kindliches Anklammern an haltlose Dinge; ich will treu sein und ein Mädchen zur Treue zwingen. Das ist ein Unterfangen, als wollte man Wasser im Sieb tragen, als wollte man die Zeit aufhalten statt sie zu überwinden; das kann nicht gut gehen, und dass es den so Liebenden im Leben schlecht geht, ist durchaus gerecht. Denn sie wollen sich der Arbeit hinterziehen, sie wollen sich selbst bewahren und scheuen sich vor einer Aufgabe. Diese Frage ist tief und gibt wieder einmal dem alltäglichen Leben seine Richtigkeit. Das Geschäft nimmt keine Rücksicht auf den Einzelnen. Aber die Liebenden wollen sich als Einzelne und wollen sich ängstlich bewahren. Das ist eine Sünde.

Wenn ein Vorgang wirklich schon einmal da gewesen ist, dann ist in dem die Wahrheit gewesen; denn nur diese kann sich nicht verändern, und was sich nie verändert, ist die Wahrheit.

Wie unbedeutend schwach, kindlich, belanglos werden Menschen wie Eisler, wenn sie anständig zu sein versuchen.

Ich werde kurzsichtig aus Entgegenkommen, auch feigem, unterwürfigem Entgegenkommen gegen alle Dinge.

Der Doppelgänger: Ich sage immer, er gleicht mir nicht mal. Aber ich fühle, dass er es ist, als ich nicht eifersüchtig werde, obwohl er meine Freundin küsst. Ich habe Angst.

Die Verarbeitung des Rechtsstoffes durch die Rechtsanwälte in Richtung aufs Gesetz.

Der Zweifel streut den Samen aus,
sofort bevölkert sich mein Haus
mit seinen garstigen Kindern.
Die Missgunst schwätzt und schleimt,
Die Eifersucht speit Flammen.
Mein Haus ist ein Schmutzwinkel und ein Raubtierloch.

Anfang eines Buches: Sobald ein Mensch sich seiner furchtbaren und unentrinnbaren Einsamkeit bewusst wird,

Dehmel[1]: Nur erotisches Feuer; nur Sexualität, wenn auch transponiert. Nur was ein Mensch außerhalb seiner >erotischen< Dichtung hat, was er an Gedanken hat, das legitimiert ihn – wie er zum Staat, zur Gesellschaft steht. (Hegel: Totalität)

Alles Bestreben nach Einheit (das heißt alle Philosophie und Religion) ist ein Mononom, vielleicht nur deshalb möglich, weil sie jeden empirischen Inhalt schlau abstreift. „Jede Einflucht" – Däubler II. S. 446. Die Gnade ist kein Sein, sondern nur Einheit[2]. (Verifiziert Plettenberg, 7. 9. 1947)[3]

[Daneben nachträglich in Langschrift eingefügt]:
1912, M.= Gladbach

18. Freitag

Brief an Cari: „Ich habe sehr oft beobachtet, wie tüchtige Männer ihre Frauen oft gelangweilt und geärgert ansehen, wenn sie über Dinge sprechen, von denen

[1] Zur Kritik an Richard Dehmel siehe im Anhang S. 335–336 den Nachdruck der Dehmel-Satire aus „Schattenrisse". Über Dehmel siehe auch „Carl Schmitts Kulturkritik der Moderne", S. 227–234.

[2] Der entsprechende Vers bei Däubler in: Das Nordlicht, Florentiner Ausgabe, Zweiter Theil, S. 446 lautet: „Die Gnade ist kein Sinn, kein Sein, sondern bloß Einheit".

[3] In seinem „Glossarium" notiert C. S. unter dem 7. 9. 1947 nach der Entlassung aus der Haft in Nürnberg: „Die Lektüre der Notizen von 1912–1914 ergibt Staunen über die unendliche Unbeweglichkeit des Geschehens, die Unbeweglichkeit dessen, was man Zeit nennt, oder was dasselbe ist, die unendliche Langmut Gottes".

der Mann etwas versteht oder die ihm am Herzen liegen. Ich habe dann immer aufrichtiges Mitleid mit dem Mann. Denn in einem einzigen solcher Blicke wird plötzlich ein Vorhang für eine Sekunde geöffnet, der eine Szene von Unverständnis, Enttäuschungen, Vorwürfen, ja Feindseligkeiten zeigt und der sich dann sofort wieder schließt, um wieder die stereotypen Bilderchen mit blumentragenden, leuchtenden Amoretten zu zeigen. Versuch es einmal, Dir zusammenzuaddieren, was Du auf der Welt schon an missratenen Beziehungen zweier Menschen zueinander gesehen hast, wie viel Neid, Wut, Hass und Eifersucht, ja Ekel die Leute voreinander empfinden; zähle das alles zusammen, die Erde ist bedeckt davon und der Wahnsinn der ganzen Sache ist unendliches Meer.

Cari, wir beide beschauen uns den Schwindel von der Insel unserer seligen Liebe aus. Und wenn mir gar ein solcher H... gute Ratschläge für mein Verhalten gegenüber Frauen geben will und mich warnt, so denke ich: O du armer Tropf, merkst du denn nicht, wie du dich mit jedem deiner Worte verrätst. Willst du die Posten durchschöpfen und warnen? Beweist nicht der bloße Umstand, dass du mich hier belehren möchtest, dass ich klüger und glücklicher bin als du?"

Das Wiegenlied von Brahms streift so nahe an das Geniale, dass es schon deshalb nicht genial ist. Wer Genialität so täuschend nachahmen kann, ist kein Genie.

Zwei Liebende wollen sich zur Treue zwingen und der Welt trotzen; Sie stemmen sich gegen den Gang des Geschehens wie 2 Ameisen gegen die Dampfwalze.

Wenn jetzt plötzlich 100 000 Mark auf dem Tisch liegen, würde ich Angst haben. Warum ist der Wunsch lächerlich und kindisch, ja verwerflich. Warum denkt kein vernünftiger Mann so. Ich möchte gern einmal Leute kennen lernen, die große Summen in der Lotterie gewinnen. Warum ist das Glücksspiel verwerflich?

Lügen haben kurze Beine, das heißt nach Rathenau, dass Lügner Unterschichten-Menschen sind.

19. Samstag

An Eisler: Der Prozess der Verarbeitung wirtschaftlicher Tatsachen („Verhältnisse" darf man schon gar nicht sagen, weil das schon eine Rechenordnung ist) unter dem Gesichtswinkel rechtlicher Begriffe, der nur im Rechtsanwaltsbüro zu beobachten ist, bietet das beste Material für eine Philosophie der Jurisprudenz. Die rechtlichen Kategorien bestimmen ein Übriges, indem sich eine noch so wirtschaftliche Sache endlich darstellt; mit unentrinnbarem Zwang kommen Richter, Rechtsanwälte, sogar intelligente Parteien heran. Was sind die Soziologen doch für Krämer. Sie suchen eine Struktur in der Leinwandfabrik. Sie sagen: Die Leinwand schafft das Gemälde und das Papier mentiert das Gedicht.

An Däubler: Soll ich solange warten. Jeder vornehme Beamte verlangt die Seidenschnur und lässt sich nicht erst erdrosseln. Jeder hat ein Recht auf die Seidenschnur. Das allein ist die wahre Demokratie.

Die Sehnsucht, in den Mutterschoß zurückzukehren: Nimm mich auf in deinen Schoß, löse von der Welt mich los. Also nicht, wie Weininger meint, das Bestreben, den Koitus zu vermeiden, sondern gerade der Wunsch nach Immission. Das Geheimnisvolle bleibt dabei der Zusammenhang mit der sexuellen Lust. Das ist das Schändliche an jeder Lust, dass im Moment der Lust keine Hingabe vorliegt, sondern ein widerliches Betäubtsein.

Wenn jemand mich mit meiner Frau hinterginge: Das giftige Raubtier, den stechenden Wurm, würde ich zertreten.

Schäfer: Gepinselte Kinkerlitzchen.

20. Sonntag

„Streng genommen", das heißt in >moralischen< Dingen, auf jeden Fall, wenn du kein Schuft bist.

21. Montag

Wie furchtbar ist doch, dass Nap. I. bei Nostradamus immer als der mit der [in Langschrift] Tête rasee[4] (I. Centurie, Quatrain 88) erscheint. Dadurch bekommen nämlich alle Kleinigkeiten eine Bedeutungsfülle, die einem die unbedeutendste Handlung, die geringste Bewegung, einen zufällig emporgereckten Bettzipfel oder ein Laken, <den> in die Wand eigeschlagenen Nagel oder Kleiderhaken als grinsendes oder warnendes Omen erscheinen lassen. Man kann alledem gegenüber nichts tun als ein <geistig> interessierter Mensch[5] zu werden, seine Pflicht zu tun, seine Gelüste zügeln und selbst immer sein eigener Herr zu bleiben, innerlich und äußerlich. Sonst wird man in die Gebundenheit verstrickt und geht in der Last der eigenen Leiblichkeit unter.

[Darunter nachträglich stenografisch vermerkt:]
München=Gladbach

4 Rasierter Kopf.

5 Siehe auch den Vergleich Kant/Napoleon in der Eintragung vom 24. Oktober 1912.

23. Mittwoch
In der Not werde ich wohl in diese saure Fliege beißen müssen.

Ich glaube wohl nur deshalb so leicht an Deduktionen und Argumentationen des Gegners, weil ich nicht gern zu dem Glauben >gezwungen< werde, es gebe Menschen, die leugnen oder unrichtig denken. Ich hätte Angst vor ihnen, weil ich mir nicht zutraue, sie widerlegen zu können und lieber selbst widerlegt werde. Es ist immer das vornehme, würdelose Entgegenkommen; die lachende >Kulanz<. Der Justizrat kennt diese Furcht nicht, weil er mutig ist und meint, jeden Menschen überzeugen zu können. [Daneben in Langschrift vermerkt:] Lamberts.

Ist etwa der Mozart nicht mehr wert als viele Simmel und 10 000 Rathenaus?

24. Donnerstag
An Cari: Was Du morgen tust, hat vielleicht vor 500 Jahren einer aufgeschrieben, mit allen Kleinigkeiten. Es gibt keinen Zufall und gibt kein Entrinnen vor der Schuld. Es bleibt nichts als ein guter Mensch zu sein. Wir sind hilflos verloren in einer brutalen Maschinerie, wenn wir uns nicht selbst mit einem ernsten Entschluss zur Selbstachtung bestimmen. Es handelt sich immer um einen Kampf des Selbst mit der Außenwelt, um die Frage, ob man selbst sein Schicksal bestimmt oder sich ihm hingibt. Schau, Cari, deshalb ist Kant größer als Napoleon und Nostradamus konnte Napoleons Schicksal vorher prophezeien, nicht aber von Kant etwas wissen.

25. Freitag
Mit dem rechten Bücherschreiben ist es wie mit dem rechten Lieben: Man meint bei jeder neuen Liebe, dieses Mädchen wird man heiraten und meint bei jedem neuen Buch, dieses sei die endgültige Wahrheit.

In der Liebe ist die Eindeutigkeit da, wenn die Zweideutigkeiten anfangen.

Warum ergreift einen der weite, blaue Himmel? Weil er die Einheit am reinsten darstellt; weil er alle Zufälligkeiten einzeln ausschließt. Die Nacht dagegen ist die falsche Einheit; sie ist das Nichts; sie ist der Verzicht auf den Kampf zur Einheit. Das weite Meer ist Einheit.

Wir sind im Körperlichen und Leiblichen eingeschlossen. Aber wenn es an irgendeinem Punkt gelingt, den Schein des Ewigen zu empfangen, dann wird aus der Diatonie körperlicher und psychischer Leiden Kunst. Dazu gehört aber die Form, die Gruppierung; alles Irdische ist unharmonisch. Die biologische Zweckmäßigkeit ist keine Harmonie, sondern eine traurige Kunst.

An Däubler: Welche Naivität gehört doch dazu, es mit den Gelehrten der Zunft und in gegenseitigen Versicherungen die Wichtigkeit ihrer „Untersuchungen“ mitmachen zu können. Ich hasse jedes Buch, das ich nicht entweder selbst geschrieben habe oder bis zum höchsten Maße bewundern muss. Mir kommt es beim Schreiben gelehrter Bücher immer nur auf eine Eulenspiegelei an.

26. Samstag
Es bedarf noch einer genauen Untersuchung: Warum ist der verliebte Mensch, der treu an einem einzigen Weibe hängt und Angst um sie und ihren Verlust hat, asozial, während der gesunde Naturbursche, der alles mitmacht, fröhlich mit in den Krieg zieht und seine Karriere vorschriftsmäßig absolviert, immer polygam ist, sich an bezahlten gemeinen Huren unbedenklich ergötzt *und eine gar nicht ihn selbst vernichtende Eifersucht hat?* Hängt auch das damit zusammen, dass der Liebende in den Mutterschoß zurück will; den Wunsch hat, seinen Eintritt ins Leben wieder rückgängig zu machen; während jedes andere Streben vorwärtsgeht, von jenem Akte fort ...

[Daneben die Randnotiz]: *Was Eifersucht bedeutet: Der andere kann sein, was man selbst nicht ist, nämlich treu. Othello*[6] *war nicht treu.*

Woher das Bedürfnis, ein Mädchen zu knechten, es ganz zu beherrschen, es zum willenlosen Geschlecht zu machen? Viele Menschen haben das. Man stelle sie auf die Probe und lasse sie das Mädchen, das sie lieben, hypnotisieren. Nur wenige werden es ablehnen. Die meisten werden die Gelegenheit mit Freuden ergreifen und in all ihrer vernichtenden Herrschsucht und rasender Machtbegierde, werden solches kundtun in den Befehlen, die sie dem geliebten Mädchen erteilen. (Peer Gynt[7]*, war seines Wesens Kalifat, bei Anitra aufrichtiger), aber was ist der tiefere Sinn dieses unsinnigen Begehrens? Vielleicht nur der Ausdruck der eigenen Leere, der Unsicherheit seiner selbst, so wie das Bedürfnis, sich zu schmücken, zu kaufen, nur dem Bedürfnis entspringt, die innere Leere und Hohlheit durch Äußeres zu ersetzen. Es ist Einverleibungsbedürfnis, Beweis der eigenen Nichtigkeit. Frauen haben es daher immer.*

---

6 Drama von Shakespeare. Die Kenntnis der Handlung ist gemäß der in den „Schattenrissen“ viel benutzten Standardformel „Gemeingut aller Gebildeten“, s. z.B. S. 334.

7 Schauspiel von Ibsen (dt. 1881). Carl Schmitt bezieht sich auf die Szene mit Anitra, eines Beduinenhäuptlings Tochter, im 4. Akt. Die Kenntnis der Handlung gehört nicht unbedingt zum „Gemeingut aller Gebildeten“. Deshalb der Abdruck der Szene im Text.

[Einschub Verführungscene aus dem 4. Akt, nachdem sich zuvor Peer Gynt als Prophet ausgegeben hatte.]

Karawanenweg. Die Oase in weiter Ferne.

PEER GYNT, auf seinem weißen Pferd, jagt durch die Wüste. Er hat ANITRA vor sich auf dem Sattelknopf.

ANITRA: Lass sein; ich beiße!
PEER GYNT: Du kleiner Schalk!
ANITRA: Was willst du?
PEER GYNT: Was? Spielen Täubchen und Falk!
Dich entführen! Tolle Geschichten machen!
ANITRA: Schäm dich! Ein alter Prophet – !
PEER GYNT: Firlefanz!
Der Prophet ist nicht alt, du kleine Gans!
Macht man im Alter noch solche Sachen?
ANITRA: Lass los! Ich will heim!
PEER GYNT: Jetzt bist du kokett.
Also heim! Zum Schwiegervater! Wie nett!
Wir tollen Vögel, die Reißaus genommen,
Wir dürfen ihm nie mehr vor Augen kommen.
Zum andern bleibe man nicht, mein Schatz
Für längere Zeit an demselben Platz;
Man verliert in der Achtung, je mehr man bekannt wird; –
Zumal, wenn man kommt als Prophet oder so.
Man gehe vorüber, rasch wie ein Bonmot.
Es war schon so weit, wo die Sache gespannt wird.
Deine Wüstensöhne wurden verdrießlich;
So Gebete wie Weihrauch versagten schließlich.
ANITRA: Doch du bist doch Prophet?
PEER GYNT: Ich bin dein Kaiser!

Will sie küssen.

Guck, was für ein kleiner Bärenbeißer!
ANITRA: Gib mir den Ring da von deinem Finger!
PEER GYNT: Nimm, süße Anitra, die ganzen Dinger.
ANITRA: Wie klingt deine Rede wonniglich.
PEER GYNT: O selig, wer so hoch geliebt wird wie ich!
Hinab! Und das Pferd geführt als dein Sklav!

Reicht ihr die Reitpeitsche und steigt ab.

So, meine Rose, meine liebliche Blume,
Hier will ich Sand treten zu deinem Ruhme,

Bis mich ein Sonnenstich gnädiglich traf.
Ich bin jung, Anitra; das hab vorm Auge,
Du musst's nicht so streng nehmen, wenn ich nichts tauge
Sieh, neigt nicht die Jugend zu allerlei Tänzchen?
Hätt also Dein Geist mehr Schliff und mehr Schwung,
So würdest du schließen, mein reizendes Pflänzchen, –
Dein Liebster macht Unsinn, – ergo ist er jung!

ANITRA: Ja, du bist jung. Hast du nicht noch mehr Ringe?

PEER GYNT: Da, nimm! Ich bin ein Bock, und ich springe!
Wär hier wo Weinlaub, ich setzte mir 'nen Kranz auf!
Ja, weiß Gott, bin ich jung! Und jetzt sing ich mir zum Tanz auf!

Tanzt und singt.

Ich bin ein Hahn, ein glückseliger!
Pick mich, du kleine Henne!
Ei, hop! Da schau, wie ich renne; –
Ich bin ein Hahn, ein glückseliger!

ANITRA: Du schwitzest, Prophet; du vergehst mir ja fast!
Reich mir vom Gurt dort die baumelnde Last!

PEER GYNT: Zärtliche Sorg! Nimm den Beutel für immer!
Liebenden Herzen ist Gold nur ein Schimmer.

Tanzt und singt wieder.

Jung Peer Gynt ist ein Tollhans!
Er weiß nicht, auf welchem Fuß er stehn soll.
Pah, sagt Peer, – geh's wie's gehen soll.
Jung Peer Gynt ist ein Tollhans!

ANITRA: Wunderfein tanzt der Prophete gestreng!

PEER GYNT: Prophet? Dummes Zeug! – Komm, tauschen wir die Kleider!
Zieh aus!
Zu weit und zu lang und dein Strumpfwerk zu eng –

PEER GYNT: Eh bien!

Kniet nieder.

Doch schaff mir ein heftiges Leid;
Liebenden Herzen ist Leiden köstlich!
Kommen wir dann in mein Schloss, seiner Zeit, –

ANITRA: In dein Paradies; – liegt's noch sehr weit östlich?

PEER GYNT: O, wohl tausend Meilen –

ANITRA: Zu weit!

PEER GYNT: Gemach!
Du bekommst auch die Seele, von der ich dir sprach –

ANITRA: Ich danke; das kommt nicht so sehr in Frage.
Doch du batst um ein Leid –

PEER GYNT *Steht auf.*
Ja, zum Teufel! Ein Weh,
Gewaltsam, doch kurz, – so auf zwei, drei Tage!

ANITRA: Anitra gehorcht dem Propheten! – Ade!

Zieht ihm einen tüchtigen Hieb über die Finger und jagt in fliegendem Galopp zurück in die Wüste.

PEER GYNT: steht eine lange Weile wie vom Blitz gerührt:
Na, da soll aber doch – – –

[Ende des Einschubs.]

Seitdem ich Bilder zu sehen verstehe, liebe ich Mozart, und manchmal erscheint mir Wagner als ein Rückfall in die roheste Inhaltslosigkeit und Anekdotenkunst. Doch hat der Gedanke des Leitmotivs auch eine rein formale Größe und Wichtigkeit, etwa in seiner Beziehung zur Unendlichkeit der Melodie, zur ergreifenden Monotonie. Gefährlich aber ist er in der Verbindung mit Worten[8], mit einer Szene >aus< dem Drama gespielt.

Cosima ist eine Witwe; daher der Bayreuther Rummel. Es ist ein schimpflicher Feminismus.

Brief an Cari: Ich bin langsam durch einsame Straßen zum Büro zurückgekehrt. Es ist ein geheimnisvoller, ruhiger Abend. Ich habe keine Lust mehr zu arbeiten und schreibe Dir lieber ein paar Worte. Denn mein Herz klopft vor Sehnsucht und meine Seele blutet wie das Abendrot. *Alle Dinge werden nichtige Schatten, die Liebe zu Dir lässt mir jeden kahlen Baum als ungeheuren Arm erscheinen, der mich zu Dir hebt. Die Millionen geheimnisvollen Arme, die mich an Dich fesseln, die tausend Fäden, die mich binden, so fest, dass ich manchmal Dein Blut in mir fließen fühle, alles das wird lauter und deutlicher, wenn die Nacht den vom Tageslärm verstockten Stämmen die Zunge löst und sie reden lässt, wie sie die Steine schweigen lässt.* Nun fühle ich, wie ich von weit her, von Görlitz aus, gehalten und gestützt werde und selber nach Görlitz hin stütze. Nun ist mir, als wären wir wieder ungetrennt zusammen und Traum und Wirklichkeit fließen ineinander.

[8] „Mit Worten" steht im Manuskript durch Komma abgesondert am Ende des Satzes, wurde aber vom Herausgeber wegen der Sinnverwandtschaft zur „wortgebundenen Musik" direkt hinter Verbindung umgestellt.

Vielleicht sind alle Frauen nur Träume der Männer. Daher sind die meisten hässlich und gemein. Denn jedes Menschen Traum ist so gut und so schön wie er selber. Aber mein Traum ist rein und schön und gut und klug. – Das heißt, mich loben, vielleicht ist es auch umgekehrt: Ich werde als Mann Dein Traum und so der Böse und Ungeduldige. Komm, süße Cari, wir wollen schön miteinander plaudern und mit dem Gedanken der Träume spielen. Vielleicht, auch das ist möglich, sind wir beide der Traum eines unsichtbaren Dritten und deshalb eins. Aber das ist deshalb nicht wahrscheinlich, weil wir dazu viel zu selbstherrlich sind und uns von keinem Dritten träumen lassen. Diesem Dritten ging sein Traum schon durch und er hätte das Nachsehen.

27. Sonntag

Brief an Cari: Guten Morgen und einen verehrungsvollen Sonntagsgruß.

Mir ist sehr sonntäglich zumute und am liebsten ging ich eine Stunde mit Dir spazieren, den Sonntagsvormittag-Lustwandelgang zu absolvieren. Wie so oft und so schön im großen Garten. Aber ich armer Junge, der Zielpunkt der Pfeile des Schicksals, ich vielgeschlagener Unglücksrabe, muss einsam bleiben und allein. Trotzdem bin ich mehr als die hunderttausend Lausbuben des Handels, der Kunst und der Justiz, die heute morgen ihren Sonntagsspaziergang machen, und würde höflich, aber energisch <den> entfernen, der mir vorschlüge, mit ihm zu tauschen. *Eher tausche ich mit einem ausgesetzten freundlichen Affen, einem verirrten Moorigel, einem schwerverwundeten Zebra oder einer verwaisten Sumpfschildkröte. Ich danke Gott und singe Adio, ihr wandelnden Würste, ihr stelzenden Schoten, ihr schwänzelnden Giftpilze.*

In Munterkeit und Treue – Dein Carl.

(Hinzuzufügen wäre: Eine geschändete Blindschleiche, ein missgeborenes Schnabeltier, ein entarteter Reibekuchen, ein gestaupter Frosch.)

28. Montag

Was sind wir doch für elende Fliegen und kurzsichtige Burschen, eingestellt auf irgendeinen Punkt, auf den wir borniert starren, ohne die naheliegenden Wahrheiten zu sehen.

Beinahe alle Menschen glauben innerlich an eine Übereinstimmung des äußeren Schicksals eines Menschen mit einem Verdienst. Und noch niemand hat sich um eine Statistik der Gemordeten gekümmert, während alles nur an die Mörder denkt.

29. Dienstag

Brief an Cari: „Du liebste Cari, Du darfst nicht traurig sein, wenn ich Dir Geld schicken muss. Ich sehe doch selbst aus Deinen Briefen, wie schwer es Dir wird. Da schicke ich es Dir gern, um Dir zu helfen. Dein Stolz braucht sich dadurch nicht verletzt zu fühlen. So lange wie wir zueinander stehen, wie inzwischen, so offen in so vernünftiger Gegenseitigkeit, vergibst Du Dir nichts, wenn Du bittest, und vergebe ich mir nichts, wenn ich schenke. Es ist ja kein Geschenk; ich gewähre es mir selber. Ich lege es für mich an, wenn ich Dir etwas zukommen lasse. Sind wir nicht beide eins? Und sind wir nicht beide bewusst genug und kennen wir uns nicht beide selber gut genug, dass jeder auf der Stelle merken würde, wenn es aufhörte, selbstverständlich zu sein? Darum, liebe Cari, bitte Du nur. Wenn Du an meine Hingabe glaubst, weißt Du auch, dass mich kein Opfer gereut. Das haben wir schon längst festgestellt. Jeder Kampf und jedes Leid sind gemeinsam und ein Stein im Gebäude unserer Liebe. Wie oft schon haben wir zusammen geweint, ohne dass wir es wollten und nur für Augenblicke, wenn das Leid zu groß wurde. Wir werden uns dafür tage- und jahrelang freuen".

Abends an Cari mit Geist gemästet. Über Strindberg: Immer wieder auf denselben Schwindel hereinfallen, auf Petroleum und Mannweiber, ohne jede Würde und Selbstachtung, und dann hinterher nur hingehen und schimpfen und titanische Bücher schreiben; das mache ich nicht mit.

Sei nicht böse, wenn ich Dir das ganze erzähle. Vielleicht trifft Dich dieser Brief in großer Sorge, vielleicht in großer Freude um ein Engagement; dann darfst Du nicht böse sein, dass ich Dir von zu erbittenden Dingen spreche.

Und sollte der Teufel ein Ei in diese Angelegenheit gelegt haben und Du aus diesem einleuchtenden Grund kein Engagement bekommen, so schicke ich Dir ein Paket, so schön, so reizend schön, dass mein Paket in Tränen ertrinkt und meine brave Cari an nichts anderes mehr denkt als an dieses Paket.

Ich habe mich heute an einer Erregung, die mir eine Hure verursachte, wieder davon überzeugt, dass alle Wut des Mannes über die Untreue und Unzuverlässigkeit des Weibes nur Wut über die eigene Schwäche ist. Bei Strindberg ist das ziellos, bei Weininger ist es zu großartig, als dass man es gleich merken könnte. Nun wird die Sache so liegen, dass jeder Mensch, Mann oder Weib, solange er nur Sexualität ist, ein lächerliches, nichtiges, bedeutungsloses und leeres Dasein ist. Sobald er aber Hahnrei als Sexualität ist, wird er etwas. Der Mann durch den Geist, die Intelligenz. Seine Genialität. Wie das Weininger so schön ausfuhrt. Aber <für> Tieferes, <was> das Weib über die Sexualität hinaus ist, fehlt ihm das Verständnis und das Organ. [Dazu Randvermerk]: „Schon deshalb, weil es mit Sexualität nichts mehr zu tun hat." Vielleicht jedem Mann. Vielleicht ist es größer, weil es schweigt, weil es nicht von sich reden machen kann, wie Weininger, weil es nicht einmal schimpfen kann.

Seitdem ich Cari kenne und sehe, dass sie mich auch in der Not nicht verlässt, glaube ich daran.

Wie ekelhaft ist alles Fleisch. Denke Dir das Gewebe der Stimmbänder und der Kehlkopfmuskeln und Knorpeln eines großen Redners. Abscheulich. Ein

Anatom beobachtet daran ungelenkes Hin- und Hergehen; wie sinn- und geistlos ist das.

30. Mittwoch

Zu Weininger: Wenn der Mann sich verpflichtet fühlt, für die Frau zu arbeiten, so ist das Schuldbewusstsein und widerlegt Weininger.

Die Frau verdeckt sogar ihre beiden Beine durch die Kleidung. Die Tatsache, dass sie zwei Beine hat, dass sie gespalten ist, das ist die stärkste Scham. Wenn nun die Huren hingehen und daraus eine Anlockung machen, so ist das nicht Schuld des Weibes. Der Mann ist naiv schamlos. Seine Kleidung beweist es. Was er Innerlichkeit nennt, ist die naivste Schamlosigkeit. Er präsentiert seinen Geschlechtsteil, das Weib versteckt ihn tief in ihrem Leib; es präsentiert die sekundären Geschlechtsteile.

W. [Weiningers] Ideen beruhen im Letzten auf dem Respekt vor dem Sprechen und dem Geist, vor der Rede. Das imponiert auch dem Weib, denn W. selbst ist feminin.

Aber das Weib schweigt, und da liegt seine Größe. Es kann sich nicht ausdrücken. Es kann keine Bücher schreiben wie W.. Das Weib ist impressionistisch, der Mann ist expressionistisch (mit einem psychologischen Gesetz sind daher die Zeiten des Impressionismus maskulin, die des Expressionismus feminin). Es gebraucht die Sprache des Mannes, weil es sonst keine Sprache hätte. Es muss sich ihrer bedienen, >selbst wenn< es ausdrückt, an Ausdrücken bringt, die der Mann nicht schaffen kann. Es kann sich nicht rechtfertigen; deshalb ist es so leicht zu widerlegen und trotzdem nicht zu vernichten.

Der Mann erschrickt vor der Bildsamkeit, die in jedem Weib liegt, erschrickt, wenn er sieht, dass etwas seine Wendungen, seine Schattenzüge annimmt, wenn es ihn liebt. Warum? Fühlt er sich in seiner Einzigartigkeit bedroht? Warum lacht er hier nicht als über eine Äfferei. Warum empfindet er es nicht als sklavische Nachahmung? Warum ist es ihm, wie wenn ein Kind seine Worte nachstammelt?

O Cari, Du Mutter meiner Wahl. *Ich suche meine Mutter, denn ich gebrauche sie nötig und bin krank und schwach. Meine Mutter aber ist streng und versteht meine Sprache nicht. Doch zu Dir kann ich gehen. Du Mutter meiner Wahl. Dich habe ich mit Bewusstsein gewählt zu meiner Mutter. Aber meine leibliche Mutter hat sich mir ohne meinen Willen und ohne mein Bewusstsein zur Mutter usurpiert.*

Mir kam das Leben sehr schwer und erschreckend vor. Deshalb kaufte ich mir ein Stück Schokolade. Nicht etwa, um mich zu trösten, sondern um mich zu belohnen für den Heroismus, dass ich noch immer am Leben bleibe und mir so den Glauben an das Gute, das seinen Lohn in sich trägt, nicht nehmen zu lassen.

31. Donnerstag
Der Justizrat erzählt gern. Er hat ein unglaubliches Gedächtnis. Mein Vater auch. Der Zusammenhang zwischen Epik und Gedächtnis, von Gedächtnis und Treue ist hier offenbar.

Die <Kommentatoren> und die Juristen sind vertrauensselige Menschen. Haben sie es mit einem schwierigen, unklaren Begriff zu tun, so definieren sie zynisch, geben eine Nominaldefinition, mit der nichts anzufangen ist. Aber vielleicht ist dies um ein winziges genauer und bestimmter als der Ausgangsbegriff. So geht es immer weiter, und währenddessen subsumiert die Praxis immer neue Fälle unter den Begriff und macht ihn so klarer und bestimmter, bis schließlich etwas Vernünftiges dabei herauskommt.

Wenn du die Ekelhaftigkeit der Männer ganz erfassen willst, so betrachte doch bitte einen Durchschnittsgebildeten, einen Techniker, einen Architekten, einen Rechtsanwalt, einen Mediziner. Hat diesen Fratzen gegenüber ein Fabrikarbeiter nicht dieselbe Eindrucksfülle und Unbekümmertheit wie eine Frau? Und ist doch ein Mann?

Wir leben im Zeitalter der Reklame, der Manager, der Zeitungen, der Verleger, des Geschwätzes. Niemand kommt mehr zu sich selbst, überall drängen sich andere dazu. Das Zeitalter der Mittelbarkeit. Nur scheinbar ist es Zweckhaftigkeit, Mechanismus; es ist im wahrsten Sinn das Zeitalter der Zwecklosigkeit. Wir setzen das Mittel über den Zweck, wir erfinden immer wieder neue Mittel zu unserem Zweck; und kommen nicht mehr zur Besinnung. So drängen sich die Buchhändler zwischen den Leser und den Dichter und werfen sich als Selbstzweck auf; so der Verlag zwischen den Künstler und das Publikum, so der Techniker zwischen das Bedürfnis und den, der es befriedigen will und schafft Mittlerzwecke, damit wir die letzten Zwecke vergessen und damit die letzten Dinge sich verflüchtigen. Daher Exegetentum: Kritik der Sprache, Mauthner.

Angel. Siles.[9]: (109): Weg mit dem Mittel, weg,
Soll ich mein Licht erschauen,
So muss man keine Wände
Vor mein Gesichte bauen.

[9] Angelus Silesius, Cherubinischer Wandersmann, Andertes (II.) Buch Geistreicher Sinn- und Schlussreimen. Nach der Auflage von 1675 bei Ignatii Schubarthi, Glatz:
Die mittelwand muß wegg.
Wegg mit dem mittel weg / sol ich mein Licht anschauen /
So muß man keine Wand / für mein Gesichte bauen.

November 1912

2. Samstag

Nehmen wir an, Eisler würde in Straßburg Privatdozent und etwas Bedeutendes aus ihm. Cari zöge ihn dafür mir vor – so ist das ein schöner Stoff für einen Roman.

Es gibt Dinge, die wichtiger sind als das Glück, das einem ein Weib gewähren kann.

3. Sonntag

Eingeweide als Ersatz des Gefühls.

Wie jeder seine Eingeweide hält, so ist sein Leben. Ob er sie beherrscht oder auf ihnen ruht.

Die Bearbeitung, die Wagner seinen Motiven gibt, besteht darin, dass er Aufhebens von ihnen macht. Im Gegensatz zu Mozart.

Aufmerksamkeit ist Einheitwerden, Zusammenfassung, Straffwerden; Konzentration, also Auswahl, Bewertung.

An Sonntagabenden, wo jeder Fabrikschornstein ein Obelisk, ein Kunstwerk, ein Stein, der ernst zum Himmel zeigt. Am Werktag dagegen, wenn er raucht und in Arbeit ist, ist er nur ein bedeutungsloses Werkzeug. Sonntags hört seine Mittelhaftigkeit, seine Zweckhaftigkeit auf.

Am Obelisk, der emporgereckt aufwärts steht, kommt die Eins zum Ausdruck. Vielleicht wäre sie noch stärker und monumentaler, wenn er sich nicht nach oben verjüngte, sondern gleich bliebe.

Die Einförmigkeit des unendlichen, klaren Himmels und die Eins, die sich in einem Obelisken ausspricht, das ist: die Göttlichkeit des mystischen Versunkenseins und die Göttlichkeit des aufmerksamen >Übermenschen<[10]. Das eine ist eine weite ergreifende Monotonie, das andere emporgereckte Konzentration. Die Einheit des Himmels besteht nur darin, dass nichts die Leere unterbricht, die Einheit des Obelisken darin, dass keine Leere den Zusammenhang unterbricht.

Die Mon=archie. Männlich. Das Weib kommunistisch. Daher kein Weiberstaat. Staat = Einheit.

---

10 Wegen der nicht absolut gesicherten Verwendung des Nietzsche-Begriffes „Übermensch" nachstehend der entsprechende stenografische Schriftzug als Faksimile: „des aufmerksamen Übermenschen".

4. Montag
Man sagt: Meine Augen sind schwach.

Das deutet darauf hin, dass das Sehen ein beständiges Sichaneignen ist, zu dem Stärke und Kampf gehört, wie all unser Leben nur ein Aneignen und Kampf, unser Fühlen, unser Riechen, und weit darüber hinaus unser Selbstbewusstsein, unsere Intelligenz; alles ist ein Kämpfen, und das Leben ist im tieferen Sinne ein Kampf als die Menschen, die es in Nahrungs- und Familiensorgen so nennen, vermeinen. *Das Leben ist ein Kampf und eine Belohnung für den Kampf, der zurückliegt. Der Kampf des Fötus um die Existenz, der Spermatozonen, und was ihm in der intelligenten Welt vorhergeht. Das spätere Leben, an das ich an zu glauben fange, ist ein weiterer Kampf; warum? Ich weiß es nicht, aber vielleicht ist die Einheit das Ende.*

5. Dienstag
Die Einheit des leeren blauen Himmels ist die Einheit des weiblichen Bewusstseins, die Einheit des Obelisken ist die Einheit des männlichen Bewusstseins. (Schon daraus ergibt sich, dass Freud ein Schwein ist.)

Anm. zu Jung[11], S. 111 (Natürliches Recht):

Ich kann es nicht oder nur schwer leugnen, sagt Eberhard Niegeburth[12] *in einer mir im Kolleg seinerzeit unvergesslich aufgestoßenen Stelle, dass das Recht von Rechts wegen eine recht einfach zu behandelnde Sache ist, vorausgesetzt nur, dass man nichts wie Schopenhauer gelesen hat. Die deutliche Spitze dieser Notizen richtet sich gegen Sozialdemokraten.*

6. Mittwoch
Man will an den Himmel, d. h. in das Weib. Die Einheit des Mannes ist die Tat, Konzentration, Intensität, vergewaltigender >Zusammenfluss<. Die Einheit des Weibes ist Ruhen. Extensität, Extension; Einatmen und Ausatmen.

An Cari: *Wenn ich Dir nicht in dieser Sekunde schreiben könnte mit der sicheren Gewissheit, bei Dir Trost und Liebe und Verständnis zu finden, so wäre ich nach einer Stunde ein Verbrecher oder am Herzkrampf gestorben. Mir ist es, als flöge ich auseinander, als zerstöbe mein Gehirn und mein Herz in Staub und Fetzen, als wären in mir Millionen irrsinniger Frösche losgelassen*

---

11 Erich Jung (geb. 1866), Rechtsphilosoph. Carl Schmitt erwähnt ihn mehrfach in „Gesetz und Urteil“: S. 11, Anm. 2 (Jung, Positives Recht, Gießen 1907, und dessen Aufsatz „Von der logischen Geschlossenheit des Rechts“, veröffentlicht in der Festgabe der Gießener Jur. Fakultät für Dernburg, Berlin 1900).

12 Eberhard Niegeburth, Titelheld aus den „Schattenrissen“, siehe „Carl Schmitts Kulturkritik der Moderne“, S. 37–43.

und versuchten, mich verrückt zu machen. Ich habe eine Stunde ruhig gesessen, ich wagte nicht aufzustehen aus Furcht, mich nicht mehr beherrschen zu können und den Verstand zu verlieren. Was in mir alles gebändigt ist, habe ich noch nie so fürchterlich gespürt, und welche Rettung ein unerbittlich klares Bewusstsein ist, empfinde ich jetzt, wo ich wieder dabei bin, dass ich Dir's schreiben kann.

Denn meine Einsamkeit, die verschlossene >irrwitzige Abkapselei<, der sachte Verkehr mit Menschen, denen ich mich nicht als fühlender Mensch, sondern nur als Figur geben dürfte, hatten mich die letzten Tage zu einem Johann und gereizten Menschen gemacht. So beherrscht ich sonst bin: Es ist als ob alles meutert und rebelliert, als ob in mir alle Disziplinen schwinden und ein trauriges, aufgelöstes Heer auf der Flucht herumjagte. Ich habe herumgestöhnt, Deine Briefe gelesen, Dein Bild besehen und mich äußerlich wenigstens in Ruhe gehalten. Jetzt bin ich auch innerlich ruhig. Es wird wieder still und ich fühle mich belohnt für meine Treue und werde nie von Dir weichen.

Ich zwinge mich, Dir zuliebe, Cari. Ich habe oft Anwandlungen, wenn ich mich stolz und gerecht fühle, dass niemand mir meinen Geist und meine Überlegenheit nehmen kann, dass ich deshalb meine Sache auf nichts stellen will. Aber ich sehe, dass das ein Verschulden gegen Dich und Deine Herrschaft in mir ist, denn ich habe meine Sache auf Dich gestellt. *Ich darf nichts tun, ja nichts fühlen ohne Dich, und unter Treue verstehe ich mehr und Strengeres, als ein sentimentaler Bürger oder ein schwatzhafter Pinsel.* So komme, liebe Cari, meine Cari, und ziehe ein in Dein Reich. Du mein, ich Dein – Carl

Der Hunger ist die Stimme des physiologischen Gewissens, die sexuelle Liebe die des biologischen Gewissens.

Mauthner: Alles Denken ist nur Schreiben ohne Tinte, Papier und Feder.

7. Donnerstag

In dieser Abendstunde, die ich als meine edelste und beste kenne, habe ich meiner Cari Treue gelobt und daran werde ich mich binden. Alle Tage vergehen, immer kommt ein Abend, und abends, wenn ich gut und ruhig bin, will ich mich des Tages nicht zu schämen brauchen.

8. Freitag

Der Schornstein; ein Mysterium.

Der Rauch.

Der Künstler ist der Schornstein am Sonntag, der Geschäftsmensch der Schornstein am Werktag; hier gliedert er sich in einen Betrieb ein, wird zweckhaft und verliert seine Bedeutung als der selbständige Bau, der er ist, so wie ein Obelisk oder ein Kirchturm. Er grüßt die benachbarten Kirschbäume. Das sind die privilegierten Künstler; er kann es nur sonntags sein. Werktags ist er in einen Mechanismus eingegliedert, dann sieht man nur seinen Rauch und wie er weht.

Wie schön, wenn man in höchster Erregung sagt: Das ist wider die Natur. Dann wird die Natur zum Gott, zum Wert für ein höchstes moralisches Erlebnis und das leere Wort wird groß und stark durchs Gefühl.

An Wülfing: In Preußen hat's keinen Zweck mehr; gehen wir unter die Balkaner.

Ein nicht verkehrsfähiger Brief: Ich habe hier ein commerzium und kein connubium.

Ein Gewohnheitsidiot. >Die Banalitätenfundsammlung<.

Der Staat, diese brüllende Position der Durchschnittlichkeit, der Mittelmäßigkeit, die bornierte Negation aller Selbständigkeit. Und im Krieg zeigt der seine Niedertracht, viehische Grausamkeit; da wird es beinahe imposant.

9. Samstag
Gummiertes Klosettpapier, perforierte Gans, paginierte Gefühle,

Weiningers Buch ist ein Plädoyer, und zwar ein echt jüdisches. Wenn ich die Weiber verteidigen wollte, könnte ich es genauso machen. Das ist das Unwissenschaftliche an dem Buch und daher sein Fanatismus. Denn so gut wie die Typisierung des Mannes eine Anhebung ins Große und Moralische wurde, so gut müsste die Typisierung der Frau eine Erhebung werden. Die Gesetze der Typenbildung ignoriert er nicht nur, sondern er wendet verschieden auf den Mann und auf die Frau an.

10. Sonntag
An Cari: „O Du liebste Cari, diesen schönen Sonntagmorgen muss ich Dir widmen, wie es überhaupt nichts Schöneres für mich hier gibt, von dem ich Dir oft mitteilen müsste. Du weißt, Cari, als die Menschen noch anständig waren, opferten sie ihren Göttern und Königen immer vom Besten ein Teil. Ich werde es mit meiner göttlichen Königin nicht anders machen, und wenn das Beste in diesem Falle nur eine schöne Stimmung ist. Da Du mir einen so lieben und aufrichtigen Brief zur Antwort auf meinen unruhigen geschrieben hast, so fühle ich mich Dir tief verpflichtet und möchte vor allem nicht den Glauben in Dir aufkommen lassen, ich wäre ein ekelhafter und unbeherrschter Mann, der sich wie ein Literat darin gefällt, sich mit seinen Launen wichtig zu machen und sie

anderen Leuten als der Menschheit ganzer Jammer zu unterbreiten. Aber zu Dir nehme ich immer meine Zuflucht, Du liebevolle Frau und verständnisreiche Trösterin. Warte, Du Unvergleichliche, ich werde an nichts denken als daran, Dich zu belohnen. Könnte ich es nur bald so, dass alle Welt gezwungen wäre, sich darüber zu wundem und zu staunen; denn ich liebe Dich, wie niemand mehr Dich lieben kann.

Wenn ich in jeder zweideutigen Lage an Dich denke, an Deine Augen und das, was Du von mir ausgesprochen oder unausgesprochen erwarten würdest, und wenn ich dann ruhig und ohne Bedenken das tue, was Du erwartest, denn ich bin Dir doch treu. *Ich empfinde einen Abscheu vor den Männern, die die Treue rein körperlich auffassen und meinen, damit wäre es genug.* Cari, es hat, seit Du von mir abgereist bist, noch keine Sekunde gegeben, in der Du mich nicht hättest sehen dürfen. Ich bin heute morgen so froh und beglückt darüber, und meine Freude aufs Wiedersehen ist so offen und stark, dass ich Dir das schreibe, obwohl es doch eigentlich selbstverständlich ist.

Cari, dass Du es bist und dass ich Dich küssen darf, macht mich lebenssicher und stolz und glücklich.

Ich werde Dir entgegenreisen, der Zug wird mir vorkommen wie eine Schneckenprozession und ein Käfig, bis ich bei Dir bin. Nur bis dahin lebe ich, nur an diesem Augenblick und den Wochen des Wiedersehens hängt mein Leben wie an dem festen Punkt, der das Seil hält, an dem sich ein Ertrinkender aus dem Wasser zieht."

11. Montag

Warum sind nachts, auch bei Mondschein, die Türme und Schornsteine nicht so steil emporgereckt, wohl aber bei klarem, blauen Himmel? Weil der Nachthimmel nichts Weibliches ist.

Das Lächeln einer Frau: Mit dem sie auf einmal ihre Verständnislosigkeit, die Unwichtigkeit dieser Verständnislosigkeit, einen halb nächtelnden, lockenden Hinweis auf heimliche Genüsse ausspricht und immer die Überlegene, Gewährende bleibt, der alles männliche Tun, alle Betätigung im Staat, in der Kunst, in der Wissenschaft lächelnd von ihr Anerkanntes ist.

Der Schornstein spricht: Das ist mein Stolz, dass ich sonntags mein eigener Herr bin; das haben die Menschen nicht gedacht, als sie mich bauten.

Der Schornstein->Realist?< beweist: Der Mensch hat uns gebaut, wir lassen Rauch durch, mehr sind wir nicht. Unser Zweck ist der, den die Menschen, die uns bauten, mit uns verfolgten.

Es ist alles eins: So wenig ich mich für ein einziges Mädchen entschließen konnte und immer eifersüchtig auf alle anderen war, so wenig konnte ich mich für einen Beruf entschließen, war auch da polygam und vieldeutig.

Der Vorschlag Eulenspiegels, dem Esel ein Büschel Disteln vorzuhalten und ihn damit von der Distelwiese zu locken, ist durchaus hygienisch. Ich musste mich resolut zu einem Mädchen entschließen.

Frauen, vor deren ausgebreiteter Empfänglichkeit man erschrickt und hilflos wird. Jüdinnen sind das nie.

Meine Hose würde einem Gläubiger den Nachweis, dass ich frustra excussus bin, ersetzen.

Wagner strömt nichts Besonderes aus, spricht immer nur von sich und seinen starken Eindrücken; entweder transponierte Erotik oder Theatralik. Mozart tut das nie.

12. Dienstag
An Cari: Manchmal überwältigt mich die Sehnsucht, einmal wieder laut (so dass Du es hörst) sagen zu können: Liebe Cari. Abends im stillen Zimmer sage ich es manchmal laut und sitze dann stundenlang in dem Gedanken, Du bist da und hättest es gehört und freust Dich.

13. Mittwoch
Cari, ich liebe Dich, wie der Strom das Meer.

Der Strom ist das Männliche, das Meer ist das Weibliche. La mer.

Richard Wagner liebte das Meer; in seiner Musik spricht er vom Meer, vom Wald, vom Wasser (nicht spezifisch vom Strom, auch nicht vom Rhein), aber nicht das Gebirge.

Das ist die Sünde der Frau, dass sie sich dem Ideal unterscheidet, dass sie lächelnd die Verwechslung ihrer Person mit einem Ideal gestattet, dass sie die Idealisierung mit sich vornehmen lässt. Das ist auch die Gefahr aller Männer, die Ruhm und Verehrung finden. Und sie werden dadurch Weiber und leisten nichts mehr. Oder bedeutet ihr Schweigen auch hier eine Überlegenheit, die Überlegenheit über das Ideal, das ganz gleichgültig ist.

Brief an Cari. Über die Bini: *An ihrem Gesicht ist eigentlich nicht viel zu deuten. Solche Frauen erstrecken ihre Palette auch auf das Gesicht und setzen würdige Mienen auf wie einen passenden Hut. Sie geben sich ganz hin zur Kleidung, sie können es ebenso wechseln, weil sie keinen Kern und keine Substanz haben. Und wenn es einmal keine Pose ist, so ist es darum nicht echter und dauernder. Wenn sie fünf Minuten mit einem ernsten Mann gesprochen haben, der ihnen imponierte, dann tragen sie den Ernst dieses Mannes solange auf ihrem Gesicht herum, bis ihnen ein anderer durch etwas anderes imponiert. Kommt der neue Eindruck von einem verwegenen Verbrecher, in den sie sich verlieben, so zeigt sich die Verwegenheit bald auf ihrem Gesicht, um vielleicht nach einigen Tagen der liebenswürdigen Gleichgültigkeit eines eleganten Flaneurs zu weichen. Das alles hat keinen Anfang, kein Ende, kein Ziel und keinen Sinn.*

Trotzdem lassen sich aber auf dem Gesicht und an der ganzen Erscheinung eine Reihe konstanter Eigenschaften nicht verkennen. Im ganzen wirkt das Bild unzweideutig als Eindruck einer Frau, die gelebt und erlebt hat und nun in verfallendem Reiz, in heftigem Kampf ganz die unentrinnbare Zeit Schritt für Schritt verteidigt. Das zuweilen sich einstellende Bewusstsein, nicht der Sinnlosigkeit, wohl aber der Erfolglosigkeit des Kampfes mag ihren Augen sogar einen gewissen Ernst geben, den unerfahrene Leute aber leicht zu ernst nehmen. Denn er ist ohne Tiefe und ohne Nachhaltigkeit. Bei näherer Betrachtung ergibt sich vielmehr, dass das Gesicht weder klug noch dumm, weder fein noch roh, weder gut noch lasterhaft und dass eine Art Großartigkeit, zu der sie sicher imstande ist, etwas volles Leeres ist. Denn der selbstsüchtige, skrupellose, etwas verlebte Mund zerstört jede Illusion und lässt als Endresultat nichts übrig als das bürgerliche Lebeweib, das es versteht, die äußere Korrektheit zu wahren, ohne sich darum irgendwie abzutöten oder einen Genuss zu versagen, die sich mit einer geschmackvollen Gesetztheit kleidet, nicht aus einem angeborenen Bedürfnis dessen, was sich schickt, sondern aus der Berechnung, dass eine jugendliche Eleganz den oben erwähnten Kampf zwischen Schönheit und Zeit allzu brennend in Erscheinung treten lassen würde.

Sie ist ohne Vollkommenheit und ohne inneren Halt; aber nicht ohne Haltung. Namentlich wenn man ihre Korpulenz bedenkt, so kann ihr eine gewisse Linie nicht abgesprochen werden. Das alles weiß sie aber ganz genau und die Strafe dafür, dass dieser Versuch einer soliden Eleganz nur eine berechnete Haltung ist, liegt in der kläglichen Lächerlichkeit, mit der diese gesetzte Dame ein Vieh von Köter hält, als wolle sie ihn anscheinend erdrosseln. Und das Antlitz des armen Tieres steht mit dieser Deutung nicht in Widerspruch, fordert sie vielmehr heraus. Es ist von unerschöpflicher Komik, wie dieser magere kleine Hund alles das widerlegt, was die Dame, die ihn hält, zu sein behauptet und wie er, statt kokettes, gehätscheltes Zierstück zu sein, eine boshafte Persiflage und Satire wird.

Ich resümiere mich dahin: Ein alterndes wohllebiges Weib, die ihre Korpulenz geschickt in Gesetztheit umdeutet."

14. Donnerstag

An Cari (nach Wiesbaden): Ich bin immer Dein Junge, Dein Knecht, Dein Sklave, Dein Schirm- und Sorgenträger, Dein Kind und Dein Schatz, Dein Freund, Dein Bruder, Dein Vater, Dein, na Dein Carl. Was bleibt mir sonst noch zu sein, wenn ich alles bin! O Du heißgeliebte Cari, ich küsse Deinen Mund.

Brief an Tante Mieze: „Ich muss auf eine glänzende Position und eine zusagende ehrenvolle Beschäftigung verzichten, weil mir jährlich das Geld fehlt, das ein Kommerzienratssohn monatlich für eine Barmixerin ausgibt. Ich bin einsam wie ein Landigel.

.... Somit beschließe ich diesen Brief. Tante, ich habe das auf die letzte Seite geschrieben, weil ich, wenn ich es auf die erste Seite geschrieben hätte, Dir nur einen Brief von einer Seite hätte schicken können."

Ich bin charakterologisch ein Anwalt. Ich setze mich nur für fremde Sachen ein. Nur die kann ich ohne Gewissensbisse bearbeiten und durchführen. Anwälte sind wohl alles schuldbewusste Leute. Alle meine Theorie von der Hingabe an eine Idee beruht auf dieser charakterologischen Eigenschaft der Hingabe an eine Sache, eine Idee, deren Anwalt man ist unter Aufgabe der eigenen Persönlichkeit.[13]

Vielleicht eine Satire: Die Ordensgesellschaft als eine G. m. b. H. Zweck: Die Förderung der Gebetslebens, Verwaltung der Gebühren, Betrieb einer Bierbrauerei und Pflege der religiösen Gesinnung.

Pseudonyme: Aribert Solatherinus, Fritz Potz, Die große Künstlerin Syba Dellor, die mit bürgerlichen Namen Anna Quast heißt.

Abends an Cari: „Jetzt fährt sie einsam von Görlitz ab, in Sorgen um ein Engagement. Das arme, liebe, treue Kind. Nie lasse ich von Dir. In Sorgen und Freuden, tags und nachts, in Unglück und Glück, in Arbeit und Ruhe, in Hoffnung und Verzweiflung, in Trauer und Jubel, immer bin ich Dein, ganz und nur Dein."

15. Freitag

An Cari: „*Du hast mir die Welt schön gemacht, indem Du mich zwangst, nichts in der Welt schön zu achten als Dich.*

Jetzt habe ich die Cari so lieb, dass ich mich verpflichtet fühle, ihr keine Schande zu machen und sie nicht in ein zweideutiges Licht zu bringen. Da empfinde ich es als einen peinlichen Hinterhalt, dass Liebesbriefe von mir in Händen eines, eitlen, gemeinen, hässlichen und anmaßenden Mannweibes sind, das sich daraufhin berechtigt halten könnte, neben meine Cari zu treten und sie als seine Rivalin zu betrachten oder gar als Nachfolgerin, wo sie doch nichts mit mir zu tun hat. Nur das ist mir das Peinliche, dieses Missverhältnis zu einem Besitzstand an meinen Briefen und dem wahren psychischen Verhältnis zu der, die sie in den Händen hat. Ein falscher Teil, den sie hat. (Und dann ist es eine Beleidigung gegen meine Cari. Denn sie ist nicht Nachfolgerin dieses

[13] Dieser Absatz wurde nachträglich angekreuzt und mit einer nicht lesbaren Bemerkung vom 7. 1. 47 versehen.

wüsten Scheusals und muss es sich vielleicht einmal gefallen lassen, dass sie mit ihm im Zusammenhang genannt wird. O Cari, wie kann ich Dich rein vor solcher Hässlichkeit bewahren? Cari! Wie schäme ich mich meiner Liebe zu der P[enis]losen. Es war eine gemeine niedrige Verirrung, ein Bini-Brief. Ich habe meine Briefe nicht an sie geschrieben, sondern verbitte mir diese Deutung. Sie hat sich mir als Adressatin unterschoben. Sie hat meinen Irrtum listig genährt, sie hat geschwindelt und einen unschuldigen jungen Messieurs <verführt>, sie hat sich schmücken lassen und wusste, dass es ihr nicht galt, sie ist in ein fremdes Ehebett gekrochen, um in dunkler Nacht eine Umarmung zu erschleichen. O pfui, deren Seele noch hässlicher ist als ihr Leib.

Ich bin wieder froh. In meinen Briefen nenne ich sie immer schön und preise ihre Schönheit. Liegt da die Täuschung nicht auf der Hand? So speie ich denn die ganze Person aus, nichts habe ich mehr mit ihr zu tun, ich wasche meine Hände, ich habe Kot für Gold gehalten, ohne mir das reine Gold, das ich jetzt in den Händen habe, entgleiten zu lassen. O Cari, Du bist mir so rein, Du hast keinen Vorgänger und keinen Nachfolger, und dieses widrige Scheusal ist so wenig Dein Vorgänger wie ein Affe, der sich im Königsmantel versteckt hat und die Leute eine Minute täuschte, Vorgänger des Königs wird. Du kamst mir so vom Himmel her. Der Irrtum ist nicht der Vorgänger der Wahrheit, die ihm folgt, der Dünger ist nicht der Vorgänger der Rose; nichts, gar nichts hast Du mit der anderen zu tun. Du bist mein ewiger Schatz, zeitlos, ohne Vorgänger, ohne Nachfolger; nur Du.

16. Samstag

Nun lässt sich Gerhart Hauptmann seinen 50. Geburtstag feiern. In den Zeitungen steht geschrieben, dass er in seine Villa am Mittelmeer fahren werde, die Leute überreichen Albums und der Lärm ist groß. So bezwingt die Welt die großen Künstler und sorgt dafür, dass ihr Lohn dahin ist, wenn sie sterben. Die Größe sehen sie gar nicht vor lauter Erstaunen darüber, dass sie überhaupt einen Künstler sehen und es diesmal kein Schwindel ist.

[Im Tagebuch folgt eine leere halbe Seite. Am unteren Ende stehen 2 Zeilen]:

Drohe Du nie mit Selbstmord; wenn du den Mut und die Kraft hättest, Selbstmord zu begehen, so hättest du auch den Mut und die Kraft, den Zustand zu beseitigen, der dir Selbstmordgedanken macht.

Banalio und Banalazzo

Es scheint heute manchmal, als wäre unsere Zeit eine besonders bewusste. Das ist ein großer Irrtum. In Wahrheit verhält es sich so, dass die Leute heute viel lesen und dass jenes angebliche Bewusstsein nur dient, die eigenen Erlebnisse unter Tatbeständen eines Romans oder philosophischen Buches rasch zu subsumieren, sich also mit dem Bewusstsein des Künstlers oder Philosophen zu schmücken. Bei allen Frauen ist das so. Sich mit Gelesenem vergleichen und es auf sich beziehen. Identifikationen und Übertragungen vornehmen; das ist das Bewusstsein? Es ist Krankheit, Neurose.

17. Sonntag

An Wülfing: Erwarte geschätzte Nachricht, ob's passt. Mache mich stark, kurz Porter anzuklingen nach der Melodie: Was glänzt dort im Walde im Sonnenschein.

Werden sie Dichter! Lernen sie groß und frei dichten! Anweisung.

Weininger beruft sich gern darauf, dass gerade Frauenkenner die schlechteste Meinung von ihnen haben und seine Resultate bestätigen. Das ist doch kein Wunder, wenn man erwägt, dass alle diese Kenner polygamische, untreue Menschen sind und ihre schlechte Meinung nur der Ausfluss ihrer eigenen Untreue ist. Bei Strindberg ist das ganz offenbar, aus Strindbergs Beichte eines Toren ergibt sich seine Untreue. Was er Treue nennt, ist nur die stets erneute Mutterübertragung, <die> von ihrem ersten Objekt nicht loskommt, der stets erneute Rückfall in die bequeme Gelegenheit, die gerade zur Hand stehende Frau zur Befriedigung der erwachenden Leidenschaft zu benutzen. Und Weininger macht sich selbst genug sehr verdächtig, wenn er sich auf Strindberg beruft. Er ist der größere Philosoph und ein klarer, starker, mutiger Mensch, aber Strindberg ist schwach und gemein.

Die Frauen aber schweigen, selbst während dieses Streites.

Wenn ich hier von Frauen rede, meine ich natürlich nicht ludertierende, publizierende, masochierende Mannweiber und >P.[enis]losen<. Das wäre ein komisches Missverständnis; denn das Weib schweigt, nicht nur in der Kirche, sondern in allem. Das ist seine ergreifende Größe, der gegenüber der Mann ohnmächtig ist.

Weininger kommt wieder zu einer Hochschätzung der Autonomie des Rechtes und der Sitte, der Tradition, alles Dinge, die die Frau genau so hoch schätzt.

Charakterologisch: Der Anwalt wirft sich hin an eine Idee, er vergisst sich selbst darüber. Darum ist es nicht unrichtig, dass in allen Staaten, in denen die politischen Verhältnisse das erlauben, gerade Anwälte die politisch einflussreichsten Stellen erhalten, Minister oder Präsidenten werden. Denn das Sich-Hinwerfen an die fremde Sache, zu der hier der Staat wird, ist Wesen des Anwaltberufes und des Beamten im höheren Sinn überhaupt. Beim Anwalt tritt die Freiwilligkeit, die bewusste Wahl der Sache viel stärker in den Vordergrund als bei demjenigen, der eine Beamtenkarriere von vorneherein durchgemacht hat, die Impulsivität des erkannten Falles, der stets frisch einsetzende Schwung. Das ist der Grund, warum der Anwalt hier genommen wird, um die Sache des Staates zu übernehmen.

Dass in der tatsächlichen Wirklichkeit der Anwalt, wie er hier in der Idee dargestellt ist, selten ist, dass sich heutzutage egoistische Interessen dazwischenschieben, dass es zahlreiche Rechtsanwälte gibt, die eine solche Hingabe an die Sache ... [Der Satz wurde nicht zu Ende geführt.] Aber mag die Alltäglichkeit der Praxis und der Mangel an würdigen Gegenständen das Heraustreten der Idee in die Erscheinung zu einem noch so seltenen Fall machen, bei guten und tüchtigen Anwälten wird man immer wieder den Moment beobachten, wo sie sich über der Sache vergessen, wo sie sich mit Fanatismus und Enthusiasmus hineinwerfen. Darin liegt eine ganz spezifische, charakterologische Gebärde, die nichts mit dem Funktionalismus eines Beamten, nichts mit der Begeisterung eines Künstlers zu tun hat.

Der Rechtsanwalt ist derjenige, der sich zum Anwalt des Rechtes einer Partei macht.

Der Mann sucht sich zu verlieren, wirft sich weg. Der Geschäftsmann, der Gelehrte, der Künstler hat eine Idee und eine Aufgabe, eine Sache. Das Weib hat keine Sache. Es ruht in sich. Wenn nun feminine Männer daraus einen Narzissmus und eine selbstgefällige Indolenz machen und auf ihre armselige Eitelkeit und ihr Selbstbehagen das von Männern gefundene Wort „Sei du selbst“ anwenden, so ist das abstoßend, lächerlich und verdient kein weiteres Wort. Die femininen Männer machen aus dem Insichruhen der Frau eine schmierige und äffische Selbstgenügsamkeit, die maskulinen Weiber machen aus dem Streben des Mannes nach einem In-sich-selbst-ruhen eine wüste >Radau<- und Wichtigmacherei. Beide sind gleich unangenehm. Aber der Mann ist der Strebende und verachtet das Ruhende, das Weib; der Arme verachtet den Reichen.

Sind nicht die Frauen wie Kinder, die sich beschenken lassen, die es sich gefallen lassen, die nichts wie beschenkt sein wollen und <werden> sie nicht beschenkt Ist das nicht ein Vorgang, so erstaunlich und ergreifend, dass man in sich gehen muss? Es gibt Wesen, die kommen mit nichts auf die Welt, denken nicht an Erwerb und lassen sich ernähren, als wäre es das Selbstverständlichste. Und der Mann, der sie beschenkt und ernährt, fühlt sich dazu verpflichtet, weiß es kaum, dass es ihm eine Last ist, und es müsste sicher ein gemeiner Mensch sein, der das nicht einsehen wollte, der nicht mehr schenken wollte, der eine Gegenleistung verlangt, der kaufen oder tauschen wollte.

Man hat entweder eine Sache oder man ist eine Sache.

Das Recht ist der Rhythmus der Wirtschaft, ohne den sie ein wüstes Rechtloses wäre, überhaupt nichts hat, >Moralisches< zu erkennen[14].

14 „Moralisches“ und „erkennen“ umgestellt.

18. Montag

Liebmann, die Zentralmustertervorrichtungsstelle der deutschen Interessenwelt, Wülfing, >mein somatisches< Komplement. Wahrlich Albuquerque, Salieri, Pommel, Ödiger, Quast, Broicher, die Landrichter sehen aus wie ein lyrischer Neurotiker.

Ich tausche mit keinem. Für meine Cari ist keine Überschwänglichkeit zu übertrieben.

19. Dienstag

An Cari: „Du meine Freude und meine Sehnsucht, mein Gewissen, mein Stolz. Auf Dich häufe ich alles. Du bist ein Part von mir, nicht anders zu bestätigen als <durch> eine symbolische Handlung, als das Bestreben, Dir immer nur zu schenken und das durch eine äußerliche Handlung zu dokumentieren und mein Inneres mit dem Äußeren in Einklang zu bringen. Darum ist es eigentlich gleich, wie viel ich einpacke. Ich will nur etwas von mir zu Dir kommen lassen, will, dass Du das berührst, was ich vorher berührt habe, will ein Zeichen dafür geben, wie alles zu Dir drängt, wie ich Dich suche, so, wie der Strom das Meer, wie ich in Dich münde als Ziel und Sinn meines Lebens.

Ach, wie die Sehnsucht einem Worte in die Feder diktiert, die man durch einen Kuss und einen lieben Blick verständiger und verständlicher aussprechen könnte."

An Cari: „Wohin ich auch immer gehe, ich trage Dich mit mir. Oft ist mir, als fühlte ich, wenn ich unter Menschen bin und mit ihnen spreche, Deine Hände; dann schließe ich mich sofort gegen sie ab, werde sachlich und höflich und lasse keinen zu nahe an mich herankommen. Ich werde mir dann plötzlich meiner Würde und des Unterschiedes zu ihnen bewusst und bin nicht mehr in Gefahr, mich gleichmütig gehen zu lassen und für einen Augenblick unvorsichtig zu werden. Dass ich mich Dir ergeben habe, stellt mich aller übrigen Welt gegenüber; nicht als Feind der Missmutigen, sondern als Gegner, der eine Würde und eine Distanz zu wahren hat. Ich habe Dir schon gesagt, Du dürftest mich jeden Augenblick sehen und wärest immer mit mir einverstanden. Denn meine Liebe zu Dir ist mir ein hoher Orden und eine Kostbarkeit. Cari, diese Weihnachten werden die ersten sein, die ich nicht bei meinen Eltern oder nahen Verwandten zubringe. Es werden trotzdem meine schönsten sein. Aber nur Dir verdanke ich das und ich wüsste niemanden, dem zuliebe ich das sonst tun könnte. Du belohnst mich überreichlich. Bei Deiner Liebe, und obwohl wir uns doch oft schreiben, bedeutet jeder neue Brief von Dir mir immer neue gesteigerte Freude. Das soll nie anders werden. Ich bleibe immer und immer nur Dein Carl."

20. Mittwoch

Morgens um 2 Uhr (bei Bastgen[15] in Düsseldorf)

Also heute Abend war ich bei den jungen Leuten, die den Nachwuchs bilden und meine eigentlichen Konkurrenten sind: Ein kleiner Ansatz zur Begeisterung, überwuchert von armseliger Vergnügungssucht und einer jämmerlichen Angst um bürgerliche Lebensnöte, ohne Geist, ohne Gedanken; alles konzentriert sich um das Examen, das bestandene und das zu bestehende, um die soziale Stellung und das tägliche Brot.

Ich bin klüger und besser als sie. Aber in ihrer ungeheuerlichen Masse sind sie mir vielleicht ein unüberwindliches Hindernis. Ich muss sehen, fertig zu werden.

21. Donnerstag

Nun hat sich das Meerschweinchen von Rosenbaum bei W. Schäfer auf mich berufen, hat sich herangemacht und schlängelt sich wahrscheinlich der Reihe nach zu allen Türen, um da mal anzuklopfen. Überall, wo was zu haben ist, gibt er sich hinter meinem Rücken als mein Freund aus. Ich fürchte diesen Schleicher, aber nicht anders, wie man Wanzen und Ungeziefer fürchtet. Es ist schwer, sich dagegen zu verteidigen, wenn man sie einmal auf dem Leib hat.

Was für gute und ehrliche Kerle sind Wülfing und Bastgen dagegen. Es gibt Ungeziefer unter den Menschen und das verglichen mit den Tieren ist mehr als die Erinnerung an eine Ähnlichkeit, sondern bezeichnet etwas Wesentliches. Die Tiere sind das Einfache gegenüber dem Menschen und nur durch die Tiere lässt sich die Seele und der Charakter des Menschen erklären.

Vielleicht ist R. ein Meerschweinchen: Er ist immer am Fressen, Vögeln und Verdauen, mit Geschäftigkeit, ohne Schwung, ohne Größe, ohne Feuer, ohne Begeisterung, aber dazu mit Selbstgenügsamkeit, lutscht Schokolade, leidet an keinem Mädchen, leidet an Büchern und Gedanken und schlägt von Zeit zu Zeit sein Wässerchen ab.

Habgier ist ein viel zu großartiges Wort für diese Art von Herumscharrerei und Schnorrerei.

Es gibt nur eine Sünde, nämlich die, zum Augenblick zu sagen: Verweile doch, du bist so schön. Denn darin liegt ein Einverständnis mit aller Zeitlichkeit, ein Verzicht auf Ewigkeit und alles Überirdische.

Deshalb ist die Lösung des Faust klein. Sie bezieht sich auf den Staat, der auch eine Überwindung der Zeitlichkeit ist.

Das Ideal ist der Kirchenstaat.

[15] Peter Bastgen, Referendar, Sohn des Gymnasialprofessors Peter Bastgen sen., Düsseldorf, Burgmüllerstr. 38.

Die Frau hat Verständnis für den weiten blauen Himmel, aber nicht für den Obelisken; der Mann baut einen Obelisken.

Wenn das alles Sexualität wäre, dann müsste die Frau Obelisken bauen und die Männer den weiten Himmel mehr bewundern als die Frauen. In Wahrheit ist die Sexualität nur ein armseliger Schatten, eine >verunglückte<, zotige Karikatur eines großen und erhabenen Begehrens und wem die Karikatur wichtiger ist als die große Sache, wem das Wuschelbett wichtiger ist als .... [das Wort wurde im Manuskript offen gelassen], der sieht und versteht nichts wie Sexualität und freut sich, ein ineinandergreifendes System von zotigen Anspielungen finden zu können.

21. Freitag
An Cari (Brief 6 nach Wiesbaden):

„Nun, da es Abend wird, steigt meine Sehnsucht am höchsten. Den ganzen Tag war ich am Gericht, gleich muss ich bis spät in die Nacht zu einer Konferenz, aber in dieser Stunde der Ruhe und der Weltüberwindung muss ich Dir schreiben. Dass ich in solcher Stunde immer nur Dich im Gedanken und Herzen habe, muss Dir zeigen, wie völlig ich Dein bin.

[Randnotiz]: Meine Sehnsucht kriecht auf jeden Schornstein, um zu sehen, ob Du nicht dort bist.

Was müsste ich für ein verächtlicher Kerl sein, wenn ich nicht durch den bloßen Gedanken an Deine ergreifende Treue immer an Dich gefesselt würde, ein Band, das zu den festen Bändern Deiner Schönheit, Vornehmheit, Güte und Milde noch kommt. So bin ich tausendfach gebunden in seliger Knechtschaft, nein, nicht Knechtschaft, sondern Liebe und Glück.

Über Rosenbaum: Gestern Abend befiel mich ein Ekel vor diesem klebenden Ungeziefer und Plebejer; ich dachte mit Schaudern daran, wie ich diesem Schweinchen einmal freundliche Briefe geschrieben habe. Ich wasche meine Hände; bitte Dich, liebe Cari, um Verzeihung, dass ich Dich mit ihm bekannt gemacht habe und Dir Witze von ihm erzählte."

22. Donnerstag
Sie zischten, als wär's ein Stück von dir.

Das ist ein Gesicht, dessen Besichtigung sich kein interessierter Kriminal-Anthropologe schenken darf.

componeri, stabularii und ologie.[16]

---

16 Komponisten, Gastwirte und Ologie. (Ologie, möglicherweise abgeleitet von lat. olo = ich stinke)

Wer ängstlich Haarlocken und Briefchen der Geliebten und anderer geschätzter Menschen aufbewahrt, der sucht die Treue noch in den Dingen, ist seiner eigenen innerlichen Treue noch nicht sicher und ihm ist nicht zu trauen.

Der Floh lebt, wie der Löwe, vom Raub; er springt verhältnismäßig ebenso hoch und großartig und ist trotz allem gemeines Ungeziefer (auf Rosenbaum).

Der Mensch steht so dem Leben gegenüber: Das Leben, die anderen Menschen, die Umstände, die Zeit, wie der Stahl, der auf der Drehbank liegt. Der Mensch, das einzelne Individuum, ist das scharfe Messer, das schneidet. Ist es hart genug, so formt es sich den Stahlklumpen, sonst zersplittert es elend und hilflos an dem Stahl. Aber zum Arbeiter, zum Proleten, wird der Mensch nicht. Das Leben bietet sich ganz dar. Es handelt sich nur darum, hart und sich selbst treu zu bleiben, dann formt sich das Leben nach einem.

Die automatische Revolver-Bohrmaschine[17] und der Kultus.

Warum ist Rosenbaum so klein: Weil er nicht aus sich herauskommt. Er fällt nicht aus dem Gleichgewicht, weil er platt auf der Erde liegt, wie eine Wanze; er ist mit allem einverstanden, wenn er nur in Ruhe die Beine übereinanderschlagen, ein Buch und ein Stück Schokolade lutschen kann.

Das ist das Fesselnde an maskulinen Frauen, dass sie sich mit dem putzen, wofür man sein Leben opfern muss. Das ist das Große an wahren Frauen, dass sie das nicht nötig haben.

Wenn du armer Prolet über vornehme Straßen in einer großen Stadt gehst und die vornehmen, großartigen Häuser machen dich klein und dumm, so sage dir, dass es töricht ist, mit dem Kopf gegen diese Häuser rennen zu wollen. Aber man muss sich an die Menschen machen. An die ist leichter heranzukommen und die sind leicht zu vertreiben. Die Häuser haben nichts damit zu tun.

Ich denke, folglich bin ich[18]. Ich bin daher. Es ist nichts außer mir.

---

[17] Bei der Automatisierung der Schrauben- und Mutternfertigung zu Anfang des 20. Jahrhunderts wurde die Zuführung dieser Massengüter zum Bohren und Gewindeschneiden vielfach nach dem Prinzip des Trommelrevolvers gestaltet. Arbeiter, die sich angesichts dieser Rationalisierung um ihre Arbeitsplätze sorgten, sabotierten häufig die Modernisierungen – daher vermutlich der Hinweis auf den Kult der Arbeit.

[18] Carl Schmitt parodiert in seiner utopischen Satire „Die Buribunken" (1917) die cartesische Formel: „ich schreibe, also bin ich; ich publiziere, also bin ich." Jeder Mensch muß Tagebuch schreiben und veröffentlichen, Verweigerer werden terrorisiert.

Das kann man so verstehen, als ob alles andere außer mir unterginge.

Das kann man aber auch dahin verstehen, dass ich selbst in einer Sache untergehe, die nichts anderes bestehen lässt, außer sich selbst, die klein bleibt und allein das >Prädikat< Sein verdient.

Und das letztere ist wohl Durchfall. [Daneben am Rande in Langschrift vermerkt]: erl.

Wenn ich denke, bin ich psychologisch; denn ich bin aufmerksam und alles außer mir verschwindet, wenn ich aufmerksam bin. Ich selbst als empirisches Subjekt auch. Gegen den Satz: „Ich denke, folglich bin ich" hat man eingewandt, es sei gleichgültig, dass das Tun, aus dem die Existenz gefolgert wird, gerade das Denken ist. Das ist richtig. Wenn ich überhaupt etwas tue, wenn ich handle, so bin ich, und nur so lange ich handle. Die Welt ist meine Tat; ich habe mich aufgegeben und es gibt nichts außer mir; folglich bin ich, und nichts anderes ist. Nur bin ich selbst dann auch anders geworden als die armselige empirische Erscheinung, die ich sonst <bin>.

In jedem Leben geht jeder Wunsch in Erfüllung, man wird für seine Wünsche belohnt. Auch deshalb ist das Leben ein Traum, weil es eine Wunscherfüllung ist; mit der Funktion, einen Schlaf vor Störungen zu bewahren.

23. Samstag

Brief an Eisler über R.b. [Rosenbaum]: „Das ist was, was mich an seiner Berufung empört, ohne Rücksicht auf Personen und Objekte, dass jemand hinter meinem Rücken, ohne mich zu fragen, über ein Stück meiner sozialen Persönlichkeit disponiert. Wenn ich zum Düsseldorfer Generalanzeiger gehe und auf den Namen der Firma Eisler eine Mark leihe, was empört Sie denn dann? Doch nicht die Mark, die Sie verlieren können? Die doppelte Wirkung der Rücksichtslosigkeit einer solchen ungefragten Berufung zeigt sich ja hier sehr deutlich: Es wird nicht nur über den Einfluss, den ich haben könnte verfügt, es wird mir nicht nur etwas genommen, es maßt sich nicht nur jemand an, meinen Namen zu gebrauchen, sondern ich werde auch dadurch, dass Schäfer auf die Berufung eingeht und mir einen Gefallen damit zu tun glaubt, Schäfer verpflichtet; ich werde gebunden, ohne dass man mich darum fragte. Einem anständigen Menschen ist es egal, wer ihm einen Gefallen tut; jeder sucht sich die Leute aus, von denen er eine Liebenswürdigkeit erwiesen haben will; dadurch aber, dass ich mich ohne Wissen des anderen auf >etwas< bei einem Dritten berufe, dränge ich eine Wohltat auf in der unangenehmsten Weise."

Der Zugbegleiter Anton Herr, genannt Schoppenfraß.

An Cari: „Wenn jemand sich, ohne mich zu fragen, bei einem Dritten auf mich beruft, so verfügt er damit ohne meine Einwilligung über ein Stück meines Einflusses, über einen Teil der Wirkung meiner Persönlichkeit und darin liegt eine Beleidigung. Wenn ich zu einer angesehenen Zeitung gehe und auf den Namen der Firma Eisler eine Mark borge, so wird sich der Inhaber der Firma Eisler, wenn ich das hinter seinem Rücken tue, mit Recht empören, nicht über die Mark, die er dabei verlieren könnte, sondern über die Nichtachtung seines persönlichen Willens, die Anmaßung, dass sein Name benutzt wird. Dazu kommt aber, dass mir nicht nur etwas genommen wird, sondern dadurch, dass der Dritte, bei dem einer sich auf mich beruft, darauf eingeht, erweist mir jener Dritte, ungefragt, einen Gefallen. Wenn Wilhelm Schäfer auf Rosenbaums Berufung hin zum Beispiel einen Artikel von ihm annimmt, so tut er das in der Meinung, mir damit eine Wohltat zu tun, und dadurch bin ich Schäfer verpflichtet. Ich will aber als vornehmer Mensch das Recht haben, mir die Menschen, von denen ich Wohltaten annehme, selbst auszusuchen. Ich kann niemandem erlauben, ohne mein Wissen hinzugehen und einen Dritten zu veranlassen, mir Gefälligkeiten zu erweisen und mich dadurch zu verbinden. Es liegt also eine doppelte Unvornehmheit darin: Einmal wird über meinen Namen ohne meine Einwilligung verfügt, und zweitens werde ich ohne meine Einwilligung gezwungen anzuerkennen, dass jemand mir einen Gefallen erweisen wollte."

24. Sonntag

Der Mann gerät darüber in Wut, dass das Weib sich seinem Ideal lächelnd unterschiebt, dass es sich gefallen lässt, als Bild für etwas anderes angebetet zu werden, dass es sich den Reichtum vom Mann überwerfen lässt, der allein sein Reichtum ist.

Der Mann sollte lieber daran denken, wie wenig sein Reichtum wert sein könnte gegenüber dem Schweigen des Weibes. Vielleicht sind alle seine Ideale nichts, ist all sein geistiger Reichtum wie sein materieller nur armseliges Pfuschwerk.

Meine Gier nach ein paarhundert Mark ist so groß, dass ich an die Häuser schlagen möchte, um ihnen ein paar Goldstücke zu entlocken. Aber ich bin damit nur ein kleiner Soldat in dem unermesslichen Heer der Kämpfer um das Geld. Was hilft dir dein Nachdenken und dein Schuften, dein Mut und deine Entschlossenheit; irgendeinem dummen Spekulanten fliegt es zu, dir an der Nase vorbei, du kannst dastehen und dir die Hände wund reiben, es kommt einfach nicht zu dir. Brülle du nur, schreie wie ein verlassenes Kind; deine Wut, deine Empörung, dein Scharfsinn, deine Entschlossenheit sind nur schwache Strohhalme, mit denen Du gegen einen Stahlblock losgehst. Denk an die Millionen von Alchimisten, Gold- und Schatzgräber, die, von derselben Wut beseelt wie du, ihr Leben lang die tollsten Versuche unternahmen. Gegen ihre Zähigkeit und Entschlossenheit ist dein Mut nur ein schwaches Kind. Eines Tages starben sie in irgendeinem Winkel, die anderen Menschen lebten weiter, der Schatzgräber ruhte aus von seiner Gier und so gut, als hätte er sich alle seine Mühe gespart.

25. Montag
Ich darf nicht leichtsinnig werden, ich darf mir nicht 1 000 Mark verschaffen und verjubeln. So wie ich das tue, hätte ich allen Grund und Boden verloren. Es wäre zu gefährlich. Ich hätte keine Argumente mehr, weder für mich noch gegen andere.

Wer keine Ehrfurcht vor der ausgebreiteten Empfänglichkeit einer Frau hat, ist ein schlechter Kerl, ein hämischer Kastrat >oder< ein blinder >Zuhälter<.

An Cari: Das ist einmal mit der Philosophie nach Mize[19]-Briefen:
„Ich müsste Dich schlecht lieben, wenn ich Dir nicht auseinandersetzen wollte, wie es mich jedes mal mit Zittern ergreift, wenn ich an Deine Sorgen und Beschwerden denke. Aber dann erkenne ich bald, wie nötig es ist, sich gerade hier zu beruhigen. Es handelt sich um ein Engagement, um ein Unglück, um wiederholtes Unglück. Aber wenn man demgegenüber alles wegwerfen, erklären, wollte, es hätte keinen Sinn und Zweck mehr zu arbeiten, dann wäre man am Ende und täte gut daran, ein Lump oder ein Selbstmörder zu werden.

Und warum? Wegen eines Engagements von 135 Mark, ohne Ernährungssorgen zu haben! Liebe Cari, ich bitte Dich. Ein Mensch, der verzweifelt, ist genau so groß und >bedeutend< wie der Grund, der ihn zur Verzweiflung bringt. *Es gibt Menschen, die sich das Leben nehmen, wenn sie sich beim Rasieren schneiden und das Bluten hört nicht sofort auf. Es gibt andere, die Selbstmord begehen, weil ein Gänschen sie nicht gegrüßt hat. Einer ertränkt sich, weil er einen Prozess verloren hat, andere, weil sie eine unheilbare Krankheit haben, ein Dritter erschießt sich wegen Schulden, ein Vierter aus der allgemeinen Erkenntnis, dass es schlecht und ungerecht zugeht im Leben. Das macht in Deutschland jährlich ungefähr 10 000 Fälle aus, jeder dieser 10 000 hat, unwiderruflich, ein für allemal dokumentarisch festgelegt, was er fürs Höchste und Erstrebenswerteste hält, weswegen ihm das Leben lebenswert erschien. Sie sind entweder Narren, bedauernswerte Narren, oder arme, liebe Kinder, die sich aus jugendlichem Trotz umbrachten oder aber verächtlich. Jeder Selbstmord ist aber nur der lauteste und entschlossenste Ausdruck einer Verzweiflung. Was daher vom Selbstmord gilt, gilt auch von jeder Verzweiflung: Sie ist so groß wie ihr Motiv und so würdig wie ihr Motiv. Aber absolut ganz und absolut würdig ist sie auf keinen Fall, denn nicht nur der Selbstmord; sondern jede Verzweiflung, jede Wut ist eine Selbstaufgabe, ist ein Wegwerfen seiner selbst an eine Zufälligkeit, ein Verzicht auf die dauernde Bedeutung des eigenen Wertes und eine Bejammerung jämmerlichster Nichtigkeiten, die von Sekunde zu Sekunde*

[19] Mize, eigentlich Mariechen Schmitt, in Berlin wohnende Schwester des Vaters von Carl Schmitt, bei der er und seine Schwester während ihrer Studien in Berlin wohnten, war eine stets besorgte Tante.

sich ändern, denn der Mensch, der sich umbringt, weil er einen Prozess verloren hat (um bei dem Beispiel zu bleiben), hat damit nicht nur erklärt, dass er für diesmal aus dem Leben scheiden will, sondern, da er noch Tausende von Prozessen verlieren kann, so müsste er >nach< jeden solchen Prozessverlust sein Leben für verwirkt erklären. Das ist ja das, was einen Menschen für alle Zeiten zu einem ernsten, seiner selbst würdigen Handeln antreiben muss: dass man sich immer selbst das Urteil spricht. Mit jedem Tun wird einem selbst die Frage vorgelegt: Was hältst du von dir selber, wie hoch schätzt du dich ein? Alles tut man auf eigene Verantwortlichkeit und die Verantwortlichkeit hat keine Grenzen; es gibt eine grauenhafte Konsequenz ins Unendliche, der keiner entgeht; vor der sich keiner entschuldigen kann, denn er hat alles selbst in der Hand, Es gibt kleine und bedeutende Selbstmorde! Und wenn es sich eines Tages herausstellt, dass er nichts wert war, dann gebraucht ihn die Gerechtigkeit selbst als Mittel, ohne sich weiter um sie zu kümmern. Gerechtigkeit [Ein Wort nicht deutbar], es ist ihr zuviel >etwa< einen Ziegelstein vom Dach auf ihren Kopf fallen oder einen Eisenbahnzug sie überfahren zu lassen; sie drückt ihnen vielmehr den Revolver selbst in die Hand und lässt ihn selber seine eigene Wertlosigkeit besiegeln.

Das ist eine Sorte Selbstmörder, die kleinen, zahlreichen, unbeachtlichen; die anderen, die quasi philosophischen Selbstmörder müssen sich immer das Argument entgegenhalten lassen, wenn Du die Kraft zu einem überlegten Selbstmord hattest, so ….[20] Ein Mensch, der verzweifelt, hat keine Argumente mehr. Wer sich selbst wegwirft, wird von >jedem< Menschen widerlegt, von dem kleinsten Bauern und Bürger, der seine Kinder redlich erzieht.

26. Dienstag

Ein guter Mensch in ärmlichen Verhältnissen ist wie eine schöne Melodie von heiserer Stimme gesungen.

Wie brennt und zieht es mir; nach einem schönen Weib, nach der Lebensspenderin, ohne die ich zur Mumie verdörre.

Alle tausend Kommentare, alle Entscheidungsgründe, alle Abhandlungen über das Recht, sie sind getragen von dem erschütternden Glauben an die Vernünftigkeit des Rechts.

Sobald ich im Theater ein Gefühl, das mich selbst bewegt, dargestellt sehe, wenn auch nur mit psychologischer Wahrscheinlichkeit, ohne alle künstlerische Gestaltung, so werde ich über das Gefühl erhaben und schäme mich seiner. Bei mir ist das Bedürfnis zu Objektivität, systematischer Betrachtung und Verarbeitung so stark, dass es mich allem wirklichen Leben entfremdet.

---

[20] …. bereits am 16.11.1912 ausformuliert.

27. Mittwoch

Schattenrisse: ist ein Titel, nicht zu verwechseln mit dem für's schillerspreisgekrönte Werk des berühmten ...[21]

Zu Gottfried von Bouillon: Dieser Schattenriss verdient den Schillerpreis.[22]

Was heißt Schwerpunkt? Jede Wanze hat einen Schwerpunkt, sogar viel fester als ein Mensch. Man muss überhaupt auch hier aus der Stärke eine Dynamik machen. Schwerpunkt heißt Gleichgewicht haben, balancieren können. Balancieren können heißt in einer gesetzmäßigen Funktion sich bewegen.

Warum herrscht in der ganzen Welt, in jeder Wissenschaft, in jeder menschlichen Betätigung ein Gesetz? Dieser ursprünglich juristische Begriff beherrscht alles geistige Leben. Das ist ein Beweis für die Wichtigkeit der Jurisprudenz in der Philosophie.

An Cari: (nach 12 Uhr, nachdem ich aus dem Apollotheater gekommen)
Jeder fühlt bei einer unwürdigen Tat, dass es bei dem einmaligen tun nicht sein Bewenden hat, dass man sich bindet und einen Vertrag mit dem Bösen unterschreibt, dass man hier einem Gesetz unterworfen wird. Der Böse ist aber das Nichts: Der Sinn- und Bedeutungslose, der verzichtet auf eine große Wirkung, der untergeht in gemeinem *Behagen, der sich mittreiben lässt, die Feigheit vor dem Entschluss, das Einverständnis mit der Masse und dem Durchschnitt, die Behagung einer unedlen Knechtschaft, die festgehalten wird; um sich ein schläfriges, kätzelndes Dasein nicht stören zu lassen. Das ist das Böse.*

[Randnotiz]: Einmal ist nicht keinmal, sondern einmal ist immer.

Als Lohn erhalten die Leute, die sich mit ihm einverstanden erklären, die Annehmlichkeiten eines Zuhälterdaseins sowie die Freiheit von furchtbaren Gewissensbissen und Zweifeln, die einen guten Menschen heimsuchen. Als Strafe erhalten sie eine Wirkungs- und Bedeutungslosigkeit, die sie nur deshalb nicht zum Irrsinn bringt, weil bei ihnen kein Sinn ist, der irre werden könnte. Sie fallen nicht leicht aus dem Gleichgewicht, so wenig wie eine Wanze, die platt auf der Erde liegt.

Cari, hörst Du noch zu? O Du liebe, schöne Frau. Inzwischen ist es Nacht und ich bin nicht bei Dir. Aber könnte ich, wäre ich. Morgen erzähle ich Dir <mehr>. Diese Nacht sehne ich mich nach Deinem beseligenden Kuss. War denn je ein Mensch so ganz einem anderen hingegeben, wie ich Dir? Sei nicht mehr traurig, Cari. Wie schön ist der Name: Cari. Ich liebkose das Wort und spreche es immer wieder vor mich hin.

---

[21] Herbert Eulenberg (1876–1949), Schattenbilder. Eine Fibel für Kulturbedürftige in Deutschland, Cassirer, Berlin 1910.

[22] Herbert Eulenberg erhielt 1912 den Volksschillerpreis für sein neoromantisches Liebesdrama „Belinde". Weiteres zu den Schillerpreisen in „Carl Schmitts Kulturkritik der Moderne", S. 148/49.

28. Donnerstag
Einleitung zu N.[orm] u. Interesse:

Eine erste Beobachtung, die der aufmerksame Betrachter des heutigen Rechtslebens macht, geht von der Tatsache aus, dass der Mensch, so wie er in rechtlichen Verkehr mit anderen tritt, sei es in Rechtsgeschäfte, als Prozesspartei, als Staatsbürger in Erfüllung seiner bürgerlichen Pflicht und Wahrnehmung seiner Rechte, hier nicht als der ganze Mensch in Betracht kommt, nicht mit seinen persönlichen Vorzügen und Fehlern, sondern dass alles, jedes Gesetz, einen festen Bestand aufstellt und damit die Punkte, die das Recht interessieren, erschöpfend aufstellt. Für die Frage, ob dieser bestimmte Mensch ein Darlehen zurückfordern kann, handelt es sich immer nur um die im bürgerlichen Recht gegebenen Voraussetzungen; es ist gleichgültig, wer das wie lange empfangen hat, wer es zurückfordert, und wenn das nicht gleichgültig ist, so muss auch das im Recht bestimmt sein. Vor dem Gesetz sind alle Menschen gleich. Das ist ein richtiger Gemeinplatz, den jeder aufstellen kann. Aber es handelt sich hier um die Konsequenzen des Gemeinplatzes, die sehr wichtig und weittragend sind. Wenn vor dem Gesetz alle gleich sind, dann muss angesichts der tatsächlichen wirtschaftlichen, intellektuellen Ungleichheit der Menschen es mit etwas anderem zu tun haben, als mit dem Menschen in der Gesamtheit seiner Persönlichkeit. ....

Hier die Antinomie: Vor dem Gesetz sind alle Menschen gleich; im sozialistischen Zukunftsstaat sind alle Menschen gleich. Der Einwand: Dieses Postulat verkennt aber die faktische Ungleichheit der Menschen, ist insofern berechtigt. Wie ist die Antinomie zu lösen?

Dadurch, dass wir uns davon überzeugen, dass Mensch in beiden Fällen etwas anderes heißt.

Cari. Ich schleiche hinaus aus einer Konferenz und beiße mich vor Brunst in die Finger. Hast Du schon einmal gesehen, wenn Eisenspänchen auf einem Papier liegen und ich halte einen Magnet, ohne dass ich die Spänchen berühre, unter das Papier, so ordnen sich die Spanchen schön in Reih und Glied und folgen dem Magneten.

Ich brauche 500 Mark. Ein Schreckliches hängt an 500 Mark. Für 500 Mark arbeitet allerdings ein armer Arbeiter 200 Tage. Du willst sie in 14 Tagen mit deinem Schatz ausgeben. Aber andererseits: 500 Mark gibt ein Kommerzienratssohn in einer Nacht für eine Hure aus. Wie ist die Antinomie zu lösen?

30. Samstag
An Cari: Wollte Gott, dass Dir der morgige Sonntag ein freundlicher Tag wird. Ob er es aber wird oder nicht, immer solltest Du an mich denken und daran, dass ich immer Dein und Dir mit Hingabe meiner ganzen Person helfe. Dabei soll es bleiben. Ich küsse Deine Augen. Nur Dein Carl.

Dezember 1912

2. Montag

Eine Begründung geben zu wollen, ist schon Optimismus. Denn man kann es als Optimismus bezeichnen, dass man damit rechnet, die Wahrheit finden zu können.

Eulenbergs Belinde: Im Aufbau roh, im Gedanken banal, Dialog langweilig, in der moralischen Auffassung oberflächlich und nichtssagend, in den Versen schlecht.

Als Gegenpunkt; ein Verlegenheitseffekt, ein amerikanisches Duell. Das Stück ist ohne Linie, ohne Konsequenz, weder in der Linie noch im Kolorit noch in der dramatischen Entwicklung, d.h. ohne Spannung, noch in der Charakteristik (nicht nur in der psychologischen, sondern auch in der moralischen). Ein guter Ansatz zu einer niedlichen Posse, einige psychologische Beobachtungen, die wohl jeder verliebte Mann einmal von einer klugen verliebten Frau gehört hat.

In Belinde kommen ein paar schöne Sätze vor, die offenbar einmal eine sehr kluge Frau, die in Eulenberg verliebt war, zu ihm gesprochen hat. Daraus folgt, dass auch schöne und kluge Frauen sich in Eulenberg verlieben. Daraus folgt weiterhin, dass du auf die Liebe einer guten und schönen Frau nicht so stolz sein brauchst, denn es ist alles Irrtum und Schwindel.

Kolportageromantik verwässert durch literarische >Pfuscherei<, literarisches Laborieren durch Kolportage. Ein feistes Epigonentum, zusammengestohlen, verhunzt, stibitzt (aus Rich. III. sind die ersten Szenen des 4. Aktes).

Setzt sich so ein Schuft hin und schreibt Predigten gegen das lokale Theaterleben, nur zu dem Zweck, um sich das Geld zu einem solchen lockeren Leben zu verdienen.[23]

Die ganze Sinnlosigkeit einer Kokotte kommt in den Namen zum Ausdruck, die man ihr gibt; Namen wie Loulou, Fifi, Fritzi, Grigri[23a] bezeichnen das Leere, Inhaltslose, Nichtige.

Die Verachtung vor dem Menschen, der sich seine Einfalle notiert, beruht auf der richtigen Erwägung, dass der große Geist von Einfallen unabhängig sein muss, dass sein Schaffen in dauernder Hingabe an ein Gesetz, einen Schwung, einen Rhythmus beruht, nicht in gelegentlichen Anwandlungen. Dazu vortrefflich „Fichte".

---

[23] Zur Kritik an Eulenberg siehe auch die Satire in „Schattenrisse", Anhang S. 337–339.

[23a] Namen aus dem Schlager „Da geh ich ins Maxim" der Operette „Die lustige Witwe" von Franz Lehàr.

Es ist ein Argument aus dem Gedanken, dass jede Kultur selbständiges Tun des Menschen, Autonomie verlangt, dass man anstelle der erblichen Monarchie eine Republik setzt. Denn der Einwand, dass es in einer Republik zu Intrigen kommt, verkennt den Sinn der Wahl des obersten Herrschers. Durch diese Wahl will man selbst anstelle des Zufalls der Geburt, den Besten setzen. Man will tun, was man kann, man will es nicht einem anderen überlassen. Der Gedanke der Welt als Tat kommt auch hier zum Ausdruck und damit erledigen sich romantische Einwände.

Ariadne auf Naxos[24]: Soll der Unfug ohne Protest vor sich gehen?

5. Donnerstag
[Einige Wörter wieder gestrichen. Das letzte Wort ist Diktatur, danach eine halbe leere Seite.]

6. Freitag
An Cari: *Wenn ich fühle, wie meine Kraft sich durchsetzt, wie die Leute mir zuhören und sich von mir überzeugen lassen, dann blitzt für eine Sekunde der Gedanke an Dich auf, wie Du Dich meiner freuen würdest, und wie jede meiner Kräfte ganz in Deinem Dienste steht.*

7. Samstag
<An Cari> [Fortsetzung vom 6.12.] *Wir werden uns Geschwister und Verwandte ersetzen. Wir haben uns selbst gewählt und uns vom Zufall der Geburt freigemacht. (Von diesem Gedanken aus lässt sich die Lächerlichkeit der Theorie Freuds begreifen, denn ich wähle meine Mutter selbst! Das ist eine Tat, eine moralische Tat).*

Du sollst ein Weihnachtsfest erleben und wissen, dass Du nicht allein in der Welt bist. Wir werden uns Geschwister und alle Verwandten ersetzen, wir haben uns selbst gewählt und uns von jedem Zufall der Geburt freigemacht. Wir schaffen uns eine eigene Welt und eine eigene Würde. O Cari, schöne, herrliche Frau, Du bist nur mein. Und es heißt das gar viel. *Denn Du bist nicht deshalb mein, weil ich durch einen fremden Willen an Dich gebunden bin, sondern ich habe Dich von Tag zu Tag gewonnen und müsste mich selbst aufgeben, wenn ich Dich nicht mehr hätte, weil alles aus mir in Dich wie in ein schönes Gefäß geflossen ist und Du es jetzt trägst.*

[24] „Ariadne auf Naxos", Oper von Richard Strauß, Uraufführung: 1. Fassung 25. Oktober 1912 in Stuttgart, 2. Fassung 4. Oktober 1916 in Wien.

9. Montag

Vielleicht liegt in der scheinbaren Wahllosigkeit, mit der die Frau den Mann liebt, eine tiefere Gerechtigkeit als in der arroganten Überlegenheit, mit der ein Mann nicht verstehen kann, wie man in seinen Gegner verliebt ist oder in dem >Geschwätz< über ihre scheinbare Wahllosigkeit.

Das Gewissen wurde das Gesetz. Die Stimme des Gewissens ist das Bewusstwerden eines Gesetzes, einer Konsequenz. Alle Konsequenz ist schon Gesetz und alles Recht ist Konsequenz.

Warum ist alles Bewusstsein, ist das Bewusstsein das Höchste, ist Freud so unmoralisch und unproduktiv? Das Bewusstsein ist Tat und Kampf. Deshalb macht das Recht mit Grund nur bewusste Menschen verantwortlich; >es< interessiert nur der bewusste Mensch; nicht wegen des psychologischen Inhalts, nicht weil nur der Seelenzustand konstatiert werden kann, sondern weil nur er zugerechnet werden kann.

Der Zölibat, das Verbot der – donatio ante nuptias[25], die Kaution bei Offiziersehe, (Meine Aufregung bei dem Gebet per sacrum[26]. Ich bin doch nicht dumm gewesen.)

10. Dienstag

An Cari: „Warum feiert man den Kaiser, der seinen Feind als Nachfolger bestimmt und lieber seinen Sohn des Thrones verlustig gehen lässt. Weil sich hier der Gedanke der freien menschlichen Wahl der Bestimmung Bahn bricht. Warum ist es so abstoßend, wenn Frauen ihren Sohn ohne jede Unterscheidung lieben. Das germanische Kaiserreich ist übrigens ein Wahlkaisertum."

Welch ein schädliches Symptom: Die relative Indifferenz des Inhalts. Ich bin das Opfer. Ich sehe im Roman oder Drama einen Befund, sublimiere mich darunter und ziehe nun alle Konsequenzen, die die Romanschriftsteller oder die Dramatiker daraus ziehen, auch für mich. Daher die Haltlosigkeit und Substanzlosigkeit. Der Mangel an Zuverlässigkeit und Treue.

13. Freitag

An Cari: „Fürs schöne Bild vielen Dank. Es tut mir weh, Cari, Dir Folgendes mitteilen zu müssen, aber ich bitte Dich herzlich darum, mir zu glauben, dass <es> gerade jetzt nur die aufrichtigste Liebe ist, die mich leitet.

Nach Deinen letzten Briefen ist es mir klar, dass der Einfluss Deiner Wiesbadener Umgebung Deiner Liebe zu mir hoffentlich nicht schadet, wohl aber Deinen Briefen die wunderbare Innigkeit und Vertrautheit genommen hat, die sie mir bisher so lieb machten. Dein Brief, den ich heute morgen bekam, ist

[25] Schenkung vor der Ehe.
[26] Vollständig „per verbum divinum et sacrum".

ohne ein freundliches Wort, ohne Gruß und da ich Dich als überaus feine und taktvolle Frau kenne, so kann ich mir das nicht als Folge eines Versehens oder geschäftiger Eile erklären, denn ich habe schon 44 eilige Brief von Dir bekommen, liebe Cari, die trotzdem herzlich waren und nicht so beinahe bewusst kühl und zurückhaltend, besonders wenn ich bedenke, dass es sich dabei um den letzten Brief vor einem lange und sehnlich erwarteten Wiedersehen handelt. Das Sonnige um unsere Liebe veranlasst mich, diesen Brief zu schreiben. Vielleicht hat Dir jemand aus Deiner Umgebung zu verstehen gegeben, dass ich noch zu jung und nicht reich genug bin und Deiner Karriere im Wege stünde. Du weißt in Deiner Güte vielleicht nicht einmal, wie fein die Menschen einem solche Gedanken einzublasen wissen.

Ich bin Deiner <Karriere> nie im Wege gewesen und werde es nie sein. Ich habe genug für Dich getan, dass es jeden hämischen Spott widerlegen könnte. Ich kann Deine kühle Sachlichkeit einige Stunden vor dem Wiedersehen nicht ertragen.

Soll ein so lange erwartetes und vorbereitetes Weihnachtsfest zwischen vertrauten Menschen durch fremde Leute elend zunichte werden. Cari, ich erwarte Dich in Köln. Ich komme unter diesen Umständen nicht nach Wiesbaden. Telegraphiere mir bitte noch Sonnabend nach München-Gladbach, wann Du in Köln sein kannst. Ich bin immer zu Deiner Verfügung. Du kannst Sonntagnacht kurz nach 1 Uhr fahren, musst dann aber Luxuszug nehmen (I. Klasse), dann bist Du 4.35 in Köln, oder Du fährst Montagvormittag um 9.00 ab und bist 12.48 (mittags) in Köln. Wenn Du mir nichts telegraphierst, werde ich an jedem der beiden Züge sein und auf Dich warten. Reisegeld schicke ich Dir eventuell telegraphisch.

O Cari, vergiss doch nicht, was wir uns versprochen haben, worauf wir uns solange freuten und dass wir um keinen Preis einem fremden Menschen Vertrauen schenken dürfen. Du kennst die Menschen doch, Du kennst auch mich und weißt, wie sehr dieser Brief meine Zuverlässigkeit beweist.

Ich küsse Dich herzlich und bin immer Dein Carl."

Wenn von zwei Liebenden durch irgendeinen Grund der eine kühle Worte sagt, so fällt es beiden sofort auf. Aber wenn der Mann die gleichgültigen und lieblosen Worte spricht und die Frau wirft ihm das vor, so wird er wehren und um Verzeihung bitten; ist aber die Frau abweisend und unfreundlich und stellt der Mann sie deshalb zur Rede, so wird sie bestimmt entweder leugnen oder dem Mann ein Missverständnis vorwerfen (obwohl es unter Liebenden doch gar kein Missverständnis geben kann) oder aber sie wird beleidigt weinen und den Mann dadurch veranlassen, sie um Verzeihung bitten, dass er ihr so wenig zutraut. Der Schluss ist also immer der, dass der Mann um Vergebung nachkommt.

Er schlug sein Zergen[27] ab; er schlug seinen Geist ab.

---

[27] Mittel- und ostdeutscher Ausdruck für necken.

Für Thomas Mann[28]: Er entnahm seinem Bücherschrank eine jener zierlichen Veranstaltungen eines vornehmen Verlegers, in denen heutigentags wohlsituierte Jünglinge und wohlerzogene Damen, denen ausreichende Beziehungen zur Seite stehen, ihren Geist abschlagen.

Man sollte sagen, wenn der Mann sich das Ideal von der Frau schafft, dann kann es ihm gleichgültig sein, ob die Frau treu ist oder nicht. Das ist durchaus richtig. Nur ist die Sache die, dass der Mann mit dem Betrug der Frau einverstanden ist, wenn er von der Frau Treue verlangt, und dann muss er Angst und Furcht haben.

14. Samstag

(Auf der Reise nach Wiesbaden zu Cari) Kultur ist Gestaltung, Formgebung, Einführung von Zwecken. Es erhebt sich sofort die Frage nach Gesetzen dieser Gestaltung und Ihren >Zugzwängen<. Und die Antwort ist die wertvolle Gestaltung, moralisch wertvolle Arbeit. Nun fragt sich sofort weiter nach diesem Wert, der nicht, wie Rickert[29] meint, selbst wieder von der Kultur genommen werden kann; wohin also? Oder kann man sagen: Jede Definition beruht auf einem Werturteil. Die Definition der Kultur als Gestaltung der Natur enthält also notwendig die Rückverweisung auf die Kultur.

Durch die Einführung des Rechts erlangt jeder Schurke die angenehme Position, dass ihm sein Unrecht erst nachgewiesen werden muss. Es ist ein großer Irrtum zu glauben Recht = Macht. Es ist vielmehr umgekehrt und so gut ich auseinandersetzen kann, dass im Prozess nur der sozial Stärkere Recht bekommt, wenn auch auf dem Umwege über das Gesetz, ebenso gut kann nachgewiesen werden, dass nur der, der das Recht hat, als der sozial Stärkere erkannt ist.

Immer schiebt sich also das Recht ein zwischen den Kampf zur Macht und schon deshalb kann es nicht mit einem der beiden identisch sein. Denn wenn es auch eine leere Fratze wird, sich aufs Recht zu berufen, so bleibt rein psychologisch doch die Tatsache, dass man sich aufs Recht beruft, als ausschlaggebend bestehen. Es gibt eine Konsequenz, der keiner entgeht, und wer sich aufs Recht beruft, wird ein anderes Mal, wenn er im Unrecht ist, das Recht gegen sich gelten lassen müssen; das zu leugnen heißt, jeden Zusammenhang und jede Kontinuität aufgeben, heißt, auf jede Erkenntnis verzichten, es sei denn, dass man

---

[28] Gemeint ist die Satire über Thomas Mann in „Schattenrisse", siehe Anhang S. 340–342. Siehe auch „Carl Schmitts Kulturkritik der Moderne", S. 120–122 und S. 273–285.

[29] Heinrich Rickert (1863–1936), Die Grenzen der naturwissenschaftlichen Begriffsbildung, Mohr, Tübingen 1913. Rickert war wichtigster Vertreter des sog. südwestdeutschen Neukantianismus.

aufgrund einer transzendentialierten Sachlichkeit den immer Macht haben ließe, der das „Recht" hat. Dann heißt „Recht" hier aber etwas anderes, es wird selbst etwas Transzendentes und kann nicht mehr untersucht und deduziert werden. Nur ist zu unterscheiden zwischen dem im konkreten Fall verwickelten „Recht" und dem zu verwirkenden Recht.

Wer arbeitet vergisst die Zeit, wer spielt auch.

Sch. R.[30] Eulenberg: Ein Bekenntnis: Suchtkrankheiten. Kip u. Tip; die beiden Eulenheiten.

Ein akquiriertes Gedicht / Ich lese es nur bei Wachskerzenlicht.

18. Mittwoch

Der frauenlose Hering, ein Mann, der nach seinem Hering zu schließen, „Garantiert Frauenlos" heißt.

Heute ist ein Kunstwerk die Veranstaltung gewogener und gewiegter Verleger.

Wir treiben die armseligste Flachkunst. Die flachste Ziselierkunst wurde die albernste Wichtigmacherei >darin<; ein freches Schmarotzergesindel wächst heran.

19. Donnerstag

Wie knechtisch und würdelos ist der Respekt, den Leute wie Rathenau vor dem Adel haben. Wenn es eine >Entwicklung< der Menschen gibt, <für> welche sie nie auf Abstammung Bezug nehmen, sondern immer nur auf erworbene Eigenschaften. Erworbene sind immer selbst erworbene Eigenschaften und Rechte. Wer aber ist dieses selbst? Wo beginnt die Individualität?

Du musst alles selber tun, du kannst niemals für dich arbeiten lassen, kannst niemand gebrauchen, kannst nicht durch fremden Schaden, sondern nur durch eigenen klug werden, kannst dir nicht fremde Erfahrungen aneignen; darfst nicht auf fremden Lorbeeren ausruhen und nicht aus fremder Leute Hand in deinen Mund leben.

---

[30] Sch. R. = „Schattenrisse". Es handelt sich hier um Notizen für die Satire über Eulenberg. Davon hat Carl Schmitt im Text der Satire nichts verwendet. Dort nur die Andeutung: „Er litt an Problemen, von denen der einfache Bürgersmann keine Ahnung hat". Siehe auch Anhang S. 337–339 und „Carl Schmitts Kulturkritik der Moderne", S. 92–95 und 234–42.

Th. Mann: Es wäre zuviel gesagt, ihn eitel zu nennen, aber er war zu rücksichtsvoll, als dass er die ziemlich hohen Erwartungen, die man, wie er wusste, auf ihn setzte, >enttäuscht< hätte. So kam es dann, dass er sich für einen großen Künstler hielt, nicht weil er sich davon mit Gründen überzeugt hatte, sondern weil er eine herzlose Missachtung seiner Verehrer darin erblickte

23. Montag

An Eisler: „*Seien Sie mutig, denn wir haben einen schlimmen Feind; den bürgerlichen Menschenverstand, dessen expansive Kraft einem gerade um die Weihnachtszeit gruseln macht, der aber in Deutschland nur einige Jahre so weiter um sich greifen kann, denn sein Fett schließt ihm bereits die Augen. Überdies ist es nun einmal mit uns soweit, dass uns keine Übergabe nützen würde, ein Gang durch ein Cafe genügt, um jeden Gedanken daran zu ersticken. Was bleibt demnach? Liberté, liberté, chérie.*"

So kommt man, nachdem man sich als Sekundaner blasiert vorgekommen ist, mit 24 Jahren dazu, sich an Revolutionsliedern zu begeistern, Politik zu treiben, ohne die Zeitung zu lesen, Menschen helfen zu können, was die Menschen einem an Hilfe anbieten. Es ist eine sonderbare Situation, aber es ist besser, nicht zu viel darüber nachzudenken.

25. Mittwoch

Ein so schrankenloses Genie wie Däubler lassen wir uns nicht gefallen.

Zu Thomas und Heinrich Mann: homo homini lupus.

26. Donnerstag

Refraine.

27. Freitag

Ich habe das Bedürfnis, unabhängig von anderen Menschen zu sein und mich einzurichten, ohne nach anderen richten zu müssen. Wenn ich von anderen irgend etwas rechtlich verlangen kann, dann ist es so gut, als ob ich von ihnen und ihrem Gutdünken unabhängig wäre. Das ist der Sinn des großen Umfanges, den die Gesetzgebung heute angenommen hat. Es ist besser, darüber nachzudenken als über den furor legislativus zu spotten oder zu schimpfen. Auch das Bestreben, den Richter zu binden, hängt damit zusammen. Und charakterologisch liegt die Idee von Fichtes geschlossenem Handelsstaat in keinem anderen Boden gewurzelt als in dieser Gesinnung der isolierten Unabhängigkeit.

Demgegenüber darf nicht der Einwand gemacht werden, es komme letzten Endes doch immer auf den guten Willen der Menschen an. Das ist ein rein tatsächlicher Einwand, der das Bestreben nicht in seiner moralischen Bedeutung widerlegt. Das private Eigentum, das Hausrecht, persönliches Recht, alle diese Rechte bedeuten eine Anerkennung der Tendenz nach isolierter Unabhängigkeit, nach autonomer Selbständigkeit des Subjekts. Persönlichkeit, nicht im Rahmen der Gesetze, sondern durch Gesetze wird die Persönlichkeit erst, was sie ist. Die Gesetze können nicht die Persönlichkeit einschränken, was sie einschränken oder zurückhalten können, sind nur Auswüchse und Äußerungen von leidenschaftlichen und sehnsüchtigen Gelüsten, die den Bestand der rechtlichen Ordnung gefährden. Was immer die Persönlichkeit ist, bestimmt sich durch die Rechtsordnung selber und ist nicht ein abgegrenzter Raum. Denn Persönlichkeit ist zu Gesetzmäßigkeit <verpflichtet>, und alle Definitionen von der Einschränkung durch das Recht, verraten eine bedenkliche oberflächliche und utilitaristische Auffassung des Rechts der Persönlichkeit.

I. Cap. Die Autonomie des Rechts gegenüber dem Interesse. Der Zweck nicht Schaffung des Rechts.
II. Cap. Die Kultur als Tat. Recht und Kultur.
III. Cap. Die Persönlichkeit im Recht.
IV. Cap. Das Recht des Rechts.
V. Cap. Das Recht und die Sittlichkeit.

Der letzte Rest dieser löblichen und dankbaren Auffassung der Persönlichkeit als eines einzelnen Leibes zeigt sich in dem kantschen und weiningerschen Bedürfnis nach Einsamkeit, insbesondere in der Meinung, nur der Mann könne für sich allein die moralische Bedeutung erreichen und sein Zusammensein mit einer Frau sei ein Hindernis. Darauf ist zu erwidern, dass Persönlichkeit hier nur eine Regelmäßigkeit bedeutet und dass eine Gemeinsamkeit zweier Menschen in diesem Rhythmus der Regel durchaus kein Widerspruch ist.

Etwas schön finden heißt, es herausleiten und in eine andere Epigenese geben. Das ist der Grund dafür, dass man Eltern und Geschwister seiner Geliebten nicht kennen lernen mag, dass man sie als einzig betrachtet. Einzig heißt hier, besonderen Gesetzen unterstehend. Die Gesetze des Rechts sind so wenig aus der Wirtschaft abgeleitet, wie das Gesetz der Schönheit von ihrer Verwandtschaft.

Eulenberg, Beulenzwerg, heulen, Scherg, knäulen, Pferch, Litfasssäulenberg, feilen, steilen, keilen, Meile, geile, Zeile, Seile.

v. Baissewitz[31]

[31] Ähnlicher Name Bassewitz kommt in Johannes Negelinus, „Schattenrisse“, als „Eulenbergs großer Antipode“ vor; siehe „Carl Schmitts Kulturkritik der Moderne“, S. 59.

Sollen >jetzt Lehrer< Beamte werden, aber die Sozialdemokratie hat den Irrtum begangen, diesen Staat zu verwirklichen, sie begeht eine Zweideutigkeit mit diesem Wort, indem sie von einem Zukunftsstaat spricht, wenn doch der Idealstaat auch nicht in der Zukunft liegen kann.

28. Samstag
>Über< Mystik und Plattheit. Das eine kann man immer noch ändern ohne >Weiteres< gegenüberzusetzen und Argumente sind da nicht ohne.

29. Sonntag
Ein Psychologist ist ein Mensch, der meint, es ließe sich das Wesen einer Sache dadurch ergründen, dass er seine Nase auch hineinsteckt.

Anhang zum Tagebuch vom 16. Oktober bis 29. Dezember 1912

28. Samstag
Die Zeit ist reif für die Diktatur. Das Volk will sich amüsieren, will unterhalten sein, d. h. seine Zeit totschlagen. Die Zeit aber ist das Wichtigste, was der Mensch hat. Denn wir haben ja nichts als Zeit, um darin zu leben; die Zeit ist so wichtig wie das Leben, und wer die Zeit totschlagen möchte, hat sich selbst das Todesurteil gesprochen und verdient, selbst totgeschlagen zu werden. Unser Volk hat nichts mehr zu tun, die Frauen faulenzen, wir haben keinen Abscheu mehr vor der Faulheit, wir rennen einem faulen, fressenden und verdauenden gleichberechtigten Menschen die Türen ein, wir machen aus der Gleichheit aller Menschen eine dreckige Vitalität und verlangen die Gleichheit der Nationen, statt die Gleichheit der Rechte. Wir sehen im Rechtsstaat Mittel zum ungestörten Fressen und Huren und wenn einer durch fleißige Arbeit Geld verdient hat, so weiß er hinterher nicht, was er damit anfangen soll und gibt es in der dümmsten Weise aus. Der Kapitalismus als die Herrschaft des Mittels geht hilflos an sich selbst zugrunde, weil uns alle Zwecke fehlen. Um Geld zu verdienen, soll man arbeiten, damit man nicht für Geld zu arbeiten braucht. Man muss sich seine Zeit wie sein Geld verdienen, denn Zeit ist wahrhaftig Geld. Geld ist christliche Zeit und die Ehrfurcht der Menschen vor dem Geld hat durchaus ihren Sinn. Die Zeit ist wie das Geld das absolute Mittel und wir wissen heute mit unserer Zeit so wenig wie mit unserem Geld anzufangen. (Der Wert der Arbeit bestimmt sich ja nur nach ihrer Zeit).

Geld um Geld zu verdienen ist sinnlos; die Mittel drehen sich im Kreise, sie können sich aber nicht ein Niveau höher erheben und deshalb bleibt es eine alberne Dreherei; das Ende ist ein ödes Geldverschwenden und Zeittotschlagen. Das war die völlige Drehung, dass die Menschen das Mittel anbeten; sie haben den Zweck vergessen.

29. Sonntag

Dritte, die bei der Subsumption unter einen Tatbestand immer darauf hinweisen, dass doch etwas da sein müsse, das subsumiert werde, gleichen dem, der bei dem Urteil über eine Radierung vorerst die Qualität des Papiers einer genauen wissenschaftlichen Prüfung unterziehen lässt. Dabei kann etwas herauskommen, aber es kann niemals das Urteil über das Kunstwerk selbst begründen.

Jeder neue Fall, jede Gewohnheit kann die Rechtsregel nur klarer und bewusster machen, weiter nichts; aber nicht das Rechtliche aus sich entwickeln. Er kann aber selbst nur durch die Rechtsregel erkannt werden und daher der Irrtum, durch Anhäufung der Tatsachen könnte man die Rechtsregeln erkennen. Es gibt keine Induktion im Recht.

Es kann nicht jede Meinung über das Recht als legitimes Recht betrachtet werden; die Meinung aller, die rein quantitative Summierung der Meinungen kann er dann ebenso wenig begründen, sondern es muss ein qualitatives Spezifikum hinzukommen. Das ist beim Staatsrecht die staatliche Autorität, die selber aber wieder rational sein muss. Woher also? Die Zeit, die Kontinuität, die …

Das Recht ist Zweck und kein Mittel Das ist der Irrtum Kants und Feuerbachs. Zweck aber nicht von einem Interesse aus betrachtet, sondern von einer Norm; Zweck nicht als Motiv, sondern als derjenige terminus, der dem Willen des Einzelnen Gesetz ist, den der Wille des Einzelnen nicht selber setzt; keine Position, sondern eine Autorität.

Der Einzelne kann das Recht als Mittel benutzen, aber seiner Idee nach kann das Recht nicht erkannt werden, wenn man es als Mittel betrachtet. Auch wenn der letzte Zweck die autonome Sittlichkeit ist, kann das Recht Zweck in diesem Sinne bleiben. Denn Zweck ist hier eine normative Kategorie, keine psychologische.

Daher ist das Geld keine Institution des Rechts, sondern es ist ein Mittel. Das Geld im Recht und die Zeit im Recht. Es gibt einen Zweck von der Norm aus betrachtet und einen vom Interesse aus betrachtet (diesen meint Ihering[32].) Beide widerstreiten einander. Für die Ansicht, die den Zweck im Sinn des Interesses als Schaffer des Rechts betrachtet, wird das Recht zum Mittel selbstverständlich, denn das Interesse gebraucht das Recht. Das ist auch die Ansicht derjenigen, die im Recht ein Machtmittel sehen und Recht als Macht definieren. Für sie ist das Recht Mittel. Der Zweck schafft aber nicht das Recht, sondern das Recht ist Selbstzweck. Zweck: 1. als ein zu bewirkendes, 2. als Norm einer Beurteilung.

Ist nun das Recht Zweck oder ist es Norm. Es ist beides, weil es das erste ist. Es ist Zweck als etwas Weltbewirkendes, weil die Welt Tat ist. Wenn es aber

[32] Rudolf von Ihering, (1818–1892), dt. Jurist, Prof. des römischen Rechts. „Der Zweck im Recht", 2 Bde. (1877–83)

Norm ist, war es vor der Welt da. Wenn es zu bewirken ist, ist es erst nach der Welt da. Das Recht muss vor der Welt da gewesen sein und nach ihr da sein. Das sind die beiden Pole des Rechts.

(Auch für den Gefühlsjuristen ist das Recht Mittel. Mittel das, was er als richtig fühlt, das ist zu verwirklichen.)

Das Recht ist Norm, außerhalb der Welt, vor und nach der Welt. Das Recht als Zweck sucht die Norm zu verwirklichen. Das zu bewirkende Ergebnis ist nicht das Recht, sondern ein Zustand, der der Norm entspricht; das Recht kann also eigentlich niemals Zweck sein, sondern immer nur der rechtgemäße Zustand, die normgemäße Wirklichkeit.

Das Recht steht außerhalb der kategorischen Mittel. Zweck: Die Frage, ob das Recht Zweck ist, ist keine rechtstheoretische mehr, sondern eine praktische. Die Theorie, welche in Beantwortung übernommen, geht nicht spezifisch das Recht an. Sie betrifft jede Norm, auch die ethische und die sittliche.

Man wird zwei Arten des Rechts unterscheiden müssen. Das wesentliche Recht und das zufällige Recht. Das [in Langschrift] essentiale und die >rechtsgewöhnliche< Rechtsbestimmung (wie Kriminal- und Polizeirecht). Das positive Recht verdient nur abgeleitet den Namen Recht. Das positive Recht ist das vom Staat gesetzte Recht oder das Gewohnheitsrecht. Daher bedeutet das Wort positiv hier etwas Selbstverständliches, eine neue Tautologie oder aber es bedeutet nicht-wesentliches, nicht-mentales Recht.

Beilage zum Tagebuch 1912

Mauthner III. Grammatik & Logik.[33]

[Die nachstehenden Zitate setzt der Autor als bekannt voraus.]

[S. 145, Zeilen 19–33:] Bei keinem Redeteil scheint es mir so einleuchtend wie beim Zahlwort, dass die sprachliche Bezeichnung der Wirklichkeitswelt entspreche. Je mehr die moderne Naturwissenschaft mathematisch geworden ist, je mehr sie Sinneseindrücke wie Töne und Farben, je mehr sie chemische Erscheinungen auf Zahlenverhältnisse zurückführt, desto mehr will es mir scheinen, als ob die Lehre des alten Pythagoras wieder zu Ehren kommen solle, dass nämlich die Harmonie des Weltalls wie in der Musik auf Zahlenverhältnisse gegründet sei. Wie aber wenn „Zahlen" an sich schon Verhältnisse wären, das Wort nur noch deutlicher zum Ausdruck kommen: dass nämlich das innerste Wesen der Welt aus Zahlen bestehe, dass – modern ausgedrückt – das Ding-an-sich die Zahl sei.

Vielleicht ist die Zahl das „Ding an sich" und die Pythagoräer hätten recht. Aber die Zahlen und das Zahlenverhältnis existiert doch nur in meinem Kopf, sagt M.. Die Zahl ist nur durch die Sprache entstanden.

[S. 147, Zeile 25–34:] ….; die Natur kann nicht zählen, nicht einmal bis vier. Die Natur kennt nur die „Einheit", und darum irrt sie sich nie. Sie liefert zu jedem Schafsherzen den nötigen Schafskopf, und nur darum liefert sie von beiden die gleiche Zahl. Aber sie weiß nicht, wie viele Schafsköpfe und Schafsherzen es gibt. Sie weiß es nicht nur nicht, die Anzahl ist auch in der Natur nicht vorhanden, auch nicht einmal stillschweigend, nicht einmal unbewusst. Es gibt keine Zahl außer im Menschenkopfe. Und auch da ist die Zahl erst durch die Sprache entstanden.

---

[33] Fritz Mauthner, Beiträge zu einer Kritik der Sprache, 3 Bde., Dritter Band, „Zur Grammatik und Logik", VI. Kapitel: Das Zahlwort, Stuttgart 1906, S. 132–185. In der vom Herausgeber verwendeten dritten, um Zusätze vermehrten Auflage von 1923 ergeben sich leichte Veränderungen der Paginierung. Zur weiteren Kritik Carl Schmitts an Fritz Mauthner siehe den Nachdruck der Mauthner-Satire aus „Schattenrisse" im Anhang, S. 342 f., und „Carl Schmitts Kulturkritik der Moderne", S. 123–128 und 285–300.

Er beweist das so: Wir können die Wirkung einer Kraft nur durch Zahlen ausdrücken, darum verlegen wir die Zahl in die unbewussten Dinge, die nichts davon wissen. Es muss aber nur zugegeben werden, dass zwischen der Zahlenmetapher und den Kräften der Wirklichkeit irgendein Vergleichspunkt besteht, den wir nicht kennen können; dass der Vergleichspunkt besser ist wie der zwischen Substantiv und Wirklichkeitskategorie des Dinges; und zwar deshalb, weil mathematische Operationen nicht so leicht zu Sinnlosigkeit führen wie andere Operationen. Darüber hinaus scheitert die Darstellung dieses Gedankens an der Sprache selbst. S. 149/50.[34]

[S. 148, Zeile 8 v. u., S. 149 Zeile 11:] Wieder sind wir bei dem Punkte angekommen, wo die Darstellung unseres Gedankens an den Grenzen der Sprache scheitert. Weil wir die Wirkung einer Kraft nicht anders als durch Zahlen ausdrücken können, darum verlegen wir die Zahl auch noch in die unbewussten Dinge hinein. Wir sagen: Gut, das Bewusstsein der Zehnzahl der Birnbäume mag allein in meinem Kopfe sein; aber was dieser Zehnzahl in der Wirklichkeit entspricht, das ist auch in der Natur, ihr unbewusst, dieselbe Anzahl. Nein, antworte ich; schon der unbestimmte Begriff Anzahl ist sprachliche Art. Die Natur zählt weder bewusst noch unbewusst. Nur soviel kann zugestanden werden, dass das tertium comparationis zwischen der Zahlenmetapher und den Kräften der Wirklichkeit, dass der Vergleichungspunkt zwischen beiden, den wir nicht kennen, besser gewählt ist als z. B. der Vergleichungspunkt zwischen dem Redeteil Substantiv und der Wirklichkeitskategorie des Dings. Wir kommen zu dieser Vermutung, weil die mathematischen Operationen mit Zahlen nicht so leicht zur Sinnlosigkeit führen wie die logischen Operationen mit anderen Redeteilen

Ich verstehe nicht: Warum besser; was heißt hier die Wirklichkeit? Anscheinend das Ding an sich! Dass da keiner heran kann, wissen wir. Er kommt immer damit: Dass die Natur nicht rechnen kann. Freilich nicht. Aber welche Vorstellung vom Denken! Die Natur kann auch nicht sprechen; nicht Bücher schreiben. Also ist das Bücherschreiben Quatsch.

Wissen und Sprache sollen dasselbe sein (S. 163).

[S. 163, Zeile 15–1 v. u.:] Man lacht heutzutage über die deutsche Naturphilosophie aus dem Anfang des 19. Jahrhunderts. Das Lachen knüpft sich immer an den Namen Schelling. Man denkt nicht daran, dass Hegel in seiner Habilitationsschrift (1801) die Planetenabstände mit Hilfe einer mystischen Zahlenreihe des Pythagoras zu deuten suchte, um bald darauf durch neue Entdeckungen Lügen gestraft zu werden. Die deutsche Naturphilosophie wollte nur, was die Philosophie immer getan hat, mit unzureichenden Mitteln die Welt erklären, wollte nur mit der Sprache von heute in das Wissen von morgen hineinspringen, trotzdem Wissen und Sprache einerlei ist und darum die Sprache oder das Wissen niemals von der Zukunft borgen kann. Mit unendlich reicheren Mitteln will die gegenwärtige Atomistik dasselbe, soweit sie Naturphilosophie ist.

Ich weiß gar nicht, was ich dann noch will.

[34] Erste Auflage, siehe 148/149.

Die Größenverhältnisse, die wir mit unseren Zahlen messen, sind nur in unserem Bewusstsein. Spencer: Das Erkennen von aufeinanderfolgenden Zuständen als gleich oder ungleich ist eigentlich das Denken. (S. 169/70.[35])

[S. 170, Zeile 1–20:] Wir müssen uns somit in die Vorstellung flüchten, dass alles nur in unserem Bewusstsein ist, worauf irgend welche Zahlenbegriffe sich beziehen. In unserm Bewusstsein allein sind die Größenverhältnisse, die wir mit unserem Zahlensystem messen, in unserem Bewusstsein allein ist die Kontinuität, deren einzelne Punkte wir durch den Differentialbegriff zu bestimmen suchen. Wenn oben gesagt worden ist, dass die Zahlen unwirklich sind, die Größenverhältnisse aber wirklich, so war das eben nur mit den Mitteln der Sprache ausgedrückt. Es ist in der Natur etwas Wirkliches, was den Größenverhältnissen entspricht; in der Natur selbst können es aber keine Verhältnisse sein, weil diese erst durch Vergleichung, also durch Verstandestätigkeit entstehen. Die logischen Untersuchungen Spencers zeigen deutlich (Prinzipien der Psychologie II S. 283), „dass das Erkennen von aufeinanderfolgenden Zuständen und Veränderungen des Bewusstseins als gleich oder ungleich dasjenige ist, worin eigentlich das Denken besteht", dass – kürzer ausgedrückt – alles Denken auf die Empfindungen der Gleichheit und Ungleichheit zurückgeht.

Alle Kenntnisse von der „Wirklichkeitswelt" sind menschliche Denkoperationen (S. 170[36]).

[S. 171, Zeile 12–23:] Erinnern wir uns nun jetzt, dass die bisher als wirklich angenommenen Größenverhältnisse als Ergebnisse einer Vergleichung nur Bewusstseinszustände sein können und dass schließlich alle und jede Kenntnis von der Wirklichkeit auch nur menschliche Denkoperation ist, so scheinen die Zahlen nur mit allen anderen Vorstellungen in den dunklen Abgrund der Erkenntniskritik zu versinken. Dennoch zwingt uns eine Gewissheit dieses unseres zerfaserten Denkens, bezüglich der Realität einen Unterschied zu machen zwischen unserem Bewusstsein von natürlichen Größenverhältnissen und unserem Bewusstsein von ihrer menschlichen Messung, von den Zahlen.

Doch besteht ein Unterschied zwischen dem Bewusstsein von natürlichen Größenverhältnissen und dem Bewusstsein von ihrer Messung, den Zahlen.

Lieber Mauthner: Bitte Nietzsche „Menschliches – Allzumenschliches" II. Bd., 2. Abth. (Der Wanderer und sein Schatten) Nr. 92: „Verbotene Bücher. – Nie etwas lesen, was jene arroganten Vielwisser und Wirrköpfe schreiben, welche die abscheulichste Unart, die der logischen Paradoxie haben: Sie wenden die *logischen* Formen gerade dort an, wo alles im Grunde frech improvisiert und in die Luft gebaut ist. („Also" soll bei ihnen heißen „du Esel von Leser, für dich gibt es dieses ‚also' nicht – wohl aber für mich" – worauf die Antwort lautet: „du Esel von Schreiber, wozu schreibst du denn?")[37]

[35] Erste Auflage, siehe S. 170, Zeile 1–20.

[36] Erste Auflage, siehe S. 171, Zeile 12–23.

[37] Wortwörtliches Nietzsche-Zitat. Siehe z. B. Ullstein Materialien Nr. 35071, Friedrich Nietzsche, Werke I, Frankfurt/M – Berlin – Wien 1969, S. 917.

Höre Mauthner[38]:

Du nimmst an, es sei nichts erkennbar als dass eben nichts erkennbar ist. Gut. Ein Sophist ist schnell bei der Hand mit der Erwiderung, wieso ist denn diese Nichterkennbarkeit erkennbar und folgt nicht daraus, dass sie erkennbar ist, da es Gesetze der Erkennbarkeit, unwandelbare Gesetze gibt, die selbst über aller Entwicklung und über allem Pragmatismus stehen? Aber abgesehen davon (worüber du nicht leicht hinwegkommst) was ist deine Skepsis mehr als eine misstrauische Verachtung, von der dir ein Psychologe (d.h. hier Menschenkenner) und Charakterologe vielleicht eines Tages Satz für Satz nachweist, dass sie notwendiges Ergebnis deiner Veranlagung und deines Wesens war. Das darf er tun. Eine solche Darlegung wäre sehr wertvoll. Aber dass sie über die Wahrheit und Richtigkeit deiner Ergebnisse nichts ausmachen kann, ist doch nicht schwer einzusehen..... Ebenso wenig kann eine Geschichte des menschlichen Denkens und der Nachweis seiner historischen Entwicklung (meinetwegen aus der Sprache) etwas für oder gegen das Denken zu beweisen.

Der Nachweis: Denken ist Sprechen ist nur psychologisch zu führen, also für die Erkenntnistheorie belanglos. Der weitere Nachweis alles Sprechen ist missverständlich betrifft nur das Problem der Intersubjektivität, mit dem du beständig das der Objektivität verwechselst. Dabei wissen wir doch längst, dass alles Objektive eine besondere Art des Subjektiven ist.

Du bist ein Pessimist. Nicht bloß in der Erkenntnistheorie. Da sind wir Vernünftigen es alle. Du noch darüber hinaus. Und das ist allerdings nur eine Stimmung. Nietzsche würde einen Optimisten damit widerlegen, dass er den Optimismus als Folge guter Verdauung erklärt. In Wahrheit müsste für Nietzsche darin eine Rechtfertigung liegen. Aber wer Stimmung und Erkenntnis gegenübersetzt wie du (Wörterbuch II, S. 188ff[39]), das eine subjektiv das andere objektiv nennt, der bewegt sich doch in alten Kategorien und sägt den bekannten Ast ab.

[S. 188–220, „Optimismus (Pessimismus)". C. S. hatte offenbar die folgende Passage S.190, Zeile 5–28, linke Spalte, im Auge, in der Mauthner vom Weltschmerz bei Rousseau und in Werthers Leiden ausgeht und fortfährt:] Dieser Weltschmerz hat als Stimmung manche Verwandtschaft mit dem landläufigen Pessimismus, und die Ausdrücke gehen in liederlicher Sprache wohl auch durcheinander. Hält man aber daran fest, dass Pessimismus nichts ist als ein witziger Trumpf gegen den Optimismus, Optimismus wieder nichts als eine theologische Ehrenrettung Gottes, wirklich eine Theodicee, dann wird man zwischen Weltschmerz und Pessimismus unterscheiden lernen wie zwischen Wehleidigkeit und Krankheit, wie zwischen subjektiv und objektiv. Nur dass der objektive Pessimismus nicht mehr im Sinn haben kann als sein Gegensatz, der objektive Optimismus, der, wie wir gesehen haben und noch besser sehen werden, ein theologisches Wort ist, von einem unmöglichen Superlativ abgeleitet und durch superlativische Eigenschaften Gottes begründet.

---

[38] In Langschrift, auf stenografische Einschübe wird extra hingewiesen.

[39] Fritz Mauthner, Wörterbuch der Philosophie, Zweiter Band, 1. Ausgabe, Georg Müller, München 1910/11.

[Gegen Ende seiner Betrachtungen auf S. 218, Zeile 1, linke Spalte – Zeile 5, rechte Spalte, kehrt Mautner zum witzigen, scherzhaften Bild von Optimismus und Pessimismus zurück:] Optimismus, [sagt er:] Ein gelehrt-scherzhafter Ausdruck für das Gefühl „Ich lebe ganz gern". Die Umwendung ins Gegenteil, der Pessimismus, ist nun wieder Metapher von einer Metapher, ein witzig-gelehrter Ausdruck für das andere Gefühl: „Das Leben ist nicht mehr schön." In diesem Sinne bezeichnen Optimismus und Pessimismus nur Stimmungen, individuelle Stimmungen, die durch geistreiche Individuen ganzen Zeiten und Völkern suggeriert werden können. Und wenn ich vorhin vorläufig den Stimmungspessimismus von dem systematischen und pedantischen Pessimismus der Philosophen ordentlich geschieden habe, so muss ich jetzt sagen: dieser Unterschied bezieht sich nur auf die sprachliche, logische, stilistische Darstellung. Denn wenn der Superlativ überhaupt auf andere als mathematische Begriffe nicht anwendbar ist, so ist der Superlativ von Begriffen wie schön und gut ein Missbrauch der Sprache.

[In der Konklusion S. 219, Zeile 28, linke Spalte – 4 rechte Spalte, heißt es dann:] Der Mensch mag sich wundern und ist doch fröhlich. Banal? Ich erlaube mir noch tiefer in die Volksweisheit hinabzusteigen. In Schlesien gibt es ein brutales Scherzwort, oder es ist erst vom Simplicissimus nach schlesischer Vorlage umgeformt worden: „Das Leben ist wie ein Kinderhemd; kurz und beschissen". Man lacht und findet die Weisheit gut. Der Sinn aber? Das Leben ist beschissen, aber dennoch zu kurz. Grundloser Optimismus.

[Nach Einschub eines zivilisierteren Beispiels fährt Mauthner S. 219, Zeile 17, rechte Spalte – S. 220, Zeile 18, linke Spalte, fort:] Ist dieser letzte Schluss der Weisheit wirklich zu banal? So kann ich sie auch anders ausdrücken. Der Mensch, weil er denkt, begnügt sich nicht mit dem einen Leben, das er lebt, wie es ist, besser oder schlechter. Sein Denken oder Sprechen verschafft ihm den Luxus, sein Leben noch einmal zu leben, es zu beurteilen oder zu beschwatzen. Wie ihm eine Parade, die er mit angesehen hat, noch einmal so gut gefällt, wenn er sie im Tageblatt beschrieben findet, gelobt oder getadelt. So beurteilt er auch, beschwatzt er sein Leben, das Leben, das Weltganze und hat eine große zweite Freude beim Lobe, hat eine zweite kleine Freude beim Tadel. Indem der Mensch sein Leben in Erleben und Beschwatzen spaltet, erhöht er immerhin den Wert des Daseins. Zu der Sensation des Erlebens tritt die Sensation des Schwatzvergnügens. Auch beim Worte Pessimismus.

Ohne die menschliche Sprache gäbe es alle die Sensationen des Schwatzvergnügens nicht, gäbe es keinen Gott, kein Weltganzes, keinen Willen und keine Werturteile, die doch Äußerungen des Willens sind. Ohne die menschliche Sprache gäbe es ganz gewiss keinen Optimismus und keinen Pessimismus. Gäbe es aber irgendwo außerhalb der Sprache einen allwissenden Gott, so könnte er dennoch eins nicht wissen, was das sei: Pessimismus? Und die Tiere wissen es auch nicht, diese sehr grundlosen Optimisten. Und auch die Selbstmörder, die die einzige konsequent-philosophische Sekte des Pessimismus bilden, des Individual-Pessimismus, wissen es nicht, haben es nur so im Gefühl. [Ende des Artikels.]

[Diese Zitate mögen ausreichen, um die Kritik von Carl Schmitt an Mauthner plausibel zu machen. Darüber hinaus werden sie dem Verständnis seiner Mauthner-Satire in den „Schattenrissen" dienen, da in Anbetracht der Argumentation mit witzig gelehrten Ausdrücken, sich dem Satiriker die Benutzung eines passenden Witzes förmlich aufdrängt. Siehe den Abdruck der Satire im Anhang, S. 342–344.]

Ebenso wenn du die Sprache als Kunst- und Erkenntnismittel gegenüberstellst, auf dieses schimpfend, jenes lobend. Denn auch als Kunstmittel ist die Sprache unzulänglich, unberechenbar, unzuverlässig.

Alle deine glänzenden Beweise dafür treffen auch hier zu. Schadet das aber nichts, da es hier ja nur auf die Wirkung ankommt, auf die faktisch erzeugte Stimmung, eh bien, wieso soll's bei der Sprache als Erkenntnismittel anders sein.

Entschuldigen sie, dass ich etwas aus Richard Wagners „Ring" zu einem Vergleich benutze. Sie meinen offenbar, die Sprache kann nachgewiesenermaßen keine Erkenntnis liefern; das Denken ist aber aus der Sprache geboren, wie soll das Denken nun mehr können. Also Wotan (die Sprache) ist an Verträge gebunden. Der kluge Wotan geht hin und schafft sich Kinder (das Denken) an. [Stenografischer Einschub:] Die Sprache fängt an zu denken, und lässt die Kinder die Verträge brechen, über die er selbst nicht hinaus kann. [Stenografischer Einschub:] Das wäre noch schöner, wenn er dasselbe dürfte, sagt sich jeder ehrliche Mensch. Das ist doch auch ein Vertragsbruch, sagt sich jeder ehrliche Mensch.

Dein Misstrauen gegen unsere Denkansätze lass ich gelten. Es steht auch jedem frei, zu bezweifeln, ob der Satz $2 \times 2 = 4$ ewig ist, oder ob nicht einmal $2 \times 2 = 13$ sind. Aber ich bestreite solchen Zweifeln und Vermutungen jeden Erkenntniswert. Denn etwas legitimiert sich nur dadurch als Erkenntnis, dass es den Gesetzen der Erkenntnis entspricht. Auch die historische und psychologische Untersuchung dieser Gesetze selbst muss sich, um Erkenntniswert zu haben, in ihnen bewegen. Die Meinung, man kann nie wissen, was morgen für Erkenntnisgesetze gelten hat den Wert einer Stimmung, ist Misstrauen, Verdächtigung, kommt mir auch; aber beweisen lässt es sich nicht.

Im Ernst den Satz aufstellen:

[Stenografischer Einschub:] Ich will ihm also nicht sagen, er habe, wenn er mit seiner Sprachkritik ernst machen wolle, vor jedes Wort ein „sogenannt" setzen müssen, (Das weist er W. II. S. 412 als durchaus richtig zurück), sondern der Einwand betrifft seine *Erkenntnis*kritik.

[S. 411, Zeile 12]: sogenannt. – Ein Pedant könnte an mich die Forderung stellen, kein einziges Wort meiner Sprache in meiner Darstellung zu gebrauchen, ohne dass es zwischen Anführungszeichen gesetzt würde oder durch Voranstellung des Warnungszeichens *sogenannt* (Lehnübersetzung von *sic dictus*) verdächtig gemacht.

Wie ein pedantischer Apotheker auf jede Arznei das Zeichen des Giftes kleben müsste, weil doch jede Arznei bei falscher Anwendung schaden könnte. Es hat auch nicht an Leuten gefehlt, die durch das Studium oder das Anblättern meiner „Kritik der Sprache" so pedantisch geworden waren, dass sie mir den Vorwurf daraus machten, Sprachkritik mit den Mitteln der Sprache zu treiben. Ich muss beide Vorwürfe im Prinzip als berechtigt anerkennen. Ich hätte schweigen können oder ich hätte vor fast jedes Wort sogenannt setzen können; vor fast jedes Wort, denn eigentlich sind nur die Eigennamen und die Zahlwörter keine Begriffe und die Begriffe sind fast niemals eindeutig und fest umschrieben. Ich muss gestehen, dass ich viele Wörter, deren Inhalt ich als Scheinbegriff nachzuweisen gesucht habe. (Ich, Seele, Bewusstsein usw.), in anderem Zusammenhang wieder bequem gebrauchte. Aber nicht nur die Gemeinsprache, auch die wissenschaftliche Sprache ist etwas zwischen den Menschen; nur zwischen den Menschen, denn wir gebrauchen z.B. die Wörter Pflicht und Recht nicht, sobald wir von unseren Hunden oder Pferden etwas verlangen. Aber ich meine doch, die Darstellung wäre etwas schwerfällig geworden, wenn ich jedem Substantiv, Adjektiv und Verbum, jedem Artikel und Partikel ein vorsichtiges sogenannt vorangestellt hätte. Ich hätte ebenso gut schweigen können. Aber mein sogenanntes Ich wollte sozusagen meine sogenannten Ideen den sogenannten Menschen sozusagen mitteilen.

Der Erkenntnis kommt es nicht auf die Inhalte an. Alle Empirie ist ihr gleichgültig. Nur auf die Formen des Erkennens. Und in diesen Formen bewegt sich schon die allererste allerarmseligste Empfindung, die ein Mensch je gehabt hat. Diese Formen liegen vor aller auch der simpelsten Erfahrung; mit Erfahrungstatsachen (historischen, psychologischen) kann man sie nicht entdecken oder kritisieren.

[Stenografischer Einschub:] Ob die bloße Untersuchung dieser Formen genügt oder ob nicht noch weiter eine wertkritische Untersuchung nötig ist, kann dahingestellt bleiben, jedenfalls ist es keine Empirie mehr. Es wäre ein Missverständnis [Stenografischer Schluss:] diese Form materialistisch als Formen des Gehirns zu nehmen; sondern sie stehen noch über dem Gehirn, das selbst wieder ein Gegenstand ist, der von diesen Formen ergriffen wird. Das mag subtil klingen, (nicht für jeden, aber für manchen Leser) aber es ist nicht nötig, dass jeder Erkenntnistheorie treibt.

[Eine Rückseite der Mauthner-Notizen enthält oben den stenografischen Vermerk:] „Interessen für Nietzsche, ewige Wiederkunft“ und das Wort: „Schuld“ in Langschrift. Da dieser Seite die Kritik von Stammlers „Theorie der Rechtswissenschaft“ folgt, sind diese Stichwörter vermutlich auf Stammler zu beziehen.]

Stammler: Theorie der Rechtswissenschaft, Halle 1911.

Einleitung: Nachdem er weit und umständlich auseinandersetzt, dass die Form das den Stoff bedingende Element des Inhalts ist, und ausgeführt hat, dass wir immer höher hinauf zu der bedingenden Einheit kommen müssen, heißt es, fürs Recht kann dies nur der Rechtsgedanke selbst sein. Darauf plötzlich: Die Einheit dieser Besonderheiten menschlichen Wollens ist, dass sie rechtes Wollen sind (S. 12).

[Aus dem Kapitel Einleitung: 4. Die reinen Formen der Rechtsgedanken, S. 10–12:] Die Form eines Rechtsgedankens ist, nach den seitherigen Ausführungen, die bedingende Art und Weise, in der die Besonderheiten rechtlicher Vorstellungen geordnet werden. Sie lässt sich neben dem von ihr bestimmten Stoffe in jedem begrenzten Rechtsinhalte unterscheiden. Indem man sie von dem bedingten Stoffe in Gedanken loslöst und für sich betrachtet, erhält man einen neuen Rechtsinhalt, in dem wiederum Form und Stoff, als bedingendes Verfahren des Ordnens und dadurch bestimmte Besonderheiten, sich trennen lassen.

So erheben sich übereinander in notwendiger Folge bestimmende Begriffe über den von ihnen einheitlich bestimmten Besonderheiten, um ihrerseits wieder durch übergeordnete Formen bedingt zu werden, die nochmals unter weiteren Bedingungen stehen. Und immer auf das Neue steigen wogende und drängende Begehrungen auf, im Laufe der Geschichte ist nicht Ruhe noch Rast im steten Erneuern des Strebens und Zielens, und ständig wiederholt sich die Aufgabe, solchen Stoff des Wollens zur Ordnung der Gedanken zu bringen.

Aber einmal muss alles dieses in einer gemeinsamen obersten Spitze zusammenlaufen. Würde jedes Aufsuchen der ein Ordnen bedingenden Gedanken für sich vereinzelt bleiben, so wäre schließlich doch das Ganze der Erwägung wild und wirr. Wenn der Jurist es unternimmt, für die Menge der rechtlichen Einzelheiten einheitliche Gesichtspunkte zu suchen, um die Fülle der sich aufdrängenden Betrachtungen wissenschaftlich zu beherrschen, so muss er am Ende die in sich noch bedingten Einheiten unter einen letzten bestimmenden Gedanken bringen, der sie alle in gemeinsamer Weise bedingt.

Das kann nun für die rechtlichen Fragen nichts anderes sein als der Rechtsgedanke selbst. Er ist die Notwendige Bedingung, um alle Besonderheiten von menschlichem Wollen in der einen gesuchten Einheit zusammenzufassen, dass sie als rechtliches Wollen begreiflich sind. Darum kommt alles darauf an, die in ihm gelegene Form des Denkens in ihrer bedingenden Eigenart sich klar zu machen. Ihn gegenüber ist jeder begrenzte Willensinhalt, der als ein rechtlicher auftritt, ein bedingter Stoff des fraglichen Gedankens, zu ihm müssen alle besonderen Strebungen, die rechtliche sein wollen, in Abhängigkeit hingeleitet werden.

Woher auf einmal das Wollen! Die vorhergehenden Ausführungen konnten sich doch nur auf die Bildung von genus und species beziehen! In dem folgenden Satz ist dann sogar von „Strebungen“ die Rede! Was er Form nennt ist <u>genus!!!</u> S. 10 [siehe oben] steht dann auch „Arten“ und „bedingende Art“. Was er dann die <u>„reinen Formen“</u> nennt, sind einfach Artbegriffe, deren Umfang sich über das ganze Recht erstreckt und deren Inhalt um so kleiner wird, je größer ihr Umfang ist. Ebenso tritt S. 14 plötzlich die gänzlich unbewiesene und sehr anfechtbare Behauptung auf: Recht ist <u>wollendes</u> Bewusstsein!

[S. 13, Zeile 30 – S. 14, Zeile 8:] Es sind somit die reinen Rechtsgedanken nur die bedingenden Richtlinien des juristischen Denkens. Sie liegen bei jeder Kennzeichnung einer besonderen Vorstellung als einer rechtlichen vor und wollen innerhalb eines gegebenen Rechtsinhaltes jeweils aufgesucht und eingesehen sein. Des geschlossenen Systems dieser reinen Formen des juristischen Denkens müssen wir uns unter allen Umständen versichern. Es findet, wie oben ausgeführt, seine bedingende Einheit in dem Begriffe des Rechtes selbst. Indem dieser jedoch sich wiederum in die übergeordnete Einheit des wollenden Bewusstseins überhaupt einfügt, so erstehen auch dahin reine Gedankenrichtungen für die rechtliche Betrachtung, dass die formal als Recht bestimmten Willensinhalte nun in ihrer rechtlichen Eigenschaft dem Grundgesetze des Wollens unterstellt werden.

Woraus sich ergeben soll, dass die rechtliche Eigenschaft dem Grundgesetz des Wollens untergeordnet wird. Wodurch das erwähnte genus, die reine Form, eine Art „archetypus“ zu werden scheint; nicht als angeborene Vorstellungen; weil überhaupt von der Psychologie abgesehen wird.

Nun soll dann „Recht“ der oberste Begriff sein, für alles, was man so aufsteigend in einer bestimmten Weise gewonnen hat. Wie ist es anders zu deuten? Das geht dann durcheinander.

Das „Ganze“ (S. 19),

[Aus dem Kapitel Einleitung: 5. Die Einheit des reinen Rechtsgedankens. S. 19, Zeile 14–29:] Der Gedanke des Ganzen hat einen logischen Vorrang vor dem der Einzelheiten. Auch für die Rechtsbetrachtung gilt die oft verkannte, und doch in sich so fest gegründete Wahrheit: dass es gar nicht möglich ist, eine einzelne *Tatsache* für sich allein festzustellen, oder gar das Ganze unserer möglichen Einsicht aus ihnen zusammenzusetzen. Denn etwas als eine *Tatsache* dartun, heißt ja gerade: eine bedingte Sonderheit nach einer grundlegend einheitlichen Lehrart bestimmen. Der Gedanke dieser Einheit aber, als oberste Bedingung aller denkbaren wissenschaftlichen Erkenntnis, ist nicht eine Summe von begrenzten Einzelheiten, sondern eine eigenartige letzte Weise, unseren Bewusstseinsinhalt zu ordnen. So ist auch der Begriff des Rechtes eine reine bedingende Art und Weise für das Ordnen des wollenden Bewusstseins, von der alle Möglichkeit, eine besondere Frage als eine rechtliche zu bestimmen, notwendig abhängt.

die Art (S. 14, Zeile 18 u. 24), die „reine Form“ (S. 14, Zeile 9), die „formalen Arten (S. 14., Zeile 18).

[S. 14, Zeile 9–25:] Alle reinen Formen der Rechtsgedanken haben das gemeinsam, dass sie in der empfindbaren Wirklichkeit für sich allein nicht vorkommen. Sie bedeuten ja nichts als ordnende Arten von Gedankeninhalten, welche letzteren ohne jenes ordnende Verfahren ganz zerfallen und sinnlos wären. Eine Form, das ist eine sich gleichbleibende Weise, seinen Bewusstseinsinhalt zu bestimmen und zu richten, muss also immer da sein, wenn nicht hoffnungslose Verworrenheit herrschen soll. Allein andererseits gibt es eine einheitliche formale Art der Auffassung, die in jedem bestimmten Gedanken waltet, im fühlbaren Dasein auch nur in Verbindung mit einem nach ihr bestimmten Stoffe. Die Trennung von reinen Formen und bedingtem Stoffe ist eine solche, die nur innerhalb einer bestimmten Erfahrung möglich ist. Es ist eine kritische Zerteilung des Inhaltes unseres Bewusstseins in die bedingende Art und den bestimmten Stoff, davon keines als begrenzter Gegenstand der Empfindung ohne das andere vorgezeigt werden kann.

Er sucht ganz richtig die spezifische Abstraktion, die der Betrachtung von Dingen besonders <u>rechtlich</u> zugrunde liegt. Das glaubt er aber durch eine ordnende zu finden; durch eine Mengung dieses Gedankens mit dem der Begriffsbildung. Während Simmel[40] (Soziologie S. 15[41]) so ehrlich ist, zu erklären, dass

---

[40] Georg Simmel (1858–1918), dt. Soziologe und Philosoph, Prof. in Straßburg. Carl Schmitt hat Simmel während seines Studiums in Straßburg nicht persönlich kennengelernt. Vgl. „Schmittiana“ VII, Duncker & Humblot 2001, S. 79; siehe auch Friedrich Balke, „Die Figur des Fremden bei Carl Schmitt und Georg Simmel“, in: Sociologia internationalis, 30. Jg. Nr. 1, 1992, S. 35–59.

[41] Georg Simmel, Soziologie – Untersuchung über die reinen Formen der Vergesellschaftung, Duncker & Humblot, Leipzig 1908.

da, wo es sich um das Spezifische der Abstraktion (in der Soziologie) – er sagt: das Mittel, ihn zur Folgerung in das Stoffliche und das formal=soziologische Moment zu (lehren) – handelt: Der Mathematiker kann damit rechnen, dass die Abstraktion in einer allgemeingültigen Weise erfolgt; die Soziologie kann es nicht. Deshalb spricht S.[immel] von der „Intuition", in vollem Bewusstsein der Problematik dieser Antwort. Stammler dagegen unterfängt sich, gerade dieses und nichts anderes zu lösen.

[Georg Simmel, Soziologie. Aus Kapitel 1, Das Problem der Soziologie, S. 14, Zeile 38 – S. 15, Zeile 33:] Es liegt z. B. die Tatsache vor, dass gegen Ende des Mittelalters gewisse Zunftmeister auf Grund der Ausdehnung der Handelsbeziehungen zu einer Beschaffung von Materialien, einer Einstellung von Gesellen, neuen Mitteln für die Anziehung von Kunden gedrängt wurden, die sich mit den alten Zunftprinzipien, wonach jeder Meister dieselbe „Nahrung" wie der andre haben sollte, nicht mehr vertrug, und dass jene sich darum außerhalb der bisherigen, engen Einung zu stellen suchten. Auf die rein soziologische, von dem speziellen Inhalt abstrahierende Form hin angesehen, bedeutet dies, dass die Erweiterung des Kreises, mit dem der Einzelne durch seine Aktionen verbunden ist, mit einer stärkeren Ausprägung der individuellen Sonderart, eine größeren Freiheit und gegenseitigen Differenziertheit der Einzelnen Hand in Hand geht. Nun gibt es aber, soweit ich sehe, keine sicher wirksame Methode, jenem komplexen, durch seinen Inhalt realisierten Faktum diesen soziologischen Sinn abzugewinnen; welche bloß soziologische Konfiguration, welches besondere Wechselverhältnis von Individuen, in Abstraktion von den im Individuum verbleibenden Interessen und Trieben und von den Bedingungen rein sachlicher Art, in dem historischen Vorgang enthalten ist – das ist diesem gegenüber nicht nur in mannigfacher Richtung zu deuten möglich, sondern man kann die geschichtlichen Tatsachen, die die Wirklichkeit der bestimmten soziologischen Formen belegen, nur in ihrer materialen Totalität anführen, und entbehrt eines Mittels, ihre Zerfällung in das stoffliche und das formal soziologische Moment lehrbar und unter allen Umständen vollziehbar zu machen. Es verhält sich wie mit dem Beweise eines geometrischen Satzes an der unvermeidlichen Zufälligkeit und Rohheit einer hingezeichneten Figur. Der Mathematiker aber kann jetzt damit rechnen, dass der Begriff der idealen geometrischen Figur bekannt und wirksam ist und als der jetzt allein wesentliche Sinn der Kreide- oder Tintenstriche innerlich angeschaut wird. Hier aber darf die entsprechende Voraussetzung nicht gemacht werden, die Herauslösung dessen, was wirklich die reine Vergesellschaftung ist, aus der komplexen Gesamterscheinung ist nicht logisch zu erzwingen.

Die allgemein, bedingenden Gedanken sollen das wissenschaftliche Gebäude zu einem allgemeingültigen, objektiven machen (S. 23 ff) Jede Einzeluntersuchung, die nicht auf sie zurückgeht, ist subjektiv. Warum ist aber eine in sich geschlossene einheitliche Einzeluntersuchung nicht auch allgemeingültig? Das Kunstwerk! Was ist das Spezifikum der „Einheitlichkeit"?.

[Stammler, Aus dem Kapitel 6. Das Wissen des Rechtes. S. 23, Zeile 9 – S. 24, Zeile 25:] Die kritische Rechtstheorie bedeutet die Durchleuchtung aller Rechtsgedanken mittels des Ordnens nach bedingenden und bedingten Elementen. Es ist das bewusste Zergliedern von rechtlichen Fragen im Sinne der sich logisch bestimmenden Gedankengänge, die von begrenzten und veränderlichen Einzelheiten bis zu der reinen Form des Rechtsbegriffes selbst führen. So fußt die Eigentümlichkeit dieser Weise der Rechtsbetrachtung auf den allgemeinen Erwägungen über das Ordnen von Rechtsgedanken, die soeben angestellt worden sind; sie begnügt sich namentlich nicht mit der bloßen Feststellung eines etwas allgemeineren Charakters einer rechtlichen Vorstellung einer anderen gegenüber, sondern will überall einsehen, wie diese durch jene logisch bedingt ist und danach der Einheit der rechtlichen Auffassung überhaupt eingereiht wird.

Dazu tritt in wesentlicher Art die stete Besinnung darauf, ob eine bestimmte rechtliche Aufstellung nur in bedingter Weise oder als reine Bedingung gegebener Besonderheiten zu nehmen ist. Gar mancher Darlegung allgemeiner juristischer Lehren kann man es nicht ansehen, ob sie im Sinne ihres Urhebers von einer unbedingten Allgemeingültigkeit gemeint ist oder nur den Inhalt eines stofflich begrenzten Rechtes wiedergeben will. Das bedeutet aber einen Mangel, der dem ganzen wissenschaftlichen Werte einer solchen Ausführung verhängnisvoll werden kann.

Es geht auch keineswegs an, sich grundsätzlich auf Besonderheiten rechtlicher Betrachtungen zu beschränken und doch noch den gewünschten wissenschaftlichen Charakter der Erörterung beizubehalten. Dieser Positivismus in der Jurisprudenz ist als fester Plan des Arbeitens ganz unhaltbar. Es ist nicht möglich, wie oben (5, Anm. 67) ausgeführt, eine einzelne Tatsache wissenschaftlich festzustellen, ohne sie in das Ganze möglicher Einsicht in einheitlicher Weise einzureihen, ohne mithin diese Möglichkeit bedingender Erkenntnis nach festen und bleibenden Denkformen vorauszusetzen. Ohne Klarheit über das allgemeingültig bedingende Verfahren, nach dem überhaupt erst die Besonderheiten auch von rechtlichen Vorstellungen in Einheit erfasst und bestimmt werden können, ist es somit nicht angängig, anders denn in bloß subjektiver Maxime auf bloße Einzelarbeiten sich zu beschränken; sobald jemand versuchen wollte, diesen letzteren Standpunkt mit Gründen von objektiver Bedeutung zu stützen, müsste er ja doch wieder auf eine Betrachtung zurückkommen, die eine unbedingt einheitliche Bedeutung besäße.

Die Lehre von den reinen Rechtsgedanken ist also nicht eine bloß schmückende Zutat zu einem in sich festem Gefüge, nicht etwa die Krönung eines für sich abgeschlossenen Baues, der auch ohne jene nach seiner Zweckbestimmung aufgeführt werden könnte, sie gleicht vielmehr dem System der allgemeinen Gesetze, unter deren Missachtung kein Gebäude errichtet werden darf, soll es anders Bestand haben.

Was er „reine Formen des Rechtsgedanken" (S. 26/7) nennt, wie überhaupt die Beurteilung dessen, was Recht sei, gar nicht möglich ist, so scheint mir, dass er damit weiter nichts meint als die Methode. Wenn der Vergleich mit der Sprache stimmen soll, dann handelt es sich allerdings um etwas Ähnliches, wie um die Aufstellung einer Grammatik. Diese ist aber doch aus den realen Lebensgewohnheiten abstrahiert und gerade das leugnet er für seine Behandlung des Rechts. Er will mit einem Schlage die Methode und die richtige Methode finden und unterscheidet beides nicht. Die Lehre vom juristischen Begreifen, Schließen, Urteilen usw. ist doch nichts Eindeutiges.

[S. 26, Zeile 4 – S. 27, Zeile 8:] Wer nun der Erkenntnis besonderer Rechtsfragen von begrenzter Bedeutung sich widmen will, muss das Auftreten eines bedingten Stoffes möglicher Rechtsvorstellungen abwarten. Dagegen sind wir wohl imstande, die reinen Formen der Rechtsgedanken auf dem Boden geschichtlicher Rechtserfahrung und durch deren kritische Analyse in geschlossener Vollständigkeit zu bieten. Auch wäre es ganz irrig, wenn man annehmen wollte, dass die Untersuchung und Darlegung dieser reinen Rechtsgedanken von größerer Unsicherheit wäre, als die Erkenntnis der Besonderheiten eines bedingten Rechtsinhaltes. Das Gegenteil ist der Fall. Von den Formen des juristischen Begreifens und Urteilens lässt sich eine exakte Lehre geben, eine Lehre von solcher Geschlossenheit und Sicherheit, dass sie jenes rühmliche Beiwort, dass zuvörderst nur der Mathematik zukam, wohl in Anspruch nehmen darf; es ist erst die Bearbeitung eines gegebenen Stoffes, die nach den rechtlichen Denkformen geschehen soll, die in ihrer besonderen Aufgabe eine Ungewissheit des Ergebnisses leicht aufweist.

Wir stehen bei dem Besinnen auf die unbedingt bestimmenden Formen der Rechtsgedanken durchaus nicht wie vor einer dunklen Bergeshöhle, aus der grundsätzlich unerforschbar geheimnisvolle Quellen rieseln: Will man solchen Bildern nachhängen, so ließe sich das hier angeführte nur für den Stoff des unablässig neu aufsteigenden Drängens, Strebens, Begehrens anwenden. Die reinen Formen aber, in denen sich die juristischen Begriffe, Urteile, Schlüsse fassen und bestimmen lassen, die können wir in ausnahmsloser Klarheit und Restlosigkeit vollständig einsehen.

Dieser Aufklärung soll nun unsere Arbeit im folgenden zugewandt sein. Wir wollen die notwendig bedingenden Gedankengänge offen legen, die jeder ganz von selbst schon eingeschlagen hat, sobald er über eine Frage des Rechtes einen Satz ausgesprochen und ein Urteil abgegeben hat. *Man spricht auch*, sagt Kant, *ohne Grammatik zu kennen; und der, welcher, ohne sie zu kennen, spricht, hat wirklich eine Grammatik und spricht nach Regeln, deren er sich aber nicht bewusst ist.* So steht es auch in juristischen Dingen. Man kann gar nicht etwas als rechtlich bezeichnen und ein sachliches Urteil darüber fällen, ohne den festen Richtlinien des Denkens bereits gefolgt zu sein, die sich nun hinterher in ihrer bleibenden, bedingenden Art doch auch darlegen lassen müssen.

Er vergleicht sie mit der allgemeinen Logik. Er spricht von „reiner Rechtslehre“ als dem ewig Unveränderlichen und nur bedingt allgemeiner = stofflich (S. 28/9).

[Aus dem Kapitel 7. Bedingt allgemeine Rechtslehre. S. 27–S. 29, Zeile 11:] Der hier eingeführte Plan der reinen Rechtslehre lässt sich von einer allgemeinen Rechtslehre, wie sie in der Literatur mehrfach unternommen worden ist, leicht und deutlich unterscheiden.

Die reine Rechtslehre gibt das System der Denkformen, deren Beobachtung notwendig ist, um ein gewisses Wollen als rechtlich zu bestimmen und nach dem Grundgedanken des Rechtes zu richten. Sie will von allem bedingten Stoff einer besonderen Erfahrung frei sein und nur die allgemeingültigen Gedankengänge darstellen, die in jeder Erwägung eines Rechtsinhaltes, die einheitlich vorgeht, von selbst bedingend enthalten sind. Indem sie die Lehre von dem juristischen Begreifen, Urteilen, Schließen ausführt, geht sie auf die Fragen des Rechtes, wie oben schon bemerkt, der Aufgabe der allgemeinen Logik parallel.

Demgegenüber bietet eine allgemeine Rechtslehre eine verhältnismäßig zusammenfassende Wiedergabe von bestimmtem rechtlichem Stoffe. Sie sucht gerade in den Besonderheiten geschichtlicher Rechtsinhalte gemeinsame Züge heraus, beispielsweise über die verschiedenen Arten der Staatsverfassungen und deren übereinstimmende Schicksale in sonst ganz getrennten Zuständen. So bestimmt auch Ihering den *Geist* des Rechts als eine Gleichheit der treibenden Kräfte, die in derselben Periode bei den einzelnen Rechtsinstituten *eine gewisse Ähnlichkeit in ihrem physiognomischen Ausdruck* bewirken, als *allgemeine Gedanken, die auf die Gestaltung der praktischen Sätze des Rechtes einen bestimmenden Einfluss ausgeübt haben.* Aber alle solche verhältnismäßig allgemeinen Zusammenziehungen bleiben doch Darstellungen rechtlicher Erlebnisse, die mit einem vergänglichen Stoffe von begrenzten Zielen gefüllt sind, und die darum unvermeidlich dem Wechsel und dem Untergange verfallen, zugleich mit dem bedingten Inhalte, der ihnen wesentlich ist.

In diesem Sinne haben wir die grundlegende Möglichkeit, zwei wesentlich verschiedene Richtungen der Rechtsgedanken nebeneinander zu stellen: die reine und die nur bedingt allgemeine Rechtslehre. Sie haben beide ihr eigenes Interesse, aber sie bleiben auch in ihrer Eigenart notwendig getrennt und können nie in das gleiche Bett geleitet werden. Da hilft kein noch so starkes Überfliegen der Jahrhunderte: Die allgemeine Zusammenziehung eines weiten rechtlichen Stoffes in knapper Fassung der gemeinsamen Besonderheiten bleibt eine Betrachtung, die den Charakter der Bedingtheit ihres Gegenstandes nicht abstreifen kann. Das geschieht erst durch die Zerlegung des Rechtsinhaltes in Form und Stoff und durch die Ausarbeitung der reinen Bedingungen, unter denen ein beliebiger Rechtsstoff überhaupt einheitlich bestimmt und gerichtet zu werden vermag. Diese reinen Formen der Rechtsgedanken wechseln nie, sie sind unwandelbar und immerdar sich gleich, – sie müssen es sein, sonst wären die durch sie erst geformten rechtlichen Besonderheiten zerstreut und wirr, und es könnte von ihnen auch keine verhältnismäßig allgemeine Rechtslehre geben.

Wir können diesen letzten Satz auch umkehren und in seiner Bedeutung von der anderen Seite her betrachten. Dann würde er lauten: Es gibt keine Einsicht von unbedingter Gültigkeit, als die der reinen Formen des Wissens. Wer also in den Dingen des Rechtes nach einer Lehre von schlechthin allgemeiner Art sucht, muss scharf acht geben, dass nicht in seine Aufstellung etwas vom begrenzten Stoffe eines bedingten Begehrens sich einschleiche. Er hat in seinem Vorhaben nur mit der Aufklärung eines formalen Verfahrens zu tun, das in seiner bedingenden Bedeutung noch gar nichts von den Besonderheiten eines nach ihm zu bestimmenden Stoffes enthält.

Er hätte sein Buch auch „Methode der Rechtswissenschaft" nennen können; gesteht er selbst (S. 34).

[Aus Kapitel 8. Theorie der Rechtswissenschaft. S. 34, Zeile 8 – S. 35, Zeile 6:] Es ist die notwendige Trennung der einheitlich bestimmenden Methode von den danach bestimmten Einzelheiten, die allein auch die Einteilung der Rechtslehre in eine reine und in eine bedingte mit sich führt. Um das alsbald sicherzustellen, dass es sich nun um die geschlossene Ausführung der reinen Formen der juristischen Gedankenwelt handelt, haben wir den weiteren Ausdruck gewählt, der für dir Rechtswissenschaft selbst eine Theorie darlegen soll.

Ist denn Jurisprudenz eine Wissenschaft? – Die Frage hat schon manchem Zweifel erweckt und Sorge bereitet. Soll sie befriedigend erledigt werden, so ist ein Eingehen auf den dabei bestimmenden Oberbegriff unerlässlich.

Wissenschaft ist ein besonders gearteter Inhalt des Bewusstseins. Die grundlegende Eigenart besteht darin, dass die Besonderheiten eines Bewusstseinsinhaltes nach einer unbedingt gültigen Art und Weise des Ordnens bestimmt werden. Das so beobachtete formale Verfahren darf nicht nur für einen begrenzten Kreis von Gegenständen anwendbar sein und in einer obersten Spitze ausmünden, die selbst nur ein begrenztes Ding ist, von anderen begrenzten Vorstellungen wieder abhängig: es muss vielmehr in dem Plane eines solchen Ordnens unserer Gedankenwelt aufgehen, der selbst nicht weiter von anderen Vorstellungen ableitbar ist und ein oberstes Prinzip des Richtens in voller Selbständigkeit und Unabhängigkeit darstellt.

Es wird also die Rechtslehre den Charakter der Wissenschaft haben, wenn sich zeigen lässt, dass die Eigenart des rechtlichen Bewusstseins in dem allgemeingültigen Plane des Ordnens unseres Bewusstseins überhaupt in notwendiger Folgerichtigkeit einbegriffen ist. Wenn in diesem Sinne der Gedanke des Rechtes klar eingesehen ist, so muss sich auch der bedingende Grundriss ausarbeiten lassen, nach dem nun alle Einzelheiten des rechtlichen Erlebens einheitlich bestimmt werden können.

Dann soll die „Form“ wieder die „Einheit der Denkarten des juristischen Begreifens, Urteilens, Schließens“ (S. 36) sein, also dieses Begreifen usw. (und seine Methode) soll zum Inhalt des gesamten Stoffes gehören. Das kann richtig sein. Aber wieso ist es der oberste Gedanke des Rechts? Von dem in der Tat eine Zeitlang schien, als sollte er durch Generalisation abgeleitet werden? So dass das Spezifische in der eigentlichen Methode Generalisation erblickt werden könnte. Während inzwischen auf einmal eine Technik des juristischen Denkens geboten zu sein scheint.

[S. 36, Zeile 8–18:] Der Grundgedanke des Ganzen aber ist und bleibt dieser: In jeder Rechtsbetrachtung sind zwei Elemente bewusst zu unterscheiden – Form und Stoff. Dieser gibt die Besonderheit der Ziele an, er besagt den bedingten Gegenstand, worauf gerade das fragliche begrenzte Streben gerichtet ist; die erste bedeutet die Einheit der Denkarten des juristischen Begreifens, Urteilens, Schließens. Beides vereint bildet den Inhalt eines bestimmten rechtlichen Bewusstseins. Er entsteht in notwendig bedingter Weise aus geschichtlich gegebener Unterlage her; die Vorstellung eines *ungeschichtlichen* Werdens, eines Forderns, dessen Besonderheiten nicht der Vergangenheit entstammten, ist in sich unklar.

Dass diese „Form“ allgemeingültig und unwandelbar sein muss, wird ohne weiteres behauptet. Sie dürfen (!), so heißt es, „dem Schwanken nicht unterliegen (S. 37). Aber das wäre auch schade; aber warum tun sie es nicht?

[S. 37, Zeile 5–18:] Geht man schließlich auf diese kritische Zergliederung des Bewusstseins ein, so zeigt sich, dass die notwendigen Bedingungen der gleichmäßigen Bestimmung selbst fest und unwandelbar sein müssen. Denn es sind Denkformen, die als Grundarten des Ordnens nicht selbst dem Schwanken unterliegen dürfen, wenn Einheit der Erfassung und Beherrschung der Gedanken sein soll. Es ist also eine Lehre von der formalen Art und Weise des juristischen Denkens möglich, welche Lehre allgemeingültig ist. Somit erwächst ein jeder Rechtsinhalt nach seine Besonderheit in einem geschichtlich bedingten Prozesse, aber er muss in feste und bleibende Formen gefasst sein und in dieser seiner Fassung eingesehen werden können, wenn er wissenschaftlich, das ist nach grundlegend einheitlichem Ordnungsplane bestimmt sein soll.

Stammlers Theorie

Für Stammler bedeutet <u>geltendes</u> Recht nur faktisch wirksames Recht (Theorie S. 117) (lediglich terminologisch), d. h. Recht, das die Möglichkeit hat, sich durchzusetzen.

[Aus Zweiter Abschnitt. Das Gelten des Rechtes. Kapitel 2. Der Begriff des rechtlichen Geltens. S. 117, Zeile 10–24:] Bei dem Gelten des Rechtes ist es die Kategorie der Wirklichkeit, die zu der Vorstellung eines besonderen Rechtsinhaltes hinzutritt. Es handelt sich bei dem Rechte um eine feste Art des Wollens; es ist ein bestimmtes rechtliches Wollen, das als solches wirklich werden soll. Das geschieht aber nicht erst dann, wenn der beabsichtigte Erfolg nun auch in der Tat schon erreicht ist. Es braucht nicht das Ziel der rechtlichen Zwecksetzung als bewirktes Geschehnis bereits vorzuliegen, wenn diese Zwecksetzung für sich genommen in ein empfindbares Dasein treten soll. Folglich ist es nicht das tatsächliche Vollenden eines bestimmt gesetzten Wollens, das die Geltung des letzteren bedeutet, sondern die Fähigkeit, sich in gegebener Lage auch wirklich durchzuführen.

Die Geltung eines Rechtes ist die Möglichkeit seiner Durchsetzung.

Er wendet sich gegen Thöl[42]:

[Heinrich Thöl, Handelsrecht, 1. Band, Göttingen 1841, hier zitiert aus: „Das Handelsrecht", 1. Band, Leipzig 1879. (§ 15. Das wissenschaftliche Handelsrecht. S. 57, Zeile 23 – S. 58, Zeile 25 und § 21. Text und Auslegung des RHGB >Reichs-Handels-Gesetz-Buch vom 5. Juni 1869<. S. 83, Zeile 13–20. Die Rechtschreibung wurde entsprechend den heutigen Regeln geändert:] Die Wissenschaft ist eine Rechtsquelle. Sie stellt Rechtssätze heraus, welche bis dahin fehlen, erzeugt also Recht. Diese Rechtssätze werden gefunden und nachgewiesen durch eine wissenschaftliche Entwicklung, sie bilden das wissenschaftliche Recht. Für einen Rechtssatz, der einer solchen inneren Begründung fähig ist, hat eine nackte communis opinio, ein sogenanntes Juristenrecht, bei dessen Aufstellung man nur Stimmen zählt, nicht Gründe wägt, gar keine Bedeutung, mag man es auch mit dem Namen: die herrschende Ansicht, die Meinung bewährter Rechtslehrer, der angenommene Grundsatz, die lebendige Rechtsidee u. dgl. belegen. Auch ist es irrig, wenn man, wie es wohl geschieht, ein Verhältnis aus bestimmten Grundsätzen, und aus denselben ein anderes ebenso beurteilt, und dann, statt zu sagen: dieselben Grundsätze führen zu derselben Entscheidung, die eine Entscheidung durch Berufung auf die Analogie der andern zu unterstützen meint. Doch hat allerdings die Meinung angesehener Juristen und der Gerichte, wenn sie keine Gründe beibringt, eine bedeutende Auctorität, aber immer nur durch die Vermutung, dass sie richtige Gründe für sich habe, sie muss der bessern Einsicht weichen. Wenn die Meinung Gründe beibringt, so kann sie geprüft werden, und es entscheidet nun nicht das Gewicht der Stimme, nur das ihrer Gründe. Das wissenschaftliche Recht ist einer inneren Begründung fähig und verlangt sie, es ist konstruierbar, deduzierbar. Von einem konstruierten wissenschaftlichen Recht ist ein motiviertes Gewohnheitsrecht zu unterscheiden, die Entwicklung eines Rechtssatzes reicht oft nicht aus zu jenem, wohl aber zu diesem.

Man übersieht, dass das Gesetz durch die Publikation sich vom Gesetzgeber losreißt und nunmehr durch den systematischen Zusammenhang, in welchem seine einzelnen Rechtssätze zu einander und zu dem bereits geltenden Recht aufzufassen sind, so selbständig als der publizierte Wille der gesetzgebenden Gewalt heraustritt, dass der Wille und die Einsicht der eigentlichen Verfasser des Gesetzes gleichgültig wird. Auf dieser Selbständigkeit beruht es, dass das Gesetz einsichtiger sein kann als der oder die Gesetzgeber.

„Die getreue Wiedergabe", jedoch wird das modifiziert (S. 342).

[Stammler: Aus Abschnitt IV. Die Methodik des Rechtes, Kapitel 19. Der formale Beruf der Rechtswissenschaft. S. 342, Zeile 1–11:] Zwar gilt für den Inhalt der Zwecke nicht der Satz, dass er in seinem Quantum ein für allemal feststehe und weder vermehrt noch

[42] Johann Heinrich Thöl (1807–1887), dt. Jurist und Schriftsteller.

vermindert werde, wie der Naturforscher für die bei allem Wechsel der Erscheinungen beharrende Substanz als unbeugsamen Grundsatz annimmt. Dort handelt es sich um Wahrnehmungen veränderlicher Dinge, deren Wechsel nur auf der Grundlage eines Beharrlichen beobachtet und festgestellt werden kann, das also in der Menge unverändert gedacht werden muss, – für das Reich der Zwecke gilt jener Grundsatz, den KANT bekanntlich als *erste Analogie der Erfahrung* eingeführt hat, keineswegs.

Die juristische Tätigkeit schafft dem Stoff nach nichts Neues (S. 341). [Stammler]

[Stammler: Aus vorgenanntem Kapitel 19. Der formale Beruf der Rechtswissenschaft. S. 341, Zeile 6–20:] Es kommt also bei der juristischen Konstruktion darauf an, die grundlegende Methode zu zeigen, in der diese bedingenden Oberbegriffe bei dem Auflösen einer gegebenen Rechtsfrage in zutreffender Art erforscht und gesehen werden können. Wie dabei der Weg von den niederen zu den höheren Rechtsbegriffen zu nehmen ist, wird uns in dem folgenden Paragraphen genauer beschäftigen. Hier ist zunächst noch der Satz zu betonen, dass bei allen Aufgaben der technischen Jurisprudenz es sich um die Zergliederung einer schon zusammengezogenen Vorstellung handelt.

Aus ihm ergibt sich, dass die spezifische juristische Tätigkeit dem Stoffe nach nichts Neues erschafft. Wenn Thöl die Rechtswissenschaft als *Rechtsquelle* bezeichnet, welche Rechtssätze herausstelle, die bis dahin fehlten, also Recht erzeuge, so kann dem nicht beigestimmt werden. Das, was die wissenschaftliche Untersuchung hier leisten kann, ist nur die Auseinanderlegung des gegebenen Rechtsinhaltes in seine gedanklichen Elemente und die Darlegung der Eigenart ihrer Verknüpfung. Ob man diese aufklärende Arbeit eine *produktive* nennen will oder nicht, ist nur eine Frage des Sprachgebrauches. In der Sache bleibt bestehen, dass der bedingte Teil des Inhaltes von Rechtssätzen durch die kritische Untersuchung ihrer Zusammensetzung nicht neu geschaffen und damit erst in die Welt gesetzt werden kann. Die technische Jurisprudenz vermag überall nur das Ziel einer getreuen Wiedergabe zu haben. Indem sie auf die Klärung einer, in besonderem rechtlichem Wollen schon vollzogenen Synthesis geht, so bleibt sie stets nur bei der Darlegung des Inhalts von so geklärtem Rechte, kommt aber nicht zu der Neuschöpfung von bedingtem Rechtsstoffe.

Siehe auch S. 358: „ausschließlich reproduktiv“.

[Stammler: aus Abschnitt IV. Die Methodik des Rechtes. Kapitel 24. Juristische Konstruktion und innere Begründung. S. 358, Zeile 12 – S. 360, Zeile 10:] Das Wesen des rechtlichen Konstruierens liegt in der formalen Art, in der ein besonderes Wollen behandelt wird. Es ist eine einheitliche Weise des Verfahrens, in dem ein bedingter Inhalt rechtlicher Zwecksetzung aufgenommen und bestimmt wird. Mit seiner Einsicht wird die Möglichkeit einer wissenschaftlichen Betrachtung von gegebenem Rechte geliefert und die hierfür nötige methodische Richtung der Gedanken klargelegt.

Aber damit ist die Aufgabe der juristischen Konstruktion auch erschöpft, hierin sind die Grenzen ihrer begründeten Anwendung gezogen. Sie kann immer nur die einheitliche Erwägung von gewissem Wollen unter dem Begriffe des Rechtes bieten.

Ihre Betätigung ist ausschließlich reproduktiv. Sie bedeutet nur eine Klarlegung dessen, was in einem bestimmten rechtlichen Willensinhalte enthalten ist. Das konstruierende Urteil des Rechtsgelehrten kann also begründetermaßen niemals zu einem anderen sachlichen Ergebnisse gelangen, als das besondere rechtliche Wollen, das von ihm auf die Möglichkeit der einheitlichen Auffassung hin formal erwogen wird. Die dort klarzulegenden Begriffe müssen genau ebenso wiedergegeben werden, wie die dabei erforschte Zwecksetzung sie schon birgt, und die lehrende Darstellung hat in ihrer Ausführung durchaus das gleiche zu bieten, wie die Rechtsätze, deren stofflich bedingter Inhalt den Gegenstand jeder Erörterung bildet.

Hiermit ist auch gesagt, dass es ganz ausgeschlossen ist, dass sie im inhaltlichen Ergebnisse jemals mit Grund voneinander abweichen dürften. Die konstruierende Rechtslehre mag versuchen, die Besonderheiten des schon vorhandenen Inhaltes eines Rechtes aufzuklären. Wenn es gelingt, so wird sie sich von dem durch sie beobachteten Rechtsinhalte durch den Grad bewusster Klarheit unterscheiden, nicht aber durch den bedingten Inhalt, der ihnen beiden als der gleiche unvermeidlich innewohnt.

Darum ist es allemal ein Fehler, wenn eine juristische Konstruktion – bloß als solche – sich im sachlichen Urteile über das von ihr bearbeitete rechtliche Wollen erheben möchte. Sie folgt dem letzteren nicht nur zeitlich notwendig nach, sondern ist ihm auch logisch untertan. Sie kann nur den Beruf haben, die Besonderheiten eines rechtlichen Willensinhaltes zu klären und im rechtlichen Begreifen zu vereinheitlichen, hat aber von sich aus keine Möglichkeit, darüber zu Gericht zu sitzen. Bloß vom Standpunkte der juristischen Konstruktion aus kann es keine *richtige Theorie* geben, unter der der Gesetzgeber sich befände.

Wohl vermag auch ein Recht setzender Faktor einen Irrtum zu begehen. Das kann ihm dadurch nachgewiesen werden, dass man einen Widerspruch aufdeckt, in dem sich der fragliche Willensinhalt befindet: aber einen Widerspruch mit sich selbst, und nicht einen solchen mit einer konstruierenden Lehre. Denn diese ist ihrem unvermeidlichen Charakter nach nur eine Wiedergabe, besitzt aber nicht von sich aus einen selbständigen Inhalt von bedingtem Wollen, den sie als Maßstab für einen anderen Willensakt mitbringen könnte.

Wenn man sagt, dass ein bestimmtes Gesetz eine *richtige* oder eine *unbegründete* Konstruktion etwa des Familienfideikommisses habe, so ist das ein methodischer Fehler; wie es auch mit Recht schon als solcher gekennzeichnet worden ist, wenn jemand von der *richtigen Lehre* über die Entstehung von Inhaberpapieren redet, von der das Gesetz vielleicht aus *Zweckmäßigkeitsrücksichten* abweiche. Woran sollte das gemessen werden? Jede konstruktive Betrachtung eines besonderen Rechtes ist ja nichts, als die Wiedergabe des Inhaltes gerade dieser fraglichen Rechtsordnung. Weshalb soll die nach dem einen Rechtsinhalte angezeigte Wiedergabe für den Inhalt eines anderen rechtlichen Wollens maßgeblich sein?

Wiederholt werden die alten Anschauungen über das Verhältnis von technischer Auslegung und theoretischer Rechtslehre: S. 621, S. 719ff.

[Stammler: Aus Abschnitt VII. Die Technik des Rechtes. 13. Der Zweck eines Rechtssatzes. S. 621, Zeile 8–25:] Dieses Richten nach der Idee des Rechtes ist somit als Mittel der Auslegung nur zulässig, wenn der Inhalt des fraglichen rechtlichen Wollens in sich unsicher ist. Es ergibt sich danach eine dreifache Stufe in der Tätigkeit des juristischen Auslegens: In erster Linie haben wir den Inhalt dessen, was in einem bedingten rechtlichen Wollen wirklich enthalten ist, aus ihm selbst zu entnehmen, indem wir auf die Herstellung der Harmonie unter seinen notwendig verbundenen Gliedern, Voraussetzungen und Folgen, bedacht sind; an zweiter Stelle kann die Besonderheit gerade dieser begrenzten rechtlichen Bestimmung aus dem bedingten Zwecke her klargestellt werden, dem sie als Mittel zweifellos dienen soll; zum dritten mag es nötig werden, wegen der bleibenden Unklarheit in den zunächst maßgeblichen begrenzten Einzelheiten, das auszulegende rechtliche Wollen im Sinne seiner Grundbestimmung aufzunehmen und denjenigen Inhalt als den seinigen anzunehmen, der in der gegebenen Lage nach der Idee des Rechtes gerichtet, von dem sozialen Ideal geleitet ist.

Stammler: Aus Abschnitt VII. Die Praxis des Rechtes. 14. Die praktische Bedeutung der Idee des Rechtes. S. 719, Zeile 3–19:] Es sind sonach dreierlei Gedankenreihen genau zu unterscheiden:

1. Welches ist der bestimmte Inhalt eines besonderen rechtlichen Wollens, wonach die in einem aufgegebenen Falle anzuwendende Regel sich bestimmt?
2. In welcher formalen Methode lässt sich beweisend darlegen, ob der nach 1. bestimmte Willensinhalt in seiner Besonderheit die Eigenschaft grundsätzlicher Richtigkeit besitzt oder nicht?
3. Wie steht es mit dem Bewegen jemandes dazu, dass er von der Möglichkeit richtigen Rechtes auch

wirklich Gebrauch macht?

Die erste Erwägung ist die der technischen Jurisprudenz, die letzte werden wir am Schlusse dieses Werkes zu erledigen haben.; dagegen liegt die praktische Bedeutung der Idee des Rechtes als solcher ausschließlich in der an zweiter Stelle angeführten Frage.

Gegen die Trennung von Stoff und Form: Berolzheimer, Arch. F. R. & W., S. 319: Stoff und Form sind <u>eins</u>; die Form kann man nicht vom Stoff trennen.

[Archiv für Rechts- und Wirtschaftsphilosophie, herausgegeben von Dr. jur. Josef Kohler und Dr. jur. Fritz Berolzheimer, Band V, 1911/1912, Berlin; Berolzheimer, Eine Rechtswissenschaft der Theorie. (Stammlers „Theorie der Rechtswissenschaft") S. 311–320. (S. 318, Zeile 10 v. u. – 320, Zeile 9 v. u.:]

Die Kritik kann im begrenzten Raum dieser Zeitschrift nicht ins einzelne gehen, muss sich vielmehr auf die prinzipiellen Fragen beschränken:

I. Vor allem Stammlers methodologische Idee! Stammler will Kants Forschungsart auf dieRechtswissenschaft übertragen. Stammler sagt: Aller Inhalt besteht aus Form und Stoff. Nehmen wir aus der Rechtswelt den Stoff, so bleibt die Form übrig und die Entwicklung der Formenlehre ist die reine Rechtslehre, die schlechthin a priori gültige, die Rechtslehre aus aller Ewigkeit in alle Ewigkeit.

Hier läuft ein grundlegender Irrtum unter. Der Inhalt besteht aus Stoff, ist identisch mit dem Stoff; dieser Stoff ist irgendwie geformt. Die Form ist eine Eigenschaft, die dem Stoff zukommt, aber nicht ein Bestandteil des Inhalts. Ein kugelförmiges Stück Eisen hat als Inhalt nicht Eisen + Kugelform; sondern hat als Inhalt lediglich Eisen. Dieses Eisen hat verschiedene Eigenschaften – eine bestimmte Härte, Schwere, Durchschlagskraft usw. und auch eine gewisse Form. Nehme ich den Stoff (Eisen) weg, so bleibt die Form ebenso wenig als Inhaltsbestandteil übrig, als etwa die Härte, Schwere oder Durchschlagskraft. Vielmehr bleibt nach Wegnahme des Stoffes real überhaupt nichts übrig als allenfalls die Vorstellung der Kugel. Diese Vorstellung hat aber mit dem Eisen nichts zu tun, sondern sie ist eine leere Vorstellung, ein Schattenbild, zu dem man sich nach Belieben irgendeinen Inhalt hinzudenken kann, wenn man will, oder auch nicht. Die Abstraktion der Form besagt uns daher nichts.

Ebenso ist es mit dem Recht. Der Gedanke Stammlers, als könne man den Inhalt des Rechts in vergänglich-veränderlichen Stoff und in bleibend-unveränderliche Form zerlegen, scheitert daran, dass eben die Form nicht Teil des Inhalts, sondern bloße Eigenschaft des Inhalts ist. Richtig lautet es: Inhalt = Stoff; Form = Eigenschaft des Inhalts oder Stoffes.

II. Hieraus ergibt sich auch die Unfruchtbarkeit von Stammlers Methodik.

Es sei gerne anerkannt, dass Stammler innerhalb des Irrwegs, auf den er sich begeben hat, mit großem Scharfsinn und, wenn schon in der Darstellung manche Weitschweifigkeit ermüdet, mit Geschick arbeitet. Aber es sind lauter Schattenbilder, die Stammler findet, keine Realitäten. So wird denn das Recht von Stammler als eine Art des Wollens gekennzeichnet. (Und das ist grundlegend für das ganze Werk Stammlers. Man wird damit an die Willensphilosophie Schopenhauers und an die Willenstheorie Jellineks erinnert. Stammler führt aber seine Lehre auf keinen der Genannten zurück, vielmehr auf Ihering.) Das Wollen Stammlers soll bedeuten Zweckstreben; das Recht ist nach Stammler eine Art des Zweckstrebens.

Mit seiner Lehre ersetzt Stammler die klare Realität Recht, um sie begriffsmäßig auszudeuten, durch eine höchst unklare, ja geradezu sinnlose Bezeichnung. Denn das Stammler'sche „Wollen" ist nicht etwa ein Wollen in dem uns bisher vertrauten Sinn, sondern ein subjekt- und objektloses Wollen, ein Wollen ohne Willenssubjekt, ein Wollen ohne festumschriebenes Ziel. Wollen bedeutet immer (wie schon Nietzsche treffend gegen Schopenhauer betont) etwas wollen. „Wollen" besagt: A will b; allgemein X will n. Aber bei Stammler heißt es: Es will; etwa so wie: Es regnet. Das Wollen Stammlers ist ein Ding ohne Kopf und ohne Füße. Ein leeres Wort, ein Nichts.

Soviel gegen den Inhalt des von Stammler zum konstruktiven Aufbau benützten Grundbegriffs. Die einzelnen Rechtsbegriffe sind Unterarten jenes „Wollens", das selbst nichts ist als ein in sich widerspruchsvoller Begriff. So kommt denn Stammler zu der Paradoxie, im Staat nichts zu erblicken als eine „besonders geartete Rechtsordnung" (S. 397), und zu einer Philosophie der Rechtsgeschichte, die über den Inhalt des geschichtlichen Werdens stolz hinwegschreitet.

Und somit erweist sich Stammlers „Theorie der Rechtswissenschaft" als ein Schemen, bestenfalls als eine Rechtswissenschaft der Theorie.

Stammlers Rechtsphilosophie ist zu bekämpfen. Sie geht von irriger Voraussetzung aus und arbeitet mit unfruchtbarer Methode.

Stammlers Verdienst um die Wiederbelebung der Rechtsphilosophie aber wird durch die Kritik seiner Lehre nicht verneint. Stammler war – nachdem er als Forscher des Bürgerlichen Rechts Beträchtliches geleistet hatte – der ersten einer, die der Rechtsphilosophie zur Auferstehung in Deutschland verhalfen. Und ferner hat Stammler mit seinem standard work *Wirtschaft und Recht* die Wechselbeziehungen dieser beiden Gebiete wertvoll aufgehellt.

Das „Wollen" Stammlers, so wendet Berolzheimer ein, ein subjektloses und objektloses Wollen.

(a. a. O., S. 319/20)

Es besteht ein notwendiger Dualismus zwischen Leben und Wissenschaft.

Rickert, Logos II S. 155/6 „Es gibt keine Wissenschaft ohne begriffliches Denken und das ist geradezu der Sinn des „Begriffes", dass er die Dinge unlebendig macht, sie in einen Abstand von unserem Leben bringt." „Das lebendigste Objekt, worauf das Erkennen sich richtet, hört auf zu leben, soweit es Begriff ist."

[Heinrich Rickert, „Lebenswerte und Kulturwerte" in Logos, Internationale Zeitschrift für Philosophie der Kultur, herausgegeben von Georg Mehlis, Verlag von J. C. B. Mohr (Paul Siebeck), Tübingen, Band II, Jg. 1911/1912, (III. Kultur und Leben, S. 155, Zeile 31 – S. 156, Zeile 7 und S. 156, Zeile 39 – S. 157, Zeile 19:] Lebensferne gehört aber nicht nur zum Wesen des theoretischen Menschen, sondern ist auch notwendig mit den Produkten der Erkenntnis selbst verknüpft. Erst wenn wir darauf achten, wird uns der Gegensatz des Kulturgutes Wissenschaft zum Leben ganz klar werden. Alles, was wir erkennen, entfernen wir damit in einem gewissen Sinne von uns, so dass wir es nicht mehr als Lebendiges erleben. Es gibt keine Wissenschaft ohne begriffliches Denken, und das ist geradezu der Sinn des „Begriffes", dass er die Dinge unlebendig macht, sie in einen Abstand von unserem Leben bringt. Das lebendigste Objekt, worauf das Erkennen sich richtet, hört auf zu leben, soweit es begriffen ist. Die Wahrheit verkörpert sich nur im unlebendigen logischen „Sinn". Ein Dualismus, der dadurch zwischen Leben und Wissenschaft entsteht, ist niemals aufzuheben. Seine Aufhebung würde zugleich die Wissenschaft selbst vernichten. Ihr Wesen beruht geradezu auf dieser Spannung zwischen Leben und logischem Sinn, und ebenso wird ein Dualismus von Leben und Denken in jeden, der Wissenschaft treibt, hineingebracht. Das „Leben" im logischen Sinn oder in der Wahrheit liegt vom lebendigen Leben weit ab und sollte daher auch lieber nicht als Leben bezeichnet werden.

..... Denn es ist alles Erkennen ein Abrücken des zu Erkennenden vom Erleben, ein Verlegen in eine Sphäre, in der es kein unmittelbares Erleben mehr gibt. Das Leben selbst als das Unmittelbare lässt sich nur erleben. Es spottet als unmittelbares Erlebnis jedem Erkenntnisversuch. Schon dadurch, dass wir das, was wir unmittelbar erleben, „Leben" oder „Realität" nennen, hört es auf, unmittelbar erlebtes Leben zu sein. Jede verständliche Bezeichnung nimmt ihm seine unmittelbare Lebendigkeit. Es kommt durch sie in die Sphäre des Begriffes und ist getötet. Das bloße Erleben des Lebens ist stummgeboren und kann nie eine Sprache finden. Diese Einsicht hat gewiss ihren Wert. Aber sie bringt uns doch nur zum Bewusstsein, wie ferne alle Erkenntnis vom Leben abliegt. Eine Lebenslehre, eine Philosophie des Lebens enthält sie gewiss nicht. Die Philosophie beginnt, ebenso wie die anderen Wissenschaften, immer erst, wenn sie sich das Leben als etwas fremdes gegenüber stellt. So wird gerade durch den Hinweis auf die Unmittelbarkeit des Lebens der Antagonismus zwischen Wissenschaft und Leben vollends deutlich, wobei wir ganz davon absehen, dass „Realität" oder „Wirklichkeit" selbst nur Erkenntnisformen sind und als solche nicht zum Realen oder Wirklichen gehören. Wer das lebendige Leben erleben will und darin allein das „Wesen" der Welt findet, oder wie er es sonst nennen mag, der muss die Wissenschaft aufgeben und die Welt für unerkennbar erklären.

Methode. Es gibt nur eine Einheit, die des Bewusstseins. Wo immer wir sonst von einer Einheit ausgehen, da handelt es sich nur um eine Konvention unseres Interesses, also um einen vorübergehenden Gesichtspunkt unseres Bewusstseins. Mauthner, Beiträge zu einer Kritik der Sprache. III. Zur Grammatik und Logik, Stuttgart 1902, S. 174.

(S. 174, Zeile 4 v. u. – S. 175, Zeile 8.) Die Einheit ist zwar ein viel brauchbarer Begriff als die Vielheit, aber aus der Wirklichkeitswelt genommen ist auch sie nicht. Genau betrachtet gibt es auf der ganzen Welt für jeden Menschen nur eine einzige Einheit, die Einheit seines Bewusstseins, und wenn man diese Einheit analysiert, so bleibt auch da an Stelle der diskreten Einheit nur die Kontinuität des Bewusstseins bestehen. Wo immer wir sonst von einer Einheit ausgehen, da handelt es sich nur um eine Konzentration unseres Interesses, also um einen vorübergehenden Gesichtspunkt unseres Bewusstseins. Die Eins ist noch keine Zahl, sondern nur der Grenzbegriff des Zählens. Die Zwei ist, wie gesagt, die erste wirkliche Zahl.

Gegen Stammler:

Es lässt sich schon etwas dagegen einwenden und geltend machen, sofern nicht feststeht, was unter Wille und Wollen verstanden ist; das aber wird nicht auseinandergelegt.

Für ihn ist das juristische Denken die Analyse eines Willensinhalts, die Auflösung einer Gedankenverbindung, die in dem Gesetz enthalten ist.

Danach ist auch hier der Weg des Unterbreitens der umgekehrte wie der des Gesetzgebers: jener löst auf, dieser verbindet. Aber die Sache ist doch so, dass es nicht etwa einfach der Weg ist, der nun einfach zurückgelegt wird, sondern die Auflösung, wie das Unterbreiten wird vorgenommen in einer anderen Richtung wie der Verbindung, die der Gesetzgeber vorgenommen hat. Und ihre Tätigkeiten lassen sich nicht miteinander vergleichen.

S. 345: Zur Frage, ob nun neg. oder plura negotia vorliegen: „Jede Leistung, die als ein unentbehrliches Mittel erscheint, um dem Ziele nachzugehen, ohne welches das gerade fragliche Rechtsverhältnis allen Sinn verlieren würde, fügt sich unselbständig in das letztere ein."

[Diese Zeile in Langschrift:] Also Wirtschaft, Horatio!

[Stammler: Aus Abschnitt IV. Die Methodik des Rechtes 20. Der Weg zur Einheit im Rechte. S. 345, Zeile 13 v. u. – S. 346, Zeile 7:] Wonach entscheidet sich denn, ob in einer besonderen Lage *unum negotium* oder plura negotia vorliegen? Man denke, als vorläufige Beispiele, an die Verpflichtung des Verkäufers, die Ware zuzusenden oder für den Käufer zur Post zu geben, an den Wirtshaus – und den Gasthofvertrag, das Pensionat, den Arbeitsnormenvertrag, die Veräußerung oder Verpachtung eines Geschäftes mit Kundschaft, das Vorliegen einer dauernden Geschäftsverbindung, und vieles andere mehr. Die Aufgabe wird hierbei so gestellt, dass einzelne Leistungen merkwürdig hervortreten und nun in ihrer Einreihung zweifelhaft erscheinen. Dann sind alle Willensmöglichkeiten dieses Falles, deren man nur habhaft werden kann, in der Weise prüfend zu ordnen, dass man sie in der Reihe von Mitteln und Zwecken aufführt und erwägt, ob das eine ohne das andere hiernach bestehen kann, oder ob es ein notwendiges Mittel für jenes ist. Jede Leistung, die als ein unentbehrliches Mittel erscheint, um dem Ziele nachzugehen, ohne welches das gerade fragliche Rechtsverhältnis allen Sinn verlieren würde, fügt sich unselbständig in das letztere ein; – die, bei der das nicht der Fall ist, muss davon unabhängig weiter erwogen werden.

Diese Seite ist mir ein Beweis dafür, dass es ihm nicht auf die Klarheit, sondern auf eine verwirrende Unwiderleglichkeit ankommt. Warum sagt er „fraglicher Zusammenhang"; da steckt doch alles! Seid doch offen, ihr Hunde. Er ist kein Kant; dafür ist er viel zu schnell mit sich zufrieden.

Ich suche nicht die Kategorie des jur. Denkens.

[Eine weitere Rückseite enthält nachstehende Notiz, die zum Abschnitt „gegen Stammler" gehört]: „Er weiß es, und in dieser Zwiespältigkeit liegt der große Humor des Werkes."

Gegen die Methode der Naturwissenschaft: Es bleiben alle Parallelen ein „hoffnungsloses Schlagwort“ (S. 352).

[Stammler: Aus Abschnitt IV. Die Methodik des Rechtes. 22. Die rechtliche Natur des Wollens. Seite 352, Zeile 4–15:] Es hat für die dem Juristen gesteckte Aufgabe keinen Wert, nach der Arbeit des Naturforschers zu schielen und von einer Übertragung der dort nötigen Methode auf die Rechtsbetrachtung zu reden. Alles, was so an technischen Ausdrücken in angeblicher Parallele übernommen wird, bleibt hier, wo es sich um die wissenschaftliche Ordnung der Zweckinhalte handelt, ein hoffnungsloses Schlagwort. Statt dessen ist es nötig, das für die Jurisprudenz als Glied der Zweckwissenschaft notwendige Verfahren in seiner selbständigen Eigenart deutlich einzusehen und die Abhängigkeit einer jeden rechtlichen Besonderheit von dem Gedanken des Rechts festzustellen.

S. 358. Das konstruierende Urteil des Rechtsgelehrten kann also begründetermaßen niemals zu einem anderen sachlichen Ergebnisse gelangen, als das besondere rechtliche Wollen, das von ihm auf die Möglichkeit der einheitlichen Auffassung hin formal erwogen wird. Was heißt das? Bevor ich nicht weiß, was rechtliches Wollen hier bedeutet, kann man ja nichts dazu sagen.

[Stammler: Aus Abschnitt IV. Die Methodik des Rechtes. 24. Juristische Konstruktionen und innere Begründung. S. 358, Zeile 8 v. u. – S. 359, Zeile 4:] Ihre Betätigung ist ausschließlich reproduktiv. Sie bedeutet nur eine Klarlegung dessen, was in einem bestimmten rechtlichen Willensinhalte enthalten ist. Das konstruierende Urteil des Rechtsgelehrten kann also begründetermaßen niemals zu einem anderen sachlichen Ergebnisse gelangen, als das besondere rechtliche Wollen, das von ihm auf die Möglichkeit der einheitlichen Auffassung hin formal erwogen wird. Die dort klarzulegenden Begriffe müssen genau ebenso wiedergegeben werden, wie die dabei erforschte Zwecksetzung sie schon birgt, und die lehrende Darstellung hat in ihrer Ausführung durchaus das gleiche zu bieten, wie die Rechtssätze, deren stofflich bedingter Inhalt den Gegenstand jener Erörterung bildet.

Bedeutet Wollen den Vorstellungsinhalt irgend eines Subjektes oder einen anderweitig festzustellenden Gedankeninhalt, so ist ohne einen mystischen Zusammenhang nicht einzusehen, warum der Gelehrte nicht zum anderen Ergebnis kommen soll, und der zitierte Satz (Stammlers) könnte ebenso etwas des Anselmer (aus Deus homo I. c. 38) „Certus enim sum, si quid dico, quod sacrae scripturae absque dubio contradicat, quia falsum est; nec illud tenere volo si cognovero.“

[Anselm von Canterbury, Cur Deus Homo. Warum Gott Mensch geworden ist. Lat./dt.. Hg. von Franciscus Salesius Schmitt. München 1967. Der Verweis auf I. Buch, capitulum 38 im Manuskript erfolgte irrtümlich; es muss richtig heißen c. 18. Die entsprechende Passage aus dem 18. Kapitel „Ob mehr heilige Menschen sein werden als böse Engel“ lautet in der Übersetzung von F. S. Schmitt (Zitat unterstrichen):]

Boso, Anselms Gesprächspartner, spricht: Sehr vernünftig scheint mir, was du sagst. Aber was werden wir dazu sagen, dass geschrieben steht: „er bestimmte die Grenzen der Völker nach der Zahl der Söhne Israels“? Das legen manche (zum Beispiel Gregor der Große, Homilia in Evangelia XXXIV, n. 9), da sich anstatt „der Söhne Israels“ „der Engel Gottes“ findet, so aus, dass entsprechend der Zahl der guten Engel die aufzunehmende Zahl der auserwählten Menschen zu verstehen sei.

Anselm antwortet: Das widerspricht nicht der vorausgehenden Ansicht, wenn es nicht gewiss ist, dass ebenso viele Engel gefallen, als treu geblieben sind. Denn wenn es mehr auserwählte als verworfene Engel gibt, so ist es sowohl notwendig, dass die auserwählten Menschen die verworfenen Engel ersetzen, als es möglich wird, dass sie der Zahl der Seligen gleichkommen; und so wird es mehr auserwählte Menschen als böse Engel geben. Aber erinnere dich unter welchen Bedingungen ich deiner Frage zu antworten begann: nämlich dass, wenn ich etwas sagen sollte, was eine höhere Autorität nicht bestätigt – wenn ich es auch scheinbar mit Gründen beweise –, es mit keiner anderen Gewissheit angenommen werde, als weil es mir einstweilen so zu sein scheint, bis Gott mir irgendwie besseres offenbart. (Vgl. Kap. 2, Punkte 16, 17 u. 18, die Engel betreffend.) Denn ich bin gewiss, dass, falls ich etwas sage, was der Heiligen Schrift ohne Zweifel widerspricht, es falsch ist; und ich will es nicht aufrecht halten, sobald ich mir dessen bewusst geworden. Wenn aber in den Dingen, von denen man ohne Gefahr Verschiedenes meinen darf – wie das ist, was wir jetzt behandeln (wenn wir nämlich nicht wissen, ob es mehr zu erwählende Menschen gibt, als es verlorene Engel gibt oder nicht, und wir eines davon für mehr wahrscheinlich halten als das andere, bedeutet das, wie ich glaube, für die Seele keine Gefahr) –; wenn wir, sage ich, in derlei Dingen die göttlichen Aussprüche so auslegen, dass sie verschiedenen Ansichten günstig zu sein scheinen und sich anderwärts nicht findet, wo sie bestimmten, was unzweifelhaft festzuhalten ist, so glaube ich, nicht getadelt werden zu dürfen.

Sowohl der logische Vorgang beim Konstruieren wie beim Systematisieren soll darauf beruhen, dass man eine geschlossene Kette von den Besonderheiten des Rechtsstoffes zu den reinen Grundbegriffen des Rechts bildet. Das setzt aber doch voraus, dass diese jenen nicht heterogen sind, weil sonst ein lückenloses Zusammenhängen undenkbar ist. Nun sagt St. allerdings, dass die bedingenden Grundbegriffe selbst Elemente des Stoffes sind. Aber das Wichtigste ist dann doch die Methode, sie herauszufinden. Und auch dafür wird sie immer herangezogen. Wie kann ich sie bestimmen, wenn ich sie nicht von vorneherein kenne? Wie ist es möglich, allmählich zu ihnen hinzufinden; da steckt doch immer wieder der Widerspruch, dass das Bedingende allmählich in das Bedingte übergehe!!

Z.B. Der Satz S. 411 Z. 13 – v.u. geht von der Vorstellung aus, dass die Besonderheiten den Grundbegriff anhängen, und nun eine nach der anderen abfallen, bis nur noch die Grundbegriffe bleiben, wobei dann von einem Prinzip wenig zu sehen ist, da alles aufs Prinzip des Abfallens dieser Besonderheiten ankommt, worüber der Grundbegriff und Wille etwas aussagen können.

[Stammler: Aus Abschnitt V. Das System des Rechtes. 13. Der logische Vorgang beim juristischen Systematisieren. S. 411, Zeile 17–Zeile 3 v. u.:] Darum ist es notwendig, dem bloßen Aufsteigen zu höheren Begriffen innerhalb eines bedingten Rechtsinhaltes von oben her mit dem Einsetzen eines festen Prinzipes der Einteilung zu begegnen, das nach den vorhin gegebenen Ausführungen für alle juristischen Erwägungen unausweichlich die reinen Einteilungsgründe des rechtlichen Wollens sind. Von ihnen lässt sich nun der Inhalt einer einzelnen Rechtsordnung ergreifen und in der Methode des Unterordnens nach steter Vermehrung der von den reinen rechtlichen Grundbegriffen bestimmten Besonderheiten systematisieren, – wie es wiederum auch möglich ist, von bloßen Einzelheiten rechtlichen Wollens aus, in einer Verminderung jener Besonderheiten, aber mit dem Festhalten eines Teiles der auf sie verwendeten reinen Grundbegriffe, aufzusteigen, bis die letztgenannten an Zahl ganz herabsinken und bloß noch ein Einsetzen einfacher Grundbegriffe statthat, denen die reinen Einteilungen des Rechtes, wie wir wissen, entsprechen.

Schwierig scheint mir die Subsumtion der Erkenntnisformen des Denkens unter den Rechtsbegriff. Unter den Willen soll subsumiert werden! Mal abwarten! Wie das logische Verhältnis der Abhängigkeit aufs Theologische übertragen werden soll!

[Randnotizen der Vorderseite des letzten Blattes im Heft ohne Bezug auf die Beilage:]

Der Verzicht auf den Anthropomorphismus ist ein Verzicht auf die Menschlichkeit; gerade das Zeitalter der Humanität war stolz darauf, alles anthropomorphistisch durch alle menschliche Gestalt zu vernichten.

Daher die Mathematik als Ideal menschlichen Denkens. Das Resultat die Maschine. Die zerstört das menschliche Antlitz. Man vernichtet die Gestalt, das Bild des Menschen und schützte sich vor der Gefahr des Anthropomorphismus. Im Namen der Humanität vernichtet man das Bild des Menschen.

Hass gegen das Offizielle, das identifiziert [ein Wort nicht lesbar] mit Arrangement (wie hassen wir schon das >neoveristische<[43] „my god“, weil wir wissen, dass es nur Arrangement ist), wir können schließlich kein Theater mehr sehen, wir sehen es wie falsches Haar und künstliche Zähne einer alten Frau. Egal, Organisation oder Arrangement, aber die sch [<schieben>] alle es auf Sicherheitsgebote zu; das Ziel der Organisation und des Unteroffiziellen: >Versachlichung; Mechanisierung des Menschen<.

Träger der Revolution ist immer das Aufkommende, Aufstehende; Messieurs des Mitleids, Messieurs der Gerechtigkeit. [Der folgende eingeschobene Satz ist nicht deutbar.]

Die Ehrlichkeit der Russen: Nicht der tiers état (d.h. das Aufkommende) sondern der letzte Potentat, das ewig Unterbleibende, niemals Aufkommende.

Der Begriff der angelehnten Produktion: Aufteilung von zärtlichen, milderen Ideenassoziationen.

Gerechtigkeit ad alt. – Vertrag, conföderatio, alles [zwei kurze Wörter unlesbar] ad alt. Erst wenn ich für die anderen eintrete, weiß ich, was Gerechtigkeit ist.

Der gerechte Krieg: Zur Verteidigung meiner Familie, meiner Frau.

Hier hört das „die linke Backe hinhalten“ auf; wenn ich sehe, dass meine Schwester vergewaltigt wird.

[Die Rückseite des letzten Blattes der Beilage enthält die Notiz:]

Thema für eine Dissertation: Die Stellung des Sozialismus zur Alkoholfrage.

[43] „Neoveristisch“ ist abgeleitet von der literarischen Stilrichtung des Verismus am Ende des 19. Jahrhunderts, zu der Tolstoj und Ibsen gezählt werden.

Zweiter Teil

Tagebuch
vom 13. September 1913 bis 13. Februar 1914

September 1913

13. Samstag
Morgens zum Gericht. Der Amtsrichter Wehr[1] ist ein reizender Mensch. Mittags hatte die Cari wieder schön gekocht, wir aßen, schliefen dann. Ich ging nachmittags zum Geheimrat und blieb abends da. Die Hammenstede und ein Fräulein Schatz waren da und wurden mir mit ihrem Geschwätz unausstehlich. Ich ging zu meiner Cari nach Hause (müde, klug, aber leicht erschöpft).

14. Sonntag
Morgens wurde telephoniert, dass der Geheimrat nicht ins Theater will, wohl aber die Damen. Dann gehe ich auch nicht. Ich ging zum Stadttheater; kaufte mir eine Zeitung, lief herum, telephonierte und blieb mittags schön zu Hause, kochte, während die Cari schlief, Kaffee. Wir tranken schön Kaffee, lasen dann und waren fleißig. Hofften auf Mohr[2] regnete. Dann in ein Kino. Ärgerten uns sehr darüber und gingen müde ins Bett; schliefen sofort (fleißiger, selbstgenügsam).

15. Montag
Zum Gericht. Mit dem Amtsrichter Wehr gut unterhalten. Fröhlich nach Hause. Kein Brief, nichts. Es ist zum Verrücktwerden. Mittags geschlafen. Zum Geheimrat; über eine Kanalangelegenheit gesprochen, mich über seinen Scharfsinn gewundert. Ich aß, war müde und erschöpft. Ging nach Hause, um mit der Cari zu essen. Abends spielten wir Schach und lasen schön. Ich schrieb einen heiteren Brief. Ins Bett. Herrlich unartig.

---

1 Wilhelm Wehr (1879–1914), Amtsrichter, gefallen am 11.11.1914 bei Wytschaete (Flandern).

2 Mohr, siehe S. VII, Anm. 3.

16. Dienstag

Müde zum Gericht. Etwas nachgeschlagen. Beim Amtsrichter. Nach einigem Überlegen schenkte ich ihm mein Buch[3]. Nachher bereute ich es natürlich. Mittags billig gegessen (um den Saldo herauszubringen), geschlafen, dann spazieren gegangen. Die Cari war böse und launisch. Mir war das egal. Wir gingen in die Gartenausstellung; allmählich beruhigte sich die Cari. Sie ist ein reizendes Kind und der beste Mensch. Nur wenn sie philosophiert, wird es schwierig. Sie brachte mich zum Geheimrat; es war aber niemand da. Ich hatte die Schlüssel vergessen, rannte nach Hause. Wieder zurück. Traf niemand. Beleidigt nach Hause. Im Café Cornelius ein Glas Bier <getrunken> und Zeitungen gelesen. War traurig, verzeihender Stimmung, einsamkeitsbedürftig. Die Cari aß zu Abend; wir spielten Schach und lasen dann etwas. Ins Bett, intra femina. Nachts deckte ich mich bloß. Selbstmordgedanken. Wütend auf Cari. Aber sie war vernünftig und band das Plumeau fest. Dann schliefen wir ausgezeichnet.

17. Mittwoch

Morgens wieder kein Brief; schauderhaft, ich verzweifle. Zum Gericht; nicht viel getan. Traurig zur Bibliothek; einige Bücher >recherchiert<, Harden[4] gelesen, mich begeistert. Dann in den Preußischen Jahrbüchern[5] gelesen, dass er ein verlogener, achselträgerischer Mensch ist; ich habe ihm nie getraut. Aber es ist gut, dass ich das weiß. Mittags nach dem Essen schliefen wir ein wenig, Ejakulation[6] auf die herrliche Cari. Dann tranken wir gemütlich Kaffee und studierten fleißig.

Ich las Harnack[7] und geriet öfters in Wut, weil mein Buch noch nicht gedruckt wird. Ich könnte weinen. Es vergeht ein Tag nach dem anderen, und

---

3 Gesetz und Urteil.

4 Maximilian Harden, eigtl. Felix Witkowski (1861–1927), Publizist und Schriftsteller, Hg. der Wochenzeitung „Die Zukunft", (1892–1922), Berlin, Verlag der Zukunft. Siehe auch S. 277, Anm. 107.

5 „Preußische Jahrbücher", Monatsschrift (1858–1935), gegründet von M. W. Duncker und R. Haym, 1866–1889 war H. von Treitschke, 1889–1919 H. Delbrück Hg.

6 Ejakulation = Auswurf = Samenerguss. Für den Däublerverehrer Carl Schmitt war dieser Begriff kein profanes Fachwort, sondern christlich-mythologisch besetzt, wie es Däubler in den folgenden beiden Strophen der ‚Iranischen Rhapsodie' im 2. Teil des „Nordlichts" (Florentiner Ausgabe, S. 268) verkündet:

> Des Mannes Auswurf, der das Weib entweihte, / Entleert es wiederum, mit einem Schmerzensstoße. / Doch wie das Weib einstmals aus eines Mannes Seite, / Entsteht der Heiland bald aus einer Jungfrau Schoße.
>
> Vielleicht sind jene Stürme, die im Chaos wühlen, / Die Flutergüsse, unter denen wir erbeben, / Die fürchterlichsten Flüsse, die den Berg umspülen [die flammenden Lavabäche des speienden Ararat], / So wilderregt, weil sie das Erdenkind beleben.

7 Adolf (seit 1914 von) Harnack (1851–1930), dt. ev. Theologe und Historiker, Mitglied der Preußischen Akademie der Wissenschaften, einflussreichster Vertreter des Kulturprotestantismus. Siehe auch Carl Schmitts Bemerkung vom 14.12.1913.

das Manuskript liegt bei mir und schaut mich traurig an. Armes Tierchen. Es ist ein trübes, regnerisches Herbstwetter, aber ich fühle mich wohl und zu Hause dabei. Kaufte zum Abendessen ein, mürrisch, schweigsam, schön unartig. Dann gut geschlafen. Ich warte von einem Tag zum anderen auf Post. *Traurig, fleißig, verschlossen, schweigsam.*

18. Donnerstag

Morgens lange geschlafen; fröhlich und frisch auf. Aber nur ein Brief von Liebmann[8], der meine Besprechung von Chatterton-Hill[9] nicht nehmen will, und sonst nichts. Zum Verzweifeln. Mohr schreibt nicht. Die liebe, freundliche, manierliche Cari kochte den Kakao. O Gott, ich armer >Kerl<. Am Gericht nichts zu tun. Beim Geheimrat; den ich aber nicht zu Hause traf (Thyssen)[10]. Zur Bibliothek; herumgelungert. Mittags zu Hause geschlafen. Brief von Mohr, ich soll das Manuskript schicken. Kaffee getrunken, spazieren gegangen durch die Königsallee. Gummihandschuhe für die liebe Cari bestellt. Sie brachte mich zum Geheimrat. Ich las, sprach mit dem stark verkaterten Geheimrat, war müde und nicht auf der Höhe, schweigsam. Abendessen mit den beiden Weibern; schrecklich, ich ließ mit mir reden und sprach. Ging nach Hause, schämte mich, wünschte, ein eigener Mensch zu sein. Sah die Cari kalt und böse an. Sie weinte, aber ich war kalt und gleichgültig. Wir schliefen ein. *Müde, faul, Selbstvorwürfe.*

19. Freitag

Morgens schon unartig. Ich war todmüde und schlief immer wieder ein. Endlich aufgestanden. Zum Gericht; zum Glück nichts zu tun. Zur Bibliothek; das Manuskript in Ordnung gebracht, Anmerkungen geschrieben, fröhlich, behaglich. Mittags die verruchten Geisingkellen[11]; wenig gegessen, Schach gespielt, so den Schlaf überwunden. Kaffee getrunken, dann das Manuskript eingepackt

---

[8] Otto Liebmann (1865–1924); Verleger, in dessen Unternehmen Carl Schmitts „Gesetz und Urteil" publiziert wurde. Sein Berliner Verlag wurde auf eigenen Wunsch mit Wirkung zum 1. Januar 1934 vom Münchener Verlag C. H. Beck erworben, der die „Deutsche Juristen-Zeitung" (gegründet 1895) herausgab, und deren Schriftleitung nach dem Verkauf Carl Schmitt ab Ende Juli 1934 übernahm.

[9] Georges Chatterton-Hill, Individuum und Staat. Untersuchungen über die Grundlage der Kultur, Verlag J. C. B. Mohr, Tübingen, 1913, XVII, 207 S.

[10] August Thyssen (1842–1922), dt. Industrieller, gründete 1871 die Thyssen & Co. KG und 1890 die August Thyssen-Hütte AG in Duisburg, woraus sich der Thyssen-Konzern entwickelte, der neben dem Krupp-Konzern zum größten deutschen Montanunternehmen um die Jahrhundertwende wurde. Er leitete den Konzern bis 1926.

[11] Geisingkellen, vermutlich idiomatischer Ausdruck für eine bestimmte Art von Magenbeschwerden.

und an Mohr geschickt. O lieber Gott, hilf. Wir fuhren nach Gerresheim, gingen in dem Wald wunderschön spazieren. Die Cari war lieb und freundlich. Wir fuhren zurück; arbeiteten hübsch zu Ende. Ich las Chatterton-Hill, den mir Mohr geschickt hat; ein dummes, geschwätziges und wichtigtuerisches Buch. Ich war sehr beruhigt über mein Buch, und in fröhlicher Überlegenheit ins Bett. Fröhliche Ejakulation. Müde eingeschlafen, *bedeutend wohler und stark.*

20. Samstag

Um 9 Uhr zum Gericht. Anmeldestube; schrecklich, aber ich hielt es aus. Ich bin jedoch ein schüchterner, unterwürfiger und hilfloser Kerl. Mittags Skandalzeitung gekauft, eingekauft. Herrliches Herbstwetter; ich fühle mich wieder als ein mit heimlicher Überlegenheit unerkannt durch die Straßen schlendernder großer Mann. Nach dem Essen schliefen wir etwas, tranken hübsch Kaffee, hatten uns sehr lieb. Ich ging dann zum Geheimrat; wir sprachen über alles Mögliche, der Geheimrat in schlechter Laune wegen seiner Zähne. Ich aß dann zu Abend, ging mit dem Geheimrat und einem mir wegen ihres Kölner Dialekts und ihrer berechnerischen Zwecksicherheit verhassten ältlichen Fräulein Schatz ins Monopol. (Vorher der Hauptmann, ein Bruder dieses Fräuleins, beim Essen.) Fühlte mich nicht überlegen, war aber sicher, [einige Wörter unleserlich], schwatzten bis 12 Uhr. Ich erzählte viel, wir lachten viel, der Geheimrat war guter Dinge. Ich dachte oft an meine liebe Cari. Ging schnell nach Hause, traf sie schlafend auf dem Sessel sitzend und war ergriffen von ihrer Liebe und Schönheit. Wir gingen ins Bett, heimlich unartig.

21. Sonntag

Wir schliefen bis 1/4 nach 9. Müde auf, schnell gewaschen. Wir frühstückten, gingen dann in herzlicher Liebe zum Geheimrat. Dort nichts zu tun, lief herum, traf den Emanuel[12], war sicher und sehr überlegen; doch war nichts zu machen, wie ich merkte. Die Weiber waren wieder ekelhaft und suchten den Manuel zu foppen. Ich war dienlich und fürchtete, dass der Geheimrat das Interesse an mir verlor. Müde nach Hause. Die Cari war fröhlich, aber wir stritten uns über die Hammenstede. Wir gingen dann schlafen; ich kochte den Kaffee. Nachher lasen wir etwas und machten dann einen schönen langen Spaziergang an den Rhein. Die Cari tanzte manchmal; sie ist von einer unbeschreiblichen Grazie und Eleganz. Ich bin ganz glücklich. Aber wir haben kein Geld mehr, und wenn morgen kein Wunder geschieht, muss ich wieder den

[12] Leonhard Emanuel, auch Manuel gen. (1854–1922), Festungsbausachverständiger des königlich preußischen Kriegsministeriums in Köln, jüdischer Geschäftsfreund des Geheimrats. Siehe auch S. 174, Anm. 17.

Geheimrat angehen. Nach dem Abendessen spielten wir wieder Schach. Die Cari zog ihr rotseidenes Kostüm an; ich war begehrlich und stark liebedienlich. Nachts prachtvoll und lange unartig.

22. Montag

Morgens sehr müde, aber aufgestanden. Zum Gericht. Keine Briefe, grauenhaft. Am Gericht fleißig gearbeitet. Dann zur Bibliothek; Bücher zum Lesen bestellt. Müde, matt, ich will Mohr abwarten. Gebe Gott, dass es etwas gibt. Geld habe ich nur noch ein paar Mark. Nach dem Essen spielten wir wieder Schach, waren müde, gingen aber nicht schlafen. Ich kochte den Kaffee, dann lungerte ich herum, schließlich ging ich zum Geheimrat. Die liebe Cari war fleißig und strickte Strümpfe. Ich habe sie unbeschreiblich lieb in ihrer hingebenden, zärtlichen, lieben Herzlichkeit. Der Geheimrat war verreist, Geld bekam ich nicht, schrecklich. Ganz zerknickt auf die Straße. Zu Hause. Die Wäsche kam, es fehlte wieder ein Hemd. Ich wurde rasend und geriet in Wut; Ernährungssorgen, Verzweiflung, kleinmütig. Nach dem Essen gelesen. Mir wurde besser. Die Cari ist immer gleich vornehm und lieb. Ich kochte etwas, aber sehr extensiv. Wir gingen ins Bett. Herrlich.

23. Dienstag

Morgens todmüde, schwer auf, kein Brief, zum Verzweifeln. Am Gericht ziemlich lange gearbeitet, nach dem Mittagessen fuhren wir nach Gerresheim, tranken dann Kaffee, der sehr teuer war, liefen durch den Wald, stahlen ein paar Kiefernzweige. Nach Hause; dort nochmals Kaffee. Ich ging dann zum Geheimrat, der nicht zu Hause war, lungerte herum, las etwas. Nach Hause, zur großen Freude der Cari. Wir aßen schön zu Abend, spielten Schach. Das Geld ist alle. Schrecklich. Wovon sollen wir leben? Nachts nettes Fingern.

24. Mittwoch

Wieder todmüde des morgens, sonst aber ziemlich gut dran. Eisler schickte mit Eilbrief 20 Mark. Der liebe Kerl. Viele Gippers[13] gegessen. Am Gericht wenig <zu tun>. Dann zur Regierung; dort gute Literatur gefunden. Hoffte den Geheimrat damit zu überraschen und zu erfreuen. Schleppte einen Pack dicker Bücher nach Hause, aß zu Mittag. Nachher fuhren wir nach Gerresheim. Unterwegs ein lächerlicher Krach mit einem Straßenbahnwagenführer ... [Rest des Satzes unleserlich]. In Gerresheim gelaufen durch den Wald. Darauf nach Hause; schöner Kaffee. Zum Geheimrat, der krank im Bett lag. Ich war fröhlich und hoffte, ihm Freude zu machen. Ich las das Gutachten, das der Schrei-

[13] Gippers, vermutlich Ölgebackenes.

ber abgeschrieben hat, ging hinauf zum Geheimrat, bekam keinen Sitz angeboten. Der Geheimrat zog sich in meiner Gegenwart an, ekelhaft, rücksichtslos. Ich war empört, ging hinunter. Wir sprachen noch etwas. Ich war tief beleidigt, als er erklärte, ein Gutachten über das Bergregal alleine machen zu wollen; ich fühle mich rückgesetzt. Dann ging er nebenan, wo jemand zu Besuch war. Ich sollte zum Essen dableiben, bekam Hunger, wurde fußkalt, schwankte lange, blieb wie verrückt und gebannt stehen. Endlich schlich ich nach Hause gegen 8 Uhr. Eine schreckliche, weltumspannende Wut und Sehnsucht. Die liebe, herrliche Cari, die Einzige, auf die ich mich verlassen kann. Wieder kein Geld, woher soll ich es nehmen. Mir egal, ob ich etwas vom Geheimrat bekomme oder nicht. Zu Hause tröstete mich die herrliche Cari. Wir erzählten von unserer Familie. Ich ging dann traurig an die Arbeit. O Gott, was soll aus mir werden? Wovon soll ich leben? Ich halte es >beim besten Willen nicht mehr< aus und bin ein armer Teufel. Wir haben kein Geld mehr, um Pillen zu kaufen und waren daher artig.

25. Donnerstag

Wieder kein Brief. Es ist zum Verrücktwerden. Wenn Mohr nur bald schreibt. Am Gericht fleißig, vorher zur Bibliothek. Mittags nicht geschlafen; schrieb für den Geheimrat die Nebengutachten, in großem Eifer; wurde schnell müde, aber ich raffte mich zusammen, und es ging. Zum Geheimrat; ein Rechtsanwalt v. d. Loé[14] <war dort>, dem ich überlegen war, was mir wieder Mut gab. Ich blieb zum Essen da. Das war unerträglich mit dem Fräulein Schatz; ging kurz nach 10 Uhr. Der Geheimrat kann mich anscheinend nicht mehr leiden. Schrecklich. Ich habe noch kein Geld. Traf die Cari und war >beglückt<. Wir haben heute Nachmittag Pillen gekauft und waren wieder sehr schön unartig.

26. Freitag

Wieder kein Brief. Zum Gericht; meine Arbeit erledigt, dann nach Hause. Früh zu Mittag gegessen, müde. Nachmittags zum Geheimrat; dort besser, schön gearbeitet. Zeigte meine Exzerpte und imponierte ihm sicherlich. Das hob mich wieder. Doch war der Geheimrat anscheinend mich leid. 75 Mark. Abends ein Dr. Kallen beim Essen. Erst hatte ich Angst, weil er eine abdominante Stimme hat, aber bald war ich ihm überlegen, und der Geheimrat merkte das. Wir unterhielten uns ausgezeichnet, lasen die Schattenrisse. Abends wieder das ekelhafte Fräulein Schatz. Ich ging daher. Die liebe Cari war fleißig am Stricken. Herrliches Kind. Ich bin ganz hingerissen von ihr. Wir waren artig. Aber bei mir eine wunderbare Ejakulation. Die Nacht furchtbar erkältet. Morgens ein Gefühl innerlichster Heimatlichkeit.

---

14 Georg Baron von Loe (1886–1942), Rechtanwalt, Bruder des Grafen von Loe, heiratete nach dessen Tod die Witwe, wohnhaft auf Schloss Wissen in Weeze.

27. Samstag

Schnell zum Gericht. Dort bis 1 Uhr Anmeldestube. Ich hielt es aus, obwohl ich total erkältet war. Müde, gegessen (die Cari kocht prachtvoll), geschlafen, dann Kaffee gekocht. Wir gingen spazieren. Ich war schlechtester Laune, weil ich furchtbar erkältet war. Zum Geheimrat; dort sehr schön gearbeitet. Gut, dass er nicht da war. (Sie machen einen Ausflug.) Abends schrieb ich an Eisler. Dann nach Hause; wir aßen schön zu Abend, spielten Schach und waren dann fleißig. Ich ordnete meine Bücher und fühlte mich ziemlich wohl, trotz des schauderhaften Schnupfens und der elenden Wanzenwohnung. Wir gingen dann ins Bett und schliefen bald ein. Die Cari packte mich rührend ein, pflegte mich und sorgte sich.

28. Sonntag

Wir schliefen bis 9 Uhr, standen langsam auf, hofften auf einen Brief, aber es war nichts da. Nach dem Frühstück in sehr schlechter Laune, mit furchtbarer Influenza (Auch die Cari ist krank.); herumgelegen, spazieren gegangen (nicht zum Geheimrat), ein wunderschöner Spaziergang mit Cari durch den Hofgarten. Nach dem Mittagessen schliefen wir bis $^1/_2$ 5; dann Kaffee, und darauf studierte ich erst das Neue Testament (Weinberg[15]), dann repetierte ich fleißig Staatsrecht und Zwangsforderung. Ich dachte an meinen Fleiß auf der Prima, freute mich über die ergebene Cari, wollte ein stilles, bescheidenes, zielsicheres und mutiges Leben führen und hoffte, dadurch einen Erfolg zu erringen. War wieder stärker und fest verschlossener, schweigender Arbeiter. Nach dem Abendessen spielten wir Schach. Da versöhnte ich mich und sprach mit Cari über die Furchtbarkeit des schlechten Schicksals. Sie versicherte mir ihre treue Liebe. Ich glaube an sie und bin glücklich.

29. Montag

Morgens total erkältet; lange im Bett, immer schlechter, ich kann kaum sprechen. Kein Brief. Müde zum Gericht; dort brauchte ich nichts zu tun. Zur Bibliothek, *zum Geheimrat, der gerade Joh.. 1, 13*[16] *als gefälscht erkannt hatte und mit mir freundlich darüber sprach.* Er lieh mir Agrippa von Nettesheim[17].

[15] Gleichnisse vom Weinberg, Matth. 20,1–16, 21,33–46, Mark. 12,1–12.

[16] Joh. 1,13 im Zusammenhang mit den Versen 11–14. 11. Er kam in sein Eigentum; und die Seinen nahmen ihn nicht auf. 12. Wie viele ihn aber aufnahmen, denen gab er Macht, Gottes Kinder zu werden, die an seinen Namen glauben; 13. welche nicht von dem Geblüt noch von dem Willen eines Mannes, sondern von Gott geboren sind. 14. Und das Wort ward Fleisch und wohnte unter uns, und wir sahen seine Herrlichkeit als des eingeborenen Sohnes vom Vater, voller Gnade und Herrlichkeit.

[17] Agrippa von Nettesheim, ursprünglich Heinrich Cornelius, eigtl. Heinrich Cornelis (1486–1535), Naturphilosoph und Okkultist.

Ich war glücklich und froh, dass er mich wieder gern hat. Ging nach Hause; wir aßen etwas, schliefen dann. Die Cari hat das Bett in unser Wohnzimmer herübertragen lassen. Das liebe, fürsorgliche Kind. Wir legten uns nach dem Essen ins Bett, herzten schön. Dann kochten wir Kaffee, gingen spazieren. Zu Hause nach dem Abendessen etwas gelesen. Müde ins Bett.

30. Dienstag

Morgens bedeutend besser und wohler. Ein Brief von Leining. Nichts von Mohr. O Gott, o Gott. Zum Gericht; ziemlich fleißig. Müde nach Hause. Nach dem Essen geschlafen, Ejakulation, herrliche Cari. Dann müde; kam nicht zum Schlafen. Kaffee gekocht, wütend, dass kein Spiritus da war, schlechter Laune. Agrippa von Nettesheim gelesen. Dann mit der Cari spazieren und zum Geheimrat. Ziemlich freundlich. 50 Mark bekommen, die ich bitter nötig hatte. Gott sei Dank. Gott hilft. Dann etwas in der Bibliothek geordnet. Beim Abendessen ein Fräulein Spoloknes vom Konservatorium in Köln, so dass ich mich gut unterhielt. Die Musik machte mich unterhaltsamer, produktiv, <nachdenklich>, und wühlte alle meine Komplexe auf. Ich wollte mich umbringen. Was hat es für einen Zweck? Der Menschheit will ich diesen Kampf vorenthalten. Es geht niemand was an, ich gehe niemand was an, mich geht niemand was an. Wäre nur mein Buch erst da. Wie schön, ein Buch gedruckt zu haben! Dann nach Hause. Zu meiner lieben Cari. Sie las den Staat[18] und dann das Kochbuch. Das unvergleichliche Kind. Ich bin ganz hingerissen von ihrer verständigen, grenzenlosen Liebenswürdigkeit. Dann ins Bett, artig.

Oktober 1913

1. Mittwoch

Morgens zum Geheimrat; dort fröhlich gesprochen. Guter Dinge. Mittags schön gegessen, geschlafen, mit der Cari ein wenig spazieren. Dann zum Geheimrat; der Professor Klinkenberg war da. Wir aßen unten zu Abend. Später kam der Justizrat Flöth noch. Er las auf Veranlassung des Geheimrats noch die Schattenrisse vor. Zu meiner großen Freude. Im übrigen war ich ziemlich still und wenig gesprächig. Nur nachher, als es schon ganz spät nach 1 war, wurde der Geheimrat mit mir gesprächig. Er hat mich noch immer gern. Das freut mich. Aber ich wurde betrunken, trank viel Wein und Bowle. Schließlich nach Hause; schrecklich. Die Cari war böse, sprach kein Wort, hatte Kopf- und Augenschmerzen und verfluchte meinen Leib.

[18] Vermutlich das Manuskript von Carl Schmitt, Der Wert des Staates.

2. Donnerstag
In schrecklicher Stimmung auf. Ekelhaft dieser Katarrh; o Gott, und einmal muss man sterben. Die Cari hatte Mitleid; ich erbrach mich. Es kam ein Brief von Mohr. Gott sei Dank. Aber es ist doch miserabel; solche Bedingungen. Sehr traurig. Herumgelegen, zum Gericht, etwas gekocht, schreckliche Kopfschmerzen. Nach dem Essen (die Cari hatte eine schöne Taube hergerichtet) geschlafen. Nach dem Kaffee spazieren gegangen. Döllinger[19] gelesen, wütend über die römische Kirche, oft ärgerlich über Cari, oft verliebt; schließlich weinte sie wegen der schlechten Behandlung.

Ich musste ihr Recht geben. Das arme Kind wird so von mir so >ungerecht< gedemütigt. Wir versöhnten uns und schliefen artig ein. Habe den Brief an Mohr abgeschickt, in dem ich alles >akzeptierte<.

3. Freitag
Ziemlich früh (1/2 9) auf, fröhlich, rasiert, kein Brief. Nach dem schönen Frühstück zum Geheimrat; seine Bibliothek geordnet, Meyer, Corp. jur. Ger.[20] gelesen, gute Laune. Nach Hause; nach dem Mittagessen geschlafen, dann sehr schön Kaffee getrunken. Döllinger[21] über gnostische Sekten gelesen, meinen Dualismus mit großem Interesse wiedergefunden. Dann ging ich mit der Cari spazieren, fröhlich, und war beinahe eifersüchtig; so gern haben wir uns. Zum Geheimrat, der aber nicht da war; fleißig. Die Bibliothek geordnet. Fröhlich nach Hause; schön zu Abend gegessen, dann nähte die Cari meine >Hose<! Ich las und schrieb und dachte an mein armes Buch, das der Mohr hoffentlich bald druckt. Eisler schreibt nicht. Von niemandem bekomme ich einen Brief. Müde ins Bett.

4. Samstag
Morgens früh auf, sehr müde, dann aber frisch. Karte von Eisler, der nächste Woche kommen will. Das machte mich wieder munter. Zum Gericht, dann schön zu Mittag <gegessen>, zum Geheimrat; wir haben Anstalten für ein Fest getroffen, das heute Abend begangen werden soll. Ich fühlte mich ein wenig als Poet. Las etwas, ging zur Cari in schönster Herbstabendstimmung, dachte an die vielen >Sekten< und ihre >Macht<. Zu Hause. Wir gingen dann spazieren. Ich war stolz auf Cari und fast trotzig (gegen den Geheimrat). Dann kauften

---

19 Ignaz von Döllinger (1799–1890), kath. Theologe, Kirchenvater des Altkatholizismus, dem er sich offiziell nicht anschloss; 1871 von der kath. Kirche exkommuniziert.

20 Philip Anton Guido von Meyer, Corpus iuris Confoederationes Germaniae: oder vollständige Sammlung der Quellen des deutschen Bundesrechts vom Lüneviller Frieden bis zu den neuesten Bundesgesetzen, 2 Bde. Frankfurt a. M. 1882.

21 Ignaz von Döllinger, Beiträge zur Sektengeschichte des Mittelalters, 2 Bde. 1890. Siehe auch Anm. 127.

wir ein. Der Geheimrat mit dem >Auto< begegnete uns, sah uns aber nicht. Zu Hause viel und schön gegessen, Schach gespielt, Zeitung gelesen. Traurig über die >Zustände< und meine armseligen Verhältnisse. Ich habe nichts wie Schulden. Wie soll ich durchkommen. Müde, geschuftet.

5. Sonntag
Morgens gingen wir in die Kirche, wo ein schrecklicher katholischer Pfaffe auf der Kanzel Politik trieb, so dass wir empört aus der Kirche gingen. (Die Cari sagte: Er hat ein profanes Wesen.) Dann zum Ibach-Konzert[22], das sehr hübsch war. Wir aßen dann zu Hause; artig zu Bett, schliefen, ich las dann Döllinger, Sektengeschichte, oft launisch, im ganzen beharrlich. Abends gingen wir wieder durch den Hofgarten spazieren, aßen dann zu Abend, spielten Schach, lasen noch etwas (Ich komme zu nichts und bin sehr faul und bequem, obwohl ich dicke Akten da liegen habe.) und gingen dann zu Bett.

6. Montag
Zum Gericht; ich war faul, erst in die Bibliothek des Landgerichts. Dann zum Gericht; eine schlechte Figur <gemacht>, denn ich war faul, zur Bibliothek, nach Hause. Nachmittags gingen wir spazieren. Ich war ungeduldig. Dann zum Geheimrat. Wir fangen an auszuziehen; die Cari beklagt sich über die schlechte Wohnung. Ich habe schon wieder Angst. Abends Schach gespielt, wieder nicht viel getan. Die Bibliothek des Geheimrats mit vielem Eifer aufgeräumt. Der Geheimrat hat sich sehr über den Resch, Kindheits-Evangelium[23], gefreut. Er ist doch ein prächtiger Kerl.

7. Donnerstag
Zum Geheimrat; eine schöne große Sache, Steinkirch ich werde viel zu tun haben. Mittags >zu Hause<. Beckers machen Schererei. Es ist grässlich, die neue Wohnung eine Räuberhöhle, zugig, windig; die arme, liebe Cari tut mir leid. Ich war wieder verärgert, verschreckt vor der Zukunft. Nach dem Essen gingen wir Kaffeetrinken, überlegten, dass wir 1 500 Mark brauchen, schrieb

---

22 Ibach-Konzerte fanden in dem 1909/10 an das Ibach-Haus, Ecke Bleichstr. 23 / Schadowstr. 52 gebauten „Großen Ibach-Saal" der Pianofabrik „Rud. Ibach Sohn Düsseldorf" statt. Der Saal fasste 360 Personen und war zwischen 1910 und 1943 die wichtigste Aufführungsstätte Düsseldorfs für Kammerkonzerte. Siehe Florian Speer, Ibach und die anderen. Rheinisch-bergischer Klavierbau im 19. Jahrhundert, Wuppertal 2002.

23 Alfred Resch, Das Kindheitsevangelium nach Lucas und Matthaeus, unter Herbeiziehung der außercanonischen Paralleltexte quellenkritisch untersucht, Hinrich, Leipzig, 1897, 334 S.

bei Kaffee Caro gleich an Eisler einen Eilbrief. Dann ging ich zum Geheimrat, während die Cari die neue Wohnung einrichtete. Schauderhaft. Ich kam abends schnell zurück, wir aßen in der Germania, sehr viel und sehr teuer, dann fröhlich nach Haus. Kälte, im Bett war es kaum auszuhalten. Es zog durch die Tür; ich armer Kerl.

8. Mittwoch
Morgens Gericht; nicht fleißig. Es war nicht viel zu tun, ich hatte aber Glück und disputierte gut mit einem Richter. Nach Hause; kläglich zu Bett. Arme liebe Cari; sie war nicht unwohl. Ich habe viel Angst und Sorge. Wenn nur nichts passiert ist. Außerdem hat sie Kopfschmerzen und spuckt Blut. Wir müssen zum Arzt. Eisler telegraphiert, dass er nicht kommen kann. Mehr schrieb er nicht. Ich muss 1 500 Mark haben für unsere Wohnung und werde schon bang, dass Becker eine Szene macht, wenn wir ausziehen. Nachmittags im Café Cornelius Zeitung gelesen, dann zum Geheimrat. Heftige Sehnsucht nach meiner lieben Cari. Schrieb einen Brief, ich hielt es kaum aus, las die Akte des >Ukobs-Enturius-Prozesses< stenografisch. Beim Geheimrat zum Abendessen, der Baron v. Loe war da und wunderte sich über meine fabelhaften Kenntnisse; ich war stolz darauf. Dann kam der Rechtsanwalt[24]. Wir sprachen. Ich redete sehr gut, wir tranken Wein, ich ging sehr >spät< nach Hause. Die Cari schlief schon, sie war unwohl geworden, Gott sei Dank, das liebe Kind hat furchtbare Kopfschmerzen.

9. Donnerstag
Morgens früh auf, rasiert. Heute kommt die Baronin von Steinkirch, die eine berühmte Schönheit sein soll. Ich ging zum Geheimrat (Eisler hat einen aussichtslosen Brief geschrieben.), arbeitete fleißig, konferierte mit der Baronin. Es ging gut; sie machte gar keinen Eindruck auf mich. Dann kam der Geheimrat; wir sprachen über die Sache beim Mittagessen. Schnell nach Hause; die Cari aß zu Mittag. Wir zogen uns an, tranken im Café Cornelius Kaffee. Ich freute mich, weil sie viel eleganter, schöner und auffallender ist als die berühmte Schönheit, die Baronin v. Steinkirch. War wieder ganz in Liebe, wurde eifersüchtig aus Sehnsucht und Stolz. Möchte es dem Geheimrat sagen. Der war aber zum Glück im Bett. Arbeitete an dem Projekt, machte Exzerpte, dann schnell nach Hause zu meiner Cari. Sie war zu Hause, wir spielten erst, aßen schön Abend, waren sehnsüchtig verliebt. Abends im Bett herrliche Ejakulation; das ist ja unnennbar schön.

---

[24] Joseph Schilling, Rechtsanwalt, privat Scheibenstr. 59, Büro in der Kanzlei am Zehnhoff.

10. Freitag

Zum Geheimrat; mit ihm zum Oberlandesgericht, spazieren gegangen, er bezahlte >aus< der goldenen >Westentasche<. Ich war froh und stolz über den Spaziergang. Schnell zum Gericht; sprach mit dem Brandts, den ich als ziemlich belanglosen Kerl erkannte. Dann nach Hause; wir aßen im Schauspielhaus zu Mittag, gingen dann Schreibtische besehen. <Ich> wurde aber müde vom vielen Laufen, während Cari immer munterer wurde. Dann tranken wir im Cornelius Kaffee. Ich ging zum Geheimrat; mit ihm durch den Hofgarten spazieren, war aber nicht auf der Höhe. Abends blieb ich da. Es war noch Dr. Kallen da, über dessen alberne Wichtigtuerei ich mich ärgerte. Müde, etwas krank. Früh nach Hause zu meiner Cari. Traurig, weil ich kein Geld habe, doch soll ich von dem Baron v. Loe 100 Mark bekommen. Der Geheimrat ist doch ein großartiger Kerl.

11. Samstag

Morgens früh auf, etwas erkältet. Die Cari ist so munter und lieb, dass es mir im Herzen weh tut, dass wir kein Geld haben. Eisler schrieb einen freundlichen langen Brief. Ich ging zur Anmeldestube; bewog den Bastgen, für mich zu schreiben, was er ungern tat. Er ist ein armseliger Angstmeier. Ging zur Bibliothek (restliche Bücher), zum Geheimrat, mittags zu Hause gegessen, Kaffee getrunken, Wohnungen besehen; mir wurde ganz schlecht, aber die tapfere, süße Cari machte mir Mut. Wir tranken Kaffee im Café Cornelius, beschlossen, sofort zu heiraten!! Ich ging dann zum Geheimrat; exzerpierte Akten, ging früh nach Hause. Abends schön zu Hause, kaufte viel ein, Enten, Wurst, Brot usw.. Traurig. Wir aßen schön zu Abend, spielten, gingen früh ins Bett. Die Cari war unwohl.

12. Sonntag

Morgens früh aufgestanden. Ich rasierte mich, las etwas Akten und ging zum Geheimrat, verabredete mich für den Abend. Der Geheimrat ist guter Laune. Mittags zu Hause, geschlafen, Kaffee getrunken, verliebt in die Cari. Abends zum Geheimrat; es ist Herbstwetter. Ich will ihm heute alles gestehen. Arbeitete etwas mit ihm, ordnete die Bibliothek, wir aßen allein zu Abend, die Hammenstede blieb lange da. Endlich ging sie fort, es wurde 12 Uhr. Ich erklärte mich. Der Geheimrat >agierte< vor allem dafür, dass die Cari katholisch wird. Aber er ist einverstanden. Ich war glücklich und stolz. In Maria Laach soll die Trauung sein. Unglaublich. Der Geheimrat wurde immer herzlicher und er meinte, ich könne mir das leisten. Und ich brauche nicht stolz auf Cari zu sein, sondern es sei großartig von ihr, dass sie mich nehme. Ich war begeistert, es wurde 2 Uhr. Ich lief wie im Traum nach Haus. Welches Glück. Auch dem Becker habe ich gekündigt. Wir sprachen noch lange im Bettchen und waren ganz verliebt und selig.

13. Montag

Wieder früh auf, um 8 Uhr. Schön rasiert. Zum Geheimrat, mit dem ich spazieren gehen wollte, der aber noch schlief; so las ich etwas Akten, ging zum Gericht. Der Baron v. Loe hat 100 Mark in einem vornehm-herzlichen Begleitschreiben geschickt. Ich war ganz glücklich, >arbeitete fleißig< bis 2 Uhr. Müde nach Hause, aßen einen Pfannkuchen, gingen ins Café. Dann ging Cari einen Hut kaufen, ich zum Geheimrat, der leider immer noch schlief, exzerpierte fleißig, sprach mit der Hammenstede. Hoffentlich kann ich sie für unseren Plan begeistern. Abends nach Hause, kaufte etwas ein. Es ist ein richtiger nebliger Herbstabend. Die Cari war zu Hause, hatte einen schwarzen Hut gekauft. Wir müssen dieser Tage dem Geheimrat einen Besuch machen. Großer Gott, was sind das für Geschichten. Wir aßen Schokolade, spielten; dann wollte die Cari ins Bett. Ich hatte noch große Lust zu arbeiten, aber ich ging mit. In wenigen Tagen können wir ja nicht mehr zusammen schlafen.

14. Donnerstag

Morgens zum Gericht. Mit dem Amtsgerichtsrat gut und freundlich gesprochen. Hoffentlich hält er etwas von mir. Mittags aßen wir hübsch zusammen. Mir tat es tief weh, dass wir nun so lange getrennt sein sollen. Die Cari hatte viel zu nähen für den morgigen Besuch beim Geheimrat, auf den wir uns sehr freuen. Wir tranken Kaffee. Nachher ging ich zum Geheimrat, traf ihn an, war aber müde und ganz schläfrig. Wir wollten spazieren gehen, worauf ich mich gefreut hatte, um von unserem morgigen Besuch zu sprechen. Da kamen ein paar Prinzen von Arenberg. Schrecklich. Von meiner Heirat hat der Geheimrat nicht mehr gesprochen. Zu Cari geschwind nach Hause; war fast verärgert. Die Cari saß auf dem Sofa, nähte und weinte. Ich war tief ergriffen und gerührt. Wir gingen zusammen spazieren. Die Cari hat sich schön gemacht. Sie war der Tat elegant, reizend und wie umgeschaffen. Ich war stolz. Wir aßen bei Kalitsch; nebenan saßen Staatsanwälte, mir egal. Dann gingen wir nach Hause und packten ein, das liebe fleißige Kind. Ich las, half etwas; um 1/2 2 gingen wir ins Bett.

15. Mittwoch

Wir standen früh auf; die liebe Cari war natürlich am ersten munter und schmeichelte und lachte mit ihren schelmischen Äuglein. Gingen Schuhe kaufen, für 26 Mark, die sehr elegant waren. Dann in heftigem Regen, so dass uns die Füße ganz nass wurden. Zum Juwelier, meinen Ring holen. Ich kaufte Strümpfe. Wir fuhren mit Droschke nach Hause. <Nun> zur Bahn; tranken im Wartesaal Kaffee und aßen ein Butterbrot. Dann 3. Klasse nach Köln. Im Zug gesprochen von dem Besuch, den wir Sonntag beim Geheimrat machen wollen. In Köln zum Konsulat, geärgert über den winselnden, aber arroganten österreichischen Diener. Dann fanden wir gleich ein möbliertes Zimmer mit Pension, mieteten es, dachte für mich schon an die >Belastung<, gingen dann zum Treppchen essen, tranken schönen Rotwein dazu. Die Cari hatte ganz nasse Füße. Ich hatte meine Gummischuhe an. Dann fuhren wir mit der Droschke nach der neuen Wohnung und brachten das Gepäck hin. Es scheint ganz nett zu sein, Wolfsstraße 19, am Konservatorium. Räumten ein, ich war ungeduldig, wusch aber der Cari, die erbärmlich fror, die Füße. Sie zog die neuen Stiefelchen an, wir gingen zum Café, waren müde, erholten uns allmählich aber sehr schön, gingen durch Straßen, kauften Spiritus <und> Häppchen; ich versorgte mein liebes Kind, ließ den Namen eines Mannes, der ihr auf der Straße etwas nachgerufen hatte, vom Schutzmann feststellen und war froh über diesen Erfolg. Dann steckte ich mein liebes Carichen in eine Droschke. Wir verabschiedeten uns herzlich. Ich ging zur Bahn, traf im Zug den Dr. Reuter, erzählte etwas, war froh, dass er mir Bücher besorgen wolle. >Traf< am Bahnhof plötzlich Fehr und einen anderen Befreundeten, machte gute <Miene> und ging mit allen die Bismarckstraße herauf nach Hause. Einsam, traurig. Aber doch etwas frei und erleichtert. Ich bin doch ein verheirateter Junggeselle. Schrieb der Cari einen langen Brief, aß ein paar Brötchen, holte eine Marke und ging dann nach Hause. Schrieb Tagebuch. Wie schön, alleine im Zimmer zu sein. Aber ich liebe meine Cari herzlich, inniglich und werde sie heiraten, egal, was daraus wird. Früh ins Bett.

16. Donnerstag

Früh auf; Brief von der Cari und von Eisler, schön gewaschen, alles in Ordnung. Eifrig ein Gutachten für den Aufsichtsführenden <geschrieben>, wurde damit fertig, fröhlich vorgetragen, imponiert. Munter zum Meldeamt, zur Bibliothek, mittags bei „Sonnen". Fröhlich nach Hause; Cari geschrieben, gelesen; wurde nach Gladbach zu Justizrat Lamberts bestellt. Neugierig. Zum Standesamt; große Scherereien, aber ein freundlicher Beamter. O Gott, was soll das geben? Zum Büro am Zehnhoff; traurig. Zum Bahnhof. Nach Gladbach. Angekommen, schnell geschrieben. Der Rechtsanwalt[25] ist wild geworden, hat seine Frau geschlagen, Schulden gemacht, den Gehorsam verweigert und sich in Düsseldorf amüsiert. Er ist noch immer in Düsseldorf. Der arme Kerl, ich sehe mein Bild. Aber ich habe jetzt soviel zu tun. Ich will dem Justizrat gerne helfen, aber ich bin zu stark engagiert. Wir tranken eine Flasche Wein, aßen zu Abend, sprachen etwas, die Zeit verging. Dem Justizrat wurde etwas wohler. Ich fuhr aufgeregt nach Hause zurück, dachte an meine Cari, wurde auch eifersüchtig und besorgt. Wollte einmal zum Rechtsanwalt Schneider. Es hat aber keinen Zweck. Müde nach Hause. Ein Brief von Cari. Ich bin glücklich. Schrieb ihr noch schnell; dann ins Bett.

[25] Friedrich Schneider (geb. 1875 in Siegen), Rechtsanwalt, bis 1914 in der Kanzlei Hugo Lamberts, verzog dann von Düsseldorf wieder nach Siegen.

17. Freitag

Morgens 7 Uhr auf; müde. Schrecklich viel zu tun. Briefe geschrieben in der Kälte, an Eislers Vater einen Schuldschein geschickt. Es ist zu traurig; warum schickt er nicht zuerst das Geld? Ich bin doch genauso anständig wie er. Brachte alles zur Post. Dann zur Bibliothek, zum Polizeiamt. Alles ging glatt vonstatten; deshalb wieder fröhlich. Zum Gericht; viel zu tun, schrecklich. Aber ich muss es aushalten. Rechtsanwalt Schneider traf ich auf der Straße. Er erzählte mir, der arme Kerl, er ist an die richtige Frau gekommen. Ich lief zur Bahn, wollte gleich nach Gladbach fahren. Im Wartesaal Kalbsbraten gegessen, in inniger Liebe an die Cari geschrieben; müde, aber ich muss arbeiten, schrecklich dieser Justizrat. Es macht mich ganz beklommen, die scheußliche Gegend von Gladbach. Das sind nun meine Sachen. Ein Glück, dass der Geheimrat da ist. Ich stieg also in Gladbach aus, lief ins Büro, arbeitete etwas, wurde allmählich fertig, diktierte einen Schriftsatz, bekam Luft, sprach mit dem Justizrat und fuhr abends 8 Uhr in höchster Eile nach Hause. Zu Hause Brief von Cari, herzliebes Kind. Schnell zur >Talstraße<, wo der Rechtsanwalt Schneider wohnt. Traf ihn zum Glück nicht. Dann zum Abendessen in einer Düsseldorfer Kneipe und wieder nach Hause. Der Vertreter von Mohr war da. Mir egal. Es muss alles erledigt werden.

18. Samstag

Ich stand morgens 7 1/2 auf, ging zur Anmeldestube. Um 10 Uhr kam Bastgen und löste mich ab.

Ging zum aufsichtsführenden Amtsrichter, trug meine Sachen vor. Er war zufrieden mit mir, was mich sehr hob. Ich <ging> zurück, mittags >nach< Hause. Telephonierte mit Rechtsanwalt Schneider, holte ihn ab; wir aßen im Bahnhof zu Mittag. Er erzählte mir sein Leid und ich staunte über die Dinge, zu denen solche Mädchen aus bester Familie imstande sind. Ich fuhr nach Köln; meine liebe Cari holte mich ab. Wir fuhren mit der Droschke nach Hause, zogen uns um, hatten uns lieb, gingen zum Kaffeetrinken, sprachen und schwätzten lange, gingen dann nach Hause, aßen dort in dem kleinen Speiserestaurant zu Abend. Meine liebe Cari. Ich bin ganz gerührt über dieses tapfere, mutige, liebe, schöne Mädchen. Wir gingen dann langsam durch die kleinen Gassen zur Bahn, kamen etwas zu spät zum Zug, gingen noch in eine Kirche. Dann tranken wir im Café zum Dom ein Glas Bier und aßen ein Butterbrot mit Zucker, hatten uns sehr lieb und ich brachte die Cari an die Droschke. Sie weinte noch lange. Ich fuhr zurück, ging schnell ins Bett, nachdem ich der Cari noch geschrieben hatte. Ich armer Kerl. Ich habe kein Geld. Der Geheimrat will anscheinend auch nichts mehr von mir wissen.

19. Sonntag

Morgens schlief ich lange, zog mich an, ging beim Geheimrat vorbei, der aber noch schlief. Dann fuhr ich nach Gladbach, erinnerte den Justizrat, dass ich nicht imstande sei, >weiterhin< nach Gladbach kommen zu können. Ich aß dort zu Mittag; unterhielt mich nett, war freundlich und wurde vom Justizrat an die Bahn gebracht, bekam aber nicht einen Pfennig Reiseentschädigung. Auch gut. Ich ging bei Wülfing vorbei, der im Bett lag und schlug ihm vor, nach Gladbach zu fahren. Er war sehr erfreut darüber. Ich kam mir wichtig vor. Ich ging nach Hause; spielte etwas, las, schrieb Briefe. Dann zum Geheimrat; wir sprachen etwas, erzählte dann den Gladbacher Fall, der ihn sehr interessierte. Wir aßen zu Abend, tranken Wein und dann Bier und <es> wurde sehr nett. Schrecklich. Ich hielt etwas vorlaut <eine> Rede über die Ehe der jungen Leute und ging endlich nach Hause, als der Geheimrat >eingeschlafen< war. Na ja. Im Bett Däubler gelesen.

20. Montag

Ein Druck von Däubler, der im Brenner[26] veröffentlicht wurde, in dem der Sang an Neapel steht, der mir gut gefiel und der mich fröhlich machte, dass Däubler seinen Ruhm sicher noch veredeln wird. Ich ging zum Gericht; interessiert und fleißig. Mittags aß ich bei „Sonnen“ kärglich zu Mittag. *Als ich nach Hause kam, war die Cari da. Ich war froh, aber etwas müde und hatte Kopfschmerzen. Sie hat ihren Pass verloren*[27]. *Wir suchten, fanden nichts, gingen zum Standesamt, dann spazieren; ich war heftig. Sie weinte, o Gott. Zu Hause erzählte ich ihr, dass die Lamberts wahrscheinlich böse sind auf mich, wenn ich heirate. Sie weinte wieder; ich tröstete sie,* brachte sie zur Bahn. Wir hatten uns wieder sehr lieb. Sie fuhr ab. Zum Geheimrat, der noch im Bett lag. Ich bin heute wieder nicht zu dem Schriftsatz gekommen, den ich morgen abgeben soll. Sprach abends mit Frau Hammenstede und erzählte von meiner Verlobung. Sie schien nicht sehr erbaut. Ich ging nach Hause. Mir sind die schon fremd geworden. Es ist nichts von ihnen zu erwarten. Verdiente ich wenigstens etwas. Die arme liebe Cari. Ich machte mir die heftigsten Vorwürfe und Gewissensbisse, dass ich sie zum Weinen gebracht habe. Ich habe an den Geheimrat schnell einen Brief geschickt.

21. Dienstag

Morgens zur Bibliothek. Zum Gericht. Mittags bei „Sonnen“ gegessen. Im Café Cornelius. Zum Geheimrat; dort zum Abendessen, dann zum Monopol,

---

[26] „Der Brenner“ wurde im Sommer 1910 von Ludwig von Ficker (1880–1967) gegründet und erschien zunächst als ‚Halbmonatsschrift für Kunst und Kultur‘, später als Jahrbuch, zuletzt im Mai 1954.

[27] „Pass verloren“, spätere Randnotiz: ecco.

schön geplaudert. Der Geheimrat ist ein Prachtkerl. Er sagte mir, er wird mir einen Tausendmarkschein geben, als gutes Omen. Ich bin ganz verrückt. Er erzählte mir, dass er einen Tag krank war, Angst um mich hatte. *Abends kam Eisler. Ich holte ihn an der Bahn ab und wir gingen dann zum Monopol, zum Geheimrat. Tranken Bier, dann gingen wir zu ihm, tranken Schnaps und prachtvollen Rotwein. Der Geheimrat war ganz glänzend. Eisler war knabenhaft, dünkelhaft und gar nicht imponierend. Nachts spät nach Hause. Eisler war total betrunken, ich nicht, aber ich habe mich erbrochen; das hat mir gut getan.*

22. Mittwoch
Morgens einen herzlichen Brief von der Cari. Ich war noch sehr müde, ging zur Anmeldestube und nahm den Dienst wahr. Schrecklich. Telegrafierte der Cari, dass es gute Vermieter gäbe. Aß mit Eisler am Bahnhof. Wir unterhielten uns wunderbar, fuhren nach Köln, trafen die Cari. Ich erzählte, dass sie nach Plettenberg und noch ein Jahr mit der Hochzeit warten müsse. Sie war zufrieden damit. Wir gingen zu ihrer Wohnung, küssten uns herzlich, dann trafen wir Eisler im Café, erzählten uns dort lange, aßen Kuchen, gingen dann durch die Stadt, aßen im Westminster. Ich brachte die Cari nach Hause, ging noch mit Eisler durch die Straßen, schrieb im Wartesaal IV. Klasse in Düsseldorf der Cari einen Brief, dann ins Bett. Zu Hause ein Brief von Holldack[28], der mich freute.

23. Donnerstag
Überlegte, dass die Cari zu meinen Eltern muss. Ging zum Gericht; fleißig, aber ich werde nicht mit meinem Schriftsatz für den Geheimrat (stenografisch) fertig. Mittags traf ich mich mit Eisler. Wir aßen wieder auf dem Bahnhof, tranken Kaffee, gingen dann zur Bibliothek und arbeiteten; ich an meinem Schriftsatz, er die älteren Sachen von Justizrat Lamberts. Abends aßen wir sehr schön im Löwenbräu, dann noch ins Café Cornelius. Müde. Wir hatten uns sehr gern, erzählten von dem armseligen Rosenbaum. Müde ins Bett, sehnsüchtig nach der schönen, lieben Cari.

24. Freitag
Morgens Brief von der Cari, sie will kommen! Brief von Kluxen, Däubler usw.. Ich aß mit Eisler zusammen Frühstück im Hotel Prinz Alexander. Wir gingen dann noch eine Stunde spazieren. Ich ging zum Gericht, wollte dort fleißig

[28] Felix Holldack, ab 1914 Prof., rezensierte Carl Schmitt, Gesetz und Urteil in: Kant-Studien, 17. Jg. Nr. 3, 1912, S. 464–467. Die Rezension ist abgedruckt im Anhang, S. 371–375.

sein, das letzte Mal bei Schwarz; begleitete ihn. Darauf nach Hause, wo die liebe Cari tatsächlich schon wartete. Sie packte lieb ein. Wir aßen im Bahnhof zusammen Mittag. Sie ist sehr lieb; wie mag es ihr in Plettenberg gefallen. Bei Beckers kann ich nicht wohnen bleiben. Das Haus wird das reinste Bordell. Nachmittags schrieb ich wieder an meinem Schriftsatz, wurde aber doch nicht fertig. Ging zur Bahn, weil Herr Emanuel telephoniert hatte. Fühlte mich wichtig; er wollte nur von seinem Doktor sprechen. Dann wieder nach Hause. Mit der Cari zur Bahn; herzlicher Abschied. Zum Geheimrat; dort den Schriftsatz gemacht. 1000-Mark-Schein bekommen und noch 100 Mark dabei. Ich bin ganz außer mir vor Glück. Der gute Mann. Ich aß zu Abend, arbeitete hinterher noch an dem Schriftsatz, um ihm Freude zu machen. Um 1/2 12 nach Hause. Müde. Morgen fahre ich also mit Eisler nach Plettenberg.

25 . Samstag

Ich stand früh auf, rasierte mich, lief zur Bahn, vorher zur Post. Eislers Brief kam rechtzeitig an. Habe nur meine Mappe bei mir. Im Zug las ich etwas, träumte, korrigierte mein Buch über den Staat. In Hagen wartete ich lange im Wartesaal auf Eisler; schrieb dem Justizrat. Endlich kam Eisler. Wir kauften einiges ein. Dann fuhren wir III. Klasse nach Plettenberg. Ich war fröhlich und aufgeregt; wir kamen glücklich an. Zu Hause tranken wir Kaffee und aßen ein wenig Wurst; sehr ärgerlich. *Dann mieteten wir uns einen Wagen bei Polais und fuhren zur Talsperre spazieren. Ich kam mir als Verschwender vor, aber es ist doch ganz schön. Wir sprachen ganz nett, gingen dann nach Eiringhausen*[29] *zurück. Abends saßen wir in der Küche auf dem Korb und unterhielten uns über juristische Fragen und anderes.* Eisler schlief dann in meinem Bett; ich rieb ihn noch ein, weil er Kreuzschmerzen hat. Ich war oft in Aufregung, weil die Cari morgen kommt. Aber alles kommt und alles geht vorbei. Gut geschlafen. Ich habe heute der Mutter 100 Mark gegeben.

26. Sonntag

Schlief bis 1/2 10. Ging nicht in die Kirche, zog mich langsam an, rasierte mich blutig. Eisler hat noch immer Kreuzschmerzen. Es ist ein prachtvolles Wetter. Meine Aufregung wächst. Mittags fuhren wir II. Klasse nach Hagen, ich bezahlte der Mutter <Unterkunft> und alles. Ich habe ja Geld. Nur wird mir schnell angst und bang. Wir gingen in Hagen zum Hotel Lenneschloss; aßen zu Mittag. Ich holte dann die Cari, traf sie (nachdem ich lange mich vergebens bemüht hatte, einen Hundertmarkschein gewechselt zu bekommen), holte sie zum Lenneschloss. Sie hat einen kranken Magen. Das liebe Kind. Aber ich war

[29] Eiringhausen = Plettenberg Bhf., Ortsteil von Plettenberg, in dem die Familie Schmitt wohnte.

aufgeregt und etwas nervös. Cari hat einen Schleier und sieht >sehr< gut darinnen aus. Ich gab Eisler 50 Mark. Er brachte uns zum Bahnhof. Wir fuhren dann nach Plettenberg, hatten uns unterwegs oft lieb. Als die Berge kamen, war ich froh und gelobte ihnen und meiner Cari Treue. Es soll uns nichts trennen. Inzwischen sind wir zusammen. In Werdohl hielt der Zug lange. Ich befürchtete schon, es gäbe ein Unglück. Ich war sehr >ungehalten<, aber die Maschine hielt nur, damit wir in völliger Dunkelheit in Plettenberg ankamen. Der Vater und Anna waren am Bahnhof. Cari unterhielt sich gleich sehr gut zu Hause; sie war munter und fröhlich und ich war begeistert von ihr und hin vor Verliebtheit. Wir gingen in den Garten; waren fröhlich. Ich musste aber um 8.14 schon fahren. Ich fuhr also ab. Im Zuge gedrängt voll; las etwas. Zu Hause müde und traurig ins Bett. Wäre ich erst einmal aus dieser Wohnung heraus.

27. Montag

Um 1/2 8 Uhr stand ich wieder auf, zog mich an, ging zum Gericht, eilig. Sehr unangenehme Stimmung, Nachlasssachen. Traf Wülfing. Mittags zu 75 Pfennig bei „Sonnen“ <gegessen>. Dann nach Hause; Cari schnell geschrieben. Zu Wüfling; wir unterhielten uns gut. Ich halte mich in Reserve, das imponierte ihm und er wurde höflich. Dann zum Geheimrat; aber müde, ging etwas spazieren zur Bibliothek, traf den Rechtsanwalt Schneider. Wir gingen spazieren, tranken ein Glas Bier in einer Düsseldorfer Kneipe, unterhielten uns. Ich wurde munter, ging zum Geheimrat, aß zu Abend. Der Justizrat Flöth war da und Herr Emanuel; ich war munter, erzählte Witze, aber es war nicht mehr das Unbefangene wie früher. Doch hielt ich bis 12 aus. Dann müde nach Hause. Dachte viel an die Cari. Las im Bett ein Buch über die Juden, das ich mir mit Eisler zusammen gekauft habe; und geriet in Angst vor Eisler.

28. Dienstag

Morgens müde, kein Brief, aber das ist mir herzlich egal. Dachte ans Umziehen. Ging zur Bibliothek, brachte Bücher hin, bestellte die Wäsche. Dann zum Gericht; dort wenig. Aber es ist eine lästige Arbeit und sie reibt mich auf. Wäre die Cari doch hier. Mittags im Bahnhof gegessen, Briefe von der Post geholt. Gott sei Dank, der Cari gefällt es in Plettenberg. Schrieb ihr einen Brief, machte ein Paket zurecht, für das ich viel eingekauft habe. Kaufte dem Vater einen Gilette-Apparat. Froh, alles beendigt zu haben. Wülfing schickte seinen Koffer, damit ich umziehen kann. Aber ich war immer müde, gedrückt, jedem unterlegen und feige und furchtsam. In die Bibliothek nichts getan, gelesen über die Südslaven und mich an Lisle[30] berauscht; dann mit Gepler geschwätzt. Aß im

---

[30] Lisle, gemeint ist Charles Marie Leconte de Lisle (1818–1894), frz. Dichter, gilt als bedeutendster Vertreter der poetischen Schule der Parnassiens, reiste viel und interessierte sich für die Ideen Fouriers.

Bahnhof billig zu Abend. Zu Hause herumgesessen, eingepackt; endlich munter und Tagebuch geführt. Ich habe die Cari unendlich lieb und will ihr heute Abend noch schreiben. Oft geilen Reizhunger.

29. Mittwoch

Morgens 1/2 8 Uhr in Lästerstimmung. Zum Gericht, telefonierte Wülfing, dass er mich ablöst und ging dann sofort zum Geheimrat. Transpirierte heftig und fühlte mich äußerst schwach, was der Geheimrat auch merkte. *Hatte die Nacht einen Angsttraum: Ich habe 2 >Bräute< und die Sache kommt ans Tageslicht. Ich sehe keinen Ausweg mehr.* Beim Geheimrat fast nichts getan, gelesen, Mittag gegessen, wenig. Emanuel war auch da. Dann müde zur Post; Brief von der lieben Cari aus Plettenberg. Nach Hause und geschlafen bis 4 Uhr. Zum Geheimrat; gleichgültig, mutlos. Zur Bibliothek; ganz langsam an dem Schriftsatz für Lamberts <gearbeitet>. Es ist unverzeihlich, wie faul ich bin. Abends alle <gemeinsam> abendgegessen. Dann wollte ich zum Theater, ging aber nur in ein Kino. Sah ein abenteuerliches [zwei Wörter nicht lesbar] Stück, das mich aufreizte und überlegen <machte>, zerriss beinahe vor Aufregung; müde und doch wahnwitzige Gier nach Geld und Macht und Genuss, und doch liebe ich meine Cari. Trank eine Tasse Schokolade; dann transpirierend nach Haus. Könnte ich nur einmal ausruhen.

30. Oktober (Donnerstag) bis 14. November (Freitag)

Ich arbeitete fast täglich beim Geheimrat und hatte viel zu tun, kam aber fast zu nichts und lief und rannte hin und her. Das Geld ging mir nicht aus. Ich war meist fröhlicher Laune, aber ich kam nicht zum Ausruhen und blieb zu oft beim Geheimrat bis spät in die Nacht hinein sitzen. Der Geheimrat tut viel für mich, aber im Grunde ist es mir gleichgültig. Es ergibt sich ja doch alles von selbst. Ich war nicht auf der Höhe, auch körperlich nicht. Ich war oft, namentlich nachmittags um 6 Uhr, todmüde und schwindelig und konnte nur noch große Vorsätze fassen. An Cari dachte ich stets mit inniger Dankbarkeit und Herzlichkeit. Sie ist in Plettenberg in der Umgebung der abscheulichen, gemeinen, lasterhaften und bösen Mutter und der verzogenen kleinen Anna. Nur der Vater macht ihr das Leben leicht. Ich weiß nicht, was aus mir wird. Meine Stimmung ist durchschnittlich eine ganz fatalistische. Mein Buch macht gute Fortschritte, die Korrekturen erledigen sich schnell und angenehm. Aber ich merkte es fast gar nicht, weil ich vor Beschäftigung kaum zu Atem kam. Ich lernte den Maler Rixkens[31] kennen.

---

[31] Karl Rixkens (1881–1938), Maler in Düsseldorf-Benrath.

November 1913

15. Samstag

Heute Abend soll der Ministerialdirektor kommen. Ich fühle mich stolz. Morgens zum Gericht, nachmittags zum Geheimrat. Dort wenig getan, herumgelesen. Der Geheimrat Fervers[32] kam, lud mich ein für Samstag. Ich lehnte aber ab. Beim Abendessen war es langweilig. Ich ging mit dem Geheimrat zusammen um 11 Uhr an die Bahn. Wir tranken noch vorher eine Tasse Kaffee im Wartesaal. Dann kam der Ministerialdirektor; ich besorgte das Gepäck mit einem Automobil in die Wohnung, ging dann zum Monopol zu ihnen. Wir tranken Bier. Ich war freundlich, aber ganz schweigsam und >genierte< mich etwas. Doch imponierte mir der Ministerialdirektor keineswegs: Es ist ein gewichtiger, selbstgefälliger, offenbar dummer Mann, aber freundlich und wohlwollend. Die Welt wird mit wenig Verstand regiert. Wir gingen noch in die Wohnung des Geheimrats, tranken Schnaps. Ich ging nach Hause und fühlte mich unsäglich überlegen über diese ganze Bürgerlichkeit und dachte an meine herrliche Cari, die ich morgen wiedersehen werde.

16. Sonntag

Morgens schlief ich zu lange, verfehlte den ersten Zug, ging noch einmal nach Hause, fuhr um 9.38 II. Klasse. Die Zeit ging schnell herum, las ein Buch von Shaw. In Plettenberg sah ich meine liebe Cari und war ganz gerührt und ergriffen von ihrer graziösen Bescheidenheit und ihrer vornehmen Selbstverständlichkeit. Wir aßen zu Mittag, unterhielten uns; es regnete. Wir gingen ein wenig nach Plettenberg hinaus spazieren, abends früh ins Bett. Wir trafen uns nicht und waren artig. Ich fühlte mich wieder unternehmend, aber ich komme zu nichts.

17. Montag

Morgens früh auf; mit Cari in die Kirche, zur großen Freude der Mutter. Ich fühlte mich wohl und sehr stolz auf meine schöne, fromme Cari, die so artig beten kann. Dann tranken wir schön Frühstück, studierten fleißig; die Cari strickte, ich habe sie unbeschreiblich lieb. Nach dem Mittagessen schliefen wir, tranken Kaffee, blieben zu Hause, spielten Klavier, erzählten uns viel. Abends kam ich zu meiner lieben Cari heimlich über die Treppe, damit Ernst[33] mich nicht hört, und huschte zu meinem Kindlein ins Bettchen. Wie schön und herrlich sie ist, wie liebevoll und vornehm.

---

[32] Adolf Fervers (geb. 1862 in Kempen), Geheimrat, ab 1895 Regierungsrat für die Verwaltung der indirekten Steuern, Mitglied des Reichstags.

[33] Ernst Schmitt (1880–1919), Stiefbruder von Carl Schmitt aus der ersten Ehe seines Vaters.

18. Dienstag

Morgens schlief ich lange. Dann frühstückten wir zusammen, lasen etwas (Ibsen; die Cari war klug und sehr verständig). Mittags schliefen wir wieder, gingen ein Stücklein spazieren. Abends kam ich wieder zu meiner Herzenscari. Es ist himmlisch.

19. Mittwoch

Wieder lange geschlafen, gefrühstückt, herumgespielt, uns lieb gehabt, in ihr Zimmerchen gegangen, Bücher zurechtgepackt, Pläne geschmiedet. Abends wieder bei meiner Cari; herrlich, wunderbar. Sie hat sich ihr Zimmerchen so lieb eingerichtet. Heute muss ich abreisen, die Cari packt schon ein. Wir machten einen herrlichen Spaziergang nach Plettenberg. Das Wetter war wieder schön. Ich fuhr traurig ab. Cari weinte. Ich bin ihr ganz ergeben. Könnte ich nur mehr arbeiten. Zu Hause fand ich einen Brief von Rechtsanwalt Schneider, der sein Geld wieder haben will. Ich war wütend, traurig und doch überlegen. Aber ich muss ihm morgen etwas bringen.

20. Donnerstag

Ich brachte Schneider 50 Mark, drückte mich am Gericht vor der Arbeit, ging zum Geheimrat. Mittags aß ich billig bei „Sonnen". Nachmittags im Cornelius-Café, in der Bibliothek nichts Neues; schrecklich. Nichts von den „Schattenrissen". Beim Geheimrat, der im Bett lag. Ich meine immer, er möchte mich nicht mehr. Wir sprachen über Schneider. Heute Abend kam der Justizrat. Ich blieb lange da, suchte etwas, aß zu Abend mit Fräulein Reuter, sprach nichts mit ihr, denn ich habe meine Cari zu lieb, als dass ich mich mit jemand anderes unterhalten möchte. Um 11 ins Bett. Däubler hat Drucksachen geschickt. Sehr interessant. Habe an Lobe geschrieben.

21. Freitag

Morgens sehr müde. Lieber Brief von Cari. Brief von dem Maler Rixkens, der sich mir aufdrängt. Am Gericht; dann mit Brandts spazieren, aber viel zu viel nach ihm gefragt. Ich ärgerte mich und werde mich bessern. Mittags nach Gladbach; im Bahnhof gegessen, der Cari geschrieben. Zum Justizrat; dort den Assessor Jung getroffen, der ein freundlicher, gutmütiger dummer Kerl ist. Herr Gott, und so was lebt und findet eine Beschäftigung! Ich ging zur Anprobe meiner neuen Anzüge und meines Überziehers. Dann diktierte ich den Schriftsatz; Gott sei Dank, dass ich ihn los bin. Schach mit dem Justizrat; hörte dass Schneider 1 200 Mark verschleudert hat, war wütend auf ihn. Fuhr zurück; am Bahnhof trank ich Bier und schrieb der Cari einen lieben, munteren Brief für ihr Paketchen. Ich habe Wein und Wurst eingekauft. Zu Hause; müde, eingepackt, einen Brief geschrieben, dann mich innerlich aufgeräumt, Tagebuch geführt und früh ins Bett. Ich habe meine Cari unbeschreiblich lieb und wenn ich das schöne Kinderbild von ihr sehe, bin ich ganz außer mir.

22. Samstag

Ein Brief von meiner lieben Cari. Machte das Paket zurecht und brachte es selbst an die Post. Dann fuhr ich zum Gericht, arbeitete dort sehr bequem, das letzte Mal. Von Montag ab bei Fischer. Mittags zur Bibliothek; hörte vom Direktor, dass im Zwiebelfisch[34] eine Besprechung der Schattenrisse stehe. Aß bei Sonnen zu Mittag, kaufte den Zwiebelfisch in großer Aufregung und Freude. Im Café Cornelius Kaffee; Eisler geschrieben. Mittags zu Hause. Zum Geheimrat; Kaffee getrunken. Er schien keine große Lust an mir zu haben. Ich zog mich daraufhin zurück, schrieb Briefe an Cari und Kluxen, studierte ein wenig, aber nicht viel, ordnete ein wenig die Bibliothek, ging nach Hause; sehnsüchtig. Ich koche vor Selbstvorwürfen, wenn ich an meine liebe, entsagende Cari denke. Ging ins Piccadilly, langweilig, sehnsüchtig. Liebe Cari, ich verdiene dich vornehmes, elegantes Kind nicht mehr. Zu Hause; mich betrachtet, Abscheu vor mir. Wunsch nach Selbstgewinnung und Überlegenheit, <bin aber> schreckhaft, schläfrig, erbärmlich und etwas besser. Liebe Cari! Wie war es nur möglich, dass sie mich liebt?

23. Sonntag

Ich schlief lange bis 1/2 10, stand bequem auf, frühstückte im Bett. Schöner Brief von der Cari, von Eisler. Schneider will wieder Geld, der unverschämte Hund. Er bekommt aber nichts. Ich ging zum Geheimrat, aß dort zu Mittag, ging nach Hause; bei Wülfing vorbei, der aber nicht zu Hause war.

Trank im Corso Kaffee, las die Zeitungen und war ziemlich weltentrückt, aber doch sehr fleißig.

Nachmittags um 4 Uhr zum Geheimrat; der Cari geschrieben, Kaffee getrunken. Dann gingen wir spazieren, der Geheimrat schimpfte über Fervers, der sich mit seinem Antrag auf Wiederaufnahme des >Verfahrens< des Prinzen Prosper arg in die Patsche gesetzt hat, denn der Prinz fing wieder an zu grüßen. Wir sprachen noch sehr schön im Löwenbräu. Dann kam Fervers. Ich bat ihn um die Erlaubnis, mich bei dem Buchhändler Bierbaum für die Schattenrisse auf ihn berufen zu dürfen. Dann kam seine Tochter, ein armseliges Pummerl. Wir gingen noch zum Geheimrat, tranken Wein und Sekt, erzählten Witze. Schließlich blieb ich mit dem Geheimrat übrig, bis 4 Uhr. Wir wurden immer begeisterter.

---

34 Der Zwiebelfisch. Eine kleine Zeitschrift für Buchwesen und Typographie (später für Bücher und andere Dinge) 1909–1934 im Verlag Hans von Weber, München. Hg. der ersten 3 Hefte war Franz Blei (1871–1942), dann Hans von Weber (1871–1924) bis zu seinem Tod. Die Rezension ist abgedruckt im Anhang, S. 367.

Er versicherte mir, dass er an meinen Stern glaube, dass ich zu Großem berufen sei; ich solle auch Zentrumsabgeordneter werden, er wolle der Cari ein Paket zum Nikolaus schicken, mir 2000 Mark vermachen und Bücher. Ich bin ganz begeistert und glücklich. Sagte ihm das auch.

24. Montag

Müde auf, langsam angezogen; Karte von dem armen Däubler, Brief von Eisler, schöner Brief von Cari. Zum Gericht; es war gar nicht so schlimm wie ich dachte, aber langweilig. Arthur Lamberts hat mir einen Brief geschickt, er hat gehört, dass ich dem Rechtsanwalt noch 300 Mark schuldig bin und schon pariert. Ich hatte große Angst. Aß nicht zu Mittag, schrieb ihm einen Brief, hoffentlich ist es gut. Trank Kaffee im Industrie, las mit Stolz mein Buch, ging zum Buchhändler Bierbaum und erreichte es, dass er die Schattenrisse aushing. Ich war glücklich. Dann zur Bibliothek; fröhlich der Cari geschrieben, mit großem Eifer und innerer Unruhe im Leib mit dem Direktor gesprochen, viele Kataloge für den Geheimrat <bekommen>, der mir 300 Mark zur Komplettierung seiner Bibliothek zur Verfügung stellte. Ich war außer mir vor Eifer und Freude. Ein philosophisches Buch über Tamerlan[35]. Zum Gericht; gefaulenzt. Zum Geheimrat, der aber noch schlief; schade. Dann aß ich im Düsseldorfer Hof; todmüde und schläfrig, ging nach Hause und legte mich ins Bett.

25. Dienstag

Morgens lange geschlafen bis nach 9 Uhr; schöner Brief von Cari. Zum Gericht; nichts getan, herumgefaulenzt, aber doch beschäftigt. Mittags im Kaiserhof zu Mittag <gegessen>, dann zu Hause herumgelegen, mich gerichtet. Zum Geheimrat, der aber noch im Bett <war>. Nicht zur Bibliothek. Zum Gericht; zum Glück kam der Amtsgerichtsrat nicht; um 7 Uhr nach Hause. Zum Geheimrat, gegessen, ganz nett geplaudert, Harden gelesen bis spät in die Nacht. Erschrak über den Hauptmann Goeben[36].

---

35 Tamerlan d. i. Timur-Leng (1336–1405), türkisierter Mongole, durch seine Grausamkeit berüchtigter Eroberer.

36 Die Erwähnung der Geschichte des Hauptmanns v. Goeben unabhängig voneinander am 25. und 27.11. lässt vermuten, dass es sich um eine Bemerkung Hardens in der damals neuesten Ausgabe der „Zukunft" vom 23.11.1913 handelt. Aber in keinem Heft der Zeitschrift seit Anfang Oktober ist von diesem die Rede. Eine anderweitige Erwähnung des Hauptmanns zu diesem Zeitpunkt durch Harden ist gemäß der Bibliographie in B. Uwe Weller, Maximilian Harden und die Zukunft (Schünemann Universitäts Verlag, Bremen 1970 in der Reihe ‚Studien zur Publizistik'), so gut wie ausgeschlossen. U. U. wird er in vorausgegangenen Ausgaben der Zukunft, vielleicht im Zusammenhang mit Hardens Prozessen, genannt. Doch Nicolaus Sombart, der sich in „Die deutschen Männer und ihre Feinde – Carl Schmitt, ein deutsches Schick-

26. Mittwoch

Gleich um 1/2 nach 7 auf; lange angezogen, ein Paket von Cari kam, wie lieb. Dann gleich noch ein Brief. Ein dummer, anmaßender und frecher Brief von Kluxen, der mich ärgerte, aber er soll noch etwas für mein neues Buch tun. Zum Geheimrat, der schon abgefahren ist. Zum Gericht; Anmeldestube, schauderhaft. Mittags lange mit einem Adventisten unterhalten. Müde; gegessen bei „Sonnen", dann nach Hause. Mich gerichtet, geschlafen, Kaffee im Café Cornelius getrunken. Ausländische Zeitungen gelesen. Zur Bibliothek; Cari lieb geschrieben. Zum Gericht; etwas getan, zum Glück ist ein neuer Referendar da. [Klein darüber geschriebener Satz nicht lesbar.] Früh nach Hause. Zum Büro des Geheimrats; dort erfuhr ich, dass 100 Mark für mich eingegangen sind von Lamberts! Sehr fröhlich, halb erschrocken. Ich werde ja morgen sehen. Zu Hause Brot und Wurst gegessen, dabei gelesen, allmählich fleißig. Wichtiges über Urteilsnichtigkeit gelesen, bis ich ganz in den Taumel und die Wut nach der Konzeption >geriet< und zuletzt erschöpft war, aber ich war sehr mit mir zufrieden. Schrieb an Cari (nicht an Eisler) darüber. Müde, >etwas< gegessen, beherrscht ins Bett.

27. Donnerstag

Ich schlief wieder lange, bis 8 1/4. Der neue Anzug von Belberstein kam; erst regte ich mich auf, er sei zu weit, allmählich wurde ich ruhig. Lieber Brief von der Cari, die bald kommen will. Briefträger brachte 100 Mark Honorar von Justizrat Lamberts! Ich war ganz glücklich. Zum Gericht; dort wenig getan. Mittags bei „Sonnen" gegessen; traf dort den Rechtsanwalt Schneider. Er ist ein armer Trottel. Er gestand, dass er onanierte, hat dieser Tage auch die Geschichte vom Hauptmann v. Goeben bei Harden gelesen. Wir gingen ins Café Lichtspiele, tranken dort Kaffee. Zuletzt wurde es mir langweilig. Ich ging zur Bibliothek, schrieb an Cari, an Lamberts, las ein wenig über Nichtigkeit der Urteile. Müde zum Gericht; dort etwas gearbeitet, ziemlich munter, mich gut unterhalten mit dem Amtsrichter. Zum Geheimrat; etwas die Bibliothek geordnet. Nach Hause; Ofen anmachen lassen. Die Hausfrau fing schon an zu bemängeln, dass ihre Handtücher zu sehr angegriffen werden. Ärgerlich darüber; dann bis 1/2 10 nichts zu arbeiten. Römische Charakterköpfe von Birt[37] gelesen. Ich will wieder stärker werden.

---

sal zwischen Männerbund und Matriachatsmythos", Carl Hanser Verlag München Wien, 1991, speziell mit diesem Thema auseinandersetzt, nennt den Hauptmann von Goeben ebenfalls nicht. Denkbar ist auch eine Verwechslung mit dem Leutnant von Forstner, der in Hardens Glosse „Wackes" zum Fall Zabern nicht mit Namen genannt wird, wenn man berücksichtigt, dass Hauptleute zur Kategorie der Leutnants gerechnet werden. Dessen Namen nennt Harden erst in der Zukunft vom 13.12.13. Carl Schmitt selber erfuhr Genaueres über den Fall Zabern aus der Frankfurter Zeitung am 29.11., siehe S. 120, Anm. 39.

[37] Theodor Birt, Römische Charakterköpfe. Ein Weltbild in Biographien, Quelle und Meyer, 4. Aufl., Leipzig 1913.

28. Freitag

Morgens lange geschlafen, sehr müde. Brief von Cari, Karte von Eisler. Im Bett gefrühstückt. Zum Gericht; wenig getan, aber ganz gut unterhalten, Im Kaiserhof zu Mittag; sehr beherrscht. Zu Hause ausgeruht, gelesen. Zum Café Cornelius, herumgelesen. Müde; ich komme nicht zum Arbeiten. In der Bibliothek auf einmal 4 Briefe geschrieben, an Däubler, Eisler, Wüst und sogar an Gerd. Munter, fröhlich nach Hause. Wurst gekauft, zu Abend gegessen, Harden „Apostata"[38] gelesen; erst überrascht von der Gedankenfülle, allmählich die Hohlheit des Journalisten eingesehen. Kam wieder zu nichts. Schrecklich. Große Sehnsucht nach der Cari und immer neu wachsende Brunst.

29. Samstag

Schöner Brief von Cari; sie kommt Montag Zum Gericht; nicht viel zu tun. Mittags im Weidenhof frugal gegessen. Dann zu Hause, im Café, beim Geheimrat, der aber Besucher hat. Dann zum Gericht; müde, nicht viel getan, nett mit dem Amtsgerichtsrat Fischer repetiert. Zum Geheimrat, aber nicht dageblieben, sondern herumgelaufen in großer Aufregung. Zuletzt im Café Industrie Kaffee getrunken, Frankfurter Zeitung über den Fall Zabern[39] gelesen. Müde und zerrieben vor Sehnsucht nach Haus. Ich muss endlich eine Substanz werden. Ich erschrecke vor meiner Haltlosigkeit.

30. Sonntag

Morgens lange geschlafen, schöner Brief von Cari und von Eisler. Zum Geheimrat, der mich sehr nebenbei behandelte. Zum Mittagessen dort. Über den Blaustrumpf Reuter geärgert. Nachmittags Kaffee im Hansa-Café (nachdem ich auf der Bahn der Cari telegraphiert hatte, dass sie kommen soll). Zum Geheimrat; etwas gelesen, er fragte nichts. Abends bei ihm zum Essen (ich

[38] Maximilian Harden, Apostata (Essays), 2 Bde., Stilke, Berlin 1892. Der Name „Apostata" wurde von Harden auch als Pseudonym benutzt.

[39] Der Fall Zabern oder die Zabern-Affäre. Verfassungskrise im Deutschen Reich 1913, ausgelöst durch das z. T. gesetzeswidrige Vorgehen des Militärs gegen die Bevölkerung in Zabern (Elsass), wo es wegen der Beschimpfung der Elsässer als „Wackes" durch einen Offizier zu Unruhen gekommen war. Nachdem der preußische Kriegsminister Falkenhayn und der Reichskanzler Bethmann-Hollweg das Verhalten des Militärs öffentlich gutgeheißen hatten, nahm der Reichstag mit allen Stimmen außer denen der Konservativen einen verfassungsrechtlich folgenlosen Missbilligungsantrag gegen den Reichskanzler an. Der weitergehende Versuch, v. a. der SPD, Bethmann-Hollweg zum Rücktritt zu zwingen und damit den Übergang zum parlamentarischen System einzuleiten, scheiterte. Im Verzicht Bethmann-Hollwegs auf die Durchsetzung der zivilen Rechtsstandpunktes gegenüber der Armee zeigte sich das Übergewicht der Militärs in der deutschen Politik. Die deutsche Versöhnungspolitik im Elsass nahm durch die Zabern-Affäre dauernden Schaden.

hätte es nicht tun sollen) mit Fräulein Reuter etwas unterhalten, sie geärgert und affrontiert. Dann gingen wir zum Biertrinken zum Löwenbräu. Der Geheimrat lachte über mich, wenn ich vorging, um zu sehen, ob die Lokale voll waren. Viel getrunken, schwer um 1/2 1 nach Hause; große Selbstvorwürfe wegen der Cari.

Dezember 1913

1. Montag

Früh wach, Karte von Cari, Brief von Üssi; ausschl. wegen >Cari<. Schön, wieder lange geschlafen, bis 9 Uhr. Müde auf; zum Gericht. Um 12 Uhr eilig nach Hause; umgezogen; Zur Bahn; die liebe Cari kam, das herztausendliebe Kind. War wieder ganz begeistert. Wir aßen in der Germania, tranken im Savoy Kaffee. Dann regnete es heftig. Wir gingen zur Bahn. Dann fuhren wir mit der Elektrischen zu Tietz, kauften lange ein, aßen im Café Cornelius Zunge, rannten dann nach einem Portemonnaie durch die Straßen. Zum Juwelier, dabei wurde ich so böse, dass die arme Cari weinte. Zum Bahnhof; Tasse Kaffee >getrunken, alles< eingepackt. Ich fuhr mit bis nach Hagen. Eine herrliche Fahrt; von Barmen ab waren wir alleine. Die Cari ist so unbeschreiblich süß und edel, dass ich immer von neuem staune. Sie erzählte froh von der frühreifen Anna, die zu ihr ins Bett kam. Ich fuhr mit dem letzten Personenzug nach Düsseldorf zurück. (In Hagen habe ich dem Schaffner Trinkgeld gegeben, dass er auf Cari achtet) Müde zu Hause an. Wie habe ich die Cari lieb, aber doch etwas eifersüchtig. Ich weiß nicht worauf. Vielleicht [ein Wort nicht lesbar.]

2. Dienstag

Todmüde, lange geschlafen; kein Brief. Die Rechnung der Hausfrau, 34,15 Mark, >entgegengenommen<; wie viel mehr wäre das bei Becker. Ich stand auf, ging zum Büro des Steuerrates[40], finde aber nichts. Dann <zum> Gericht; bequem. Bei „Sonnen" billig gegessen, Kaffee getrunken im Café Cornelius (wo wir gestern zusammensaßen), zu Hause das Buch für Eisler eingepackt. Etwas einsam. Ein Brief von Mohr; zu meiner großen Freude werde ich das Buch diese Woche noch bekommen. Zur Bibliothek; Brief an Cari und Mohr. Zum Gericht, müde, schläfrig. Abends im Weidenhof gut gegessen. Ich habe kein Geld mehr. Noch 12 Mark! Über Emanuel, der nichts von sich hören lässt, sehr wütend. Abends zu Hause etwas gelesen, über die ungarische Wolgarepublik, über Negerstaaten; wurde mir des furchtbaren Elends und Übels der Welt bewusst, erschrak vor meiner nichtigen Bequemlichkeit. Im Bett noch etwas gelesen, müde.

---

[40] Steuerrat Adolf Fervers, siehe S. 115, Anm. 32.

3. Mittwoch

Anmeldestube; es ging flott. >Ich< war munter und ziemlich überlegen. Mittags aß ich im Schauspielhausrestaurant, ging dann ins Café Cornelius Kaffee trinken, las die Zeitung, kaufte mit großem Vergnügen fürs Paket der Cari ein, obwohl ich nur noch ein paar Mark habe; richtete das Paket. Zur Bibliothek; dort Brief an Cari, dann etwas gelesen. Zum Gericht; sehr flott und fleißig gearbeitet, so dass ich auch dem Fischer Freude machte. Mit ihm über die Königsallee. Dann schön nach Hause, wo es kalt war. Ein Glas Bier getrunken, etwas gegessen, noch zum Bahnhof, nichts getan, sehr faul. Ich weiß nicht, was mir fehlt. Dabei habe ich alle Hände voll zu tun. Schauderhaft. Müde ins Bett. Im Bett der Cari geschrieben; habe <heute> an Justizrat Lamberts und Arthur Lamberts geschrieben, an Lobe um 130 Mark.

4. Donnerstag

Lange geschlafen, sehr müde und schläfrig. Kein Brief; aufgestanden, frisch und munter, am Gericht fröhlich und überlegen, aber heiser. Bei Sonnen billig zu Mittag. Kaffee getrunken. Über die Zaberner Angelegenheit alle erreichbaren Zeitungen gelesen und mich sehr dafür interessiert. Nach Hause; das Paket für Cari schön gerichtet. Stolz fröhlich. Langer Brief (die Cari hat mir auch geschrieben) brachte >beides< zur Post, rasierte mich dann mit Behagen (ich habe ja inzwischen Puder), ging zum Geheimrat, räumte die Bibliothek auf. Im Kartenzimmer, las plötzlich mit Begeisterung wieder Kirchenväter über die Jungfräulichkeit und <war> tief ergriffen. Hatte kein Geld mehr, aß für 25 Pfennig auf dem Bahnhof zu Abend, hatte großen Hunger, arbeitete zu Hause etwas, aber viel zu oft aufgesprungen, hungrig. Hoffentlich kommt morgen das Geld von Lamberts. Wut auf Emanuel; konnte nicht einschlafen.

5. Freitag

Wieder lange geschlafen; müde. Dann aber frisch auf; Brief von Eisler mit 20 Mark! Rechnung von Belberstein. Nachmittag kam der Briefträger mit 130 Mark! Wie schön ist das. Zum Gericht; dort hübsch gearbeitet, sehr munter und gut mit dem Amtsgerichtsrat ausgekommen. Aber, o Schreck: ich komme wieder 4 Tage zu Mosler. Das wirft mir alle meine Pläne um. Mittags zum Schauspielhaus, dann im Cornelius-Café über den Zaberner Fall gelesen. Nachmittags kam der >Umdruck< von Mohr, ich war ganz glücklich. Es wird eine herrliche Sache; aber kein Brief von Cari. Ich ging zur Bibliothek, schrieb ihr einen schönen Brief (Inzwischen hat sie sicher mein Paket), auch an Eisler und Arthur Lamberts und eine Karte an Üssi. Dann zum Gericht; gearbeitet, mit dem Amtsgerichtsrat über Königsallee nach Hause. Dort ein herrliches Paket von Cari. Ich war ganz außer mir vor Freude; und ein Telegramm der Üssi, dass sie bald kommt! Großartig. Ich schrieb abends noch an Cari, Lamberts und Liebmann, Brachte <die Briefe> zur Bahn und ging durstig nach Hause. Wie soll ich mit der Sache Steengracht fertig werden?

6. Samstag

Morgens lange geschlafen, aber ich musste 1/2 9 auf, weil ich um 9 zum Gericht musste. Kein Brief; eilig gelaufen. Herrliches Winterwetter. Wie schön. Zum Jubeln, dass ich bald mit der Cari und der Üssi in Plettenberg spazieren gehen kann! Morgen kommt die Üssi ja schon! Am Gericht fleißig und dem alten Amtsgerichtsrat Freude gemacht. Herumgelaufen. Mit ihm über die dummen, arroganten Rechtsanwälte gealbert, die sich wichtig machen und nichts wissen. Mittags im Schauspielhaus gegessen, dann <im> Industrie Kaffee getrunken. Zu Hause kein Brief! Rüde. Traurig zum Geheimrat, der gerade vom Essen kam und müde war. Traf auch Fervers. Ich zog mich zurück. Der Geheimrat sagte mir, dass er das Paket von Berlin hat schicken lassen, wo man die Adresse schon gekannt habe. Das glaubte ich nicht, aber es interessierte mich. Ich arbeitete etwas, schrieb in Eile Briefe, lief nach Hause, ob eine Depesche von der Üssi da war. Nervös. Schöner Eilbrief mit 20 Mark von Cari. Glücklich und zufrieden. Schrieb ihr. Schnell zum Reisebüro; lief zum Bahnhof, warf die Briefe in den Kasten. Wieder zum Büro und gut gearbeitet. Zum Geheimrat, der im Bett lag. Der Abgeordnete Pfeifer[41] kennt die Schattenrisse; in Berlin rühmt sich einer, der Verfasser zu sein. Ging um 8 nach Hause, aß im Düsseldorfer Hof zu Abend, arbeitete zu Hause, las Zeitung und wartete auf morgen. Die Sache „Steengracht"; hoffentlich wird sie bis morgen früh fertig.

7. Sonntag

Um 1/2 9 auf, ein guter Brief von Liebmann, Briefe von Emanuel, Cari, Karten von Eisler und Anna. Ich war fröhlich, ging zum Geheimrat, machte wieder eine gute Figur, erledigte die Sache stenografisch. Aß zu Mittag; wenig gesprochen, wenig Eindruck. Mittags im Industrie Kaffe getrunken und habe auf eine Depesche von der Üssi gewartet. Tief böse. Cari geschrieben. Es kam nichts. Nachmittags bis abends beim Geheimrat, herumgefaulenzt, gelesen. Endlich kam eine Depesche der Üssi; sie kommt morgen. Ich schrieb gleich Cari, wollte auf dem Bahnhof telephonieren. Der Beamte ließ es nicht zu. Ich geriet in namenlose Wut und war vernichtet. Weshalb? Aß nicht mit dem Geheimrat, drückte mich, aß vom Automaten ein paar Brötchen, ging in den „Student von Prag" von Ewers[42] und war sehr ergriffen und nachdenklich. Fühlte mich wieder stolz, aufgeregt, stark, heftige Sensationen.

---

[41] Wilhelm Pfeiffer jun. (1861–1934), Stadtabgeordneter in Düsseldorf und türkischer Konsul, mit Kommerzienrat Max Trinkhaus (1865–1929) gleichberechtigter Teilhaber der unter diesen Inhabern stark expandierenden Trinkhausbank.

[42] „Der Student von Prag", erster deutscher ‚Autorenfilm' nach einem Buch von Hanns Heinz Ewers (siehe S. 159, Anm. 4), hergestellt von dem ersten modernen deutschen Filmschauspieler Paul Wegener (siehe S. 272, Anm. 98) in den Ateliers der Deutschen Bioskop (Neubabelsberg), mit dem dänischen Regisseur Stellan Rye und dem Kamera-

8. Montag

Morgens lange geschlafen, schön angezogen. Zum Geheimrat; niemand war da. Nach Neviges II. Klasse; dort Borg getroffen und mit ihm über die Schattenrisse gesprochen. Er ist merkwürdig freundlich (vielleicht <steckt> der Geheimrat <dahinter>). Die Cari war schon da. Sie erkannte mich nicht. Wir trafen uns; ich war traurig, dass sie mich nicht erkannt hatte, sie auch, und wir fuhren nach Köln, aßen dann im Westminster zu Mittag, gingen durch die Straßen, tranken Kaffee im Fürstenhof. Dann zum Bahnhof; zufällig trafen wir die Üssi, die ziemlich fremdländisch aussah. Das liebe, arme Kind. Wir gingen gleich ins Café. Dann besorgte ich das Gepäck. Wir fuhren nach Düsseldorf, mieteten ein Zimmer im Hotel Prinz Alexander, aßen im Löwenbau zu Abend, gingen in ein Kino. <Ich> geriet in ärgerliche und schlechte Laune und war eifersüchtig wegen eines dummen Stückes (Tango), die Cari auch; tranken noch Schokolade im Piccadilly. Dann nach Hause. Unsicher und meiner eigenen Gefühle nicht klar bewusst.

9. Dienstag

Morgens früh auf; schreckliche Angst vor Menschen und vor der Welt. Kein Geld. Zum Hotel; gefrühstückt, schweigsam, wieder meine Schmitt-Affekte. Schauderhaft. Aber ich ging mit der Cari alleine spazieren. Wir sprachen uns schön aus und alles war wieder gut. Die Cari ist edel und schön. Ich ging zum Mosler. Ekelhaft; aber ich drückte mich und tat fast nichts. Mittags holte ich die beiden vom Hotel ab, zahlte. Wir aßen im Schauspielhaus, tranken im Savoy Kaffee, kauften eine herrliche Bluse bei Oppel & Goldschmitt. Dann noch Blumen und zum Bahnhof. Eine Auseinandersetzung an der Gepäckausgabe. In Wut und Eile auf den Bahnhof. Dann herzlicher Abschied. Wir winkten lange. Nach Hause; Schirm verloren. Zum Geheimrat; niemand da. Zur Bibliothek; (Das Gericht geschwänzt), heftige Wut, Sehnsucht. Sah die beiden Juden Jakobson und Lessing sich zanken und freute mich, dass ich nichts mehr mit Rosenbaum zu tun habe. Mit Eisler will ich auch nichts mehr anfangen. Hätte ich nur keine Schulden. Furchtbare Angst, Vernichtung. Scheu vor dem Geheimrat. Wieder hingegangen; er war aber im Bett. Ich bin nur der Supplikant. Schrecklich. Abends bescheiden zu Abend gegessen; die Bluse für Cari kam. Dann über den Mitraskult gelesen und sehr früh ins Bett. Ich kann nicht mehr arbeiten, ich muss mich ausruhen. Was soll es im Sommer geben. Die liebe Cari, wenn sie mir nur treu bleibt. Sie ist so gut und schön.

---

mann Guido Seeber, 1913. Siehe Klaus Kreitmeier, Die Ufa-Story – Geschichte eines Filmkonzerns, Carl Hanser Verlag, München Wien 1992.

10. Mittwoch

Traum: Cari tanzt mit Eisler. Ich bin sehr traurig. Sie sagt mir, da sei nichts dabei. Dann laufen wir durch den Salon. Sie läuft mir immer fort und ich kann sie nicht finden. Traurig und eifersüchtig.

Lange geschlafen; müde, kein Brief. Zum Gericht; dort etwas gearbeitet, ziemlich gut. Mittags bei Sonnen elend gegessen, Kaffee getrunken. „Vorwärts“[43] mit Behagen gelesen. Nach Haus; Cari geschrieben <wegen> Üssi. Zum Gericht; Jugendschöffe. Schauderhaft. Aber ich interessierte mich und war fleißig. Es ging vorbei. 1/2 8 nach Hause, dort frugal gegessen, Brief geschrieben, aufgeräumt. Brief von Cari: sie ist angekommen, hat geweint, der Vater hat sich verletzt. Große Angst vor bösem Omen. Aber ich muss es abwenden. Schreibe der Cari. Um 11 ins Bett. Sehr müde und faul. Schmutz hat mir seine Dissertation geschickt.

11. Donnerstag

Morgens wieder lange geschlafen. Briefe von Cari <und> Eisler; die Bücher kommen von Mohr. Ich sah ein, dass ich eigentlich sehr froh sein müsste, war aber gleichgültig, doch stolz. Aufgestanden. Zum Gericht; dort entsetzliche Arbeit, Protokoll geführt. Schauderhaft. Der schwatzhafte Mosler unterbricht mich dabei immer. Mittags in einer Düsseldorfer Kneipe, dann nach Hause. Im Café Industrie Kaffee getrunken, Zeitung gelesen. Zum Geheimrat, der sehr freundlich war; ich schrieb gleich der Cari, sie solle ihm schreiben, [drei Wörter nicht deutbar], sehr herzlich und freundlich. Dann ordnete ich die Bibliothek, traf Fräulein Schröder, blieb zum Abendessen dort, war ziemlich obenauf, gefiel auch, erzählte Witze, auch sonst gut. Um 1/2 11 nach Hause. Froh, dass ich ein Buch geschrieben habe; aber sehr skeptisch gegenüber dem Erfolg. Abergläubisch. Freue mich auf Cari und die rote Bluse.

12. Freitag

Morgens müde, trotz der Arbeit lange im Bett. Briefe von Cari und Kluxen. Aufgestanden; gleichgültig zum Gericht, scheußlich, aber zum Glück der letzte Tag. Arbeitete den Tisch leer und ging fröhlich zum Essen in eine Düsseldorfer Kneipe. Nachher nach Hause, gewaschen, gerichtet. Zum Café Industrie; dort die Lustigen Blätter[44] gelesen, dann gemütlich zur Bibliothek. An Cari und

---

[43] „Vorwärts“, 1876 gegründetes Zentralorgan der Sozialistischen Arbeiterpartei Deutschlands, geleitet von W. Liebknecht und W. Hasenclever, 1878 verboten. 1884 als Berliner Volksblatt, ab 1891 als Tageszeitung „Vorwärts“ durch die SPD wiedergegründet, bis 1900 unter Leitung W. Liebknechts. 1916–1933 war F. Stampfer Chefredakteur. Der „Vorwärts“ wurde 1933 verboten, 1948 wiedergegründet.

[44] Lustige Blätter (1886–1944, letzter Nachweis: 59. Jg. = 1944), hg. von Otto Eysler; Redakteure waren u. a. Herbert Herberts, P. von Schönthan und Alexander Moszkowski (geb. 1851). Letzterer galt als der Philosoph unter den Satirikern.

Kluxen geschrieben, darauf zum Buchbinder, mein Buch einbinden lassen. Ärgerlich, zu Hause ein Brief von Mohr. Großer Gott, wenn das nur >gut geht<, heiliger Himmel hilf, eventuell muss ich 800 Mark bezahlen! Zum Geheimrat; Schriftsätze durchgesehen, beim Essen mit Herrn Emanuel. Der Geheimrat scheint mich nicht mehr zu mögen. Dann ging er fort. Emanuel, Fräulein Schröder und ich blieben, erzählten uns Witze und waren sehr munter. Um 1/2 4 ging ich nach Hause, fröhlich, aufgeregt, munter, geil. Über Weihnachten nachgedacht.

13. Samstag

Morgens sehr lange geschlafen. Brief von Cari (über den ich nicht froh war, ohne Grund zu haben). Müde; dann gewaschen, bequem zu Gericht. Vorher zur Bibliothek; Harnack bestellt. Enttäuscht, dass so viele Referendare bei Ruckdeschel sind, wurde aber freier, erst bescheiden und artig, dann sehr kühn und sicher (erst Esel, dann Löwe, so gehört es sich). Mittags wieder in der Düsseldorfer Kneipe, dann behaglich Kaffee im Café Industrie. Zum Geheimrat, der aber nicht zu Hause war. Cari geschrieben, Bibliothek geordnet. Lange gesessen, endlich nach Hause. Im Hansa-Café etwas gegessen, aber nicht viel; geärgert. Nach Hause, wo es kalt war. Sofort ins Bett. Etwas gelesen im Harnack, Lamennais[45].

14. Sonntag

Morgens bis 9 1/4 im Bett; schön gewaschen und rasiert. Briefe von Cari <und> Eisler, Karte von Gerd <und> Däubler; schön. Zum Geheimrat; erst sehr traurig, weil er unfreundlich war, herumgelesen und die Bibliothek geordnet. Dann kam er plötzlich und wurde sehr höflich. Das freute und versöhnte mich. Ich wollte morgens nach Gladbach fahren, habe aber den Zug nicht mehr bekommen. Nachmittags aß ich bequem zu Mittag, trank Kaffee, schrieb Eisler, fuhr nach Gladbach und traf den Justizrat auf dem Weg zur Bahn; sprach mit ihm (Schreck vor dieser unnahbaren Selbstsicherheit). Die ekelhafte Frau Justizrat, die Tochter, die oben mit dem frühen Hausfreund Wüzow herumschäkerte! Dann zu Arthur Lamberts, der nicht zu Hause war. Seine liebe, kluge Frau sprach sehr nett mit mir; ich ging fröhlich um 6 Uhr zur Bahn, traf Herrn Lamberts nicht mehr (wer weiß, wofür es gut ist). Nach Hause; in einer kleinen

---

[45] Lamennais, ab 1834, eigtl. Félicité Robert La Mennais (1782–1854), frz. kath. Theologe, trat in seinem Bemühen, liberale Ideen in der kath. Kirche durchzusetzen, für die Trennung von Staat und Kirche und für die Religionsfreiheit aller Bekenntnisse ein. Ergänzend dazu siehe Werner Becker, Briefe an Carl Schmitt, Hg. Piet Tommissen, Duncker & Humblot, Berlin 1998, S. 120/21.

schmierigen Kneipe gegessen, dann zu Hause Harnack über die Gnostik[46] mit großer Begeisterung gelesen bis spät abends und fleißig exzerpiert.

15. Montag

Zum Gericht; schön rasiert. Verteilung der Arbeitstage. Hoffentlich kann ich Samstag schon reisen zu meiner lieben Cari. Sie schrieb mir einen lieben Brief und ist völlig beschäftig mit Weihnachten. Mittags in der Düsseldorfer Kneipe. Dann behaglich Kaffee im Café Industrie. Dann zum Geheimrat; in der Bibliothek gearbeitet. Oft Furcht, er sei mir böse und alles sei aus. Der Geheimrat lag im Bett und <war> ziemlich freundlich. Sehnsucht nach Cari. Heftige Begierde und tief erschüttert >deshalb<.

16. Donnerstag

Eilig zum Gericht, lange geschlafen. Dort nichts zu tun. Zur Bibliothek, herumgelesen, Briefe geschrieben, Simplicissimus[47] exzerpiert für den Geheimrat. Mittags wieder in der kleinen Kneipe.

Dann im Industrie Zeitungen gelesen. Zum Geheimrat; mit ihm ins Monopol, erzählt, er bekomme bald einen Orden. Ich war stolz und froh. Im Auto nach Hause. Zu Abend gegessen und früh zu mir. Die liebe schöne Cari schreibt mir >schöne< Briefe, ich ihr auch. Aber bald ist Weihnachten und ich habe noch nichts. Schöner Brief von Kluxen, der mich sehr gefreut.

---

[46] Adolf von Harnack, Dogmengeschichte, Tübingen, in der er das Dogma in seiner Konzeption und in seinem Ausbau als das Werk des griechischen Geistes auf dem Boden des Evangeliums und die altchristliche Theologie als Verkirchlichung der radikalen Hellenisierung des Evangeliums durch die Gnosis beschreibt. Carl Schmitt spricht in seinem Glossarium unter dem 27.03.1948 von seinen Exzerpten vom 14.12.1913. Außerdem von der Notiz: „Sohm ist Marcionit“. Beides steht nicht im Tagebuch und lässt darauf schließen, dass er Notizen und Exzerpte separat verwahrte.

[47] „Simplicissimus“ (1896–1944, erneut 1954–1967) politisch-satirische Wochenschrift, gegr. von A. Langen und Th. Th. Heine, an der u. a. L. Thoma, Dr. Owlglaß, F. Wedekind sowie als Karikaturisten O. Gulbransson, E. Thöny, B. Paul, W. Schulz, F. Freiherr von Reznicek, K. Arnold und R. Wilke mitarbeiteten. Chefredakteur war zunächst O. E. Hartleben. Unter dem Einfluss von A. Langens Schwiegervater, dem norw. Dichter Björnstjerne Björnson, schaltete man von der anfänglichen literarisch-schöngeistigen Orientierung auf Karikatur und Satire um und hatte damit großen Erfolg, obwohl es zu einigen Prozessen kam. Der schwerwiegende Prozess wegen Majestätsbeleidigung hing mit der „Palästinanummer“ anlässlich der Reise von Kaiser Wilhelm II. im Herbst 1898 nach Jerusalem zusammen.

17. Mittwoch
Müde auf, schnell zum Gericht. Herumgesprochen (der Vorname Assessor Sträters)[48]. Im Düsseldorfer Hof zu Mittag, dann im Industrie. Darauf zum Geheimrat. Sehr eifrig in der Bibliothek. Müde, Kopfschmerzen, missmutig, ruhebedürftig, nervös. Cari herzlich geschrieben. Fräulein Reibus (?) (Frau Boddenberg) war da. Ich begab mich sichtlich beiseite. Ging abends resigniert nach Hause, wurde aber zu meiner Freude von Mädelchen geholt. Aßen zusammen Abend, tranken Champagner und herrlichen Mosel. Ich war befangen vor Fräulein Reibus, weil sie sich genau benimmt wie Fräulein Hecht. Daher misstraue ich ihr. Fräulein Schröder zeigte ihre mädchenhafte Verschlagenheit und Scheinheiligkeit. Es ist gut, dass ich das gesehen. Wie armselig ist das alles gegen meine heroische, großartige Cari. Um 1/2 1 nach Hause. Müde, voll von Wein, aber fröhlich, dass ich dem Geheimrat wieder nähergekommen bin.

18. Donnerstag
Sehr müde, lange geschlafen, Brief von Marschall, der sich für mein Buch bedankt. Zum Gericht; müde, zerrieben. Ziemlich interessiert und fleißig. Um 1 Uhr schnell zum Geheimrat. Man hat schon gegessen. Ich aß für mich; sehr hübsch, wenig. Dann plauderte ich etwas mit Fräulein Schröder; ein albernes Ding, das sich aber ausgezeichnet versteckt und großartig verstellt. Dann nach Hause. Zur Bibliothek; plötzlich angefangen zu schreiben an dem Katalog für den Geheimrat. Es ging großartig vorwärts. Stolz und fröhlich. Abends nicht zum Geheimrat, sondern im Wartesaal IV. Klasse etwas gegessen, dann zu Hause eifrig mit geistigem Schwung gearbeitet. Sehr fröhlich und glücklich. Es wird hoffentlich bis Samstag fertig werden. Ich bin stolz darauf. Wenn ich nur dem Geheimrat gefalle. Oft an die liebe Cari gedacht.

19. Freitag
Brief von Kluxen. Zum Gericht; herumgefaulenzt, mittags im Düsseldorfer Hof, dann im Café Industrie Kaffee. Zur Bibliothek; fleißig geschrieben, sehr müde, aber trotzdem im Schwung, abends im Düsseldorfer Hof gegessen, über den Kellner geärgert, dann nach Hause, bis 12 Uhr geschrieben und sehr stolz darauf. Habe kein Geld mehr, habe vergebens auf den Geheimrat gehofft; muss morgen zur Sparkasse.

---

[48] Max Sträter (1881–1959), Mitglied des Landgerichts (1914 Hilfsrichter, Landrichter von 1919–1922).

20. Samstag

Früh auf (1/2 8), an den Zug, Brief von Cari. Zur Sparkasse; 100 Mark abgehoben. Traurig, aber ein schöner Neumondmorgen. Zum Assessor Streit, einem >arroganten<, blasierten, eleganten jungen Kerl, mit dem ich viel Freude hatte. Um 12 zum Tietz, eingekauft, dann etwas gegessen, an Cari geschrieben, nachher Kaffee getrunken im Industrie. Zum Geheimrat, dort zu Ende geschrieben, Er war noch nicht zurück von der Reise. Ich wartete lange, aber er kam nicht. Beleidigt nach Hause. Brief von Vaihinger[49]. Schön. In eine kleine Düsseldorfer Kneipe; bescheiden zu Abend, dann eingepackt. Wülfings Vater getroffen; Wüflings Koffer kann ich leider nicht gebrauchen, da ich den Schlüssel nicht habe. So musste ich 3 Kartons mit Mühe zusammenholen. Oft außer mir vor Wut und Erregung, aber ich dachte an meine liebe Cari, wie oft sie unermüdlich eingepackt hat. Um 12 fröhlich ins Bett, Gott sei Dank. Morgen um 11 Uhr fahre ich. Vielleicht bekomme ich noch etwas vom Geheimrat.

21. Sonntag

Lange im Bett; um 1/2 10 auf, schön angezogen, im Auto zur Bahn, Gepäck expediert, alles ging merkwürdigerweise glatt ab. Zum Geheimrat; er schlief noch. Nach einigem Zögern war es für den Zug 11.43 zu spät. Ich telegraphierte, trank im Café Industrie eine Tasse Kaffee, dann zum Geheimrat. Zum Essen da; schlechter Laune, geärgert über das alberne Fräulein Schröder. Erzählte die Geschichte vom Grafen Mielfzinski, der seine Frau erschossen hat. Dann fort; herumgelaufen, vor dem Buchladen gestanden, im Café Corso, nichts zu lesen, müde, traurig, Blumen gekauft, viel Geld dafür ausgegeben. Zum Geheimrat, müde, schlechter Laune, kein Geld, der Baron aber kam, besprachen seinen Fall. Ich war nicht besonders auf der Höhe (Es war noch Justizrat Flöth und Heckmann dabei, über beide ärgerte ich mich). Um 6.20 zur Bahn, schweres Gepäck zu tragen, müde und in schweren Geldsorgen nach Hause. Ich möchte keine 14 Tage mehr leben. Die grauenhafte, schwere, drückende Melancholie von v. Beethovenscher Melodie. Wer hilft mir. Kam zu Hause an, wurde von Cari freundlich, von Üssi sehr unfreundlich begrüßt. Man ahnte gleich etwas und aß Butterbrot und Kuchen und Cari und ich saßen gleich allein in der Wohnstube, während die anderen in der Küche blieben. Schade, mir wurde Angst. Hoffentlich gibt es wenigstens schöne und ruhige Weihnachten. Wie schön sind die Berge; ich fühle mich wieder zu Hause und atme tief. Die Berge sind meine Verbündeten. Zeitig ins Bett.

---

[49] Hans Vaihinger (1852–1933), dt. Philosoph, der mit seinem Werk „Die Philosophie des Als-Ob. System der theoretischen, praktischen und religiösen Fiktionen der Menschheit auf Grund eines idealistischen Positivismus“, Reuther & Reichard, Berlin 1911, großes Aufsehen erregte. Carl Schmitts Studie „Juristische Fiktionen“ in: Deutsche Juristen-Zeitung, 18. Jg. Nr. 12, 1913 ist bezeichnend für seine Vaihinger-Rezeption.

22. Montag
Vergebens versucht, mit Üssi wieder gut zu sein. Sie stellt sich unfreundlich und will nichts hören. Sie ist beleidigend. Mittags nach dem Essen schliefen wir auf dem Sofa, Cari ist lieb und zutraulich. Wir richteten die Geschenke und freuen uns sehr auf Weihnachten. Abends beim Schachspielen war Üssi schadenfroh und höhnisch; sie ist aufs tiefste gekränkt und beleidigt. Auch die Cari wurde so niederträchtig behandelt. Ich wäre beinahe in Wut geraten.

23. Dienstag
Morgens schön lange geschlafen, fühlte mich sehr gesund und stark, tat aber nichts. Mit Cari schön in den Saley[50] bis nach Plettenberg spazieren. Sie ist lieb und freundlich. Ich habe sie von Herzen gern und staune über die Sicherheit, mit der sie sich in Plettenberg durchsetzt. Üssi hat bei der Mutter über uns gesprochen, Ohrenbläserei getrieben, Cari und ich waren empört, ich staunte aber über die unerbittliche >Impertinenz< der Mutter, die mir als rassiges >Zentrum< vorkam. Cari weinte nachmittags heftig; ich kam mir dumm vor, als ich sie tröstete. Ich freue mich auf Weihnachten und wollte, das wäre einmal erledigt. Wir richteten den Weihnachtsbaum schön her. Es schneite und war herrliches Winterwetter. Abends hatten wir uns sehr lieb und gingen spät ins Bett. Abends ein schöner Brief von Marschall; große Freude.

24. Mittwoch
Um 1/4 nach 9 auf; ein paar Karten geschrieben, Brief an Eisler. Der Weihnachtsbaum ist sehr schön. Nachmittags mit Jup zur Stadt gegangen, gesprochen und gekauft. Tante Mieze bei Tante Gretchen abgeholt. Dann nach Hause, schnell umgezogen. Cari kocht sehr fleißig; wir aßen zu Abend Pilze mit Eiern. Es war wenig. Wir tranken Wein dazu. Mit Üssi sprachen wir nicht mehr; das tat mir tief leid, wenn ich an das arme Kind in Portugal dachte. Endlich die Bescherung. Ich bekam von Cari herrliche Sachen. Schenkte ihr viel. Wir waren sehr glücklich, aber ich könnte weinen, wenn ich an Üssi denke. Sie schenkte mir ein goldenes 20-fr.-Stück. Doch ist Cari unerbittlich und will nichts wissen. Sie erinnert mich an Fräulein Macht. Schauderhaft. Ich stehe dazwischen und kann nichts sagen und entscheiden. Abends kam eine Kiste mit Wein vom Geheimrat und Zigarren. Sehr schön. War gerührt und erfreut, besonders Vater. Wir blieben bis 10 Uhr zusammen, dann blieb ich mit Cari noch bis 12 Uhr auf; innig umarmten <wir> uns.

[50] Berg bei Plettenberg.

25. Dezember

Morgens 1/2 6 auf, schnell angezogen, mit Cari zur Messe, wo wir mit großer Andacht beteten, es war herrlich. Mir ging die Wichtigkeit der katholischen Kirche von neuem auf. Wir gingen nach Hause; müde, Cari schlief auf meinem Schoß. Sie kochte dann, ich schrieb dem Geheimrat, wir spielten Klavier. Mittags sehr schönes großes Essen, das Cari gekocht hatte. Die Üssi tat mir wieder leid. Sie hat >Päckchen< und >Pakete< mitgebracht. Aber Cari <will> mich gleichsetzen, >will< mit Üssi kein Wort sprechen und sprach aber viel mit Jup. Wir tranken schön Kaffee, schwätzten, spielten Klavier, aßen zu Abend. Ich verlor bei Jup, so dass ich sehr beschämt war. Cari war schlechter Laune; ich auch, traurig, misstrauisch, eifersüchtig, [ein Wort nicht lesbar]. Es wurde aber allmählich besser. Cari war verliebt und begehrlich, was mir neues Misstrauen macht. Mit schwerer Sorge wegen der Üssi ins Bett.

26. Freitag

Morgens 7 Uhr auf. Mit Cari in die erste Messe. Sie war rührend lieb und andächtig und ein herrliches Kind. Wir schliefen des Morgens wieder auf dem Sofa. Ich rasierte mich dann in der Stube von Cari; las eifrig. Dann kam das Paket von Eisler. Wir waren sehr froh und glücklich, aßen zu Mittag, wo wieder alles gegen Cari unfreundlich war. Nachmittags Troubadour[51] gespielt, mit Cari gesprochen, unterhalten. Abends mit Jup Schach gespielt und verloren zu meiner großen Beschämung. Oft launisch. Mit Cari uneins wegen der Üssi, aber sonst hatten wir uns sehr lieb. Cari hatte die schöne Bluse an. Das liebe, süße Kind. Lange geschlafen, in prachtvoller Stimmung, die Gegend eingeatmet, mit Cari nachmittags spazieren gegangen nach <dem> Eschen[52] hinauf. Sie war wunderbar lieb und freundlich, ich war oft traurig, weil Üssi Ohrenbläserei trieb und die Mutter verhetzt. Jup ist freundlich. Wir spielten abends Schach, die liebe Cari sah zu und bot uns von den schönen Sachen an, die der Geheimrat geschickt hat. Cari und ich haben uns sehr lieb. Wir saßen zusammen auf dem Sofa und küssten uns immer wieder, lasen und waren fleißig und artig.

27. Samstag

Wieder lange geschlafen, um 1/2 11 gefrühstückt. Die liebe Cari, ich lerne sie mit jedem Tag mehr schätzen. Wir aßen wieder Mittag, schliefen etwas. Ich kochte wie immer den Kaffee mit großem Vergnügen, wir spielten dann, unterhielten uns. Träumten von der schönen Zukunft und ärgerten uns über die Üssi

[51] „Der Troubadour", Klavierauszug der Oper von G. Verdi nach A. Garcia Gutiérrez' „El trovador".

[52] Eschen, seinerzeit Ländereien am Hange des Saley-Berges, heute urbanisiert.

und Mutter. O Gott, hätte ich doch etwas mehr Geld. Abends wieder Streit und verletzt Schach gespielt. Spät ins Bett.

28. Sonntag

Morgens in die Frühmesse mit Cari. Dann wieder geschlafen, gelesen, gearbeitet (Cari schreibt mir schon einen Brief für morgen). Mittag gegessen, Kaffee getrunken, lieb gehabt, gespielt, geträumt. Cari erzählte von ihrem Vater (er hat sich einmal den Hut selbst im Brunnen gewaschen). Ich habe sie immer lieber und ginge für sie durch die Hölle. Wir spielten abends schön Schach. Jup ist draußen. Nachher schrie die Mutter im Bett, weinte und klagte über das teure Leben, das wir jetzt führen und wollte offenbar Cari herausekeln. Uns wurde angst; wir gingen leise ins Bett. (Bei der Mutter läuft es doch auf eine Erpressung hinaus). Mir ekelt vor diesem Gesindel und ich könnte die Wut bekommen vor Sehnsucht nach Geld und Unabhängigkeit. Jup kam spät; wir sprachen noch lange, schliefen zusammen.

29. Montag

Um 1/4 nach 6 auf, schön angezogen. Jup schläft noch. Cari getroffen, mit dem Vater gesprochen, ernst zugeredet. Aber auf die Dauer wird man Cari doch herausöden. Aber eher verlasse ich meine Eltern und verzichte auf Rechtsanwaltschaft, als dass ich ihr die kleinste Sorge mache oder ihr eine Beleidigung zufügen lasse. Ich war im Zug nachdenklich und fühlte mich ziemlich wohl dabei, zog mich in Düsseldorf schön um, arbeitete am Gericht lange und ziemlich gut. Mittags wieder in die kleine Düsseldorfer Kneipe, dann um 3 Uhr bei Weitz. Cari Brief geschrieben und den Amtsgerichtsrat getroffen; nett mit ihm unterhalten. Wir arbeiteten zusammen bis $^1/_2$ 2. Zum Geheimrat, der aber nicht da war, sondern erst am 2. Januar kommt. Müde, hungrig, bang. Geld, ohne etwas Geld. Zum „Neuen Kaiser“; Würstchen gegessen, müde nach Hause. Schmerzliche Sehnsucht nach Cari, traurig, oft vernichtende Sehnsucht um den kommenden Tag; wie ekelhaft gemein ist meine Mutter. Zu Hause den Ofen anmachen lassen und mich innerlich aufgeräumt. Ich war fleißig.

30. Dienstag

Morgens heftiger Traum: Die liebe Cari ist bei mir im Bettchen und ich fühle ihre schönen Brüste. Um 8 Uhr entschlossen auf. Zum Gericht, fleißig gearbeitet. Mittags in der kleinen Düsseldorfer Kneipe, dann im Industrie Kaffee getrunken. Zur Bibliothek, Einkauf gemacht, müde nach Hause. Beim Geheimrat; Karte von Ernst Lamberts, der mich besuchen will, ich soll kleine [drei Wörter nicht lesbar]. Dann zu Hause Briefe geschrieben an Cari, Kluxen usw.

31. Mittwoch
Morgens wieder todmüde und lange geschlafen. Ich halte das Leben ohne die Cari nicht lange aus und werde gleich schwach. Im Gericht fleißig gearbeitet, aber bald müde, so dass ich nicht fertig wurde. Mittags schnell eingepackt (ich habe kein Geld mehr und kann kaum nach Hause fahren, III. Klasse), im Wartesaal IV. Klasse etwas gegessen, dann in >die< II. Klasse und Kaffee getrunken. Auf der Bahn den Brief an den Geheimrat entworfen. Um 5 zu Hause. Cari war sehr froh, ich auch. Jup war immer zugegen; wir unterhielten uns gut. Abends aßen wir nett zu Abend und spielten dann Schach und tranken Rotwein bis spät in die Nacht hinein. Waren dem Geheimrat sehr dankbar. Der Vater ist fröhlich und guter Dinge, die Mutter schlief nebenan. Üssi kam auch, aber es gab natürlich keine Versöhnung. Brachte die liebe Cari ins Bett; heftige Gier und Sehnsucht, aber es geht nicht. Wir müssen uns beherrschen. So schrieb ich denn dem Geheimrat einen schönen, langen Brief und ging ins Bett.

Januar 1914

1. Donnerstag
Stand auf, vorher kam Cari leise ans Bett und streichelte mich; das süße Kind. Es wird schwer werden, mich zu enthalten. Wir gingen zusammen in die Kirche. Es war bitter kalt. Dann rasierte ich mich; wir sprachen hübsch miteinander. Entwarf den Brief an Herrn Geheimrat, den Cari schrieb, aßen schön zu Mittag. Cari hatte Gemüse gekocht. Dann schliefen wir schön artig zusammen, träumten von der Zeit, da wir zusammen wohnen werden. Vor dem Kaffee kam Tante Mieze. Wir tranken zusammen Kaffee, Tante Mieze ging dann mit Üssi spazieren. Cari und ich schossen nach der Scheibe; dann spielte ich etwas. Wir aßen zu Abend. Cari hatte Mayonnaise gemacht. Nachher sprach ich mit Vater, der immer Sorge hatte, es passierte ein Unglück und Cari und ich verließen <sie> einmal. Aber das schlimmste war die Mutter, die infam hetzt. >Ich begleitete Cari zu ihrem Zimmer<. Wir küssen uns herzlich, hatten uns sehr lieb, wurden von Gier ganz entbrannt; gingen dann aber artig zu Bett. O Gott, diese schönen Berge, ich atme sie ein. Wie schauderhaft dreckig und verpestet ist das Leben in Düsseldorf.

2. Freitag
Morgens todmüde, aber ich musste schon 6 1/4 auf, in größter Kälte. Mir klapperten alle Gebeine, Cari kam wieder und hatte mich lieb. Dann verabschiedeten wir uns. Ich fuhr ab. Sprach noch mit Vater über den Onkel André. Fuhr II. Klasse; kein Geld mehr und weiß nicht, woher ich die Miete bezahlen soll. Von Cari habe ich 10 Mark bekommen. In Düsseldorf; zu Hause aber nur eine Karte von Ernst Lamberts, sonst zu meiner Enttäuschung keine Korrespon-

denz. Zum Gericht; fleißig, artig. Wurde so bescheiden. Mittags wieder in die kleine Düsseldorfer Kneipe; kein Geld mehr. Nach Hause; Angst, Frau Mühlhaus würde das Geld verlangen. Kaffee im Café Industrie, vorher eine Sammlung jüdischer Witze gekauft, die ich mit Behagen las. In die Bibliothek, Tauler[53] zurückgebracht, dann Cari geschrieben. Ich habe große Sehnsucht; >danach< müde, aber allmählich fleißig Familienrecht studiert. Nach Hause; Brötchen und Käse gegessen und die schönen Sachen, die mir Cari mitgegeben hat. Mir bricht das Herz vor Sehnsucht. Ich arbeitete fleißig, war bester Dinge, dachte an die Juden und wie schwer das Examen ist. Dann schrieb ich Cari einen herzlichen Brief, machte die Rechnung und sah mit Schreck meine unsinnigen Ausgaben für meine Eltern und Cari. Gute Vorsätze; ruhig ins Bett, beherrscht und gemessen .

3. Samstag

Morgens lange geschlafen. Lieber, schöner Brief von Cari. Aufgestanden, umständlich angezogen, gefiel mir aber sehr gut. Zum O. L. G.; Besuch erledigt beim Präsidenten, bei dem Personalienrat Eigel („Guten Morgen, Sie kommen jetzt zum Oberlandesgericht. Sie haben sich dort vor allem eines guten Stiles befleißigen und müssen besonders Schachtelsätze vermeiden. Auch vor Fremdwörtern hüten Sie sich. Wenn Sie anderen etwas klarmachen wollen, müssen Sie auch klar sprechen. Guten Morgen, Herr Kollege"). Bei dem sehr freundlichen Senatspräsidenten Esch. Zum Amtsgericht; Ruckdeschel die „Schattenrisse" gebracht, alles war sehr freundlich und liebenswürdig. Aß im Bahnhof gut zu Mittag, trank im Café Industrie Kaffee, schrieb der lieben Cari. *Habe kein Geld, die Miete zu bezahlen. Zum Geheimrat, der aber nicht da war; fleißig studiert, mit Frau Hammenstede gesprochen, abends nach Hause. Ich merke, dass das Personal unfreundlich wird und Fräulein Schröder sich von ihrer besseren Seite zeigt. Sie wird gemerkt haben, dass ich verlobt bin. Das Gänschen wird gaffig.* Es ist zum Lachen. Ich ging sehr enttäuscht nach Hause; schreckliche Angst vor dem Leben, Wut und Sorge. Ging auf die Straße, um zum Essen zu gehen, traf Fehr; wir gingen spazieren, tranken im „Goldenen Hahn" Düsseldorfer Bier, philosophierten, erzählten jüdische Witze und waren guter Dinge. Oft Erschütterungen vor Begierde. Nach Hause. Im Bett gelesen.

[53] Johannes Tauler, dt. Mystiker und Prediger (1300–1361), seit 1315 Dominikaner, Prediger und Seelsorger in Straßburg und Basel. Vielleicht Schüler Meister Eckharts, dessen Spekulationen er aber nicht weiterführte, sondern in Anweisungen zu einem mit Gott vereinten Leben umsetzte. Seine ungefähr 80 als echt erkannten und erhaltenen Predigten hatten starken Einfluss auf die Erbauungsliteratur.

4. Sonntag

Morgens lange geschlafen, todmüde bis 1/2 12! Ich weiß nicht, was mir fehlt. Angst vor dem Leben vor allem, Sehnsüchte, Eifersüchte, besorgte Liebe für die Cari. Wut auf alles, beinahe auch auf den Geheimrat. Ging zur Bibliothek, traf unterwegs den Geheimrat, der gerade zur Bahn ging! Unglaublicher Zufall! Wäre ich 1/2 Minute früher oder 1/4 Minute später gegangen, hätte ich ihn nicht getroffen. Er war bei Thyssen zum Mittagessen und abends wieder lange. Wir sprachen schön; er schien mich gern zu haben. Freitag fährt er sogar nach Leipzig meinetwegen. Erzählte von einem armen, verlobten Assessor, der Nahrungssorgen hat. Großer Gott, ich war wieder überlegen und fröhlich. Aß in einer Düsseldorfer Kneipe billig zu Mittag, trank gemütlich Kaffee, ging dann zur Bibliothek, schrieb Cari einen herzlichen Brief, dann an Lukács. Ging zum Bahnhof, den Geheimrat abholen, nachdem ich mich schön umgezogen hatte. Er kam aber nicht. Ich verkniff meine Enttäuschung; ging zu Wülfing, pumpte 50 Mark von seiner Schwester, schämte mich etwas, war nicht redselig und nicht sicher. Aß zu Abend im Löwenbräu. Dann nach Hause; gerechnet, Miete bezahlt, Gesetze nachgeschlagen, Cari herzlichen Brief geschrieben. (Oft große Angst und Besorgnis um sie. Wenn das Kind nur in Liebessehnsucht >aushält<, wenn es nur kein Unglück gibt!) Dann Holldack geschrieben. Zufrieden, dass ich den Abend so ungestört für mich verbringen kann und eines nach dem anderen bequem erledige. Um 12 ins Bett.

5. Dienstag

Morgens müde, um 8 auf, schnell angezogen. Briefe von Cari und Eisler. In großer Eile zum Gericht. Langwierige Sache, aber aufgepasst; ein Urteil bekommen. Um 12 nach Hause; ein Paket von Cari. Mittags im Düsseldorfer Hof, dann im Cafe Industrie. Sah in der Frankfurter Zeitung mein Buch. Sehr schön. Ernst Lamberts kündigt seine Ankunft an. Ich war sehr froh; ging zur Bibliothek, war sehr faul und müde und kam nicht zur Arbeit. Schenkte mein Buch der Bibliothek, schrieb plötzlich an Gentsch und war eifrig, aber hoffnungslos. Doch freute es mich, dass das Buch im Logos[54] angezeigt war. Zum Geheimrat; um 100 Mark gebeten. Aber nicht großartig. Ich bin überhaupt in einer Periode der Rezeptivität und der Sammlung. Zum Theater; den Ratinger Maler Rixkens getroffen; für morgen verabredet. Traf Ernst Lamberts, war froh. Er bezahlte ein schönes Billett. Der Geheimrat war mit, Fräulein Schröder und 2 Prinzessinnen Sachsen-Coburg auch da. Wir lachten viel. Mir ist aber nicht wohl. Machmittags erzählte mir Ernst Lamberts von sich und seinen Plänen; ich hörte freundlich zu, ganz gut gesprochen, vernünftig. Brachte ihn

[54] „Logos. Zeitschrift für internationale Kulturphilosophie" (1912–1935), gegr. von Heinrich Rickert und von Richard Kroner zum Forum der Neuhegelianer gestaltet, verlegt bei Mohr, Tübingen. Ab 1935 als „Neue Folge des Logos".

an die Bahn; schämte mich aber doch, dass ich wieder mal eine Rolle gespielt habe. Ging nach Hause und las mir zum Trost in der Bibel. Des Haus der Gottlosen wird vertilgt, aber die Hütte des Frommen wird grünen[55]. Schrieb Cari.

6. Mittwoch
Morgens schrieb mir Cari, sie will eine „Erklärung" haben, weil auf einer Ansichtskarte aus Köln vom 18. Mai 1913 ein Fräulein Sternberg unterschrieben hat. Ich schrieb sofort einen beleidigten, aber herzlichen Brief, warf ihn in den Bahnkasten, fuhr zum Ratinger Tor, wo ich den Maler Rixkens traf. Zu seinem Atelier, besah die Bilder, machte eine gute Figur. Sah ihm zu beim Aktzeichnen (das Modell erinnerte mich an die Rosalie), ging mit ihm in seine Pension, aßen zu Mittag. Dann tranken wir noch im Café Industrie Kaffee, schwätzten nett. Ich ging nach Hause, zog mich um, rasierte mich. Zum Geheimrat, der aber nicht da war. Blieb lange in seinem Arbeitszimmer, dachte nach, geriet in heftige Erregung wegen der Cari, war mir des Erdenjammers schmerzlich bewusst. Dann geknickt nach Hause. Weil niemand kam, dort schnell das Urteil geschrieben. Wieder zum Geheimrat; zum Glück ihn getroffen, 100 Mark bekommen. Wir aßen, erzählten Witze, der Geheimrat trank Wein und rauchte. Es wurde immer schlimmer, ich blieb bis 1/2 5! Er scheint etwas von meiner Arbeit zu halten. Darüber war ich froh.

7. Donnerstag
Um 1/2 9 auf, schnell zum Gericht, zwei liebe Briefe von Cari. Am Gericht herumgestanden; Wülfing 40 Mark wiedergegeben, Bovenschen getroffen, aus der Sitzung gelaufen. Zur Bibliothek; nichts getan. Im „Goldenen Hahn" zu Mittag. Müde nach Hause; gleich ausgezogen und geschlafen bis 1/2 7! Ein Brief von Holldack, freundlich, aber zurückhaltend. Ich schrieb dann der Cari, brachte den Brief zur Bahn, kaufte etwas ein und aß in sparsamer Gesinnung Käse und einen Kipf zum Abendessen. Plötzlich kam ein Eilbrief von ihr. Die Mutter hat ihr in gemeiner Weise vorgeworfen, sie sei schwanger. Cari weint und will, dass ich komme. Der Vater schrieb hinterher auch einen Eilbrief, aber schwächlich und zur Ruhe mahnend. Ich weinte. Also das ist das Ende. Ich habe kein Geld, ein ganzes Jahr müssen wir noch herumwarten, bis ich Assessor bin. Ich schrieb Cari, brachte den Brief zur Bahn, legte 10 Mark hinein und ging nach Hause. Etwas ruhiger. Ich bin schläfrig und müde. Aber ich weiß nicht, wovon ich in 14 Tagen leben soll und womit ich Cari unterhalte. Sie kann doch nicht wieder ins Engagement gehen. Morgen will ich dem Geheimrat alles erzählen.

---

[55] Spr. 14,11.

8. Donnerstag
Stand um 9 Uhr auf, kein Brief, zog mich langsam an und mir ist besser zumute. Beim Geheimrat; erzählte ihm die Geschichte ziemlich eindruckslos, aber er hatte Interesse, doch sprach er nicht von Geld. Ich kaufte noch etwas ein, ging aber nicht zum Gericht, aß im Düsseldorfer Hof, trank Kaffee, fuhr III. Klasse nach Plettenberg und arbeitete im Zug eifrig an dem Arenbergschen Hausgesetz. Mir wurde wieder wohl, ich hoffte und fand, dass alles gar nicht so gefährlich sei. Cari war am Bahnhof, begrüßte mich herzlich und innig. Wir gingen nach Hause, dort war alles versammelt und ängstlich still. Ich sagte nichts, blieb mit Cari allein und tröstete sie; wir waren schnell zufrieden. Aßen zu Abend. Nachher ging Cari ins Bett, es gab eine kleine Szene mit Mutter, Der Vater ist schwächlich, trottelig und spielte eine schlechte Rolle. Nachher war ich (eine Stimme sagte mir, dass das nicht klug war) konziliant und verdarb wahrscheinlich dadurch alles wieder. Fröhlich ins Bett. Hier erhole ich mich großartig.

9. Freitag
Munter auf, Cari kam zu mir ins Bett; den ganzen Tag bei Cari. Mittags aßen wir Freitagskost, schliefen auf dem Sofa, küssten uns. Nachmittags kaufte ich von der Mutter einen Hahn, ging nach Plettenberg allein, kaufte Marmelade und eine Taube. Wir aßen fröhlich zu Abend. Alles war wieder gut. Ich spielte Schach mit Cari. Mit Üssi sprachen wir nicht; manchmal tat es mir leid. Aber Cari hat recht, obwohl sie sich beständig durch ihren Subjektivismus ins Unrecht setzt. Fröhlich ins Bett.

10. Samstag
Cari kam zu mir ans Bett. Spät auf, großartig gefrühstückt, über den Saley spazieren nach Langemanns Haus (Eschen). Nach dem Mittagessen müde, dann schön Kaffee getrunken, in die Blemke[56] gegangen. Es war sehr kalt geworden. Wir träumten dann zusammen von unserem ersten Kind, das Johann Nikolaus heißen soll, das Kardinal werden muss; es war sehr schön. Die Mutter fand es gemein, dass man so spricht Als sie aber hörte, der Geheimrat spreche auch so, war es gut. Wir machten dann Pläne für die Hochzeit, wollten sparsam sein. O lieber, großer Gott, mach doch, dass der Geheimrat etwas in Leipzig ausrichtet.

11. Sonntag
Cari weckte mich wieder sehr schön. Dann gingen wir zusammen in die Frühmesse, wo ein Hirtenbrief über die christliche Familie und die Verhinderung

[56] Blemke, Bachtal in Plettenberg-Eiringhausen rechts vom Lenne-Fluss.

der Empfängnis vorgelesen wurde. Tief erschrocken. Mit Cari schnell nach Hause. Es war eisig kalt. Wir frühstückten, erzählten uns dann von unserem Haushalt, wollten sparsam sein. Was Cari hier alles aushält, wie sie die ekelhaften Menschen, vor allem die gemeine, geizige Mutter und den trotteligen Vater aushält, das verstehe ich nicht. Nach dem Essen gingen wir den Damm[57] hinunter spazieren; wie Cari mich liebt, ist unbeschreiblich, so ein großartiger Fanatismus ist unerhört, ganz balkanisch [ein Wort nicht deutbar]. Wir tranken Kaffee. Die Mutter versuchte heute morgen wieder zu handeln und drang mir 60 Mark für den Monat ab, die ich für die Cari bezahle. Sie sagte: Der Lehrer Böhmer, alter Mann, bezahlte <das auch>, weil ich aber verwandt bin, so würde >sie< es natürlich umsonst tun, wenn ich es nicht könnte. Aber die Sorgen, die man hat, die Heizung, die Kohlen, die Last, das viele Holz! Wir waren außer uns. O armes, süßes Kind. Wie kann ich dir das belohnen. Ich fuhr ab in höchster Eile; II. Klasse, fröhlich, das herrliche Wetter und die bunten Berge. Habe die Schlüssel von Cari mitgenommen und gab sie einem Beamten, der sie zurückgeben will. In Düsseldorf konnte ich nicht in die Wohnung, weil ein neues Schloss da war. Was mögen für Briefe da liegen. Aß für 50 Pfennig zu Abend in der Düsseldorfer Kneipe, dann zu Hause: ein Haufen Briefe, aber gar nichts Gutes. Höfliche Antworten auf meine Übersendung des Buches (von Lukács[58], Gentsch). Schrecklich schwer, an die Menschen heranzukommen. Brief von Eisler und verständnisloses Telegramm von Kluxen und Nachricht, dass am Gericht eine Sache für mich liegt, die ich morgen vortragen soll. Sehr erschrocken. Also morgen muss ich früh aufstehen. Ordnete meine Papiere, führte Buch, war in einer verzweifelten, trostlosen Stimmung. Aber ich liebe Cari bis zum Tode. So innig und gänzlich war ich noch nie von ihr ergriffen. Schrieb Briefe an Eisler und Kluxen, schrieb an Cari (ich habe ihr vom Zug aus auch geschrieben) und rasierte mich dann für morgen. O lieber Gott, hilf doch mir und meiner Cari. Im Bett Sorge, ich würde sterben; ein Gefühl unbeschreiblicher Nichtigkeit im Leib. Wenn ich inzwischen stürbe ...

12. Mittwoch

Um 7 1/4 auf, schnell angezogen, in guter Stimmung zum Gericht, meine Sache gefunden; es war nicht so schlimm, aber ich muss mich anstrengen. Las fleißig,

---

[57] Lennedamm, Schutz des Industriegeländes in Plettenberg-Eiringhausen gegen Überschwemmungen.

[58] György Lukács, eigtl. Löwinger (1885–1971), ungar. Philosoph, promovierte nach dem Studium in Berlin und Budapest 1909 in Berlin. Sein intellektueller Werdegang führte den von Georg Simmel stark beeinflussten Lukács über Max Weber, den er 1913 in Heidelberg kennenlernte, Bloch und Hegel zu Marx. 1918 trat er in die soeben gegründete kommunistische Partei Ungarns ein und war ab 1919 Volkskommissar für das Unterrichtswesen in der Räterepublik unter Béla Kun. Lukács rezensierte Carl Schmitts „Politische Romantik“ (siehe auch S. 135).

auch noch in der Sitzung, trug vor. Es ging. Nicht hervorragend, aber auch nicht schlecht, doch ohne Überlegenheit und Klarheit. Man kannte mich schon als Verfasser gelehrter Bücher und sprach davon nicht ohne Anerkennung. Aber ich bin ja inzwischen derartig unten durch, dass ich nicht einmal vernünftige Antworten geben kann. Mittags noch kein Brief von Cari. Ich aß im Düsseldorfer Hof zu Mittag, besiegte meine Kaffeelust, aß zu Hause etwas Kuchen und schlief dann bis 4 Uhr. *Hässlicher Traum: Ich stehe vor einem Haus, in dem eine theosophische Versammlung stattfinden soll. Leute steigen aus Automobilen, um der Versammlung beizuwohnen, vornehmlich Frauen. Ich ärgere mich darüber. Plötzlich höre ich den Vortrag. Der große Theosoph Dostojewski lehrt in der Weise, dass er z. B. aus >Friede< das F streicht; dabei kommen Erkenntnisse zutage, vor denen ich mich nicht verschließen kann. Aber ich drücke mich und will nichts davon wissen. Dabei wirft mir mein Gewissen vor, ich würde eine Gelegenheit versäumen. Ich wurde dann halbwach, wusste nicht, wo ich war, glaubte Räubern und Mördern in die Hände zu fallen, (<die> haben ein Geheimnis) und meinte, es seien Mordbuben; ich wagte mich nicht zu rühren. Allmählich erst wurde mir wieder besser. Immer habe ich nachmittags solche schrecklichen Träume.* Ging zur Bibliothek und arbeitete etwas an der Arenberg'schen Sache, war fleißig, aber nicht besonders eifrig. Schrieb Cari, bestellte Dostojewski, dachte an mein armes Buch. Oft wütender Affekt, dass man es noch nicht überall kennt. Zu Hause bescheiden gegessen, Cari herzlich geschrieben, dann lange an Artur Lamberts; mit Widerstreben um Geld gebeten. Wut über die beiden Lehrer nebenan, die laut sprechen und Banalitäten vortragen. Ich bin nicht fleißig genug. Selbstvorwürfe. Aber so ein behaglicher, bequemer Abend bei der Lampe in der warmen Stube zerstreut alle meine Bedenken. Ich fühle mich dann wieder behaglich.

13. Dienstag

Morgens sehr müde, aber um 8 1/4 aufgestanden, frisch und fröhlich gewaschen. Schöner Brief von Cari. Zum Büro des Geheimrats, die Sache von Lenhoff erledigt. Zur Bibliothek; schön gearbeitet, allmählich in Fluss, an dem Kommentar geschrieben. Mittags in der Düsseldorfer Kneipe. Dann gleich zur Fs-Bibliothek[59], Cari geschrieben, etwas gearbeitet, gelesen und den Kaffee standhaft verkniffen. Dann wieder zur Bibliothek; Schokolade gekauft, schließlich sehr müde, nicht viel getan, herumgelesen, Bücher bestellt. Mich plötzlich als großartiger, überlegener und unbesiegbarer Glücksritter und Abenteurer gefühlt bzw. gleichgültig, ohne Sorge und Vorwürfe wegen meiner Faulheit und Müdigkeit. Zu Hause kärglich Käse und Brot gegessen; dann gelesen, die Sache Dierpardt kommt nicht vom Fleck. Rasierte mich behaglich, schrieb

---

[59] Fs steht für Fachschule. In Düsseldorf gab es zahlreiche Fachschulen; die am besten ausgestattete war die des Lehrerinnen-Seminars.

Cari, machte mir Vorwürfe. Aber ich bin todmüde. Ich habe heute von Goethe gelesen. Sein Sohn muss etwas Ähnliches gehabt haben wie ich: schläfrig, menschenscheu, bleiern. Vielleicht wird es nötig, dass ich auch auf die letzte Eitelkeit, die Sucht nach schriftstellerischem Ruhm, verzichte. Es ist alles eitel, auch der schöne Ruhm. Ich las im Bett noch Tagebuch und wunderte mich über mein Leben.

14. Mittwoch

Müde. Um 8.20 aufgestanden, schnell angezogen, ein freundlicher Brief von Kisch, der mich sehr freute, und ein entzückender Brief von Cari, die den Besuch der Frau Achterrath mit großem Humor beschreibt. Ich >eilte< zum Gericht, arbeitete etwas in der Sitzung, bekam eine Sache, sprach mit Bang, nicht überlegen und fühlte mich ziemlich unbedeutend und hässlich. Mittags im Düsseldorfer Hof; dann Kaffee getrunken, lange und sehr behaglich. Zu Hause Cari geschrieben. Zur Bibliothek; herumgesessen, nicht viel getan. O Gott, ich verzweifle, das Elend der ganzen Welt fasst mich an. Ich verachte den Menschen, mich ergreift seine völlige Bedeutungslosigkeit. Es ist schauderhaft, das mit ansehen zu müssen; wenn man wenigstens <irgendwo> schreiben könnte. Aber niemand hört einem. Ging durch den Hofgarten. Zu Hause „Büttnerbauer“[60] gelesen, Angst vor den Juden, vor Eisler. Meine Papiere geordnet, heftig geweint über die Sorgen und den Kampf des Erdendaseins. Dachte innigst an meine liebe, tapfere Cari. Ordnete dann Papiere; Angst vor dem Schuldschein, den Eisler von mir in der Hand hat. Dann schrieb ich an Cari, munter und fröhlich, las in der Bibel und ging ins Bett. Heftige Begierde und Sehnsucht.

15. Donnerstag

Morgens müde auf, geil <auf> Cari, schrecklich. Blieb bis 1/2 11 im Bett! Schöner Brief von Cari, Geldbrief von Lamberts, 130 Mark. Der gute, liebe Mann. Wäre ich nur erst einmal mit Cari eingerichtet; es ist zum Verzweifeln. Ich bin sehr erkältet. Stand unfröhlich auf, ging zur Bibliothek, kann aber heute nicht mit Menschen fertig werden und beleidige alle. Aß in der Düsseldorfer Kneipe billig. Trank nicht Kaffee. In der Fs-Bibliothek. Dann zur Sparkasse; 30 Mark auf Caris Buch eingezahlt. Fröhlich wieder zur Bibliothek; etwas gearbeitet, oft müde, schrecklicher Schnupfen und Erkältung. Abends in einer Düsseldorfer

[60] „Der Büttnerbauer“ erschien 1895 im Fontane-Verlag, Berlin; Roman von Wilhelm von Polenz, dt. Schriftsteller (1861–1903), schrieb vom Naturalismus beeinflusste sozial- und kulturkritische Romane und Novellen aus dem Bauern- und Adelsmilieu. Über die zeitgenössische Heimatkunst geht Polenz durch Psychologisierung und die Realitätsnähe in der Behandlung sozialer Probleme hinaus. „Der Büttnerbauer“ steht unter dem Einfluss E. Zolas und L. Tolstojs.

Kneipe, dann zu Hause. Cari geschrieben; sehr müde. Tolstoj „Wovon die Menschen leben" gelesen und ganz ergriffen. Mit Liebe und inniger Sehnsucht an meine Cari gedacht, die mir das im März vorigen Jahres so schön vorgelesen hat. Schrieb ihr einen langen herzlichen Brief fürs Paket. Will ihr schöne Sachen kaufen. Hier im Zimmer ist es schrecklich kalt und zugig; ich bekomme noch die schlimmsten Krankheiten. Aber ich scheue die Umzugskosten und die Scherereien. So muss ich denn hier bleiben.

16. Freitag

Bis 1/2 11 geschlafen, schrecklich, aber es ist Freitag, ein Glückstag. Eisler schrieb freundlich, Cari auch; ich antwortete Eisler gleich in der Bibliothek; schrieb ein wenig, war nicht fleißig, machte mittags Einkauf fürs Paket, richtete es zu Hause, schrieb einen langen Brief dazu und brachte es zur Post. Dort traf ich Wülfing. Wir tranken im Cafe Industrie Kaffee, erzählten, sprachen. Ich war nicht auf der Höhe, erregt und unsicher, schwächlich; aber es ist doch Freitag. In der Bibliothek las ich dann herum und tat nichts. Doch bin ich mit der Arenberg'schen Sache fertig geworden, soweit ich kommen wollte. Abends nach Hause; bescheiden gegessen, Karte von Däubler, der mein Buch lobt, „Sang an Rom"[61], Karte von Kluxen, die mich ärgerte. Aber fröhlich. Las Harden; ging ins Bett, ohne das Geringste gearbeitet zu haben! Es ist unglaublich mit mir. Im Bett las ich Tolstoj, groß ergriffen und war ganz seiner Meinung.

17. Samstag (1881–1948),

Wieder lange geschlafen, bis 10 Uhr. Paket von Cari. In der Bibliothek; schrieb an Mohr, Eisler, Kluxen. Bestellte für diese Ruysbroeck[62]. Mittags nach Hause. Im Düsseldorfer Hof, dann im Industrie Kaffee getrunken und die Zeitungen gelesen. Großes Machtbedürfnis, Wirkungsbedürfnis. Aber ich bin faul, ver-

---

[61] „Sang an Rom" – Carl Schmitt meint Theodor Däubler „Ode an Rom", siehe S. 8, Anm. 26. Däubler wird im „Wert des Staates" dreimal mit (S. 31, 84 u. 91) und mindestens einmal (S. 37) ohne Namensangabe zitiert. Die „Ode an Rom" endet genau wie Däublers „Nordlicht" mit einem Hymnus an den Geist, den Carl Schmitt auch auf sein Buch beziehen konnte: Gestirne, ihr dünkt mir der Anfang, Erfüllung / Der lebenden Gegenwart, die sich erkreist. / Des Unvorbestimmten verzückte Enthüllung / ergibt sich uns Schöpfern, durchdämmert den Geist.

[62] Jan van Ruysbroec oder Ruisbroeck oder Roysbroeck, (1293–1381), flämischer Mystiker, studierte Freie Künste und Theologie, wurde 1317 Priester und 1318 Domvikar in Brüssel. Um 1330 entstand sein Hauptwerk: „Zierde der geistlichen Hochzeit", eine Darstellung der wahren mystischen Lehre. In seiner Vorstellungswelt ist er nachweislich von Meister Eckhart beeinflusst. Seine Sprache und Gedankenführung neigen zum Überschwang, was ihm den Namen Doctor ecstaticus eintrug. Die Buchbestellung betrifft nur Eisler und Kluxen.

zettelt. Las von Bismarcks Frau[63] und war ganz glücklich. Zum Geheimrat; auf seinem Zimmer gearbeitet. <Er war> nicht da, kommt heute Abend. Gleichgültig. Das Schönste an Hart ist der Naturalismus, er erregt. Aß zu Hause zu Abend von den schönen Sachen, die mir Cari geschickt hat, las Hart[64], schrieb Cari einen Brief, tat sonst nichts; Bin fröhlich und erkältet, dass ich kaum sprechen kann.

18. Sonntag

Morgens bis 1/2 10 geschlafen, langer Brief von Cari, eilig angezogen, zur Bahn, nach Gladbach gefahren; furchtbare Wut über den frechen Beamten am Billettschalter. In Gladbach traf ich Arthur Lamberts. Froh, den tüchtigen, wackeren Mann zu sehen, nach dem Essen gingen wir mit Josten nach Beeck. Ich unterhielt mich mit Josten, hörte mit großer Freude diese tüchtigen Leute sprechen und fuhr um 6 Uhr zufrieden nach Hause. *Zog mich schnell um, besorgte den Brief für Cari und ging zum Geheimrat. Unterhielt mich glänzend mit ihm. Er war froh, sich so gut unterhalten zu haben; wir tranken Wein bis spät in die Nacht, 1/2 3. Schrecklich. Er erzählte vom Ordensfest. In Leipzig hat ihm der Reichsgerichtsrat Reiff versprochen, mir eine Vertretung zu beschaffen. Mehr hätte man nicht erwarten können, aber es ist doch eigentlich nicht viel.* Ich fühle mich froh und sicher, stolz und nicht mehr so erbärmlich. Müde. Oft Sehnsucht zum Schlafen.

19. Montag

Todmüde, aber um 1/4 9 auf, schnell angezogen und zum Gericht. „Brenner“ von Däubler und ein Brief von Cari. Im Gericht müde; traurig, herumgelesen und gesessen. Zur Bibliothek; Ruysbroek. In einer Düsseldorfer Kneipe gegessen, zu Hause geschlafen, brünstige Geilheit. Wagner von Ludwig[65] gelesen und mich in vielem wiedererkannt, im ganzen aber doch ein proletenhaftes und psychogenes Pamphlet. Dann zur Bibliothek; Ruysbroek gelesen, Gross getroffen, mit ihm gesprochen. Er ist ein guter, aber geistig bedeutungsloser Kerl.

---

[63] Bismarcks Frau, Johanna von Puttkamer (Heirat 1847), siehe Fürst Herbert von Bismarck (Hg.), Fürst Bismarcks Briefe an seine Braut und Gattin, Cotta, Stuttgart 1900, XII, 598 S.

[64] Heinrich (1855–1906) und Julius (1859–1930) Hart, Gebrüder, die gemeinsam Gedichtbände und die „Deutschen Monatsblätter“ (1878–1879) herausgaben, auch waren beide als Theaterkritiker tätig; Julius gilt als Theoretiker des Naturalismus.

[65] Emil Ludwig, eigtl. Cohn (1881–1948), dt.-schweizer. Schriftsteller, ab 1932 schweizer. Staatsbürger. Seine wirkungsvoll geschriebenen Biographien entsprechen nicht immer der historischen Wahrheit; ebenso seine Schauspiele, die Skandale erregten oder verboten wurden. Der Angriff auf R. Wagner erfolgte in der Komödie in drei Akten, „Der verlorene Sohn“, S. Fischer, Berlin 1914 (als Bühnenmanuskript gedruckt).

Dann Cari in der Fs-Bibliothek geschrieben *und munter zum Geheimrat. Etwas geärgert, dann aber mich gefreut, dass er meine bisherige Arbeit an dem Kommentar „kolossal" nannte.* Zu Hause gegessen, was mir die liebe Cari geschickt hat. Dann herumgesessen und gelesen. Kein großer Fleiß; aber plötzlich ging es doch. Ich wurde sehr eifrig, so dass ich noch viel zu tun hatte, und stolz und schrieb meiner Cari noch einen Brief. Ins Bett und krankhafte Gier.

20. Dienstag
Bis 1/2 10 im Bett, dann munter auf, schöner Brief von Cari, schön angezogen. Zum Landgericht; dort mit großem Fleiß <an> mein Gutachten für Steinbart. Längst nicht fertig zu werden, viel getan. Mit Brandts ein Stück gegangen; er ist ein Poet. Kaufte für Cari einen Likör, Marzipan, Honig; aß im Düsseldorfer Hof zu Mittag. Dann beim Geheimrat Bücher geholt und mit der Nichte, die scheinbar große Lust hatte, mit mir spazieren zu gehen, geschwatzt, bis es mir zu dumm wurde. Dann Kaffee getrunken. Zu Hause waren ein Brief von Eisler und 4 Bücher von Mohr. Im Cafe Industrie; heftiger Wunsch, berühmt zu werden, von meinem Buch geredet zu Sahn. Zum Gericht; dort wieder fleißig. Würde ich nur fertig. In der Bibliothek; munter. Nach Hause; der Ofen will nicht brennen, bescheiden gegessen, allmählich brannte der Ofen prachtvoll. Schrieb meiner Cari; morgen will ich ihr die Bücher schicken, rasierte mich, dachte daran, dass ich einmal mit meiner Cari zusammenwohne. Wie lieb haben wir uns dann, wie schön wird das. Dann nicht mehr viel getan, sondern ins Bett. Doch muss ich sehr fleißig sein.

21. Mittwoch
Stand morgens um 1/4 nach 8 auf, zog mich schnell an, kaufte Blumen für den Namenstag beim Geheimrat. Dann zum Gericht; dort auf der Bibliothek fleißig gearbeitet. Ich habe Angst, dass ich mit meiner Relation nicht mehr fertig werde. Mittags im Düsseldorfer Hof gegessen (mit Bovenschen unterhalten, der ist ein guter Kerl, hat aber böse Augen wie Onkel André.) Nachher das Paket für Cari mit großer Freude zurechtgemacht, zur Post gebracht, Kaffee getrunken, Zeitungen gelesen. In wahnsinniger Gier zur Bibliothek; dort konnte ich einfach nichts tun, so bin ich überwältigt. Ging zum Direktor und philosophierte sehr schön mit ihm über mein Buch; habe ihm sicher imponiert und freute mich darüber. Dann konnte ich nichts mehr tun; fuhr nach Hause. Zu Hause wieder gierig, zügellos. Das Heft und <eine> Karte ist da (Wülfing will Jup eine Stelle besorgen); raste herum, auf dem Bett, wahnsinnig vor unsinniger, vernichtender, vernichtungssüchtiger zweckloser Gier. O Gott, was bin ich doch ein böser Mensch. Schlief ein. Las Tolstoj, verrückt. 2 ×.

22. Donnerstag
Schlief bis 1/4 11! Müde, aber wohlig, behaglich. Brief von Cari und von Onkel André, der mich sehr überraschte. Erst Angst, ein großer Komplex stieg empor. (Wieviel Schweinerei trage ich doch noch bei mir und wer weiß, ob ich nicht einmal drinnen ersticke.) >Er< will mich besuchen. Ich war schon wieder erfreut und vergaß seine Vulgarität. Ging zur Bibliothek, arbeitete eine Stunde sehr hübsch. Dann mit Fehr durch den Hofgarten zum Düsseldorfer Hof. Dann Kaffee getrunken. Zur Bibliothek; fleißig gearbeitet, Brandts mein Buch gezeigt. Nach Hause gefahren (bei Tietz etwas eingekauft, Eau de Cologne). In einer kleinen Düsseldorfer Kneipe ein Paar Würstchen gegessen, meine Schläfrigkeit gut bekämpft. Zu Hause Bücher und mich geordnet. Inzwischen war ich wieder vernünftig und fleißig. Der Brief Bismarcks an seine Braut hat mir gut getan. Er ist ein guter Mensch. Heftige Wut über den römischen Klerikalismus, wie er sich im Gewerkschaftsstreit benimmt und wahnsinnige Empörung über dieses Verleugnen machtsüchtiger Verdreher. Abends fleißig und dann ruhig.

23. Freitag
Morgens um 8 1/4 auf, schnell angezogen, schöner Brief von Cari. Zum Amtsgericht; exzerpiert. Zur Bibliothek; in rasender Eile meine Relation geschrieben, auf die ich stolz bin. Ich muss heute noch fertig werden und werde noch verrückt vor Schreiben. In einer Düsseldorfer Kneipe gesessen. Dann zum Bahnhof, mir die Haare schneiden lassen. Nach dem Essen im Düsseldorfer Hof im Café Industrie. Wieder zur Bibliothek; geschrieben, in einer Düsseldorfer Kneipe zu Abend, dann in der Fs-Bibliothek mit der Relation fertig geworden. Sie ist ein wenig flüchtig, sonst aber gut. Befriedigt nach Hause; herzlich an Cari gedacht. Im Bett ihr geschrieben. Sombart[66] über Kapitalismus gelesen; geärgert, meine Schamlosigkeit erkannt, endlich eingeschlafen.

24. Samstag
Morgens lange geschlafen, bis 9 1/4. Brief von Cari, dann zum Gericht; meine Relation hingebracht. Etwas Sorge. Darauf für den Geheimrat exzerpiert, in wütender Eile und <mit schnellen Schritten> zur Bibliothek, Bücher mitgenommen, im Düsseldorfer Hof gegessen. Darauf zu Hause Cari Brief geschrieben, schön gewaschen, zum Café Industrie. In der Landesbibliothek; dort aufgeregt und in bester Laune; wieder eifrig zusammengestellt >mit< viel Freude. Stolz zur Fs-Bliothek; dort das Konzept gemacht. Darauf zum Café Cornelius; stolz Zunge gegessen und Kaffee getrunken. In glänzender Stimmung, zum

[66] Werner Sombart (1883–1941), dt. Nationalökonom und Soziologe. Eines seiner Hauptwerke: „Der moderne Kapitalismus", 2 Bde. Duncker & Humblot, München 1912.

Büro am Zehnhoff; wirkungsbedürftig. Wieder zur Fs-Bibliothek und geschrieben. Das ging wie der Teufel. Ich werde Freitag kommender Woche nach Hause <fahren>. Im kleinen Zimmer noch etwas geschrieben. Dann ins Bett. Gar kein Schlaf; aufgeregt. Wäre ich doch bei Cari.

25. Sonntag

Bis 1/2 10 geschlafen. Schnell auf, kein Brief, verstimmt. Zur Fs-Bibliothek; ziemlich fleißig geschrieben. Im Düsseldorfer Hof zu Mittag gegessen, im Café Industrie Kaffee getrunken, dann wieder zur Bibliothek und geschrieben. Dann wieder im Café; spielte Rigoletto[67], o Gott, wie ist das schön, Ich dachte herzlich an Cari, ging dann nach Hause, richtete mich zurecht, ging zum Geheimrat, der ganz freundlich war. Traf dort den Amtsgerichtsrat Stern, einen gutmütigen, mit allem einverstandenen Juden. Wir aßen zu Abend. Es kam noch der Divisionspfarrer (ein weichlicher Intrigant) und der Dominikanerpater Paul, der Bruder des Barons von Loe. Ich war nicht auf der Höhe, aber wir unterhielten uns gut; doch hatte ich immer Angst, der Geheimrat möchte mich nicht leiden. Blieb bis 11 1/4; dann kühler Abschied, vernichtende Wut. Nach Hause; kein Geld, was soll ich machen, und ich muss meinen Eltern jeden Monat 60 Mark bringen. Traurig, wütend nach Hause. Nebenan sprachen die beiden Magister bis spät in die Nacht über irgendwelchen Quatsch. Schauderhaft.

26. Montag

Um 1/2 9 auf, schnell angezogen. Karte von Mohr, 2 Briefe von der lieben süßen Cari, schnell zum Gericht; Strafsitzung, hinterher sagte mir Steinbart, dass die Relation sehr gut sei. Darauf war ich stolz. Fröhlich zum Geheimrat gefahren; ihn in guter Stimmung getroffen, gut gesprochen, 100 Mark bekommen, dort gegessen, gut unterhalten, Kaffee getrunken. Dann nach Hause. Zur Bibliothek: nichts getan, Cari geschrieben, Professor Tackar <gesprochen>, >las< herum [Rest nicht erkennbar]. In Flechtheims Galerie; (Däublers Bild[68] ist leider nicht mehr da) mich über >Flechtheims< gefreut, im ganzen aber im Kontakt mit einer unbürgerlichen Welt, was mich ängstigte; Wo soll ich hin, ich zerrinne. Schokolade gekauft, wieder zu >Flechtheim<, gelesen (Die Welt will betrogen sein, ganz flott, im übrigen sehr langweilig!). Darauf nach Hause. Zum Geheimrat, der heute Abend keine Zeit hatte: In der Kneipe am Werhahn zu Abend gegessen, gelesen; mich wohl aber unruhig und rastlos von den unnennbaren, zerreißenden Sehnsüchten gefühlt. Zu Hause den Ofen nicht an-

---

[67] „Rigoletto", Klavierauszug der Oper von Giuseppe Verdi.

[68] Däublers Bild, vermutl. Otto Theodor Wolfgang Stein, Theodor Däubler. 1913 (heute im Bestand des Von der Heydt-Museums, Wuppertal). Siehe Abb. S. 323.

gemacht; will noch ein paar Briefe schreiben und dann zu Bett gehen. Schrieb eilig die Briefe und ging froh ins Bett.

27. Dienstag

Lange geschlafen. Zur Fs-Bibliothek, zu Flechtheim und den Monatsplan (?) gekauft, nichts besonderes darin. Bei Fehr zu Mittag gegessen, dann Kaffee getrunken. Cari schön geschrieben. Zum Geheimrat; herumgelesen, auf den morgigen Vortrag vorbereitet, sonst aber rein gar nichts getan. Mit Fräulein Schröder, da der Geheimrat nicht kam, etwas geschwätzt. Dann nach Hause gegangen mit Fehr, umgezogen. Tief erschreckt über die Hahn. Wir unterhielten uns gut. Er gestand mir viel und bewundert mich offenbar, was mir Freude macht. Im Buch: F. Marc[69].

28. Mittwoch

Aufgestanden und zum Gericht. Die Sache, die ich vortragen sollte, wurde vertagt; froh darüber. Mit Wülfing für heute Abend verabredet. Im Düsseldorfer Hof. Dann behaglich Kaffee im Café Industrie. Dann zum Geheimrat, der schwer krank an der Gicht im Bett lag. Ich sprach nett mit ihm; er hat mich gestern Abend dringend dem Senatspräsidenten empfohlen, auch dem Personalienrat Eigel. Ich war sehr froh darüber, auch wegen Wülfing. Schrieb dann Frevers, >verabschiedete< mich und ging. Ich bemerkte, dass die Nichte, Fräulein Schröder, sofort kühl wurde, als der Geheimrat nicht mehr so freundlich war wie sonst. Lief zu Wülfing; wir freuten uns sehr und gingen zum Kaffee Pindolf [?], dann in das Palais; von der Zukunft gesprochen, ich war fröhlich, zu wenig selbstbewusst und verschlossen, aber zufriedener als gestern Abend mit Fehr, wieder Sensationen, etwas gedämpfter.

29. Donnerstag

Bis 9 geschlafen, Brief an Cari; ich kann noch um 11 (<abends>) fahren. Ging zum Geheimrat, wir unterhielten uns großartig, über den Prinzen Prosper v. Arenberg, zu Mittag gegessen. Dann zu Hause Kaffee getrunken (Cari morgens ein dringendes Telegramm geschickt), eingepackt. (Ich >musste< mit dem letzten Zug fahren.) Wieder beim Geheimrat; Kaffee getrunken, spazieren gegangen an den Rhein, sehr schön erzählt, zu Abend gegessen, alles erfreulich. Dann zur Bahn; nachdenklich abgefahren, wie lieb habe ich doch meine Cari. Sie war am Bahnhof, 12.20! Wir saßen noch lange im Zimmer, wir hatten uns innig lieb.

---

69 Franz Marc (1880–1916), dt. expressionistischer Maler, vermutlich im Monatsplan der Galerie Flechtheim.

30. Freitag
Lange geschlafen, Cari kam ins Bett; das war wunderschön. Lange gefrühstückt, im Garten spazieren, ziemlich warmes Wetter. Nach dem Mittagessen etwas auf dem Sofa ausgeruht und geschlafen.

Dann schöner >Kaffee<. Nach Plettenberg gegangen; Kleinigkeiten eingekauft. Über den Wall[70] zurück. Abends gespielt, geplaudert. Nachher noch etwas in die „beste Stube"; dort uns liebgehabt. Das süße, hingebende Kind.

31. Samstag
Um 9 auf. Cari kam wieder ans Bettchen. Nach dem Frühstück wieder im Garten spazieren, ein wenig gelesen, gespielt. Mittags Kaffee getrunken und dann einen schönen langen Spaziergang nach Siesel[71] gemacht. Ich war überrascht und erstaunt über die liebevolle Hingabe meiner Cari, wie sie mir vertraut, wie sie mir alles sein will, gar nichts mehr für sich kennt und ganz in mir aufgeht. Herrliches Kindlein. Und süß und liebenswürdig, schmeichelnd und anhänglich ist sie. Wie komme ich zu solchem Glück! Abends nach dem Essen spielten wir Tristan[72], plauderten, gingen noch ins Zimmerchen, hatten uns sehr lieb. Mit vielen Gedanken eingeschlafen. Wenn die Japaner nach Europa kommen! Ich habe meine Cari lieber als alles. Heute habe ich dem Vater 60 Mark gegeben.

Februar 1914

1. Sonntag
Während die Eltern und Ernst in die Kirche gingen, kam ich für eine Viertelstunde zu meiner bildschönen Cari ins Bettchen. Wir hatten uns lieb, unbeschreiblich schön und reizend ist meine Cari. Ich ging dann etwas spazieren, in sensationeller Stimmung, kaufte ein Billett. Dann frühstückten wir beide sehr schön, gingen in den Garten, spielten, plauderten, hatten uns innig lieb. Das Mittagessen war sehr schön. Wir tranken dann Kaffee, ich musste abfahren, verabschiedeten uns herzlich und wehmütig. Der Vater ging mit an die Bahn; ich fuhr ab und betrachtete die herrliche Landschaft, die in der Sonne lag. Ich will nur für mein Kind arbeiten, will sie hegen und pflegen. In Düsseldorf waren Brief von Eisler und Karte von Mohr, sonst nichts. Zum Geheimrat; dort den Baron von Loe und den Justizrat Flöth getroffen, gesprochen, kein besonderes Resultat. Dann mit dem Geheimrat über den Hofgarten; munter

[70] Wallgraben, Rest der ehemaligen Plettenberger Stadtbefestigung.
[71] Siesel, Ortsteil von Plettenberg-Eiringhausen, lenneaufwärts an der großen Flussschleife.
[72] Klavierauszug der Oper „Tristan und Isolde" von Richard Wagner.

gesprochen, zu Abend gegessen. Herr Emanuel und Geheimrat Fervers kamen noch. Man sprach auch über mein Buch, nicht besonders, aber [linker Rand abgerissen] leidlich; der Gemeinrat scheint mich gern zu haben. Um 11 Uhr nach Hause. Vielleicht verdiene ich dadurch Geld, dass ich als <Vermittler von> Geschäften auftrete, die Emanuel für die Stadt Köln macht. Aber es geniert mich etwas, doch möchte ich gern. Du liebe Cari, es ist ja im Grunde alles gleich; wenn ich an sie denke. Fröhlich und ruhig ins Bett.

2. Montag
Um 9 am Gericht. Schöner Brief von Cari, Brief von Rixkens, der mich ärgerte. Am Gericht schläfrig herumgelegen, noch etwas in der Bibliothek gearbeitet, dann im Düsseldorfer Hof gegessen und nachmittags Kaffee getrunken, obwohl ich kein Geld mehr habe. Schrecklich. Kann kaum die Miete bezahlen. Schrieb Cari. Es ist herrliches Wetter. Das Herz will mir zerspringen, wenn ich an meine Cari denke und wenn wir >jeder< allein und trocken herumsitzen müssen und die schöne Zeit nicht einmal genießen können. Müde zur Bibliothek; herumgelesen, etwas getan. Abends Miete bezahlt. Zur Bibliothek; etwas geschrieben. War sehr zufrieden mit mir und machte Vorsätze. Ich habe mich heute gut geführt und mich sehr beherrscht. Abends ruhig und gemessen ins Bett. So will ich immer sein.

3. Dienstag
Morgens 2 mal auf, aber immer wieder ins Bett. Müde, schläfrig. Brief von Cari. Es ist das herrlichste Wetter. Mir sticht es ins Herz. O Gott, die schöne Zeit verbluten lassen. Ich allein, Cari allein. Zum Landgericht; fleißig. Zur Bibliothek; weniger fleißig, Brief an Emanuel (v. d. Hoff) besorgt, Rixkens kühl geschrieben. In der Düsseldorfer Kneipe bescheiden gegessen, Kaffeedurst ziemlich gut bezwungen, rasiert, Cari geschrieben. Bekam Nachricht vom Geheimrat, dass ich zu Emanuel nach Köln fahren soll. Habe kaum noch das Reisegeld, aber vielleicht gibt es etwas zu verdienen. Ging zur Bibliothek, Arbeitete schön und wieder stolz auf meine Wissenschaftlichkeit. Dann zu Hause. Fuhr 4. Klasse nach Köln (der Zug war schon im Fahren, als ich kam). in Köln, lief sehnsüchtig über die Straßen. Bei Emanuel, traf ihn ziemlich überlegen. Wir saßen zusammen im Gürzenich, sprachen nicht viel. (Er will einen Artikel schreiben.) Gingen nachher noch in ein Kino; erschrak wieder vor dem Zwang des Lebens, dieser Uneinsichtigkeit und dieser Unbedenklichkeit, mit der die Menschen das Leben hinnehmen. Ein sprechender Kinematograph (Fra Diavolo). Mit dem Personenzug nach Hause. Müde dort angekommen und gleich eingeschlafen.

4. Mittwoch

Schöner Brief von Cari, nichts von Eisler. Mit den letzten paar Groschen zum Gericht gefahren; dort eine langweilige Sitzung, Cari geschrieben, etwas exzerpiert für den Geheimrat, aber sehr gefreut. Aß in der Düsseldorfer Kneipe zu Mittag, dann zu Hause geschlafen. Um 3 kam ein Brief von Eisler mit 10 Mark; sehr gefreut, behaglich aufgestanden, Kaffee getrunken, in die Bibliothek, langen Brief an Eisler geschrieben, etwas gearbeitet, >zum Abend< Käse gegessen, in der Bibliothek etwas gearbeitet. Schlechter Magen; Aufstoßen (von dem scheußlichen Abend in Köln). Ins Bett. Wahnsinnige Sehnsucht, oft erschüttert aber nicht eigentlich begehrlich. Habe die Sorge und Angst um Cari. >Sie macht< mich stolz. >Den Schmerz<, den dieser rücksichtslose Kerl[73] [rechter Rand abgerissen.]

5. Donnerstag

Scheußlicher Angsttraum des Nachts: von Gespenstern und Mördern. Im Traum <die> Nachttischlampe geschlagen und sie beinahe vom Nachttisch geworfen. Schrecklich. Endlich wurde es Tag. Ich stand auf, ging wieder ins Bett und schlief weiter; das tat mir sehr gut. Wunderschöner Brief von Cari, die mir ihren Traum erzählte. {Das herrliche Kind.} Auf, rasierte mich, wollte beim Geheimrat vorbei, er war schon wieder zurück. Sprach mit ihm sehr freundlich; blieb zum Essen. Ich ging dann zur Bibliothek und kam um 1/2 1. Wir unterhielten uns und besprachen <Einzelheiten>, tranken Kaffee. Dann ging ich nach Hause. Darauf bei Wülfing vorbei; von seiner Einrichtung und seinem <Auftreten enttäuscht>, bekam eine Angst, hasste und verachtete ihn. Mein liebes Carilein ist mir doch mehr ... [rechter Rand fehlt[74].] Zur Bibliothek; ziemlich fleißig, aber oft aufgesprungen und von knechtischer Sehnsucht geschüttelt. Abends in der Düsseldorfer Kneipe. Im Werhahn Brot und Würstchen gegessen. Darauf zur Bibliothek, ziemlich fleißig geschrieben. Aber ich bin wieder nicht froh. Auf dem Heimweg geträumt: der Herzog von Arenberg gibt mir 50.000 Mark. Dann große Angst, >Cari und ich< würden uns nicht einrichten können. Geldsorgen. Aber immer wieder frohen Mut und Hoffnung, dass es mir doch gut ginge. Was soll ich mir Sorgen machen? Zu Hause fröhlich >und< aufgeräumt. (Will dem „Internationalen Recht"[75] meinen Auf-

---

[73] Rücksichtsloser Kerl, Carl Schmitt meint sich vermutlich selber.

[74] (rechter Rand fehlt), siehe den Hinweis auf herausgerissene Blätter des Tagebuchs, S. 11, Anm. 34.

[75] „Zeitschrift für internationales Recht" war die Fortsetzung der „Zeitschrift für internationales Privat- und öffentliches Recht" (1910–1914), Duncker & Humblot, München/Leipzig; sie wurde von Theodor Niemeyer fortgesetzt unter dem Titel „Niemeyer's Zeitschrift für internationales Recht" (1915–1938), Vahlen, Berlin, die danach „Zeitschrift für Völkerrecht" geworden ist.

satz über die Schattenrisse[76] schicken.) Fröhlich ins Bett. Herzliebes süßes Kindlein, wären wir erst wieder einmal zusammen.

6. Freitag

Morgens fleißig auf, zum Landgericht, dann zur Bibliothek; geschrieben, aber ich werde schon nach einigen Minuten müde und das Abschreiben geht nur mit Ächzen und Jammern. Hinterher bin ich dann erstaunt, wie viel es geworden ist. Ein schöner, lieber Brief von Cari. Mittags billig in der Düsseldorfer Kneipe „Sonne“; dann behaglich Kaffee getrunken. Gross getroffen, mit ihm im Sagan gewesen; schön hingefahren. Er scheint mich gern zu haben, kaufte sich die Schattenrisse, die zu meiner großen Freude bei Schrobsdorff aushängen. Dann in der Bibliothek; ziemlich flott geschrieben. Abends in einer Düsseldorfer Kneipe gegessen. Dann zur Bibliothek, nachher noch ins Café, denn der liebe Eisler hat mir wieder zehn Mark geschickt, die ich sehr nötig hatte. Traurig, aufgelöst, trostlos, sensibel, empfindlich, jeder Assoziation hilflos preisgegeben. Traurig ins Bett. Liebe Cari, du starkes, mutiges Mädchen. Cari einen schönen Brief in der Bibliothek <geschrieben>.

7. Samstag

Morgens lange geschlafen, scheußlich. Schöner Brief von Cari. Das ist unbeschreiblich mit diesem lieben, schönen Kind. Aufgestanden, frisch gewaschen, zur Bibliothek; missmutig und ohne Eifer geschrieben. Ich habe zu nichts Lust. Mir scheint überhaupt, ich bin fertig. Das ist ja grässlich, wie langsam und ohne Schwung jetzt alles bei mir geht. Mittags zu Ende geschrieben, Cari geschrieben, dann Kaffee getrunken, ohne rechte Freude. Zum Geheimrat, der aber nicht da war. Dort arbeitete ich ziemlich fleißig, aber ohne besondere Zähigkeit, ordnete in der Bibliothek herum, ging um 7 nach Hause, war ziemlich froh und unabhängig. Bei Fehr, der zum >Prüfungsamt< will und mir die Checks des Examens übermittelt. Ich bekam furchtbare Angst; wie lange dauert das Examen! Brachte Fehr zu Wibbels und ging zerrissen, tief traurig, angstvoll durch Straßen, schreckhaft; ich bin nichts wert, es wird nichts aus mir. Aß in einer Düsseldorfer Kneipe missmutig zu Abend, dachte an die liebe Cari und dass ich ihrer nicht wert bin. Ging nach Hause. Ich hatte ziemliche Vorsätze. Oft übermannte mich die Verzweiflung über meine Schlechtigkeit, Inkommensurabilität, Ungenialität, Zerfahrenheit, Faulheit und Verlogenheit. O lieber Gott hilf mir, Herr Jesus. Herr Jesus? Wer hilft, Cari. Ich weiß nichts mehr. Aber es muss anders werden. Ist es vielleicht jemals besser gewesen? Ich verzweifle. Hilfe. Nichts da. …[drei Wörter nicht lesbar, da verwischt.]

[76] Der Aufsatz von Carl Schmitt über die Schattenrisse ist anscheinend verlorengegangen.

8. Sonntag

Morgens bis 9 Uhr geschlafen, bequem angezogen, schöner Brief von der lieben Cari. Trank im Café Industrie >Kaffee<. Zum Geheimrat; Er war sehr freundlich und schien mich nötig zu haben. Dort zum Mittagessen und lange gesprochen bis 4 Uhr. Gut unterhalten über einen Brief, den der Graf Prosper geschrieben hat und der ironisch und gut stilisiert war, abgefeimt und perfide. Aber ich durchschaute ihn sofort, denn so etwas kann ich auch, vielleicht noch besser. Ich ging dann etwas allein spazieren, fühlte mich beherrscht und überlegen, das freute mich. Abends wieder zum Geheimrat; Cari schön geschrieben, dann gut unterhalten. Zu Abend gegessen (Fräulein Schröder weinte wegen ihres [ein Wort nicht lesbar]; wir schrieben den Brief, ich zeigte wieder einmal meine Routine). Dann mit dem Geheimrat Wein getrunken bis 4 1/2 Uhr morgens! Er erzählte viel von sich, <unter anderem> von Fervers und seinen Enttäuschungen. Ich hörte zu und war sehr beherrscht. Er sprach von Cari, ich hielt mich zurück. Er scheint mir übrigens nicht mehr zu trauen und meinte, an ihm sollte es nicht liegen, wenn wir nicht gute Freunde blieben. Todmüde nach Hause, Sehnsucht nach der lieben, tüchtigen, tapferen Cari.

9. Montag

Todmüde um 1/2 9 auf, schnell angezogen, zum Gericht. Brief von Cari, Karte von Däubler. Im Gericht nicht viel getan. Nachmittags zur Regierung; ein wenig exzerpiert, Literatur angezogen. Ich soll ja mit dem Geheimrat zusammen einen Fideikommiss-Gesetzeskommentar schreiben! Großartig! Stolz, unternehmend. Aber todmüde. Aß im Düsseldorfer Hof zu Mittag; dann zu Hause geschlafen. Nachmittags schlechter Laune zum Geheimrat; nicht dageblieben, zur Bibliothek, herumgelesen, im Café Cornelius Kaffee getrunken und schön gegessen; das war großartig. Man spielte die Ouvertüre zu den Lustigen Weibern von Nicolai[77]. Wie schön war das. Ich war außer mir vor Freude. Dann zur Bibliothek, Herder gelesen. Pläne: Will Politiker und ein einflussreicher Mann werden. Nach Hause; über die Hausfrau geärgert, die nicht einmal mein Bett wieder in Ordnung gebracht hat. Dachte ans Ausziehen. Darauf draußen in ein Kino; eine drollige französische Geschichte gesehen: Ein Mann betrügt sie, <seine> schöne und zärtliche Gattin mit einer spanischen Tänzerin, die ihn zum Narren und Affen macht. Das tat mir gut. Ich ging gestärkt und mit guten Vorsätzen, beherrscht und unternehmend nach Hause. Aber ich habe noch Kopfschmerzen von gestern.

---

77 Die Lustigen Weiber von Windsor. Komische Oper von Otto Nicolai (1810–1849), dt. Komponist.

10. Dienstag

Lange geschlafen, morgens zum Geheimrat. Er ist sehr freundlich. Ich bleibe zum Essen da. Nachmittags trank ich im Industrie wieder gemütlich Kaffee, schrieb Cari vom Geheimrat aus, bekam dort einen Fall von der Herzogin Croy[78] vorgelegt; rannte aufgeregt zur Bibliothek des Landgerichts, glaubte etwas Entsprechendes gefunden zu haben. In größter Aufregung und Eile zurück. Traf ein <gleichzeitig> mit Baron von Loe; eifrig gut geredet, dem Geheimrat gefallen. Blieb zum Abendessen da. (Der Baron von Loe zog sich beim Geheimrat um.) Nach dem Abendessen gingen der Geheimrat, Fräulein Schröder und ich zum Café <Industrie>, hörten Musik. Ich war guter Laune, erzählte, schwätzte viel. Wir gingen noch zum Löwen; ich wurde <beschwipst>, blieb sehr witzig. Der Geheimrat war mit mir zufrieden. Ich ging ins Bett und schlief gleich ein. Ich hatte zu viel Bier getrunken.

11. Mittwoch

Morgens früh auf, beim Geheimrat etwas geschrieben, ein Glas Fachinger getrunken. Schnell <zum Gericht>; dort eine Sache bringen, herumgedöst, unternehmend, nachmittags aber sehr schläfrig.

Schlief nicht; <keine Nachricht> von Eisler. Schrecklich. Machte das Paket für Cari, kaufte ein, rannte in den Straßen herum und kaufte Haarfarbe, Abreißkalender usw. Schrieb einen ärgerlichen Brief, der aber sehr freundlich war; brachte ihn zur Post. Dort begegnete mir Assessor Hausmann; er wollte, dass ich ihn beim Geheimrat empfehle, war sehr freundlich, liebenswürdig, aber ich war gleichgültig, denn ich sah, dass er sich mit mir >wichtig< machen wollte. Das war <mir> aber doch zu dumm. Trank Kaffee, ging bequem zum Geheimrat. Wir aßen zu Abend, fuhren dann <zum> Apollo, sahen dort Prang[79]; viel gelacht, aber der Geheimrat hört nicht alles. Ein >ziemliches Durcheinander< auf der Bühne. Wir gingen noch ins Monopol; tranken Bier. Dann nach Hause Schnaps trinken. Ich war wieder auf der Höhe und gefiel mir. Nachts nach 3 Uhr kam noch der Baron v. Loe von einem Essen; er war aufgeräumt und guter Laune und hat den Malteserorden an. Ging um 1/2 4 nach Hause, ziemlich munter und aufgeregt.

12. Donnerstag

Bis 11 Uhr im Bett! Schöner Brief von der lieben Cari. Zum Geheimrat; dort zu Mittag gegessen. Ich habe nur noch 2 Geldstücke, die ich nicht anbrechen will. Trank beim Geheimrat Kaffee, dann schrieb ich noch etwas, war fleißig und sah, dass ich noch viel tun muss. Ging nach Hause, dann zur Bibliothek;

---

[78] Ihre Hoheit Kunigunde, Prinzessin von Croy (1864–1931).

[79] Es handelt sich vermutlich um ein Kabarett-Stück.

dort schlief ich vor Müdigkeit fast ein. *Plötzlich sah ich in der neuesten Nummer des Literarischen Echo*[80] *eine Besprechung der Schattenrisse von R. M. Meyer*[81] *Großartig. Ich war außer mir; er lobte sie sehr. Mir gerät doch alles.* Das freute mich wirklich und ich konnte lange nichts tun; bestellte sie gleich beim Buchhändler. Herumgelaufen, nichts getan, zu Hause, auf der Straße, beobachtete mich <selber>; Sensationen bis zur Vernichtung. Im Café Industrie Zunge gegessen und Schokolade getrunken, den Keller[82] in einem Interview gelesen zu meiner größten Freude! Nach Hause; Buch geführt, aber aufgeregt und noch reizhungrig. Cari geschrieben.

13. Freitag

Morgens todmüde. In der Nacht furchtbare, ekelhafte Ejakulation. Um 8 1/4 auf, schnell rasiert. Schöner Brief von Cari, Karte von J. O. [?], der Bücher wieder haben will, die ich ihm längst zurückgegeben habe. In großer Aufregung deshalb zum Geheimrat; herumgesessen. Wenig gesprochen; er war müde. <Ich> blieb zum >Mittagessen<; nachher noch etwas gesprochen. Zurück <nach> Haus. Dort hatte die Hausfrau die Bücher auf den Ofen gelegt. Ich geriet in Wut, schäumte; sie kam, beschimpfte mich gemein, sagte, ich verdiente nichts, ich sei ihr nicht gut, ein Dreckfink usw. Ich blieb sehr ruhig und musste lachen, aber nachher geriet ich wieder in Wut und zitterte; vor so etwas ist man also nicht sicher! Ich war in rachsüchtiger Wut auf meine Mutter, die mich als Kind geschlagen hat, so dass immer diese Sensationen wiederkommen, wenn jemand eine >Szene< macht. Schrieb Cari, ging zum Geheimrat. Wir gingen durch den Hofgarten, spazierten zum Oberlandesgericht, besahen dort Bilder. Dann nach Hause. Zum Bezirksbürgermeister. Ich war gekränkt, hatte immer ein Stechen im Herzen, zitterte und fühlte mich nicht wohl. Wie mir das schadet. Es ist schauderhaft; Dann zu Hause, wo die Vermieterin meine Bücher auf die Erde geworfen hatte. Ich war wieder außer mir, meine Hand zitterte. Ich war ganz kopflos; jedenfalls <gehe> ich morgen hier heraus. Ich will zum Wül-

---

80 „Das literarische Echo. Halbmonatsschrift für Literaturfreunde" (1898–1923, 25 Jge.), Stuttgart/Berlin, Hg. Josef Ettlinger (1869–1912). Nachdruck der Besprechung siehe Anhang, S. 367.

81 Richard Moritz Meyer, dt. Literaturhistoriker (1860–1914), ab 1902 Prof. für dt. Sprache und Literatur in Berlin. Sein Hauptwerk ist „Die deutsche Literatur des 19. Jahrhunderts" (1899), das er u. a. durch den „Grundriss der neueren deutschen Literaturgeschichte" (1902) und „Die deutsche Literatur bis zum Beginn des 19. Jahrhunderts" (1916) ergänzte. Meyer war Schüler von Wilhelm Scherer (1841–1886), Verfasser einer „Geschichte der deutschen Literatur" (1883) und Begründer der Germanistik als akademisch-wissenschaftlicher Disziplin. R. M. Meyer gehörte dem Stefan-George-Kreis an und war der erste dt. Germanist, der über Stefan George schrieb.

82 Keller, lässt sich nicht exakt ermitteln; vielleicht Adolf (1872–1963), schweizer. reformierter Theologe.

fing gehen. Hätte ich erst meine Sachen hier fort. In großer Aufregung, ging hin und her, überlegt, ob ich eine einstweilige Verfügung erwirken solle. Schrieb Cari einen Brief; wütend, müde, aufgeregt, ohne Würde und Ruhe. Lieber Gott, ist das >nicht< gefährlich, was <so eine> Person >vollbringen< kann ... und ich will ein bedeutender Mensch werden und zittere vor den Niederträchtigkeiten einer Vermieterin.

Dritter Teil

Tagebuch
vom 13. Juni 1914 bis 19. Februar 1915

Juni 1914

[Späteres Resümee:] Mai 1912 Düsseldorf; Herbst 1912 M-Gladbach; Weihnachten 1912 Köln bei Lerkas; Mai 1913 Düsseldorf (am Zehnhoff); Weihnachten 1913 Plettenberg.

Wiedergelesen – zum wievielten Male? Am 1. Adventssonntag 1979, las 23. 12. [1973] den <Text vom> 3. 12. 14.

13. Samstag
Während ich das niederschrieb, ist Wülfing tödlich verunglückt, das erfuhr ich 8 Tage später.

Ich habe mir eingebildet, der Mittler für eine gläubige Frauenseele zu sein. Wie ist das zum Lachen. Ein wehendes Blatt, ein verdorrtes Stück Holz als Mittler. Denn nichts ist mehr da; ich bin verloren, und halb <tot>. Ich taumele und schwanke wie ein Verwundeter; mein Gehirn ist müde, matt, welk, dürr. Kein Glaube, keine Verzweiflung, keine Wut, keine Empörung, nur ein klägliches Nichts. Ich kann an alles glauben, und glaube an nichts. Kann es niemandem sagen, wie furchtbar das ist, und dabei habe ich ein liebes, vertrauendes Kind an mich gelockt und stürze sie mit mir in die Vernichtung. Ich bin ein Mörder. Ich bin vernichtet, zu Nichts geworden und habe eine Kinderseele gemordet. Wohin soll ich fliehen; zur katholischen Kirche. Aber ich kann doch nicht. Ebenso gut zum großen Dalai Lama von Tibet oder zu einem Mexikaner-Gott. Nichts mehr, gar nichts. Nicht einmal mehr über meine Nichtigkeit nachdenken. Ende, Irrsinn. Fertig. Aus. Schluss. Mach dich ab. Was bleibst du denn noch hier, du Lump, du Bankrotteur, du Schwindler. Jedes Gespräch, das du führen musst, ist ja Betrug; denn du tust dabei, als würdest du etwas retten, und weißt nichts, glaubst weder an dich noch an den, mit dem du sprichst. Also wozu die Gemeinheit.

In meiner furchtbaren Pein und Seelenangst kann ich mit niemand sprechen. Keiner glaubt mir ja; ich sehe ja so nett und freundlich aus, ich bin ja zu liebenswürdig, einem zuzumuten, dass er mich anhört. Ich weiß ja, die Leute verlangen von einem, dass man ein frischer, gesunder, hoffnungsvoller Mann ist, dessen jugendliche Begeisterungsfähigkeit ihnen gefällt, und ich bin gehorsam und festoniere mich als frischen, gesunden, begeisterungsfähigen jungen Mann. Und bin doch nur ein armer, hilfloser, verzweifelter Nichtsnutz. Und nachts schreie ich zu den stillen, unbekannten Göttern um Hilfe und Rat, bete zur Mutter Gottes und allen Heiligen, aber ich könnte ebenso zu einer Holzkiste beten. Warum sitzt man so alleine in der Welt und bettelt mit den Blicken nach allen Seiten um Hilfe und bleibt allein. Wenn noch etwas in mir ist, diese Angst, die mich inzwischen herumtreibt, die lähmende, vernichtende Angst, verzehrt den letzten Rest und lässt nichts mehr von mir übrig. Ich bin fertig.

15. Montag

Heute hat mir Cari von ihren Verwandten erzählt, von dem frechen, süchtigen, parasitistischen, hochstaplerischen Gesindel und von ihrem lieben, armen Vater, der sie so liebte und in der Liebe zu ihr und in der Hoffnung auf sie seinen Trost vor den Schlechtigkeiten der übrigen Verwandtschaft fand. Ihre Briefe sind unterschlagen worden, um ihr Geld hat man sie betrogen, und selbst ihre Spardose hat man geplündert. *Ich habe den heftigen Wunsch, einmal ihren Vater zu sehen; vielleicht ist es eine Enttäuschung; ich weiß nicht, warum man so etwas wünscht, vielleicht ist es bloß Neugierde.*

Ich hatte Cari wieder unendlich lieb, sie ist so gut und schön. Die Jämmerlichkeit meiner Menschenfurcht und meiner eitlen, pfauenhaften Ruhmsucht wurde mir wieder klar und ich schämte mich. Heute morgen bin ich einmal plötzlich beim Gedanken an die frechen Kerls wie Kurt Hiller[1] und Kluxen erschrocken. Es ist aber rein zum Lachen mit diesen gelähmten Radaubrüdern. Man darf nur nicht mit ihnen sprechen. Das ist das ganze Geheimnis; man muss sich immer bewusst bleiben, dass sie nur mit dem so imponierend reden können, der sich von ihnen unter dem Vorwand der Sachlichkeit einhüllen und für den Dummen halten lässt; das ist die neue Art Haustyrann, die Feiglinge, die gegen ihre Frauen und ihre Kinder alle ihre Launen austeilen, die sich als Napoleon vorkommen, wenn sie sich nicht mehr schämen, vor ihrer Mutter <sich> psychisch >entgleisen< zu lassen oder ihrem Vater Unverschämtheiten

[1] Kurt Hiller (1885–1975), dt. Publizist, Kritiker und Essayist, studierte Rechtswissenschaften. Seine Lehrer waren der Strafrechtler Franz von Liszt und der Soziologe Georg Simmel. Seine Dissertation „Das Recht über sich selbst“ war eine Attacke gegen die Strafbarkeit von Inzest, Selbstmord, Homophilie, Fruchtabtreibung und die sog. Staatsverklärung. Er zählte zum literarischen Expressionismus und begründete im Frühjahr 1909 mit Jakob van Hoddis (1887–1942) die Vereinigung „Der Neue Club“, der Georg Heym (1887–1912) als Dichter entdeckte und die erste expressionistische Anthologie „Der Condor“ bei Richard Weißbach, Heidelberg 1912, herausgab. Politisch entwickelte er sich zum revolutionären Pazifisten und floh 1934 nach vorübergehender Verhaftung über Prag nach London. 1955 kehrte er nach Hamburg zurück.

zu sagen, und denen vor jedem Gendarm oder Polizisten das Herz in die Hosen fällt.

Die Laternenanzünder sind nicht die Kompetenten, wenn es sich um Fragen des Sternenhimmels handelt.

22. Montag

Die Rheinreise mit Cari und dem Herrn Geheimrat. Die liebe, schöne Cari. Aber ich habe viel Wein getrunken und die Welt erscheint mir als die Hölle, wie Swedenborg[2] *sie sah. Es ist entsetzlich, verrückt; Wahnsinn. Wenn man Wein getrunken hat, bist du dem Erdgeist näher.* Schieß dich tot, mach dich hinaus, von dieser Erde fort. Und die liebe, schöne, herrliche gläubige Cari, sie glaubt sogar an den Zweifel. Soll ich mich nicht an die Kleriker halten, sie geben wenigstens Brot, wenn ich auch durste. Ich bekomme einen Brief von der Zeitschrift für den Zivilprozess[3]. Sie will meine Erwiderung nicht annehmen. Mich fasst eine rasende Wut. Aber ich bin ein armer, elender Mensch, allein und hilflos. Wie soll ich mich durchsetzen? Und mit Zittern denke ich an meine schöne, süße Cari. Wie soll sie in dieser Welt fertig werden, in diesem Dreck? Glaube mir, ich bin dir >immer< nah. Es ist Dreck, und jede andere Meinung ist Teufelswerk. Lass dir nichts vormachen. Inzwischen, da ich betrunken war, sehe ich es ein. Der boshafte Schöpfer dieser Welt hat es so eingerichtet, dass man schwankt, wenn man viel Wein getrunken hat, um die Wahrheit unten zu halten; aber es ist doch wahr.

23. Dienstag

Der Geheimrat erscheint mir als Zauberer (er erinnert mich an den alten, unheimlichen Geheimrat, der in H. H. Ewers[4] „Alraune", der alles doch gut beobachtete, aber total verkitschte und nicht zu Ende dachte.) Balzac muss auch so etwas gehabt haben. Wie kommt es, dass er über so geheime Verbindungen, unheimlicher, unreeller aber höchst zweckbewusster Mächte im Werk <so gut> Bescheid weiß. Alchemisten, Juden, >Freimaurer<, das sind so die

---

2 Emanuel Swedenborg (1688–1772), schwedischer Naturforscher und Theosoph, dessen religiöse Spekulationen ihn nach einer glänzenden wissenschaftlichen Laufbahn mit Kontakten zu I. Newton, J. Flamsteed, E. Halley und Ch. Wolff in England 1744/45 zu einer religiösen Wende führten, die in Christusvisionen gipfelte und zur Aufgabe seiner wissenschaftlichen Tätigkeit zugunsten der Hinwendung zu einer visionären Theorie der spirituellen Welt. Carl Schmitt bezieht sich auf die visionäre Schrift „Himmel und Hölle", 1758.

3 Gegründet 1888 von dem Landgerichtsrat H. Busch; sie erscheint noch heute im Carl Heymanns Verlag, Köln.

4 Hanns Heinz Ewers (1871–1943), dt. Schriftsteller, schrieb phantastische Erzählungen und Romane, in denen er erotische, sadistische und okkultistische Motive verwendete, u. a. den Roman „Alraune. Die Geschichte eines lebenden Wesens", 1911.

Figuren, denen man die Zaubermächte zuschreibt; der Schatzgräber (heute dem Zeitalter des Kapitalismus ist kein Platz mehr für ihn). Der Geheimrat begibt sich daher mit Recht unter Kapitalisten. *Vor dem Juden gibt es kein Geheimnis; der Geheimrat ärgert sich über die Erfolge der Juden und wittert Schlechtigkeit dahinter. Es ist aber nur der Mangel an jeder Schlechtigkeit, was sie so vorwärts bringt, die Unfähigkeit zur Zauberei.*

[Am Rand:] *Wiedergelesen 1965*

Die schöne Cari, wie schaut sie in edler, innerster Treuheit ins Weite, wie ein Engel im <Himmel>, der mit ruhigem Mut an den Tod denkt. Sie ist ganz ohne Eitelkeit, ohne jede Eitelkeit; sie ist ungeheuer groß. Das bedeutendste moralische Phänomen, das mir je begegnete. Ich weiß nicht, ob ich ihrer würdig bin. Es macht mich stolz und >herrisch<, sie mein zu wissen. Sie schaut die <Leute> schön an und kennt sie sofort, sie hat kein Erbarmen, sie kennt keine Gnade, sie ist unerbittlich. Der Charakter ist unveränderlich. Die Menschen fühlen, dass sie unzugänglich ist für jede Qual und jede Enttäuschung, jede Freude, ebenso <für> eine Herzlichkeit (die schwierige, verwunschene Herzlichkeit) und hassen sie. *Wie richtig ist die Frau Hammenstede von ihr beurteilt: unter anderen Verhältnissen wäre sie Pfandleiherin oder Kartenlegerin; oder die Medizinerin Fräulein Heinz: sie ist eine* [zwei Wörter nicht lesbar] *oder eine Masseuse, der Geheimrat: vielleicht Tüncher, Bäckermeister; die Nichte: das lahmende Mädchen; Frau Schilling: die Kinderaufseherin; Geheimrat Fervers: der …* [mehrere Wörter nicht lesbar] *privatisierender Kutscher.*

[Am Rand links:] *Damit imponierte sie mir, besonders mit der Masseuse.*

24. Mittwoch

Es gewährt mir eine große Beruhigung, daran zu denken, dass ich schon vor Jahren in derselben Verzweiflung lebte wie heute, jammerte und weinte und keinen Ausweg sah, und dass ich doch heute noch lebe. Ich muss mir sagen, es wird auch wohl immer so bleiben im ganzen Leben bis zu meinem Tode. Ich versenke mich gerne in die Erinnerung an die furchtbare Zeit der Zweifel und des Elends, um mir über meine jetzigen Zweifel hinwegzuhelfen. Lösen kann man sie doch nicht, zu helfen ist mir nicht, also suche ich zu vergessen.

[Am Rand:] Wiedergelesen 25. 3. 1965, 8. 12. 73)

25. Donnerstag

Brentano[5] (nach Bonaventura[6])

Sie setzt sich nachts hin, wenn sie durch ihr schlechtes Leben ein Heer von wimmelndem und interessantem Ungeziefer in sich ausgebrütet hat und lässt den >Echinus<[7] auf dem Papier sich entleeren; das geht [fast eine Zeile nicht lesbar]. Aber die Art, sich >auszudrücken< ist doch eine ekelhafte Geschichte. Das sind die Zerrissenen und Zerschlissenen. Ein Zeichen von nichts und sollten sich lieber umbringen und still beiseite treten. Ein Mensch wird zum Mörder aus Wut über seine eigene Trägheit, über seine Nichtigkeit, über seinen Mangel an Mut und Kraft, über die gänzliche Eindruckslosigkeit, die sein Auftreten hat; er schlägt einen Schaffner tot, der ein Coupéfenster schließt, das er geöffnet haben möchte.

Zur Psychologie des Mörders: Der Mord aus Impotenz, die Wut über die eigene Nichtigkeit äußert sich in einem Streben nach Vernichtung eines anderen, an dem man seine Nichtigkeit erfährt.

Ich sehe in der Welt nur Bosheit und Gemeinheit, vielleicht nur deshalb, weil in mir selbst sehr viel Böses und Gemeines ist. Ich ertappe mich auf sinnlosen Wünschen, wie ich meine Wut auslassen und befriedigen kann. Die schöne, liebe Cari, sie ist die einzige, an deren Edelmut ich glaube. Sie hält mich für einen edlen, furchtlosen Menschen, und ich selbst komme mir vor wie ein wandelnder Morast, voll von Unken und Kröten, wie ein heiliges Phantom und ein öder klappernder Mechanismus. Ich lüge und stehle.

Abends 1/2 12

Ich hatte mich von Cari in der Venloer Straße verabschiedet und sie zum Kloster gebracht und bin um 10 Uhr zur Bahn gegangen und saß gemütlich im Zug, der 10.15 abfahren sollte, als Cari plötzlich erschien, aufgeregt und außer Atem und mir erklärte, sie könne nicht ins Kloster, da die Tür abgeschlossen sei. Ich wurde in meiner Behaglichkeit gestört, geriet in schlechte Laune und war unfreundlich, statt die Situation zu übersehen und mir in Ruhe zu sagen, dass hier alle Vorwürfe und Ratschläge denkbar dumm und hässlich wirken müssen, wenn das arme, herzliebe Kind sich ängstigt und der Freundlichkeit bedurfte, statt billiger Weisheit in polternder Zurechtweisung. Es gelang dann schließlich doch, ins Haus zu kommen. Ich hockte eine halbe Stunde lang im Korridor des

[5] Clemens Brentano (1778–1842), dt. romantischer Dichter.

[6] Bonaventura, Pseudonym für den Verfasser des romantischen Romans „Die Nachtwachen des Bonaventura" (1804), wahrscheinlich aus der Feder von Ernst August Klingemann, aber auch F. W. J. Schelling, C. Brentano, F. G. Wetzel, E. T. A. Hoffmann und anderen zugeschrieben. Der Roman enthält die pessimistischen, groteskphantastischen Visionen eines fiktiven Nachtwächter. Lit. darüber zu Anfang des 20. Jh.: Franz Schultz, Der Verfasser der Nachtwachen des Bonaventura, Untersuchung zur dt. Romantik, Berlin 1909.

[7] Echinus = Seeigel.

Klosters und kam mir komisch und lächerlich vor, hatte aber doch das Gefühl, dass ich vielleicht für etwas büße, und war deshalb heimlich beruhigt. Cari kletterte schließlich an dem Zaunlatten des Spaliers in ein Fenster und kam so ins Kloster. Ich fuhr nach Hause, hatte Gewissensbisse und machte mir heftige Vorwürfe.

26. Freitag
Durch Cari haben sich alle meine Träume erfüllt. Sie ist schön, graziös, voller Liebenswürdigkeit und Abwechslung, phantastisch treu und ergeben und tut mir alles zu Willen. Meine ganze Launenhaftigkeit wird befriedigt, und doch nicht in würdeloser Weise. Ich weiß nicht, welchem unerhörten Glückszufall ich es verdanke, dass ich ihre Liebe gewonnen habe. Und doch weiß ich es nicht zu schätzen, und wenn es einen Beweis dafür geben sollte, dass diese Erde die Hölle in realitate ist, so kann es keinen strengeren geben als den, dass ich mir meines Glückes viel zu wenig bewusst werde, nachdem ich vielleicht als einziger Mensch einer solchen Erfüllung aller Wünsche teilhaftig werde. Mir sitzt der Stich meines bösen Gewissens im Herzens; ich bin unfreundlich, gemein, hässlich, geradezu grob und abweisend, wo sie hingebend, gütig, ergeben und voll edler Liebe zu mir ist. Ich will mich bessern und Vorsätze fassen.

[Späterer Randvermerk:] Der Glückspilz, Roman von Alice Berend[8].

Ich komme nach Düsseldorf nach Hause, schon in innigster Heftigkeit, einen Brief zu Hause vorzufinden, der mir irgendeinen Ausblick zeigte; ich möchte Ruhm und Geld erwerben, möchte aus meiner elenden Abhängigkeit heraus, möchte die drückende Geldsorge los werden und die Wut darüber, dass ich und meine schöne, herrliche Cari uns in der Angst um den kommenden Tag verzehren müssen, während tausende alberne, schwatzhafte oder freche Schweine und Schufte sich dreimal täglich satt fressen können. Ich machte also die Tür auf, aber auf dem Tisch liegt nichts, kein Brief; ich könnte alle verachten und fröhlich zusammen erschlagen. Ich müsste mir das Leben nehmen.

Aber wieder lächelt die tröstende Erinnerung: In solcher Verzweiflung bist du schon oft gewesen und lebst doch noch. Aber wer dieses Leben schön findet, ist eine glatte Null, und wer meint, man könne es im Leben gut haben, ist ein Windbeutel oder ein Idiot oder wahrscheinlich beides.

Matth. 23,9[9]: Et patrem vestrum ne quemquam vocate in terra: unus est enim Pater vester, qui in coelis est. Und jüdisch!

[8] Siehe S. 13, Anm. 36.

[9] Und sollt niemand Vater heißen auf Erden; denn einer ist euer Vater, der im Himmel ist.

Nichts ist mir verständlicher und sympathischer als die Meinung Machiavellis[10]: Wenn alle Menschen in der Welt gut waren, so wäre es eine Schlechtigkeit zu lügen und zu betrügen. Wenn aber offenbar alles nur Pöbel und Gesindel ist, wäre es eine Dummheit, edel und anständig zu sein. Aus dieser Theorie spricht nur der gute, enttäuschte Mensch, die Empörung eines edlen Gemüts über die blinde, unbelehrbare, unwiderlegbare und unangreifliche Gemeinheit, die jeder, der in der Welt steht, jeden Tag und jede Stunde um sich herum beobachten kann.

Als der Mensch die Buchdruckerkunst erfunden hatte und seine Gedanken niederschreiben konnte, brauchte er keine Dome mehr zu bauen, weil er das, was er zu sagen hatte, in Büchern niederschreiben konnte (Victor Hugo)[11]. Als der Affe gelernt hatte, statt auf wirkliche Bäume auf Stammbäumen herumzuklettern, war aus ihm schon ein zivilisierter Kulturmensch geworden.

28. Sonntag

Heute war ich bei Wülfing im Krankenhaus. Die Symptome der Todesnähe sind bereits eingetreten: spitze Nase, Schlucker, Todesgähnen. Ich war erschüttert, eigentlich von Angst um mein eigenes Leben gepeinigt, weil ich einsehe, wie jämmerlich dieser Rausch, den man das Leben nennt, endet. Wie schnell und kläglich alles zu Ende geht und die paar Tage Gnadenfrist, die ich mehr habe als er, kommen doch nicht in Betracht neben der Gleichheit des Endes. Ich fuhr nach Köln, sprach ernst und freundlich mit Cari, hatte sie lieb; wir haben uns jeden Tag inniger lieb, ich denke aber mit Entsetzen daran, dass ich diese liebe, hingebende edle Frau vielleicht einmal in eine elende Mietwohnung stecken muss; aber lieber nehme ich mir das Leben.

Als ich nach Hause zurückgefahren war und im Kaiserhof zu Abend aß, kam der Referendar Capelle, der dort mit seinem Verhältnis ebenfalls zu Abend aß, auf mich zu und erzählte mir, dass der Thronfolger von Österreich mit seiner Frau von einem Serben erschossen worden sei. Ich war vernichtet, rannte zum Geheimrat, der nicht zu Hause war, ging auf mein Zimmer; konnte nichts arbeiten, schrieb Cari zu ihrem Namenstag einen ernsten, innigen Brief, rannte herum und war nur mit den letzten Dingen des Menschen beschäftigt. Allmählich kehrte meine Ruhe wieder. Ich las etwas, wurde beinahe frivol und erkannte mit welcher schauerlichen Zähigkeit ich am Leben hänge und wie ich bei aller Ergriffenheit immer an meinen Vorteil zu denken weiß. Das beruhigte mich heimlich über meine Zukunft; denn sonst sah es elend aus: Ich habe kei-

10 Niccolò Machiavelli (1469–1527), it. Schriftsteller und florentinischer Staatsdiener.

11 Victor Hugo (1802–1885), frz. Dichter. Die Sentenz stammt aus dem Traktat zum „Lob der Buchdruckkunst", der sich in dem 5. Buch des Werkes „Notre-Dame de Paris" (1831) findet.

nen Pfennig Geld, nur Schulden, meine Cari hat kein Geld; die paar Quellen, von denen ich die letzte Zeit gelebt habe, werden schnell versiegen.

Beginn eines Aufsatzes so: Andererseits lässt sich nicht leugnen, …

Für den Geheimrat ist der Gedanke der Nichtigkeit alles Irdischen nur da, um ihm eine Waffe gegen die Erfolge seiner Feinde zu geben und um seinen Neid und seine gemeine Trägheit zu >tarnen<. (vielleicht der Grundgedanke des ganzen Katholizismus: Er macht aus allem einen Zweck und verrechtlicht das geistige Leben.) Das ist das Gemeine; dabei macht er den Kuppler um seine Nichtigkeit <zu übertünchen>, schiebt seine vertrauten Genossen in die wichtigsten Stellen, obwohl er die Unwürdigkeit seiner Schützlinge kennt, ist ungerecht, führt üble Nachreden aus schlechter Laune wie ein quatschiges Weib und ist im Ganzen prahlerisch und unzuverlässig. Ich sehe inzwischen, dass er keine Seele hat und mir gleicht; nur hat er das mit 25 Jahren getan und ist darüber Greis geworden.

29. Montag

Heute Morgen um $^{1}/_{2}$ 10 ist Wülfing gestorben. Ich sah seine Leiche; er ist nicht wiederzuerkennen. Auf dem Nachttisch stand der Rasierapparat und das Mundwasserglas mit der Zahnbürste, die er noch vor wenigen Stunden benutzt hatte. Ich hatte immer die Vorstellung, der Leib fällt wie eine Frucht vom Baum.

Aller Erfolg in der Welt ist auf die Wetterlage zurückzuführen, und wenn Voltaire[12] meint, <dass es genüge, um> langweilig zu sein, alles auf einmal sagen zu wollen, so hat er recht. Auch das gehört in diesen Zusammenhang. Alles muss entwickelt werden, Stück für Stück, allmählich. Es gibt nichts Wesentliches; lächerlich das Bedürfnis, immer alles nur provisorisch zu tun, damit es erledigt sei und der Tisch rein werde fürs eigentlich Wichtige. Wer jeden Abend sich freut, dass wieder ein Tag erledigt ist, wer bei allem das Gefühl hat, du versäumst darüber vielleicht das Wesentliche, ist ein armer, bedauernswerter Mensch. Er wird nie etwas leisten, weder etwas Wesentliches noch etwas Unwesentliches. Er jagt einem Truggebilde nach. Ebenso der, der erst „mit sich <im> Reinen sein will“, ehe er einem Beruf nachgeht, der meint, er brauche sich nur „über sich selbst im Klaren“ sein, dann würde er schon von selbst fröhlich und arbeitsam werden. Es ist nicht wahr. Nur frisch irgendwo angefangen, nur nicht an das Wesentliche denken. Wie ist die Sprache geschaffen worden? Drückt sie das Wesentliche an den Dingen aus? Keineswegs. Und so ist es mit aller schlechten Arbeit.

---

[12] Voltaire, eigentlich François Marie Arouet (1694–1778), frz. Schriftsteller und Philosoph.

Ich habe noch 20 Pfennig in der Tasche. Es lebe der Ernst des Lebens.

Da soll einer nicht grimmig lachen: Der Thronfolger von Österreich und seine Gemahlin werden erschossen von einem 19jährigen Gymnasiasten, der Prinčip heißt.

Juli 1914

5. Sonntagabend

Ich bin in zitternder, sinnloser Sehnsucht durch die Straßen gegangen, habe ein Glas Bier getrunken und ein Butterbrot gegessen und sitze in meinem Stübchen. Ich setze mich zurecht um zu arbeiten, ein langes Urteil zu entwerfen, und das beruhigt mich schon. Wohnte ich einmal mit Cari zusammen, ich wäre glücklich. Könnte ich sie nur glücklich machen. Könnte ich ihr nach 10 Jahren, nach 20 Jahren und immer wieder sagen: *Ich habe Dir gegeben, nicht was ich Dir geben konnte, alles, was mein Gewissen mir erlaubte und befahl, habe ich für Dich getan. Ich habe jetzt nur noch die eine Sorge, dass es dich glücklich gemacht hat und dass du es nicht bereust, von mir etwas angenommen zu haben. Oft meine ich, dich, dein Leben, deine Schönheit in den Händen zu haben. Wenn ich dann deiner Schönheit bewusst werde, dann scheint mir meine Hand zu schlecht und hässlich zu sein und ich möchte weinen.* Nur den einen Wunsch und die eine Sehnsucht habe ich: nach 10 und 20 Jahren bis zu unserem Tod, noch auf dem Sterbebett, will ich dich fragen dürfen, ob ich dich froh und ruhig gemacht habe, um von Dir die Antwort zu hören, dass du zufrieden bist, dass dein Leben in meines geflossen ist und beide wie ein großer Strom zum Meere eilen.

Diese Woche ist Wülfing gestorben. Ich werde dumm und verrückt, wenn ich darüber nachdenke. So etwas Sinnloses ist mir noch nicht begegnet. Ich schaue auf den Kalender: Uno ex his >marieris< (eine von diesen wirst du heiraten).

6. Montag

Der alte Geheimrat hat schon zu viel Erfahrungen mit Menschen gemacht, als dass er große Menschenkenntnis haben könnte. Wer auf einem Gebiet Erfahrungen gemacht hat, versteht nichts davon.

Seitdem ich einige Erfahrungen gemacht und an mir selbst gesehen habe, welche Mühe es macht, über die Schmerzen und Enttäuschungen des Lebens hinwegzukommen, betrachte ich jeden älteren Menschen mit größtem Respekt, weil ich in ihm ein Gefäß von Gedanken und Bildern sehe, die die Perlen und Sterne des Lebens verdecken. Um so mehr gerate ich dann in Wut, wenn ich feststellen muss, dass die meisten Menschen überhaupt keine Fähigkeit haben,

Erfahrungen zu machen, dass sie ein langweiliger, stinkender Sumpf sind, der sich nach jeder Erschütterung durch andere Menschen sofort wieder in seine träge Quatschigkeit glättet.

Mein Gesicht ist immer ganz Eindruck; es müsste immer ganz Ausdruck sein.

An Rathenau: Eine transzendente Vernunft scheint sich hier individuell <meiner> zu erbarmen und mich durchs Mittel der Sorge um den kommenden Tag in die Tätigkeit zu führen, die mir die Hölle >erträglich< macht.

10. Freitag

Wer so lange wie ich mit Wölfen geheult hat, braucht eine raue Stimme.

Brief eines Adjunkten bei der Rota Romana: Man darf einem Kardinal keine Gutachten eines berühmten Kanonikers vorlegen, sonst verliert man seinen Prozess, <bzw.> läuft Gefahr, seinen Prozess zu verlieren.

Ich war gestern Abend beim Geheimrat. Der Neffe, der Benediktiner, war von einer Reise zurückgekommen. Er benahm sich seiner Mutter gegenüber sehr roh und gemein, dass mir schaudert, diesen Menschen mir als Mönch oder am Altar zu denken. Er erzählte Witze über seine Mutter, machte sie zum Gelächter der Proleten, die mit am Tische saßen und aus Leibeskräften lachten. [Die nächsten beiden Sätze sind nicht lesbar]. Ich habe einen solchen >Vertreter< der Priester <noch> nie erlebt. Das fand ich zum Totlachen. Ich war >schockiert<; ich habe mit größter Bestimmtheit bemerkt, dass er es vermeidet, mir die Hand zu geben, dass er mich bis zur Unerträglichkeit schneidet; >warum< das geschieht, weiß ich nicht. Wahrscheinlich ist es der Instinkt, den Kleriker gegen den Gnostiker hat. [Mehrere Sätze unleserlich]

Als ich das Geld vom Geheimrat bekommen hatte – er war sichtlich unangenehm berührt, mir Geld geben zu müssen, obwohl er mir gestern großartig versprochen hat, er würde mich nicht in finanziellen Schwierigkeit im Stich lassen; inzwischen sind 40 Mark schon zuviel. <Ich> ging in sein Arbeitszimmer, setzte mich in den bequemen Sessel und hörte, wie im Nachbarhaus auf einem Klavier und einer Geige das Largo von Händel[13] gespielt wurde. Das war wunderschön und ein Trost. Aber ich war entschlossen, mir das Leben zu nehmen, denn diese Schande und dieses aufreibende Elend halte ich nicht länger aus.

Ich sehe meinen Leib und hasse ihn. Der Tod steckt in diesem Fleisch. Vielleicht ist er ganz nah; wie bei dem armen Wülfing, den ich inzwischen nicht mehr anpumpen kann. Vielleicht weht der Tod mit dem kalten Lüftchen, das

[13] Georg Friedrich Händel (1685–1759), dt.-eng. Komponist (1727 in England naturalisiert); Largo aus der Oper „Serse“ (Xerxes), 1738.

ich fühle, über meine Wangen, vielleicht liegt er unter meinem Bett, vielleicht steckt er im Schrank oder in den Kirschen, die auf dem Tisch liegen, ich fühle seinen Hauch, <seine> kalte schweißklebrige Hand und erzitterte.

Ich trage seit einigen Tagen keinen Kneifer mehr und fühle mich verändert, misstrauisch, selbstherrisch, rücksichtsloser. Dabei ist mir die moderne Brille ganz selbstverständlich geworden.

11. Samstag

Allmählich wird mir doch Angst vor der Ehe mit Cari. Ich muss immer wieder beobachten, dass sie überhaupt kein Verhältnis zur historischen Wahrheit hat; die Subjektivität, mit der sie alles, was sie selbst erlebt oder getan hat und was sie an fremden Leuten beobachtet, umdichtet, bis zur falschen >Schlussfolgerung< wendet, und dann die Heftigkeit, mit der sie jeden Versuch einer Richtigstellung beleidigt und >unwirsch< zurechtweist, sollte mir zu denken geben. Ich bin ohnmächtig dagegen und verlasse mich auf die Anständigkeit einer Frau, die nur zu schweigen braucht, um mich als Lumpen und zudringlichen Patron >zurechtzuweisen<, auch wenn ich dreimal Recht habe. *Die Gewaltsamkeit, mit <der> ich mich zwang, wiederum an meine Idylle zu glauben; mir wird vor der Ausschließlichkeit, mit der sie jeden anderen Menschen als Polterer oder Intriganten hinstellt, doch allmählich bange, nachdem ich mir eine Zeitlang geschmeichelt hatte, dass ich in ihren Augen der einzige achtbare Mensch war. Es geht doch nicht ohne Objektivität und gesunden Menschenverstand im Leben. In der Philosophie wohl, auch in der Liebe, aber nicht in der Ehe.*

12. Sonntag

Ich wasche meine Hände in Unzurechnungsfähigkeit.

14. Dienstag

Plötzlich erwacht mein Mut und mein Stolz wieder; ich sehe die Elendigkeit der Assessoren und der ganzen Menschheit mit herzlicher Verachtung und bitte mich selbst aufrichtig um Entschuldigung, dass ich mich jemals mit solchem Geschmeiß irgendwie gleichgestellt habe.

16. Donnerstag

Ich beobachtete im Zug die schlechthin unwiderlegbare Arroganz eines Mädchens, dessen Stolz keine Grenze mehr kennt, weil es ihm gelungen ist, sich mit einem Referendar zu verloben.

17. Freitag
Mein Leib erscheint mir als mein Feind, (und weil ich als guter Christ meine Feinde liebe, deshalb tue ich ihm schon mal einen besonderen Gefallen). Mein Leib ist der Kerker. Ich besteche den Kerkermeister, der mich quält. Der gönnt mir ein schönes Mädchen. Dann wird der Kerker für einige Zeit ein ganz angenehmer Aufenthalt. Ich war heute morgen bei dem Referendar Hagengut und dessen Braut, der sich in Schwierigkeiten befindet und in London trauen lassen will. Ich erschrak über die Ehrlichkeit dieses Mädchens mit der [ein Wort nicht lesbar]. Es kam mir vor, als müsste ich zusehen, was ein anderer [eine Zeile nicht lesbar] ganz an mir beobachtet. Als ich zu dem Referendar Hagengut hinkam und ihm meine Referate gab, freute ich mich und war stolz, wieder fremde Menschen kennen gelernt und ihnen imponiert zu haben. Ich fühlte mich gleich wohl, hatte große Lust, mich ihm anzuschließen und nicht wieder wegzugehen. Das ist ein gemeiner parasitischer Instinkt, der mir bei vielen Leuten hilft. Es gibt viele Menschen, die einen solchen Instinkt haben und in Wut geraten, wenn andere sich von ihrer Einnisterei mit Abscheu fortwenden, <denn besonders der> Frau gegenüber sind sie interessiert. Sie schlängeln sich mehr, machen sich Schritt für Schritt zu Vertrauten und kriechen schließlich >ungeniert< zu der Frau ins Bett. Auch zu jeder Frau, die sie kennen.

18. Samstag
Chinesische Mauern kann man nur umlachen.

19. Sonntag
Ich werde müde und mutlos vor soviel kleinstem Widerstand, wütend, rachsüchtig, sensationslüstern, geil; gerate in Wut, wenn ich nur die Stimme der Nichte des Geheimrats höre.

20. Montag
(Im Gespräch mit dem Mediziner Trens, der beim Geheimrat zu Besuch war). Es gibt kein anderes Leben als das tägliche Leben (gegen die Literaten und Agitatoren). Die hohlen Worte fielen aus seinem Munde wie dürres, totes Reisig vom Baum. Ich subsumiere immer. Es gibt viele Menschen, die immer subsumieren; die meisten, aber ich bin imstande, auch rasch die nötigen >Zuhörer< wie Gaffer zu finden. Das ist der Unterschied; das hat mir die Natur verliehen. So kommt es, dass ich kein langweiliger Kerl bin.

21. Dienstag
Plötzlich befällt mich ein abgrundtiefes, unerklärbares und unwiderlegbares Misstrauen gegen Cari. Warum? Sie merkt es und ist freundlich. Ich sehe aber

an ihrer Freundlichkeit einen weiteren Beweis dafür, dass ich recht habe, denn sonst müsste sie sich gekränkt fühlen. Wenn eine Frau ihren Mann misstrauisch werden sieht und doppelt liebenswürdig ist, so stimmt etwas nicht. Woher nun also mein Misstrauen, das mich quält, das mich aber nicht zornig oder unruhig macht, sondern dem ich still halte, wie wenn ich einem Schicksal gegenüberstände, in das ich mich gefunden habe; wie ein Mensch der am anderen Tage hingerichtet wird und gefasst der schrecklichen Stunde entgegensieht, ohne eigentlich die Schrecklichkeit zu empfinden. Das ist das Gefühl des Unabänderlichen. Es kommt, und wer klug ist, sagt nichts und wehrt sich nicht.

Wie willst du dich gegen den Tod wehren?

Ich erkläre mir mein Misstrauen gegen Cari so: Heute morgen habe ich Weininger gelesen, mit dem jungen Trens über Strindberg gesprochen, und mein Misstrauen ist vielleicht lediglich aus dem Erwachsen eines frauenfeindlichen Komplexes zu verstehen. Es ist auch möglich, dass dieser Komplex nur infolge meines Misstrauens erwacht ist; oder endlich, dass eine Parallelität besteht. Jedenfalls: Wie das Misstrauen psychologisch entstanden sein mag; die Frage, ob es berechtigt und begründet ist, hat mit seinem Entstehen nichts zu tun.

[Am Rand links unten:] Wiedergelesen 10.2.48, 20.9.52, 2.6.53, 13.3.65.

Vielleicht haben Weininger und Strindberg meinen Blick geschärft. Vielleicht hat aber auch das, was ich gesehen oder gefühlt habe, mein Interesse an Weininger und Strindberg hervorgerufen und meinen Blick für ihre Richtigkeit geschärft. Das mag alles sein, wie es will. Jedenfalls empfinde ich: *Meine Cari geht mich nichts mehr an, sie steht in der Sekunde fremd neben mir und ihre freundlichen Worte erscheinen mir als ein Fächer, hinter dem sie sich versteckt und mit dem sie sich Kühle zufächelt vor meiner Hitze. Ich bin also meiner Cari nicht sicher. Der Mann kann einer Frau nie sicher sein.* Wer meint, mit der Ehe oder dem dauernden Zusammenleben die Frau festhalten zu können, handelt so töricht wie der Schildbürger, der die Sonne in der Mausefalle fangen wollte.

Meiner Stimmung nach ist die Richtigkeit meiner Ansicht so bestimmt wie die Richtigkeit der Erkenntnis des Todes, der hinter allem >Leben< steht. *Der Schauder und die Ruhe, die ich bei Wülfings Leiche empfand, empfinde ich jetzt gegenüber der Cari. Meine Erkenntnis hilft mir nicht zum Handeln. Ich müsste mir denn das Leben nehmen. Das habe ich längst eingesehen und lebe doch noch. Warum hat Weininger sich das Leben genommen?*

Ich bin müde, ich kann nicht arbeiten, ich bin wie tot, lasse das Leben weitergehen, erkenne hunderttausend Lügen und sehe, dass es ohne Lügen nicht mehr geht. Nun kommt eine Karte von Däubler. Er ist vielleicht noch mein Unglück. Warum verfolget mich der Selbstmordgedanke so unheimlich und so überzeugend, dass ich kaum noch entgehen kann. Die Versuchung? Die Vollstreckung? Vielleicht liegt mein Kopf schon auf dem Schafott und meine jetzige Angst und Schlappheit sind nur das Zeichen, dass das Beil schon fällt.

Mein Buch über den Staat ist auch eine Lüge, weil es methodische Klarheit gewinnen will und so natürlich vorgeben muss und alle Leute fallen darauf herein. Wer hilft mir da herauszukommen. Jede Stilisierung erscheint mir als Lüge, fauler Zauber, abhängig vom Publikum, vom Adressaten. (Jeder Bettler ist davon abhängig!)

23. Donnerstag

Heute, in einer Zeit, da sich die Frauen nicht mehr ihrer Hässlichkeit und die Männer nicht mehr ihrer Feigheit und Dummheit schämen ...

Sonnabend, 2. August 1914 [<Zusammenfassung vom 24. Juli–2. August 1914>]

24. Freitag

Ich bin am Freitag, den 24. Juli, nach Bussingen abgereist, um meinen Onkel zu besuchen und um Geld für die Zeit meines Assessorexamens zu bekommen. Cari brachte mich in Köln zur Bahn, wir verabschiedeten uns herzlich, ich kaufte die Zeitung und fuhr ab. In der Zeitung stand das Ultimatum Österreichs an Serbien. Ich wusste gleich, dass nun mindestens ein Krieg zwischen Serbien und Österreich beginnt. Auf der Reise durch die Eifel dachte ich oft traurig an Cari, die in ihrer Einsamkeit so tapfer und unermüdlich ist und nicht bange wird und deren Liebe und Güte nicht nachlässt. Ich kam in Bussingen an, fuhr mit dem Automobil zum Schluss, aß mit dem Onkel André zu Abend und musste etwas Erörterungen über die Unklugheit meines „Verhältnisses" mit Cari überstehen. Aber ich bewährte mich als guter Steinlein[14] und hörte es ruhig an, um Geld von ihm zu bekommen. Doch hatte ich meine Freude an seiner vernünftigen und praktischen Art. Ich schlief in dem Zimmer neben dem Badezimmer; man hatte nichts vorbereitet. Ich war empört über diesen Mangel an Aufmerksamkeit.

25. Samstag

Am anderen Tag wollte ich schon wieder fahren. Doch kam am Nachmittag der Vetter. Wir holten ihn ab, unterhielten uns gut und nett. Ich kam zu keiner Arbeit, obwohl ich mir eine dicke Sache mitgenommen hatte. Am

[14] Steinlein, Familienname der Mutter von Carl Schmitt.

26. Sonntag
fuhren wir nach Diedenhofen, Zeitungen kaufen. Es schien, als wäre der Krieg zu vermeiden.

27. Montag
mittags fuhr ich mit André nach Straßburg an Saarburg vorbei; die Stimmung wurde immer gedrückter, der Krieg kam heran, ich hatte Sorgen und Gewissensbisse. Eisler holte uns ab, wir tranken Kaffee, gingen in die Pension, aßen im Hühnerloch zu Abend, schrieben an den Zwiebelfisch unter frohem Lachen den Negelinus-Brief[15] (mit der bescheidenen Rechnung); müde ins Bett, viel zu viel Wein getrunken. Ich habe Cari jeden Tagen geschrieben, sie mir auch. Abends hörte ich mit Eisler zusammen Calker im Kolleg; dieser war sehr freundlich und lud mich für den folgenden Vormittag ein.

28. Dienstag
Am folgenden Vormittag fuhr ich mit dem Vetter nach Colmar, die Grünewalds besehen. Die Fahrt nach Colmar ist herrlich, die Vogesen wunderschön; die Grünewalds sind prachtvoll und ergreifend. Ich unterhielt mich glänzend mit dem Vetter. Wir aßen mit Eisler in einer kleinen elsässischen Wirtschaft reichlich zu Mittag, ich ging Jung besuchen, unterhielt mich angeregt und geriet in freudigen Eifer; dann zu Calker, der mir überraschende Vorschläge machte und mich als Landrichter und Dozent nach Straßburg haben möchte (obwohl doch schon Eisler da ist). Eisler will sich gleich zu den Soldaten stellen; ich hätte es auch gerne getan. Nachdem ich mich von Calker verabschiedet hatte, ging ich zum Vetter, dem ich sehr imponierte, dann zu Eisler; wir sprachen über die Habilitation; Eisler war grundanständig. Ich gab ihm 10 Mark, abends im Bahnhof trafen wir mit dem Vetter zusammen. Ich reiste die Nacht durch (im Zug ein Philologe, der eine wissenschaftliche Reise macht, um eine vollständige Tertullian-Ausgabe[16] zu veranstalten).

---

[15] Der Negelinus-Brief an den „Zwiebelfisch", u. U. z. Hd. Franz Blei, dürfte verlorengegangen sein. Unter dem gemeinsamen Pseudonym Johannes Negelinus veröffentlichten Fritz Eisler und Carl Schmitt die Satiren der „Schattenrisse" 1913. Franz Blei nimmt darauf 1922 im Vorwort der 1. Auflage seines „Bestiariums der Literatur" Bezug. Die Autoren der „Schattenrisse" fanden den Namen Negelinus in den 1515 bis 1517 anonym veröffentlichten mimischen Satiren der „Epistolae Obscurorum Virorum" oder „Dunkelmännerbriefe" (I. Teil, 18. Brief u. II. Teil, 58. Brief).

[16] Quintus Septimus Florens Tertullianus (160–220), lat. Kirchenschriftsteller, 195 Übertritt zum Christentum, Mitglied der christl. Gemeinde in Karthago, von der er sich um 205 trennte, um sich der Sekte der Montanisten anzuschließen. Trotz seiner Trennung von der röm. Kirche zählt er zu den bedeutendsten Lehrern der alten Kirche. Er

29. Mittwoch

Todmüde nachts in Düsseldorf an und lange geschlafen. Als ich am anderen Morgen zum Geheimrat kam, war wieder der ganze Ekel und die ganze Beengung da und ich fühlte mich wieder als Sklave und gemeinen Diener. Am 29. abends war schon alles in Kriegsstimmung. Am

30. Donnerstag

hörte ich mit Cari in der Breiten Straße in Köln, dass Deutschland mobil mache; das Gerücht war verfrüht. Wir gerieten in heftige Aufregung; Cari war aber sehr klug und tapfer. Am

31. Freitag

wurde der Kriegszustand erklärt. Ich war beim Geheimrat und sprach mit ihm über die Lage. Ich hatte Sorge, man werde Cari als Fremde ausweisen. Der Geheimrat sagte, das sei unmöglich, aber nur, um nichts tun zu brauchen. Ich werde morgen früh nach Köln fahren. Morgens im Bett, um 5 Uhr, dachte ich mir eine Erklärung aus, die ich notariell beglaubigen ließ und Cari gab. Ich besuchte sie dann, erfreute mich ihrer schmeichelnden und schmiegsamen Hingabe und ihres außergewöhnlichen Aussehens, fuhr dann mit Schwarz, dem Bürovorsteher, nach Düsseldorf zurück. Dort kam zu meiner Wut Frau Schilling mit ihren Kindern. Ich lief fort und kam erst nachmittags, nachdem ich gegessen hatte, wieder zum Geheimrat, schämte mich aber, ging zu Wülfing, um mir Rat zu holen. Wülfing versprach sofort, die Polizei zu benachrichtigen, damit sie für Cari garantiere. Ich war erfreut über seine tätige Art, entschloss mich plötzlich, nach Gladbach zu fahren, trank mit dem Amtsrichter Alko (der wie eine Frau spricht, die einen wissenschaftlichen Beruf hat), unterhielt mich ganz gut, kam nach Gladbach, unterwegs kam die Mobilmachung an, bekam von Herrn Lamberts 130 Mark. Frau Lamberts weinte; Herr Lamberts war großartig und sagte, man. könne nichts tun als Menschen helfen. Wie viel edler, großartiger und wertvoller ist er als der Geheimrat, dieses quatschige, im Grunde durch und durch verlogene Nilpferd. Ich fuhr abends zurück, ging gleich zu Bett, war ernst und wollte ein strenger, moralischer Mensch werden, denn ich schrieb mir die Not dieser schweren Tage selbst zu und habe allen Grund, mir Gewissensbisse und Vorwürfe zu machen. Ich bin destruktiven Neigungen nachgegangen und habe mich unwürdig verhalten, während Cari immer treu und edel war in jedem Augenblick.

---

gilt wegen seiner Neuprägung theolog. Begriffe, knapper Sentenzen und der Übernahme militärischer und juristischer Formulierungen als der Schöpfer der lat. Kirchensprache.

August 1914

1. Sonntag

Heute morgen stand ich spät auf, fühlte mich stark und hatte kühne Ruhmesphantasien, die darin gipfelten, dass ich den Namen Schmitt u. D. [Dorotić] als adeligen Namen führen dürfte. Ich fuhr um 11 Uhr nach Köln mit dem Personenzug, aß in Köln im Automatenrestaurant zu Mittag. Es ist mobilgemacht worden gestern Abend; alles ist in Sorge und Aufregung. Ich war merkwürdig ruhig, ging zum Kloster, Cari kam, stolz, dass die Schwestern sie im Kloster behalten wollen und dass sie so hochgeschätzt wird, aber ganz hingebend und voller Treue und edler Liebe. Woher kam mir dieses unerhörte Glück! Wir gingen Kaffeetrinken, erzählten uns schön, gingen noch etwas spazieren durch die Straßen, ich brachte Cari zum Kloster. Die ersten Nachrichten von der Grenze deuten auf Schlimmes; vielleicht kommen die Russen doch weit ins Land. Ich fuhr nach Düsseldorf, wollte beim Geheimrat vorbeigehen, klingelte aber vergebens und ging nach Hause, einsam, wie es mir Not tat.

O Gott, Cari ist immer so einsam gewesen, ich bin herumgelaufen, auch wenn es nicht nötig war; sie hat nachgedacht und mich herbeigesehnt. <Sollte> mir alles verziehen sein? Ich will nur noch ihr angehören. – Der Landsturm ist aufgerufen, ich muss wahrscheinlich doch mit, da brauche ich einen Schutz und Hilfe. Ihr vertraue ich ganz, mehr und mehr. Sie ist mein Halt und mein Stolz.

Vielleicht siegen die Slawen, weil die Germanen das Gebiet östlich der Elbe germanisiert haben. Da sind die Slawen in den Germanen aufgegangen und zu Preußen geworden. Sie haben das übrige Deutschland unterworfen, und der Preußengeist, diese knarrende, schneidige und gänzlich intellektlose und gefühllose Maschine, wird es verhindern, dass die Deutschen mit den Russen fertig werden. Das wäre auch eine Art metaphysische Gerechtigkeit. Ich bin froh, dass ich mein Carilein, mein stolzes, edles Kindlein, bei mir weiß. Wie sollte ich die schweren Tage überwinden. Auch wenn ich weit von ihr bin, weht mir ihre Liebe zu, wie eine immer wieder aufmunternde, stolze Fahne. Ich muss mich sammeln, ich werde sonst zugrunde gehen. Vielleicht rette ich mein Geschick noch durch eiserne Selbstzucht. Ich fühle, dass alles an mir selbst liegt. Ich will mich nicht mehr aufgeben. Diese schaudervolle Warnung soll nicht zu spät sein. Ich fühle bestimmt, dass alles auf mich selbst ankommt. Sei treu und standhaft. Sei jeden Augenblick wachsam.

Wenn ich von Herrn Arthur Lamberts fortgehe, bin ich froh und gehoben, ich freue mich, den tatkräftigen, ehrlichen, klugen und hilfsbereiten Mann gefunden zu haben. Gehe ich vom Geheimrat fort, so bin ich gedrückt und schuldbewusst. Die gemeine, >negierende< und niedrige Art des Geheimrats erkenne ich immer deutlicher; er fühlt das und fängt an, mich immer mehr zu hassen und unerträglich zu finden. Aber ich kann mir nicht helfen, so etwas geschieht doch immer von selbst. *Ich höre, wie er dem Juden Emanuel, über dessen Gemeinheit und Taktlosigkeit er selbst mit mir immer mit größter Verachtung geschwätzt und >gezetert< hat, in Bayern den Adel verschafft*[17]*; Emanuel muss 400.000 Mark dazu bezahlen; die <Beziehungen> machen das. Er verschafft ihm noch den schönen christlichen Namen v. Romerskirchen. Es ist zum Verrücktwerden. Das findet er alles in Ordnung.* Nur wenn einer von der anderen Fraktion etwas tut, ist es ein Zeichen des Verfalls der Zeit. Er gehört zu den Menschen, die gute Moralisten und Philosophen sind, für die aber Moral und Philosophie nur für die anderen schön gelten, während sie selbst davon ausgenommen sein wollen und die Sache sofort natürlich anders wird, sollten sie selbst in Frage stehen. Den Mangel an jeder Objektivität, die unbeherrschte, launenhafte Sucht nach behaglicher Bequemlichkeit, die weibische und quatschige, grenzverwischende Gutmütigkeit und das Umsichschmeißen mit Trinkgeldern, alles das hätte ich schon längst richtig erkennen müssen. Am Abend des

2. [Sonntag]
August ging ich also noch zum Geheimrat; er war froh, dass ich kam. Wir sprachen über den Krieg, ich hörte, England mache gegen uns mobil. Ich aß beim Geheimrat zu Abend (er will Geld vergraben!), war munter und fröhlich und ziemlich stolz, ging aber um 1/2 10 nach Hause, was sehr gut und richtig war; dann ins Bett. Morgen früh will ich nach Köln. Fröhlich und ziemlich wohlgemut, denn ich war streng gegen mich.

3. Montag
Des Morgens wurde ich früh wach. Ich hatte schrecklich, ekelhaft geträumt, ein Krokodil mit einem verfaulten Gesicht kommt auf mich zu und frisst mich, gleichzeitig spielen Jäger um mich herum. Ich stand um 1/4 nach 6 auf, ging zum Geheimrat, wo ich frühstückte, begleitete ihn zur Bahn, traf Geheimrat Fervers, wir unterhielten uns eine Stunde an der Bahn über die Anfänge des Krieges mit Russland. Ich fuhr nach Köln, erledigte meine Geschäfte bei Justizrat Reuss, ging zu Cari. Wir gingen fröhlich spazieren (sie stieg am Klos-

---

[17] Die Adelung des Emanuel erfolgte nicht, wie ursprünglich vorgesehen, nach dem Namen seines Geburtsortes Rommerskirchen/Rhld., sondern mittels eines Anagramms von Emanuel in „Leonhard von Elmenau“. Dem „Genealogischen Handbuch des in Bayern immatrikulierten Adels“ (Verlag Degener, Neustadt an der Aisch 1998) ist zu entnehmen, dass er am 25. 6. 1915 in den bayerischen Adelsstand erhoben wurde. Eine Mitteilung darüber erfolgte in: Das jüdische Echo. Bayerische Blätter für die jüdischen Angelegenheiten (München); 2. Jg. Nr. 37, 17. Sept. 1915, S. 311. V. Emanuel war Stifter eines aus Grundbesitz in Ober- u. Niederbayern bestehenden Fideikommisses und verstarb in München-Solln. Sein Sohn, Dr. jur. Johannes Hugo v. Elmenau (1906–1998) war Ministerialdirigent in München. Siehe auch S. 98, Anm. 12.

ter aus der Bahn aus wie ein rechter Aristokrat), gingen an der Bibliothek vorbei, aßen etwas in der Konditorei am Dom, in die wir immer gehen; ich brachte sie dann nach Hause und fuhr nach Düsseldorf. Aß bei Fehr zu Mittag; müde nach Hause, geschlafen, dann meinen Landsturmschein beim Spediteur geholt, wütend, missvergnügt, ärgerlich auf alle Menschen. *Über den Bürovorsteher Schwarz geärgert, Aß*[18] *gegessen, mich gut beherrscht und die Soldaten betrachtet, die in großen Massen zum Kriegsschauplatz reisen. Dabei kamen mir die Tränen in die Augen. Ich dachte an Jup und war sehr traurig. Sonst große Menschenverachtung und Hass. Die Russen sind mir wieder sympathisch, ich habe mir ein paar Bücher gekauft (Tolstoj und Dostojewski) und schwärme und bin selig trotz des Krieges.* Zu Hause gegessen und gemütlich gelesen. Wurst für Cari gekauft, sehr teuer. Vom Geheimrat 200 Mark <bekommen>. Abends ruhig und müde. Es ist doch schade, wie schnell ich zufrieden bin. Dabei hatte ich heute eine rasende Wut aufs konventionelle Publikum, auf die Referendare und das ganze Geschmeiß, das doch eigentlich verdient, totgeschossen zu werden. Der liebe Gott besorgt auch mit diesen Wesen <seine> Geschäfte.

[Spätere Eintragung:] (Zuletzt 1942 – Deutschland siegt nicht mehr bei Tannenberg oder Verdun oder Stalingrad!)

Jeder hat ein bestimmtes Maß von Liebe zu empfangen, aber auch zu vergeben. Ich liebe einige Verwandte, meine Frau, vielleicht sind viele andere da, die es ebenso gut verdienen, von mir geliebt zu werden; *aber ich kann mich nicht darauf einlassen, hier hört aller Rationalismus her; vor dem <alles bleibt>, das einmal so ist. Das muss ich begreifen.*

Ich fühle, wenn ich die Massen der Soldaten an mir vorbeimarschieren sehe und denke, dass ich eines Tages darunter bin, eine heftige Erregung und sogar Erhebung; aber die einzelnen sind mir alle widerwärtig und auch in ihrer Masse ekelhaft. Ich erkenne ihre Gemeinheit; wenn s i e siegen, werden sie roh, ihre Geschmacklosigkeit kennt keine Grenzen mehr, ihr Hochmut ist unerträglich, ihr <naiver>, behaglicher, bornierter Egoismus ist schlechthin unwiderlegbar geworden; (Warum regt mich das so furchtbar auf, wenn ich an die Scheißkerle von Referendaren denke, die ich den ganzen Tag sehe, die mich nicht grüßen, wenn sie Offiziere bei sich haben und die wedelnd gelaufen kommen, wenn ich ihnen bei der Assessorarbeit helfen soll?) es wäre nicht auszudenken. Besser, dieser Krieg wird verloren als gewonnen. Möge Gott mich schützen und meine liebe, süße Cari bewahren.

Die Barbarei des Preußen- und Referendartums, des wohlhabenden Mittelstandes mit seinen Kunstinteressen und seinem Phrasentum ist noch viel gemeiner als die naive Barbarei des letzten Slawen. Mir ist ein verlauster Serbe lieber

[18] Vermutlich verächtliche Bezeichnung für die Fleischtöpfe des Geheimrats, auf die er angewiesen ist.

als ein geschniegelter Assessor, der herumvögelt und sich vom Staat für seine bloße Existenz unterhalten lässt. O Gott, hilf mir diesen Ekel ertragen, ich ersticke daran.

4. Dienstag

Ich schlief morgens sehr lange, aber mit gutem Gemüt, ich dachte an Cari und liebte sie herzinnig. Ich fühle, dass alles von meiner Moral abhängt. Ging zur Bibliothek, las etwas über Russland, aß zu Hause zu Mittag; um 2 Uhr zur Bahn, fuhr in einem dicht gefüllten Coupé nach Köln, um morgen für den Geheimrat das Geld zu holen, mit Slawen und einem geschwätzigen Polen. Die Slawen waren mir sehr sympathisch, besonders einer mit grauen Augen, der dem Polen erklärte: du bist nicht der erste Narr, der mir über den Weg läuft und auch nicht der letzte. Ich ging dann zu Cari; wir gingen zusammen Kaffeetrinken, dann bei Iven vorbei, der nicht zu Hause war, dann zur Bibliothek, dann langsam zum Kloster zurück. Der Krieg hat begonnen. Wir fürchten eine Belagerung von Köln, aber bei Cari war ich mutig und unbefangen wie ein Kind. Ich ging in ernster Stimmung abends zum Geheimrat Iven, nachdem ich in einer kleinen Konditorei meinen Kaffee genommen hatte (hoffte heimlich, Iven werde mich einladen, die Nacht bei ihm zu schlafen). Iven ist ein engherziger, feiger, kleinmütiger Geselle, der mir zum Ekel war. Er wollte mir nicht helfen; das ist mir aber auch recht. Ich will recht anständig und beherrscht sein, dann bekomme ich morgen das Geld sicher. Ging langsam nach Hause. Durch die Straßen laufen die Soldaten, die in den Krieg müssen, und die Pferde, die ausgehoben sind. Über Nacht im christlichen Hospiz in der Johannisstraße. Ging ruhig und bescheiden zu Bett.

5. Mittwoch

Schlief lange, stand 1/2 9 Uhr auf, zog mich schön an, frühstückte im Hotel sehr schlecht, ging zum Gericht, wartete ziemlich lange; nach fürchterlichen Streitereien mit dem widerwärtigen, pedantischen und gebührenschinderischen Rechtsanwalt Reuss bekam ich mein Geld und ging triumphierend nach Hause. Aber ich habe eigentlich keine großartige Rolle gespielt. Aber egal. Ich aß nicht zu Mittag, trank eine Tasse Schokolade mit Eiern usw. im Cafe Reinhardt, ging zum Kloster, sprach mit Schwester Ursula über den Krieg. Die Engländer haben den Krieg erklärt! Eine schreckliche Sache, aber ich bin ziemlich beruhigt. Traf Cari und war nicht mit ihr zufrieden. Wir waren beide ruhebedürftig, und plötzlich entstand ein Streit und ein Zwist. Sie ist übertrieben empfindlich und >fanatisiert< sich. Wir gingen in die Gereonskirche, dann in die Bibliothek, versöhnten uns schön; Cari hat sehr geweint, sie tat mir leid, aber sie ist doch mein Kind. Ich brachte sie nach Hause, ging zur Bahn; in einem entsetzlich überfüllten Coupé nach Düsseldorf zurück, ein Mädchen mit goldblonden Haaren, die behauptete, nach Hamburg fahren zu müssen, bot sich mir an. Es ging aber noch gut. Ich lief in größter Aufregung nach Hause, beim Geheimrat vorbei (zu meiner Wut war die Zillinger da), aß im Löwenbräu etwas zu Abend, über die Straße nach Hause zurück. Zu Hause das Telegramm von Cari, dass ich nur gekochtes Wasser gebrauchen solle; ferner war ein Polizist da und hat nach mir gefragt. Das machte mir einige Unruhe; aber es ist doch alles in Ordnung. Müde ins Bett.

6. Donnerstag

Lange geschlafen; ich bin immer furchtbar müde. Woher kommt das? Ich bin krank und muss mich erholen. Diese Zeit ist sehr gut dafür. Der Polizeibeamte kam nach meinem Landsturmschein fragen. Die Sache ist also erledigt. Ich bin froh darüber. Zog mich bequem an, ging zur Bibliothek, zum Café Cornelius, trank dort Eisschokolade; herumgefaulenzt, Zeitungen gelesen und nichts getan. Zu Hause zu Mittag, geschlafen, dann Kaffee getrunken und mich sehr wohl gefühlt. Beim Geheimrat. Dem Schwarz habe ich heute morgen das Geld (28.602,01 Mark) gegeben. Abends traf ich auf dem Weg zur Bahn plötzlich den Geheimrat und Geheimrat Fervers, die von Berlin zurückkamen. Wir sprachen fröhlich. Ich blieb abends da, bis 1 Uhr nachts. Viel getrunken, mit einem jungen Juden, der Ulan werden will.

Ich glaube es zu fühlen: Für einige Tage des menschlichen Lebens ist jedem Einzelnen nicht nur sein eigenes, persönliches Geschick, sondern auch das seines Volkes und das von Millionen in die Hände gelegt. Die Tage gehen schnell vorbei. Dann fühlt man das allgemeine Schuldbewusstsein. Wer dann aushält und streng ist, wird belohnt; wer es nicht aushält und schlecht ist, geht unter. Niemand weiß etwas davon, Aber an jeden kommt die Reihe, wenigstens an jeden, der diese meine Worte überhaupt versteht. Dann soll er sich zusammennehmen, denn es wird schwer. Von Jesus ist das übrigens schon alles ausgesprochen. Die Gnostiker[19] haben es gewusst.

---

[19] Gnostiker, Anhänger oder Vertreter der Gnosis. Carl Schmitt verstand 1914 darunter eine frühchristliche Elite, die um göttliche Geheimnisse wusste und einen Dualismus des Schöpfers und der Schöpfung voraussetzte. Seit der Entdeckung der koptisch-gnostischen Handschriften 1966 in Nag Hammadi in Oberägypten verfügt die Wissenschaft über eine genauere Kenntnis der gnostischen Lehren und bezeichnet die Form der Gnosis des 2. Jhs. als Gnostizismus, den die christliche Großkirche radikal bekämpfte und dessen Schrifttum so konsequent vernichtet worden war, dass man nur noch aus der kirchlichen Antihäretikerliteratur davon wusste. Carl Schmitt, der sein Wissen um die Gnosis der Lektüre Harnacks verdankte, sah sich selber in seiner Notiz vom 10. Juli 1914 im Vergleich mit einem Kleriker als Gnostiker. Darauf beruht seine Übereinstimmung mit dem protestantischen Kirchenrechtler Rudolf Sohm, den er nach dem von ihm lebenslang verehrten gnostischen Häretiker Marcion als Marcionit bezeichnet; siehe S. 127, Anm. 46.

7. Freitag

Lange geschlafen, bis 11 Uhr, dann fröhlich und munter. Wollte um 2 Uhr nach Köln fahren. Ging zum Oberlandesgericht, weil ich vermutlich nach meinen Militärverhältnissen gefragt werde; dann aß ich im Kaiserhof etwas teuer zu Mittag, trank im Café Industrie Kaffee, unterhielt mich gut mit einem intelligenten Belgier, der geflüchtet war. Fuhr nicht nach Köln. Es regnete in Strömen. Zum Geheimrat; herumgelesen, nichts getan, faul. Aber großes Bedürfnis nach ruhiger juristischer Arbeit. Abends beim Geheimrat; doch ist er nicht besonders freundlich. Aß zu Abend bei ihm und ging früh nach Hause. Lüttich ist heute morgen im Sturm genommen worden. Brief von Cari bekommen, Karte von Däubler; doch freute sie mich nicht. Nachts im Bett Tagebuchnotizen über die >Losung< nachgelesen. O Gott, o Gott.

8. Samstag

Schön geschlafen, frisch aufgestanden, zum Geheimrat, Zeitung gelesen. Es steht nichts in den Zeitungen. Ich fühlte mich wohl. [Randvermerk]: Nachts diese Notiz am 4. 9. 47 in Plettenberg wieder gelesen. O Gott, o Gott. Wiederum 20. 9. 52.

Wer mehr als einen Beruf hat, der hat eben keinen.

Wie ekelhaft feminin benehmen sich Kluxen und Däubler. Wie anständig ist Eisler; wahrscheinlich auch mein Vetter.

Vielleicht komme ich noch einmal nach Saarburg als Soldat. Schön. Wer weiß, wann ich sterbe. Und doch ist es gleichgültig, ob ich morgen oder in 20 Jahren sterbe. (4. 9. 47! 20. 9. 52)

Wollte mittags nach Köln fahren. Traf am Bahnhof Kühling. Wir tranken im Café Industrie eine Tasse Kaffee, unterhielten uns gut. Aber auf mich wirkte etwas der Attendorner Komplex[20]. Wir erzählten und sprachen zuletzt nur noch vom Krieg. Ich traf nachher noch Frank, der meinte, ich würde als Richter beschäftigt werden; das wirkte natürlich sofort auf meine Stimmung. Stolz fuhr ich nach Köln in einem überfüllten Zug, ärgerte mich über ein paar dumme Lehrerinnen aus der Eifel, ging zu Cari. Wir waren sehr fröhlich, gingen spazieren, aßen im Restaurant Hohenzollern zu Abend. Ich brachte sie dann nach Hause zurück. Das liebe, treue, hingebende Kind. Fuhr in einem vollen Coupe nach Hause zurück um 10 Uhr. Ein junger Mann namens Rust, der mich auffallend an den Rechtsanwalt Westhaus erinnerte, kam mit mir ins

[20] Attendorner Komplex, Gymnasialzeit in Attendorn, wo er des katholischen Konvikts verwiesen wurde.

Gespräch; wir gingen noch bis 2 Uhr auf den Straßen herum, philosophierten. Der Junge erschütterte mich durch seinen Fanatismus und seinen heftigen Ernst, mit dem er die Wahrheit suchte. Müde ins Bett.

9. Sonntag
Wieder lange geschlafen, zum Geheimrat, dort zu Mittag gegessen, mit dem jungen Baumgarten aus Aachen, der sich zu den Ulanen melden will, Kaffee getrunken, müde. In der Bibliothek des Herrn Geheimrat herumgelesen, faul, träge. Abends kam der Amtsgerichtsrat Stern; wir tranken Wein und plauderten bis 10 Uhr. Ich konnte keine Zeitungen mehr kaufen; unzufrieden nach Hause.

10. Montag
Wieder ziemlich lange (9 Uhr) geschlafen. Müde. Unruhig und faul. Sehr sensibel und alle Menschen gleich erkannt. Zum Geheimrat. Sein Testament überlegt. Ich soll Testamentsvollstrecker werden. Stolz. Nachmittags konnte ich nicht nach Köln fahren; herumgelaufen, große Gier nach Süßigkeiten, Magen verdorben. Abends mit dem Geheimrat, Fervers (Plebejer) und dem jungen Baumgarten Bier getrunken und Cognac; zuletzt schwer betrunken und schläfrig. Zur Bahn. Morgen um 1 Uhr nach Köln.

11. Dienstag
Ziemlich frisch, aber erst um 10 Uhr auf. Zum Geheimrat; Nichts zu tun. Der Geheimrat schläft noch. Der Prinz Posper ist in Brüssel erschossen worden[21]. Niemand entgeht seinem Schicksal. Ich faulenzte herum und wartete. Aber wenn möglich kann ich noch ein Jahr herumwarten und verdiene kein Geld. Ich bin darauf angewiesen, dass der Geheimrat mir etwas schenkt. Nachmittags fuhr ich zu Cari nach Köln; wir tranken schön Kaffee, gingen in die Bibliothek, aßen zusammen zu Abend. Um 9.41 fuhr ich in einem wüst besetzten Zug nach Hause. Liebe schöne Cari, jeden Tag habe ich sie inniger lieb.

12. Mittwoch
Man hört nichts vom Kriegsschauplatz. Werde aber froher. Dann bekommt man wieder Angst. Es ist schrecklich. Ich denke immer herzlich an meine Cari. Heute war ich nach Neuss, für den Justizrat Tils, Sicherheiten zu holen. Der arme Justizrat tut mir leid. Ich erkannte auch den Geheimrat und seine bäurische Angst um sein Geld, aber ich musste meinen Auftrag erledigen und

[21] Die Ermordung des Prinzen Prosper von Arenberg hat sich nicht bestätigt.

machte ihn gut. Ich bin also der Assecurator, der Inkasso-Agent. Auf dem Weg nach Neuss (herrliche Fahrt mit der Elektrischen) Soldaten, die die ganze Chaussee füllen. Es war prachtvoll. Mittags beim Geheimrat gegessen. Die Herzogin von Croy war da und brachte Nachrichten aus Belgien. Nachmittags mit dem Geheimrat spazieren.

13. Donnerstag
Den ganzen Tag beim Geheimrat; spazieren gegangen, über sein Testament gesprochen, darüber geärgert, dass er der Nichte so viel vermacht; aber was geht es mich an. Nachts lange mit ihm gesessen, erzählt vom Prinzen Prosper usw. Heute waren wir Düsseldorfer Bier trinken. Da wir uns glänzend unterhielten, gingen wir noch in die italienische Weinkneipe, Chianti trinken. Dann noch zu Hause gesessen; er war total besoffen, ich schwer betrunken, aber noch bei Verstand. Er schwärmte von der Frau Tibaldi und sprach bewundernd von Cari. Gott, aber was ist davon zu glauben, wenn ein besoffener Mensch so spricht.

14. Freitag
Morgens beim Geheimrat, ziemlich spät, im Café Cornelius etwas gegessen, dann nach Neuss zu Tils, bekam einige Sicherheiten, war auch zufrieden und fuhr nach Hause. Aber ich bin doch noch nicht roh und gefühllos genug und viel zu schwächlich. Der Geheimrat war beruhigt. Wir aßen zu Abend und erzählten noch lange vom Krieg. Er hat Angst und denkt sich die Sache so: Wir besiegen die Franzosen, die Engländer uns; wir verlieren die Kolonien und die Flotte und sind arme Leute.

15. Samstag
Morgens beim Geheimrat, bei ihm auch zu Mittag gegessen. Die eklige Hammenstede (sie saß in einem schlampigen Rock da und sah aus wie eine alte Schießbudenbesitzerin; dabei schwärmt sie vom Prinzen Prosper). Ich fuhr nach Köln zur Cari (der Geheimrat hat offenbar absichtlich keinen Gruß bestellt; das hat mich schwer gekränkt). In Köln traf ich meine liebe Cari. Wir tranken Kaffee, um 5 Uhr musste ich schon wieder weg. Ich war entschlossen, sofort zu heiraten. Die Schwestern behandeln sie schlecht. Es ist zum Weinen. Und nun wird auch bei uns der Landsturm aufgeboten. Ich dachte daran, uns beiden das Leben zu nehmen. Aber ihr liebes Hälslein, ihre schönen Äuglein, ihr Köpflein; da kann man doch nicht schießen. Ich fuhr traurig nach Hause und war ernst und gut, <gewillt> durch Selbstzucht das Schicksal zu versöhnen. Zu Hause kündigte ich die Wohnung. Es hieß, ein Herr sei zu Besuch. Es war der Vetter aus Büssingen. Ich ganz erstaunt, überrascht und hoch erfreut. Wir sahen uns fröhlich wieder. Er kam von Mülheim a. d. Ruhr, ist frontdienst-

unfähig krank geworden von dem vielen Exerzieren und berichtete interessante und schöne Dinge. In den Kasernen ist es ekelhaft, gemein, stinkig, das Essen miserabel. Ich werde es nicht aushalten und fühle mich hingerichtet. Wir aßen zusammen etwas in der italienischen Kneipe, tranken Wermut und aßen Kaviar. Tranken noch im Café Industrie Schokolade, dann nach Hause. Traurig, an Cari gedacht, Krieg und Tod. [Randvermerk links:] Besuch André in Düsseldorf aus Mülheim.

16. Sonntag
Ich stand um 1/2 9 Uhr auf, zog mich an, trank mit dem Vetter zusammen Kaffee, holte eine Zeitung und erfuhr, dass bei uns der Landsturm noch nicht aufgeboten wird. Also wieder fröhlich. Wir gingen durch die Straßen, unterhielten uns gut, fuhren zusammen 4. Klasse nach Köln, aßen dort im Schiffchen schön zu Mittag; der Vetter bezahlte. Dann ging ich Cari holen, das liebe, herzenssüße Kind. Wir tranken im Fürstenhof zusammen Kaffee, waren fröhlich, aber Cari weinte manchmal vor Angst um mich. Wir sahen die vielen Österreicher in der Stadt; es war großartig zu sehen. Wer hätte das gedacht, dass die österreichischen Regimenter noch einmal nach Köln kommen? Brachte dann Cari zum Kloster zurück. Habe sie jeden Tag und immer herzlicher lieber und erschrecke bei dem Gedanken, zu sterben, weil ich sie dann verliere. Fuhr mit dem Vetter zurück in einem überfüllten Coupé mit ekelhaften Proleten. Wir aßen im Schiffchen zu Abend, tranken im Cornelius Schokolade, gingen dann ins Bett und hatten uns schön unterhalten. Ich freue mich, den Vetter wieder zu sehen. Aber der Landsturm wird doch aufgerufen und meine Angst kam wieder. Des Nachts ein herrlicher Traum von meiner Cari, der mich erquickte und glücklich machte; ruhig und erhaben.

17. Montag
Zum Geheimrat, nachdem ich mit dem Vetter schön Kaffee getrunken hatte. Beim Geheimrat mich geärgert; Testament geschrieben; kühl gegen den Geheimrat. Mittags mit dem Vetter in der Tonhalle gegessen; Geheimrat Fervers getroffen, dann schön Kaffee getrunken, herumgelaufen, in der Bibliothek gelesen, im Goldenen Kessel zu Abend gegessen, noch eine Tasse Schokolade getrunken, den Rechtsanwalt Schneider getroffen. Dann nach Hause; Ich unterhielt mich gut mit dem Vetter und freute mich, einen Verwandten zu haben, mit dem ich so gut sprechen kann. Ich habe ihn von Herzen gern.

18. Dienstag
Wollte nachmittags nach Köln. Morgens beim Geheimrat erfuhr ich aber, dass ich nach Neuss zum Justizrat Tils fahren soll. Ich aß mit dem Vetter zu Mittag, wir tranken im Industrie Kaffee, fuhren dann nach Neuss, er besah sich das

Münster, ich ging zu Tils, erledigte meine Sache gut und mit allem möglichen Erfolg. Stolz und etwas ermüdet. Traf den Vetter; wir fuhren zurück. Er ging zum Löwen, ich holte den Geheimrat. Wir trafen uns im Löwen, tranken viel Bier. Der Geheimrat war gesprächig, aber etwas klobig. Ich freute mich, dass er den Vetter hat sehen wollen. Wir gingen nachts noch in seine Wohnung, tranken da Rotwein und schwatzten; um 1/2 3 todmüde nach Hause.

19. Mittwoch

Todmüde aufgestanden. Schön, ich darf es nicht wieder tun. Ging zum Geheimrat. Japan hat den Krieg erklärt. Fuhr aber mit dem Vetter schon um 11 Uhr nach Köln. Wir aßen im Komödienhof zu Mittag; ich ging meine Cari holen. Wir trafen uns im Fürstenhof, erzählten uns schön, lasen Zeitung, gingen schnell zum Justizrat Schnitzler etwas für der Geheimrat besorgen (Er muss alles ausnützen). Dann besahen wir Kirchen, die aber meist verschlossen waren. Aßen im Restaurant Hohenzollern schön zu Abend; ich brachte Cari nach Hause (Wir haben noch im Fürstenhof schön unter dem Dom gesessen). Dann fuhr ich mit dem Vetter nach Düsseldorf zurück. Erzählte ihm von Nostradamus, doch waren wir zu müde.

20. Donnerstag

Schnell zum Geheimrat, nachdem ich mit dem Vetter gefrühstückt hatte. Wir fuhren um 11 Uhr nach Köln, aßen in der Ewigen Lampe zu Mittag, tranken dann Kaffee, lasen die Zeitungen, verabschiedeten uns um 1/4 3. Der Vetter war sehr gerührt, das freute mich. Er hat mir mehrere Goldstücke für Papier gegeben. Ich gab ihm einen 5-Mark-Schein. Holte meine liebe Cari. Wir gingen Kaffee trinken, dann in die Bibliothek, dann Abendessen (ein Glas Bier und ein Butterbrot). Ich habe sie herzlich lieb; wir müssen bald heiraten. Ich halte es nicht mehr aus; hätten wir nur einige Stübchen. Ich gerate in Wut über den Geheimrat, auf den gar kein Verlass ist.

21. Freitag

Morgens zum Geheimrat, gefaulenzt. Nachmittags zum Gericht, dann zum Geheimrat Schultze wegen meines Buches. Sprach mit ihm; er ist ein guter, gebildeter Mensch, aber wie alle auf seinen Vorteil bedacht und voller Unklarheiten und Phrasen, wie wir alle. Schrecklich. Ich geriet in die Stimmung eines nebligen Novembertages, wenn ich als Kind abends in die friedliche Stube der Mutter kam und mich ruhig fühlte und die Welt draußen zu sein schien und mich nichts anging. Ging ruhig zum Geheimrat; er war mir egal, oft zuwider, die Hammenstede geradezu ekelhaft. Blieb aber lange da, ohne zu trinken, und hörte dem Geheimrat zu. Morgen muss ich mich zur Landsturmrolle melden. Todmüde ins Bett. Traurig.

22. Samstag
Lange geschlafen, ich bin vernichtet und zerschlagen. Stand langsam auf. Keine Nachricht, nichts; ich kann nichts, kann nichts behalten, habe nicht <begriffen> und weiß nichts. Es ist ganz schrecklich. Mittags nicht beim Geheimtat. Fuhr um 2 Uhr nach Köln, vorher zu Haas, die bei der Polizei beschäftigt ist. Traf meine liebe, schöne Cari im Kloster, wo es ihr jetzt schlecht geht. Wir tranken Kaffee, gingen spazieren, aßen billig zu Abend und erzählten uns von der Zukunft. *Ich muss endlich soweit kommen, ich halte es nicht mehr aus und werde moralisch verlumpt durch den Umgang beim Geheimrat, der mir wie ein Nilpferd auf der Seele liegt.*

23. Sonntag
Meldete mich morgens zur Landsturmrolle, stand stundenlang herum, schrecklich. Beim Geheimrat zu Mittag. Fräulein Schmitz war auch da, ebenso die Hammenstede, die ich kaum noch zu sehen vermag. Mittags geschlafen. Mit dem Geheimrat Tee getrunken; dann gingen wir spazieren, tranken im Löwenbräu Bier; bei ihm zu Hause zu Abend gegessen, Wein getrunken und erzählten uns. War betrunken, schrecklich. Ich weiß nicht, was ich tun soll. Heute war mir etwas besser zumute; ich war mutiger und der Sieg bei Metz hat mir wieder Hoffnung gemacht. Aber ich töte den Gott in mir, das Kind in mir, meine liebe Cari.

24. Montag
Morgens im Bett hatte ich heftige Gewissensbisse. Aber ich nahm mich zusammen, ich will fleißig und tüchtig sein und mich nicht hängen lassen. Mein Umgang mit dem Geheimrat ist ein Grab, eine Sünde. Ich bleibe nur des Geldes wegen bei ihm, habe Angst zu verhungern und bin in Sorge um Cari. Sonst wäre ich schon längst davongelaufen, denn es ist einfach eine Schweinerei. Aß wieder zu Mittag bei ihm. Will zum Standesamt gehen und das Aufgebot beantragen. Die deutschen Siege in Lothringen machen einen wieder wohler; ich bin schon nicht mehr so aufgerieben vor Nervosität und Warten und Todesangst. (Ich töte das Kind in mir, ich ersticke ein kommendes Leben; jedes Stück Fleisch, das ich beim Geheimrat esse, ist unrein, ist Dreck und Schweinerei, jeder Tropfen Wein Gift. O Carl, nimm dich in acht, eines Tages ist es zu spät, wehre dich gegen den Geheimrat, sei stark, sei hart).

Man braucht bloß die Beschwerdebücher abzuschaffen, dann gibt es keine Revolution mehr. [Nachträgliche Bemerkung von 1947:] Einzuführen!.

Nachmittag ging ich zum Standesamt und hielt mich da lange auf; es ist viel Schererei, aber es geschieht ja für meine liebe Cari. Wieder empörte ich mich über den Geheimrat, auf den ich mich nicht verlassen kann. Ging abends hin; wir gingen spazieren, ich ging früh nach Hause.

(Hoffentlich bin ich noch nicht tot, meine arme, liebe Seele; der Geheimrat hat sich auf meine Seele gelegt wie ein Nilpferd auf eine blumige Wiese. Gott hilf mir. Dass ich nicht sterbe.)

25. Dienstag

Schlecht geschlafen, müde aufgestanden. Der Geheimrat wälzte sich als Nilpferd auf der Wiese meiner Seele. Ich sterbe vor Verzweiflung. Wäre ich erst bei meiner lieben, schönen Cari. Aber ich habe kaum Geld, meine Miete zu bezahlen, und dabei soll das Aufgebot usw. noch einige Wochen dauern. Holte meine Wäsche, las die Zeitungen (die Russen sind in Ostpreußen eingedrungen), bekam wieder Angst, nachdem ich mich einige Tage schon wieder wohlgefühlt hatte; ging zum Geheimrat und mied sein Gesicht. O Gott, hilf mir.

(Der Geheimrat. <Er ist> wie ein Nilpferd, das eine schöne Blume sieht, sich voll Bewunderung darauf herumwälzt und nachher beim Anblick der armen, zerdrückten Pflanze geknickt erklärt: Die ganze Schönheit dieser Blume ist also nur Schwindel und Bluff; wenn man sich die Sache einmal ansieht, bleibt nicht viel übrig. Er schätzt nur, wen er nicht verdauen kann; nur Unverdauliches behält seine Gestalt, wenn es gefressen wird). Bitte ich ihn um etwas, dann heißt es: ich sei unverschämt und habe schon genug bekommen; bitte ich um nichts, dann sieht er darin einen Beweis, dass ich auch ohne ihn auskomme und anderweitige Hilfsquellen haben muss, also alles, was ich bisher von ihm bekommen habe, zu viel erhalten habe. Es ist zu dumm, sich auf so etwas einzulassen. Er hat für nichts an mir Interesse, tut nichts für mich, überhäuft Fremde schön mit Wohltaten, Fremde, die er noch fressen möchte. Er ist ein feiger, scheußlicher Geselle; ich durchschaue ihn ganz und sollte ihn meiden. Er ist mir physisch und psychisch so ekelhaft, wie nur etwas. Ich darf mich der tausend Beleidigungen und Gemeinheiten, die er mir zugefügt hat, nicht erinnern, um nicht außer mir zu geraten. Aber ich weiß: Ermorden könnte ich ihn nicht, dafür ist er mir zu dreckig.

Warum regt es mich so auf, wenn ich lese, dass der Kronprinz das Eiserne Kreuz I. Klasse bekommen hat? Will ich es eben selber haben? Meine Unverschämtheit ist so groß, dass ich sie nur dadurch erklären kann, dass ich früher einmal den König gesehen habe. So faul ich bin, so erwarte ich immer von fremden Menschen, dass sie mir ohne Dank helfen, dass alle Ehren auf mich kommen. Aber so kann schließlich jeder Ehrgeizige schon sprechen.

Nachmittags war ich auf der Polizei und auf der Regierung, freute mich, dass ich dem Geheimrat entflohen war und fühlte mich sehr wohl. Abends hieß es, Italien wird uns den Krieg erklären. Ich erschrak wieder aufs heftigste, meine Nervosität kam wieder und wühlte mir im Leib herum. Ich ging nach Hause (es war schönes Wetter). Ein Brief von André und von der lieben, süßen Cari.

Ich sehe meinen Leib, meine Beine auf dem Bett liegen und fühle mich schon ganz als Leiche. Eines Tages, zu einer Stunde werde ich tot sein und kann dem nicht entrinnen. So bleich wie der arme Wülfing. Ich möchte mich erschießen, meine liebe Cari auch. Jeder tötet, was er liebt. Die liebe, schöne Cari. Dann hat sie ihr Mündlein vielleicht etwas auf, wenn sie tot ist, wie im Schlaf. Dann muss ich weinen und kann mich nicht mehr erschießen. Wüsste ich nur eine Hilfe in dieser Not? Wohnten wir erst zusammen. Inzwischen dauert es vielleicht noch wieder einige Monate. Aber wir werden morgen telegrafieren. Ich las heute die Bibel, die Bibel meiner lieben Cari. Meine Sehnsucht wird unendlich groß, ich halte es kaum mehr aus und weiß nicht, wie es meinem lieben, tapferen Kind geht, das so mutig entsagt.

[Randvermerk:] Wiedergelesen 20. 9. 52

26. Mittwoch

Stand morgens froh auf und fühlte mich ziemlich wohl, weil ich keinen Alkohol genossen habe. Ging morgens mit dem Geheimrat spazieren; wir unterhielten uns gut, aber es scheint mir doch eine Erniedrigung für mich zu sein. Mittags bei ihm gegessen, nachher schön ausgeruht, zum Café Industrie, Kaffee getrunken (Sieg der Österreicher bei Krasnik). Dann nach Köln gefahren, 4. Klasse. Cari getroffen; sie ist lieb und schön, und ich wurde ganz verliebt, aber sie schien doch etwas Fremdes und Kaltes zu haben, weil ich lange nicht bei ihr gewesen war. Sie brachte mir 6 Eier mit. Wir gingen Kaffee trinken, dann zur Bibliothek; ich arbeitete etwas, dann erzählten wir uns, aßen etwas im Restaurant Hohenzollern und gingen fröhlich nach Hause. Wir träumen immer von unserer neuen Wohnung und wie wir uns einrichten. Wir haben einen Brief an ihren Cousin in Wien entworfen, damit sie ihren Geburtsschein bekommt. *Als ich nachts nach Hause fuhr, sah ich die Scheinwerfer, die vom Dom in Köln aus den Himmel erleuchteten. Sie fegen wie riesige Kometen über den ganzen Himmel, am Ende ist ein dicker Lichtpunkt, der den Eindruck macht, als sei er ein Feuerkörper mit Rüssel, der alles am Himmel in sich aufsaugt wie ein kolossaler Vakuumreiniger. Ein Mensch des 16. oder 17. Jahrhunderts, ein guter Mensch, der zur Natur noch ein Verhältnis hat, müsste erschrecken und in Ohnmacht fallen, wenn er dieses unheimliche Schauspiel erlebte. Als wäre man nicht mehr auf der guten alten Erde, die im Frühling grün und im Herbst fahl wird, sondern auf einem phantastischen Stern, auf dem Uranus oder Sirius, so unmenschlich und übermenschlich. Der ganze arme, kleine Mensch ist so ad absurdum geführt, dass man von ihm gar nicht mehr reden kann. Aber vielleicht ist auch unsere Technik nur ein Weg, sich mit den Problemen des Lebens abzufinden, vielleicht ist sie selbst philosophisch und zwar der Anfang der größten Philosophie, der je da gewesen ist, und die moderne materialistische, empiristische Philosophie ist nur deshalb so banal, weil sie im Verhältnis zu der greisenhaften Weisheit der bisherigen Philosophie mit der banalen Gesundheit eines Kindes kommt.*

[Randvermerk links:] (Wiedergelesen 24. 1. 1960).

27. Donnerstag

Morgens fröhlich aufgestanden. Ich schrieb einen Aufsatz: Das Zeitalter. Munter, anregend. Aber der Geheimrat, obwohl er heute besser wurde, wirkte doch lähmend auf meine Munterkeit. Ich kann nichts bei ihm tun, komme zu nichts. Doch interessiert er sich sehr für mein Examen und das Kübler-Schreiben[22]. Aber das tut er nur aus Gewissensbissen, denn er hatte mich unfreundlich angeschrieen und ich schwieg darauf beleidigt. Da wollte er dann wieder besonders gut sein. Ich aß bei ihm zu Mittag, hinterher schlief ich etwas, kam nicht zum Kaffeetrinken, obwohl ich mich darauf gefreut hatte. Ging zur Regierung, fragte nach unseren <Eingaben>, traf den Sekretär und den Regierungsrat. Sehr gut; hatte besten Erfolg und fühlte mich ganz auf der Höhe. Das tat mir gut. Aß beim Geheimrat zu Abend. Morgen wollen wir mit Automobil des Grafen v. Loe nach [Schloss] Wissen; darauf freue ich mich. Schrieb dem Vetter einen Brief, viel mehr Cari in höchster Sehnsucht. (Es war ein nebliger Nachmittag, ich flüchte nach der Mutter und suche Ruhe und süße Lust). Zu Hause eine Karte von Ernst Lamberts. Ein guter Tag. In Saarburg geht es nach den Zeitungsnachrichten schrecklich zu. Wie mag es der Rosalie gehen?

28. Freitag

Stand um 1/2 7 auf, zog mich schön an und war fröhlich. Ging zum Geheimrat, erledigte dort einiges, dann kam das Automobil des Grafen Loe (ein offener, schöner Mercedeswagen); wir fuhren an der Regierung vorbei, dann über die Rheinbrücke, über Krefeld, Geldern, Kevelaer nach Schloss Weeze, wo wir vom Rentmeister und dem alten Diener empfangen wurden. Ein prachtvolles, großes Schloss, mitten im Wasser, mit einem herrlichen Park und alten Brücken. Während der Geheimrat die Rentei besichtigte, besah ich das Schloss und den Park, die wunderschönen alten Bäume; fühlte mich als Prolet, war aber doch stolz, hier sein zu können und wurde allmählich sicherer. Ich aß mit dem Geheimrat in dem riesigen Speisezimmer sehr schön und gut. Die Diener servierte großartig, wir aßen ausgezeichnet; dann tranken wir großartig Kaffee im Billardzimmer und tranken wunderschön Curacao dazu und gingen dann durch den Park. Ich war etwas müde, der Geheimrat erzählte von seiner Bekanntschaft mit den Loes. Er war stolz darauf (doch ein Prolet, aber gut) und meinte auch, hier müsste Fräulein Cari einmal sein. Das freute mich. Ich schrieb ihr eine Karte, ebenso dem Vetter, ging dann wieder ins Schloss und spielte auf dem Flügel das Andante aus der 5. Symphonie und fühlte mich ungeheuer wohl und stark. Es ist doch großartig, wohin ich noch alles komme. Um 3 Uhr fuhren wir zurück bis Krefeld, mit Automobilbrille, über die wunderschöne Schneise durch die edle und köstliche niederrheinische Landschaft (ich dachte oft an Lothringen). In Krefeld trafen wir den Justizrat Flöth nicht,

[22] Kübler, vermutlich Klient oder Freund des Geheimrats.

gingen sofort zur Bahn und fuhren mit der Elektrischen nach Düsseldorf zurück; kauften Zeitungen (großer Sieg der Deutschen auf der ganzen Linie über Engländer und Franzosen), *der Geheimrat entschloss sich, dem Eisenbahnminister vorzuschlagen, dass er für die Kriegszivilverwaltung nach Belgien genommen wird. Wir gingen dann ins Cornelius. Schrieb Cari eine Karte (auf Wunsch vom Geheimrat), telegrafierte dem Eisenbahnminister.* Wir unterhielten uns großartig; auf der Straße gingen die schönen Frauen. Dann zum Löwen; zu Abend gegessen; ich habe etwas viel Bier getrunken. Der Geheimrat erzählte von dem Sohn des Feldmarschalls v. Loe[23], der mir gleiche. Ich war froh, denn der Geheimrat hat mich sicher gern und setzt sich für mich ein. Ich ärgerte mich über den Justizrat Kübler, der seine Stellung als Offizier dem Geheimrat verdankt und nun hochnäsig wird; auch über die übermäßigen Trinkgelder des Geheimrats. Kann keine Distanz halten. Wir tranken noch in der Tonhalle einen Curacao und eine Tasse Kaffee und gingen nach Hause. Ich war müde, aber nicht betrunken. Der Gedanke, dass ich in dem schönen, großen Schloss herumgelaufen bin, machte mich fröhlich und stark. Ich wurde wieder unternehmender und fasste Pläne und Vorsätze.

29. Samstag
Müde des Morgens aufgestanden. Ich muss den Schriftsatz Teschenmacher erledigen und dem Geheimrat damit imponieren. Aber ich war fröhlich; in der Bibliothek, herumgelesen, fast nichts getan. Statt zu Mittag zu essen im Café Industrie etwas Zunge gegessen und gemütlich Kaffee getrunken und die Zeitungen gelesen (großer Sieg über die Russen). Fühlte mich wieder sicher und stolz und wohl. Also konnte mir nichts geschehen, und doch sitzt mir vielleicht in 8 Tagen eine elende Kugel im Leib. Zu Hause ein lieber Brief von Cari. Zum Geheimrat; an dem Schriftsatz herumgedruckst; es kam etwas heraus, aber es ist doch eine elende Sache. Um 8 Uhr nach Hause. Nichts zu Abend gegessen. Über die Straßen gerast, Rechtsanwalt Schneider nicht getroffen. Vernichtet und vor lauter Schwäche geil. Dann nach Hause. Müde, aber froh, dass ich nicht zittere. Morgen fahre ich nach Köln zu Cari. Es ist niemandes Verdienst, wenn er treu bleibt; es ist Zufall, das heißt, ein anderer sorgt dafür, deshalb ist es also kein Zufall.

30. Sonntag
Morgens zum Geheimrat, den Schriftsatz geschrieben, mittags beim Geheimrat gegessen, mit ihm gut unterhalten, mit <der> Hammenstede (schrecklich) nach Köln gefahren in einem überfüllten Coupe. Brachte sie noch an den Zug nach

---

23 Freiherr Friedrich Karl Walter Degenhard von Loe (1828–1908), Feldmarschall, war ab 1848 an vielen Schlachten in Europa und Afrika beteiligt, diente 1888 noch am Kaiserlichen Hof.

Bremen und ging fröhlich zu Cari ins Kloster. Sie empfing mich weinend und sah traurig aus. Ich war ziemlich gleichgültig, doch weiß ich nicht, was ich anfangen soll. Wenn es schon so mit <Misstrauen> und Eifersüchteleien losgeht, laufe ich davon. Wir gingen spazieren; Cari hat an den Kaiser[24] geschrieben, um ihre Papiere zu bekommen. Das arme, liebe Kind. Ich war gerührt und doch wieder ärgerlich über die Geschmacklosigkeit; dabei ist es von ihr keine Geschmacklosigkeit, sondern es erscheint den Schranzen nur so. Sie weinte noch <mehr>. Schließlich waren wir fröhlich, freuten uns auf unser Zusammensein, hatten aber das Gefühl größter Verzweiflung. Mein Gott, wie lange soll das noch fortgehen. Ich habe aber Cari von Herzen lieb. Wir aßen im Restaurant Zum Opernhaus, hörten von der Riesenschlacht bei Lublin und waren bang um die Österreicher. Ich brachte dann Cari schön nach Haus. Wir küssten uns herzlich im Korridor, wo Arme hausen; ihre ganze Verzweiflung und Launenhaftigkeit ist ihre Einsamkeit. Das würde ich überhaupt nicht so lange aushalten wie dies tapfere Kindlein. Ich fuhr nach Hause, sah ein Mädchen, das mich an Rosa erinnerte und naiv mit den Soldaten Gespräche anknüpfte. Es stellte sich aber heraus, dass sie eine alberne gelehrte Gans ist. Deshalb machte ich mich schnell nach Hause und ging ins Bett, schrieb an meine Cari und las noch etwas Eckhart[25]; gesammelt und ruhig. Nachricht, dass zwei Zeugnisse fehlen. Wurde sehr aufgeregt darüber.

31. Montag
Morgens um 1/2 8 auf. Schnell angezogen, gesammelt und beherrscht. Zum Geheimrat. Schriftsatz Teschenmacher geschrieben. Dann zum Gericht; zum Präsidenten Esch, Zeugnisse geholt. Der Präsident herzlich und gut, ich habe ihn gern. Er schimpfte auch über den elenden Sekretär; ich brachte diesem die Zeugnisse, behandelte ihn gut (vielleicht etwas zu ergeben), sprach von seinen Büchern, dass der arme, hochnäsige Teufel ganz verlegen war und mir verspricht, meine Sache sofort abgehen zu lassen; ging dann mir Noten kaufen, traf Funke, lief etwas mit ihm herum (was hat der Mensch doch ein elendes Gedächtnis, und wie sind sie hohle Gefäße, die mit dem Inhalt ihrer Umgebung gefüllt werden; der hat erst jetzt Augen für diese spezifische Art Menschen?) Ging zum Geheimrat, spielte Klavier, mit großer Inbrunst Beethoven. Nach dem Essen lange mit dem Geheimrat auf seinem Zimmer. Dann zum Café Industrie; lange Zeitungen gelesen. Zum Geheimrat, zur Bibliothek; dort gelesen, den Schriftsatz geschrieben, Buch für Cari bestellt. Sehnsucht. Die Einsamkeit macht mich immer stark. Es muss doch endlich gut gehen. Obwohl ich nicht einmal Geld habe, mir einen Tisch oder einen Stuhl zu kaufen und dabei haben Menschen wie Schilling und viele Rechtsanwälte, die großartig

[24] Kaiser von Österreich – König von Ungarn.
[25] Siehe S. 192, Anm. 33, Meister Eckhart.

eingerichtet sind, Nahrungssorgen. Ich war froh und munter und hatte etwas Galgenhumor. Nach dem Abendessen ging ich auf das Zimmer von Schilling und machte den Schriftsatz zu Ende, während der Fervers beim Geheimrat war. Ich möchte wohl alle auslachen.

E. T. A. Hoffmann[26] heute >entdeckt<. Wenn so viele Leute durchgekommen sind, warum ich nicht. Karte von Däubler.

September 1914

1. Dienstag
Sie stellte seiner Jugend ein herrlich geformtes Bein.

Lese den Charakter. Sieh dir die Gesichter auf einem Bahnhof an.

Stand um 1/2 8 auf, fröhlich darüber. Zum Geheimrat. An Ernst Lamberts geschrieben. Beim Geheimrat nichts getan. Dr. Kallen aus Neuss war da. Mittags mit dem Geheimrat gegessen. Mich über seine schlechten Manieren geärgert. Dann nach Köln gefahren. Entsetzlich lange auf der Bahn gewartet. Der Geheimrat wird böse sein, dass ich ihn allein da sitzen lasse. Traurig. Voller Begierde; ich zittre. Im Zug erzählt ein Soldat: Wenn die Russen besiegt werden, bleibt auf dem Schlachtfeld … [Rest der letzten Zeile nicht lesbar].

Ich traf Cari nicht zu Hause, ging Kaffeetrinken im Fürstenhof, las die Zeitung, ging dann wieder zum Kloster, traf mein Kindlein. Wir gingen in die Bibliothek, dann Abendessen im Hohenzollern-Restaurant an dem Ring (nur ein Butterbrot). Dann zum Neumarkt, die Kanonen besehen. Kauften etwas Schokolade. Dann brachte ich langsam mein Kindlein nach Hause. Es war ein herrlicher Abend, wir hatten uns innig lieb und freuten uns auf die schöne Zeit, da wir zusammenwohnen. Wenn nur die Österreicher die große Schlacht bei Lemberg gewinnen. Fuhr im vollen Coupé nach Hause. Es wird abends schon kalt; mir klapperten die Zähne. Ich ging todmüde, aber aufgeregt nach Hause. Müde ins Bett.

[26] E. T. A. Hoffmann, Ernst Theodor Amadeus, eigtl. E. T. Wilhelm (1776–1822), gelernter Jurist, dt. Dichter, Komponist und Maler. Der Vergleich mit sich selbst bezieht sich wahrscheinlich auf Hoffmanns Zeit als Assessor am Kammergericht in Posen. Hier entwickelten sich Züge seiner exzentrischen Persönlichkeit, die in den Gestalten seiner literarischen Werke wiederkehren: Übersensibilität, ein bizarres, launenhaftes und phantastisches Verhalten, das durch die Vorliebe für nächtliche Maskeraden und Zechgelage zu einem Zustand gesteigert wurde, in dem er sich von grotesken Fratzen umstellt sah.

2. Mittwoch
Morgens müde, aber schon um 8 Uhr auf, zum Geheimrat. Ein wunderschöner Morgen. Wäre ich bei meinem Kind, könnten wir wieder einen Spaziergang nach Meer machen. Beim Geheimrat einen Schriftsatz gemacht; wenig getan. Die große Schlacht der Österreicher liegt mir am Herzen. Ich war morgens beim Geheimrat und tat einfach nichts. Ich kann bei ihm nicht arbeiten. Aber ich brauche Geld. Ich kann meine Miete nicht bezahlen. Schauderhaft. Und so muss ich dann herumlungern. Wir aßen zusammen zu Mittag. Ich halte es kaum aus. Nachher schrieb ich Cari, ging dann Kaffeetrinken, las Zeitung (Café Industrie); zur Bibliothek, mit dem Bibliothekar etwas gesprochen, dann müde zum Geheimrat. Ekelhaft. Ich kann nicht arbeiten bei ihm.

Wut auf Weiber. England: Das Land der schauderhaftesten Mittelklasse. Warum? Weil den Weibern die Sorge für Kunst und Literatur überlassen ist, weil jede Individualität geachtet ist. Wer jemals Gelegenheit gehabt hat, an unseren Konservatorien oder Malschulen von den studierenden Weibern das Geschwätz über Individualität und Persönlichkeit, Sich-selbst-finden, usw. anzuhören, der weiß, welche Gefahr der Kunst droht. Von hier aus wird die ödeste Unfähigkeit zu jedem Rigorismus der großen Sache erzogen; statt dessen wütendes Gekeife und gehirnlose Wichtigmacherei. Ich las in der KZ[27]: Ein paar französische Gefangene bitten auf einem deutschen Bahnhof einen Soldaten, der gerade eine Trompete hat, ein Lied zu blasen. Dieser bläst „Die Wacht am Rhein". Eine blonde Pastorenfrau kommt gelaufen und ruft: Was sind sie für ein roher Mensch; das sind doch Gefangene, Gefangene, Gefangene! Ich sprach mit >dem Bibliothekar<. Das arme Geschöpf beschwert sich über das unerträgliche Kriegsgequatsche der Weiber. Die armen sachlichen Frauen: Alle ihre Kraft ist damit erschöpft, dass sie ihre Weiblichkeit abstreifen. Die Mühe, sachlich (d. h. Mann zu werden), macht sie so eigenartlos, <so urteilsunfähig>, dass damit ihr Höchstes Österreich ist. Nun erheben sie das noch zum Kunstprinzip; dann ist die Sache natürlich aus und die Barbarei, wie sie aus England kommt, ist da. Wenn die nur homosexuell würden und Sport treiben und „flöteten"; die Weiber, die Kunst und die Politik. Aber was soll man darüber reden. Wer Ohren hat zu hören und Augen zu sehen, wird es schon von selbst sehen. Und die anderen, besonders die schriftstellernden Weiber und ihr journalistischer Anhang, haben nur ein Maul zum Belfern und Tinte, Feder und Papier und einen Verlag.

Ein Kind zeigt auf einen Verwundeten und sagt dabei immer: sieh da, sieh da, sieh da.

[27] KZ steht für ‚Kölnische Zeitung'. Stadtanzeiger, Köln.

Ich habe eine rasende Sehnsucht nach meiner herrlichen Cari. Ich möchte ihre süßen Brüste beißen und ihre herrlichen Füße. Und statt dessen muss ich zum Geheimrat gehen, zu dem dicken Zentrumskerl. Pfui Teufel. Wenn ich da im Hause bin, dringt es wie Gift in mein Gehirn. Ich fühle, dass ich zur Arbeit unfähig bin; >lähmende< Unternehmungslosigkeit. Der Spießbürger, der klerikale Pfründenbesteiger, der schmutzige <Agent>; die Unfähigkeit zu jeder Eleganz und Schönheit lähmt meine Arme, macht meine Augen müde, meinen Kopf benommen. Ich lasse die Hände sinken und werde dumpfsinnig und blöde.

Abends stand der Geheimrat endlich auf und gab mir 340 Mark. Ich war außer mir vor Freude. Wir aßen zusammen zu Abend. Die Hammenstede kam, wir gerieten ins Plaudern, tranken Wein, plötzlich läuteten die Glocken. Ich lief auf die Straße: Der Kronprinz hat 10. Armeekorps geschlagen. Der Geheimrat wurde fröhlich und munter. *Wir tranken bis 1/2 1. Er versprach mir für alle Angelegenheiten Hilfe wie ein Vater. Ich war wieder froh und stolz und fühlte mich erhaben. Aber es ist doch eine Schweinerei, dass er säuft.*

3. Donnerstag

Müde, ermattet. Bis 9 1/2 Uhr geschlafen, dann fröhlich angezogen, zur Bahn; die neuen Nachrichten. Was mag es in Polen und Galizien geben. Wenn die Österreicher nur aushalten. Morgens herumgefaulenzt, nichts getan. Der Geheimrat ist krank. Mit der Hammenstede gegessen; ekelhaft. Aber sie verspricht uns Sachen für unseren Haushalt. Dann ging ich Kaffeetrinken, las Zeitungen, aber unzufrieden mit mir und hohl, weil ich nichts Richtiges arbeite; und dabei stehe ich vor dem Assessorexamen. Dann zum Geheimrat zurück. Pfui Teufel; er stinkt, aber ich habe Geld. Es ist schönes Wetter, der Geheimrat stand etwas auf, wir gingen spazieren zum Bahnhof, über die Königsallee und zurück. Dann aßen wir zu Abend, ich trank ein Glas Wein, der Geheimrat ging früh ins Bett. Ich las ihm etwas vor, dann schlief er ein. Ich hatte den Lebenslauf Hetzdorff[28] vorgelesen, ging aufgeregt auf die Straße, kam mir wieder bedeutend vor. Glaubte an mein Schicksal. Ich werde es schon zu etwas bringen; ging nach Hause, früh (um 1/4 10) ins Bett. Eingeschlafen. Nachts Wanzen.

4. Freitag

Bezahlte die sehr teure Rechnung. Traue der Hausfrau nicht mehr; das macht es mir schon ungemütlich und ich bekomme wieder meine Angstanfälle. Ging zum Geheimrat. *Hatte heute morgen folgenden Traum: Ich bin an der russischen Grenze, in einer Stadt Ostpreußens; ich will in die Stadt, die schon von*

[28] Vermutlich der Wiener Baumeister Johann Ferdinand Hetzendorf von Hohenberg (1732–1816).

Russen besetzt ist. Traf unterwegs mehrere Mädchen, meine Cousine Louischen[29], *Klärchen usw. Ich sage zu Klärchen „Klärchen"*[30] *und ärgere mich darüber, wenn ich an Cari denke. Komme in ein Hotel in der Stadt, in ein Zimmer; dann plötzlich Verhör mit jungen russischen Offizieren. Ich packe schnell ein und fürchte, totgeschossen zu werden. Die Lederpeitsche steht noch da; in einer papierenen Zigarettenschachtel ist das Geld, das ich Cari gegeben habe. Ich nehme mir vor, ihr Vorhaltungen darüber zu machen, dass sie das Geld so leichtsinnig eingepackt hat. Bin in großer Angst und Eifersucht um sie. Sehe auf der Straße in roten Gewändern mit Pelzmütze russische Offiziere und erschrecke vor Todesfurcht. Traf Cari in einem dicht besetzten Raum hinter einem Gitter, wo viele Damen Kaffee tranken. Wir müssen heute nach Plettenberg, das ist der einzige Ort, der nicht von Russen besetzt ist. In großer Angst wache ich auf.*

Ich war schon um 1/2 5 aufgestanden und hatte mich rasiert. Ich will fleißig sein. Vormittags in der Bibliothek; die Kölnische Zeitung durchgesehen für den Geheimrat, dann in der Düsseldorfer Kneipe zu Mittag gegessen. Lange im Cafe Cornelius; Zeitung gelesen, Angst um die Lemberger Schlacht. Las in der Rheinisch-Westfälischen Zeitung[31], dass auf dem Flügel bei Lemberg die Österreicher zusammenbrechen. Große Sorge. Dann früh nach Haus. Brief von Cari. Immer diese lästige Angst vor der Hausfrau und Vermieterin. Müde zum Geheimrat. Keine rechte Arbeitslust. Habe Cari telegraphiert, dass ich nicht kommen kann.

Warum darf Lohengrin[32] seinen Namen nicht nennen? Weil die Bedeutung, die einem schon kraft seines Namens zukommt, auf der Meinung der anderen Menschen beruht. Namen, Ehre, Stand, Ansehen, alles das sind Werte, die einem von anderen übertragen werden, die aber nichts Autonomes sind. Wenn die Frau lieben soll, darf sie nicht den Namen lieben. Wenn sie aber den Namen weiß, liebt sie nicht mehr den Mann, sondern den Namen. Ein großer Mann hat keinen Namen. In etwa zeigt sich das schon darin: Der König heißt Wilhelm oder Franz und nichts weiter. Er hat keinen bürgerlichen Namen. Wer aber überhaupt keinen Namen hat, der ist der Gottheit am Nähesten. Darüber hat Eckart[33] wunderbar gesprochen.

---

[29] Cousine Louischen, Louise Schmitt, Tochter des verstorbenen Bruders seines Vaters Peter. Beide Familien wohnten in Plettenberg in einem Haus.

[30] Klärchen Bienstein, Nachbarstochter aus Plettenberg. Siehe auch „Jugendbriefe", S. 72, wo von den brutalen Erziehungsmethoden ihres Vaters die Rede ist.

[31] Rheinisch-Westfälische Zeitung, Essen.

[32] „Lohengrin", Oper von Richard Wagner (Musik und Libretto), Uraufführung 1850.

[33] Meister Eckhart (1260–1328), dt. Dominikaner, wirkte in verschiedenen Klöstern des Ordens als Oberer und Lehrer; 1326 wegen Häresieverdachtes angezeigt. Nach seinem Tod wurden 26 Sätze aus seinen Schriften von Papst Johannes XXII. verurteilt. Siehe Meister Eckhart, Dt. Predigten u. Traktate, Hg. J. Quint, München 1964.

Der Mittler: Eckhart in der Predigt vom Sohn (1. Joh.-Brief 4.9) sagt: Christus ist mehr als alle Menschen, obwohl er Mensch ist, weil er ein Bote gewesen ist von Gott zu uns und uns unsere Seligkeit gebracht hat. Die Seligkeit, die er gebracht hat, die ist unser.

In derselben Predigt sagt E. sehr schön: Man muss sich aller Person entschlagen. Der Fremdeste darf einem nicht lieber sein als der Nächste, der Nächste nicht mehr als der Fremde; und man selber darf seine eigene Person nicht davon ausnehmen. Die Predigt klang aber aus in ein Lob der Unmittelbarkeit und Unentschiedenheit. E. setzt in dieser Predigt die Form = zeitlich bestimmte[34] =, als nicht Gottes; dagegen das Eigene (das keine Wahrheit hat, nicht Diskursheit ist), <als> das Göttliche, die Seele als das, was man nicht in einer bestimmten Form suchen soll. Das ist also der Gegensatz von mittelbar und unmittelbar, von Wesen und Form, von abstrakt und konkret. Aller Einwand gegen das Abstrakte kommt vom Konkreten her, und alles, was vom Konkreten herkommt, ist daher falsch. Alle Antinomie regiere sich aus dieser Unvereinbarkeit, aus diesem Dualismus. „Das hält kein Mensch nur schwer nicht aus."

Las nachmittags Geiler[35] und erfreute mich daran. Wurde überlegen und sicher. Aß mit dem Geheimrat und der ekelhaften Frau Hammenstede zu Abend, wir tranken allmählich Rotwein, ich unterhielt mich schön mit dem Geheimrat; er bat mich, mich mit meiner Verheiratung nicht vor der faire accompli >zu befassen<, was ich versprach. Ich benahm mich sehr geschickt und glänzend. Er sprach freundlich, überlegte, was in Berlin zu tun sei, gab mir eine Empfehlung an den Geheimrat Schmitz mit von ihm. Ich ging 1/2 1 ziemlich vernünftig nach Hause.

5. Samstag

Morgens um 6 Uhr auf, brachte den Geheimrat zur Bahn nach Berlin. Der Zug war total besetzt; ich ging dann zu seiner Wohnung zurück, las etwas ... [zwei Wörter nicht deutbar] (das soll nun eine Examensvorbereitung sein!). Zu Hause kein Brief! Telefonierte nach Gladbach, fuhr 11 Uhr nach Köln, traf Fleger, den Amtsgerichtsrat für die Zwangsversteigerungen, und half ihm, seine Schwägerin <zu> suchen, machte mich sehr nützlich; Im Café, ein ekelhafter

---

34 Die Worte „zeitlich" und „bestimmte" wurden umgestellt.

35 Johannes Geiler von Kaysersberg (1445–1510), dt. Theologe und Volksprediger, 1469–70 Dekan an der Artistenfakultät der Universität Freiburg, 1470 Priesterweihe, 1474 Dekan an der Universität Basel, 1476 Rektor der Universität Freiburg, seit 1478 Prediger in Straßburg. Seine Predigten sind geprägt durch derbe Komik, durch eindrucksvolle Bilder und Gleichnisse und durchsetzt mit Fabeln, Anekdoten, Sprichwörtern u. a. Am berühmtesten wurden seine 1498/99 in Straßburg gehaltenen Predigten über jeden der Narren in S. Brants „Narrenschiff".

kleiner Jude, der alles bewunderte und in einem fort lachte, dabei aber eine hübsche Ziege bei sich hatte. In Köln im Automaten zu Mittag gegessen, dann eine Tasse Kaffee im Fürstenhof (ich habe ja wieder Geld!). Zum Kloster. Mit Cari wieder Kaffee getrunken, dann zum Stadtwald, dort spazieren gegangen, gerudert, etwas zu Abend gegessen und nach Hause gefahren. Wir holten noch das in der Tat reizende Bild, das sie für mich gemalt hat. Sie ist ein liebes, kluges Kind. Ich brachte sie dann ans Kloster zurück und gab ihr Geld. Fuhr mit einem verwundeten Soldaten zurück, der das Gefecht auf dem Douon mitgemacht hat. Es war mir eine große Freude, von Röthers, Schirmeck[36] usw. in diesem Zusammenhang zu hören. In Düsseldorf gleich ins Bett. Brief von Eisler, der mich sehr freute, aber nicht viel Neues enthielt.

Ich habe Wanzen. Was büße ich damit? Schrecklich! Wohnte ich erst rein mit meiner Cari zusammen!

6. Sonntag
Morgens bis 10 Uhr geschlafen. Nachts Ejakulation. Schon wieder seit einigen Tagen. Was mag das bedeuten. Ich muss bald heiraten. Es ist nicht zum Aushalten. Stellte das Mädchen zur Rede, auch Frau Rüdiger, wegen der Wanzen. Dann zum Geheimrat. Eisler einen langen Brief geschrieben. Die Hammenstede aß mit den Mägden zusammen in der Veranda. Ich aß im Düsseldorfer Hof, trank im Café Industrie Kaffee, fuhr dann mit der Elektrischen nach Neuß, stieg dort in den Zug nach Gladbach, 4. Klasse. Heute will ich mit Arthur Lamberts wegen Cari sprechen. Überlegte alles vorher. Ging hin, traf ihn schlechter Laune, verzichtete auf meine Monatsrate (dummer Hund) und sagte nichts von Cari. Sprach dagegen freundlich mit Karl, unterhielt mich gut und benahm mich nicht schlecht. Ich habe viel gelernt, aber meinen Zweck nicht erreicht. Zu dumm. Fuhr aber mit guten Vorsätzen in dem schon kühlen Abend nach Hause, 4. Klasse. *In Düsseldorf leistete ich mir in der Mintropstraße 5 Mark für hübsche Zwecke, erleichtert, beschämt, froh, gereinigt, das Gefühl, es erledigt zu haben, was <mich> lange bedrückte. Die 5 Mark reuen mich gar nicht. Geläutert nach Hause. Aber nie wieder! Dachte herzlich an Cari. Sie vertritt aber doch eigentlich die <autonome> Moral. Der Vater <ist> der Autonome. Der Vater bin ich. Die Mutter ist immer das andere. Die Erde. Fröhlich ins Bett mit guten Vorsätzen.*

Ich muss bei Carilein bestehen zwischen den >Vorstellungen< der Männer, dass es auf den Leib nicht ankommt, sondern nur auf die Seele, dass man daher Schweinerei treiben darf, wie man will, wenn nur die Seele frei und unange-

[36] Röthers, Ort mit vermutlich heute frz. Namen; Schirmeck, auf halbem Wege zwischen St. Dié und Straßburg.

tastet bleibt, und die andere Meinung, dass es in der Kunst nicht aufs Gefühl, sondern nur auf den ästhetischen Inhalt und die ästhetische Form ankommt und dass die Malerei sich gänzlich >vom< Objekt loslösen dürfte. Solche Leute sind im Grunde alle überstark. Noch viel <über den> Zusammenhang nachdenken.

7. Montag

Morgens lange geschlafen, herumgelegen. Um 11 Uhr zur Bahn nach Köln. Dort wieder im Automat zu Mittag gegessen, im Café die Zeitung gelesen, Cari abgeholt; wir tranken Kaffee, gingen zur Bibliothek, dann spazieren hinter dem Aachener Tor. Cari weinte heftig und ganz <aufgeregt>. Sie war ganz aufgelöst; ich kam mir vor, als riebe ich mich durch solche Geschichten <auf> und würde krank und nutzlos und >darüber<. Dieser Gedanke, das Opfer zu sein, zwecklos mich aufzureiben, wenn ich doch wer weiß was leisten könnte, regte mich sinnlos auf. Ich beherrschte mich aber und sprach freundlich mit Cari. Schließlich waren wir beruhigt, tranken am Neumarkt eine Tasse Kaffee, fuhren dann nach Hause. Ich war todmüde und ging um 12 eilig ins Bett.

8. Dienstag

Morgens Telegramm von Eisler, dass er durch Düsseldorf fährt. Ich ging zum Bahnhof mit meinem [ein Wort nicht deutbar], wartete dort den ganzen Vormittag auf einen Militärzug; es kam aber keiner. Las eine Zeitung nach der anderen, aß im Wartesaal zu Mittag, ging nach Hause, dort war ein anderes Telegramm von Eisler, dass er in Dülmen ist. Ging zum Geheimrat, telefonierte dem Rittmeister in Dülmen, bekam Antwort. Eisler kam ans Telefon; ich will ihn heute nacht noch besuchen. Packte eifrig und in überstürzter Freude ein, fuhr schleunigst 4. Klasse mit dem Personenzug über Duisburg, Alten-Essen, Gelsenkirchen, Wanne, Haltern nach Dülmen. Kam in kalter Nacht um 1/2 2 an; Eisler nicht am Bahnhof. Ein Arbeiter zeigte mir das Hotel Hilger. (Der Ort ist >ganz< still, die kleinen engen Gassen wie Plettenberg. Bei Hilger machte man nicht auf, daher zu Steinmann; dort ein Zimmer mit 2 Betten. Schade, dass mein Carilein nicht hier ist. Schrieb ihr im Bett und schlief dann ein.

9. Mittwoch

Stand 8 Uhr auf. Während ich mich rasierte, kam Eisler, im Drillichanzug als Kanonier. Ich freute mich, ihn wiederzusehen. Er setzte sich aufs Sofa und erzählte, als ich mich anzog. Wir gingen dann zusammen durch die Stadt und zum Rittmeister. Um 10 Uhr war Appell. Ich wurde den Freunden Eislers vorgestellt. Wir beide gingen dann nachher noch in einen Wald, der eine Viertelstunde von Dülmen entfernt war. Dort erklärte mir Eisler die Einrichtung einer Kanone; wir sprachen eigentlich immer von gleichgültigen Dingen. Gingen um

1 Uhr zum Essen. Sehr interessant der Wachtmeister Rüpping, der Oberlehrer Wigge mit seiner angeblichen Schwester (es war sein Verhältnis; etwas Ähnliches, wie ich es damals mit der Ulla gemacht habe! Schrecklich!). Der Kaufmann Robinson, ein tüchtiger Hamburger Kaufmann elegantesten Stils, der bedeutendste Unternehmer, ein netter Student der Rechte, Homann. Nach dem Essen faulenzten wir herum, gingen mit Eisler durch die Croyschen[37] Anlagen, schrieben Karten; nachher besuchten wir alle zusammen mit dem Wachtmeister das Schloss. Große Sehnsucht, auch so etwas zu besitzen. Eine wunderbare alte Einrichtung, weite Beete, großer Park und völlige abgeschlossene Einsamkeit im vornehmsten Sinn. Ich dachte sehnsüchtig an Cari. Abends aßen wir wieder zusammen. Ich war müde, die anderen auch. Ärgerte mich über die Gleichgültigkeit Eislers und darüber, dass er anscheinend Angst hatte, sich mit mir zu blamieren und nicht genug imponieren zu können. Er will sich immer „beliebt" machen. Traurig ins Bett. Alles nichtig.

10. Donnerstag

Um 8 Uhr auf, schnell angezogen. Eisler kam. Wir plauderten etwas; ich will nachmittags abreisen. Um 10 Uhr kamen die Kanoniere zusammen und zogen ab. Ich beneide die Leute, wie sie mutig in glänzender Stimmung, ohne von „wichtigen" Dingen zu sprechen, nur daran denken, die Geschütze gut zu bedienen und mal kräftig hineinzupfeffern. Ging zum Bahnhof; der Zug fährt erst um 12 Uhr; las die Zeitung, trank etwas, dann fuhr ich III. Klasse nach Recklinghausen, ging in der Stadt herum, schickte Eisler Zeitungen, aß ein Pfund Pflaumen, trank eine Tasse Bouillon, fuhr weiter nach Wanne, trank dort Kaffee. Dann mit dem D-Zug nach Düsseldorf. Der Zug fuhr sehr schön. Ich schickte Eisler mehrmals Zeitungen. Ging nach Hause zu Wülfings, um dort zu sehen, ob ich ein Glas bekomme und den Rock von Eisler loswerde. Frau Wülfing war da; wir plauderten zusammen, ich sah, dass sie sich freute, mich zu sehen, ging aber ohne Glas weg. Dann eilig an Eisler geschrieben, zum Geheimrat, der aber noch nicht von Berlin zurück war. Im „Löwen" zu Abend gegessen, dann nach Hause. Froh, wieder meine Ruhe zu haben. Wäre ich doch erst bei Cari. Sie schrieb mir wunderbar. Der Potter schrieb auch. Er ist ein elender Kerl und ganz feminin in seiner Abhängigkeit vom Milieu. Sollte ihm eilig antworten.

Ich habe wieder mal 3 Tage nichts getan. Wie soll ich ins Examen gehen. Aber es wird sich schon machen.

[37] Croysche Anlagen in Dülmen, Schlosspark der Herzöge von Croy.

11. Freitag

Ich schlief bis 1/2 9, zog mich behaglich an, las die Zeitung (die Schlacht bei Lemberg beginnt von neuem, Verdun wird beschossen). Ging zum Büro des Geheimrats, der noch nicht zurück ist, aber heute Nachmittag ankommen soll. Eisler ist diese Nacht schon abgereist! Fuhr 11 Uhr nach Köln, aß dort eine Kleinigkeit als Mittagessen, dann zu Cari; wir küssten uns herzlich, ich habe sie so lieb. Tranken zusammen Kaffee (was ihr nicht bekam), gingen zur Bibliothek, waren aber nicht sehr fleißig, obwohl ich doch allmählich einsehe, wie frivol ich handle. Dann nach Hause. Ich fuhr mit dem ersten Frühzug seit mehr als einem Monat wieder nach Düsseldorf; wie angenehm ist das (Im Zuge ein Westfale, den der Umstand, dass er einen Sohn im Feld hatte, zu lauter, wichtigtuerischer Redseligkeit anfeuerte, worüber er seine angeborene Verlogenheit vergaß, was ihm sicher wohl tat.). In Düsseldorf ging ich nach Hause. Dort waren Karten von Eisler, ein Telegramm von Eisler sowie sein Notizbuch, ferner das Thema meiner Assessorarbeit (aus dem Verlagsrecht, wie schwer). Ich setzte mich einen Moment aufgeregt hin. Dann zum Geheimrat, der aber nicht zu Hause war. Mit der Hammenstede geschwätzt, geschickt mit meiner philosophischen Verzweiflung und Skepsis gespielt. Ich muss das Feuer ihres Interesses mal wieder schüren. Dann im Café Industrie das Notizbuch Eislers gelesen, in heftiger Erregtheit; gewartet bis 1/4 vor 12, aber der Geheimrat kam nicht. Unruhig nach Hause.

12. Samstag

Schlief bis 1/2 9. Zog mich fröhlich an; habe jetzt eine Aufgabe. Schrieb Eisler einen langen Brief, dann zur Bibliothek; herumgelesen (Neue Rundschau[38], wie flink wissen sich die Juden dem Krieg anzupassen und sind gleich eifrig dabei, die schönen Äffchen). Will mein Buch über den Staat an Bab schicken, etwas Leichtes für meine Arbeit gefunden und den ersten Punkt bereits erledigt. Die Arbeit muss sehr schön werden. Mittags in der Düsseldorfer Kneipe, dann im Cafe Cornelius, lange Zeitung gelesen, aber nicht recht zufrieden mit mir. Nach Hause. Geschlafen. Vorsatz: Ich muss endlich etwas werden. Es ist nichts und wird nichts. Aber die Einsamkeit tut mir gut; ich sammle mich. Das Wetter wird wieder ernster, der Herbst kommt, es regnet, der Nebel ist meine Stimmung. Das kriecht in mich und ich werde still und überlegen.

Hochwohlextrageboren.

Abends aß ich ein Butterbrot zu Hause, trank eine Flasche Bier und fühlte mich wohl bei mir zu Hause. Wollte an Bab schreiben, kam aber nicht dazu und schlief auf dem Sofa ein; wurde 1/2 11 wach, ging sofort zu Bett unter heftigen Kreuzschmerzen. Ich will den Geheimrat nicht abholen.

---

[38] Die Neue Rundschau, Redaktion O. Bie, Verlag S. Fischer.

13. Sonntag

Schlief bis 1/2 10. Konnte kaum gehen, so heftig tat mir das Kreuz weh. Hexenschuss. Zog mich langsam an, las die Zeitung, ging zum Geheimrat, arbeitete etwas an meiner Assessorarbeit; Wut über den Geheimrat, weiß nicht warum; und ich brauche doch soviel Geld. Aß bei ihm zu Mittag, aber ohne rechte Freude. Nachmittags schrieb ich Cari. Ging nach Hause; dort war ein recht schöner Brief von ihr; dann trank ich im Industrie Kaffee, las die Zeitung und ging wieder zum Geheimrat. Arbeitete auf dem Zimmer von Schilling. Oft Angst vor dem schrecklichen Krieg. Wer weiß, wie es ausgeht. *Die Kriegführung ist wie der <reinste Völkermord. Es> wird einfach vernichtet. Die Russen zu Tausenden in die See getrieben und mit Maschinengewehren totgeschossen.* Auf der Straße wurde gerufen: „Zweiter Abbruch der Schlacht bei Lemberg". Lief auf die Straße, der Geheimrat ging >mit<; wir kauften uns Zeitungen und tranken Bier im „Löwen". Wahrhaftig! Die russische Übermacht scheint so groß zu sein, dass es kein Mittel dagegen gibt. Der Geheimrat schwätzte sich in seiner Trägheit in eine Schaukel-Stimmung, mir wurde ganz angst; überall Feinde, überall eine furchtbare Übermacht. Wer hält das aus; wir werden vernichtet. Ich erschrak beim Gedanken an meine liebe Cari. Der Geheimrat verspricht mir die 100 Mark Prüfungsgebühr. Sehr schön. Ich war wieder übermütig. Ging <mit ihm> nach Hause; dort saßen noch die proletigen Verwandten von ihm (Kühl) und tranken mit; sie gingen endlich. Ich blieb noch beim Geheimrat sitzen. Wir sprachen über mein Examen. Der Geheimrat meinte, ich müsse nun aber fleißig sein und dürfe nicht mit „Liebesgeschichten" anfangen; ich ging dann ziemlich ruhig, aber übersatt vom Rotwein, nach Hause.

14. Montag

Morgens müde, bis 9 geschlafen. In der Zeitung Nachricht von einem neuen Sieg im Osten gegen die Russen. Das machte mich fröhlich. Ging zum Geheimrat, der aber noch schlief. Zur Bibliothek, wo ich gearbeitet habe, aber nicht sehr fleißig an meiner Arbeit. Brief an Bab und mein Buch abgeschickt. Ich machte es mir sehr bequem. Mittags sehr schöner Brief von Cari zu Hause und Karte von André aus Straßburg. Ging zum Bahnhof, aß ein Würstchen, fuhr nach Köln (Eilzug), war guter Dinge, holte meine süße Cari ab, freute mich, dass sie so entzückend in ihrem Häubchen aussah und mich so lieb hat. Wir tranken im Fürstenhof Kaffee (sie Schokolade), gingen zur Bibliothek, arbeiteten dort artig, <gingen> dann abends in der Herbststimmung spazieren. Um 7 Uhr fuhr ich nach Düsseldorf zurück. Ging beim Geheimrat vorbei, traf aber niemand zu Hause. Dann nach Hause. Nichts mehr gegessen als einige Pflaumen. *Plötzlich kam in der Stille meines Zimmers eine große Unruhe über mich. Ich habe Cari herzlich lieb und habe meine Seele verloren beim Geheimrat. Es war ekelhaft. Ich konnte mich nicht sammeln und habe das so nötig. Las die Antworten von Gerhart Hauptmann und Wolfs-*

kehl[39] *usw. gegen den offenen Brief von Rolland*[40] *über den Krieg. War ruhig und ernst und nahm mir vor, immer so zu bleiben und ruhig zu arbeiten. Ging ernst ins Bett und schlief sofort ein.*

15. Dienstag

Morgens um 8 auf, fröhlich und beherrscht, Freude über mein gutes Gewissen. Beim Geheimrat vorbei, bekam 100 Mark, dann zum Oberlandesgericht; dort den Gross getroffen, mit ihm über seine Arbeit gesprochen, schön gearbeitet. Mittags zu Hause gegessen, mich entschlossen, zu meiner lieben, schönen Cari zu fahren; fuhr gleich hin. Wir tranken im Fürstenhof Schokolade (ich Eis). Meine liebe schöne Cari denkt nur an mich und ist reizend und freundlich. In der Bibliothek arbeitete ich dann etwas, um 6 Uhr gingen wir die Frankfurter Zeitung kaufen und langsam nach Hause und hatten uns innig lieb. Ich fuhr mit dem Eilzug nach Hause, ekelhafte, geschwätzige jüdische Weiber und amerikanische Touristen waren im Zug. Ging beim Geheimrat vorbei, aber sofort nach Hause, aß dort ein Butterbrot und trank eine Flasche Bier und las die Frankfurter Zeitung. Habe wieder Mut und Zuversicht. Der Geheimrat ist ein altes Weib; er redet andere Leute in Angst, weil er selbst feige ist. Dachte oft an Eisler. Wenn ich daran denke, wie Däubler über Deutschland und Österreich geschimpft und wie er Italien gelobt hat, ist es mir unmöglich, ihm eine Zeile zu schreiben.

16. Mittwoch

Wollte um 6 aufstehen, stand aber erst um 1/2 8 auf. Wusch mich, war stolz und froh. Las die Zeitung schnell. Ging beim Geheimrat vorbei; er war noch

---

39 Gerhart Hauptmann (siehe S. 9, Anm. 29, und die Notiz vom 16.11.1912) und Karl Wolfskehl (1869–1948), dt. Schriftsteller. Wolfkehls Haus in Schwabing war Mittelpunkt des George-Kreises und er selbst Mitarbeiter an Georges „Blätter für die Kunst"; Verfasser von Gedichten, Mysterienspielen, Dramen und kunstkritischen Essays und gilt als bedeutender Anreger, Vermittler und Übersetzer.

40 Romain Rolland (1866–1944), frz. Schriftsteller und Pazifist, richtete aus Empörung über die Zerstörung der flämischen Stadt Löwen einen offenen Brief an Gerhart Hauptmann, Inhaber des Nobelpreises für Literatur von 1912, in der schweizer Zeitung „Journal de Genève" vom 17. Sept. 1914, teilweise übernommen in mehreren italienischen Zeitungen mit Ausnahme des „Corriere della Sera". Rolland übernahm den Brief in die Aufsatzsammlung „Au-dessus de la mêlée" (1915, dort S. 5–8), die ihm den Nobelpreis 1915 einbrachte. Sein Versuch, in der Schweiz mittels einer internationalen Kommission gegen diese deutsche Barbarei Protest zu erheben, scheiterte. Von deutscher Seite kam es unabhängig voneinander zu Protestreaktionen von Hauptmann und Wolfskehl in der „Frankfurter Zeitung" vom 12. Sept. 1914 mit dem Argument: Der Krieg wurde Deutschland „aus arger Willkür wider alles Recht" aufgezwungen.

im Bett. Daher gleich fort zum Oberlandesgericht. Mit dem Sekretär Nord, einem albernen, aufgeblasenen Narren, gesprochen und ihn gut behandelt. Erreichte es, dass Gross und ich die Bibliothek benutzen konnten, wenn wir wollten, arbeitete dort vortrefflich und gewann allmählich Übersicht. Ging zur Bahn, aß im Café Industrie ein Butterbrot mit Zunge, dachte den Geheimrat vielleicht doch noch im Zug zu treffen, doch war er nicht da. Fuhr nach Köln, fuhr mit dem Eilzug, traf meine liebe Cari. Wir tranken Kaffee in der Konditorei Reichardt, in der wir in den ersten Kriegstagen häufiger gewesen waren. Ging dann zur Bibliothek; ich arbeitete sehr schön, freute mich über meine artige, liebe, folgsame Cari, wir kauften die Frankfurter Zeitung. Ich brachte Cari dann nach Hause. Fuhr fröhlich mit der Bahn nach Düsseldorf zurück. Hätte ich nur Geld. Ging gleich nach Hause, aß ein Butterbrot und trank etwas Bier. Las Eckhart und schlug ihn immer an Stellen auf, die mir nahe gingen.

Ich fühle deutlich den Finger des Schicksals. Gestern Morgen kaufte ich mir Zeitungen und geriet dabei mit dem Zeitungsjungen in Wortwechsel, wobei ich mich heftig ärgerte. Heute Mittag kaufte ich im Zug für die Reise nach Köln eine Zeitung; es war eine alte, die ich bereits gelesen hatte. Ich bezahlte 10 Pfennig dafür und ärgerte mich, dass ich mich dem frechen Verkäufer so hatte betrügen lassen. Das betrachte ich aber als wichtige Warnungen: Ich soll kein Geld mehr für solche Dinge ausgeben, es ist nur meiner Trägheit und Bequemlichkeit, die mich immer wieder veranlasst, bequem die Zeitung zu lesen, statt zu arbeiten. Ich will beherrscht sein. Von Eisler habe ich eine Karte aus Namur bekommen. Wenn er nur nicht fällt, der liebe, gute Kerl. Ich las heute Nachmittag, dass der junge Bruneck gefallen ist. Es ist zum Verrücktwerden. Wer lebt denn eigentlich noch? Und ich sitze hier gequält in meinem Zimmer und mache es mir behaglich und schreibe hingebend eine Assessorarbeit.

Gegen Rathenau: Eckart. Predigt von den Hindernissen an wahrer Geistlichkeit (Joh. 16,2[41] Expedit vobis, ut ego vadam): Es gibt gewisse Leute, welche wähnen, sie seien gewandelt in der Dreifaltigkeit, die doch nie aus sich selber gekommen sind. Der Liebe vermochten sie >sich< doch nicht gern >hingeben<. Immer wollen sie möglichst viel eigenen Gewinn und Genuss haben und schöne Gefühle fürs Herz: Was sie sich doch alles entschlagen mussten in Gedanken und Begehr. Diese Leute sind nicht Nachfolger unseres Herrn Jesu Christi, als wenn er nie und nirgends auf die >schmerzenden< Gefühle aus war mit seinen Werken! Sprach er doch selber: „Meine Seele ist betrübt bis in den Tod."

---

[41] Joh. 16, 2: Sie werden euch in den Bann tun. Es kommt aber die Zeit, dass wer euch tötet, wird meinen, er tue Gott einen Dienst daran.

17. Donnerstag

Wurde nachts wach (Wanzen); wüste Träume, von der Rosalie; ich fahre mit ihr im Automobil; nie noch einmal. Stand müde $^1/_2$ 8 auf, wusch mich, las die Zeitung zum Frühstück, schrieb André und dem Onkel um 100 Mark. Beim Geheimrat vorbei, mit dem Rechtsanwalt Schilling über den Krieg gesprochen; er ist besorgt, weil es an der Marne nicht vorangeht. Ich hatte auch auf einmal wieder Angst und das Gefühl der gefährlichen Lage. In der Bibliothek des Oberlandesgerichts mit Gross gearbeitet, zu Hause zu Mittag, nachmittags geschlafen, dann nach einigem Bedenken zum Café Industrie, Kaffee getrunken; aber ich bekam keinen schönen Platz. Saß im Zug. Der Kellner war unverschämt; ich ärgerte mich ununterbrochen: eine gute Warnung, ich will darauf hören. Fuhr um 4 Uhr zum Oberlandesgericht, arbeitete schön, ging dann zur Bibliothek, bestellte für Cari Ibsen, aß zu Hause, las nachher Brand[42] usw. War erschüttert. Wieder in der Stimmung wie damals in der Adlerstraße (1912). Und dabei ist draußen der Weltkrieg und Deutschland stürzt vielleicht zusammen!

Ich besehe mein Gesicht: Wieviel Menschen haben ein Gesicht, das nur wie eine dünne Maske an ihrem Kopf hängt, namentlich die Nase kommt gar nicht heraus. Wie anders dagegen Cari! Sie ist entschieden. Sie kann überhaupt etwas wollen. Ich bin nur ein flackerndes Irrlicht, irrend und irreführend. O Gott, hilf mir. Und dabei zweifle ich nicht an meiner Cari unter dem Einfluss von Weininger und Ibsen. Aber über den Geheimrat bin ich mir klar. Seine Sorge um mich ist nur der Wunsch, mich dahin zu bringen, wo er ist. Ich habe mich um 5 000 Mark verkauft, verschachert; es ist zu elend.

Brand V. Akt:

So einsam hab' ich nie gestanden
Im wildesten Gebirg' wie hier;
So lässt man jede Frage mir
Im seichtesten Geschwätz versanden.
Zudrosseln möcht' ich ihm die Kehle!
So oft ich seinen dumpfen Sinn
Emporzieh'n will, Narr, der ich bin,
Speit er mir seine stinkende Seele
Frech mitten vor die Augen hin.
Eure Kraft habt Ihr vermarktet,
Euer Selbst habt Ihr zerklaubt,
Und anstatt dass Ihr erstarktet
Füllt nun Flachheit Euer Haupt.

[42] „Brand", erstes Ideendrama von Ibsen (1866, dt. 1872), entstand aus Empörung über Norwegens Passivität im dänisch-deutschen Krieg.

18. Freitag

Morgens um 7 Uhr auf, schön gewaschen, gearbeitet, zum Geheimrat, traf ihn zu Hause und wurde sofort zum Mittagessen gebeten. Ging zur Bibliothek des Oberlandesgerichts, arbeitete dort großartig mit Gross, war in glänzender Laune und kam zum Mittagessen zum Geheimrat. Er fragte mich, ob ich mit nach Schloss Weeze fahren wollte, ich sagte gleich ja. Wir fuhren um 2 Uhr nach Krefeld mit der Elektrischen. Ich schrieb noch schnell Cari eine Karte. In Krefeld trafen wir den guten Justizrat Flöth, der aber doch ein langweiliger Kerl ist, und das Telegramm, dass an der Marne 2 französische Armeekorps geschlagen sind. Inzwischen klappte also die Schlachtreihe zusammen. Gott sei Dank. Dann von Krefeld weiter nach Weeze mit einem Schweizer, der in Kempen als Engländer untersucht wurde. Herr Justizrat Lamberts als >Stadtverordneter< kam und sah seinen Pass nach; wir freuten uns, Justizrat Lamberts so wiederzusehen. Der Geheimrat freute sich, wie ich merkte, am meisten darüber, dass der Schweizer nun sah, was er für ein einflussreicher Mann ist. Wir unterhielten uns gut, in Weeze holte uns ein Wagen ab; um $^{1}/_{2}$ 7 Uhr waren wir in Schloss Weeze, wurden herrlich aufgenommen. Ich suchte mir gleich ein schönes Zimmer (den Maurensalon), schrieb meiner Cari, spielte auf dem schönen Flügel Beethovens V. Symphonie, konnte nicht arbeiten, war aber in gehobener Stimmung und wunderte mich, dass ich in eine solche Umgebung geriet. Aber ich bin ja schließlich nur als Gast hier. Wohnte ich in einem solchen abgelegenen, vornehmen, alten und großen Haus mit meiner schönen Cari! Ich habe sie unendlich lieb. Die hohen Bäume des Parks rauschen prachtvoll im Herbstwind. Ich aß mit dem Geheimrat gegen 1/2 9 sehr gut, wir tranken denn im Herrenzimmer Bier und erzählten uns vom Krieg; um 12 Uhr gingen wir schlafen. Ich war ziemlich aufgeregt. Schlief in einem schönen Bett mit herrlichem Leinen.

Ich bin in Weeze als Gast zu Besuch; Herr Arthur Lamberts ist auch in der Nähe. Ich will einmal vorbeigehen und sehen, wie es dem >hohen< Gast geht.

19. Samstag

Um 1/4 nach 8 stand ich auf, hatte die schöne Aussicht von meinem Zimmer, zog mich schnell an, trank Kaffee, las die Zeitung, arbeitete an meiner Arbeit, aber es ging nicht, es fehlte mir die Umgebung, auf die ich angewiesen bin, der Umgang mit Menschen. Hier würde ich verkümmern und verschlafen werden. Ich bin ganz auf das angewiesen, was ich von anderen empfange. Aß schön Schokolade, mittags aßen wir beide herrlich zusammen, hinterher tranken wir Kaffee, der Geheimrat ging schlafen, ich flegelte mich so herum, spielte Klavier, die Zeit verging. Um $^{1}/_{2}$ 5 schön Tee getrunken. Der vortreffliche Diener packte meine Sachen großartig ein, dann fuhren wir im Personenwagen zur Bahn, besuchten dort das Grab des Bruders des Geheimrats, fuhren mit ein paar unangenehmen Kerlen (Kaufleuten) im Zug nach Krefeld. In Krefeld abends langer Aufenthalt, meine Sehnsucht erwachte, ich hatte wieder sensuelle Stimmung. Die ganzen Touristen waren im Zug, aber ich reagierte kühl auf sie, obwohl meine Hände zitterten. Freute mich der Sensation und war wieder obenauf. Der Justizrat Flöth holte uns ab, wir fuhren nach Düsseldorf, blieben lange im Löwenbräu und tranken Pilsener. Langweilig. Ich hatte sehnsüchtige Schmerzen, Skepsis, verzweifelte an allem. Der Geheimrat ist ein Schwein, Zu Hause kein Brief von Cari.

20. Sonntag

Um 9 Uhr aufgestanden, fröhlich angezogen, frische Wäsche, zum Geheimrat gegangen, gearbeitet an meiner Arbeit. Hoffentlich wird es glänzend werden; aber ich glaube doch daran. Ich bin faul und willenlos. Mit der Hammenstede zu Mittag, holte Zeitungen, sie beklagte sich über den Geheimrat. (Er war vor dem Justizrat Flöth vor Ärger weggegangen; der tat mir leid, der einsame, alte Mann); fuhr 1.45 nach Köln, traf meine liebe Cari; sie hatte ihr schwarzseidenes Kleid an. Wir gingen im Fürstenhof Kaffee trinken, ärgerten uns über die schlechte Schokolade, fuhren zum Stadtwald, gingen etwas spazieren in dem herrlichen Herbstwetter, dann vor dem Regen in das Restaurant. Sehr schön; Kaffee mit Semmeln. Erzählten uns fröhlich. Ich war wieder redselig, kam mir aber proletarisch und linkisch vor neben meiner feinen Cari. Nachher wieder etwas spazieren; mit der Elektrischen nach Hause: Pläne, Wünsche fürs Examen, Ungeduld, Sehnsucht. In der Bahn las ich von Frank, in >Deutschland< fehlen sozialdemokratische Abgeordnete. Ehrgeizig, mutig, unternehmend.

Zum Geheimrat, nur die Hammenstede getroffen; die weinte vor Ärger. Es geschieht ihr recht, aber der Zustand ist unglaublich. Ich will nicht mehr zum Geheimrat gehen. Aß etwas zu Abend, ging dann nach Hause, sprach mit Frau Rüdiger, die großartige Möbel hat, und ging fröhlich ins Bett.

21. Montag

Stand um 1/4 8 auf; war müde, aber ich freute mich, nicht mehr im Bett zu liegen. Trank Kaffee, las die Zeitung schnell (nichts Neues, die Schlacht an der Aisne schwebt noch). Ging durch den Hofgarten zum Gericht. Hoffte dort Gross zu treffen, der aber nicht da war. Arbeitete ziemlich fleißig, aß Schokolade dabei. Ging mittags fröhlich nach Hause; nach dem Essen gleich wieder zum Gericht, trank nicht im Cafe Kaffee, schrieb aber meiner lieben Cari, dass ich nach der Lektüre der „Komödie der Liebe[43]“ von Ibsen wieder sie lieb habe. Sprach mit dem Sekretär Nord freundlich, bekam meine Bücher, arbei-

[43] „Komödie der Liebe“, Schauspiel von Ibsen (1862).

tete in der Bibliothek schön, hatte wieder Eifer. Ging zur Stadtbibliothek, tat dort aber wenig; sprach mit dem Referendar Langhans und erboste mich mit ihm gemeinsam über die ekelhafte Manier, mit der die alten Bourgeois und die Weiber auf den großen Krieg reagieren, währenddraußen Millionen junger Soldaten bluten. Es ist zum Wahnsinnigwerden. Aß zu Hause zu Abend. Habe mir Pflaumen gekauft. Trank ein Glas Bier. Las dann über das Urheberrecht. Fange an Kohler[44] sehr hoch zu schätzen und wollte ihm schon einmal einen Brief schreiben und mein Buch schicken. Cari habe ich mit jeder Stunde lieber.

Wie gemein ist der Geheimrat. Ich bin heute nicht hingegangen; ich halte diese ekelhafte, unbeherrschte Fleischlichkeit nicht aus. Wem alle Philosophie nur dazu dient, weis zu machen, er sei kein Philister, dem ist eben nicht zu helfen. Mir schaudert bei dem Gedanken, dass er mir sein Gestell von Nichte anhängen wollte. *Du liebe, süße Cari. Dir verdanke ich ja, dass ich überhaupt noch nicht verkommen bin in diesem September. Das habe ich alles von der Sorge des Geheimrats um mich. Er hält sich für meinen Vater; so übt er also für seinen Sohn Sorge. Der Sohn soll nichts Großartiges, Kühnes, Schwungvolles tun. Er soll sich behaglich bequem einrichten und ein so ekelhafter Fresser werden wie der Alte. Gott, wie abscheulich ist das.*

Heute war ich oft stolz und unternehmend; mein Mut kam wieder. Dann plötzlich große Skepsis und Sorge, es sei nichts zu machen Der Geheimrat wälzte sich auf meiner Seele. Ich kann nichts machen. Ich habe ihn Vater genannt, das war die Sünde. Nimm dich in acht; bleibe für dich allein. Gehe auch nicht zu viel zu Lamberts. Jeder will dir helfen, aber auf seine Weise. Du sollst ihm dafür dienen. Eine höchst >sonderbare Situation<. Dass noch keiner sie durchschaut hat, beweist, wie großkotzig die Menschen sind.

22. Dienstag
Stand morgens 1/4 7 auf. Arbeitete etwas; schnell. Ich bin aber zu spät aufgestanden. Fuhr nach dem Frühstück sofort zum Oberlandesgericht, gab dort dem Sekretär Nord die Bücher wieder; erschrak aber, als er davon sprach, ich solle ihm beim >Auslegen< seiner neuen Bücher helfen. Ich bin sofort <bereit>. Es ist zu dumm. Arbeitete dann bis 12 Uhr ziemlich gut, machte viele gute Funde und war guter Laune. Doch fehlt noch der richtige Schwung. Ging zur Landesbibliothek; bestellte ein paar Bücher, las die Zukunft von Harden; erstaunte, dass es so viele große und schöne Gedanken gibt und dass man daran

[44] Josef Kohler (1849–1919), dt. Jurist, Prof. an der Friedrich-Wilhelms Universität und Lehrer von Carl Schmitt 1907 in Berlin; vgl. „Schmittiana" I, S. 15–16. Kohlers Bibliographie umfasst 2100 Titel aus allen Rechtsgebieten, hier vermutlich „Urheberrecht an Schriftwerken und Verlagsrecht", Verlag Enke, Stuttgart 1907.

glauben kann, und kam mir halb elend, halb großartig vor. Aß zu Hause zu Mittag, fuhr nach Köln, las im Zug die Kronprätendenten[45] von Ibsen. War ergriffen und staunte und erkannte mich wieder. Aber inzwischen will ich stark werden, inzwischen soll mir alles gleichgültig sein. Gott wird mir helfen. Ich habe immer und in allem Glück. Traf meine liebe Cari, war fröhlich und munter.

Wir tranken zusammen Kaffee bei Reichardt, gingen dann zur Bibliothek; ich arbeitete gut. Cari ging mir Hefte holen, dann gingen wir noch spazieren. *Am Dom hinkte plötzlich ein alter Mann hinter uns her und schien uns zu rufen. Ich gab ihm für seine Zeitung 10 Pfennig. Es war der alte Schilling! Wir waren der Situation nicht gewachsen, sprachen kühl, aber freundlich mit ihm und gingen dann wieder. Ich war ganz erschrocken und hatte schon wieder Angst. Das ganze Gebäude unseres bürgerlichen Ansehens, das wir mit Hilfe des Geheimrats so geräumig erbaut haben, schwankt wieder. Cari fühlte das und war auch besorgt. Doch beherrschte ich mich ziemlich. Aber hinterher erkannte ich, wie gemein es von mir war, eine solche feige und dumme Angst zu haben.* Ich ging nach Hause, aß dort ein Butterbrot und las dann Ibsen statt zu arbeiten. Ich muss doch endlich fleißig werden. Schrieb dem Rechtsanwalt Schneider eine Karte und an Cari einen Brief. Ich habe sie so lieb. Sie ist besser als ich. Sie ist treu und ist mir ergeben. Ich bin statt dessen ein gemeiner, selbstsüchtiger Mensch. Ich komme immer obenauf. Dass ich den Geheimrat kennen gelernt habe (wie damals vor dem Referendar Calker), ist großartig. Alles dreht sich so, dass ich höher komme. Ich bin ein Gleitschüler und flutsche immer glücklich durch alle Bedrängnis durch. Es fehlt mir an Kraft zum Gestalten. Alles macht Eindruck auf mich, aber ich komme zu keinem Ausdruck. Ich nehme nur auf; meine Nase tritt nicht aus dem Gesicht. Es bleibt alles verschwommene Konturen, Andeutungen, alles halb. Ich bin nicht fertig; nur in Momenten, nichts Dauerndes, keine dauernde, lebendige Kraft.

Oft, wenn ich große Worte lese oder große und ehrliche Begeisterung sehe, rührt es mich. Denn das muss ja großartig sein, an etwas Großartiges zu glauben. Ich aber werde nie ein Psychologist wie die geistreichen Franzosen des 18. Jahrhunderts; kein Künstler, nur ein >verlegener< Beobachter. Und schimpfe und ärgere mich im Grunde über mich. Aber das genügt, um sich über die ganze Welt zu ärgern.

Warum ergreift es mich bis in die Wurzeln meines Daseins, wenn ich sehe, wie Soldaten gehorchen, wie sie Platz machen. Wenn Menschen Ehrfurcht erweisen und eine Masse sich beugt? Bin ich zum Herrscher geboren? Warum ergreift es mich, wenn ich die Feuerwehr helfen sehe? Dann weine ich wie ein Kind. Ich habe eine besondere Beziehung zum Sozialen. Vielleicht gelingt es mir, noch dahinter zu kommen. Ich muss fleißig sein.

---

[45] „Die Kronprätendenten", Drama von Ibsen (1862, dt. 1872), der erste größere literarische Erfolg Ibsens.

23. Mittwoch

Wollte um 6 aufstehen, stand aber erst um 7 1/4 auf. Arbeitete etwas, ging durch Hofgarten zum Oberlandesgericht. Dort fleißig exzerpiert; zur Landesbibliothek, etwas mitgenommen, zu Hause gegessen, nichts mehr gearbeitet, zur Landesbibliothek zurück (nicht Kaffee getrunken, obwohl ich große Lust hatte; aber die Lektüre der Soldaten[46] hat mich wieder ganz aufgelöst, wie damals, als ich auf Unterprima saß). In der Bibliothek etwas geschrieben; einen kleinen Anfang meiner Arbeit. Aber es geht nicht weiter, oft verzweifle ich, ich tauge nichts mehr, ich kann einfach nicht mehr, meine Hände sind müde, kaum habe ich einen Gedanken, so springe ich nervös auf, weil ich nichts gefunden habe, ihn auch nur stenografisch zu skizzieren. Wann hört das auf? Ich las O. A. H. Schmitz[47] über England und Frankreich. Regte mich auf an seiner Schilderung des modernen Lebens. Hörte von den Bibliothekaren, dass viele, die in der Bibliothek sitzen, abends Zeitungen verkaufen. Aß zu Hause zu Abend, ein paar Pflaumen dabei. Las aufgeregt O. A. H. Schmitz, freute mich, angeregt zu werden, viel zu lernen, neue Werte und Gedanken zu hören und dachte zunehmend an Cari. Aber es ist ja alles Dummheit, Folgen des Pariser Lebenszweckes. Sicher, inzwischen ist Krieg, die curarietas? der Seele <im Sumpf>, ja elendesten Dreck, die elegante moderne wird aller Welt Frau. Aber ich bin sehr aufgeregt; hoffentlich kann ich wieder arbeiten. Nur dass ich nicht beim Geheimrat war, macht mich fröhlich und unternehmend. O Gott, hätte ich nur ein wenig Geld. Arbeite abends noch etwas, aber aufgeregt und zusammenhanglos. Schrieb André und Ernst Lamberts eine Karte, brachte sie zum Kasten und ging dann müde und aufgeregt ins Bett; wusch mich vorher schön.

24. Donnerstag

Stand um 1/2 6 auf, setzte mich frierend an den Tisch und arbeitete bei der Kerze ein wenig. Dann wusch ich mich, zog mich an und kam besser vorwärts. Fröhlich, dass wenigstens schon der Anfang meiner Arbeit geschrieben ist.

---

46 „Soldaten“, Drama von Ibsen (1858).

47 O. A. H. Schmitz, O(skar) A(lbert) H(einrich) (1873–1931), dt. Schriftsteller, Schwager des öster. Zeichners Alfred Kubin (1877–1959), lebte bis 1907 zunächst in München Schwabing, dann bis 1915 in Berlin. Er wurde von Karl Wolfskehl (siehe S. 199, Anm. 39) in den Stefan-George-Kreis eingeführt, fand jedoch 1921 die eigentliche Stätte seines Wirkens in Darmstadt in der „Schule der Weisheit“ des Grafen Hermann Keyserling (1880–1946), der ihm die Bedeutung und Bekanntschaft des Psychoanalytikers C(arl) G(ustav) Jung (1875–1961) verdankte. Carl Schmitt nimmt Bezug auf seine vor 1914/15 erschienenen Bücher „Das Land der Wirklichkeit. Französische Gesellschaftsprobleme“, 3. vermehrte Aufl., Georg Müller, München 1914, zuerst erschienen unter dem Titel „Französische Gesellschaftsprobleme“, Wedekind, Berlin 1907, und „Das Land ohne Musik. Englische Gesellschaftsprobleme“, Wedekind, Berlin 1907.

Aber ich bin nicht zufrieden mit mir, sondern komme mir immer als glücklicher Zufall vor, wenn ich schon wieder ein Stücklein weiter bin, Satz für Satz und Wort für Wort mir abquäle und abpresse. Der freie Schwung, der ungehemmte Verlauf der Gedanken und die Sprache fehlen mir und ich vermisse den [ein Wort nicht lesbar]. Doch war ich, weil ich früh aufgestanden war, vortrefflicher Laune, dachte fröhlich an die Schattenrisse, hatte ein starkes Bedürfnis nach lutherischem Erfolg und Wirkung und rieb mir oft die Hände. Dachte auch freundlich an den Geheimrat, ging zum Oberlandesgericht, exzerpierte schnell einige Entscheidungen; dann in die Landesbibliothek, geschrieben, ziemlich leidlich, mittags zu Hause gegessen, O. A. H. Schmitz gelesen. Ein Brief von Lamberts, der mich fragt, ob ich ihn vertreten will. Ich kann leider nicht. Fuhr vergnügt nach Köln zu Cari. Brachte ihr Ibsen mit, wir gingen Kaffeetrinken bei Reichard, dann in die Bibliothek. Ich arbeitete aber nicht fleißig, doch ging es vorwärts; wie von selber. Cari erzählte, wie unverschämt die Zilliken über mich spricht: ich sei ein Angestellter ihres Verwandten, ein Bourgeois usw. Ich ärgerte mich über die Unwiderleglichkeit dieser dummen und albernen Person, und der Gedanke, dass der Geheimrat diese noch schätzt und was von ihr hält, regte mich geradezu auf. Wir gingen schön spazieren, freuten uns des Herbstwetters; der Dom ist herrlich. Ich fuhr >vom< Cafe für mich allein nach Hause, sprach laut, war fröhlich und fühlte mich wieder stark. Ging beim Geheimrat vorbei (mit dem Gefühl, etwas Unrechtes zu tun); er war glücklicherweise nicht zu Hause (Wink!). Zu Hause gegessen, Tee getrunken. Brief an Arthur und Justizrat Lamberts geschrieben. Ich muss dem Arthur Lamberts doch endlich von meiner Verlobung erzählen. Fröhlich ins Bett. Wie gut tut das Sich-mit-sich-selbst-beschäftigen zu können. Nur etwas Geld müsste ich haben. Ein wenig. Schrieb fröhlich an Cari: „Wenn die Welt so wie inzwischen ganz im Nachtnebel versunken ist, könnte ich verzweifeln, wenn ich nicht an dich glaubte und wüsste, dass du für mich meine Welt trägst und in den Händen hältst. Allen Nebel und alle weglose Finsternis durchleuchtet mir deine edle Güte und Liebe. Du süßes durchlauchtestes Königstigerlein, ich küsse deine kleine Pranke und nehme meine bitter brennende Sehnsucht mit ins Bettchen. Das tut mir weh. Ach, liebe Cari, wären wir in einem hübschen Zimmerchen beisammen. Ich werde wieder munter, weil ich vom Geheimrat weg bin. Mein Gedächtnis wird besser. Ich kann wieder arbeiten und werde unternehmender und hoffnungsvoller. Der Geheimrat hat mich ruiniert. Morgen stehe ich wieder früh auf."

25. Freitag

Ich wurde um 1/4 nach 5 wach, um 1/2 6 stand ich etwas zögernd auf, aber gleich. Ich stolz und tapfer, dass es mir gelungen. Man braucht aber nur zu wollen. Ich wusch mich sofort und saß um 1/4 vor 6 schon an der Arbeit. Der Geheimrat geht mir immer durch den Kopf. Er lastet wie ein Alp auf mir. Ich will mich im Atmen trainieren, ich kann alles durch vernünftige, intelligente

Selbsterziehung überwinden. Ich will nicht furchtsam sein. Zwar weiß ich, dass ich an meinem äußeren Geschick nicht viel gestalten kann, aber ich glaube an einen Mechanismus, durch den es sich fügt, dass mein ruhiges und aufwärts drängendes Arbeiten mit dem gewünschten Erfolg in Zusammenhang bringt. (Dabei fällt mir ein: Wie ekelhaft ist es, ein darwinistisches Interesse zu begründen. Da schwätzen in England und tausend Tausende Weitere <hier> ums Überleben des Besseren und verdanken die Möglichkeit, so alberne Gespräche zu führen, nur der Tatsache, dass sie von einem Liebhaber ihrer Mutter eine Rente geerbt oder dass sie bei einem alten Onkel Erbschleicherei getrieben haben).

Ich ging zum Oberlandesgericht, habe Schwierigkeiten mit meiner Arbeit und werde ärgerlich. Aber ich muss durch, obwohl es nur langsam geht. Um 1/2 2 ging ich zur Landesbibliothek, arbeitete dort aber wenig, las herum; mittags zu Hause gut gegessen, dabei Schmitz gelesen und mich gefreut. Trank im Industrie Kaffee, las die Zeitung, wechselte meine letzten 50 Mark (Gnade mir Gott; aber er wird mir helfen), schickte den Brief an meine liebe Cari ab und ging dann zur Landesbibliothek. Dort schrieb ich langsam und immer wieder aufspringend an meiner Arbeit, erledigte den ersten Punkt; aber vielleicht zu flüchtig. Las zwischendurch alles Mögliche, nahm mir R. M. Meyers[48] Weltliteratur nach Hause. Zu Hause ein Brief; Herr Schwarz kam wegen des Geheimrats. Ich aß hübsch zu Abend, trank Tee, räumte auf, suchte das Manuskript des Aufsatzes über Däubler, fand es aber nicht (vielleicht gut, ich hätte es womöglich R. M. Meyer geschickt), las dann mit Behagen Schattenrisse und hatte etwas Gewissensbisse, dass ich nicht mehr an meiner Assessorarbeit tue. Es ist skandalös.

Doch fühle ich mich im Grunde sehr wohl. Wie gut tut mir die Entfernung vom Geheimrat. Aber das Geld. Ich habe wieder literarischen Ehrgeiz. Es ist doch schade, dass ich so wenig bekannt bin. Ich sehe es so gerne, wenn sich Leute mit mir beschäftigen. Wie bequem haben es die Dichter. Aber so darf man nicht reden.

Ich fühle mich im Grunde ziemlich nichtig, kann nicht durchdringen, nichts packen und gestalten und wundere mich, dass Cari an mich glaubt. Oft heimliche Angst. Es ist schrecklich. Soll ich auf jeden Druck artikuliert reagieren?

26. Samstag

Wurde um 5 Uhr wach, ging wieder ins Bett, stand aber erst um 1/2 7 auf. Lag lange wach im Bett, dachte nach, schämte mich, dass ich nicht um 1/2 6 aufstand. Im ganzen war die Stimmung aller dieser Tage, wie der letzten Monate, eine niedrige und gedrückte; ich halte nichts mehr von mir, ich komme mir ver-

---

[48] Richard Moritz Meyer, Die Weltliteratur im 20. Jahrhundert. Vom deutschen Standpunkt aus betrachtet, Deutsche Verlagsanstalt, Stuttgart 1913 (siehe auch S. 153, Anm. 81.)

dorrt und dabei nichtig vor. All mein Denken scheint mir ein hilfloses Gehüpfe zu sein. Erst seit einigen Tagen wird es besser, seitdem ich nicht mehr beim Geheimrat bin. Der Umgang mit ihm, das schauderhafte Trinken, die Unterwürfigkeit, zu der ich mich in tagelangen Gesprächen verdammte, hat mich körperlich und geistig ruiniert. Hoffentlich ist noch etwas da. Ich will jetzt anfangen, wieder ruhig zu arbeiten. Leider hindern mich die Geldsorgen. Oft denke ich, dass es besser wäre, wenn ich nicht für Cari zu sorgen hatte. Aber ich bin zu schwach, daran etwas zu ändern und bin auch zu viel moralisch verpflichtet, und liebe sie ja doch unendlich.

Gestern Abend habe ich vor dem Zubettgehen gearbeitet. Heute morgen dachte ich plötzlich daran und stand sofort entschlossen auf. Es hat vielleicht doch einen psychologisch – pädagogischen Nutzen. Ich will das mal weiter untersuchen.

Ich ging um 1/2 9 zum Oberlandesgericht (hatte Sorge wegen der Schlacht an der Aisne. Die französische Regierung will schon wieder nach Paris!) Traf in der Bibliothek Gross, sprach mit ihm, arbeitete ganz nett, kam aber nicht viel voran; um 1/2 12 zur Landesbibliothek, R. M. Meyer, stilstark [ein Wort nicht deutbar:]; nach Hause, zu Mittag gegessen. Dann zur Bahn und zu meinem Kindlein gefahren. O, wie hab ich sie lieb! Wir fuhren zum Stadtwald, tranken im Großen Teich Kaffee, gingen dann spazieren, liefen und fingen uns und sehnten uns danach, zusammenzuwohnen. Ich fuhr sehnsüchtig nach Hause, ging beim Geheimrat vorbei, der aber glücklicherweise nicht da war, aß zu Hause zu Abend, las R. M. Meyer und wurde schläfrig. Ich bin notorisch faul. Es ist zum Verrücktwerden. Morgen werde ich fleißig sein. Ich muss endlich mit Lambert sprechen wegen Cari; oder soll ich erst den Assessor machen?

27. Sonntag

Ich wurde nach einem dummen, beängstigenden Traum <wach> (der Wartesaal II. Klasse im Düsseldorfer Bahnhof ist in ein riesiges Arbeiterlokal umgewandelt mit öden Wänden, an denen nicht ein Bild hängt. Ein Musikapparat spielt die russische Nationalhymne (ohne dass zu meinem Erstaunen die Leute chauvinistisch werden). Dann machte er plötzlich eine Pause, und eine ekelhaft laute, freche und durchdringende Komikerstimme sang mit >deutlicher< Pointierung des Rhythmus (nach der Melodie von Offenbach): ich solle seine Sachen doch nicht lernen >Sohn<. Ich wurde von meinem Traum wach, stand aber erst einige Minuten nach 6 auf. Ich habe oft Sorge wegen meiner Zukunft, aber im Grunde doch allmählich wieder das Gefühl sicherer Geborgenheit. Irgendwie betrachtet sich jeder Mensch als Auserwählter der Vorsehung, und er ist es, solange er weiß, dass er's glauben darf. Das kehrt inzwischen wieder. Der Geheimrat hatte es mir genommen. Ware ich nur erst mit meinem lieben Carilein zusammen.

Wenn ich an den Krieg denke, die tausende Soldaten, die fallen, an meine Hilflosigkeit gegen diesen Machtapparat, der mich gegebenenfalls verschlingt wie die Kuh einen Grashalm, dann erscheint mir der Staat als furchtbares, graues Ungetüm. Mit einem Schlag ist die Welt entflammt. Dann möchte ich mich mit ihr retten und denke an das liebe Kind, das bei mir Schutz sucht und so innig an mich glaubt, während ich nur an sie zu denken brauche, um meine Hilflosigkeit zu erkennen.

Nehmen >wir< an, ein intelligenter junger Mann liest die Werke einiger berühmter Zeitgenossen, findet manches gut und trefflich, vieles unbedeutend und gleichgültig. Das geht so, dass man sich dabei gut unterhält, weil es eben aus der Zeit <ist>, der man selbst angehört. Es trifft sich weiter, dass er den Autor der Werke persönlich kennen lernt. Er sieht einen unangenehmen oder angenehmen, eitlen oder bescheidenen, albernen oder schlauen Menschen, durchschaut ihn und geht nachdenklich nach Hause. Nun liest er in der Literaturgeschichte oder <Protokoll> des Seminars Abhandlungen: von der genialischen Kraft dieses Mannes, von seiner Vision, von seiner prachtvollen Fertilität usw. Da wird sich doch jeder vernünftige Mensch denken: Das ist eine angenehme Sache, so besprochen und behandelt zu werden; das möchte ich auch, und wird ein großer, zeitgenössischer Dichter.

Nimm dich in acht, Carl, lass dich auf nichts ein! Es gibt eine Konsequenz im Leben, der jeder unterliegt. Wenn du jetzt die Leute schätzest und beneidest, die das Eiserne Kreuz bekommen, so musst du dich in einiger Zeit schämen, dass du es nicht selber hast. Wenn du vor Offizieren und Königen staunend stehst, so kommt der dir in einigen Tagen als elender Kerl vor. Deshalb fange lieber nicht mit solchen Dingen an; sie führen zur veräußernden Auslieferung an die Gnade der hohen Gesellschaft. Wer es tut, der gibt sich in die Hand vielleicht nicht seiner Feinde, aber doch von Leuten, denen er gleichgültig sein muss. Er wird einer von den tausend anderen und empfängt seinen Wert von der Gemeinschaft. Sei vorsichtig. Auch deiner lieben Cari wegen.

Noch Sonntag, 27.9.14

Ich ging zu dem Spediteur, um die Leinwand für Cari zu holen. Der Spediteur sagte grob: sonntags gehe ich nicht zum Lager. Ich war bis zur Besinnungslosigkeit empört und ging, ohne ein Wort zu sagen, weg. Das war dumm und erregte mich. Es ist schauderhaft. (Wie ich an mein armes Carilein dachte; ich bin ein dummer Prolet.) Dann ging ich bei Wülfing vorbei. Das Mädchen sah mich misstrauisch an und wollte mich vor der Tür stehen lassen; ich ging empört weg. Wieder dieselbe Geschichte. Nun will ich noch zu Brandts gehen: Er war zu Hause, zeigte mir seine Bilder. Wo so viele Leute ein schönes Haus haben, kann ich mit meiner lieben Cari doch sicher auch eins bekommen. Ich ging dann wieder bei Wülfing vorbei, traf ihn zu Hause, sprach schön mit ihm und glaube, ihn bald anpumpen zu können. Zu Hause zu Mittag gegessen. Um 1/2 3 zu Brandts, ins Café Industrie, sprach mit ihm über seine Arbeit, wunderte mich über meine Produktivität und war stolz und überlegen. Hatte eine unbezwingliche Begierde. Liebe Cari, wohnten wir erst zusammen. Müde herumgelaufen, drückender Sonntagnachmittag. Ich <ging> inzwischen an meine Arbeit. Morgen um 7 Uhr nach Bonn reisen. Bei der Hammenstede vorbei, war aber niemand zu Hause. Ich <hatte kein Glück> bei Haas, ebenso wenig bei Fehr (mit dessen armer Mutter gesprochen). Zu Hause zu Abend gegessen. Arbeitsfreudig. Also morgen nach Bonn.

Mittler und Stellvertreter! Nachdenken. Jedes Wort ist eine Stellvertretung; alles ist vergänglich, ist nur Stellvertretung. Du bist für einen anderen da! Das heißt, du vertrittst die Stelle eines anderen. Du bist also nur Funktion. Individualismus und der Gedanke der Stellvertretung.

R. M. Meyer[49], Stilistik, S. 101, verweist nur auf Mauthner, dass alle Sprachbewegung auf die Motivation geht.

28. Montag

Wurde um 1/2 6 vom Wecker wach. Traum: Ich bin mit Eisler, Busemann[50] und anderen Leuten in Saarburg. Wir gehen durch die Gegend nach dem Haus der Rosalie heraus und betrachten das Schlachtfeld. Das Haus, in dem Rosalie wohnt, ist ganz zerschossen. Wir gehen weiter, ich <tanze und springe auf einmal> fröhlich dabei herum. Ich erkläre die Gegend, doch hört niemand auf mich. Das andere Paar in einer großen Villa, die merkwürdigerweise vom Krieg gar nicht gelitten hat. Während wir die <Straße an einem> bewaldeten Abhang vorbeigehen, erscheinen <im Wald> immer Franzosen in <kleinen Trupps>. Ich bekomme Angst und laufe schnell den Berg herunter; unten erscheinen aber deutsche Soldaten. Die Franzosen werfen ihre Gewehre weg und heben die Hände hoch. Ich muss >mich wundern<, weil sie meiner Ansicht nach noch gut hätten fortkommen können. Aber hinter >ihnen< war Stacheldraht.

Fuhr 7.09 nach Köln, Personenzug. Dachte im Zug über meine Arbeit nach. [Im nächsten Satz nur wenige Wörter lesbar, z. B.:] „trostloser Traurigkeit".

49 Richard Moritz Meyer, Deutsche Stilistik, 2. verbesserte und vermehrte Aufl., Beck, München 1913, in der Reihe: ‚Handbuch des deutschen Unterrichts an höheren Schulen', Bd. 3, Theil 1 (begründet von Adolf Matthias.)

50 Karl Buseman studierte gleichzeitig mit Fritz Eisler, Carl Schmitt und dessen Vetter André Steinlein jun. an der Universität Straßburg. In „Complexio Oppositorum. Über Carl Schmitt" , Hg. Helmut Quaritsch, Duncker & Humblot, Berlin 1988, teilt Piet Tommissen in seinem Beitrag: „Bausteine zu einer wissenschaftlichen Biographie (Periode 1888–1933)" S. 75 einen Brief des 1926 in Frankfurt a. M. lebenden Busemann an Carl Schmitt mit, in dem er an die gemeinsame Straßburger Zeit erinnert. Er nennt sich darin selbst einen Sekundaner, womit er anscheinend zum Ausdruck bringt, dass er ein jüngeres Semester war.

Ich ging zu Cari. Wir mussten zusammen zur Polizei. (Ich war darüber ärgerlich, aber guter Laune und in mutiger Stimmung) Es stellte sich heraus, dass ich 3 Mark für Stempel bezahlen sollte; das tat ich. Dann gingen wir zur Rhein-Ufer-Bahn. Schnell zum Cafe Reichardt, tranken schön Kaffee, erzählten uns fröhlich etwas. Ich fuhr dann mit der Rhein-Ufer-Bahn nach Bonn. Kam dort an; der Geheimrat war nicht mehr im Hotel Stern. Ich ging zur Universität, lief hin und her, fand keine Bücher, traf auf dem Sekretariat den Geheimrat Landsberg, der mir sofort den Schlüssel zum Seminar gab. Ich fand das Seminar; es war aber nicht mehr drinnen, <kein Vorgang> des Oberlandesgerichts Düsseldorf. Also war die ganze Sache umsonst. Aß für 60 Pfennig im Automaten, trank lange Kaffee, >beabsichtigte< den Privatdozenten Curtius[51] besuchen. Der war aber im Urlaub. Zu P. Albert[52]; wieder diese Art Mönch, unfasslich, <keine Chance diesen> Mann in ein Gespräch hineinzubringen. Lief dann 2 volle Stunden herum, Wohnung suchen. Hatte immer Angst zu fragen, ob ich das Zimmer für eine Nacht bekommen kann. Fand endlich eines in der Bismarckstraße. Holte meine Tasche von der Bahn, ging zum Abendessen in die Kaiserhalle, dort politisiert, <getrunken mit dem> Geheimrat, dass es einem zuwider wurde. Wenn es nur in Frankreich gut geht. Aufgeregt nach Hause; sprach dort mit der Tochter von der Hausfrau. War sehr zufrieden mit dem Zimmer. Bin froh darüber, dass ich alles so gut getroffen habe und nicht ins Hotel gegangen bin. (Die ganze Sache kostet 1,50!). Ging fröhlich zu Bett, dachte an meine liebe Cari. Wären wir erst zusammen.

29. Dienstag

Ich schlief bis 1/2 8, war müde und faul. Stand um 8 auf, zog mich schön an, trank behaglich Kaffee und freute mich, dass alles so glänzend abging, brachte meine Koffer zur Bahn, ging Schokolade kaufen, fand nach langem Suchen (wieder wie gestern Nachmittag so dumm herumgelaufen) den Titel vom >Gericht<, arbeitete dann ziemlich gut im Seminar, brachte dem Geheimrat Landsberg den Schlüssel wieder (er wohnt in einem palastartigen Haus), dann aß ich wieder im Automaten für 60 Pfennig, ging zur Haltestelle. Meine liebe Cari kam in einem schönen schwarzen Seidenkleid. Ich war entzückt, wie niedlich

---

51 Ernst Robert Curtius (1868–1956), dt. Romanist, promovierte 1910 in Straßburg, habilitierte sich 1919 in Bonn, wo er 1914–1919 und nochmals 1929–1951 lehrte. Er war mit Carl Schmitt befreundet und Schmitts australische Freundin Kathleen Murray hat bei ihm promoviert. Später kam es zum Bruch, als Curtius von einer gegen ihn gerichteten Initiative erfuhr und in Carl Schmitt den Urheber vermutete. Sie war jedoch nicht von Schmitt, sondern von dem zu seinem Freundeskreis gehörenden Waldemar Gurian (1902–1954) eingefädelt worden. Siehe auch Rolf Nagel (Hg.), „Briefe von E. R. Curtius und Carl Schmitt, 1921–1922", in: Archiv für das Studium der Neueren Sprachen und Literatur CXXXIII, 1–15 (1981).

52 Paul P. Albert (1866–1919). Bruder des Barons von Loe, eigtl. Ludwig von Loe.

und zierlich sie geht. Wir tranken im Royal auf der Terrasse Kaffee, sahen auf den Rhein, schrieben Eisler eine Karte und unterhielten uns schön. Dann gingen wir spazieren, hatten uns lieb; ich war stolz auf ihre zierlichen Füßchen und ihre hinreißenden Hände. Wir fuhren dann nach Köln zurück; eine angenehme Fahrt, gingen noch in Köln an der Gereonskirche vorbei. Dann brachte ich sie nach Hause, [ein Wort nicht lesbar] vor Sehnsucht nach unserem Zusammenleben. Ich fuhr im Eilzug nach Hause, las das Buch „Warum müssen wir sterben" und fühlte mich schon halb tot. Zu Hause freundlich aufgenommen. Brief von Vater (er lässt Cari nicht grüßen) und von Ernst Lamberts, der sich offenbar an mich klammert. Ich antwortete sofort und brachte den Brief an Professor Fuchs und Ernst Lamberts zum Kasten. Draußen war es bitter kalt. Wie soll ich mit meiner Cari eine Wohnung finden? Und die Miete?

30. Mittwoch

Stand um 1/2 7 auf, war gut ausgeschlafen, aber traurig und verzweifelt, weil ich gar kein Geld habe und nicht weiß, wie ich die Miete bezahlen soll. Dabei habe ich innige, heftige, beinahe schmerzliche Liebe zu Cari und Angst vor der Welt. (Angst vor der Welt und Liebe zu Cari, das hat irgend etwas miteinander zu tun). Ich zog mich an und machte mich an meine Assessorarbeit, wegen der ich auch bedenklich bin, weil die Zeit so schnell verfliegt (aber das hat die Zeit so an sich). Ich ging um 1/2 9 (nachdem ich die Zeitung gelesen hatte; zu meiner Freude fangen die Österreicher wieder an, die Offensive zu ergreifen) zum Oberlandesgericht, arbeitete dort etwas, wurde aber schnell müde [Einschub mit 4 Wörtern nicht lesbar]. Ging zur Landesbibliothek; dort nicht viel getan, an Bab telegraphiert wegen des Kahn. Dann nach Haus; Karte von Däubler, schön gegessen. Zur Bahn; müde, geschlafen. Meine Cari besucht; wir gingen zu Reichardt Kaffee trinken. Ich war schweigsam, hatte sie aber immer lieb. Dann in der Bibliothek langsam, aber mit ziemlicher Überlegenheit gearbeitet. Ich hörte von Paefgen, dass einer der Examinatoren, die die Arbeit nachsehen, sich für Konkursrecht interessiert, weil er einen Kommentar schreiben will. Also habe ich wieder einen neuen Antrieb, mich auszuzeichnen. Ich kaufte mit Cari zusammen eine Frankfurter Zeitung, brachte sie zum Kloster zurück (die anderen, mit denen sie zusammen ist, sprechen nicht mehr mit ihr; das arme, liebe Kind); ich fuhr zurück mit dem Eilzug, aß behaglich zu Hause zu Abend, schrieb an Walsmann für Paefgen, machte aber gleichzeitig dabei meine Geschäfte, und so wurde es 10 Uhr. Ich werde schläfrig. Morgen muss ich früh aufstehen. Inzwischen sind schon 3 Wochen vorbei und ich bin noch nicht fertig mit meiner Arbeit.

Warum tritt bei Dante[53] so oft hervor, dass man sich um die Leute und ihr Geschwätz nicht kümmern soll. Er sagt es sehr schön: Segui il tuo corso, e lascia dir le genti; oder: Non ti curar di ciò, ma guarda e passa.

---

[53] Dante Alighieri (1265–1321). Das erste Zitat „Geh deinen Weg und lass die Leute

Oktober 1914

1. Donnerstag
Traum: Ich spreche mit Direktor Nörrenberg in der Bibliothek sehr lange.

Um 10 vor 6 stand ich auf; ziemlich ruhig und fest entschlossen. Ich zog mich schnell an und setzte mich gleich an die Arbeit. Ich fühle, wie ich stärker werde, wieder seelische Substanz gewinne und nicht mehr haltlos allem Eindruck von außen preisgegeben bin. Auch keine Furcht vor Menschen habe. So will ich denn ernst und rühmlich weiterarbeiten und mich nicht mehr bedrängen lassen. Ich zweifle noch, ob ich gleich zum Geheimrat gehen soll. Arbeitete etwas, aber ich war ziemlich schläfrig und müde, doch stolz, dass ich aufgestanden war. Las die Zeitung (2 Forts von Antwerpen gefallen), wartete auf den Briefträger, der aber nicht kam, den ich schließlich um 10 Uhr zufällig auf der Straße traf und ging dann zum Oberlandesgericht. Dort mit Zillikens gesprochen, Gross getroffen, mittags mit Gross zur Tonhalle; gut über seine Arbeit unterhalten, an meiner (die sich ins Konkursrecht verliert) schon etwas gezweifelt. Zu Hause zu Mittag, dann schön zum Café Industrie; dort mit Gross über seine Arbeit gesprochen. Ich kann doch etwas. Wir gingen dann zusammen zum Oberlandesgericht, arbeiteten noch etwas, ich brachte ihn zur Elektrischen, ging an der Bibliothek orbei, schrieb an Cari in herzinniger Sehnsucht. Wenn wir nur einmal unsere Wohnung haben; ich halte es nicht mehr aus. Sonntag will ich zu Lamberts gehen. Ich holte an der Post die 100 Mark, die mir Onkel Andre geschickt hatte; es ist doch wenig. Aber ich habe keine Sorge mehr. Ging nach Hause, aß zu Abend, trank Tee, arbeitete an meiner Arbeit und schrieb etwas an der Arbeit, dann um 1/4 nach 10 ins Bett. Wohnte ich erst wieder mit Cari zusammen; wenn auch in einem kleinen Zimmerchen.

Was ist unser Leben. Ein Lied, das abends ein Junge pfeift. Vielleicht fällt es ihm ein, plötzlich aufzuhören oder ein paar alberne Änderungen zu machen …

---

reden" benutzte auch Karl Marx (1818–1883) im Schlusssatz der Einleitung der ersten Ausgabe des ersten Bandes des Kapitals. Es heißt dort: Jedes Urteil wissenschaftlicher Kritik ist mir willkommen. Gegenüber den Vorurteilen der sogenannten öffentlichen Meinung, der ich nie Konzessionen gemacht habe, gilt mir nach wie vor der Wahlspruch des großen Florentiners: Seguí il tuo corso, e lascia dir le genti.
Carl Schmitt las den ersten Band des Kapitals 1912 in Mönchengladbach. Über einem Foto seines Mäzens Arthur Lamberts vermerkte er am 25. 06. 30: „Meine erste Marx-Lektüre verdanke ich ihm (Bd. I, Kapital)".

2. Oktober
Morgens um 1/4 vor 6 aufgestanden, ziemlich ernst und ruhig. Schön gewaschen (fröhlich über das Eau de Cologne), arbeitete und glaubte, gut vorwärts zu kommen, wenn ich auch viel zu extensiv arbeite. Das kommt aber wohl daher, weil ich immer produktiv bin. Sobald ich lediglich registriere und ordne, kann ich stundenlang fleißig sein. Daher mein Bedürfnis, eine Sache wenigstens mal in der Skizze fertig zu machen.

Lust, folgenden Einakter zu schreiben:

Die Elevinnen im Kloster machen sich lustig darüber, dass Cari grammatisch falsch spricht, und fühlen sich überlegen. Das Gefühl steigert sich: Sie hat einen Bräutigam und wir haben keinen und dabei können wir doch grammatisch richtig sprechen! Eine schwierige Situation kommt; Soldaten dringen ins Haus. Cari allein zeigt sich als überlegen, behandelt sie gut. Die Elevinnen spielen eine elende Rolle. Sie erkennen hinterher bei den Soldaten, was für schöne Männer da waren. Fühlen sich allmählich wieder stark und spotten über Cari, dass sie grammatisch unrichtig spricht.

Ging um 1/2 9 zum Oberlandesgericht, arbeitete dort allein auf der Bibliothek, kam schlecht voran; dann zur Landesbibliothek; es ging besser (mit hungrigem Magen). Mittags zu Hause, geschlafen, dann im Café Industrie, behaglich Zeitungen gelesen. Zur Bibliothek, dort – wenn auch extensiv – doch plötzlich wieder einen Ruck vorwärts und Großmut und Zuversicht. Um 7 nach Hause, Brief für Cari zur Post gebracht (sie hat mir nicht geschrieben, hoffentlich ist nichts Böses passiert); dann zu Hause gegessen, die Kantstudien[54] gelesen, >festgestellt<, dass Geld angekommen ist; an Professor Bauch eine Selbstanzeige[55] geschickt, die ich mit großem Eifer und viel Überlegung entworfen habe und die mich den ganzen Abend beschäftigte. Wieder stolz und froh. Ich bringe es nicht über das Herz, zum Geheimrat zu gehen. Es ist, als müsste ich in eine Totengruft steigen. Schrieb dann, schnell entschlossen, noch an Lamberts.

3. Samstag
Um 10 vor 6 auf. Ich war müde und schwankte etwas, ob ich aufstehen sollte. Aber schließlich blieb ich auf. Dachte nach über den Geheimrat, welch ein gemeiner Prolet, wenn ich an die Leute denke, mit denen er gern zusammen ist: Kühl, Schneider, Frau Buddenberg usw. Auch nicht ein intelligenter Mensch mit einem flinken, ungehemmten geistigen Schwung; alles bornierte Schweine. Und nun macht er den gemeinen und taktlosen Juden Emanuel, von dem er mir selbst erklärt hatte, dass er keiner hochherzigen Regung fähig sei, noch

---

[54] Kant-Studien, Organ der Kant-Gesellschaft, Hg. Hans Vaihinger und Bruno Bauch.

[55] Selbstanzeige von „Der Wert des Staates“ in Kant-Studien 1914, S. 529–530. Nachdruck im Anhang, S. 346f.

adelig! Es hört alles auf. Ich darf nicht mehr hingehen. Wäre ich nur des Lamberts sicher. Denn ich habe mir vorgenommen, im November meinem Kindlein die Wohnung einzurichten.

Um 1/2 9 ging ich zum Gericht, kehrte noch einmal um, um Schlüssel zu holen, arbeitete am Gericht fröhlich und hatte wieder Mut. Das Buch von Kahn über Zinsforderung in „Das Urheberrecht“[56] war da. Ich hatte keine Sorge mehr; es ist ein minderwertiges Buch, obwohl fleißig <recherchiert>. Ging noch zur Landesbibliothek; tat etwas. Traf vor meinem Haus den Rechtsanwalt Schneider, nahm ihn mit zum Essen; er war ziemlich heruntergekommen. Beim Geheimrat; und werde den Offenbarungseid leisten. Ich bin ihm noch 250 Mark schuldig. Oft Angst, wenn ich an Lamberts denke. Sollte das Erscheinen des Schneider eine Warnung sein, ihm von Cari zu erzählen? Aber es muss doch einmal geschehen und dann ist es schon egal, was danach kommt. Ich fuhr um 2 Uhr nach Köln (kaufte mir eine Monatskarte), ging mit Cari zu Reichardt Kaffeetrinken. Wir fuhren dann zum Stadtwald. Ich war fröhlich und stolz und hatte wieder Lust und Freude an meinem schönen Carilein. Wir fuhren zurück und kauften Blumen und Zeitungen für eine Schwester, die meiner lieben Cari schöne Hemden sticken helfen will und schöne Höschen und andere Wäsche, genauso, wie sie die Herzogin von Arenberg hat, der jene Schwester auch die Wäsche gemacht hat. Im Zug kam ich auf der Rückfahrt in ein Gespräch mit einem Österreicher; wir sprachen über österreichische Verhältnisse, gingen noch in Düsseldorf ein Stück Weges. Es stellte sich heraus, dass es ein Korrespondent bei Mannesmann war (er heißt König). Stolz sprach er von seinem heftigen Wunsch, 4 bis 5000 Mark flüssig zu haben; damit will er in Staatspapieren spekulieren. Ich erschrak darüber und hatte doch ein heftiges Mitleid mit dem armen Kerl, der hier so herumläuft. Wenn ich nur seine weiche österreichische Aussprache höre, werde ich ganz traurig. Wie kommt das? Und als er von den 4 bis 5000 Mark sprach, schämte ich mich und fühlte mich eigentlich verpflichtet, sie ihm zu verschaffen. Wie schwach bin ich! Auch dem Rechtsanwalt Schneider gegenüber. Ich aß zu Abend, trank Tee (Schneider kam zum Glück nicht), las Kierkegaard, Stadien auf dem Lebensweg[57]. Es ist im höchsten Sinn genial; alles in eine glänzende Formulierung gebracht. Alles genial objektiviert und systematisiert. Ich lachte oft herzlich, aber immer gepackt, und fühlte meine Überlegenheit über Lamberts oder den Geheimrat wiederkehren. Gott hilf mir. Gib mir Stolz und Selbstvertrauen. Bin ich nicht mehr als viele dieser Sperlinge?

Der Betrogene ist weiser als der Nichtbetrogene, heißt es bei Kierkegaard. Richtig. Der Schwache ist direkter als der Stärkere; der Rücksichtsvolle ist rücksichtsloser als der Rücksichtslose. Stimmt alles, z. B. S. 32: Der Liebende kann

---

[56] Alfred Kahn Die Zinsforderungen, in: Das literarische und artistische Urheberrecht, Rothschild, Berlin 1908.

[57] Sören Kierkegaard, Stadien auf dem Lebensweg, 1845, dt. 1886. Siehe auch S. 3, Anm. 7.

gar nichts erklären ... hat hundert Frauen gesehen, er ist vielleicht schon etwas angejährt, und noch immer hat die Liebe nicht gesprochen: Da sieht er sie, sie, die einzige, eine Katholikin, und das soll nicht komisch sein! – S. 49: Galant sein gegen jemand heißt einfach, ihn unter phantastische Katholiken auffassen.

Sonntag, 4. Oktober
Ich schlief morgens bis 1/2 9. Damit war ich unzufrieden. Ich muss doch immer früher aufstehen, sonst ist der Vormittag verloren. Ging beim Geheimrat vorbei, brachte es aber nicht übers Herz, mit ihm zu reden; der Schweiß brach mir aus, ich machte mich davon und ging in den Hofgarten. Sofort fühlte ich mich erfreut und wieder als Herr meiner selbst und meines Schicksals. Arbeitete in der Bibliothek; das tat mir gut. Aß zu Hause zu Mittag, trank dann gemütlich Kaffee im Industrie; ging zur Bahn, um nach Gladbach zu fahren, traf den Justizrat Lamberts, mit dem ich mich verabredet hatte. Fuhr II. Klasse, bequem und schön, konnte etwas an meiner Arbeit tun. In Gladbach wurde mir sehr schwül. Aber heute muss ich mit Arthur Lamberts sprechen und ihm sagen, dass ich mit Cari mich sofort nach meinem Examen verheiraten will. Aber siehe da: er war nicht zu Hause! Das Geld hat er mir in einem Brief hinterlegt. Schauderhaft! Ich wage kaum, es anzunehmen. Der Hauptmann Henrici, sein Schwiegersohn, war zum 2. Mal verwundet wieder vom Kriegsschauplatz gekommen. Ich hörte ihm zu, wie er erzählte, merkte aber, dass Karl Lamberts ein Intrigant ist und ich ihm nicht recht passe. Ich spielte keine gute Figur. Ging um 1/2 7 weg. Traf zufällig den Justizrat auf der Straße; er sagte mir, ich solle ihn vom 1. Januar ab vertreten und helfen. Da hätte ich also Brot! Das hat der Geheimrat gemacht. Ich brachte den Justizrat an die Bahn, ging zum Bahnhof, aß dort ein Brötchen und trank eine Tasse Schokolade, dann II. Klasse nach Düsseldorf. Im Zug eine dicke Person, wohlhabend und reich, behaglich wie eine vollgefressene Ratte, die lachte und die Augen dabei fest zusammen kniff. Scheußlich. Warum der Krieg, wenn dieses Gesindel übrigbleibt. Oder die Hammenstede, die ich heute morgen traf und <der> ich erzählte, dass Cari Wäsche bekommt wie die Herzogin von Arenberg. Sofort sagte sie: Wenn sie auch nur soviel Geld hätte. Sie war neidisch, das sah ich. Aber ich beschämte sie großartig. Ich habe den richtigen Instinkt, ich werde schon fertig werden im Leben. Abends heftige Begierde. Wohnte ich erst mit meiner schönen Cari zusammen. Wie will ich sie lieb haben. Ging nach Hause. Morgen stehe ich wieder frühzeitig auf. Ich muss bald anfangen, meine Arbeit niederzuschreiben.

Kierkegaard, Begriff der Angst[58]: Das Dämonische ist das Verschlossene und das unfreiwillig Offenbare. „Es ist unglaublich, welche Macht der Verschlos-

[58] Sören Kierkegaard, Der Begriff der Angst, 1844, dt. 1890. Siehe auch S. 3, Anm. 7.

sene über solche Menschen (untergeordnete Naturen) bekommen hat, wie sie zuletzt bitten und betteln bloß um ein einziges Wort, das das Schweigen bricht; es ist auch empörend, auf diese Weise den Schwachen unter die Füße treten zu wollen." „Man sollte meinen, die Verschlossenheit habe eine außerordentliche Kontinuität, und doch ist gerade das Gegenteil der Fall, wenn sie auch dem Gegenüber >so tut<, dass stets im Eindruck aufgeht, einen Schein von Kontinuität haben."

Warum bin ich immer so vorsichtig und zaudernd, wenn ich mit Menschen umgehe? Ich habe selber dabei häufig das Gefühl, das tue ich nur, weil ich Angst vor meiner eigenen Rücksichtslosigkeit habe; weil ich nur eines kenne, die Menschen bis zu ihrer Vernichtung zu beherrschen oder mich begeistert ihnen zu unterwerfen, und wenn ich das letzte nicht kann, da fürchte ich immer, die Menschen merken das erste und bin deshalb so ängstlich und vorsichtig.

5. Montag
Ich wurde um $^{1}/_{2}$ 6 wach, ging aber wieder ins Bett; so schlief ich bis kurz nach 7 und stand dann erst auf. Traum: Ich reise alleine im Coupé von Waldbröl; ich sehe Üssi weinen, Frau Achterrath[59] war immer achterrathig.

Herr Lamberts liegt mir auf der Seele. Das Geld, das ich bekommen habe (230 Mark), drückt mich. Wäre doch jetzt alles im Reinen. Aber ich erkenne in allen diesen Dingen meine Schuld. Ich könnte ein guter Mensch werden. Wer Schulden hat, soll auch Schuld haben. Das ist eine Form der Vergeltung. Ich will fleißig und gesammelt sein. Ich ging zum Oberlandesgericht, arbeitete dort ein wenig. Traf Gross, ging zur Landesbibliothek; dort wieder kaum etwas getan. Zu Hause zu Mittag rasch gegessen, Cari geschrieben, dann zum Café Industrie. Dort bis 4 Uhr mit Gross über meine Arbeit gesprochen; ziemlich gut, aber ohne jede rednerische Überlegenheit und Sicherheit. Wir gingen dann zusammen zum Oberlandesgericht, sprachen noch über seine Arbeit, sagte etwas, aber nicht viel. Ich ging noch bei des Landesbibliothek vorbei, müde, traurig; der Nebel bedrückt mich. Aber doch wieder ein heimliches Wohlbehagen und Sicherheitsgefühl. Aß zu Hause zu Abend, las mit Freude und Stolz Kierkegaard, schrieb einen langen Brief an Däubler (dass er >grandios< ist) und an Herrn Lamberts eine kurze Empfangsbestätigung. Brachte beides im Regen zur Bahn, wo ich auf dem Perron Freimarken kaufte. Dann schnell nach Hause. Dort meine Waschungen vorgenommen, geatmet und den festen Vorsatz gefasst, morgen früh um 1/2 6 aufzustehen und fleißig an meiner Arbeit zu schaffen.

---

[59] Achterrath, mit der Familie Schmitt befreundete Familie aus Plettenberg.

Der Geheimrat erzählte: Wenn der Prinz Prosper eine Expedition ins Innere Südwestafrikas vornahm, so geschah das in der Weise, dass sie einen Karren schwer mit Schnaps beluden, einige Kilometer ins Innere fuhren und sofort den Schnaps tranken, bis alles besoffen herumlag. Genauso geht es, wenn der Geheimrat eine Expedition ins Philosophische unternimmt: Dann wird Wein geholt, getrunken, so kleine Streifzüge werden unternommen, aber schließlich ist alles besoffen. Warum widerspricht Kluxen immer? Warum lobt er immer das, was man tadelt; warum gefallen ihm immer die Menschen, über die man schimpft, und weiß immer Gutes zu >berichten<, vorausgesetzt immer, dass er sie nicht näher kennt? Das liegt vielleicht an meinem Grundübel, aus dem ich immer meine, in jeder anderen Stadt als in der, in der ich arbeiten soll, wäre es leichter; da warten die Leute nur auf mich. Ich drücke mich ewig vor dem „Hic Rhodos, hic salta."

6. Dienstag

Ich wurde um 5 Uhr wach und stand auf (zögernd), aber um 5 1/4 war ich angezogen und arbeitete schon bei der Kerze. Das war schön; doch war mir etwas schläfrig. Inzwischen will ich gesammelt und ernst sein und nicht mehr hin- und herhüpfen. Ich denke (wie immer, wenn ich frühmorgens aufstehe) an die jämmerliche Gewichtigkeit alles menschlichen Glücks, aller menschlichen Kraft und aller menschlichen Größe. Ich denke an meine Geschwister, an meine süße Cari. Ich ging um 1/2 7 etwas spazieren durch den herrlichen Hofgarten und fühlte mich innig verwachsen mit der Natur und fürchtete niemand. Zu Hause schlief ich todmüde bis 8 Uhr, trank mit großem Genuss Kaffee und ging zur Landesbibliothek. Dort arbeitete ich leidlich und kam ziemlich voran. Mittags zu Hause. Um 2 Uhr nach Köln gefahren, mit großer Freude; im Zug erzählten verwundete Soldaten von den Kämpfen in Frankreich und bei Saarburg; in Köln traf ich meine süße Cari; sie sah wunderschön aus. Sie machte mich mit der Schwester Marie bekannt, die ihr so freundlich half bei ihrer Wäsche; eine kluge, verschlagene, derb vernünftige Person, von der ich schnell merkte, dass sie nichts mit mir anzufangen verstand. Wir gingen dann Kaffee trinken zu Reichardt; ich las aus Kierkegaard vor, Cari war sehr erkältet, und mir scheint, sie wäre kühler gegen mich (infolge des Einflusses der Schwester Marie). Wir gingen dann zur Bibliothek, Cari schlug im Adelsbuch[60] nach (wenn ich mir damit nur nichts Böses eingebrockt habe), ich schrieb bequem an meiner Arbeit. Wir gingen dann schön an dem klaren Herbstabend spazieren, kauften Zeitungen. Ich brachte Cari todwunden Herzens zum Kloster

[60] Adelsbuch = Urkundenbuch der zur Verwaltung der Gymnasial- und Stiftungsfonds in Cöln gehörigen Stiftungen, Cölner Velagsanstalt, 2. Aufl., Bd. 2 (M–Z), 1914; dort S. 875–895: „Das adlige Geschlecht Orth von Hagen", in dem die 4 Kinder des Johann Schmitt mütterlicherseits die 14. Generation bildeten. Carl Schmitt erhielt aus dem Gymnasialfond dieser Familie einmalig 50 Reichsmark.

zurück und dachte mit Scheu an Lamberts, als ich ihr 120 Mark gab. Fuhr nach Hause zurück, gleichgültig. Aß zu Hause zu Abend, hatte gute Einfälle zu meiner Arbeit, war aber um 1/2 10 schon müde und wollte gleich ins Bett geben, damit ich morgen wieder früh aufstehen kann. Schlief gleich ein. Ich muss immer früh ins Bett gehen, dann schlafe ich am besten.

7. Mittwoch

Ich stand um 6 Uhr auf, zog mich frisch und munter an, war nachdenklich und manchmal stolz und entschlossen. Ging durch die schöne Allee im Hofgarten spazieren und war um 1/4 7 wieder zu Hause, um zu arbeiten. Ich werde gefasst und ruhig und fühle, dass ich mich für wichtige Ereignisse sammeln muss. Einmal muss ich doch; einmal hört das weiche, abwartende Zurückhalten und die Unentschlossenheit auf.

Ich ging zum Oberlandesgericht, traf dort niemand, arbeitete bis 10 Uhr an meiner Arbeit; habe doch allmählich schon Bedenken, ob sie fertig wird. Zur Landesbibliothek. Über Verdi gelesen. Mittags müde nach Hause, gegessen, dann geschlafen (hatte wieder einen Hexenschuss). Im Savoy in der Schadowstraße Kaffee getrunken, danach fleißig mit großem Eifer gearbeitet, vorwärts gegangen, vielleicht schon bald fertig. Aber es wird auch hohe Zeit. Abends in der Bibliothek sah ich den frechen Literaten Mahlberg[61], über den ich mich mit Eisler bei Flechtheim einmal geärgert hatte, und hatte wahrhaft Herzklopfen! Weshalb? Analysiere das mal! Es ist der Seele Gefühl; wie oft auf der Straße, wenn vornehme Kokotten vorbeikommen. Ich sprach ihn nicht an, es wurde verhindert, wer weiß, vielleicht hätte ich es sonst doch getan. Ging nach Hause, todmüde. Fand einen Brief von meiner lieben Cari vor. Dann ging ich zur Bahn und brachte meinen Brief für sie an den Kasten. Als ich nach Haus zurückkam, brachte mir das Mädchen einen Brief. *„Hier ist noch eben ein Brief angekommen." Ich nahm ihn eilig, sah, dass er von Georg Eisler war und bin froh, vom ihm etwas zu hören. Und lese „Eisler ist gefallen." Es ist unerhört. Ich weine, ich schreie, ich sehe und höre nichts mehr. Es ist nicht zu fassen. Ach was, o Gott. Ich telegraphiere dann an der Post an Georg Eisler. Ich soll seine Schwester in Straßburg treffen. Das will ich tun. Das muss ich für ihn tun. Morgen Vormittag fahre ich nach Köln zu Cari. Ich lief dann zum alten Wülfing, brach in Tränen aus und erzählte es ihm. Er war ernst, wollte den Ort wissen, wo er gestorben ist, und schaute auf der Karte nach. Ich ging traurig nach Hause, teilte die Nachricht dem Vater und Däubler auf einer Karte und Fräulein Heydweiller in einem Brief mit. Darüber wurde es 1/2 11, ich wurde müde. Morgen muss ich früh aufstehen.*

Ist es denn möglich, dass Eisler tot ist? Ein Sprengstück einer Granate hat ihn am Kopf getroffen, tödlich verwundet und wurde noch an demselben Abend begraben bei einem kleinen französischen Ort, dessen Namen mir

[61] Paul Mahlberg, Literat, Journalist.

Georg noch nicht mitgeteilt hat. Zu dumm. Der liebe Eisler, er ist tot. Eine Leiche. Ich denke daran, wie wir in den Vogesen zusammen marschiert sind oder in der Bibliothek zusammen arbeiteten oder aus Buddhas Rede[62] vorlasen oder wie er mit Fräulein Heydweiller in Düsseldorf war, oder herumsprang, als wir einmal in Plettenberg zum Bahnhof gingen. Vor einem Jahr ungefähr waren wir in Plettenberg zusammen und fuhren mit der Kutsche zur Talsperre. In München-Gladbach wurde er einmal krank, wie wir die Schattenrisse zusammen schrieben und den Brief an Becher[63]. Ich bin der einzige Überlebende. Es ist zum Verrücktwerden. Ich kann doch nicht länger leben. Wie albern das Leben. Ein paar Stunden. Vorbei. Hunderttausend sterben. Gut, dass ich ihn in Dülmen noch gesehen habe. Was bedeutet das alles. Werde ich verrückt? Wird mir eine Offenbarung? Ist es eine schauerliche Warnung? Morgen reise ich nach Köln und erzähle meiner Cari. Wir haben noch seine Uhr.

Inzwischen scheint alle Kontinuität aufgegeben; aber in einigen Tagen ist sie wieder da; und das beweist, dass es mit aller Kontinuität Schwindel ist. Das Leben behält recht, hat aber sicher nicht recht; es hat immer das letzte Wort. Der Tod hat nicht das letzte Wort, aber er tut das letzte. Das Leben ist nur das unauslöschliche Geschwätz, die unaufhörliche Wortemacherei. Der Tod schweigt. Eisler hat so dagesessen wie ich inzwischen, sich Notizen in sein Tagebuch gemacht; sich die Nägel geschnitten, die Haare gekämmt, rasiert; und nun ist er tot. Und einst bin ich auch tot. Inzwischen aber führe ich Tagebuch, schneide mir die Nägel, kämme mir die Haare, wasche meinen Leib jeden Morgen, und bin doch dem Tode geweiht; nichts bleibt. Wieder fühle ich den Tod im Leib wie damals, als ich Wülfings Leiche sah. Warum lebe ich noch. Ein paar Stunden noch. Schauerlich. Der Tod kriecht über mich hin. Also während ich mit dem Affen Brandts da saß und über seine Arbeit sprach, starb mein lieber Freund Eisler.

Und eine verdammte Ziege wie die Zillinger hat nichts empfunden, ihn einen schlappen Kerl zu nennen; während der liebe Eisler im Krieg gestorben ist, schwätzt solches Gesindel noch immer herum, wie man die Franzosen vernichten solle und wie einfach die ganze Geschichte, und dass sie mal dabei sein wollten, damit es anders ginge; und 1 Million tüchtige Soldaten kämpfen, damit solches Geschmeiß zu Hause weiter Klavierspielen kann.

---

62 Buddhas Rede: Seine erste Predigt „Über die vier edlen Wahrheiten" wurde vor fünf Schülern im Gazellenhain bei Benares gehalten. Sie wird als das „In-Bewegungsetzen des Rades der Lehre" bezeichnet. Carl Schmitts und Fritz Eislers Quelle war vermutlich: Das Leben des Buddha. Eine Zusammenstellung alter Berichte aus den kanonischen Schriften der südlichen Buddhisten. Aus dem Pali übersetzt und erläutert von J. Dutoit, Leipzig 1906.

63 Möglicherweise Johannes R. Becher.

8. Donnerstag

Morgens $^1/_2$ 7 ganz ausgeschlafen aufgestanden. Ist es möglich, dass Eisler tot ist. Ich zog mich an, ging zur Bahn, fuhr mit dem Hamburg-Zug nach Köln. Traf Cari. Wir gingen Kaffeetrinken bei Reichardt. Als Cari in das Zimmerchen des Klosters herunterkam, wo ich auf sie wartete und ich ihr sagte, dass Eisler tot, brach ich in Weinen aus, schließlich weinten wir beide [Darübergeschriebenes nicht deutbar]. Wie war sie lieb und gut, meine liebe Cari. Wir tranken also Kaffee, gingen dann langsam zur Bibliothek, ich arbeitete ein ganz klein wenig, wir gingen dann schön spazieren, kauften Zeitungen, sprachen von Eisler, waren oft traurig, oft ruhig und gefasst und wollen jedenfalls mit niemandem und mit der Äußerlichkeit des Lebens nichts mehr zu tun haben. Wie Cari so wunderschön sagte: Wenn wir nur in einem Winkelchen für uns wären. Du schönes Kind. Ich brachte sie zum Kloster, ging tief traurig zur Bahn, reiste nach Düsseldorf, aß zu Hause kläglich zu Mittag, ging dann nach einigem Überlegen Kaffeetrinken im Industrie, saß dort. Da kam ein feindlicher Flieger und warf Bomben über der Zeppelinhalle, die in Brand ging! Ein Zeichen. Es ist schrecklich. Ich darf nicht mehr hingehen. Ging zur Bibliothek; arbeitete etwas, schrieb an der Arbeit, sehr hübsch, so dass es mir selbst gefällt; aber zu langsam. Abends wurde ich so traurig Eislers wegen, dass ich wiederholt weinte. Schrieb Cari in tiefster Not, brachte den Brief zur Bahn, aß zu Hause, las Kierkegaard und schlug plötzlich die Stelle über das Schicksal und das Genie[64] auf. Gott sei gepriesen, ich bin gerettet. Ich war selig, ich wollte gleich Däubler schreiben, aber ich zerriss den Brief wieder. Ich darf es niemand sagen. Ich weiß inzwischen, dass ich recht habe mit meinem Glauben an das Schicksal, meiner Überzeugung, dass alles davon abhängt, ob ich ein guter Mensch bin oder nicht. Allein ich weiß es. Um $^1/_2$ 11 ins Bett.

Schrieb an Arthur Lamberts : „Am 27. September ist mein Freund Eisler im Krieg gefallen. Mittags traf ihn ein Sprengstück einer Granate am Kopf. Er war sofort tot; seine Kameraden haben ihn noch am selben Abend begraben. Wir waren seit über 6 Jahren in einer Freundschaft verbunden, wie sie nur jahrelange gemeinsame Stunden und gleiche geistige Interessen und Ziele begründen können. Ich habe jetzt im Laufe eines Vierteljahres meine beiden Freunde verloren und nichts erscheint mir in der Fassungslosigkeit meiner gegenwärtigen Stimmung natürlicher, als dass ich nunmehr an die Reihe kommen muss. So habe ich einen Tag verbracht, bis ich mich entschloss, Ihnen zu schreiben, weil mir der Gedanke an ihn Vertrauen zu meiner selbst wiedergibt. Ich weiß, dass Sie diesen Brief verstehen werden. Wenn Sie ihn erhalten, sitze ich wieder ruhig an meiner Arbeit.

Die meisten deutschen Mädchen (Zillikens, Schröder) haben keine Unschuld, sondern bestenfalls nur ein Hymen.

---

[64] Sören Kierkegaard, siehe S. 217, Anm. 58.

9. Freitag

Ich wurde um $^1/_2$ 6 wach, stand aber erst 6 1/4 auf. Ich habe zu lange im Bett gelegen und überlegt und war daher nicht mit mir zufrieden. Trotzdem fühlte ich mich sehr sicher und stark und glaubte mich eins mit meinem Schicksal. Also warte immer ruhig ab; irgendwie ist für dich gesorgt. Ihr ganzes „Machenwollen", alles bringt nichts.

Jedes Mitteilungsbedürfnis und seine Ausübung ist niedrig und gemein. Nur wenn die Mitteilung in künstlerisch vollendeter Form geschieht (also die Mitteilung Nebensache ist), medizinischer oder philosophischer Absicht (also ebenfalls nur Mittel zu einem philosophischen Zweck, nicht zu einer gefühlsmäßigen Erleichterung war), kann man sie für erlaubt halten.

Morgens in der Bibliothek geschrieben, nachmittags in Köln mit Cari. Wir arbeiteten wunderschön zusammen, die Arbeit wird sicher glänzend, meine liebe Cari hilft mir großartig. Sie ist dankbar und fröhlich, dass sie das durfte. Ich habe sie lieb. Ich fuhr um 7 Uhr nach Hause, aß zu Abend, schrieb einen Brief an den alten Eisler und ging spät ins Bett.

10. Samstag

Um 7 zur Bahn gerannt; Bis Köln im zugigen Flur gestanden. In Köln traf ich meine liebe Cari. Wir tranken zusammen Kaffee. Um 9.18 fuhr ich weiter nach Frankfurt. Schöne Fahrt den Rhein entlang. Ich schrieb Cari einen herzlichen Brief, war stolz und unternehmend. Um 1.33 in Frankfurt. Traf Georg Eisler und seine Schwester. Sie etwas zurückhaltend. Wir aßen zusammen in einem kleinen Hotel, in dem Fritz Eisler auch oft war (Savoy-Hospiz). Traurig. Allmählich kamen wir ins Gespräch. Ich erzählte immer, ging mit Georg alleine spazieren, staunte, ein wie guter, herzensguter und edler Mensch er ist; wie ein Kind, doch klug und kritisch. Ich gewann ihn lieb. Wir tranken Kaffee und ich entschloss mich, mit nach Straßburg zu fahren. Um 6.10 abends fuhren wir ab, 3. Klasse, nach Straßburg. Es waren Verwundete im Zug. Die Fahrt war schön. Ich sprach mit Georg, erzählte ihm von Nostradamus. Wir fanden, dass der Sinn des Lebens erst dann zu verstehen ist, wenn es vorbei ist. Dann aber bestimmt und so selbstverständlich wie der eines Verses von Nostradamus. Wir kamen um 11 Uhr in Straßburg an, gingen ins Hotel Pfeifer, dann noch etwas spazieren. Das ist also Straßburg. Hatte Angst vor dieser Stadt. Müde ins Bett, nachdem wir noch ein Glas Bier getrunken hatten.

11. Sonntag

Um 1/2 8 gefrühstückt, zusammen in der Pension, in der ich Eisler zuletzt getroffen hatte. Das ist doch schrecklich. Wir erhielten die Sachen, die noch da waren. Ich bekam die rechtsphilosophischen Bücher; wunderschön, aber Manuskripte von ihm sind nicht mehr da. Wir fuhren dann herum im Auto, um den Spediteur zu finden, einen Herrn Marais; er war aber nicht da. Dann mit Georg allein gegangen, besuchte Kisch[65], war eine Stunde bei ihm, ließ ihn erzählen und sah, dass er mich gern hat. Ich merkte aber auch, dass es besser ist zu schweigen als zu sprechen. Wie unangenehm muss es sein, wenn ich heraus bin, so viel gesprochen zu haben. Georg wartete unterdes draußen. Ich hatte ein Stück Schokolade gekauft. Wir gingen ins Hotel zurück. Inzwischen hatte seine Schwester die Sachen von Fritz gefunden. Wir aßen zu Mittag, gingen nachher hinauf und ordneten die Manuskripte. Aber war nichts da; nur die Vorarbeiten der ersten Arbeit. O Gott, also endet die Sache, dass ich dem armen Eisler die Manuskripte ordne. Er war fleißig und gründlich. Ich bin es nicht. Davor wird mir Angst.

... [Ein Satz mit etwa 5 Wörtern nicht lesbar]. Wir fuhren um 8.18 nach Frankfurt. [ein kurzer Satz nicht lesbar.] Der liebe Georg ist so begeisterungsfähig; tüchtiger Junge. Hoffentlich kann man ihm helfen. Er ist zum Automobilkorps <gezogen worden>; ich möchte es gern <rückgängig> machen. Nehme mir fest vor, zum Geheimrat zu gehen und ernst mit ihm zu sprechen. <In Darmstadt> mussten wir umsteigen. Ich aß dort ein Schinkenbutterbrot, fuhren dann weiter III. Klasse im kalten Coupé nach Frankfurt. Es wurde zuletzt ganz dunkel im Coupé. Soldaten fuhren vorbei zum Kriegsschauplatz. Georg wurde resolut und pfiff sie >heran<. Ich erzählte seiner Schwester von den Gnostikern. Wir gingen in Frankfurt ins Savoy-Hotel. Gleich ins Bett, müde, unzufrieden, aus meinem Gleichmaß gerissen. (Mein Gleichmaß ist nicht in mir, sondern in meiner äußeren Ordnung und Regelmäßigkeit).

12. Montag

Morgens vor 7 auf. Wir frühstückten zusammen und fuhren gegen 8 Uhr zusammen nach Köln. Schöne Reise am Rhein über Singen, Koblenz nach Köln. Georg freute sich sehr; das war schön. Ich habe Georg lieb und bewundere seine Innerlichkeit und Güte. Doch kann er unheimlich sachlich sein. In Köln fuhren wir weiter nach Düsseldorf. Ich will den Geheimrat wegen Georg fragen. Als wir von Köln abfuhren, sahen wir, dass zwei arme verwundete gemeine Soldaten, von denen einer das Eiserne Kreuz hatte, aus dem Coupé herausgehen sollten. *Georg geriet in heftige Wut. Er rief den Leuten zu, dass sie dableiben sollten, schrie den Schaffner an: „Hier, sie haben Nr. 386, es ist unglaublich, dass man mit dem Eisernen Kreuz hinausgeworfen wird. Es ist unglaublich. Ich will den Zugführer sehen!" Er machte einen regelrechten Skandal und zwar mit großartigem Fanatismus, so dass er mir sehr imponierte. Der Schaffner sagte darauf keinen Laut und berief sich auf seine „Instruk-*

---

65 Sehr wahrscheinlich W. Kisch, Professor der jurist. Fakultät der Universität München, Mitherausgeber von „Kritische Vierteljahresschrift für Gesetzgebung und Rechtswissenschaft."

tionen" und meinte, die Leute I. Klasse würden sich beschweren. Darauf schrie Georg: „Dann stecken Sie die Leute der I. Klasse gefälligst in einen Viehwagen." Wir fuhren nach Düsseldorf, aßen im Wartesaal zu Mittag, genau wie damals, als Eisler noch hier war. Gingen dann auf mein Zimmer. Ich ging zum Geheimrat, während Georg und seine Schwester auf meinem Zimmer blieben. Ich telegrafierte vorher an Cari. Beim Geheimrat traf mich zunächst der Bürovorsteher Schwarz und sagte, Herr Geheimrat hätte eine wichtige Konferenz. Ich war erstaunt und empört, von vorneherein aber gereizt und kampfeslustig. Ich bestand darauf, ihn zu sprechen. Schwarz ging und deutete, als er zurückkam an, wenn es sich nicht um finanzielle Dinge handle, so könne er das machen. Unverschämtheit. Ich kochte. Endlich kam der Geheimrat, ich teilte ihm kurz den Tod Eislers mit, trug meine Sache vor. Er weigerte sich, mir durch persönliche Beziehungen zu helfen. Setzte lang und breit auseinander, wie Georgs Vater das Gesuch machen soll; ich saß da und war wütend. Aber er wollte mir offenbar nicht helfen. Er ist ein gemeiner Kerl und ich sah deutlich seine unglaubliche, unzuverlässige Gemeinheit im Gesicht. Er will nur seine Ruhe und sein Behagen, außerdem Eitelkeit und ein wenig recht kitschige Sentimentalität. Ekelhaft. Ich lief wütend heraus. Stand wie betäubt auf der Straße, ging dann zu den Beiden zurück, sagte es ihnen mit voller Wut. Sie waren ziemlich ruhig. Mir ist alles egal. Es sind einfach anständige Menschen. Wir gingen dann zur Bismarckstraße, wo Fräulein Eisler telefonierte, während ich mit Georg in der Abenddämmerung am Hotel Prinz Alexander vorbeigingen. O Gott. Dann gingen wir durch den Hofgarten zu meiner Wohnung zurück, aßen dort zu Abend Pumpernickel und Tee, liefen nachher herum, ging todmüde zur Bahn. Sie fuhren ab. O Gott, wie schade. Es sind liebe und gute Menschen. Ich ging müde und traurig ins Bett um 12 Uhr. Ich habe einen schönen Brief von Arthur Lamberts bekommen.

13. Dienstag

Morgens um 7 Uhr müde auf, aber frisch und munter beim Waschen. Dass der Geheimrat mich so gemein behandelte, frisst mir im Herzen. Ich halte es kaum aus. Ich trank Kaffee, las Zeitung, ging durch den Hofgarten zur Landesbibliothek, traurig und ernst und oft dem Weinen nahe. Schrieb sehr langsam an meiner Arbeit, obwohl es doch allerhöchste Zeit wird. Mittag zu Hause gegessen, zur Bahn gelaufen, den Eilzug versäumt; Zum Café Industrie, Zeitung gelesen. Mit dem Personenzug nach Köln. Um $1/2$ 5 bei Cari. Sie war ernst und traurig. Ich wurde böse darüber. O Gott, wie schlecht bin ich. Wir gingen spazieren, ich erzählte von unserer Reise und am meisten vom Geheimrat. Regte mich wieder sehr dabei auf. Wir gingen einige Minuten in die Bibliothek, dann langsam zurück. Ich habe Cari von Herzen lieb und möchte für sie sterben. Wohnten wir nur erst zusammen. O Gott, hilf. Es ist zum Verrücktwerden. Und da soll man nicht die Wut bekommen, dass man inmitten dieses elenden, gemeinen, äffigen und verleumderischen Gelichters nicht einmal eine Wohnung für mich und mein liebes Kindlein findet. Fuhr nach Hause mit dem Eilzug. Im Zuge merkwürdigerweise der Pfarrer von St. Louis bei Artzweiler, der mir von dem Gefecht bei Saarburg erzählte, von Rieding, dem Brommelwäldchen; die Strecke soll am meisten gelitten haben, von dem Begräbnis des alten Soissongs[66], Ein sonderbarer Zufall. Der Pfarrer erinnerte mich an Däubler. Übrigens habe ich heute den Tag über zweimal auffälligerweise den Rechtsanwalt Weyl gesehen; ob das mit meinem jüdischen Komplex zusammenhängt? Ich werde übrigens allmählich philanthropisiert. Es gibt doch mehr gebildete Menschen unter den Juden als unter den Christen, deshalb ist eher mit ihnen auszukommen. Aß zu Hause zu Abend. War todmüde und traurig. Was soll ich tun. Heute beginnen wieder riesige Truppentransporte. Wenn es nur erst zu Ende wäre. O Gott.

14. Mittwoch

Wollte um 5 Uhr aufstehen, wurde auch vom Wecker geweckt, stand aber erst um 7 1/4 auf. War traurig und müde. Wusch mich, trank Kaffee, las die Zeitung, ging dann durch den Hofgarten zur Bibliothek, arbeitete dort ziemlich, aber es ging langsam vorwärts, ... [ein kürzerer darübergeschriebener Satz nicht lesbar.] Um 1 Uhr nach Hause, zu Mittag gegessen. Ins Café Industrie, auf Gross gewartet, der aber nicht kam. Müde und aufgeregt zur Bibliothek; heftigste Begierde. In der Bibliothek herumgelesen, etwas getan; vielleicht werde ich doch fertig. Nahm die [Name nicht lesbar][67] mit nach Hause. Schwindel. Kaufte mir >Käseschnittchen<! Günstige Nachrichten vom Kriegsschauplatz, Gott sei Dank. Zu Hause zu Abend gegessen. Der Tee war schlecht. Also wieder Schwindel. Dann ließ mir die Hausfrau sagen, dass das Essen von jetzt ab teurer sei. Ich erschrak wieder. Dann kam eine Karte von Gross, dass er seine Arbeit zurückgeschickt habe, weil er nicht fertig werde. Ich erschrak wieder. Es ist zum Verrücktwerden. Mein Herz klopft. Wäre ich erst verheiratet. Aber ich werde ja doch nicht fertig in der Welt. Ich sitze hier und zittere buchstäblich an allen Gliedern. Wovor? Vor nichts. Meine Neurose ist schauerlich. Wenn ich nur das Examen bestehe. Ich halte es kaum noch aus. Ich werde verrückt oder ich bekomme einen 2. Zuschlag. Wenn das nur kein böses Vorzeichen ist. Aber ich will ja nicht. Gott hilf mir. Herr des Himmels, steh mir bei. Ich zittere. *Wenn ich nur nicht sterbe, morgen früh tot bin. Nein, das soll nicht sein. O Gott. Irgendwann hört das Tagebuch ja doch einmal auf. Himmel hilf. In meiner Herzensangst mache ich Gelübde und spreche Gebete. Wenn ich nur die Arbeit fertig bekomme. Hilf mir, Gott.* O liebe, schöne Cari; habe ich das Recht, dich zu mir zu nehmen? Im Bett nahm ich mir vor, mich

[66] Soissong sen., Vater des Lieblingsonkels von Carl Schmitt in Saarburg, siehe „Jugendbriefe", S. 76.

[67] Es handelt sich vermutlich um eine Kommentar- oder Gesetzessammlung.

nicht mehr um den Geheimrat zu kümmern. War froh, dass ich jetzt reine Bahn habe. Es ist doch nur halb so schlimm; ich werde schon durchs Leben kommen.

15. Donnerstag
Stand um 7 Uhr auf, müde, aber froh, dass ich so gut geschlafen habe und noch lebe. Las zum Frühstück die Zeitung, ging zur Bibliothek, arbeitete dort behaglich, ohne mich zu überstürzen. Mittags zu Hause. Karte von Kluxen, dem ich eilig einen Brief schreiben wollte. Ich bin doch ein Kamel. Nichts von Hamburg. Merkwürdig. Fuhr um 1/4 vor 2 nach Köln. Las den „Treuen Diener seines Herrn" von Grillparzer[68] und fand ihn wunderbar schön. Erkannte mich wieder und war stolz auf meine liebe Cari. Ich traf sie im Kloster. Wir hatten uns sehr lieb, gingen Kaffeetrinken, erzählten uns unser Leid, gingen zur Bibliothek, arbeiteten dort schön; dann etwas spazieren, die Gereonskirche ist herrlich. Um 7 fuhr ich wieder nach Hause. Im Zug mit jüdischen Händlern, die sehr sicher und selbstbewusst auftraten. Zu Hause zu Abend gegessen, Kluxen geschrieben, sicherer, beherrschter Brief. Fröhlich. Ich habe ein Glas Bier getrunken; das tat mir gut. Jetzt habe ich wieder Zuversicht. Schrieb noch an der Arbeit.

16. Freitag
Bis 7 1/4 geschlafen. Müde. In der Bibliothek ziemlich bequem etwas gearbeitet. Es ist schändlich, wie faul ich bin. Mittags zu Hause, Brief von Georg Eisler und seiner Schwester. Aber mir nicht herzlich genug. Fuhr nach Köln, trank mit meiner lieben Cari Kaffee, wir gingen dann in die Bibliothek. Wie lieb ist mein Carilein, wie schön ergeben und artig. Ich war ergriffen und gerührt. Mir tut das Herz weh, wenn ich an ihre Treue denke. Wohnten wir nur erst zusammen. Fuhr 7 Uhr nach Hause, im dunklen, überfüllten, richtigen Coupé. Aß zu Abend. Um 1/2 9 kam Peiffhoven Wir gingen ins Café Picadilly, tranken 2 Tassen Kaffee und sprachen über seine Arbeit. Ich habe wieder Angst bekommen. Ich brachte ihn nach Hause, wir erzählten bis 1/4 vor 1 vom Krieg usw. Ich ging gut angeregt nach Hause. Das sind alles reiche Leute. Wäre ich nur erst mit meiner lieben Cari zusammen.

17. Samstag
Traum: Ich bettelte <bei> Wülfing um Geld; er gibt es mir nicht gern, aber er reicht mir eine Freimarke und sagt, ich solle die verkaufen, die sei 600 Mark wert. Bis 1/2 8 geschlafen, müde auf. In der Bibliothek wenig getan, aber ich

---

[68] Franz Grillparzer (1792–1872), öster. Dichter, „Ein treuer Diener seines Herrn", Trauerspiel 1830.

habe jetzt schon Angst. Es ist schauderhaft, wie schlecht die Arbeit ist. Die wichtigsten Fragen sind sicher falsch. Große Angst. War bei dem Fräulein, das die Arbeit schreiben soll. Es ging alles gut. Fröhlich. Dienstag fängt die Sache an. Zu Hause zu Mittag, denn zum Café Industrie, Zeitungen gelesen (englischer Panzerkreuzer vernichtet), ging dann zur Kleinen Bibliothek am Hofgarten, schrieb Cari in innigster Sehnsucht (die farbige Melancholie des Herbstes), schrieb dann eilig an meiner Arbeit, lief zum Landgericht, habe große Sorge, dass sie nicht gut wird. Sie kommt mir sehr schlecht vor. O Gott. Arbeitete fleißig bis 7 1/2, dann nach Hause. Schnell Briefe an Georg Eisler und seine Schwester geschrieben. Brachte sie zur Bahn. Wäre ich doch bei meiner Cari. Mir brennt das Herz vor Sehnsucht. Ich dachte den Tag über oft an den ekelhaften Geheimrat. Es scheint ganz aus zu sein. Oft Geld- und Nahrungssorgen. Aber ich muss aushalten. Ich darf mir nichts vergeben. Hätte ich nur erst die Arbeit ordentlich.

18. Sonntag
Morgens bis 8 Uhr im Bett, ziemlich lange geschlafen. O Gott, was soll das mit meiner Arbeit geben. Stand auf, gefrühstückt, las die Zeitung, rasierte mich nicht, sondern ging zur Fs-Bibliothek, schrieb dort sehr fleißig und kam leidlich voran. Mittags aufgeregt gegessen; es ist ein Brief von Cari da. Ich habe sie mit inbrünstiger Liebe gern, ich muss mit ihr zusammenwohnen, alles andere soll mir gleichgültig sein. Ganz merkwürdig kommt es mir vor, dass es so eingerichtet werden könnte, dass ich zu leben habe. Wovon soll ich leben? Wer soll mir etwas zu verdienen geben. Ich stehe vor gar nichts und habe leere Hände. Aber daran ist jetzt nicht zu denken; ich muss meine Assessorarbeit machen, retten, was noch zu retten ist. Trank lange Kaffee im Café Industrie, las die Zeitungen; nichts Neues. Arbeitete dann wieder in der Fs-Bibliothek, diesmal ganz vortrefflich bis abends 1/2 8 Uhr. Ich war froh und stolz, fühlte mich unabhängig und stark. Dachte oft mit hilflosem Staunen daran, dass Eisler tot ist, während wir doch die Referendararbeit zusammen gemacht haben. Nun ist schon bald ein Vierteljahr Krieg und ich habe noch nichts davon gemerkt. Gott hilf weiter. Hätte ich nur mit meiner Cari zusammen zu essen. Aber ich muss bald heiraten. Das arme, liebe, treue Kind ist ja der einzige Mensch, auf den ich mich verlassen kann. Ich muss ihr helfen. Sie ist mehr wert als irgendein beliebiger Mensch. Abends ging ich nach dem Abendessen noch einmal zur Bibliothek; arbeitete ziemlich gut. War dann müde. Ging nachdenklich nach Hause. Ich muss Arthur Lamberts bald mitteilen, dass ich Cari heirate. Hätte ich erst das Examen hinter mir. Von der Arbeit halte ich nicht viel, aber vielleicht ist sie doch gut.

19. Montag
Um 1/2 8 auf, schon rasiert (seit 3 Tagen wieder, welche Freude); zum Oberlandesgericht. Heute meine Arbeit soweit als möglich eingerenkt, Literaturver-

zeichnis gemacht, oft an den lieben Eisler gedacht. Mittags zu Hause gegessen, dann schnell zur Bahn. Ein Brief von Belberstein. Ich muss also wohl bezahlen. Es machte keinen tiefen Eindruck auf mich. Ich leihe es von Wülfing. Allmählich fühle ich mich wieder stark und hoffnungsfreudig. Trank mit meiner lieben Cari Kaffee bei Reichard; ich habe sie so lieb. Sie ist ein prachtvolles Kind. Ich weiß nicht, womit ich sie verdiene. Wir gingen dann zur Bibliothek; ich arbeitete sehr schön. Es ist ein regnerischer Herbsttag. Die Gereonskirche steht prachtvoll in ihrer <ganzen> Wucht vor der Bibliothek im Nebel. Ich brachte mein süßes Kindlein nach Hause, fuhr dann nach Düsseldorf zurück, besonders mit meiner Arbeit beschäftigt. Es wird doch schon etwas Leidliches. Zu Hause gegessen, Tee getrunken und etwas getan. Will gelegentlich die Schattenrisse in der vom Leipziger Stadtrat geführten Rolle anonymer Werke eintragen lassen. Überhaupt ziemlich unternehmend. Oft Angst vor dem Tod. Dachte an Eisler. Heute sind die Karten, die ich ihm aus Bonn geschrieben habe, zurückgekommen mit dem Vermerk: „Tot".

Intra arma silent leges. Aber nicht die Legisten, nicht die Juristen und die Jesuiten, Advokaten und die Professoren der Apologetik.

Das Christentum hat nichts mit Europa zu tun. Der jetzige Krieg beweist es. Vielleicht der Katholizismus. Aber pfui Teufel.

20. Dienstag

Morgens bis $^1/_4$8 geschlafen. Voller Wut darüber nachgedacht, dass Geheimrat dem Juden Emanuel den Adel verschafft hat. Solche >Möglichkeiten< der Klerikalen sind da, um Geld für Zwecke zu bekommen, die nicht durch den Etat gehen. Ich frühstückte schön. Da kam auch schon Brandts wegen seiner Arbeit; unglaublich. Auf dem Weg zur Maschinenschreiberin begegnete ich dem dicken Rechtsanwalt Schneider, der gestern Abend beim Geheimrat war und mit ihm gesoffen hat. Das versöhnte mich lebhaft mit dem Geheimrat. Ekelhaft. Diktierte dann die Arbeit. Es geht sehr schnell vorwärts, aber ich habe schon viel Angst und Sorge um den Eindruck. Man darf das Frauenstudium nicht verachten. Es ist den Frauen immer nützlich, wenn sie später einmal ihr Brot durch Maschinenschreiben verdienen sollen (Katrinchen Reuter).

Nachdem lange im Café Industrie; Zeitungen gelesen, etwas korrigiert. Dann wieder diktiert. Um 6 Uhr telephonierte ich beim Geheimrat an; ich wollte ihm meine Arbeit zu lesen geben. Herr Schwarz antwortete: „Herr Geheimrat hat eine wichtige Konferenz." Ich war außer mir, ganz vernichtet, empört, wütend. Aber ich bin ja verrückt. Ich muss doch schweigen. Ich will dem Geheimrat schreiben. Bitten antragen, unglaublich. Du dummer Teufel, du liebst die Vernichtung; das ist bloß betreffs der Zimmer. Arbeite, dann ist alles gut und du brauchst dich nicht um den Geheimrat zu kümmern. Ich aß aufgeregt zu

Abend. Schickte Cari Zeitungen. Entschloss mich nach einigem Zögern, doch dem Geheimrat folgenden Brief zu schreiben:

Hochverehrter Herr Geheimrat,
heute Abend fragte ich telephonisch bei Ihnen an, ob Sie heute oder dieser Tage zu Hause seien. Ich bekam von Herrn Schwarz die Antwort, Sie seien nicht zu Hause, und wenn Sie morgen zu Hause sind, hätten Sie eine wichtige Konferenz. Diese Antwort bekomme ich nunmehr von Herrn Schwartz zum zweiten Mal auf eine Anfrage, die, wie auch Herrn Schwartz nicht entgehen konnte, durch den Hinweis auf eine wichtige Konferenz nicht beantwortet werden kann. Das kann auch Herrn Schwartz nicht entgehen und <ich> halte es nur einem Mangel an Agilität zugute, dass ich in der Antwort nicht eine Impertinenz erblicke. Jedenfalls werde ich mich ihr nicht wieder aussetzen. Der wahre Sinn der Wendung „wichtige Konferenz" ist zu erhaben, wenn <ihn> Herr Schwartz in der konkreten Situation mir gegenüber gebraucht.

Ich habe nicht das Recht, von mir persönlich und meinen Eindrücken zu sprechen. Aber es ergibt sich hier eine überaus klare Alternative, die diesem Brief auch eine sachliche Berechtigung gibt. Wenn Herr Schwartz die genannte Wendung auf Ihre Anordnung mir gegenüber braucht, so trägt dieser Brief den Charakter der Bestätigung des Empfangs einer Mitteilung, wenn ich von Herrn Schwartz aus eigener Initiative <auf> meine Anfrage, ob ich Sie sprechen könnte, in der genannten Weise beschieden wurde, so muss die Angelegenheit Sie interessieren, und der Brief bezweckt, Sie zu bitten, davon Notiz zu nehmen. Auf jeden Fall verbleibe ich in größter Hochachtung

Ihr sehr ergebener . .

Ich verschaffe mir eine heimliche Rache dadurch, dass ich beständig Schwarz schreibe, obwohl ich weiß, dass der Kerl seinen Namen Schwartz schreibt.)

Den Brief brachte ich um 1/2 10 zum Kasten. Was daraus wird, ist mir höchst gleichgültig. Jedenfalls ist es ein schöner Brief, ein musterhafter Brief, und mancher gute Diplomat könnte stolz darauf sein, solche Briefe schreiben zu können. Und seinen eigentlichen Zweck hat er eben doch jetzt erreicht: mir eine Sensation zu verschaffen.

Ich bin sehr aufgeregt. Ich muss diese Nacht noch fleißig an meiner Arbeit verbringen. Hoffentlich gerät es mir. Am liebsten ginge ich jetzt ins Bett. Heftige Begierde.

21. Mittwoch

Morgens um 1/4 vor 7 auf, etwas gearbeitet. Es ist aber doch schändlich, wie verflucht [verflacht?] die Arbeit gemacht wird. Aber egal. Ich muss jedoch heute Nachmittag noch daran arbeiten. Ging um 9 Uhr zum Diktieren. Diktierte mühselig bis 12. Kam müde nach Hause. Da lag eine Menge Briefe: vom Geheimrat, von Cari, von Frau Eisler, von Däubler, eine Karte von Gross.

Schon. Der Brief von Frau Eisler ist ganz merkwürdig; sie nennt mich ihren Sohn. Ich war zunächst verlegen. Aber ich werde schön antworten; sie ist eine gute Frau. Der Geheimrat antwortete, es liege ein Missverständnis vor. Ich war empört. Eine dumme, ausweichende Art zum Antworten, der ganze Brief zieht die Sache ins Kleinliche, Advokatenhafte. Ich war ärgerlich, hatte aber Angst, zu weichen; er bittet mich heute oder morgen zu kommen. Schändlich. Der Brief von Däubler macht mir Freude. Mein Aufsatz über das Nordlicht soll in der Zeitschrift für religiöse Kultur[69] gebracht werden. Merkwürdiges Zusammentreffen, Morgen kommt auch Gross. Ich bin also nicht mehr auf den Geheimrat angewiesen. Dann Kaffeetrinken, korrigierte sehr flüchtig. Fuhr dann zum Oberlandesgericht, brachte noch einige Verbesserungen an, fand aber die Arbeit eigentlich gar nicht schlecht. Noch an der Bibliothek vorbei und den ganzen Nachmittag überlegt, ob ich zum Geheimrat gehen soll oder nicht. Aß zu Hause zu Abend, brachte Zeitungen für Cari zur Bahn, ging dann aber unentschlossen wieder nach Hause, nachdem ich noch etwas auf den Straßen herumgelaufen war. Nachher war ich froh, nicht beim Geheimrat gewesen zu sein. Aber ich muss doch hin, sonst ist es ganz aus. Ich schrieb einen Brief an den Herausgeber der Zeitschrift für religiöse Kultur und war fröhlich und munter von dem Tee. Las Sybels witzige und glänzende Schrift über den Heiligen Rock von Trier und die 20 ungenannten Röcke[70] und war empört über den Schwindel des Klerikalismus.

Auf der Straße erschrecke ich plötzlich, wenn ich eine Frau sehe. Wie kommt das? Bei mir kommt es nie zu einem Entschluss, sondern immer nur zu

---

[69] „Das neue Jahrhundert: Wochenschrift für religiöse Kultur" (1909–1914), Organ der Krausgesellschaft, München/Augsburg. Der Aufsatz ist wahrscheinlich abgelehnt worden.

[70] „Der Heilige Rock von Trier und die zwanzig ungenannten Röcke". Eine historische Untersuchung von J. Gildemeister und Dr. H. von Sybel, Professoren der Universität Bonn, Düsseldorf, Julius Buddeus (a) Theil 1, 1844 (Im selben Jahr erschien eine um einen Nachtrag vermehrte 2. Aufl.); (b) Theil 2, Heft 1 (Untertitel: Die Advokaten des Trierer Rockes); (c) Theil 2, Heft 2 mit demselben Untertitel. Von beiden Heften des 2. Teils erschienen 1845 drei Auflagen. Der Orientalist Gustav Gildemeister (1812–1890) lehrte in Marburg und Bonn, der bekannte Historiker Heinrich von Sybel (1817–1895) in Bonn und München.
Der Heilige Rock von Trier war Teil einer Schenkung der Kaiserin Helena von Byzanz an den Bischof von Trier. Erstmals 1512 wurde auf Veranlassung Kaiser Maximilians (1469–1519) eine Wallfahrt zum Hl. ungenähten Rock durchgeführt. Bei dieser und späteren Wallfahrten kam es zu 18, meist vorübergehenden Heilungen. Spektakulär war die Heilung einer Großnichte des 1835 zum Kölner Bischof berufenen Clemens August Freiherr von Droste zu Vischering. Danach fanden mehrere Wallfahrten nacheinander mit außergewöhnlichem Erfolg statt. Im Herbst 1844 zählte man eine Million Pilger, was aufgeklärte Protestanten gegen diese Veranstaltungen auf den Plan rief. Carl Schmitt sah die Schrift Sybels als Musterbeispiel.

einem Affekt. Das ist so zu erklären: Der Ansatz zu einem Willen wird sofort gehemmt. Gegen die Hemmung tritt sofort wieder eine Hemmung ein, und so reiben sich auf kleinstem Raum in heftigster Schnelligkeit die Hemmungen und Komplexe aneinander. Das lähmt mein Herz, meinen Atem, meine Gedanken. Ich werde wütend und es ist alles aus. Also sei vernünftig, Carl, zähme alle Einflüsse, tue nichts halb und alles nach vorheriger ruhiger Überlegung; dann aber lasse dich nicht abbringen.

Warum bin ich so fröhlich? Ich fühle mich als Odysseus, der dem Zyklopen entronnen ist, dem Polyphem Geheimrat.

Beginn eines Aufsatzes: Krieg? Wo leben wir denn? Wir leben doch im Jahrhundert des Kindes[71]!

Allmählich bekomme ich Respekt vor mir. Was hat mir so entsetzlich geschadet? Der Geheimrat. Ich habe 1 1/2 Jahre gänzlich >verloren< durch ihn. Und wie oft habe ich meiner lieben Cari die Schuld gegeben. Mir ekelt vor diesem Menschen. Ich dürfte nicht hingehen. Aber ich werde morgen doch gehen, mit dem Manuskript meiner Assessorarbeit.

22. Donnerstag

Morgens um 1/2 8 auf; obwohl ich noch soviel an der Arbeit zu tun habe. Zog mich schnell an, ging zum Diktieren, ärgerte mich über die alberne Frau, wurde aber bald fertig, verbesserte und bin nicht sehr zufrieden. Aß zu Mittag zu Hause, ging dann zum Café Industrie, las die Zeitungen, ging zum Ratinger Tor, Gross abholen. Mir wurde die Arbeit dorthin gebracht. Wir gingen zu Weit Kaffeetrinken, er erzählte von seinem Bruder, der verwundet aus dem Krieg wiedergekommen war, er hat bei Arras gekämpft, schauderhafte Sachen. Seit dem ersten Kriegstag hat er die Uniform nicht ausgehabt, seit 6 Wochen nicht die Stiefel; er erzählte, wie die Granaten und Schrapnells über einem fliegen, wenn plötzlich eine Granate einschlägt und die Menschen in Stücke reißt. Es ist schauderhaft. Wir gingen zusammen zur Bibliothek; Gross las dort meine Arbeit, ich schrieb derweil Briefe an Cari und Däubler. Er las die Arbeit intelligent, übersieht sie aber nicht, fand sie interessant und originell, aber nicht übersichtlich. Ich machte dann noch ein Inhaltsverzeichnis, was sehr nützlich ist; wir sprachen dann noch bis 1/2 8 durch den Hofgarten spazierend über die Arbeit. Ich freute mich sehr darüber, denn er ist ein aufrichtiger, anständiger und intelligenter junger Mann. Ich ging dann beim Geheimrat vorbei, es war ein Offizier da zum Essen. Nach einigem Zögern (auf dem winkligen Büro) ging ich wieder fort. Das war der Wink des Schicksals, dass jemand da war. Es

[71] „Das Jahrhunder des Kindes" war ein weltberühmtes Buch der schwedischen Pädagogin Ellen Key (1849–1926), das 1900 erschienen ist.

soll also nicht sein. Es wird schon besser sein. Ich aß zu Hause zu Abend, las die Arbeit durch, ging zum Bahnhof und brachte die Zeitungen für Cari an den Kasten, ging dann mit großer Überlegenheit über die Straßen und übte mich, wenn ich erregt wurde, im Atmen. Das ist sehr nützlich. Ich beobachte mich dabei sehr genau und fühle, wie ich gesund und sicher werde. Alles nur, weil ich nichts mehr mit dem Geheimrat zu tun haben will. Ging nach Hause und fühlte mich durchaus wohl. Aber ich muss bei den Schneider bezahlen: Schauerlich, aber egal; ich bin dem Zyklopen entronnen!

Schrieb an Däubler: *Die verwundeten Soldaten, die aus dem Krieg kommen, stehen zwischen den Kriegsnummern der Lustigen Blätter*[72]*. Andere Schmierblätter, die jetzt in Patriotismus machen, wie Jesus Christus auf einem Revers seiner Heiligkeit des Papstes.*

Ich suche den Zusammenhang: Hoffentlich ist einer da.

Jetzt sitze ich fröhlich auf meinem Zimmerchen und freue mich der Freiheit. Wäre ich nur erst bei meinem schönen Kindlein.

23. Freitag

Morgens um 1/4 8 auf, müde, gut geschlafen. Traum von einem Mädchen; unangenehm. Ging mit der Arbeit zur Schreibstube, diktierte das Inhaltsverzeichnis; dann herumgelaufen, zum Geheimrat, der nicht zu Hause war. Dann die Arbeit geholt, Gott sei Dank. Im Café Industrie gesessen, Zeitungen gelesen und auf meine Arbeit fröhlich geschaut. Aber was habe ich davon. Wieder zum Geheimrat. Er ließ mir durch Schröderchen sehr vornehm sagen, ich möchte abends wiederkommen. Ließ die Arbeit da, ging fröhlich zum Essen, vorher noch bei Wülfing und der Bibliothek vorbei; dann nach Köln gefahren. Dort Cari getroffen. Wir gerieten natürlich wieder in Unstimmigkeiten wegen des Briefes von Frau Eisler. Da kam Professor Klinkert. Wir tranken zusammen Kaffee bei Reichardt, unterhielten uns über den Krieg und die Slaven, gingen erst um $^1/_2$ 6 weg zur Bibliothek. Ich war tief gerührt, wie schön und unnahbar Cari dasaß. Ich hatte aber Angst, von ihr unterworfen zu werden. Wir gingen nachher noch allein am Abend eine Stunde spazieren und hatten uns wieder lieb. Aber ich war erschüttert, als ich das traurige Gesicht von Cari sah, wie sie ins Kloster zurückgehen musste. Ich ging traurig zur Bahn, aß im Zuge die Eier, die mir Cari mitgebracht hatte, tief im Schuldbewusstsein. Traf den Geheimrat nicht. Wir wollen morgen spazieren gehen. Das ist auch besser so. Kaufe mir Briefpapier und Schokolade, schrieb 2 Stunden lang einen Brief an

[72] Lustige Blätter, siehe S. 125, Anm. 44.

Frau Eisler. Flach und bitter [Klammerzusatz von 4 Wörtern nicht deutbar]. Aber der Brief wurde schön. Dann noch eine Karte an Dr. Nerlich wegen einer astronomischen <Erscheinung>. und um $^1/_2$ 2 Uhr ins Bett. Wäre ich erst bei meiner Cari. Es ist ja zum Verrücktwerden.

24. Samstag

Morgens um $^1/_4$ 8 müde auf, um 9 Uhr zum Geheimrat. Wir gingen zusammen spazieren. Sofort wieder der Druck, das Gefühl schlimmster Beklommenheit und Unfreiheit. Ich darf es nicht mehr tun, es schadet meiner Seele. Wir gingen durch den Hofgarten spazieren, er erzählte von meiner Arbeit: sie ist nicht gefeilt genug, ihr fehlt die letzte Politur, sie hat Wiederholungen, kurz: ich kam mir ziemlich kläglich vor. Er meint aber, sie sei mindestens gut; und will dem Kübler schreiben. Mir ist alles egal. Mittags aß ich bei ihm, vorher aber noch einmal nach Hause, denn ich muss aufatmen. Beim Essen sprachen wir über Politik. Wir vermieden es, über ernste Dinge zu sprechen. Doch unterhielt er sich gut. Ich fuhr um 2 Uhr nach Köln; im Zug Verwundete, von Arras, die von Engländern erzählten. In Köln traf ich meine liebe Cari. Wir begrüßten uns herzlich, gingen dann in den zoologischen Garten, sahen die wilden Tiere an, tranken schön Kaffee, ich erzählte dabei eifrig (dass Frau Eisler so entgegenkommend ist, beruht vielleicht darauf, dass ich mit Herzögen und Herzoginnen zu tun habe), wir sahen uns noch die Schlangen und Affen an, meine Cari war wie ein fröhliches, wunderschönes Kindlein. Ich habe sie sehr lieb. Wir gingen abends den Rhein entlang nach Hause, wurden traurig und sprachen uns gut zu. Ich weiß nicht, wie lange ich es dem armen, treuen Kindlein noch zumuten kann, solange im Kloster zu bleiben, im Gefängnis, im Turm. Schönes, standhaftes Kindlein. Ich fuhr nach Hause, las die Zeitung, aß zu Abend, ein Brief von München: Mein Aufsatz über Däubler wird gedruckt, wird gelesen. Das freut mich. Alles kommt eben von selber. Nur nicht ungeduldig werden. Ich schrieb Briefe an Cari, Georg Eisler, Karten an Brandts, den ich für morgen bestelle, und Gross, der seine zweite Arbeit hat. Brachte sie zur Bahn. Machte dann noch auf der Wiese gymnastische Seelenübungen, analysierte schön und entdeckte: Meine lähmende Sucht, mich schnell und vornehmlich heranzudrängen, ist nur Gehorsam, politische Unterwürfigkeit. Das Gefühl, absolut nichts zu sein, vernichtet zu sein, ist meine Freude dabei. Und schließlich, wie lehne ich es ab: ich mache eine Polizeimiene, ich möchte überall als Beamter tätig sein. Dadurch habe ich <gleichzeitig zweierlei erreicht>, den Respekt der Leute und deren Interesse. Also alles dreht sich um die Menschen. Hier sind die tiefsten psychologischen Wurzeln des Staates und des Rechts überhaupt, alle heterogene Moral. Die autonome Moral hat aber nichts mit dem Individuum zu tun.

25. Sonntag
Wüster Traum des nachts, heftige Begierde und Sehnsucht nach meiner schönen Cari. Morgens um $^1/_2$ 9 erst auf, gefrühstückt. Dann kam das Mädchen und sagte, der Geheimrat bleibe heute im Bett. Gott sei Dank. Das Schicksal meint es gut mit mir. Ich ging zur Fs-Bibliothek, schrieb einen Brief an die Rivista del diritto commerciale[73], las etwas in der Juristenzeitung, aß zu Hause zu Mittag, ging dann zum Café Industrie und las die Zeitungen. Brandts kommt erst morgen früh. Ekelhafter Hund. Ich machte die Kiste mit Eislers Büchern auf, las mit großem Interesse die vielen interessanten Sachen. Nachmittags um 4 zur Fs-Bibliothek, dort etwas gearbeitet, bis 6. Große, aufgeregte Sehnsucht. Ich halte es kaum noch aus. Zu Hause an Holldack geschrieben, der außerordentlicher Professor geworden ist. Die Leute verstehen es. Sie suchen sich den Vater aus. Aß zu Hause zu Abend, trank aber keinen Tee. Schläfrig; las noch Rumpf: „Strafrecht“[74]; eine einfache und bequeme Sache. Also mit so etwas wird man Professor. Lieber Gott. Gewann mein Buch über den Staat wieder lieber und staunte, wie viele gute und treffende Gedanken es in glänzender Formulierung enthält. Wer ein <Gespür> hat, muss doch merken, dass hier etwas los ist.

Ich lese in dem Tagebuch: Ein ganzes Jahr habe ich durch den Geheimrat verloren. Nichts habe ich dabei gelernt oder verdient. Ich habe weniger Geld als vorher, muss mich von Tag zu Tag durchschlagen und überall pumpen und kann an dem Tag, an dem ich den Geheimrat gesehen habe, einfach nicht arbeiten. Das ist eine entsetzliche Geschichte. Ich muss ihn meiden, es ist die höchste Zeit. Ich leide Schaden an Leib und Seele.

Wäre ich erst mit meiner schönen Cari in einer Wohnung. Ich habe den ganzen Tag die heftigsten Begierden und Sehnsüchte. Wie schöne Füßlein hat sie, wie elegant und geschmeidig ist sie, wie stolz sind ihre Augen.

Es ist dem Geheimrat tatsächlich gelungen, mich zu vernichten, damit er mich nicht mehr zu fürchten braucht. Nur dadurch, dass ich mich ängstlich von ihm fernhalte, wird es mir möglich sein, ihm wieder zu imponieren. Und die Kupplerin Hammenstede will ich überhaupt nicht mehr sehen. Es beleidigt mich, wenn sie sich in meiner Nähe aufhält.

Ich fühle wieder Kraft und Stolz. Wer teilt mir das mit? Ich habe Eislers Bücher hier, sehe, dass ich schöne Sachen schreiben kann und überlegen bin. Und ich sollte noch nach einem Menschen fragen, der mich durch Gift und Alkohol klein kriegen will, damit er den Beweis hat, dass alles mit meiner Sprach- und Geistesgewandtheit nur „Bluff“ war?

---

[73] ‚Rivista del diritto commerciale‘, erscheint seit 1903 in Mailand.

[74] Max Rumpf, Der Strafrichter (a) Bd. 1 („Die tatsächlichen Feststellungen und die Strafrechtstheorie“), Heymann, Berlin 1912, (b) Bd. 2 („Praktische Strafrechtsprobleme“), 1913, in der Reihe ‚Schriften des Vereins für Recht und Wirtschaft‘, Nr. 2,1 und Nr. 2,2.

26. Montag
Morgens etwas vor 7 auf, angezogen, mich wohlgefühlt, aber ich muss doch fleißig sein. Träumte: *Üssi ist in Japan festgehalten worden, dann gegen ein Lösegeld von 57 Milliarden freigelassen. Ich gehe mit ihr zum Bankier und gab ihm die Anweisung, das Geld an die japanische Regierung zu zahlen; zu Hause erschrak ich dann, weil ich mein Leben nicht das Geld zusammenbringe, sondern immer nur noch für den Bankier arbeiten musste. Ich wollte daher mit der Kleinbahn wieder zurückfahren, um wegen Interims anzufechten. Es war aber schon bald 6 Uhr und die Bahn fuhr nicht mehr.*

Ich ging zum Oberlandesgericht, traf dort den Referendar Brandts, fand ihn ekelhaft. Und trotzdem schwach genug, ihm zu versprechen, am Mittwoch zu ihm zu kommen. Dann noch zur Bibliothek, müde nach Hause. Ich habe heute etwas repetiert. Mittags zu Hause gegessen. Zum Zug nach Köln zu meiner Cari. Wir gingen Kaffeetrinken, dann in die Bibliothek, ich arbeitete ziemlich sensitiv, aber doch etwas; nachher gingen wir noch eine Stunde spazieren. Es ist regnerisch und windig. Wir haben die innigste Sehnsucht, endlich zusammen zu wohnen. Ich halte es kaum noch aus, und das liebe Kindlein noch weniger. Fuhr sehnsüchtig nach Hause. Zu Haus ein Brief von Georg Eisler, Kluxen will die Adresse von Däubler von ihm wissen. Ist es nicht zu dumm. Ich gerate in maßlose Wut. Warum schreibt der Hund mir nicht. Es ist eine infame Beleidigung, mir auf meinen Brief nicht sofort zu antworten. Ich war rasend. Allmählich wurde ich ruhiger. Ging zum Cafe Cornelius, trank ein Glas Pilsner. Hörte die Musik Donizetti spielen. Sehnsüchte, gleichgültig. Sah in der Woche ein Bild des Kapitäns der Emden, der v. Müller heißt. Ein großartiges Gelehrtengesicht, mutig und ganz Intelligenz und Selbstbeherrschung. Ging zerrissen nach Hause; dort etwas ruhiger. Für jeden kommt Sonntag, das heißt der Tag, dass sein Bild in der Woche[75] steht.

Kl.[uxen] kann alles besser, solange es sich darum handelt, siebengescheite Reden zu führen, von der Transzendentalphilosophie bis zu Hundeflöhen. Es ist ihm nicht beizukommen; er ist sogar ein anständiger, hochmoralischer Mensch, solange er redet, und es wäre das beste, man ließe ihn nichts tun als reden, dann wäre die Sache gar nicht so übel. Aber da das nicht immer geht und er schließlich doch eines Tages aufhören muss, so zeigt sich dann auch ihm selber, was er für ein hohler Wurm ist. Zum Glück findet er seinen Trost schnell wieder im Reden und zimmert eine regionäristische Jury nur zu dem Zweck, um die anderen schön zu widerlegen und sich zu rechtfertigen. Das

[75] „Die Woche", 1899 von dem dt. Verleger August Scherl (1849–1921) gegründete Illustrierte, ab 1900 in der August Scherl GmbH, gemeinsam mit dem „Berliner Lokal-Anzeiger" und der Tageszeitung „Der Tag". Der Verlag nahm durch seine Abteilungen Adressbücher und Annoncenexpedition großen Aufschwung und kaufte u. a. die Zeitschriften „Die Gartenlaube", „Vom Fels zum Meer" und „Sport im Bild".

Schauspiel ist wahrhaft tragikomisch; man darf ihm nur nichts sagen, so schlecht ist er vielleicht noch nicht, dass er nicht doch Verständnis hätte und eines Tages sich das Leben nimmt wie Weininger.

Mein Vater: Er reagiert nur, wenn man ihn beschwindelt. Dann wird er ein angenehmer Mensch; im übrigen ist er nicht zu fassen. Das Bedürfnis der Menschen, beschwindelt zu werden, ist groß und verlangt Befriedigung. Warum soll ich mir die Mühe geben, die Wahrheit zu sagen. Mit der Wahrheit kommt man nicht weiter; wenn der Mensch von vorneherein die Wahrheit gewusst hätte, gäbe es keine Buchdruckerkunst, mit deren Hilfe ich diese Wahrheit dem geneigten Leser unter die Nase reibe.

27. Dienstag

Um 1/4 7 auf. Nach dem Frühstück gleich zum Oberlandesgericht, dort den Gross getroffen, mit ihm über seine Arbeit gesprochen. Fleißig gearbeitet, nachgeschlagen. Mittags zu Hause gegessen, dann an Cari geschrieben. Darauf holte Gross mich ab; wir tranken Kaffee im Savoy, unterhielten uns gut. Ich war vielleicht zu eifrig. Ich ging mit ihm bis zum Oberlandesgericht; dort traf ich Haas, ging mit ihm zur Polizei, darauf zur Landesbibliothek, las herum, tat nichts. Abends zu Hause; Karte von Ernst Lamberts und meiner Cari. Ich antwortete sofort, ging darauf zu Wülfing, ziemlich aufgeregt. *Beim Essen schlug Wülfing mir vor, ein Geschäft zu machen. Ich soll morgen zu Josten nach Gladbach fahren und mit ihm einen Vertrag abschließen über 600 000 m Tuch in bestimmter Lieferzeit zu 7,00 Mark das Meter. Ich verdiene die Provision von 6 % auf das, was ich unter 7,00 Mark abschließe. Es ist unglaublich, 20 bis 50.000 Mark.* Ich war außer mir, beherrschte mich aber ziemlich gut, war vielleicht auch zu naiv, ging jedenfalls aufgeregt nach Hause. (Es ist übrigens genau mein Traum <vom> 17. X.: Ich bekomme kein Geld von Wülfing, sondern nur die Aussicht auf ein Geschäft! Ein Fingerzeig des Schicksals; es muss gelingen, es wird auch gelingen, wenn ich mich beherrsche. Also morgen um 6.58 nach Gladbach. Ich dachte dann, wie viel schöne Dinge ich mir kaufen kann, und an meine süße Cari. Aber ich muss mich beherrschen. Herr Gott, hilf mir. Mach mich stark.

28. Mittwoch

Ich stand morgens um 6 Uhr auf, machte willensgymnastische Übungen, rasierte mich, fuhr II. Klasse nach Gladbach und dachte im Zug nach, ob es wohl gut geht. Was ist eigentlich unmöglich. Ich kam zu Josten, mir wurde nicht aufgemacht, ging bei Arthur Lamberts vorbei, wurde freundlich aufgenommen, er fragte telephonisch an, sprach denn mit Josten eine Stunde über die Sache und merkte, dass nichts zu holen war; der Agent Sternberg soll erst gefragt werden. Ich ging dann zu Arthur Lamberts hinüber, frühstückte, sah den Hauptmann und die beiden Jungens Karl und Ernst herumlaufen und hatte heftige Wut. Ich erklärte dann Herrn Lamberts, dass ich verlobt sei. Er war sehr enttäuscht, ich redete viel, aber zu rationalistisch. Aber schließlich war es ihm doch einerlei. Ich ging dann noch mit Ernst etwas spazieren, erzählte ihm alles, fand Unterstützung bei ihm und fuhr dann 12 Uhr nach Düsseldorf und von da sofort nach Köln. Mir war alles egal. Ich sehe mich vor dem finanziellen Ruin. Ich habe kaum noch 5 Mark und weiß nicht, wovon ich die nächsten Monate leben soll. Mit dem Geschäft wird auch nichts, alles egal, ich will an nichts mehr denken. Ich bin unfähig. Traf Cari, war traurig und gereizt; wir gingen zusammen zu dem Fräulein Krantz, tranken dort Kaffee und aßen viel; doch eine unmögliche Gesellschaft. Da sind mir schon die Gladbacher Geldverdiener lieber. Wir gingen um 1/2 6 fort, gingen schön spazieren, sprachen traurig miteinander. Ich habe mein Kindlein immer lieb, und wir werden schon nicht verhungern, obwohl ich das manchmal fürchte. Dabei stehe ich vor dem Assessor-Examen. Abends war ich gegen 8 zu Hause, ging noch bei Wülfing vorbei, aß da zu Abend, bekam wieder Mut und beschloss, morgen wieder nach Gladbach zu fahren. Diesmal war ich schon wieder fröhlicher. Josten hat telegraphiert. Um 1/2 11 bei Brandts vorbei, diktierte etwas an seiner Arbeit, lernte den Rechtsanwalt Wirt, der mit Oppenheimer assoziiert ist, kennen, ging erst um 2 Uhr ins Bett. Müde und aufgeregt.

29. Donnerstag

Um 8 1/4 todmüde auf, aber beim Waschen schon wieder frisch, ging schnell zu Brandts, diktierte ihm wahrhaftig den ganzen strafrechtlichen Teil seiner Arbeit und war dann sehr stolz, aber auch müde. Ich kann doch noch etwas. Lief zur Bahn, fuhr 11.43 nach Gladbach, aß im Automaten zu Mittag, ließ mich rasieren, trank Kaffee, telefonierte bei Josten an und wurde auf 1/2 4 bestellt. Also alles scheint gut zu gehen. Ging hin, wurde schön aufgenommen, trank da Kaffee, die Sache kam auch weiter. Herr Josten kommt mir mit der Lieferzeit sehr entgegen. Wir fuhren zusammen zur Fabrik, er rechnete aus, wie er liefern kann, ich wartete derweil auf dem Kontor, dachte innigst an Cari und dann, dass ich ja doch kein Kaufmann in diesem Sinne bin, sondern immer Beschauer, Betrachter, <kein Händler> im eigentlichen Sinn.

Es ist ein regnerischer Herbstabend. Wie soll ich später mit meiner lieben, schönen Cari leben. Wieviel größer ist sie als alles dieses Gesindel. Bekam eine Offerte, aber nicht zu 7,50, sondern zu 7,70. War leider zufrieden. Fuhr 6 Uhr nach Hause, schrieb unterwegs Cari, ging dann gleich zu Wülfing, erzählte ihm die Sache; er war nicht zufrieden. Ich aß bei ihm zu Abend, wir sprachen noch sehr fröhlich, ich freute mich, dass er mich so liebgewonnen hat, und ging fröhlich nach Hause. Aber das Geld für Belberstein habe ich noch immer nicht, und dabei ist die Woche morgen herum. Zum Repetieren komme ich überhaupt nicht mehr. Ich bin ganz Kaufmann und erkenne, wie gemein die Menschen werden müssen, die ihr Leben lang nichts anderes tun als „handeln“, wie die Zeit vertrödelt wird mit Beraten, wie man unproduktiv wird und starren Blicks auf ein erbärmliches Ziel losrennt. Zu Hause kein Brief, nur eine Karte von Herrn Lamberts. – Bekam die 2. Arbeit (die Relation) fürs Assessorexamen.

30. Freitag

Ich stand um 1/4 8 auf, war munter und fröhlich, ging an der Haroldstraße vorbei, um nach dem >Automobilspediteur< zu fragen, dann zu Brandts, bei Wülfing antelefoniert, zum Oberlandesgericht, sah dort den Rechtsanwalt Westhaus und war sehr erregt. Mittags zu Hause, dann nach Köln gefahren in froh liebster Stimmung; ich werde die Arbeit schon schön machen. In Köln erzählte mir Cari, *dass sie von einer Miss Hinsgen des Diebstahls bezichtigt worden ist* und dass die Polizei schon Haussuchung gehalten und dabei 2 Hemden und eine Hose entdeckt hat, von denen Miss Hinsgen behauptet, sie gehörten ihr. Das wäre also eine unglaubliche Geschichte. Ich war sehr aufgeregt. Ich komme zu nichts. Ich kann das Examen nicht machen. Wir tranken Kaffee, aber vor Aufregung konnten wir nichts essen, Cari weinte. Wir gingen dann zur Polizei in der Altenbergerstraße. Ich trat ziemlich sicher auf, aber ein ekelhafter Kommissar war dabei, der die Sache weitergeben will. Ich sprach dann mit der Oberin, redete ganz vorzüglich, setzte ihr heftig zu und wurde dadurch sehr erleichtert. Aber in welcher Lage bin ich. Ist es nicht, um irrsinnig zu werden oder sich totzuschießen? Wir überlegten, dass Cari sofort ausziehen muss. Ich muss heute Geld verschaffen, beim Geheimrat und bei Wülfing. Ich brachte mein arg weinendes Kind zum Kloster zurück. Hoffentlich ist es das letzte Mal; dann fuhr ich nach Hause, aß zu Hause zu Abend, ging zum Geheimrat, traf ihn nicht, ging zum >Löwen<, traf ihn dort mit dem Geheimrat Fervers. Ich sprach sehr gut, war überlegen und sicher; als Fofers weggegangen war, *erzählte ich die Sache dem Geheimrat, der sich sehr interessierte, aber meinte, man dürfe sie nicht zu leicht nehmen. Ich trank erst Bier, dann noch eine Flasche Ürzinger Würzgarten, der vortrefflich war. Bis 4 Uhr dagesessen. Schrecklich. Ich darf es nicht wieder tun.* Aber ich habe doch viel erreicht, freilich kein Geld bekommen. Müde und angefüllt mit Wein nach Hause.

31. Samstag

Um 9 Uhr auf. Ekelhaft, die Sauferei. Ich zog mich langsam an, packte die Sachen von Cari ein, die verräterisch sein können und erschrak über das, was ich eigentlich tue. Dann zu Wülfing. Ihn um 400 Mark angepumpt. Er meinte, ich sei Fritze noch was schuldig. Ist das nicht schrecklich! Ich bekam aber das Geld, doch schämte ich mich bis in die Seele. Schauderhafte Sache. Ging in die Bibliothek, durch den Hofgarten. Lief herum, holte um $^1/_2$ 1 das Geld bei Wülfing ab, ließ mich rasieren, ging bei Fehr vorbei (diese alten, misstrauischen, selbstgenügsamen Menschen!). Dann fuhr ich nach Köln, holte Cari ab, wir tranken Kaffee. Es war eine unglaubliche Sache, diese Diebstahlsaffäre. Der Geheimrat meinte mit Recht: Wenn ich morgen beschuldigt würde, die Domtürme von Notre Dame gestohlen zu haben, so würde er nicht lachen, sondern erschrecken und überlegen, wie ich mich am klügsten verteidigte. Wir fanden ein Zimmer in der Kardinalstraße, holten einen Dienstmann, zogen aus (wie schrecklich ist es in dem Kloster!), verabschiedeten uns von der guten Schwester Marie und zogen dann in die Kardinalstraße. 2 hübsche Zimmerchen. Wir waren wie von einem Druck befreit, als wir nichts mehr vom Kloster zu wissen brauchten, richteten uns ein, küssten uns herzlich, gingen dann noch etwas einkaufen; um 7 fuhr ich dann nach Hause. Armes; liebes Kindlein. Sie ist mein Schicksal. Aber es alles gut so. Oft denke ich an Bebel oder andere Leute, <die> durchs Gefängnis zu etwas geworden sind. So muss ich mich durchschlagen. Es kommt auf mein äußeres Geschick nicht an. Aß zu Hause zu Abend. Todmüde. Brachte noch Brief und Zeitungen zur Bahn. Tief traurig, meist dumpfe Müdigkeit. Ich muss einfach durch.

November 1914

1. Sonntag

Ich schlief bis 9 Uhr. Die Türken haben den Krieg an den Dreier-Verband [England, Frankreich und Russland] erklärt. Zog mich langsam an, rasierte mich nicht, ging zur Fach-Bibliothek, nicht zum Geheimrat, las lieblos herum ohne viel zu tun. Mittags zu Hause, dann zum Café Industrie; Zeitung gelesen. Wieder zur zum Geheimrat; dort in Schillings Zimmer gearbeitet und gehört, dass der Professor Klinkenberg da ist, sehr geschickt weggelaufen und die Sache so eingerichtet, dass ich den Geheimrat und den Professor Klinkenberg an der Tonhalle traf. Wir gingen zusammen zum Löwen, tranken Bier, sprachen über philosophische Probleme; der Geheimrat ereiferte sich sehr. Mir war alles egal. Ich freute mich nur, dass der Geheimrat mich gern hat und dem Professor Klinkenberg die Geschichte von Cari erzählen will. Ging mit dem vielen Bier im Leib herum, aß im Automaten etwas, lief durch die Straßen. Müde nach Hause; kranker Magen. Schauderhaft; endlich eingeschlafen. Heute kein Brief. Schrecklich.

2. Montag

Brachte morgens die Akten meiner Relation zum Geheimrat. Dann zum Oberlandesgericht. Dort Gross getroffen, gut unterhalten. Etwas gearbeitet, aber es geht noch nicht voran. Mittags zu Hause. Nachher mit Gross im Löwen Kaffee getrunken. Ich habe eine schlimme Rechnung zu bezahlen (81 Mark!) und dann kein Geld mehr. Kaufte mir eine Monatskarte nach Köln. Traf mein liebes Kindlein in seiner Wohnung. Wir gingen Kaffee trinken im Cafe Kaiser, dann in die Bibliothek. *Ich schrieb die Eingabe an die Polizei, regte mich dabei sehr auf und das arme, liebe Kind war traurig und ergeben. Es ist prachtvoll, wie sehr sie an mir hängt und weder nach der Polizei noch nach sonst jemand, sondern nur nach mir fragt.* Wir kauften noch Weißwaren zusammen usw. Dann wurde es Zeit für mich. Ich brachte sie nach Hause, lief zur Bahn, fuhr mit Verspätung nach Düsseldorf, bezahlte zu Hause die Rechnung, gab dem Mädchen 3 Mark Trinkgeld und aß gemütlich zu Abend. Jetzt habe ich an Geld noch 75 Pfennig! Las in den Büchern Eislers mit viel Gemütlichkeit; aber es wird doch allmählich kalt im Zimmer. Wohnte ich erst mit meinem Kindlein zusammen! Wie soll ich den Assessor machen? Las in meinem Buch über den Staat und fand es sehr gut. Dachte an Radbruch[76].

3. Dienstag

Morgens aufgestanden, aber wieder ins Bett; im Bett Kaffee getrunken. Um 1/2 9 auf, angezogen (schöne reine Wäsche), zum Geheimrat. Er war ziemlich gleichgültig und sprach eifrig über meine Relation, was mich aber wenig interessierte. Ich ging um 11 zum Oberlandesgericht. Ich verabredete mich mit Gross, ging dann zu Fuß zurück (ich habe noch 65 Pfennig, für 10 Pfennig kaufte ich mir Schokolade); traurig und hungrig. Ich aß beim Geheimrat zu Mittag; alles ist mir widerlich. Ich vermag kaum zu atmen, der dicke, stinkende Mensch, die ekelhafte Hammenstede, die ich lieber nicht ansehe, das Essen, die schlechte Luft im Zimmer, die stickigen Möbel. Gott, hilf mir. Aber ich brauche Geld, doch war nicht davon die Rede. Ich ging weg. Zu Gross; wir tranken im Savoy Kaffee (55 Pfennig!) und unterhielten uns eifrig. Ich fürchte, er ist bange, meinem Einfluss zu unterliegen.

Vielleicht werde ich wegen der neuen Bekanntschaft wieder sehr produktiv. Wir sprachen über meine Arbeit, gingen durch den Hofgarten zum Oberlandesgericht, parlierten dort weiter; ich brachte ihn zur Bahn. Er ist ein guter Kerl und erinnert mich an Jup und etwas an Bastgen. Doch ist er viel intelligenter und differenzierter. Ich ging noch zur Bibliothek; las herum, aß zu Hause zu Abend (ich habe noch 2 Pfennig in der Tasche); wollte den Geheimrat im Löwen treffen, er war aber nicht da; traurig nach Hause. Es ist zum Verzweifeln. Der Hunger macht mich hoffnungslos. Und meine liebe, schöne Cari hofft auf mich. Gott hilf mir. Einmal muss der Schwindel doch aufhören, einmal muss ich in vernünftige Verhältnisse kommen. Ich will doch ganz ernst

[76] Gustav Radbruch (1878–1948), dt. Jurist und Politiker, Prof. in Heidelberg ab 1910, in Königsberg ab 1914, in Kiel ab 1919, MdR 1920–1924 für die SPD, Reichsjustizminister 1921/22, 1933 als erster dt. Prof. amtsenthoben, 1945–48 erneut Prof. in Heidelberg. Vgl. seine posthum herausgegebenen Erinnerungen: Der innere Weg. Aufriss meines Lebens, Koehler, Stuttgart 1952. Carl Schmitt las 1914 von ihm: „Grundzüge der Rechtsphilosophie“, Quelle & Meyer, Leipzig 1914.

und ruhig sein, nicht lügen und nicht schwindeln, nicht pausieren, sondern eifrig arbeiten. Gott hilf mir. Hätte ich nur 100 M. Diesem armen, dicken Buch vertraue ich meine Not an.

4. Mittwoch

Traum: Ein Flieger wirft auf den Bahnhof in Düsseldorf eine Bombe, ich sehe eine lange Flamme aufsteigen.

$^{1}/_{4}$ 8 auf, rasiert, Zeitung gelesen, zum Spediteur; Caris Pelzjackett und Muff geholt. Der Spediteur war unverschämt grob. Aber egal, ich habe die Sachen. Zum Oberlandesgericht; dort ziemlich gut gearbeitet, aber der Rechtsanwalt Schilling belästigte mich mit seinen Fragen. Mittags zu Hause. Kein Brief, nichts. Elend. Nach Köln gefahren (mit dem Pelzjackett), traf mein Kindlein zu Hause; sie ist wunderschön, zierlich und lieb. Ich war begeistert, aber schwerfällig und konnte nicht gut sprechen. Wir tranken Tee, den sie sehr lieb gekocht und aufgestellt hatte, gingen bei wunderschönem Herbstwetter spazieren; dann in die Bibliothek, dann noch etwas durch die Straßen (ich fürchte oft, einen >Anflug von Affektion< bei Cari zu spüren, wie ich vorgestern einen <Mann> im Coupe traf, der mir gleich widerwärtig und verächtlich war, aber er hatte einen typischen Tonfall und die gleiche Bereitwilligkeit zur Phrase. Ich muss <ihr> das austreiben). Um $^{1}/_{2}$ 7 Uhr fuhr ich nach Hause, las die Frankfurter Zeitung, von den Verwüstungen der Russen in Ostpreußen; todmüde, klappte fast zusammen und habe kein Geld mehr. Heute musste mir Cari von unseren Ersparnissen 10 Mark geben. Keine Aussichten, kein Brief, nichts. Elend. Herr des Himmels, hilf! Aber wie kann er helfen, wenn ich selbst nichts mehr hoffe. Schrieb an Cari. Arbeitete in der Fs-Bibliothek ein wenig, fühlte mich schwach und elend, als Prolet, als Pauperist, den jeder fettgefressene Handelskerl verachtet; der sich nicht wehren kann und der eines Tages verhungert, während Millionen fettgefressene Gänse oder Schweine finden, dass die Welt doch großartig eingerichtet ist, während sie Musikunterricht nehmen, über Kunst schwätzen, über Gerechtigkeit im Schicksal des Einzelnen und der Vorsehung. O, ich armer Teufel. Und mein liebes Kindlein verhungert mit. Dann zucken sie die Achseln. Die nicht oben sind, kommen eben unter die Räder. Das ist Gerechtigkeit. Wessen Vater durch eine glückliche Spekulation, zu der nicht eine Spur Intelligenz gehört, reich geworden ist, ist in der Tat ein besserer Mensch. Er kann studieren, Erfinder werden, hoher Beamter werden, er findet im Staat und in der Welt alles in bester Ordnung. Das ist das Schlimmste: Die Güte eines Menschen hängt wahrhaftig von seinen Mitteln ab.

5. Donnerstag

Um $^{1}/_{4}$ 8 auf, Zeitung gelesen (die Türken kommen allmählich an, aber ich habe große Sorgen, sie werden nicht mehr viel helfen können). Dann zum Oberlandesgericht, zu Fuß, dort ziemlich gut vorangekommen, mit Markmann gesprochen (Bastgen ist in Lille und dort als Senator tätig); mittags zu Hause rasiert, gegessen, dann nach Köln gefahren. Bei meinem Kindlein Kaffee getrunken. Ich habe sie immer mehr lieb. Sie ist herrlich in ihrem Stübchen, so fleißig, hingebend, graziös. Wir gingen etwas spazieren, dann in die Bibliothek; ich arbeitete aber nicht viel; um 1/2 7 fuhr ich nach Hause. Las die Zeitung. Zu Hause nur ein Brief von Josten, der seine Offerte zurückzog. O Gott, ja; aber ich war munter und friedlich, obwohl kein Brief da war. Ich fühlte mich sicher und glaube heimlich fest an meine Zukunft. Ging zum Bahnhof, Zeitungen für Cari bringen, dann an der Tonhalle vorbei, wo gerade ein Konzert aus war, besah mir genau alle Gesichter, fühlte mich absolut überlegen, war nicht bange und fühlte bestimmt, dass ich unter keinen Umständen Gemeinschaft mit einem dieses gesellschaftlichen Gesindels oder gar mit der Gesamtheit haben konnte. Freute mich meines stolzen, schönen tapferen Carileins *(habe heute in der Frankfurter Zeitung gelesen, dass eine Kroatin gegen die Serben mitkämpft, weil sie bei ihrem Mann bleiben will und dass sie wegen ihrer Tapferkeit schon Korporal geworden ist)*, dachte daran, dass Mozart zu schade ist für dieses geputzte, quatschige Gelichter, und ging fröhlich pfeifend nach Hause. Mir ist gar nicht mehr bange. Mit einer Mark pro Tag könnten wir leben, und soviel werden wir noch verdienen. Jeder Mensch, der etwas Wichtiges zu sagen hat, fühlt sich als Mittler. Wichtig! Alles muss „vermittelt" werden.

Weshalb stehen die Soldaten im Felde? Es sind doch gerade die Besten! Liegen sie wochenlang im Schützengraben, fallen tausende vornehmer Menschen, damit Fräulein Zilliken weiter Klavier spielen oder gar Meierseele weiter in Baumwolle spekulieren kann?

Wir Menschen sind die Verse aus der Götterdämmerung[77]: Ich habe nichts als den eigenen Leib, lebend zehr ich ihn auf.

Wenn schon der Leib der carcer animi ist, so fühle ich mich doch so wohl, dass es sich hier um eine custodia honesta handeln muss.

Dieser Leib ist nicht der carcer animi, sondern die cloaca animi, das Sommerleibchen animi.

6. Freitag

Um 1/4 8 auf, nach dem Frühstück zum Boteninstitut, des Koffers wegen, dann zu Wülfing. Wülfing will das Tuch unbedingt, also fuhr ich wieder nach Gladbach. Mir egal. Ich fühle mich Wülfing verpflichtet. Warte lange auf den Zug, in Gladbach telefoniert (war schon viel hoffnungsvoller), traf Herrn Josten in

[77] „Götterdämmerung", Oper von Richard Wagner (1874), 1. Aufzug, 2. Szene: „Einzig erbt' ich den eigenen Leib; lebend zehr' ich ihn auf."

seinem Kontor und wurde freundlich aufgenommen. War überrascht über sein Entgegenkommen, aber er tut es nur mir zuliebe (nicht Wülfing zuliebe) und gab mir die 20.000 Meter zu 7,70! Ich telefonierte an Wülfing und machte perfekt. Unterhielt mich noch mit ihm, ging mit ihm essen (er hat heute Namenstag), schenkte der kleinen >Lene< eine Tafel Schokolade, die ich gerade zufällig gekauft hatte und war sehr froh. Das Essen war großartig. Nachher kam Herr Lamberts. Wir unterhielten uns über mein Geschäft und ich merkte, dass ich in Wahrheit von Wülfing ziemlich übel behandelt wurde. Ich nahm mir also vor, wenigstens 2 % Provision herauszuschlagen. Ging dann zu Lamberts hinüber, traf Ernst; wir gingen zur Post, plauderten etwas, tranken nachher zusammen an einem langen Tisch Kaffee, sprach mit dem Hauptmann Henrici, fühlte mich aber allein und war namentlich von Arthur Lamberts enttäuscht, den ich als geldgeizigen, engherzigen Bürger durchschaute und der mir nicht mehr traut. Fuhr um 6.20 nach Hause, in heftigster Aufregung; ich muss doch endlich etwas verdienen und von Wülfing die 2 % bekommen, denn ich habe ihm in Wahrheit 16.000 Mark gespart! Nahm mir also vor, mit Wülfing zu reden. Zu Hause war eine Karte von Däubler; ich schrieb an Cari, kaufte Zeitungen und warf sie in den Postkasten an der Bahn, versuchte dann aber wieder beim Geheimrat vorbeizukommen. Aber da Herr Schwarz da war, ging ich wieder weg. Nachher fühlte ich mich wohl, aß zu Hause zu Abend, las noch etwas und war sehr aufgeregt. Wie schön wäre das, wenn mir Wülfing 3 000 Mark gäbe. Aber er tut es nicht; obwohl er als anständiger Mensch eigentlich gar nicht anders kann. Ich werde es ihm schon sagen.

Was werde ich für ein Mensch? Esse bei dem Millionär Josten, dem schwerreichen Fabrikbesitzer, zu Mittag, als gehörte ich zur Familie, gehe zu Lamberts, zum Geheimrat, wie es mir passt, habe eine Braut in Köln, die aus einer alten adeligen kroatischen Familie stammt und heiße Schmitt und bin aus Plettenberg und weiß nicht, wovon ich morgen leben soll.

[Vermerk links oben:] Diesen Satz darfst du nicht vergessen ! !

7. Samstag

Ich konnte nicht einschlafen vor Aufregung, ob ich von Wülfing 3 000 Mark bekomme oder nicht. Um 3 Uhr wurde ich wach; morgens todmüde. Ich hatte einen ganz ekelhaften Traum: Ich fasse überall in meinen eigenen Kot, alles ist voll; ich will es zusammennehmen und wegbringen, ich beschmutze mir die Hände.

Um 9 Uhr auf und rasiert, wieder ins Bett, Zeitung gelesen. Briefe von meiner lieben Cari und von Georg Eisler, der Sonntag zu Fräulein Heydweiller nach Rostock will. Zum Oberlandesgericht; etwas gearbeitet; aber es ist lächerlich, ich habe noch gar nichts. Sprach mit Gross, ging dann zur Landesbibliothek, bekam die „Auferstehung[78]" von Tolstoj nicht, war traurig, todmüde und mürrisch. Aß zu Hause zu Mittag, traf dann Gross im Löwen. Wir gingen ins Industrie Kaffee trinken, sprachen eifrig, aber er scheint den Respekt vor mir zu verlieren. Wollte 4 Uhr 14 nach Köln fahren; es ist dicker Nebel und ich sehne mich nach meiner Cari wie nach meiner Mutter. Der Zug aber hatte solche Verspätung, dass ich nicht hinfuhr. Ging in die Bibliothek; schrieb etwas an meiner Arbeit, las Tolstojs Kreuzersonate[79], war sehr erregt und dachte viel an Cari. Schrieb ihr einen herzlichen Brief, brachte ihn zur Bahn, kaufte Zeitungen, aß zu Hause zu Abend. War aufgeregt und dachte wieder an die 3 000 Mark. Ich muss alles daransetzen.

Müde, gleichgültig, Schlaf, nicht produktiv, sehnsüchtig.

Es bildet ein Talent sich in der Stille, sich ein Charakter in dem Strom der Welt – aber Charakter ist auch ein Talent.

Sonntag, 8. November

Stand 1/4 8 auf und freute mich darüber, dass ich nicht mehr im Bett lag. Ich hatte beim Waschen heftige Wut über die Juden, die sich mit der Kunst abgeben, die Münzfälscher, die alles echte Wachstum verfälschen und die Begriffe der Menschen verbiegen, die Mittler und flinken Affen, die alles so geschickt nachahmen können, dass man oft monatelang daran glaubt, die Makler und Gewerbler, die beständig das Kunstgewerbe mit Kunst, die Raumformidee mit der Naturkraftidee durcheinandermengen, sich der Kraft gegenüber auf den Geschmack und dem Geschmack gegenüber auf die Kraft berufen und dadurch eine unwiderlegliche Position bekommen und verwenden, noch als Hüter der guten Tradition erscheinen können, wenn es sein muss. Sie sind um den Nachweis ihrer Existenzberechtigung nicht verlegen, während jede unbefangene Kraft vor der Frage nach der Berechtigung befangen und verlegen wird.

Es war doch Zeit, dass es Krieg gab, wenn ich an Brüder wie Kluxen, Hiller, die Dichter des Sturm[80] und Saturn[81] und der Naturale[82] denke, wird einem doch ganz übel und schlecht. Das freche, prahlerische Volk, das sich auf Christus beruft, um andere Leute zu widerlegen und sich fromm zu fühlen, und

[78] Lew Nikolajewitsch Tolstoj, Auferstehung, Roman, dt. 1899.

[79] Lew Nikolajewitsch Tolstoj, Die Kreutzersonate, Erzählung, dt. 1890.

[80] ‚Der Sturm', von Herwarth Walden, eigtl. Georg Levin (1878–1941, in der Sowjet-Union verschollen), 1910–1932 herausgegebene Wochenschrift für Kultur und Künste; ab Jg. 4 Halbmonatsschrift, ab Jg. 8 Monatsschrift.

[81] ‚Saturn'. Eine Monatsschrift (1911–1914/1919–1920). Erschien ab 1911 im Heidelberger Saturn Verlag Hermann Meister; im 1. Jg. überwog der Einfluss von Franz Blei, dann wurde die junge Generation bestimmend.

[82] ‚Naturale', konnte nicht ermittelt werden.

dann wieder auf Freud, um sich über andere lustig machen zu können. Das empörende Schauspiel, dessen ganze Gemeinheit einem nur aus der Nähe erkenntlich wurde, hat jetzt ein elendes Ende. Das Gesindel hat Angst um sein Leben, hat nicht einmal mehr die Kraft, gegen den Krieg zu schimpfen, zu protestieren und verkriecht sich jetzt schleunigst, bis die Zeiten besser werden und die Gaudi wieder anfangen kann; dann werden sie gleich frech.

Es gibt Männer (alle waren Tatmenschen), die denken sich die Ehe in der Weise, dass sie meinen, man hätte eine Frau, wie man ja einen Kanarienvogel hat. Wenn man müde von der Arbeit dasitzt, pfeift das artige Tier sehr schöne, einschläfernde Melodien. Im übrigen wird es gut gefüttert, in einen schönen Käfig gesteckt und man geht in ein anderes Zimmer, wenn einem das Gepfeife lästig ist oder verdunkelt durch ein großes schwarzes Tuch seinen Käfig.

Ein junger Mann, der verheiratet war, erscheint dem Bürger und namentlich der Bürgerin wie ein Los nach der Ziehung.

Ich frühstückte, kramte dann herum, schrieb einen Brief an Holder wegen meines Aufsatzes über Däubler, machte dann Besuch bei Peiffhoven, der nicht zu Hause war, ging bei Wülfing vorbei, der ebenfalls nicht zu Hause war, sprach mit Haas bis 1 Uhr, aß zu Hause zu Mittag und ging dann zur Bahn. Im Zug las ich die Frankfurter Zeitung über den Fall von Tsingtau und hatte Sorgen wegen Cari, da sie mir gestern nicht geschrieben hat. Lief schnell hin, traf sie zu Hause; sie war außerordentlich reizend und schien mir deshalb schön. Sie war gestern Abend die Treppe heruntergefallen und wäre fast tödlich verunglückt. Wir tranken zusammen Tee, erzählten uns viel, ich hatte sie immer herzlich lieb; wie hinreißend schön ist sie in ihrer Liebe. Aber sie muss Peru-Balsam gebrauchen wegen der >Hautinfektion<, die sie sich im Kloster geholt hat. Es ist ekelhaft, dieses Kloster. Die Krätze und ein Verfahren wegen Diebstahls, das ist alles, was dabei herausgekommen ist. Ich erging mich in Wutausbrüchen gegen den Geheimrat und namentlich gegen die ekelhafte >Kuppelmetze< Hammenstede. Es ist mir unappetitlich, den Namen hier zu schreiben. Wir hatten uns sehr lieb, küssten uns herzlich, gingen am Rhein in der nebligen Dämmerung spazieren; dann brachte ich Cari nach Hause. Wir hoffen beide, morgen von Wülfing 3 000 Mark zu bekommen. In der Bahn las ich etwas in meiner Arbeit; ich muss es doch endlich anfangen. Aß zu Hause zu Abend, dachte immer daran, den Geheimrat aufzusuchen, tat es aber nicht. Ging um $^{1}/_{2}$10 ins Bett, weil mich sehr fror. Ich nahm mir vor, den Geheimrat, wenn ich genug Geld habe, noch einmal gründlich anzupumpen. Cari und ich sind glücklich, dass sie nicht mehr im Kloster ist. Die ganze Zeit erscheint wie ein wüster, ekelhafter Traum. Wir gehören nicht zu den Nörglern. Pfui Teufel.

Ich sehe einen eleganten Schuh und erschrecke. Leider soziologisch bestimmt. Ein Affekt erwacht, der mit der zufälligen Veranlassung seines Aufflammens nicht das geringste zu tun hat. Wie fröhlich bin ich, dass ich nunmehr klarer erkenne, in welcher Benommenheit und Verschwommenheit ich herumtrieb, als ich auf der Plettenberger Kirmes wie wahnsinnig war vor Aufregung und herumlief wie ein verwundetes Tier. Immer handelte es sich um Irrtümer; mir war nicht dadurch zu helfen, dass ich hinter der zufälligen Aufregung herlief, sondern durch eine vernünftige Einsicht.

9. Montag

Um 1/28 rasiert, dann im Bett gefrühstückt. Es wird doch allmählich kalt im Zimmer. Aber ich lasse nicht heizen. Karte von Ernst Lamberts, dass er nicht kommt. Gut. Belegexemplar von Mohr, Soz. Monatshefte und Theol. Lit. Bl.[83]. Aufgeregte Freude. Zum Oberlandesgericht, ziemlich gut gearbeitet. Um 1/2 12 zu Wülfing, gefroren (das schöne neue Markstück, das mir Cari gegeben hat, angebrochen), aber Wülfing ist nicht zu Hause oder noch nicht von Berlin zurück. Schade. Kaufte mir vor Wut Schokolade. Ging zur Landesbibliothek, las herum. Mittags zu Hause. Dann nach Köln. Bei meiner lieben, schönen Cari Tee getrunken, zur Polizei wegen der Diebstahlsache, zum Staatsanwalt; ein Assessor, der sehr freundlich und gutmütig war und mir sagte, wenn ich hergekommen wäre, hätte er sofort eingestellt! Aber zu spät. Schauderhaft! Es werden noch Feststellungen gemacht. Da kann wer weiß was herauskommen. Sogar bei dem Spediteur Firmenach fragen sie an; der wird schön Krach schlagen. Ich hatte große Angst. Ging wieder zu Cari; wir gingen am Rhein spazieren, erschraken über die Zukunft; aber mein Kindlein ist großartig, erhaben und mutig. Dabei habe ich keinen Pfennig mehr, noch 20 Pfennig; der Ernst des Lebens. Fuhr 1/27 nach Hause. Im Zug nachgedacht, zu Hause gegessen, dann zum Geheimrat; aber als ich im Zimmer die Hammenstede schreien hörte, die von Verheiratung sprach, wurde mir ganz übel. Ich ging in das Zimmer von Schilling, las Reichsgerichtsentscheidungen und machte mich dann davon. Ich bringe es nicht über mich. Es ist nicht zum Aushalten. Ging im Hofgarten herum, dann müde und traurig mit leerem Magen nach Hause. Ich darf über meinen Zustand nicht nachdenken. Soll ich Georg Eisler schreiben?

„Lieber Georg, ich habe Ihnen lange nicht geschrieben, weil ich nicht konnte. Es hat den Anschein, als wäre es unmöglich, dass ich das Assessorexamen mache. Seit dem ersten Tage kamen mir die Schwierigkeiten. Seit Anfang Oktober verkauft Fräulein v. D.(<Cari>) ihre Kostbarkeiten. Inzwischen hat sie nur noch einen Ring von ihrer Mutter. Im Kloster wurde es zu teuer; sie wohnt inzwischen in einem Privathaus. Das Schlimmste kann ich Ihnen nur mündlich erzählen. Ich habe sogar Militärtuch verkauft und jemand hat 16.000 verdient, bin aber um die Provision betrogen worden. So ist meine Lebensweise eine

83 Belegexemplare der Rezensionen in den Zeitschriften „Sozialistische Monatshefte“ und „Theologisches Literaturblatt“, s. Anhang S. 375–376.

höchst unregelmäßige. Dazu soll ich umfangreiche Examensarbeiten machen. In meiner Aufgeregtheit machte ich mit den Sitzungen beim Geheimrat ein Ende, so dass auch da nichts mehr zu wollen ist. Seit Fritz tot ist, habe ich nicht einen Tag Glück gehabt, während ich sonst davon heimgesucht wurde."

O mein süßes Kindlein; sie ist aus einem >Guss<, elegant, liebenswürdig, die Grazie selbst, hingebend und ernst. Und damit soll ein Schwein wie der Geheimrat zu tun haben! Wie weh tut mir das Herz, wenn ich an mein einsames, vertrauendes Carilein denke, O schönes, süßes Kindlein.

10. Dienstag

Traum: Der Klausurrat beim Assessorexamen. Ich bin in großer Verzweiflung. Um 8 Uhr auf, schnell angezogen. Nach dem Frühstück zu Fuß zum Oberlandesgericht. Tieftraurig und verzweifelt, denn ich weiß nicht, wovon ich morgen leben soll. Wülfing ist noch nicht von Berlin zurück. Arbeite morgens sehr schön an meiner Arbeit; es ging schnell vorwärts. Mittags zu Hause. Nachher zur Sparkasse und von dem Rest von Caris Sparkassenbuch 5 Mark abgehoben. Ich fühlte mich wohl und stark dabei und ging zum Oberlandesgericht, wo ich fleißig arbeitete und schön vorwärts kam. Der Sekretär Nord zeigte mir in der Zeitschrift >für< Strafrecht[84] den Nachruf auf Kriegsmann[85], der mir sehr nahe ging. Ging nach Hause, schrieb meiner lieben Cari in innigster Sehnsucht, schickte ihr einen 2-Mark-Schein. Dann aß ich zu Hause zu Abend und ging beim Geheimrat vorbei. Wer war da? Die Nichte; tief in schwarz. Ich hörte ihn, das heißt seine Jungfernstimme und war so von Ekel und Abscheu erfüllt, dass ich nach Hause ging. Also dies ist ein Zeichen. Es ist mir einfach unmöglich, zum Geheimrat zu gehen. Freilich tut es mir weh, wenn ich denke, wie viel Geld damit verloren geht. Aber es ging ja nichts verloren. Ich hätte doch nur jeden Monat ein paar Groschen gekriegt, während der Nichte Tausende von Mark geschenkt wurden. Ein Sparkassenbuch von 1 700 Mark hat der Geheimrat ihr neulich geschenkt, und ich muss von dem Sparkassenbuch meiner lieben, armen Cari 5 Mark abheben, so dass noch gerade 7,23 bleiben. Aber ich darf doch mein schönes, edles Kind nicht mit diesem Geschmeiß in Zusammenhang bringen. Ich ging fröhlich und stolz in dem Gefühl großer Freiheit am Rhein vorbei, sah ihn in die unendliche Weite fließen, fühlte mich groß und stolz und will nichts mehr mit dem Geheimrat zu tun haben. *Ich bin doch nur mit Mühe dem Erstickungstod entronnen, dank meiner lieben Cari. Ich weiß*

[84] Gemeint ist die „Zeitschrift für die gesamte Strafrechtswissenschaft".

[85] Nikolaus Hermann Kriegsmann (1882–1914), dt. Jurist, habilitierte sich in Kiel für Strafrecht und Strafprozess, wurde Ostern 1914 auf den strafrechtlichen Lehrstuhl der Universität Tübingen berufen, fiel aber schon Anfang 1914 bei Esternay als Leutnant der Reserve. Er hat eine große Anzahl von Monographien und Abhandlungen, vor allem auf seinem Spezialgebiet, hinterlassen.

nicht, wodurch ich das Glück verdient habe. Ich hätte womöglich das Schweinchen von Nichte geheiratet, und es wäre mir tausendmal schlimmer gegangen als dem armen Rechtsanwalt Schneider. [Randvermerk links unten:] *„Das wäre ein interessantes <Thema>.“*

Ich hatte oft Lust, dem Nilpferd zu schreiben, dass ich es mir höflichst verbitte, in seinem Testament als Testamentsvollstrecker oder sonstig erwähnt zu werden, aber das wäre ja Hysterie. Ich ging nach Hause, fühlte mich wieder wohl. War müde von dem langen Spaziergang und will morgen fleißig meine Arbeit fortsetzen. Soll ich Eislers um Geld schreiben? Ich brauche nötig etwas. Aber ich muss doch erst Wülfing abwarten.

11. Mittwoch

Ich wurde morgens um 7 Uhr wach und stand auf, kroch aber wieder ins Bett. Las im Bett die Zeitung. Ein Brief von Cari, der mich beunruhigte. Was mag ihrem Febolo [?] wieder passiert sein? Der Geheimrat ließ mich plötzlich zu sich bitten. Ich rasierte mich und ging dann hinüber. Er leidet an der Influenza, war freundlich, gab mir 100 Mark. Ich war kühl und erwartete nicht das Geringste von ihm. Doch tat mir der Besuch gut. Die 100 Mark in der Tasche gaben mir plötzlich Mut und Freude; ich ging zur Bibliothek, telefonierte an Wülfing, der zu Hause war; also jetzt muss es sich entscheiden. Sprach mit dem Rechtsanwalt Hüsgen über meine Arbeit und hatte dann keine Lust mehr zu arbeiten. Aß mittags zu Hause, wurde immer erregter, denn es handelt sich um mehrere tausend Mark; trank Kaffee im Industrie, konnte aber nicht viel essen und ging dann um 3 Uhr zu Wülfing. Meine Erwartung traf ein: er tat, als hätte ich nichts zu verlangen; ich wurde wütend, war enttäuscht, sprach heftiger, geriet allmählich in Feuer und wurde beredt, erweichte auch den Wülfing, aber ich erkannte doch seine ganze Rücksichtslosigkeit. O du armer Kerl, du kennst doch die Menschen noch schlecht. Ich trank Kaffee. Merke dir: die Hauptsache ist immer, einfach nicht wegzugehen. Schließlich gelang es Wülfing, so weit zu gehen, dass er mir 10 Pfennig pro Meter bot. Ich verlangte außerdem noch einen Schuldschein. Es ist nicht soviel, wie ich erwartet hatte, aber es sind immerhin 2000 Mark. Morgen wollen wir weiter darüber reden; o Gott, hilf mir. Ich ging dann zum Rechtsanwalt Hüsgen, sprach mit ihm über meine Arbeit, bekam eine Menge wichtiger Aufklärungen. Wir sprachen über rechtsphilosophische Dinge (der arme Eisler, nun ist er tot; es ist zum Verrücktwerden). Ich gewann wieder die Überzeugung, dass mein Buch über den Staat ein großartiges Buch ist. Ich ging noch mit dem Rechtsanwalt in seine Wohnungen in der Bilker Allee. Wir haben uns gut angefreundet, ich habe ihm Reinach[86]

[86] Théodore Reinach, De l'état de siège et des institutions de salut Public à Rome, en France et dans les législations étrangères, Eds Pichon, Paris 1885.

und Radbruch mitgebracht. Ging im Regen und Sturm nach Hause. Wenn ich nur morgen von Wülfing 2000 Mark bekomme. Aß im Automaten ein paar Brötchen, ging durch die Nässe nach Hause, schickte meiner lieben, süßen Cari ein paar Zeitungen; zum Briefschreiben bin ich zu aufgeregt. Konnte nichts mehr arbeiten. Hatte Kopfschmerzen und Druck im Kopf vor Erwartung. Morgen muss ich doch endlich wissen, ob ich Geld bekomme oder nicht.

12. Donnerstag
Nachts nicht geschlafen. Aufregung wegen der Sache Wülfing. Es ist doch ein unmöglicher Zustand. Ich stand um 8 Uhr auf; schöner, lieber Brief von Cari. Ging zum Oberlandesgericht, arbeitete sehr schön, aber ich schrieb nichts. Dann zu Wülfing, der mir erklärte, er habe sich entschlossen, mir den Schuldschein zurückzugeben und noch 2000 Mark! Ich nahm den Schuldschein gleich. Wülfing war wütend. Das Geld bekomme ich erst, wenn die Ware abgenommen wird. Schrecklich, aber es ist gut so. Ich habe eine rechtlich verbindliche Zusage. Ging also weg und staunte, dass es mir gelungen war. Wenn ich aber jetzt die Geschäftsleute sehe, bemerke ich in ihrem Gesicht den Zug einer gymnastischen Starre, die entsteht, wenn jemand seine Blicke immer auf denselben Punkt richtet. So schauen sie alle aufs Geld, und das prägt sich im Gesicht aus. Ich schrieb noch an Ernst Lamberts, holte dann von der Bibliothek Flaubert, aß zu Hause Mittag, rasierte mich, fuhr nach Köln, traf mein Kindlein; wir tranken zusammen Tee. Meine liebe Cari war traurig und aufgeregt, weil die Hinsgen sie belästigt und sogar die Kinder schickt. Sie wird wahrscheinlich anonyme Briefe schreiben. Ich war durch die Lektüre Flauberts wieder einsam geworden und glaubte, niemand zu brauchen. Wir gingen in die Bibliothek, kauften etwas ein; um 6 Uhr ging ich zur Bahn. Ich habe meinen Schirm stehen lassen. Im Zuge erzählte ein Verwundeter von den Kämpfen, wie sie die Häuser in Brand stecken (in das Bett wird die Petroleumlampe gestürzt, dann brennt sofort alles lichterloh); schlägt eine Granate ein, so fliegen Hände und Köpfe herum; die Hände greifen noch und die Köpfe japsen noch. Schauderhaft. Aß bei Sion in der Flingerstraße zu Abend; billig. Ging dann zum Geheimrat und arbeitete an meiner Arbeit. Das machte mich fröhlich und stolz. Ich denke mit unendlicher Sehnsucht an meine Cari. Wohnten wir erst zusammen. Ich halte es nicht mehr lange aus. Und dabei soll ich das Assessorexamen machen. Und ich habe heute 2000 Mark verdient! Großartig.

Ich denke mir, wie Rosenbaum über mein Buch über den Staat urteilen würde: Er weiß als Jude genau, welche Pose er einzunehmen hat, strenge Sachlichkeit, großer Ernst, hohe Ansprüche, das ist er sich schuldig; vergleicht mit den schwierigsten und bedeutendsten Philosophen, damit er mein Buch vernichten und trotzdem sich darauf berufen kann, dass er es ja mit den größten Leistungen menschlichen Geistes vergleicht. Es ist ein gefährliches Gesindel. Ob der Georg wohl besser ist.

[Zwei Zeilen mit „Kraftausdrücken“, kaum lesbar bzw. deutbar Analphabetiker, Sonderling, Hosenscheißer, Bettnässer.]

13. Freitag

Um $^1/_4$8 Uhr, zum Oberlandesgericht, fleißig gearbeitet, Zillikens getroffen. Ich will mich in Düsseldorf als Repetitor anstellen lassen. War munter und fröhlich und nahm mir vor, nach niemand zu fragen. Aß zu Hause zu Mittag, trank nicht im Café Kaffee, sondern ging hernach zur Landesbibliothek, arbeitete dort ziemlich fleißig; abends aß ich im Goldenen Kessel, sah Dr. Schenzler und einen Zahnarzt, die beide tüchtige Katfiller[87] waren und aus Attendorn stammen, so dass mir dieser ganze Komplex wieder lebendig wurde; sonderbar der ekelhaften und muffigen Gesellschaft entronnen und überlegen, und als ich draußen war, fielen mir Mozartsche Melodien ein und ich konnte mich kaum halten vor Freude und Stolz, dass ich nichts mehr mit dieser Blase zu tun habe. Schrieb in der Bibliothek Georg Eisler, brachte den Brief zur Bahn und saß noch etwas im kalten Zimmer. Morgen will ich anfangen, meine Arbeit zu diktieren.

14. Samstag

Um 1/4 nach 7 auf, fröhlich gefrühstückt, schnell die Zeitung gelesen, zum Diktieren. Es ging schnell vorwärts. Dann zur Landesbibliothek; etwas gearbeitet, aber ich kann nur ganz langsam schreiben und war viel zu aufgeregt. Gestern W. Rathenau „Reflexionen[88]“ <gelesen> und war wieder erregt bei der Lektüre, obwohl es ein oberflächlicher, eitler Quatsch eines gescheiten Mannes ist, mehr nicht. Mittags zu Hause. Ich fühlte mich wieder stolz und glaubte daran, dass es Wert hat, vornehm und anständig zu sein; trank im Café Industrie Kaffee, entwarf noch schnell ein Paar Sätze für meine Arbeit, diktierte dann bis 7 Uhr leidlich zu Ende; mir alles egal. Heftige Begierde und Sehnsucht, aber nicht sexuell. Schickte Cari Zeitungen, aß zu Hause zu Abend, fühlte mich wohl, las Flaubert Bouvard et Pécuchet[89] und freute mich, der ekelhaften Begleitung entronnen zu sein. Aber wie scheußlich ist die Sorge um das tägliche Brot. Es ist zum >Ersticken<. Doch dachte ich gern an Rathenau. Habe dabei mich an Eisler erinnert. Es ist unbegreiflich und schrecklich, dass er tot ist. Ich dachte an meine schöne Cari und hoffte, dass bald wir zusammen wohnen können. Lieber Gott, hilf uns doch. Machte abends fröhlich meine Übungen und war sehr erleichtert, dass wenigstens ein Teil der Arbeit fertig

---

[87] Kattfiller, Bezeichnung für Attendorner Karnevalisten

[88] Walther Rathenau, Reflexionen, S. Hirzel, Leipzig 1908, galt bei der Auslieferung in luxuriöser Ausstattung als Quartband auf teurem Papier in Zweifarbendruck als „Laune eines Millionärs“. Siehe auch S. 270, Anm. 95.

[89] Gustave Flaubert (1821–1880), Bouvard et Pécuchet, Romanfragment, 1881, dt. 1909.

vorliegt. Doch ist es noch weit von der Vollendung entfernt. Las lange im Bett Mme. Bovary[90] und erkannte darin die Nichte des Geheimrats wieder. Freute mich und regte mich auf. Gut eingeschlafen.

15. Sonntag
Um 8 1/2 auf, lange gefrühstückt und die Zeitung gelesen (es geht in Flandern besser voran und die Türken scheinen auch gut <voranzukommen>; in Polen sieht es dagegen bedenklich aus. Aber ich bin nicht mehr bange). Beim Geheimrat vorbei. Er scheint mit der Nichte verreist zu sein. Ekelhaftes Gesindel. Ich darf mich doch nicht darum kümmern. Ging zur Fs-Bibliothek, setzte mich dort an den warmen Ofen, las und korrigierte etwas meine Arbeit; dann mittags nach Hause, gut gegessen. Mme. Bovary gelesen (aber heimlich Überlegenheit über alles Begehrliche, das Flaubert zeigte; das ist eine gute Reinigung für mich), fuhr nach Köln. Im Zug las ich die Frankfurter Zeitung und sah, dass man den Anfang der Verwicklung, die zum Weltkrieg geführt hat, auf den 24. Juni, also meinen Glückstag, legt. Traf mein liebes, süßes Kindlein; wir tranken Tee und blieben zu Hause, da es heftig schneit und regnet. Wir sahen zusammen die schönen Flocken und freuten uns auf unsere Wohnung. Ich habe mein Kindlein unendlich lieb und sie mich. Wir küssten uns, waren dann nachdenklich, plauderten und wären am liebsten immer zusammengeblieben. Ich lief dann um 1/4 nach 6 schnell zur Bahn, fuhr nach Haus im überfüllten Coupé, aß in einer Düsseldorfer Kneipe etwas, kaufte mir ein kleines Stück Schokolade und ging wieder an den warmen Ofen in der Fs-Bibliothek. Schrieb dort einen kleinen Brief an den Direktor Nörrenberg (weil er so schön gesagt hat: wer zu anständig gewesen ist, ist nur der Blamierte), schrieb an Liebmann, damit Eisler in die Liste der gefallenen >Autoren< aufgenommen wird und ging nachdenklich und sehnsüchtig nach Hause. Wohnte ich erst bei meinem schönen Kind. Wie herrlich wird das sein. Auf keinen Menschen kann man sich verlassen. Es ist schrecklich. Wenn ich den Direktor Nörrenberg um Geld bitte, würde er die Achsel zucken. So geht es zu. Erkannt sei die Nichtigkeit alles irdischen <Kommens> und Scheidens; wir müssen alle sterben. Jeden Abend ziehe ich mich aus. Tausend Abende sind vorbei, nach mehreren tausend ist es aus. Jedes Stück ist einmal zu Ende; dann macht man ein dummes Gesicht.

Für Cari: Soll ich Gott danken, dass ich dich habe, ein so schönes, herrliches Kind und Englein? Aber dem lieben Gott wird für so viele Dinge gedankt; da wärst du doch zu schade, dass du unter all diese Dinge gerietest. Man muss eigens >einen< Gott finden, um ihm zu danken, so schön und lieb bist du und so glücklich bin ich. Das Einfachste ist es, ich danke gleich dir selbst, du schöne, liebe Cari.

[90] Gustave Flaubert, Madame Bovary, Roman 1857, dt. 1892.

Wilhelm Schäfer: Der männliche Züs Bünzlin [nach Gottfried Keller, Die drei gerechten Kammacher], masculini generis, vom Niederrhein. Eulenberg, der Quatschigni vom Niederrhein.

In „Bouvard und Pécuchet" ist vom Nordlicht die Rede. S. 122 wird ein Buch von d'Orbigny zitiert, danach nimmt man anstelle der Sonne einen großen, jetzt verschwundenen Lichtherd an, dessen Spuren vielleicht die Nordlichter sind.

16. Montag

Um 8 Uhr auf; schnell gewaschen, gefrühstückt. Zum Oberlandesgericht; mit Gross gearbeitet, Fehler in meiner Arbeit entdeckt, § 814 BGS ist nicht in Ordnung. Aufgeregt, fleißig herumgelesen, Ausweg gefunden und dann wieder fröhlich. Las zu Hause. Ging dann mit Gross ins Cornelius, trank Kaffee, sprach über <Einzelheiten> vom OLG. Dort wieder viel zusammen gesprochen. Wieder nichts an meiner Arbeit getan ... [Die letzten 3 Zeilen dieser Seite wegen Überschreibungen nicht zu entziffern.]

Wenn die Deutschen heute über Herder schimpfen, so ist das dieselbe Unvornehmheit wie die, die darin liegt, dass Weininger oder Strindberg über die Frauen schimpfen. Und wenn sie nun die Bilanz ziehen und ausrechnen, wer dem anderen am meisten zu verdanken hat, so beweist das eine gerade proletenhafte Unfähigkeit, über Beziehungen zwischen Menschen zu sprechen; sie haben längst das Recht verloren, mitzureden.

[Links eingekreist:] Däubler, August 1912

Wenn ich daran denke, wie mein liebes Kindlein in Schirmeck abends auf der Wiese plötzlich anfing zu singen, wird mir Angst vor der Welt. Das arme, liebe Kind, hilflos und ganz auf sich und seine Harmlosigkeit gestellt, beginnt ein liebes, kleines Liedlein zu singen; während draußen die Hämmer der Fabriken klopfen, die Geschäftsleute rechnen und sich gegenseitig zu ruinieren suchen, die Pfaffen kreischen und die Weiber quatschen.

Für Kluxen: Wenn er seine Autobiographie schreibt, so ist mir das umso interessanter, als sie >von< einem berühmten Schriftsteller, sogar von Flaubert, bereits geschrieben ist: in „Bouvard et Pécuchet".

17. Dienstag

Um $^1/_4$ 8 Uhr auf, nach dem Frühstück zum Oberlandesgericht, fleißig gearbeitet und schön geschrieben. Jetzt fühle ich mich meiner Arbeit wieder sicherer. Mit Gross und Peiffhoven nach Hause gegangen, aß bei mir zu Hause Mittag, trank dann mit Gross Kaffee im Cornelius. Er ist ein lieber, guter Kerl und scheint sehr unter der Arbeit zu leiden. Es ist vor allem erkenntlich und dankbar und fühlt sich gleich verpflichtet. Wir gingen zum Oberlandesgericht zurück, sprachen über meine und seine Arbeit. Er lobte meine Arbeit sehr; das schmeichelte mir. Er hat offenbar großen Respekt vor mir. Um 6 Uhr brachte ich ihn an die Elektrische; wir verabredeten uns für morgen. Ich ging dann zum Rechtsanwalt Hüsgen, brachte ihm meine Arbeit, dann zur Bibliothek; sprach sehr schön mit dem Direktor Nörrenberg, der ein guter, vornehmer Mensch vom alten Schlag ist. Ging fröhlich nach Hause. Aufgeregt; ich muss doch etwas unternehmen; schrieb meiner lieben Cari, dann Georg Eisler einen innigen Brief über Fritz. Brachte sie zur Bahn, darauf sofort ins Bett. Im Bett noch bis in die Nacht Tagebücher von meiner Bekanntschaft mit dem Geheimrat gelesen[91]. Ich möchte erlöst werden und psychologisch genau analysieren. Auf diese Weise kann ich mich seiner am besten entledigen.

18. Mittwoch

Buß- und Bettag. Frühstückte schön und las die Zeitung. Ein Brief von Cari. Sie hat eine Ladung zum Termin bekommen, 23. November. Ich erschrak. Die Rechtsanwälte >streiten sich< in der Sache. Ich bekam einen regelrechten Anfall, wurde wahrscheinlich bleich (Ich fühlte es.) und merkte, dass mir das Herz stockte. Hätte kein Wort reden können. Entschloss mich, gleich nach Köln zu fahren. Ging zu Haas, sprach mit ihm über seine Arbeit (es ist dieselbe wie die von Brandts) wurde gestärkt durch dieses Gespräch, denn es kommt alles darauf an, wie sich die anderen Menschen <uns gegenüber> benehmen. Fuhr nach Köln, überraschte meine liebe, schöne Cari (Das herzliebste Kindlein mit den treuen, klugen Augen), sah, dass es sich um eine Zivilklage handelte und wurde wieder ruhiger. Wir gingen zusammen ins Café Reichardt, tranken Kaffee und aßen etwas, schauten uns fröhlich und liebevoll an; ich fuhr um 1 Uhr 50 wieder nach Hause. Mein Kindlein brachte mich an den Zug; ich habe Cari unendlich lieb. Unser Schicksal gehört zusammen. Wir sind unzertrennlich geworden. Ich will mich darein fügen und muss es. Alles, was ich jetzt erlebe und erleide, ist nur Sühne für vieles Böse. Es tut mir leid, dass mein schönes Kindlein darin verstrickt ist. Aber alles, was uns der Geheimrat geschenkt hat, wird sich als Dreck erweisen; Schwindel. Ich ging in Düsseldorf zum Ratinger Tor, traf Gross; wir tranken im Rheingold Kaffee, überlegten bei meiner Arbeit die Bemerkungen, die der Rechtanwalt Hüsgen dazu geschrieben hat und waren sehr erstaunt über seinen Scharfsinn. Ich sehe, dass meine Arbeit gewinnt, dass sie vielleicht ohne das überhaupt ungenügend gewesen wäre. Ich mag wieder einmal mein Glück gehabt haben. Wir gingen nachher noch in eine

[91] Die Tagebücher von der anfänglichen Bekanntschaft von Carl Schmitt und Hugo am Zehnhoff sind nicht mehr vorhanden. Seiner Schwester Üssi berichtete er erstmals von dieser Bekanntschaft in dem Brief vom 19.06.1913. Siehe „Jugendbriefe", S. 173.

kleine Konditorei in der Kaiserstraße, wo es kalt war und zog. Aber Gross half mir unermüdlich weiter. Er ist ein lieber, guter Kerl; nicht so klug wie Eisler, aber vornehm in der Gesinnung und treuer. Etwas erinnert er mich an Jup. Allmählich scheint er mich gern zu haben. Das freut mich. Ich brachte ihn zur Elektrischen. Ging nach Hause, aß ein Butterbrot, dann in die Fs-Bibliothek und korrigierte noch an meiner Arbeit herum. Immer noch heftige Anfälle wegen der Angelegenheit Hinsgen. Überlegte einen Schriftsatz. Müde und erregt ins Bett. Es ist zum Verzweifeln; aber ich will nicht verzweifeln.

19. Donnerstag

Stand um 8 Uhr auf; zum Oberlandesgericht. Vieles noch verbessert und korrigiert. Gross half wieder schön. Wir gingen zusammen um 12 Uhr zum Rechtsanwalt Hüsgen, diskutierten lange mit ihm bis 2 Uhr; es half meiner Arbeit aber nicht viel; doch muss ich Hüsgen dankbar sein. Er ist ein stiller, rechthaberischer, aber nicht lauter, sondern ein in sich verkrochener Mensch; sein Scharfsinn ist überraschend, hat aber etwas Kleinliches. Ich aß mit Gross zusammen im Bahnhof, Kalbsbraten und tranken dann Kaffee. Er ermunterte mich unermüdlich zu meiner Arbeit; ich schrieb die Entscheidungsgründe und war ganz >verdattert<. Fuhr 4 Uhr nach Köln. Gross brachte mich an den Zug. (Ich dachte an Eisler und empfand es als Verrat an Eisler, dass ich jetzt mit Gross so befreundet bin). In Köln zum Staatsanwalt, d. h. dem Assessor, der die Sache bearbeitet. Es werden neue Zeugen vernommen; also wird die Sache schlimmer. Es war zu dumm. Der Assessor sprach schön mit mir, aber ich merkte, dass er unehrlich ist und mich beschwichtigen möchte. Er ist feige und fürchtet sich, die Sache einfach durchzuhauen. Ekelhaft. Also ich fuhr eilends nach Düsseldorf zurück, aß bei mir zu Hause zu Abend, ging dann zur Fs-Bibliothek und korrigierte an der Arbeit herum, Hoffentlich ist sie ordentlich. Ich hoffe und empfinde nichts mehr. Häufige Anfälle vor Wut, dass mir so etwas wie die elende Anschuldigung der Hinsgen passieren muss. Aber ich ergab mich in mein Schicksal; es gehört zu mir. Ich darf nichts anderes erleben. Und trotzdem wieder die Wut über die kleinlichen Menschen. Aber ich soll ja gerade lernen, dass man sich nicht auf sie verlassen darf und vorsichtig sein muss. Bleibe für dich; du hast dein schönes Kind und deine liebe Frau.

20. Freitag

Stand morgens um 7 auf, frühstückte und ging zu Düller und diktierte meine Arbeit. Es ging vorwärts. Aber die Arbeit wird sehr lang. Um 10 Uhr kam Gross und half mir; das ist rührend von ihm. Er diktierte, ich verbesserte. Ich wurde müde. Wir gingen zusammen zum Löwen zum Mittagessen. Ich arbeitete dort noch die Entscheidungsgründe des Urteils aus; dann gingen wir wieder zur Düller. Um 8 Uhr wurde ich schließlich fertig. Gross sah die Arbeit durch, brachte sie zur Post, wo wir lange <auf> die Abfertigung warten mussten; dann war sie weg. Wir aßen zusammen im Bahnhofshotel, Gross bezahlte schön; er erinnert mich an Jup. Dann tranken wir noch eine Tasse Kaffee im Industrie, wo eine Kapelle leider zu laut vortrug; das brachte mich auf einmal wieder in eine andere Welt. [mehrere Wörter wegen Überschreibens nicht lesbar.] Mir wurde ganz angst. Um 11 Uhr gingen wir nach Hause.

21. Samstag
Morgens etwas länger geschlafen; zum Oberlandesgericht. Mit Gross über seine Arbeit gesprochen. Nachmittags fuhr ich nach Köln zu meiner schönen Cari. Ich fühlte mich wieder stolz, als ich sie so schön im Zimmerchen sah. Wunderschöne Ejakulation; o liebe Cari. Fuhr um $^1/_2$ 7 nach Hause, traf abends Gross, der zu mir aufs kalte Zimmer kam und Däubler las. Wir gingen dann zu seinen Verwandten und arbeiteten auf seinem Schlafzimmer. Er ist so lernbegierig, begreift schnell. Er staunte über die Logik meiner Disposition und das konsequente Fortschreiten der Arbeiten. Ich habe ihn sehr gern, und er scheint mich zu bewundern. Fuhr um 11 Uhr nach Hause mit der Elektrischen. Ins kalte Zimmer; wäre der Winter erst vorbei. Es ist bitter kalt.

22. Sonntag
Um 9 Uhr auf, beim Geheimrat vorbei; brachte ihn in die Kirche und ärgerte mich darüber. Ein schöner Brief von Georg Eisler, der mir Geld verspricht. Sehr fröhlich. So brauche ich also den ekelhaften Geheimrat nicht mehr. Mittags dann fuhr ich zu Gross. Wir arbeiteten in einem schönen warmen Zimmer seiner beiden Tanten (sie haben hier schöne Wohnungen, und mein schönes Schätzlein und ich haben keine!). Arbeiteten an seiner Arbeit, gingen dann zum Löwen essen, etwas spazieren, dann wieder nach Hause; gearbeitet, Kaffee getrunken, Klavier gespielt, an der Arbeit von Gross geholfen; wir aßen schön zu Abend. Dann war ich müde und abgespannt und langweilte mich. Es scheint doch unmöglich zu sein, dass ich mit jemandem befreundet bin. Müde und schläfrig nach Hause.

23. Montag
Morgens vom Vetter geträumt. Zum Oberlandesgericht; müde. Korrektur der Selbstanzeige. Gross war wieder apathisch und mutlos. Ging zur Bibliothek; entwarf einen Schriftsatz in der Zivilprozesssache Hinsgen. Aufgeregt, bestellte Bücher für mein Kindlein. Dann zu Hause gegessen. Im kalten Zimmer rasiert, nach Köln. Mit meinem süßen Carilein Kaffee getrunken. Sie ist himmlisch und immer von neuem schön. Zum Rechtsanwalt. Ein überaus konzilianter, wenig intelligenter, aber vornehmer Mann, der mich sehr an Calker erinnerte. Ich war aber, als ich fortging, wütend über ihn, da er nichts aus der Sache zu machen versteht und sich nicht ins Zeug legt. Also das wird auch wieder einmal

eine der Schweinereien sein, die ich dem Geheimrat verdanke. Wäre ich ihn erst los. Ich ging dann wieder zu Cari zurück; sie hatte ihre schönen roten Pantöffelchen an, ich habe sie unendlich lieb. Wir gingen zusammen spazieren, kauften etwas ein und hatten uns sehr lieb. Waren fröhlich und scherzten über die „Papierchen", die meinem Kindlein noch fehlen. Fuhr nach Hause, arbeitete etwas im Zuge für Gross. Ging dann zum Geheimrat; traf ihn im Bett; wir sprachen zusammen, ich hielt mich reserviert. Er wurde allmählich gesprächig, ließ Rotwein holen; wir sprachen über gleichgültige Dinge (Er spricht nie von Cari; er nennt den Prozess: der Prozess, den der Junker hat). [Links am Rand:] (Der Rechtsanwalt Flachheim ist Direktor der Rottweiler Klavierfabrik). Ging fröhlich, von dem Wein angeheitert, und mit Stolz und Mut nach Hause. Was geht mich der Geheimrat an.

24. Donnerstag

Schlief zu lange, trank im Bett Kaffee, stand um 9 Uhr auf; beim Geheimrat vorbei, sprach mit ihm. Er ist nicht feudal und geradezu beleidigend (unterhielt sich mit Adelchen, während ich dabeisaß, über den Plan seines Hauses in Bonn). Ich dachte aber, dass ich vielleicht wieder Geld bekomme. Zur Bibliothek; traf Gross, wir arbeiteten zusammen. Aß beim Geheimrat mit der Hammenstede zu Mittag. Langweilig. Doch hielt ich mich zurück. Ging dann zu Gross; trank bei ihm Kaffee, wir arbeiteten zusammen, gingen zum Oberlandesgericht. Ich muss repetieren und werde schon ganz ungeduldig, dass ich soviel für Gross tue. In Wahrheit diktierte ich ihm die ganze Arbeit; aber er scheint dankbar zu sein. Wir aßen zu Abend im Löwen, gingen dann zu der Wohnung seiner Verwandten und arbeiteten bis 10 Uhr. Dann fuhr ich nach Hause. Ich merke, wie Gross von mir lernt; er sagt selbst: Man sollte das Geheimnis eigentlich anderen nicht verraten. Ich wurde wütend, sehe schon, dass ich selbst wieder der Betrogene bin mit meiner Hoffnung und Spekulation auf Dankbarkeit und ging begossen nach Hause. Schrieb an Georg Eisler um 100 Mark, brachte den Brief zur Bahn. Ich schäme mich sehr. Wäre ich erst in anständigen Verhältnissen. Aber mir scheint, es geht wieder besser. Ich empöre mich beim Gedanken an die Schmach und die Beleidigungen, die ich fortwährend vom Geheimrat zu ertragen habe und nehme mir vor, mir morgen ein Heft zu kaufen, in dem ich ihn psychologisch genau analysiere. Das soll ein Kunstwerk werden. Dann in mein kaltes Bett. Wohnte ich erst mit Cari zusammen.

Gestern habe ich die Geschichte von Hosek, dem Wiener Studenten, gelesen, der Mediziner war; ein tüchtiger Kerl, den Armen half, sie unentgeltlich kurierte und dabei, um leben zu können, 50-Kronen-Scheine fälschte. Seine Geliebte, ein adeliges Fräulein, eine >Dame< aus vornehmer Familie. In Österreich gibt es Fräuleins, die finden einen Mann, dem es gut geht, „fade". Das ist großartig. Ich dachte an mein schönes, stolzes Kindlein. Doppelt <fade ist> das Nilpferd von Geheimrat.

25. Mittwoch

Morgens war ich todmüde. Es muss etwas mit meiner Gesundheit nicht stimmen. Stand um 8 Uhr auf, trank im Bett Kaffee, rasierte mich; müde zum Oberlandesgericht, sprach nicht viel mit Gross, erledigte den strafrechtlichen Teil seiner Arbeit, repetierte dann etwas Verwaltungsrecht, merkte aber, dass Gross ein guter und anständiger Junge ist, der mir treu ergeben zu sein scheint; das freute mich. Ging bei Haas vorbei; sprach über seine Arbeit besonders mit seinem Bruder Waldemar, der mir durch seine süffisante Art, die genau die meines Vetters André ist, unangenehm auf die Nerven fällt. Dann aß ich im Café Industrie Zunge, fuhr im vollen Coupe nach Köln zu meinem Kindlein, hatte sie lieb; wir tranken zusammen Tee und sehnten uns nach unserer Wohnung. Ich ging nicht zum Staatsanwalt. Wir kauften Strümpfe ein. Ich habe nur noch wenig Geld; schimpfte über den Geheimrat. Ich muss ihn analysieren; es soll ein Kunstwerk werden. Fuhr um $^1/_2$ 7 nach Hause, aß zu Hause zu Abend; ein Brief von Georg Eisler war da, der mich freute. Dann las ich noch in der Neuen Rundschau und ging zur Fs-Bibliothek, etwas zu schreiben, mich zu sammeln und vielleicht auch zu repetieren. Freute mich, allein zu sein. Ich halte es doch bei niemandem aus. Ging ins Bett und arbeitete noch etwas.

26. Donnerstag

Schlief bis 8 Uhr und blieb bis 9 im Bett. Ich war sehr müde, ich muss mich ausruhen. Dann ging ich in schönster Ruhe zur Bibliothek und freute mich der vielen schönen Bücher, die es gibt und wäre am liebsten ein ganz freier, ungebundener Schriftsteller geworden, der sich freut zu lesen und zu schreiben, ohne Zwang, so wie es ihm gefällt. Aber dazu gehört Geld, und das habe ich nicht. Und außerdem gehört viel Selbstbeherrschung ohne äußeren Zwang dazu, und die habe ich auch nicht.

Es gibt Frauen, die morgens, andere die mittags, andere, die zum Kaffee, andere des nachts auf einen wirken. Bei jedem Mann ist das verschieden: 12-Uhr, 3-Uhr, 4-Uhr usw.-Frauen.

Der Geheimrat: eine große Intelligenz und eine große Kraft; aber es fehlt ihm Wesentliches. Es geht imponierend einige Zeitlang gut. Aber es fehlt im Zentrum; am entscheidenden Punkt sitzt eine leere Blöße, so wie ein großer mächtiger, monarchischer Staat, der noch Generationen hindurch seinen Weg geht, auch wenn der Monarch ein alberner nichtiger Tropf ist.

Die Wanzen werden durch Kälte vertrieben. Sie verzweifelten an der Vorsehung.

Der Künstler: Ich muss doch leben. – Der Staatsmann: Je ne vois pas la nécessité. – Der Künstler: Je ne' vois pas la nécesssité que vous en voyiez la nécessité.

Las mit Gross zusammen. Wir tranken dann im Cornelius Kaffee, gingen zur Bibliothek und arbeiteten etwas; ich repetierte ein wenig. Dann aßen wir im Löwen zu Abend, gingen zu ihm. Ich diktierte ihm den strafrechtlichen Teil der Arbeit und ging traurig nach Hause. Inzwischen habe ich jemand geholfen, dass er eine Examensarbeit ausgezeichnet macht; meine eigene Arbeit ist schlechter, und ich habe keinen Dank davon. Ging schweigend nach Hause und traurig ins Bett. Mein liebes, schönes Kindlein. Ich habe meine Cari jeden Tag lieber.

27. Freitag
Zur Landesbibliothek, Briefe geschrieben an den Onkel André, Liszt, Däubler. Zum Oberlandesgericht, aber kaum mit Gross gesprochen. Wie lächerlich launisch ich bin. Aß mittags zu Hause, fuhr nach Köln zu meinem schönen Kindlein. Sie ist herrlich, graziös und lieb. Sie zog sich schön an, um beim Staatsanwalt nach ihrer Sache zu fragen. Ich war ganz verliebt. Großartig, wie sie sich benimmt und auftritt, in dem schwarzseidenen Kleid. Wir machten wieder großartige Pläne, ich fühlte mich schon als berühmter Mann. Wir gingen zusammen in den Appellhof. Die Sache ist eingestellt! Gott sei Dank. Aber es kann noch eine Beschwerde kommen. Jedenfalls waren wir aufs höchste erfreut und fuhr nach Hause zurück. Wollte zum Geheimrat gehen; hatte aber keine rechte Lust; es war jemand da. Ich hasse ihn von ganzer Seele. Oft erscheint er mir als Zauberer; in Wahrheit liegt aber nichts dahinter. Ging lange spazieren an den Rhein. War fröhlich und stolz, baute Luftschlösser und dachte an mein schönes Kindlein.

28. Samstag
Um 1/2 9 auf, fröhlich angezogen. Beim Geheimrat vorbei. Ekelhaft. Der Rechtsanwalt Junker verlangt 40 Mark Vorschuss. Betrüblich. Aber Georg Eisler schickt telegraphisch 100 Mark. Dann zum Oberlandesgericht; aber wenig getan. Mit Gross gesprochen. Ich weiß eigentlich nicht, was ich will. Ich bin froh, dass ich Georg Eisler schreiben kann. Ging nachmittags zu Peiffhoven. Er las mir seine Relation vor; sie ist ganz gut und geschickt gemacht. Darauf zur Post; holte mir die 100 Mark, schrieb Georg Eisler einen Kartenbrief; dann zum Geheimrat. Wir aßen zusammen zu Abend, unterhielten uns gut. Gingen dann noch in den Löwen (zum Entsetzen von Frau Hammenstede), sprachen über den Fall meiner Cari. Der Geheimrat versprach, mir von Berlin aus einen Brief zu schreiben. Ich hoffte wieder, Geld von ihm zu bekommen, ließ mich deshalb aufs Saufen und Reden ein; hatte den Eindruck, dass der Geheimrat doch ein guter Kerl sei, und ging voll Bier nach Hause. Es ist ekelhaft. Wenn es nur Zweck hätte.

29. Sonntag

Bis 11 Uhr im Bett, unglaublich. Aber ich hoffe immer noch, Geld vom Geheimrat zu bekommen; zog mich bequem an, traf die Hammenstede auf der Straße, der Geheimrat liegt noch im Bett. Ich aß mit der Hammenstede zu Mittag, ging dann zur Bahn; traf im Zug Wülfing, sprach erst nicht mit ihn; dann kamen wir auf die Sache. Wülfing ist auf einmal sehr zuvorkommend, versprach mir Vorschuss. Das Geld kann ich immer abholen. Ich soll nur noch einmal zu Josten gehen, um für Februar und März nochmals 20.000 Meter zu kaufen. Es ist ärgerlich. Er ist ein >plebejischer< Kerl. Aber ich falle in meiner Naivität immer wieder darauf herein. Wäre ich doch endlich einmal rücksichtslos. Aber das kommt sicher noch. Ich ging zu meiner Cari; wir tranken schön Tee, hatten uns lieb; ich war stolz und meiner sicher. Wir gingen dann noch lange spazieren am Rhein entlang; wäre doch der schreckliche Krieg einmal zu Ende. Ich fuhr um $^1/_2$ 7 nach Hause, aß im Café Industrie ein Butterbrot, las die Zeitung, ging zum Geheimrat. Er lag im Bett und erzählte von Both und anderen Menschen; machte sie alle herunter, stellte sie als irrsinnig dar, erzählte mit Eifer von anderen Dingen und sah dabei aus wie ein dickes Schwein, das sich im Bett wälzte. Ekelhaft. Für mehrere Tage ist mir der Appetit vergangen. Und dieser Hund soll mein Beschützer sein! Ich ersticke vor Ekel. Ging beschämt nach Hause. Wieder habe ich mich nachgiebig gezeigt. Ich werde noch verrückt über meine Schwäche. Schrieb noch an Georg Eisler, brachte den Brief zur Bahn, ging dann traurig nach Hause.

30. Montag

Schauerlicher Traum. Cari hat sich einen Sperling gekauft, hinter meinem Rükken; er kostet 20 Mark. Ein dicker Mann (Walter) gibt ihr freundschaftlich die Hand; sie lässt sich das gefallen. Ich stelle sie zur Rede; sie sagt, sie sei eine Dame und lacht mich aus. Ich erschrecke, nehme mir vor wegzugehen und sage: Ich habe gedacht, du wärest so gut, so gut, und nun sehe ich, dass du böse bist. Stand traurig auf, ging zur Post, einen Vorschuss an Junker abschicken. Die 100 Mark tun mir leid. Ärgerte mich auf der Post. Ging dann zum Oberlandesgericht; fühlte mich befreit, als ich ruhig dasaß und Tagebuch führte. Es ist ein schöner, milder Morgen. Der Geheimrat ist nach Berlin gereist. Er ist ein Schwein von Anbeginn. Ich muss es los werden. Hätte ich nur Geld. Aber ich darf auch danach nichts mehr fragen. Ich ersticke förmlich. Habe einen Schriftsatz Hatzfeld zu machen.

Ich habe Augen zu sehen, aber die Hände sind mir gebunden und das Wort ist mir versagt. Ich fühle mich als Instrument, das ein anderer spielt. Entsetzlich ist das. Für eine herrliche Melodie habe ich einen Moment die Sklaverei vergessen. Dann aber hört auf einmal die schöne Melodie auf, irgend eine alberne Geheimratstochter klimpert herum: aber es war alles <wieder> ganz still.

Neben Däubler steht Eulenberg da wie der Kapellenberg im Düsseldorfer Hofgarten neben dem Kaukasus.

Vor einer Stunde war ich fröhlich, übermütig, und eine mozart'sche Melodie erhob mich in die seligste Gleichgültigkeit. Ich leide beim bloßen Gedanken an die Bürger, an den Geheimrat und all das fettleibige Gesindel. Dabei war ich stolz darauf, dass sie mich nicht herauswerfen und musste auch darüber lachen. Denn, wenn sie wüssten, wie es in mir aussieht, sie hielten mich für verrückt. Wie fröhlich ist das. Und nach einer Stunde: Ich weiß nichts mehr von der Fröhlichkeit, ich bin stumm und gleichgültig. Die Fröhlichkeit kam über mich wie ein Hauch, wie ein Akkord, als stände ein Klavier oder eine Geige <da>; das schöne Bewusstsein hatte ich in einem dunklen Zimmer. Plötzlich wird eine herrliche Melodie auf ihm gespielt; dann ist alles wieder stumm und still.

Nach der Lektüre von Walter Rathenau: Der Hund weiß alles.

Will der einen Tanzmeister widerlegen? Einen Geheimrat? Willst du die <Dummheit> widerlegen! Die Albernheit einer Geheimratstochter?

Tolstoj und Kluxen: Ohne Liebe geht es nicht in der Welt.

Aber wenn es darauf ankommt, etwas zu tun, haben fast alle Menschen mehr Güte und Liebe, als alle diese fahrenden Prediger, deren Einsamkeitsbedürfnis nur schlechtes Gewissen ist.

Kluxen kann sich die Sache nur so denken: Spürt er eine anständige Regung, so buttert er sie sich gerührt <ein> als Beweis dafür, wie viel besser er ist als andere Menschen, und weiß, dass keiner so gut ist wie er. Hat er eine schlechte Anwandlung, so begreift er nicht, wie die Welt bestehen kann, denn er hält instinktiv die Menschen alle für so böse, andere für noch viel schlimmer, und wenn sie alle so wären, dann wäre es allerdings zu Ende mit jeder Verordnung und jedem Zusammenleben.

Wie stand es vor dem Krieg. Die tapferen und anständigen Leute kümmerten sich nicht um die Literatur und die Kunst von heute und überließen es den Damen, Schwätzern und Sektierern, sich mit ihren Kinkerlitzchen wichtig zu machen.

Aß mittags zu Hause, fuhr nach Köln zu meinem schönen Carilein; wir tranken fröhlich Kaffee (Die Schwester Marie war da, ging aber weg, als ich kam; eine unerträglich quatschige Person), brachte Cari 60 Mark für die Miete, wir hatten uns lieb. Ich war müde und ruhte bei meinem Kindlein aus. *Cari erzählte dann von ihrem Vater. Ich höre das gerne. Ich fand, dass ihre Tante dieselbe Art herrschsüchtiger, um ihr Liebesleben gekommener Geist darstellt, wie der Geheimrat auch. Cari meint übrigens, im Leben des Geheimrats müsse irgendwo ein dunkler Punkt sein. Wir waren beide eifrig neugierig, dahinter zu kommen.*

Dann gingen wir spazieren, kauften Wurst, ich kaufte noch Spekulatius und Honig für mein schönes, braves Kindlein und fuhr dann nach Hause. Wie lieb habe ich sie. Aß zu Hause zu Abend, las Rathenau und fühlte mich darauf wieder frei und unternehmend. Ging zur Bibliothek; repetierte etwas, dann stolz durch den Hofgarten nach Hause. Ich will für meinen Körper sorgen, den der Geheimrat in einen ekelhaften Zustand versetzt hat. Im Bett heftige Angst wegen der Geschichte Hinsgen.

Dezember 1914

1. Donnerstag
Todmüde, schlaftrunken. Um 9 Uhr auf, schnell angezogen. Ich habe im Bett gefrühstückt. Dann zum Oberlandesgericht; traf Gross, ziemlich gleichgültig, wollte arbeiten, aber mich erst sammeln und mein Tagebuch führen. Wie gut hat er es. Wenn es nur lange so weitergeht. Ich habe kein Geld, meine Miete zu bezahlen; muss also zu Wülfing gehen. Denke mal darüber nach: Was heißt es, sich einen Inhalt suchen; das Gefühl der Leere überwinden. Dadurch dass man raucht, isst, trinkt, Einkäufe macht, mit Menschen spricht, herumlauft, sich amüsiert?

Ich habe oft das Bedürfnis, Schokolade zu kaufen; nicht weil es meinem Gaumen danach gelüstet, sondern weil es mir interessant ist, in den Laden zu gehen, auszusuchen und die Schokolade einzustecken und mit nach Hause zu nehmen, wenn ich sie dann habe.

Ekel empfinden viele Männer käuflichen Frauen gegenüber. Sie suchen nicht ihren Detumeszenztrieb zu genügen, sie wollen ihnen nachgehen, sie aussuchen, sich anlocken lassen. Emanuel in Paris. Der Markt; Offerten entgegennehmen.

Gehorsam! Der Onkel André freut sich, wenn man ihm Offerten macht, wenn er aussuchen kann, wenn die Menschen sich um ihn bemühen. Vielleicht Instinkt des Proleten, der auf diese Weise eine Rolle spielt. Der Geheimrat! Das Bedürfnis, noch viele Möglichkeiten zu haben; nicht heiraten, weil sich dann die Frauen noch um einen bemühen! Trauring nicht zeigen!

Aß mittags zu Hause. Ich muss wieder zu Wülfing gehen, mir Geld holen. Eine Karte von Liszt und einen Brief von Däubler. Nachmittags ging ich zur Bibliothek; repetierte. War zuerst sehr müde und schläfrig. Allmählich wurde mir besser. Aß zu Hause zu Abend, fuhr dann zu Gross (in strömendem Regen); er war sehr erkältet. Ich half ihm noch, war es aber schon ziemlich leid und ging einsam und für mich nach Hause. O liebe Cari. Wie soll ich dieses schreckliche Leben ertragen. Müde ins Bett. Thoma[92] gelesen. Brief an den Staatsanwalt; der Geheimrat hat mir telegraphiert.

2. Mittwoch

Schlief bis 8 Uhr, um $^1/_2 9$ auf. Schöner Brief von Cari. Entschloss mich, zu Wülfing zu gehen. Traf erst Frau Wülfing, sprach etwas mit ihr, dann holte sie ihren Mann, der einige Zimmer weiter arbeitet. Er schrie schon von weitem: Was <wollen Sie hier>? Darauf wurde ich indigniert, ging kühl zur Ladentheke und erklärte Wülfing, ich wolle vor allem nicht stören oder lästig werden. Aber ich hatte den Satz noch nicht ausgesprochen, als er anfing zu schreien: So, also wenn Sie mir so kommen wollen, Sie junger Mann, machen Sie, dass Sie herauskommen, scheren Sie sich fort, ich will Sie nicht mehr in meinem Hause sehen! Ich war sehr erstaunt, wurde nicht wütend oder zornig, sondern ging sehr ruhig heraus. Armes Carilein, das habe ich nun wieder für dich getan. Wollte gleich zum Oberlandesgericht gehen, um zu arbeiten, überlegte es mir aber und erzählte Haas die ganze Geschichte ausführlich. Er hörte interessiert zu, gab mir recht, meinte, dass Wülfing nicht normal sei. Ich hoffe heimlich, ich werde inzwischen die 2 000 Mark auf einmal bekommen. Vielleicht hat aber auch Wülfing die ganze Szene improvisiert, um mich loszuwerden. Egal. Ich muss jetzt nur verhüten, dass er von Josten noch etwas geliefert bekommt. Fuhr zum Oberlandesgericht, nahm ein paar Bücher mit (verbotenerweise), aß zu Hause zu Mittag. Wie soll ich jetzt meine Miete bezahlen; habe noch 50 Pfennig.

Welch ein Mensch! Ich werde morgens vom Wecker geweckt und stelle ihn ab. Dabei habe ich deutlich das Gefühl: Wie wohltuend ist es, wenn man weiß, was man zu tun hat; jetzt zwinge ich mich, den Wecker abzustellen.

Die Sorge um das tägliche Brot, die Gemeinheit der Menschen, die ich empfand, die Hoffnungslosigkeit und Gleichgültigkeit des äußeren Lebens, alles das macht mich mürbe; ich bin ganz vernichtet und weiß mir nicht mehr zu helfen. Auf meinem Gesicht lese ich, dass es aus mit mir ist. Ich kann kaum den Arm noch heben. Ich klammere mich ängstlich an jeden Menschen, der sich <mit> mir freundlich >abgibt<, um vielleicht bei ihm Trost und Hilfe zu finden. Aber ich weiß genau, dass es vergebens ist, dass ich mich täusche und überhaupt nicht verlangen kann, was ich erhoffe. Ich meine, manchmal den Wahnsinn schon im Gehirn zu fühlen, leibhaftig. O Gott, könnte ich einmal wieder ruhig schlafen, in einem anständigen Bett. Könnte ich meiner lieben Cari helfen. Es ist ja zum Verzweifeln. Meine geistige Widerstandskraft ist so gänzlich gebro-

---

[92] Ludwig Thoma (1867–1921), dt. Schriftsteller, studierte Forstwissenschaft und Jura, wurde nach vorübergehender Tätigkeit als Rechtsanwalt Redakteur beim „Simplicissimus“ (siehe S. 127, Anm. 47), dann freier Schriftsteller. 1912 schrieb er seine bekannteste Satire „Josef Filsers Briefwexel“.

chen, dass ich auf jeden noch so kleinen >Eindruck< der Außenwelt reagiere, dass in mir gleich ganze Welten von Erinnerungen und Affekten aufsteigen, wenn ich nur einen Wagen, ein Pferd sehe. Ich möchte weinen, weil mir dann tausend traurige Szenen meiner Kindheit einfallen. Widerstandslos bin ich jedem Eindruck preisgegeben. Nichts ist aus mir zu machen. Niemand kann mir helfen. Schlafen, konnte ich einschlafen. Wie viele Menschen sterben in dieser schrecklichen Zeit eines schrecklichen Todes. Wie ist der arme Eisler gestorben. Ich muss auch einmal so sterben. Aber mich will das Schicksal anscheinend noch erst recht mürbe machen. Aber ich weiß gar nicht, wie dem armen, braven Eisler zumute war. Vielleicht nicht anders wie mir selbst.

Ich suche überall das System und die Einheit. Vor allem im Charakter eines Menschen. Alles, was man tut, muss sich restlos auf eine einzige Formel zurückführen lassen. Z. B. dieser: Ich interessiere mich immer für die Arbeit, die mich nichts angeht; an meiner eigenen mag ich nichts tun. Ich lese immer die Reichsgerichtsentscheidungen mit großem Interesse, die für den konkreten Fall, der mir zur Beurteilung vorliegt, gleichgültig sind. Ich mochte alles, was nebenbei liegt, mit einmal lösen. Im Grunde genügt es, dass mir ein Thema gestellt wird und alles für mich davon abhängt, dass ich es schnell bearbeite, und keinen Augenblick interessiere ich mich für andere Dinge. Ich kann keine eigenen Prozesse führen, aber fremde mit großem Eifer und großer Hingabe.

(Sobald ich eine Frau hätte, würde sie mir gleichgültig sein; dagegen alle fremden interessieren, wenn nicht meine schöne Cari wäre). Alles das ist auf eine Formel gebracht: die Abneigung gegen sich selbst; der Instinkt der eigenen Unbrauchbarkeit und Belanglosigkeit. *Das hat der Geheimrat auch!*

Simmel, Hofmannsthal. Ich verrate dieselbe Wesensart wie die ekelhaften Bürger. Es ist ein Zeichen von Feigheit und <das> Bedürfnis, durch literarische Beschreibung zu einem Erlebnis zu gelangen.

Nachmittags fuhr ich zu Gross, las ihm die Arbeit vor. Dann zur Bibliothek; sprach mit dem netten Saarburg. Nach Hause, dort gegessen (ich kann noch immer nicht bezahlen); darauf wieder zu Gross; ich will morgen die Arbeit für ihn diktieren, er liegt krank zu Bett und hat Fieber. Woher soll ich Geld bekommen? Ich ging traurig nach Hause. Nun diktiere ich dem Gross die Arbeit, ich könnte Geld dafür verdienen, wieder aber lasse ich mich von meiner großmütigen Dummheit verleiten und verlange nichts. Es ist zu dumm. Ich machte mir Vorwürfe, war traurig und vernichtet und ging wehmütig ins Bett.

3. Donnerstag
Um 7 wurde ich wach. Wie elend geht es in der Welt zu. Wovon soll ich leben. Ich traute mich kaum aufzustehen, und mein süßes Kindlein muss mit mir ver-

hungern! Als ich mich gewaschen hatte, wurde mir etwas besser. Ich stand um $^1/_4$ nach 7 auf, um 8 war ich bei der Frau Düller und diktierte die Arbeit von Gross. Ich wurde vormittags fast fertig und sah, wie einfach es ist, eine Arbeit zu machen. Wenn ich immer so fleißig wäre, könnte ich bald ein berühmter Mann sein. Aber ich bin faul. Aß mittags zu Hause, las die Arbeit durch, korrigierte, ging dann wieder zu der Düller, beendigte die Arbeit, lief auf der Straße herum, kaufte mir Schokolade, habe noch gerade das Geld, die Elektrische zu bezahlen. Dann wurde die Arbeit fertig, ich brachte sie Gross. Seine Mutter, die von >Neuss< gekommen war, empfing mich; ich war ganz gerührt, dass die Frau so viele Zeichen der Dankbarkeit äußerte, und es wäre mir als Schlechtigkeit vorgekommen, wenn ich Geld verlangt hätte. Ich respektiere eben alle Empfindungen der Menschen, und wie hätte ich diese dankbare Frau enttäuscht, wenn ich sie mal auf die praktische Verwertbarkeit ihrer dankbaren Gesinnung untersucht hätte. Also das durfte ich ihr nicht zumuten und ich unterließ es daher und war stolz, dass sie mich so gerührt lobte. Gross zeigte sich vernünftig und sehr dankbar. Ich sprach noch etwas mit ihm, dann ging ich nach Hause. Habe aber keinen Pfennig. Von Wülfing bekomme ich wohl auch nichts. Habe noch 20 Pfennig. Auf die Dauer reibt mich die Sache auf. Aß zu Hause zu Abend (wage kaum noch ins Haus zu gehen, denn ich kann ja nicht bezahlen). Ich muss morgen versuchen, etwas vom Geheimrat zu bekommen. Ging in die Fach-Bibliothek und freute mich, wieder eine warme Stube zu haben, sah Illustrierte Blätter durch und schrieb einen Schriftsatz. Ich arbeite immer für andere. Erst heute Abend ist der Brief von Cari gekommen. Ich war schon sehr traurig und ängstlich. Ich würde sterben, wenn es ihr schlecht ginge. Das liebe, schöne Kind. Gott helfe uns beiden. Ich halte es nicht mehr lange aus. Der Wahnsinn klopft an mein Gehirn, wie ein schüchterner, aber im Grunde frecher Erpresser, der weiß, wie lästig er kommt, auch wie wehrlos ich bin. [Am Rand links:] gelesen Montag 3.12.1973.

Mein Gehorsam ist schauerlich. Mir wird schon ganz angst. Ich lese von Thyssen und fühle mich als rücksichtsloser Unternehmer; ich lese von einem Literaten, der ein Mädchen im Stich lässt und frage mich, ob ich das nicht auch tun muss; ich lese von einem fleißigen, treuen Arbeiter und fühle mich ermuntert, auch fleißig, bescheiden und treu zu sein. Jemand sagt mir; wie gut sind sie, und gleich fühle ich mich verpflichtet, so gut zu sein. Wer hält das aus?

Wie gemein sind alle Menschen. Außer meiner süßen Cari kenne ich keinen guten Menschen. Alle Tiere sind sympathischer; selbst eine Wanze kann wenigstens nicht reden, während Wülfing lachen und philosophieren kann.

4. Freitag

Schlief bis 8, stand $^1/_2$9 auf, Direktor Hagelstange in Köln ist gestorben. Es ging mir etwas besser, aber ich bin erkältet. Ging zum Geheimrat, wollte schon wieder weggehen, da kam er glücklicherweise. Ich bat ihn gleich um 100 Mark, bekam 150 Mark. Gott sei Dank. Er sprach sehr freundlich, ich erledigte einige interessante Kleinigkeiten, verabredete mich für den Abend, fühlte mich wieder wohl. Georg Eisler hat mir freundlich geschrieben. Hoffentlich kann ich ihn bald besuchen. Fuhr zur Bibliothek, sah etwas über die >rechtliche Struktur< des Hypothekenbriefes nach; dann nach Hause, zu Gross, der krank ist, aber ziemlich kühl wirkt; also das, dass ich die Arbeit diktiert habe, ist inzwischen schon eine ganz gleichgültige Sache geworden; ihn interessiert nur noch, dass ich es niemand erzähle. Ich ging ziemlich enttäuscht weg. Zu Haas, wo ich großartig Kaffee trank und die Leute beneidete. Wir sprachen über seine Arbeit; sie ist sehr intelligent. Sein Bruder erinnert mich immer mehr an den Vetter. Dann zum Geheimrat. Er war im Bett. Ich ging hinauf, wir unterhielten uns immer besser, schließlich tranken wir Wein, er erzählte aus seinem Leben; ich blieb bis 12 Uhr. Habe viel getrunken, aber es geht mir noch gut. Ich ging etwas spazieren und dann ins Bett.

Hörte, wie eine Hure mit einem Mann, der sie nachts $^{1}/_{2}$ 1 anredete: Es ist peinlich, angeredet zu werden; als vornehme Dame kann man sich das nicht gefallen lassen. Aber ich warte hier auf meinen Freund, der Hauptmann ist und wollte mich hier treffen. Er scheint aber nicht zu kommen. Jetzt kann ich nicht nach Elberfeld zurückfahren und muss ein Hotelzimmer nehmen; das kostet mich mindestens 10 Mark. Aber ich werde es ihm morgen schon zeigen, was es heißt, mich zu versetzen, das gemeine Schwein; gehen Sie wenigstens mit mir – halt, da kommt er – nein, er ist es doch nicht. Was, ist er das nicht? Nein. Er geht nicht mit einem Menschen ohne Paletot. Also scheint er wahrhaftig nicht zu kommen; dieses ekelhafte Rabenschwein, ich werde ihn morgen blamieren... .

5. Samstag
Ziemlich müde im Bett. Um 8 1/4 kam der Brief aus Berlin: Termin für Klausurarbeit am 18./19. Dezember. Ich geriet in große Aufregung, eifrig, ich muss arbeiten. Wie soll ich einpacken, ordnen, Zimmer nehmen; was soll mein schönes Kindlein unterdes machen? Dabei Wut darüber, dass Wüfling mir das Geld nicht bezahlt. Es ist eine dreifache Gemeinheit. Übrigens werde ich jetzt so hellsehend in allen Dingen, die mich selbst angehen. Ich erkenne und analysiere jeden Affekt so deutlich, ertappe mich, wie ich Weltschmerz bekomme, weil ich mir eine Schokolade gekauft habe (infantile Reproduktion), wie ich nur einen Schuh, einen Faltenwurf beim Kleid usw. liebe, aber die Person, die dahintersteckt, mir gleichgültig ist, wie es sich in der Tat immer nur darum handelt, dass ein Komplex wachgerufen wird. Hoffentlich werde ich bald wieder soweit gesund, dass ich diese subtilen Erkenntnisse psychologisch verwerten kann.

Zum Oberlandesgericht. Wenig Lust zum arbeiten. Musste noch einen langweiligen Schriftsatz machen, kam aber ziemlich gut vorwärts damit. Repetierte auch etwas. Aber es ist zum Lachen wenig. Kaufte mittags ein; dachte herzlich an mein schönes Kindlein in Köln. Es ist zu dumm, sie muss jetzt nach Düsseldorf ziehen. Nach dem Mittagessen zur Bahn (es ist ein vernünftiger Brief von Onkel André da, der ein sympathischer und netter Kerl ist, philosophisch resigniert, jeder Situation gleich sich anpassend). Fuhr nach Köln, im Coupé eine gut angezogene Person vom Schlag der Nichte; als sie den Mund auftat, dachte ich, verrückt zu werden; so entsetzlich albern. Ich traf mein schönes Kindlein. Cari sah verweint und traurig aus. Wäre doch diese schauderhafte Zeit erst einmal zu Ende. Ich werde ja noch rein verrückt. Wir hatten uns lieb, tranken Tee, Cari weinte, das schöne, arme Kind. Ich blieb bis 6 1/4. Dann ging ich. Ich fühlte mich schwach und erbärmlich. Wie kommt es nur, dass Cari mich so liebt. Bald muss ich nach Berlin. Wären wir erst glücklich zusammen. Ich fuhr in tiefster Traurigkeit nach Hause. Kann vor Schmerz und Sehnsucht nach meinem schönen Kind kaum repetieren. Zeigte einem frischen, jungen Soldaten den Weg zur Badeanstalt. Schrieb meiner Cari. Aß nicht zu Abend, kaufte mir aber Schokolade. Dann in die Bibliothek. Das Herz tut mir weh. Ich halte es ohne mein Herzenskindlein nicht mehr aus.

Ich fühle den Wahnsinn neben mir herlaufen; wie ein Raubtier, das jeden Augenblick seine Furcht vergessen und auf mich losspringen kann. So gehen wir beide durchs Leben: Ich immer in Furcht, aber mit der Sorge um Cari, und immer in Furcht, dass ich mich einmal schwach erzeige.

Es gibt keine Nachfolge Christi im juristischen Sinne. Die katholische Kirche aber fasst ihr Papsttum als Nachfolge Christi im juristischen Sinn auf, die durch eine zusammenhängende Kette von Indossamenten den Papst legalisiert. Ist das nicht unerhört? Hat >das< irgendjemand schon in seiner ganzen Bosheit erkannt. Wenn der Mensch eine Spur von Geist hätte und sie sehen die Paläste der Bischöfe und die behaglichen Häuser der Pfarrer, würden sie brüllen vor Lachen oder Wut, wenn die wohlgenährten Bewohner dieser Häuser heraustreten, die Armut predigen und sich als Geheimräte Christi bezeichnen. Wirklich geheime Konventionalräte Christi.

Ich glaube an die Vorsehung. Es gibt eine rein physiologische Notwendigkeit. Das predigt eine Reihe von guten Tagen. Soziologie treiben! Der Mensch interessiert sich für wissenschaftliche Probleme, also wird er Professor. Großartig! Die katholische Kirche ist erledigt, sobald ein guter Soziologe <sie> erklärt; das wäre noch eine Aufgabe.

6. Sonntag

Morgens um 1/2 9 auf, schön repetiert, zum Geheimrat, der noch im Bett ist; den Schriftsatz Hatzfeld beendigt. Müde. Zu Hause zu Mittag. Plötzlich entschlossen, nach Köln zu meiner Cari zu reisen, denn ich bin in heftigster Sehnsucht. Aber ich fühle mich wieder unternehmend und stark. Las im Zug die Denkschrift der Regierung über die wirtschaftlichen Maßnahmen aus Anlass des Krieges, traf mein Kindlein zu Haus, wir hatten uns lieb, tranken Tee, ich arbeitete etwas; es war herrlich. Cari zog ihr hellblau-seidenes Kleid an und kam mir ganz anders vor. Wir alle zwei zu unartig. Herrlich. Süße Cari. Dann ruhten wir etwas aus, gingen spazieren bei schönem, aber etwas kaltem Wetter. Cari sieht in ihrem schwarzseidenen Kleid herrlich aus. Aßen in dem Restaurant am Ring zu Abend, erzählten schön und ich war erstaunt darüber, wie tief und ernst Cari denkt. Sie setzte auseinander, dass das Leben in der Tat nur ein Traum ist und wie die armen Menschen die schönsten Träume haben; so sind vielleicht die, die reich sind, in Wahrheit die Armen. O schönes Kind. Und Gott, der in Wahrheit die Welt regiert, kann diese Welt der Träume gar nicht regieren, weil es eitle Leute und Hirngespinste sind. Großartiges Kind. Wir hatten uns lieb. Ich fuhr sehnsüchtig nach Hause. Wären wir erst verheiratet.

7. Montag

Todmüde, geschlafen bis 8 1/4, dann beim Geheimrat vorbei, zum Oberlandesgericht und repetiert. Es geht vorwärts, aber es ist zuviel, ich komme nicht mehr durch. Mittags zu Hause, dann zur Landesbibliothek. Fleißig. Zu Haas, über seine Arbeit gesprochen, dann über den Fall Wülfing. Vielleicht bekomme ich das Geld doch noch. Es regt mich sehr auf. Könnte ich nur arbeiten. Kaufte mir Wurst und aß bescheiden zu Hause zu Abend. Ich glaubte damit das Schicksal zu versöhnen. Schrieb einen Brief an Cari, brachte ihn zur Bahn. Dann müde und abgespannt nach Hause. Das ist nun Vorbereitung fürs Examen. Ich freue mich heimlich auf die Sensation, heimlich dann wieder Angst und doch Vertrauen. Fand mein Buch über den Staat sehr schön. Ich bewundere die Menschen, die den Mut haben, einen anderen zu examinieren.

8. Dienstag

Stand um 1/2 9 auf, zog mich lange an, dann beim Geheimrat vorbei; er war nicht da. Versuchte nach Gladbach zu fahren, aber ich hatte mich im Fahrplan versehen. Dann ging ich langsam zum Geheimrat zurück, kaufte mir Schokolade und war traurig und unerfüllbaren Begierden verfallen. Traf den Geheimrat. Wir sprachen über mein Examen; ich blieb zum Essen da, war gesprächig, schrieb mittags meiner Cari, ging dann ins Café Industrie, aber ich habe keine rechte Freude mehr daran. Ich bin es schon wieder leid. Las die Zeitung; dann mit dem Geheimrat und Schilling (dessen geisteskranker Bruder gestorben ist) Tee getrunken. Nett unterhalten, mit dem Geheimrat spazieren, durch den

Hofgarten, im Löwen ein Glas Bier getrunken, immer vom Examen gesprochen und nett unterhalten. Dann aß ich mit dem Geheimrat bei ihm zu Abend und ging früh ins Bett. Ich fühle mich außerordentlich stark und sicher. Das kommt vielleicht von dem guten Essen. Däubler hat einen Brief geschrieben, er wird mir doch die 50 Mark schicken. Er ist ein rührender Kerl. Georg Eisler und seine Mutter haben mich für Weihnachten eingeladen. Also schön; es scheint wieder gut zu gehen. Aufs Examen freue ich mich in großer, kindlicher Aufregung. So etwas habe ich anscheinend nötig.

9. Mittwoch

Um 7 1/4 auf, schnell angezogen, zum Geheimrat; bei ihm Tee getrunken. Wir fuhren dann nach Bonn. Unterwegs unterhielt er sich im Zuge ziemlich knabenhaft, aber sehr skeptisch mit einer Dame aus der Pfalz; examinierte mich; wir waren munter und zufrieden. Dann in Bonn ging er zum Fräulein Haas; ich sah mir das Haus an, repetierte etwas, aber den Tag werde ich wohl verlieren. Wir gingen nachher zusammen, das Haus zu besehen. Es ist ein alter Kasten. Der Geheimrat entschloss sich, es nicht zu kaufen. Dann gingen wir zu P. Albert, aßen in der Bürgergesellschaft, unterhielten uns über den Krieg. Der Pater Albert kam mit einem <Offizier> in Uniform. Es ist eine langweilige, verhinderte Gesellschaft. Der Pater Albert erzählte davon, wie die Äbte sich streiten um die „Präzedenz", d.h. darum, wer oben sitzt! Hütet euch vor denen ... Um 3 Uhr fuhren wir zurück; in der Bahn erzählte der Geheimrat freundlich. Um 5 Uhr waren wir wieder in Düsseldorf. Ich ging zur Bibliothek, arbeitete sehr schön an der letzten Nummer der D.J.Z.[93] Habe wieder vermehrte und tolle Phantasien. Abends bescheiden ein Stück Wurst heimlich gegessen, dann zur Fs-Bibliothek, schön weitergearbeitet, Cari geschrieben und an einen Herrn Sinram aus Hamburg, der mir gestern ein Buch zugeschickt hat, das mir sehr leid tat: ein nicht dummer, aber ganz ungewandter Mensch schreibt mit großem Eifer und rührender Überzeugung eine philosophische Abhandlung und erwartet, dass die Menschen sich dafür interessieren. Abends früh ins Bett. Im Bett noch etwas gelesen. Heftige Sehnsucht nach meiner schönen Cari.

10. Donnerstag

Um 7 Uhr auf, zur Post gelaufen. Das Geld von Däubler geholt: 50 Mark. Der großartige Däubler. Dann nach Hause zurück, Kaffee getrunken. Brief an Cari, Karte von Gross (will Sonntag kommen) und eine von Ernst Lamberts, die mich freute. Zum Oberlandesgericht. Ich muss doch noch sehr fleißig sein. In 8 Tagen ist die Sache schon zu Ende. Ich arbeitete im Gericht ziemlich gut, aß zu Hause zu Mittag, legte mich todmüde ins Bett, konnte aber vor Aufgeregt-

[93] DJZ = Deutsche Juristen-Zeitung.

heit nicht schlafen; es ist schrecklich, wie meine Nerven herunter sind. Dann zur Bibliothek; bekam das Buch von Mewes[94] mit der Prophezeiung des Weltkrieges (danach dauert er noch bis 1932!). Schreckliche Angst vor diesen astrologischen Verzweiflungsperspektiven. Sprach mit dem Direktor Nörrenberg; er schien skeptisch mir gegenüber und mich heimlich zu verachten. Müde, gleichgültig. Im Café Industrie, Butterbrot mit Zunge gegessen, dann zur Bibliothek; Briefe geschrieben an Frau Eisler, Georg, Däubler, Ernst Lamberts. Brachte sie noch zur Bahn; in heftiger Aufregung über die Straßen. Herr, erlöse mich von dem Übel. Ich zerspringe. Was soll das in Berlin geben. Mir alles gleich. Müde ins Bett. Fühle dich stolz ... [drei Wörter nicht lesbar.] Vernichtet. Es hängt alles von mir ab. Sei ernst und beherrsche dich.

11. Freitag

Bis um $^{1}/_{2}$9 <noch> im Bett, todmüde. Dann fröhlich auf, Brief von meinem Kindlein, das seine Papiere bekommt. Zum Gericht. Ich muss noch unheimlich arbeiten. Traf unterwegs Rixkens, besuchte mit ihm sein Atelier und freute mich dieser Entfernung von der Bürgerlichkeit. Der Rixkens ist ein armer Teufel. Wäre ich doch so frei! Zum Oberlandesgericht; müde herumgearbeitet, kam nicht vorwärts. Zu Hause gegessen; Däubler gelesen. Was ist das für ein Kerl! Im Café Industrie Kaffee getrunken. Zum Landgericht. W. Rathenau hat die Generalversammlung >der AEG<[95] geleitet, Gruchot[96] sehr fleißig gelesen. Zu Hüsgen, dessen kleinlicher Pessimismus mich aber sehr niederdrückt. Wenn ich nur mein Examen überhaupt bestehe. Dann bei Haas, fröhlich unterhalten. Ich muss doch dem Wülfing mal schreiben. Nach Hause, wieder im Café Industrie gegessen; die Musik gehört, aufgeregt, Sehnsucht, schrecklich, ich halte es kaum noch aus. Ich glaube in die Luft zu fliegen. Meine Sehnsucht reißt mich herum und ich weiß gar nicht, was ich eigentlich will; vielleicht nur die Vernichtung, die der arme Eisler gefunden hat. Jetzt ahne ich das Nichts. Man muss es überstehen. Und man kennt nichts davon, wenn man es nicht durchgemacht hat. Herr Gott, hilf mir. In der Fach-Bibliothek, wo es stank, herum-

---

[94] Rudolf Mewes, Die Kriegs- und Geistesperioden im Völkerleben und Verkündigung des nächsten Weltkrieges. Eine astrologisch-physiologische Skizze, Berlin 1897, 61 S. Der Autor hat seine Skizze unter demselben Titel zu einem umfangreichen Werk ausgeweitet, Leipzig 1917, VIII, 498 S.

[95] Walther Rathenau gehörte seit 1899 dem Direktorium der weltumspannenden A E G (Allgemeine Elektrizitäts-Gesellschaft) an und übernahm im April 1915 die Funktion seines Vaters Emil Rathenau (1838–1915), der 1883 die „Deutsche Edison-Gesellschaft für angewandte Elektrizität" gegründet hatte, aus der 1887 die AEG hervorging. Siehe auch die Rathenau-Satire im Anhang, S. 333–335.

[96] Beiträge zur Erläuterung des Deutschen Rechts in besonderer Beziehung auf das Preussische Recht mit Einschluß des Handels- und Wechselrechts. Begründet von J. A. Gruchot. 1857 bis 1933

gelesen und ziemlich gut gearbeitet. Aber was soll das alles? Ernst und gesammelt nach Hause. Mein Gesicht bekommt Falten, ich muss mich beherrschen.

12. Samstag

Todmüde, schläfrig. Ich kann mich nicht beherrschen, blieb faul im Bett liegen, statt zu siegen. Um 1/29 auf. Traum: *Ich gehe durch die Wälder mit einem schwindsüchtigen jungen Mann, dessen Atem ich immer vermeiden möchte. Wir machen einen großen Umweg, um nach Plettenberg zu kommen. Der junge Mann erzählt, dass er ein Mädchen geschwängert habe, es sei aber nichts passiert; ich sagte ihm, das hätte nun eine dreckige Geschichte werden können.* Morgens angstvoll, schreckhaft, nervös; ohne Kraft und Männlichkeit. Mein Gesicht ist elend und nichtig. Ich bin nichts, ein Wurm, ein elender Tropf. Wo soll ich mir Hilfe holen, wo mich von neuem ausfüllen. Alles tot und elend.

Der Zettel im „Sommernachtstraum“[97] ist ein schönes Symbol für Leute wie Kluxen oder den Vetter, die immer alles werden möchten und sich doch für alles zu schade halten. Hören sie von einem tüchtigen Gelehrten, der ihnen imponiert, so rufen sie wie Zettel: lass mich einen Gelehrten machen. Hören sie von einem tüchtigen Kapitänleutnant, so schreien sie: wenn ich das geworden wäre, so hätte ich noch mehr geleistet. Kommt ein Staatsmann zu Ruhm, so sind sie überzeugt, dass es an einem unglücklichen Zufall liege, dass sie nicht an dessen Stelle wären und dasselbe könnten. Nur da, wo sie gerade sind, brüllen sie herum und machen Dummheiten.

Morgens zum Oberlandesgericht; herumgelesen, traf Gross, freute mich, morgen nach Neuss fahren zu können. Mittags zu Hause; eingekauft, rasiert, nach Köln. War schweigsam, leicht gereizt; Cari kochte Tee, war freundlich und lieb, fing aber an zu weinen, als ich traurig wurde, weil sie lachte (in Wahrheit fühlte ich mich fremd und einsam; o Gott hilf mir). Wir hatten uns aber wieder sehr lieb, ging traurig zur Bahn, schwer zu tragen an Büchern usw.. Fuhr nach Hause, las im Coupé, aß zu Hause zu Abend, fand das Manuskript der Vorlesung eines Repetitors vor, das mir Haas geschickt hatte. Warf mich eifrig darauf, arbeitete bis 1/2 12. Ich habe doch Glück. Im letzten Moment kommt es mir ins Haus geflogen. So wird es immer gehen. Stolz, mutig. Will die ganze Geschichte abschreiben; dann habe ich gleichzeitig eine Vorlage für mein Repetitorium. Anzug, Bügel und Schuhe kosten 6,50 Mark! schrecklich.

---

[97] Komödie von William Shakespeare, entstanden um 1595, gedruckt 1600, dt. 1775; 1762 unter dem Titel „Ein Sankt Johannis Nachts-Traum“ veröffentlicht.

13. Sonntag

Morgens traurig auf. Um 1/4 8 schnell angezogen, rasiert, Zeitung gelesen, etwas geschrieben; dann zurechtgemacht und zu Gross nach Neuss gefahren. Bescheidene Leute, bürgerlich. Aber alles intelligente Kinder. Ich fühlte mich ziemlich wohl, obwohl mir die Frau, die zuerst so überaus nett und freundlich erschienen war, allmählich als eine schnippische bürgerliche Tyrannin (vom Schlage der [Cousine] Johanna Schmitt) erschien, und der Vater ein eifriger, redseliger Kaufmann vom Schlag des Herrn Seiff. Die Kinder sind aber alle intelligent und klug. Ich aß zu Mittag, hinterher mit Gross auf seinem Zimmer, wir lachten über die Schattenrisse, sprachen über seine Arbeit, tranken dann lange Kaffee, gingen spazieren (ich kann mich nicht trennen, es ist zu dumm; ich wäre vielleicht besser gegangen, aber ich blieb da, einfach aus Mangel an Entschlussfähigkeit). Nach dem Spaziergang durch Neuss (Gross scheint sich seines Vaters etwas zu schämen) zu Hause zu Abend gegessen. Sehr schön unterhalten, besonders mit dem Vizefeldwebel, <die> kleine Marianne gleicht meiner Schwester; endlich war da der jüngere Bruder Herbert, der genau aussah wie Paul Wegener[98] (der Berliner Schauspieler) und mit einem gänzlich abgeschlossenen, aber entschlossenen Gesicht bei Seite stand, und einem alles, was er tat, als von einem Fremden geschehen erscheint. Das imponierte mir. Ich unterhielt mich gut. Die Mädchen sind die übliche Sorte Bürgermädchen. So schön und klug wie meine Cari ist keine von ihnen. Ich ging um 9 Uhr. Fuhr aufgeregt nach Hause, fühlte mich stark und selbständig, ganz einsam. Ging an den Bahnhof, konnte die Zeitungen für Cari nicht mehr bekommen. Traurig, weil ich kein Geld mehr habe, aber trotzig. Hass gegen den Geheimrat den ich heute morgen gesehen habe, als er in die Kirche ging mit seiner steifbeinigen Nichte. O Gott, welch ein ekelhaftes Geschmeiß. Schrieb noch an den Repetitor. Gott, was soll das in Berlin geben. Zu aufgeregt, um ins Bett zu gehen. Aber die Kälte im Zimmer trieb mich hinein.

14. Montag

Todmüde, erkältet. Influenza oder dergleichen. Blieb im Bett bis 9 Uhr, dann müde angezogen. Brief von Cari, herrliches wunderschönes Kindlein, Karte von Däubler und Ernst Lamberts. Ich will also morgen nach Gladbach fahren. Zur Bibliothek; brachte Bücher zurück. Schrieb etwas an den ekelhaften Cornel, aber nicht viel; dann zu Gross, zum Oberlandesgericht; wir gingen Wurst kaufen (die schöne Odiwurst), dann in das Pschorrbräu essen. Erzählte Gross von Cari und dass ich vorhabe zu heiraten. Er fragte sofort: „Hat sie denn sehr viel Geld?" Er ist ein netter, langweiliger Bürger. Na ja. Gut, dass ich es weiß.

[98] Paul Wegener (1874–1948), einer der bedeutendsten dt. Schauspieler und Regisseure; spielte sehr erfolgreich 1906–1920 unter Max Reinhardt in Berlin, dann erfolgreicher Filmschauspieler („Der Golem" 1914). Siehe auch S. 123, Anm. 42.

Ich mache es mir so leicht über die schönen Illusionen. Oft ist mir das nützlich, denn dadurch habe ich den Mut bekommen, sie anzupumpen, die sonst einfach nicht erreichbar wären. Fuhr um 1/2 3 nach Köln zu meinem süßen Kindlein. Traf sie; sie hatte gerade eine Tee zurechtgemacht und die Spekulatius, die sie essen wollte, auf dem Teller vor sich liegen. Ich habe sie lieb; so ein gutes, schönes Kind! Wir tranken zusammen Tee, hatten uns lieb; sie ist prachtvoll in ihrer Liebe. Gingen dann Honig kaufen, und abends brachte mich Cari zur Bahn. Ich fuhr traurig ab. Las im Zug etwas. Erkältet. Zu Hause gegessen. Soll ich beim Geheimrat vorbei? Es ist zum Verrücktwerden. Erkenne die Nichtigkeit in meinem Gesicht. Ich halte es nicht mehr aus. Ich verzweifle. Will gleich ins Bett; war müde und schläfrig. Soll ich an Wülfing schreiben? Auf einmal kam mir der Entschluss. Ich weiß nicht, woher. Und ich schrieb:

„Sehr geehrter Herr Wülfing, erlauben Sie mir bitte die höfliche Anfrage, ob die Gladbacher Wolle-Industrie AG Ihnen auf den Kontrakt vom November, d. h. ein solches Quantum Tuch bereits geliefert hat, dass ich auf einen entsprechenden Teil der zugesagten Provision rechnen darf. Diese Anfrage rechtfertigt sich dadurch, dass ich bereits Mittwochabend nach Berlin reisen muss. Hochachtungsvoll"

Warf das in den Kasten, schlug mir alle Gedanken aus dem Kopf, ging zur Fach-Bibliothek und wurde fröhlich. Gott sei Dank. Meine Ruhe kam wieder. Ich ging gleich ins Bett. Vorher hatte ich kaum geglaubt, dass ich überhaupt einschlafen könnte; jetzt ging es.

15. Dienstag

Um 1/2 9 aufgestanden, rasiert, zum Geheimrat; Unbehagen und Scham. Es war ein fremder Herr da. Also machte ich mich wieder ab. Zur Landesbibliothek; aus dem Repetitorium abgeschrieben; totmüde, nicht schläfrig, in den „Rheinlanden" meine Aufsätze gelesen und namentlich den „Spiegel" glänzend gefunden. Ich habe doch etwas gekonnt. Aber der Geheimrat hat es zertrampelt; dieses scheußliche Vieh. Ging um 12 zum Oberlandesgericht, traf Gross. Wir aßen bei mir zu Mittag; aber Gross ist doch ein langweiliger Kerl, ein stocksteifer Bürger; mir wurde er zu fade. Fuhr nach Gladbach, hatte kaum noch das Geld für die Reise. Was soll es denn geben? Als ich ausstieg, regnete es. Ich wäre am liebsten wieder umgefahren und hätte mir ein Stück Schokolade gekauft, um es in einem Winkel zu schnullen. Ging aber schließlich doch zu Arthur Lamberts; traf Ernst, war gleich munter und fröhlich, trank mit Kaffee und erzählte die Geschichte von Wülfing. Alles war empört, so dass ich erschrocken nachdachte, was es für Wülfing wohl einen Schlag geben wird, wenn er mit diesen Gladbachern zusammen kommt. Bekam von Arthur Lamberts 200 Mark; er sprach sehr schön mit mir, ich sollte keine Geldgeschäfte mehr machen, sondern ein ordentlicher Rechtsanwalt werden. Ich war sehr überrascht über seine Güte und seinen Edelmut, gerührt und versprach es ihm. Was ist das ein prachtvoller Kerl. Hatte wieder Mut und Arbeitslust. Ging aufs

Zimmer von Ernst, arbeitete etwas, sprach mit Arthur Lamberts über die Geschichte der Frau Schneider; dann aßen wir zusammen zu Abend (Karl scheint mich nicht ausstehen zu können). Um 9 Uhr ging ich mit Frau Hauptmann und Ernst zur Bahn. Die Österreicher haben 31.000 Gefangene gemacht. Fuhr mit einer Düsseldorferin nach Hause, sprach bestimmt und geistreich, ein Mädchen, das ich zuerst für eine Schauspielerin hielt; es war eine Schneiderin, die das Theater liebt. Ich brachte sie nach Hause. Unglaublich. Sie erzählte im Kronprinz von ihrer Stiefmutter, von ihrem kleinen Schwesterchen, wie sie auf dem Land ihren braunen Rock zerrissen hat, wie sie den Herbst liebt und das Lied „An der Weser", wenn es auf dem Horn geblasen wird. Rührend. Ich streichelte das Gesicht und war dann so erregt und ängstlich in der Herzogstraße. Aufgeregt nach Hause. Ob ein Brief von Wülfing da ist? Es war keiner da. Ich keuchte vor Erregung. Wäre ich erst bei meinem Kindlein, dann konnte ich das alles von mir geben. Ich würde die zischenden Schlangen und die fluchenden Tiger in mir ausschlafen, einfach ausschlafen. Also morgen nach Berlin.

16. Mittwoch

Morgens müde und traurig, Schwindel; aber ich habe wenigstens 200 Mark von Lamberts. Um 8 Uhr kam das Mädchen vom Geheimrat, ich solle vor meiner Abreise zu ihm kommen. Also schön. Ich stand aber erst um 9 auf, ging zum Geheimrat, traf ihn mit seiner Nichte, ekelhafte Person; ich sah sie kaum; der Geheimrat war krank, gleichgültig, stumpfsinnig, gemein, gab mir aber 150 Mark. Es ist lächerlich. Wenn ich nicht noch viel anderes Geld bekomme, würde ich wahrscheinlich verhungern. Müde zur Bibliothek; etwas geschrieben, herumgesprochen, aber ich wurde nicht fertig. Holte Gross ab. Wir aßen bei mir zu Mittag. Ich hörte, Wülfing habe nach mir gefragt. Ich erschrak; es gibt sicher wieder einen Auftritt. Erzählte Gross die ganze Geschichte und freute mich, nun Halt an ihm zu haben. Als Wülfing kam, ging ich etwas aufgeregt hinunter; es war aber nur der Sohn, der da war. Ich empfing ihn kühl, bekam einen Brief; er ging dann sofort wieder. In dem Brief war ein Scheck über 436 Mark! Gott sei Dank, also wieder Geld. Ging mit Gross den Scheck einlösen. Die Kasse war aber zu. Dann zum Cafe Cornelius. Wir sprachen sehr nett. Ich erzählte von mir, er von sich; er will nach Dortmund, Rechtsanwalt werden. Er ist ein überaus korrekter, anständiger Mensch. Ich wundere mich über die ruhige Sicherheit, mit der er auf dem Wege des normalen, halb vornehmen Sinns verbleibt. Ein psychisch und physisch wohlproportionierter Mensch. Wir erzählten noch etwas, gingen spazieren, konnten den Scheck nicht mehr einlösen. Er versprach mir, an Cari Geld zu schicken. Wir tranken noch im Savoy Schokolade; es liefen da die kleinen Huren herum. Dann gingen wir zu mir; ich packte ein, zog mich um, wir aßen zusammen zu Abend. Endlich war alles eingepackt; dann fuhren wir zusammen zur Bahn, brachten alles hin. Ich gab das Heft von Cornel bei Haas ab, dann gingen wir in das Paladium, wo wir gern saßen. Es war schön. Wir setzten uns zu Langhans, der da saß, sprachen über <Examensangst>. Ich kann mir gar nicht denken, dass ich das Examen bestehen soll. Um 11 Uhr brachte ich Gross an die Elektrische, dann allein zum Bahnhof. Angst wegen des Koffers, der bei den Blauen Boten steht. Im Wartesaal gesessen. Traurige Gedanken. Voll Schmerz daran gedacht, welche Sorge ich um Cari habe und ob sie es mir lohnt; ob sie es überhaupt versteht. Müde, mein Gedärm ist erschüttert. Schändlich. Was soll das in Berlin geben. Aber Ruhe. Meine Stimmung wechselte schnell. Ich bekam in dem sehr vollen Zug einen Platz, allmählich sogar einen Eckplatz, machte die Augen zu, schlief aber nicht, doch verging die Zeit schnell. Morgens von 6 Uhr ab schlief ich; todmüde am Potsdamer Bahnhof. Ich ging schnell zum Hotel.

17. Donnerstag

Ein ekelhaftes Hotel, ein langweiliges Zimmer und alles sehr teuer. Todmüde, weil ich nicht geschlafen habe. Rufe in der Vossstraße an, wann ich Termin hätte: erst Anfang Februar. Ich war wütend; schrieb schnell Cari, Georg und dem Geheimrat und ging dann Mittagessen im Automaten.

Aufgeregt über die Straße, halte es vor Schlaf und Erregung kaum aus. Schließlich in der Universitätsbibliothek; fleißig im Simeon[99] studiert bis 7 Uhr, dann bei Neuhofer vorbei, der aber nicht zu Hause war. Darauf todmüde nach Hause und schon um 9 Uhr ins Bett. Also morgen. Nebenan spielte ein Grammophon Weihnachtslieder. Die Situation ist zum lachen, symbolisch; <möchte wissen>, was der Geheimrat tut.

18. Freitag

Um 7 1/4 auf, fröhlich angezogen, Kaffee getrunken. Mit der Elektrischen zum Camp gefahren. Dort traf ich Schrader und noch einen Bekannten vom ersten Semester. Es ist doch unglaublich, was das für elende, selbstgefällige Kerle geworden sind. Schrieb meine Arbeit; aufgeregt und kaum fertig. Wahrscheinlich ist sie falsch; eine Aufgabe aus der <Buchbranche>, dann nach Hause. Aß in einem Bierlokal etwas zu Mittag, lief dann herum, bis ich um 5 Uhr zu Neuhofer ging. Traf ihn zu Hause. Wir unterhielten uns gut, wurde allmählich gesprächig, gingen zusammen spazieren. Ich erzählte ihm juristische Fälle; es ist großartig, wie wir uns verstehen. Wir aßen im Kaiserkeller zu Abend, tran-

---

[99] Pierre Siméon, Recht und Rechtsgang im Deutschen Reiche. Lehrbuch zur Einführung in das bürgerliche Gesetzbuch und seine Nebengesetze, 2 Bde., Carl Heymann, Berlin. 1. Bd., 1. Hälfte: Lehrbuch des bürgerlichen Rechtes, Teil 1 [Allgemeiner Teil und Schuldrecht, nebst Handels- und Wechselrecht], 6. Aufl. = 1913, S. XII, 646; Teil 2 [Sachenrecht, Familienrecht und Erbrecht] 6. Aufl. = 1913, S. XII und 647–1317; 2. Bd.: Lehrbuch der freiwilligen und streit. Gerichtsbarkeit, 6. neu bearbeitete Aufl. = 1913, S. XII, 863.

ken Rotwein, gingen dann noch zum Imperator und verabredeten uns für morgen Abend, um die Lene Löscher[100] zu sehen, die im Kabarett Kronprinz auftritt, Löscher, von der mir Cari so viel erzählt hat.

19. Samstag

Müde auf, zum Kammergericht gefahren. Eine Strafrechtsarbeit. Gott sei Dank. Ich machte sie sehr schön. Ich habe offenbar Glück. Wurde bequem und froh. Schrieb alles sehr schön auf. Fuhr froh nach Hause. Um 3 Uhr will Däubler da sein. Ich zog mich um. Dann kam auch schon Däubler, Er war mit Moeller v. d. Bruck[101] gekommen; wir gingen zusammen in die Bodega am Potsdamer Platz. Um $^1/_2$ 8 musste er bei der Frau Bienert[102] im Hotel sein. Ich ging noch mit ihm nach Hause; wir sprachen schön, aber ich war doch etwas gleichgültig. Er war an die Frau Bienert gebunden. Ich fuhr im Auto um 8 Uhr zu Neuhofer, wir aßen zusammen in der Bovary, tranken dann zusammen Kaffee; wieder bis $^1/_2$ 2 Kabarett Kronprinz. Die Löscher trat auf, eine dicke, geckenhafte, langbeinige und abgelebte Person mit den üblichen komödiantischen Manieren. Scheußlich. Arme Cari. Wir tranken nach Kaffee im Imperator und Kakao; dann ging ich spät nach Hause.

20. Sonntag

Bis 10 Uhr geschlafen, dann zum Hotel Exzelsior, Däubler und Frau Bienert. Frau Bienert, eine elegante Weltdame, die mir wie eine feine Jüdin vorkam. Wir fuhren mit dem Auto mit Moeller v. d. Bruck durch Berlin, besahen die Bilder

---

100 Lene Löscher, Kabarettistin.

101 Arthur Moeller van den Bruck (1876–1925 Selbstmord), dt. politischer Schriftsteller. Ausgehend von kunstwissenschaftlichen, literaturwissenschaftlichen und historischen Studien wirkte er in der Weimarer Republik als maßgeblicher Theoretiker der Jungkonservativen und der konservativen Revolution. Mit seinem Schlagwort vom „Dritten Reich" lieferte er den Nationalisten eine griffige antidemokratische Formel. Seine Schwägerin Less Kaerrick (Schwester seiner zweiten Gattin) übersetzte unter dem Pseudonym E. K. Rahsin die Werke Fjodor Dostojewskis, und für jeden der 22 Bände schrieb Moeller van den Bruck ein Vorwort. Er setzte sich früh für Däubler ein, formulierte den Waschzettel für die 1. Aufl. des „Nordlichts" (1910) und rühmte ihn in seinem achtbändigen Monumentalwerk „Die Deutschen. Unsere Menschengeschichte" (1904–1910) in Bd. V „Gestaltende Deutsche".

102 Ida Bienert (1870–1966), Frau des Mühlenbesitzers Erwin F. Bienert (1859–1930) aus Dresden, der Däubler durch Vermittlung des Bildhauers Ernst Barlach (1870–1938) kennenlernte. Sie unterstützte nicht nur Arthur Moeller van den Bruck und Theodor Däubler, sie ermöglichte auch die Einrichtung der ersten Volksbibliothek in Sachsen und besaß eine wertvolle Gemäldesammlung, die im Zweiten Weltkrieg zerstört wurde.

von P. Behrens[103], Mebes[104], Martens[105], aßen bei Höller mit zu Mittag, dann ging ich mit Moeller v. d. Bruck zu Neuhofer. Wir tranken ein Glas Portwein. Wieder zum Hotel, die beiden abgeholt, zu Moeller v. d. Bruck gefahren; dort Tee getrunken. Er ist schön eingerichtet. Seine Frau erinnerte mich an die Zillekens, ist aber ruhiger und intellektueller. Dann zum Admiralspalast, Schlittschuhlaufen. Wein getrunken, gesprochen. Bin ein armer Tropf; aber ich war witzig. Mit Däubler gesprochen, oft >gereizt<, beleidigt; will allein sein. Noch etwas herumgelaufen. Im Admiralscafe eine Tasse Melange; schnell. Aufgeregt, halte es kaum aus, wieder die <Eifersucht>; dann gedrückt nach Hause.

21. Montag

Bis 10 Uhr geschlafen, brachte dann den Schirm zum Hotel, dort zufällig Däubler und Frau Bienert. Im Cafe Fürstenhof am Potsdamer Platz Kaffee getrunken, dann zu Neuhofer; wir tranken im Café Bauer ein Glas Wasser, sahen Kohler[106], sprachen hübsch. Ich ging dann um 2 Uhr verabredungsgemäß zu Hiller; wir aßen schön zu Mittag. Die Schwägerin des Fürsten Eulenburg[107] war da; er richtet ein Modehaus und einen Verlag ein, dann kam der Dr. Huebner[108], ein Neffe mit einem Monokel, wohl rasiert, modern angezogen; er erinnert mich an den Vetter. Er sprach ziemlich überlegen mit Däubler. Ich war >betroffen< für Däubler, einen Löwen in der Gefangenschaft von Meerschweinchen zu sehen. Man hat ein Gedicht von Däubler refüsiert. Däubler war sehr erregt. Die Literaten schieben es aufs Schreibmädchen! Dr. Huebner erinnert, man muss Rücksicht auf die Zeit nehmen. Das Publikum war da,

---

103 Peter Behrens (1868–1940), Architekt, Graphiker, Typograph und Industriedesigner. Mitbegründer der Münchener Sezession 1893, 1899 in die Darmstädter Künstlerkolonie berufen, 1903–1907 Leiter der Kunstgewerbeschule Düsseldorf. 1907–1911 war er künstlerischer Berater der AEG (siehe S. 270, Anm. 95), für die er mehrere Fabriken in Stahl-Glas-Konstruktion baute, die bahnbrechend für die europäische Architektur wurden. Vgl. T. Buddensieg, Peter Behrens und die AEG 1907–1914, Gebr. Mann, Berlin 1979. Siehe auch die beiden Erwähnungen von Peter Behrens in der Rathenau-Satire der „Schattenrisse" im Anhang S. 333.

104 Paul Mebes (1872–1938), Architekt, gehörte zu den Reformern im Berliner Wohnungsbau.

105 Martens, wahrscheinlich Maler; da es mehrere Maler dieses Namens gab, konnte mangels Vornamen keine Zuordnung getroffen werden.

106 Kohler, Josef, Prof., siehe S. 204 Anm. 44.

107 Schwägerin des Fürsten Eulenburg. Carl Schmitt bezieht sich auf Fürst Philipp zu Eulenburg (1847–1921), der als engster persönlicher Vertrauter Kaiser Wilhelms II. zu Anfang des 20. Jahrhunderts eine politische Schlüsselstellung innehatte. Nach seinem Ausscheiden aus dem diplomatischen Dienst wurde er zur Zentralfigur einer durch Maximilian Hardens Zeitschrift „Die Zukunft" (siehe S. 96 Anm. 4) ausgelösten Affäre, die aber schließlich nicht zur Klärung der Vorwürfe (Homosexualität und Meineid) führte.

108 Friedrich Markus Huebner (1886–1964), Journalist.

natürlich nicht die Ostwalder[109] usw. Dann wörtlich: „Wir brauchen Leidenschaft, coûte que coûte.[110]"

Ich saß da und sagte kein Wort. Die prachtvolle Frau Bienert weinte, als der Affe weg war. Ich verabschiedete mich draußen. Frau Bienert weiß, dass ich mich verheirate. Ich ging zur Bibliothek, sah das Thema der Klausurarbeit nach und fand, dass ich das Wesentliche durchaus richtig hatte. Cari geschrieben, denn zu Neuhofer durch die Straßen gelaufen; es ist kalt. Mit Neuhofer zum Potsdamer Platz, Däubler abgeholt. Wir fuhren zusammen nach Charlottenburg, Kurfürstendamm; die schlanken Füße mit weißen Einsatzschuhen. In einer Bodega tranken wir etwas. Dann wieder nach Hause. Der arme Neuhofer kann mit Däubler nichts anfangen. Ich ging mit Däubler allein zu Josty; wir sprachen lange, er erzählte mir sein Unglück. Die Töchter bei Bienerts hassen ihn, er ist gebunden, bekommt im Monat 160 Mark, Moeller v. d. Bruck hat schon viele tausend Mark von ihr bekommen. *Der arme Däubler. Däubler selbst: Wenn ich geisteskrank werde, lassen sie <mich nicht> untersuchen, sonst sagen die Menschen, es sei der Nihilismus wie bei Nietzsche oder Goethe. Ich brachte ihn nach Hause,* um 1/2 9 ins Bett. Heftige Aufregung. Ich fahre morgen noch nicht nach Hamburg.

22. Dienstag

Bis 1/4 vor 10 geschlafen; todmüde. Dann eilig angezogen und zu Däubler in sein Hotel in der Linkstraße gefahren. Gefrühstückt dort. Wir gingen bei schöner Wintersonne spazieren. Sprachen über Kluxen und Cari, aßen im Rheingold zu Mittag, und Däubler erzählte, dass ihm die Deutschen wie Marionetten erscheinen, dass Deutschland verlassen ist, keine Macht gegen die Bürgerlichkeit besteht. Ich entschloss mich, zum Grunewald zu fahren und Bab[111] zu besuchen. Wir tranken Kaffee, zufällig kam Moeller v. d. Bruck vorbei, ein entsetzlich dummer und bornierter Mensch; ich fuhr zum Grunewald; wie herrlich sind die Tannen im Winter, kam in die Königsallee, fühlte mich kindlich und klein, als Prolet. Ging in die Auerbachstraße und traf Bab zu Hause. Ein kleiner, elender Zwerg mit einer Fistelstimme. Und der will für Däubler etwas tun. Ich benahm mich sehr diplomatisch. Wir sprachen über den Staat, ich fand sehr viele Anknüpfungspunkte, erzählte ihm die Geschichte vom Zeitecho. Er

---

109 Ostwalder, Anhänger der Philosophie des Chemikers Wilhelm Ostwald (1853–1932). Vgl. dazu die Ostwald-Satire in: „Schattenrisse", abgedruckt in „Carl Schmitts Kulturkritik der Moderne", S. 17–18.

110 Es koste, was es wolle.

111 Julius Bab (1880–1955), Theaterkritiker und Schriftsteller, Dramaturg in Königsberg und Berlin, dort Hg. der „Dramaturgischen Blätter der Volksbühne". Bedeutend ist seine dreibändige Dramaturgie für Schauspieler „Der Mensch auf der Bühne" 1910. (Vgl. auch Carl Schmitts Brief an Julius Bab vom 13. September 1914 in: Helmut Quaritsch [Hg.], Complexio oppositorum. Über Carl Schmitt, Duncker & Humblot, Berlin 1988, 610 S., dort S. 93–94).

meinte, das sei durchaus typisch, das könne einem in Berlin >immer< passieren. Ich ging also ziemlich guter Dinge weg. Traf Däubler mit Buschbeck und Moeller in der Bodega. Wir aßen wieder im Rheingold zu Abend, dann in der italienischen Kneipe. Ich war übermüdet, wollte Wirkungen setzen und konnte mich kaum halten. Wir gingen darauf zum Hospiz, tranken Kaffee; Däubler erzählte; Buschbeck[112] ist ein reizender Mensch. Um 12 gingen er und Moeller nach Hause; ich blieb noch etwas bei Däubler, der aber sehr müde war und die Gicht hatte. Um 1/2 2 nach Hause, müde, aufgeregt und ohne Zusammenhalt.

Plan: Ein Buch schreiben, in dem Ton wie der Rev.[113]

Am 21. Dezember mittags 12 Uhr tat der Herausgeber des Zeitecho[114] den Ausspruch: Wir müssen leidenschaftlich sein, wir brauchen Leidenschaft, coûte que coûte.

Am 16.6.1911 sagte der Zentrumsabgeordnete Geheimrat Am Zehnhoff <über> die Geschichte, die Däubler erzählt hat: Harden geht vorbei.

23. Mittwoch

Um 8 Uhr müde auf. Welch ein Elend ist das Leben. Bezahlte die Rechnung, fuhr zum Lehrter Bahnhof, ärgerte mich herum; dann nach Hamburg gefahren. Im Coupé saßen zwei deutsche Frauen, die von ihren Männern erzählten, die Soldaten sind. Sie zeigten sich gegenseitig ihre Briefe und quatschten darüber, lachten und kritisierten, dass es zum Brüllen war, wenn man bedächte, wie die Männer dieser Geschöpfe vielleicht im Krieg fallen. Die unerschütterliche Quatschigkeit dieser Weiber. Und es ist dann doch wie das <Gequatsche> aller Literaten, der frechen Herumschwadronierer, wie [unleserlicher Name] usw. Kam in Hamburg an (als ich nicht sofort jemand auf dem Bahnhof sah, wollte ich schon gleich umfahren). Traf Georg. Wir aßen im Restaurant, gingen herum; ich merkte sofort, dass Georg haushälterisch und sparsam ist und fühlte mich sehr traurig. Wir gingen nach Hause; waren zunächst für uns, ich hatte das Zimmer von Eisler und war traurig. Abends kamen die Mutter, der Vater und Fräulein Eisler. Wir aßen freundlich zusammen, sprachen über meine Zukunft. Erzählte vom Krieg; Georg fand das alles unerträglich und schließlich gingen wir zu Bett. Ich war froh, endlich in einem ruhigen Zimmer zu schlafen. Es war aber kalt und das Bett war nicht warm genug. Schlief traurig ein. Ich dachte an mein schönes Carilein und wünschte den Tag herbei, dass wir eine Wohnung haben.

---

112 Erhard Buschbeck (1889–1960), von 1918 bis zu seinem Tode stellvertretender Direktor am Wiener Burgtheater, war mit Däubler und Georg Trakl befreundet.

113 Rev. Abkürzung für Reverendus: Ehrwürden, Hochwürden. Carl Schmitt meint anscheinend den Referenten.

114 Carl Schmitt meint Huebner (siehe S. 277, Anm. 108), Schriftleiter der Zeitschrift „Zeit-Echo“ (siehe S. 14, Anm. 38).

24. Donnerstag

Wüster Angsttraum. Ich werde verfolgt, fliehe. Um $^1/_2$ 10 auf, mit Georg herumgelesen. Nach dem Frühstück sprach ich mit Frau Eisler. Sie ist eine echte Hausfrau, haushälterisch sparsam, leicht gerührt, aber Fremden gegenüber ganz kalt und gleichgültig. Ich merke schon, dass hier nicht viel zu holen ist. Nachmittags mit Georg in die Stadt; Kaffee getrunken, Zeitung gelesen, eingekauft, kam nicht dazu, meinem schönen Carilein etwas zu schicken. Die Stadt ist dumpf und traurig. Ich arbeitete den ganzen Tag nichts, fühle mich geduckt und ideenlos und denke an den edlen, großartigen Däubler. Zu Hause zu Abend gegessen, nachher Klavier gespielt, Beethoven, Mozart, Rossini. Müde ins Bett.

25. Freitag

Erkältet, dass ich kaum ein Wort sprechen konnte. Um $^1/_2$12 aufgestanden. Frau Eisler pflegt mich gut. War allein, erzählte mit Fräulein Eisler, die ein gutes, fleißiges Mädchen ist; Frau Eisler, die mich gewinnen will, auf Georg einzuwirken, dass er sich bereiterklärt, sich von den Ärzten noch etwas behandeln zu lassen. Dann kam Georg; wir aßen zu Mittag um 3 Uhr; hinterher mit Georg auf seinem Zimmer; wir erzählten von Fritz, von Fräulein Heydwieller. Es kam ein Judenmädchen, die Verwandten Eislers aus Berlin (Onkel Rotten) kam; ich blieb oben auf meinem Zimmer, schrieb an Cari und war traurig und schläfrig. Abends nach dem Essen hübsch im Wohnzimmer geplaudert, um 11 ins Bett. Ich kenne allmählich Eislers genauer und erhoffe nichts von ihnen. Es war nicht eine Spur von Vornehmheit da wie bei Lamberts, aber sehr viel Gutmütigkeit und Weichheit.

Nacht von Freitag, 25.12. auf Samstag, 26.12. 1/2 2 Uhr (Hamburg) – Weihnachten 1914.

War plötzlich wach nach folgendem Traum: Ich komme zu Cari, die im 3. oder 4. Stock eines Miethauses wohnt. Es war frühmorgens. Ich komme von der Reise. Cari ist außerordentlich freundlich zu mir, aber ich fühle, dass sie mir untreu war und habe eine entsetzliche Angst. Sie sagt mir endlich, ich solle gehen. Ich gehe, ich laufe auf dem Markt (an der Gereonskirche) herum und meine plötzlich, in Attendorn zu sein. Auf dem Markt wird eine Zeitung vorgelesen, die von mir handelt und in der ich verspottet werde. Ich sage mir, dass ich nun den Assessor nicht mehr machen kann und bedauere es, dass ich ihn nicht schon vor Weihnachten gemacht habe. Ebenso liefen wir über einen Fluss. Ein Schweizer aus Attendorn kam zu mir und sagte mir, er wolle mich verschiedenen Bekannten vorstellen. Aber es wird 12 Uhr Mittag und ich wollte um diese Zeit zu Cari zurückgehen und lief schnell weg. Unterwegs zerbrach mir das Herz. Ich überlegte, wie ich auf anständige Weise aus dem Leben >scheide<. Ich denke an Strindberg und seine große Angst vor dieser Ungewissheit der Frau gegenüber. Ich frage mich, was ich anfangen werde. Ich kam zu Cari auf einem hohen Berg. Ich sehe schon das 3. oder 4. Stockwerk. Da kommt sie plötzlich als Kätzchen gelaufen, mit <verkniffenen> unfreundlichen Augen. Ich fasse sie aber an den Ohren und laufe damit ins Haus.

Darüber wachte ich auf. Ich bin noch ganz in Verwirrung und Angst. Was würde ich tun, wenn ich wüsste, du hast mich nicht mehr lieb? Ich würde kriechen wie ein kleines Kind, ich würde ein Märchen spielen und dein Mitleid zu erwecken suchen. Ich will dir sagen, dass ich ohne dich nicht leben kann und wie schrecklich das Leben, dass es solche Ängste hat...

Ich wurde allmählich wach, sah auf die Uhr. Ich dachte mit Schaudern daran, dass ich gestern Nachmittag mit Georg über die Bedeutung der Träume gesprochen habe. Hatte Angst, als ich plötzlich gewahrte, dass ich in dem Zimmer des verstorbenen Eisler bin. Vielleicht will er das nicht; vielleicht rächt er sich, indem er mir solche Träume schickt. Aber allmählich wurde ich ruhiger. Ich weiß, dass ich am Tage die Angst verlieren würde. Und die Wirklichkeit ist mächtiger als der Traum. Das Leben der Wirklichkeit ist stärker als das Leben des Traums. Das ist eine fremde und >amoralische< Welt.

26. Samstag, in Hamburg bei Eisler

Bis $^{1}/_{2}$11 im Bett. Müde, ängstlich von dem Traum. Einen Brief von Cari erwartet; er kam, war kühl. Schrecklich das. Aber der Glaube an die Wirklichkeit ist bei mir doch sehr stark. Ich gewöhnte mich schnell an den Tag, fühlte mich dann auch wieder sicher und wohl. War noch etwas erkältet. Lungerte herum, sprach mit Fräulein Eisler, erzählte, übte, wir aßen zu Mittag. Nachher mit Georg herumgesprochen, geschlafen, geschwatzt. Immer müde und schläfrig. Ich wollte, ich wäre zu Hause und hätte eine Wohnung. Welch ein Elend. Aber ich muss durch. Ich bin im Grunde froh, dass ich gezwungen werde, etwas zu riskieren. Meine Cari ist lieb und schön. Abends waren wir allein, die Alten waren zu Ehrenbaums. Der Komponist Müller-Hartmann[115] erschien; er erinnert mich an den Rechtsanwalt Westhaus, war aber nur ein liebenswürdiger, gescheiter und netter Mensch. Mehr nicht, so dass ich schnell meine Befangenheit verlor. Bei ihm war Fräulein Käthe Asch[116], die in München promoviert hat. Sie ist durchs Studium sehr hässlich und männlich geworden, hat aber etwas Freundlich-Mütterliches im Gesicht. Wir sprachen, ich war im Grunde froh, wieder einmal Bekanntschaften gemacht und etwas für meinen Ruhm getan zu haben. Dann aßen wir zu Abend, sprachen im Wohnzimmer miteinander. Georg sprach über das Neue Testament und ich war erstaunt über seinen

---

[115] Robert Müller-Hartmann (1884–1950), dt.-jüdischer Komponist und Musikkritiker, lehrte an der Universität Hamburg, emigrierte 1937 nach England, wo er blieb und starb.

[116] Käte Asch, siehe S. 16, Anm. 43. Ihre Dissertation „Die Lehre Charles Fouriers" (Prädikat summa cum laude) wurde 1914 in Jena gedruckt. Siehe auch S. 284 f., 408.

Ernst und sein Verständnis. Auch auf die Schwester Eislers machte das einen großen Eindruck. Ich fange an, die Juden zu respektieren. Müde ins Bett. Im Bett bei der elektrischen Lampe „Auferstehung“ von Tolstoj gelesen.

27. Sonntag

Um 9 Uhr auf. Angezogen. Georg schlief noch. Ich führte Tagebuch. Ein Brief von Cari; sehr herzlich und freundlich. Sie erzählt, dass der Mieter der ersten Etage in ihrem Haus ihr zu Weihnachten einen Marzipankuchen geschickt hat. Ich erschrak. Aber mein Kindlein werde ich schon richtig behandelt haben. Verdächtig ist nur, dass der Brief plötzlich sehr freundlich ist. Führte Tagebuch und freute mich aufs Frühstück. Nachher mit Georg hinausgefahren in die Heide nach Blankenese. Wir sahen die Elbe, gingen bei schönem, kaltem Wetter lange spazieren; ich ärgerte mich über die Gleichgültigkeit von Georg, wurde traurig, weil ich merkte, dass mir hier doch keine Hilfe kommt. Wir aßen im Restaurant „Manuskript“ Fische, erzählten uns etwas, sahen auf die Elbe, fuhren dann nach Hause zurück und waren dort um 4 Uhr. Ich spielte noch etwas Tristan[117] und war sehr traurig.

Dachte sehnsüchtig an mein Kindlein, trank Kaffee, war traurig, weinte beinahe, als ich sagte, dass mir gar nicht zu helfen ist und entschloss mich, Dienstagmorgen abzureisen. Es ist schrecklich, meine Hand zitterte. Ich weiß nicht, was ich machen soll. Ich fühle meine Vernichtung. Käme ich nur erst heraus, wäre ich bei meinem schönen Kind. Abends spielten Fräulein Eisler und ich auf zwei Klavieren eine Romanze von Mozart, die wunderschön war. Georg stand ergriffen dabei. Es ist schön. Wir gingen spät zu Bett. Ich fühle mich durch die Gleichgültigkeit von Georg oft geknickt.

28. Montag

Schlief todmüde bis 10 Uhr. Dann fuhr ich mit Georg bis zum Dammtor-Bahnhof, besorgte mein Gepäck, telegrafierte Cari, fuhr hin und her, trank eine Tasse Kaffee in der Stadt, traf dann am Rathausmarkt um 2 Uhr Frau Eisler; wir gingen zusammen zum Mittagessen. Der alte Eisler war ein großartiger Kerl. Georg kam dann auch. <Ich> sah zwei Cousinen von Georg, unheimlich kluge und gescheite Mädchen. Nachher kam Georg. Wir gingen auf sein Zimmer, lasen herum. Nach dem Abendessen im Wohnzimmer; sehr schön mit dem alten Herrn Eisler unterhalten. Ich verzichtet schon ganz darauf, etwas zu bekommen, und nachher sagte mir Georg, sein Vater hätte ihn gefragt, ob er mir Geld geben soll. Ich nahm nichts, weil Georg mir etwas versprach. Der Alte ist ein großartiger Kerl. Wir unterhielten uns bis 2 Uhr. Prachtvoll.

---

117 „Tristan und Isolde“, Klavierauszug der Oper von Richard Wagner.

29. Dienstag
Um 6 1/2 auf; Georg stand auch auf, Fräulein Eisler auch; das tat mir gut. Ich fuhr mit Georg zum Dammtor-Bahnhof und fuhr dort ab. Traurig. Habe Georg sehr lieb.

Die 3 Versuchungen, die Christus zu bestehen hatte, sind 3 Versuchungen, die jeder wesentliche Mensch jeden Tag erlebt: Aus Stein Brot machen, d. h. seine Kraft dazu missbrauchen, Geschäfte zu machen; sich von der Zinne des Turmes stürzen: d. h. sinnlose Affekte machen, und schließlich und vor allem: jeder noch so arme Teufel kommt zu einem und sagt: dies alles will ich dir geben, wenn du niederfällst und mich anbetest. Jede Frau zeigt einem ein paar Lüste und sagt dann: Das will ich dir geben. Jeder alte Mann, der sich einem als väterlicher Freund aufdrängt, [letzte Halbzeile dieser Seite nicht mehr erkennbar.]

Es ist sonderbar: Heute sagt man „Wert" (Weininger[118] *hat es aufgebracht); es heißt dasselbe wie Seele usw. Nur die >soziologische< Struktur ist eine andere, weil die (mehrere Wörter nicht deutbar). Früher sagte man Kraft. Das ist psychologisch >interessanter Natur<; man sollte ein anständiger Mensch darüber nachdenken.*

Lebe der Unauffälligkeit.

Es gibt keinen einzelnen Fall, [Rest nicht lesbar.]

Ein Gesicht, das nicht durch sich von Grund sich gestaltet hat, sondern durch die beständigen Bemühungen, den Kneifer darüber zu schieben, „das Monokel" auf der Nase zu behalten, symbolisch für das Schicksal der meisten Menschen.

29. Dienstag
Eine junge verheiratete Frau, die mir im Coupe gegenübersitzt, sagt zu einem sehr artigen und netten Mann: Es ist doch eigentlich schön, dass die Soldaten so tapfer im Krieg aushalten. Den Namen dieser Frau konnte ich nicht ermitteln. Um 1/4 9 sah ich die Sonne aufgehen wie eine Opferflamme über der weiten Lüneburger Ebene. Die junge Frau mir gegenüber sah sie auch. Ihren Mann machte sie darauf aufmerksam; sie sieht mich feindlich an.

Georg Eisler sagte: Das Schlimmste ist, dass man sich mit Fritz nicht mehr verständigen kann. Man kann es nicht mehr bereden, nicht mehr verschweigen, wenn man etwas getan hat, was einem nicht gefällt.

---

[118] Carl Schmitt schreibt eindeutig Weininger, meint aber wohl Nietzsche.

Fuhr mit einem Matrosen und einem netten westfälischen Marine-Infanteristen. Wir unterhielten uns, ich las das Buch von Käthe Asch, rasierte mich im Zug, fuhr an Dülmen vorbei, kam um 3 Uhr in Köln an und wurde von Cari abgeholt. Das Kind; ganz bleich und krank vor Sehnsucht nach mir. Wir gingen auf ihr Zimmerchen; tranken Tee, unterhielten uns schön, beschlossen, nach Düsseldorf zu fahren und liefen schnell zur Bahn. Aßen im Pschorr zu Abend, dann ziemlich schnell zum Hotel Prinz Alexander. Ich freute mich, mit meinem Kindlein mal wieder eine Nacht zusammen zu sein. Es war herrlich. Liebe, schöne Cari. Aber ich habe immer das Gefühl des nahen Todes, der über uns allen schwebt, und dachte an den lieben Eisler.

30. Mittwoch

Wir schliefen bis 1/2 10, zogen uns langsam an, frühstückten, gingen dann zum Wohnungsnachweis und Cari ging allein Wohnung suchen. Ich holte unterdes meine Briefe ab. Es war ein schöner langer Brief von Calker da, eine Karte von Georg Eisler und ein Brief von Rechtsanwalt Junker, dass die Sache in Köln auf den 12.1.15 vertagt ist. Mittags traf ich Gross im Oberlandesgericht, wo ich die Korrekturen des Aufsatzes von Eisler[119] durchsah. Ich freute mich sehr, dass der Aufsatz schon gedruckt ist. Um 1/2 2 war meine liebe Cari vor meiner Wohnung; wir aßen auf meinem Zimmerchen zu Mittag, ich mietete das Zimmerchen noch bis zum 15. Januar. Nach dem Essen suchten wir Wohnungen in der Zietenstraße und im Norden. Schrecklich. Wir waren ganz verzweifelt über diese Trostlosigkeit, dass wir kein Geld haben. Tranken Kaffee bei Müller in der Klosterstraße, gingen dann zum Bahnhof. Ich wurde auf einmal böse, dass mir die Zeit so verloren geht, und brach in heftige Verwünschungen aus. Mein liebes Kindlein weinte. Ich bin ein roher Mensch. Allmählich beruhigten wir uns. Aßen bei Ulrich in der Gustav-Adolf-Straße zu Abend. Um 7.30 fuhr mein schönes Carilein nach Köln zurück. Ich ging nach Hause, brachte das Gepäck davon. Dann zum Geheimrat, wo ich ihn selbst, seine Schwester, Fräulein Kühl und den Justizrat Flöth traf. Wir sprachen über den Krieg. Ich halte diese Atmosphäre nicht aus, wurde traurig und böse. Ich darf nicht mehr hingehen. Um 1/2 10 ging ich kühl nach Hause, las noch im Bett das Buch von Käthe Asch und schlief ruhig ein.

31. Donnerstag

Schlief bis 1/2 10. Brief von Georg, schön, lieb. Ich kann mich auf ihn verlassen. Ging langsam zu Haas, plauderten schön, erkundigte mich nach dem Kraftwagendepot. Hier <sah ich> ein Inserat: lief, fuhr zum Schlachthof hinaus, erfuhr aber dort nichts Rechtes. Mittag's zu Hause. Dann zum Ratinger Tor; Gross

---

[119] Siehe S. 15, Anm. S. 40.

getroffen; wir tranken Kaffee im Corso und ich las seine Relation durch. Sie ist ausreichend, aber nicht großartig. Ich kann mir gar nicht denken, dass ich im Examen durchfalle. Bekam von Gross 225 Mark. Er hat alles schön besorgt. Fuhr um 4.14 nach Köln. Im Zug traurig. Ich habe an Jupp geschrieben, auch an Frau Calker. In Köln trank ich schön Tee bei meinem lieben Carilein. Sie ist hinreißend lieb und schön. Wir freuen uns zusammen, ich schrieb dann Briefe an Calker, Eislers, ein paar Neujahrskarten. Wir aßen zu Abend, Cari hatte Schnitzel und Gemüse gekocht; das liebe Kind. Um 9 Uhr ging ich dann und fuhr nach Hause. Schrieb in der Bahn an Georg einen Brief. Zu Hause unternehmend und stolz. Ich werde schon leicht keck. Es ist noch schöner. Vor wem soll ich denn noch eigentlich bange sein? Fröhlich ins Bett.

Januar 1915

1. Freitag

Bis 10 Uhr im Bett; schön geschlafen. Munter auf, fröhlich zur FS-Bibliothek. Ich fühlte mich gestärkt durch die Reise nach Berlin und Hamburg und durch die vielen Bekanntschaften und Freunde, die ich dort habe. Unternehmend, voller Pläne, zukunftsfreudig; nur den Geheimrat muss ich meiden. Er bringt Schmutz und Dreck in mein Leben.

Das Anti = Bordell, das Anti = Schaf, die Anti = Hure, das Anti = Rindvieh, das Anti = Schwein.

Mit jedem Franzosen, Slawen, Tschechen, Italiener kann man Mitleid haben. Alle haben etwas Weinendes, Kindliches; nur mit einem Engländer oder einem Deutschen kann ich kein Mitleid haben.

Ich gehe Sonntagnachmittags über die Straßen, denke über die Menschen nach, erkenne den Mechanismus, mit dem sie regiert und unterjocht werden, so dass sie artig Sonntagnachmittag spazieren und werktags zur Fabrik oder zum Kontor gehen und sich zu Millionen von einigen dreisten Gewaltmenschen mit Füßen treten lassen. Und so fühle ich mich als balzac'sche Figur[120]. Aber irgendwie muss sich mein Bedürfnis zu einem großen Werk und einer großen Tat doch einmal äußern.

[120] Honoré de Balzac (1799–1850), frz. Schriftsteller. Seiner Ansicht nach ist eine Generation ein Drama und nur der von der Energie unterstützte Wille zur Macht ermöglicht den Sieg des Individuums.

K. Asch hat Fourier, diesen absonderlichen Schwärmer, in ein System gebracht, d. h. sie hat ihn dem gebildeten Menschen von 1913 mundgerecht gemacht und dabei bewiesen, wie gebildet sie selber ist und wie gescheit und klug.

Rosenbaum: Hunderttausend gescheite Sachen, alles richtig, ohne Fehler, einwandfrei. Und doch alles überflüssig und egal.

Ich blieb bis 1/2 1 in der Fach-Bibliothek am Hofgarten, aß zu Hause zu Mittag. Es ist kalt im Zimmer, sah, dass nachmittags die Bibliotheken geschlossen sind, lief in der Kälte herum; ich weiß wirklich nicht, wo ich hingehöre. Trank Kaffe im Café Cornelius vor lauter Verzweiflung, ging über die Rheinbrücke nach Oberkassel, sah einige Häuser an und war traurig und doch wieder hoffnungsvoll. Aber zum Aushalten ist das Leben wirklich nicht. Las in der stinkigen Bibliothek an der Bleichstraße Zeitungen. Ekelhaft; die Blätter zur Bekämpfung der öffentlichen Unsittlichkeit und ekelhaften Schweinereien (ich habe mittags den Geheimrat Fervers im Hofgarten getroffen. Der ist auch so ein Naturschwein). Lief dann mit kalten Beinen herum, schrieb zu Hause einen Brief an Cari, dann trank ich im Café Industrie eine Tasse Kaffee und aß ein Butterbrot dazu. Aufgeregt nach Hause, gleich ins Bett. Gelesen und geschrieben. Masochistisch. Ich werde noch einmal dafür gestraft.

2. Samstag

Schlief bis 8 Uhr, im Bett bis 9. Ich finde einfach den Entschluss nicht mehr. Ich sterbe noch einmal an der Wut und Aufregung darüber. Oft unterschiebe ich mir falsche Macht: ich meine, es sei schon Angst oder dergleichen. Aber nein. Ich bin zu faul oder mein Intellekt hat meinen Verstand paralysiert. Ich kann nichts mehr tun. Ich bin fertig. *Ich kann nur noch Tagebücher führen.*

Ich fuhr um 10 Uhr zum Immobilien-Automobil-Depot. Es wurde mir auf dem Büro gesagt, es sei ausgeschlossen, dass die Militärverwaltung versichert, sie werde einen auf dem Wagen, den man stellt, fahren lassen. Traurig um. Dann in die Grünstraße. Merkwürdigerweise ohne dass ich wusste wie, *miete ich sofort die Wohnung* von Boos. 85 Mark, ungeheizt. Ich Kamel. Als der Kontrakt unterschrieben <war>, kam ich mir auf einmal als Bankrotteur, Schwindler, Hochstapler vor. Für wie viel Geld tue ich das? Nur meiner Frau wegen. *Es kostet mich mein Leben, meinen Frohsinn, meine Sorglosigkeit, diese Frau; es ist die schändlichste Form der Sklaverei; ich bin nichts mehr, kann nichts mehr tun als Tagebuch führen. Ich bin vernichtet, jedenfalls entschlusslos, unfähig und schmeiße das Geld mit vollen Händen hinaus für alle möglichen dummen Kitschereien meiner Frau. Ich halte es nicht aus. Ich schieße mich tot; dann ist die Sache erledigt. Mit den Plakaten fing es an; was habe ich nicht für Geld ausgegeben. Viel Geld ist einfach hinausgeschmissen worden. Es ist rein zum Verzweifeln. Ich für mich würde gern in einem Dachstübchen herum-*

hocken. Früher kam ich mit 130 Mark im Monat aus und war dabei fröhlich. Heute brauche ich 500 Mark und bin ein elender gebrochener Mensch, jedes Entschlusses unfähig und nur gelegentlich in eine sinnlose, alle meine Lebenskräfte verschlingende Wut geratend. (Wiedergelesen 21.1.27).

Ich aß traurig zu Hause zu Mittag, ging dann zur Bibliothek und las die „Rheinlande". Möchte an Schäfer schreiben. Alles egal. Alles vergebens. Ich kann einfach nicht mehr. Die Hände sind mir müde. Mir gehorchen die Muskeln nicht mehr, oder vielmehr die motorischen Nerven. Meine Muskeln funktionieren noch so ziemlich, aber meine motorischen Nerven nicht.

Im Ernst, warum soll ich mich nicht totschießen? Bald sterbe ich doch. Der kurze Schmerz ist schnell überwunden; ich bin die Sache los. Eisler ist doch auch tot.

Abends um 6 Uhr ging ich nach Hause. Es war kein Brief da. Dann kaufte ich Freimarken, aß etwas im Automaten, ging dann ins Kino, „Spartakus" sehen. Unverschämte, unglaubliche Kitschigkeit und Verballhornung des großartigen Themas. Empörend. *Ich ging nach Hause. Zu Hause glaubte ich plötzlich, wahnsinnig zu werden. Ich <stellte> zur Rede: Du hast mich um 2 Jahre betrogen, jetzt stehe ich da mit leeren Händen; ich opfere 1/3 meiner Intelligenz und über die Hälfte meiner Nerven nur dazu, die Dummheiten wieder gutzumachen, die deine Kindereien in die Welt setzten. Dafür also habe ich gelebt, damit ich so elend hier stehe, Wut über die kleinlichen Scherereien im Herzen für nichts und wieder nichts.*

Und was regt mich dann so furchtbar auf? Ich denke mir, es gibt bestimmt wieder Streit zwischen Cari und der Hausmeisterfrau in der neuen Wohnung. Es ist gänzlich unmöglich, dass das gut geht. Die Frau macht sich Hoffnungen (die ich ihr in den Kopf gesetzt habe), und wenn sie dann enttäuscht wird, ist der Krach da. Cari will am falschen Ende sparen, will ein paar Groschen herausschlagen, die Treppe wird nicht beleuchtet, das Proletenweib dreht die Lampe aus oder macht sonstige Scherereien, ich kriege einen Rentenprozess, den ich verliere, und muss arbeiten, um die Rente zu beschaffen, gehe bankrott; das ist dann das Ende: das Leben des Dr. Carl Schmitt; er stirbt an den Albernheiten seiner Frau.

Und wie gemein ist das alles von mir gedacht; muss ich nicht abwarten, was kommt? Bin ich nicht ein gemeiner Prolet, dass ich so mit meiner Frau schimpfe und meine Vorwürfe formuliere. Ich durchschaue jetzt die Gemeinheit von Weininger und Strindberg, die ihre Wut an der Frau auslassen, ohne zu bedenken, dass jede Wut nur aus dem Wütenden selber kommt, und alles braucht einen Vorwand, aller Wut <ist die> Schuld des Wütenden voraussetzt.

Wie lange soll ich das noch aushalten. Ich fühle ganz deutlich, dass ich an dem Punkt stehe, überzuschnappen. Es geht nicht mehr lange gut. Jetzt, da ich allein bin, mag es noch so hinlaufen; aber wenn ich mit Cari zusammenlebe, beginnt sie zu weinen; dann habe ich Mühe, sie zu besänftigen, dann ärgere ich mich über die damit verlorene Zeit und so hat der Zank kein Ende. Eines Tages sind wir dann beide tot. Schauerlich. Das ist ein Leben.

Soll ich nicht lieber ein ruhiger, guter, erhabener Mensch werden und für mein schönes Kindlein sorgen? All meine Befürchtung, die Ausmalung etwaiger Prozesse und Skandalszenen, sind doch nur Beweise meiner proletenhaften Furcht und Angst, die ich doch niemals dadurch überwinde, dass ich mir sorgfältige und ruhige Verhältnisse schaffe. Schlief endlich abends ein. O Gott, hilf mir.

3. Sonntag
Morgens um 8 Uhr geweckt, aber ich stand erst 20 vor 9 auf. Immerhin früh genug. Ich war fröhlich beim Waschen, beobachtete mich sehr genau. Nach dem Frühstück gleich zur Bahn (überlegt, ob ich nicht schließlich doch mal zum Geheimrat gehe); nach Gladbach gefahren. Im Zug ein Mädchen, Hertha Kranes, Aderstraße 71 II, rauchte Zigaretten und machte dumme Witze; aber dabei leicht zu beeinflussen und in Respekt zu versetzen. In Gladbach ging ich erst bei Neuhofer vorbei, traf seine Mutter zu Hause, eine dumme, quatschige Bürgersfrau. Dann kam er selbst und seine Frau, eine affektierte, wichtigtuerische Gladbacherin, die sich krampfhaft bemühte, die unbefangene Engländerin(?) zu markieren. Ich ging dann zu Arthur Lamberts, wurde freundlich aufgenommen, sprach nett mit dem alten Lamberts; wir aßen zu Mittag. Nachmittags mit Karl gesprochen, der wütend auf seinen Vater ist und sich beklagt, dass dieser ihm die Existenz vernichtet habe, da der Vater lieber sehe, wie sei Sohn faulenzend herumliegt, als dass er selbständig auftrete und seinen Weg gehe. Also überall dasselbe. Nachher mit Ernst, der viel milderen und feineren Erwägungen zugänglich scheint, während Karl durch sein ausschweifendes Leben offenbar verkommen ist. Ich ging um 1/2 4 zu Neuhofer, sprach dort 2 Stunden lang mit dem Konsul, eine nette Unterhaltung, die Frau kam und erzählte, sie liebe Schauspieler, aber kluge Leute würden nicht heiraten. Es ist schrecklich, was sich der arme Neuhofer gefallen lassen muss. Fuhr dann nach Hause, im vollen Coupé dachte nach und machte mir Mut. Aß im Café Industrie zu Abend billig ein Butterbrot mit Zunge; dann zur Fach-Bibliothek. Ich weiß nicht, was ich mir wünschen soll, aber ich bin todtraurig. Hätte ich nur einige tausend Mark. So muss ich sehen, was ich anfange.

Geh deines Weges und lasse die Leute reden. [121]

Aber ich brauche andere Menschen; ich werde traurig, wenn ich mit jemandem gesprochen habe. Ich lebe davon, dass ich mit fremden, sympathischen Menschen umgehe; deshalb halte ich es nicht lange aus ohne einen größeren Kreis von Bekannten.

[121] Siehe S. 213, Anm. 53.

4. Montag

Um 8 1/4 auf, Gott sei Dank, ich fühlte mich mutig, als ich mich gewaschen hatte. Brief von Jup. Er ist gesund in Wiesbaden und wird nächstens ausrücken. Und ein Einschreibebrief von Däubler, der mir zwei Sänge[122] schickt. Zum Oberlandesgericht; dort herumgelesen, nicht viel getan, etwas repetiert. Ich komme nicht in Schwung. Mittags zu Hause gegessen. An Fräulein Eisler und Karl Lamberts Nummer der Kriegsflugblätter des Simplicissimus geschickt. Dann im Cornelius Kaffee getrunken; Wiener Zeitungen gelesen. Zur Landesbibliothek und dort sehr bequem, aber nett gearbeitet; repetiert, gelesen, die schöne Darstellung des deutschen Durchbruchs in Polen in der Frankfurter Zeitung. Morgen früh kommt mein Carilein. Ich freue mich sehr darauf. Aber ich habe viel zu wenig Geld, um uns einzurichten. Ich erschrecke: Jetzt muss ich jeden Monat 85 Mark Miete zahlen! Woher soll ich die nehmen. Ich habe also gar kein Gottvertrauen und bin ein lächerlich schlechter Mensch. Aß zu Hause zu Abend, ging dann zur Fach-Bibliothek, besah illustrierte Zeitungen.

Szene für ein Drama: Die dicke Bürgersfrau im Restaurant; begrüßt liebenswürdig mit einem selbstgefällig grinsenden Gesicht einen Mann, der interessiert auf sie zugeht und sie im Eifer auf die Füße tritt. Ein grässliches Geschrei, und alle Liebenswürdigkeit ist verflogen.

Oder: Ich sage zu einem anderen: Pass auf, das ganze Mittagessen ist eine lächerliche Formalität. Erst tun sie das, dann sagt der das usw., und dann kommt das auch wirklich so.

>Geschichten< wie >die< von Kain und von Abel von Unwiderleglichkeit eines alten Weibes oder eines alten Propheten.

Warum ärgert mich immer das Unwiderlegliche? Du möchtest sie also widerlegen? Oder selbst widerlegt werden! Da weiß man doch, was man will.

5. Dienstag

Morgens um 7 1/4 auf (gestern Abend habe ich mich schon rasiert). Zur Bahn, mein Kindlein abgeholt; wir waren beide tief traurig wegen des leidigen Geldes. Ich war unbeherrscht. Aber wie schön, ergeben und treu ist meine Cari. Ich bin ein schlechter Mensch. Wir gingen zuerst zu der neuen Wohnung, wurden allmählich munter und fröhlich, denn sie ist sehr hübsch und schön. Cari maß die Gardinen ab, beim Installateur bestellten wir die Gaslampen (die sehr teuer sind), dann besahen wir Möbel, ein schönes Schlafzimmer, gebraucht, für 450 Mark; eine großartige Gelegenheit. Ich ärgerte mich oft über Cari, weil sie gar keine Ahnung von den Preisen hat. Aber sie kann handeln; das ist gut. Meine Angst vor den Menschen ist unsäglich lächerlich. Mittags aßen wir zu Haus,

122 Zwei Gesänge von Däubler, vermutlich aus den „Hymnen an Italien“.

dann tranken wir Kaffee im Café Cornelius, Cari besah weiter Möbel, Gardinen usw. ich ging in die Bibliothek und wartete dort auf sie, arbeitete etwas und war traurig. Um 5 Uhr kam das liebe, arme Kind, todmüde und abgehetzt. Ich bestellte Hebbels Genoveva[123], erbaute mich daran, wir aßen zusammen zu Abend im Kaiserhof, nur eine Kleinigkeit, weil ein übler Kellner da war. An dem Tisch nebenan saßen Soldaten, einer, der anscheinend für einen Philosophen unter ihnen galt, sprach von Goethe und Nietzsche. Die ganze Szene war strindbergisch. Wir kamen uns vor, wie in einen Spuk verwickelt. Ich brachte mein Kindlein zur Bahn und nahm mir vor, zum Geheimrat zu gehen, um Geld für unsere Wohnung zu bekommen, denn wir haben viel zu wenig. Ging also hin, es war Besuch da. Ich entschloss mich aber und trat ein. Der Dr. Goussens saß da. Ich erzählte, unterhielt den Geheimrat gut, erreichte es, dass er mit mir aufblieb. Wir sprachen vom Krieg, er politisierte und setzte auseinander, dass die Österreicher Slowenien und die Russen Konstantinopel haben müssen; ich gewann ihn wieder gern, aber ich wagte nicht, von meiner Sache zu sprechen. Ich sah nur, dass er mich anscheinend selbstverständlich noch gern hat. Aber es ist ihm nicht zu trauen. Schließlich tranken wir sehr schönen Moselwein; um 3 Uhr nach Hause, zu viel getrunken. Aber es ist für mein Kindlein. Bloß leben!

6. Mittwoch

Todmüde, geschlafen bis 10 Uhr. Dann schnell angezogen, um nach Neuss zu Gross zu fahren. Darauf freue ich mich schon wieder. Fuhr schön mit der Elektrischen, arbeitete etwas an den zwei Sachen, die ich vom Geheimrat bekommen habe. Traf in Neuss Gross, kaufte etwas Schokolade für seine kleine Schwester. Wir sprachen über juristische Dinge, aßen zusammen zu Mittag. Ich war bescheiden und sah, wie beängstigend dumm die Frau Gross ist, klein und verbürgert, noch unangenehmer als meine Mutter. Ich war noch müde von gestern. Nach dem Essen sprachen wir auf dem Zimmer von Gross. Ich beneide ihn um die Ruhe, mit der er arbeiten kann. Angst vor seiner Konkurrenz. Um 3 Uhr Kaffee; sehr schön. Dann nach Düsseldorf zurück; todmüde in der Bahn geschlafen. Zum Geheimrat; meine Sachen bearbeitet, und >dann< kam er herunter. Ich wagte nicht, von meiner Sache zu sprechen. Wir aßen zusammen zu Abend. Ich ging früh nach Hause. O Gott. Zu Hause eine Karte von Jup: er ist heute morgen um 11 Uhr ins Feld ausgerückt und schreibt: Auf Wiedersehen, lieber Carl. Brief von Georg Eisler; ich soll eine Summe angeben, die sein Vater mir schicken will. Wie schön. Gleichzeitig eine Zeitung, in der der Tod und das Grab von Fritz Eisler beschrieben ist. Ich weinte. Ging zur Bahn, schrieb im Wartesaal III./IV. Klasse an Cari und Georg. Dann traurig und müde nach Hause.

---

123 Christian Friedrich Hebbel (18013–1883), dt. Dramatiker; „Genoveva", Tragödie, 1843.

7. Donnerstag

Um 8 1/4 auf, schnell angezogen, zum Gericht. Eine Sache bearbeitet. Um 1/2 12 zum Geheimrat, der aber Besuch hat. Wurde mit der Sache nicht fertig, es war auch nicht nötig. Wir aßen zusammen zu Mittag. Die Hammenstede ärgerte mich. Todmüde. Scheußliche Person. Es stinkt beim Essen. Aber ich muss aushalten. Nach dem Essen hätte ich es gut anbringen können, aber ich war zu entschlusslos. Das Haus vergiftet mich. Sprach mit dem Geheimrat über alle möglichen Dinge. Er ist ein Prolet und im Grunde ohne jedes Interesse; wer so frisst und säuft, muss das sein. Armes, schönes Carilein. Also morgen früh werde ich es sagen. Ging traurig nach Hause. Ich habe heute morgen einen schönen Brief von Georg Eisler und einen schönen Brief von Cari bekommen. Wohnten wir erst zusammen; hätten wir erst das Geld. Ist es denn so viel? Müde zur Regierung, eine Steuersache für den Geheimrat bearbeitet. Dadurch wieder munter geworden. In der Landesbibliothek fleißig nachgelesen. Es geht schön vorwärts. Fühlte mich wieder stark. Zu Hause zu Abend nach dem Essen eingeschlafen. Um 1/2 9 zur LG-Bibliothek.

Brief an Däubler.

Es staut sich jetzt in ganz Europa eine ungeheure Menge pathologischer Affekte auf, so dass vielleicht in schon ganz kurzer Zeit eine Wahnsinnsepidemie über die Völker hereinbricht und wir uns alle nicht mehr wiedererkennen werden. Dann kommt ein Flagellantentum, dessen Umfang und Wert sich zu dem des Mittelalters verhält wie ein moderner Millionenkrieg zu einer Prügelei der Landsknechte. Die allgemeine Trägheit und Kleinlichkeit, die man heute beobachten kann, erklärt sich nur als Angst vor diesem Ausbruch, als eine letzte, schwächliche Weigerung, von der jeder fühlt, dass sie nichts hilft und die deshalb so kläglich und abstoßend wirkt.

8. Freitag

Morgens früh aufgestanden, damit ich um 1/2 9 beim Geheimrat sein kann. Schöner Brief von Georg Eisler. Traf ihn guter Laune, frühstückte, der Justizrat Salomon aus Koblenz kam und frühstückte auch; die Dienstboten benahmen sich frech gegen mich, wahrscheinlich weil ich ihre Unhöflichkeit nicht zu Neujahr mit einem Trinkgeld honoriert habe. Schließlich, um 10 Uhr, wurde es mir zu dumm, ich packte den Geheimrat und erklärte ihm, ich habe eine Wohnung gemietet und Möbel gekauft. Er meinte, wenn ich doch Cari doch nie gesehen hätte! Ich war aber sehr guter Laune, fühlte mich stark und lachte fröhlich. Schließlich besiegte ich ihn (zum Glück war die Hammenstede verreist), er wollte mir das Geld geben und sogar morgen die Möbel besehen. Ich war munter, befragte den Rentmeister zwei Stunden lang, fühlte mich stark und überlegen, informierte mich gut. Mittags zum Essen beim Geheimrat, ein opulentes Essen, denn der Geheimrat >Goussens<, ein Freund des Geheimrats, war da, ein Hauptmann, gleichgültig, polternd, aber entsetzlich beschränkt und ohne jeden Horizont. Wie ist das möglich, dass es so etwas gibt. Mir war ganz schlecht. Dabei tat mir der Mensch leid. Ich fühlte instinktiv, dass ich sehr vorsichtig sein musste, war es auch. Nach dem Essen ging ich Kaffee trinken, dann zur Bibliothek und machte den Schriftsatz, während ich dazwischen Bab und Shaw las. Er hat viele Gedanken von mir, er muss mein Buch wohl verstehen. Aber er ist doch ein unbedeutender, unbeholfener, schulmeisterlicher Mensch. Ich durchschaue ihn und bin nicht mehr vor ihm bange. Zu Hause gegessen, Wasser dazu getrunken, dann in die Bibliothek, langsam meine Steuersache erledigt. Nach Hause, im Bett noch lange Bab gelesen, mich an Shaw erbaut und seinen Optimismus, in dem Mut zur Realität.

9. Samstag
Um 7 Uhr auf, etwas getan, nicht viel. Zum Geheimrat, schnell geschrieben. Aber mein Eifer erlahmt, sobald etwas noch nicht ganz fertig ist. Also von dem Besichtigen der Möbel ist nicht die Rede. Das ist doch zu dumm. Geärgert, enttäuscht, konnte nicht mehr arbeiten. Ging um 11 zur Bibliothek, Las herum, Kerr[124]. Nun ja, erschrak vor dieser abgründigen Unfähigkeit zur Positivität, erinnerte mich an Eisler, der ist aber noch routinierter. Jedenfalls ist diese Art Witzigkeit in den „Schattenrissen“ deutlich, das macht mir große Freude. Telefonierte <mit> dem Möbelgeschäft: die Möbel sind noch da. Gott sei Dank. Da war ich auf einmal wieder froh, als ob ich jetzt gerettet sei. Es ist zu dumm von mir. Tat nichts, las Kerr; mittags zu Hause, dann zum Café Cornelius, lange gesessen, zum Gericht.

Allein in Köln. Las O. E. Hartleben[125], sehr amüsant, und dachte mit Schrekken an Cari und wie ich sie kennen gelernt habe. Ich bin doch ein haltloser Mensch. Aber ich finde, eigentlich habe ich wieder Glück. Ich fühle mich in der Tat zu alt, noch mit Mädchen herumzulaufen und sie in mein Zimmer zu nehmen oder auf ihre Zimmer zu gehen; also ist es für mich das passendste, wenn ich meine Sensationen einmal im Jahr suche. Und wenn ich reich verheiratet, wäre ich doch der Betrogene. Mein Instinkt hat mich nicht verlassen. Es

---

124 Alfred Kerr, eigtl. Kempner (1867–1948), dt. Schriftsteller und Theaterkritiker. Ab 1890 Veröffentlichungen von Theaterkritiken und Essays in Zeitschriften und Zeitungen, ab 1900 v. a. im „Tag“, ab 1919 im „Berliner Tageblatt“, 1912–1915 Mitarbeiter und Hg. der avantgardistischen Zeitschrift „Pan“, Förderer von H. Ibsen und G. Hauptmann, 1933 Emigration.

125 Otto Erich Hartleben (1864–1905), dt. Lyriker, Dramatiker und Erzähler, studierte Jura; Referendar, dann freier Schriftsteller, der zunächst im Stil des Naturalismus geistreich-ironisch die engen Moralvorstellungen des ausgehenden 19. Jahrhunderts verspottete, später tief pessimistisch gestimmt, mit seiner Offizierstragödie „Rosenmontag“ 1900 großen Erfolg hatte. Ausgewählte Werke in 3 Bdn., hg. F. F. Heitmüller, Berlin 1909.

wird schon gut gehen. Nur nicht pathetisch werden. Ging beim Geheimrat vorbei; es war Besuch da. Mir wurde schon ganz schlecht. Nach Hause; zu Hause gegessen und mich übersatt gelesen an Kerr und diesen Leuten. Dann müde. Ich weiß nicht, was ich anfange und bin entsetzlich faul; tue fürs Examen überhaupt nichts. In der LG-Bibliothek, herumgelesen und wieder nach Hause.

Wie die Menschen vor hundert Jahren überhaupt daran dachten, dass man Gebirge und hohe Berge besteigen kann, so <weiß das> Publikum von heute, auch die Besten von ihm nicht, welche sensationelle Sache es ist, sich in das Nordlicht von Däubler hineinzulesen.

Kerr, vergl. die Eintragung 6. VI.[126]

Sesam öffne dich!

Ich lese abends im Bett über Strindberg und sehe, was für gemeine, rücksichtlose Proleten das waren und wie ihn die Manie, in Büchern zu schimpfen, sich zu rächen, den Gipfel aller Gemeinheit darstellt; und an die Güte und Anständigkeit solcher Menschen habe ich einmal geglaubt!

Als ich noch ein armer, gläubiger Knabe war und der verschämt der Aufdringlichkeit eines Wagnerianers (wie der Herr, so's Geschärr) erlegen war, glaubte ich an Wagners Größe und Bedeutung und erschrak bei dem Gedanken, dass es überhaupt möglich gewesen ist, einen so großen Mann jahrzehntelang niederzuhalten. Heute, wo mir Wagner als ein unerhört überschätzter Wichtigmacher erscheint, erschrecke ich bei dem Gedanken, dass es möglich <gewesen ist, dass> dieser Mensch sich nicht durch die Größe und Bedeutung seiner Kunst, sondern nur durch seine Kraft und Rücksichtslosigkeit gegen so intelligente und hellsehende Beurteiler durchsetzen konnte.

Szene: Ein junger Mann im Zimmer. Geht herum, grunzt, schneidet Grimassen; dann arbeitet er wieder etwas. Dann sagt er zu sich: Schmitt, sei fleißig.

Der Mann braucht eine Mutter, eine Frau, eine Tochter. In meinem Kindlein habe ich alles drei zusammen. Es hat seine Vorteile, die 3 verschiedenen Funktionen auf 3 verschiedene Frauen zu verteilen. Das hat namentlich den Vorteil einer Differenzierung, Vermannigfaltigung. Außerdem ist in schwierigen Situationen ein Rekurs möglich. Für einen vielbeschäftigten, nicht vermögenden Mann, wie ich es bin, hat aber die Personalunion die großen Vorzüge, voraus-

126 Der Hinweis auf Kerr stand in dem von Carl Schmitt 1914 selbst entfernten Teil des Tagebuchs.

gesetzt, dass ich mich auf das eine Fräulein absolut verlassen kann. Ich fühle die Einsamkeit des Gnostikers.

Der Heilige Geist ist kein Skeptikus, schreibt Luther an Erasmus.

Hannappel, Hochland[127], 1907, S. 656: In Babylon identifizierte die mazdäische Theologie Mithras mit dem Sonnengott; er wird zunächst rein lokal ‚Mittler' μεσίτης zwischen Himmel und Hölle; die Monatsmitte, der 16. Tag, ward ihm geweiht. Noch heute heißt in Persien dieser Tag Mithri. Die chaldäischen Magier Babylons erheben weiterhin Mithras zum ‚Mittler zwischen dem unerreichbaren, unbegreiflichen Gott, der in Himmelsferne wohnt, und der Menschheit, so auf Erden lebt und duldet,' er wird zum christlichen Logos, [Zitat Ende]

„Als ob"[128] und „Vertretung" (Was der Vertreter tut, wird behandelt, als ob der >Vermittler< es getan hätte).

Gespräch: Die elegante Frau: Wir haben einen prachtvollen Toreador gesehen.

Der Bruder der Frau: Wie kannst du dich in Gegenwart deines Mannes für Toreadors begeistern; dein Mann ist doch wahrhaft keiner.

Die Frau: Mein Mann ist aber ein Toreador der Wissenschaft.

Der kleine Hermann: Irgendwie muss es immer ein Toreador sein.

11. Montag (nachts 3 Uhr vom Geheimrat zurückkehrend)

Jeder Mensch besteht aus mindestens 10 anderen. Auch der Geheimrat. Guter Kerl, aber Moralist. Mehr und ganz gymnasiastisch, konvektoristisch.

Ihringer[129]: Der Schuldbegriff bei den Mystikern der Reformationszeit (Neue Berner Abhandlungen zur Philosophie und ihrer Geschichte) Bern, A. Franke, 1912.

Die griechische Lehre, dass das Böse nur als ein Nichtseiendes aufgefasst werden könne, ist durch Augustinus auch in die christliche Lehre eingeführt

---

[127] Julius Hannappel, Mithras und Christus, S. 656, Exzerpt Zeile 23–29; Hannappel fährt fort: „gar das Glied einer Trias, wie die Bilder ihn darstellen zwischen zwei Kindern mit erhobener und gesenkter Fackel, beide ‚nur eine doppelte Inkarnation seiner eigenen Persönlichkeit'."

[128] Anspielung auf „Die Philosophie des Als-Ob" von Hans Vaihinger.

[129] Bernhard Ihringer, Der Schuldbegriff bei den Mystikern der Reformationszeit. Inaugural-Dissertation der philosophischen Fakultät der Universität Bern zur Erlangung der Doktorwürde, Spamersche Buchdruckerei Leipzig: 1912, 67 S., gleichzeitig als Buch ohne Untertitel erschienen.

worden. Dieser Grundgedanke wurde dann weiter dahin ausgestaltet, dass somit jedes von der Gottheit verschieden Sein, ein Anderssein, somit jene dem Bösen anhaftende Negation enthalte. In dem Anderssein, in der Individuation, die in dem freien Willen des Menschen zum Ausdruck kommt, liegt das Böse. Die Aufhebung der Schuld kann somit nur in der Individualität gelegen sein; in der Vereinigung mit dem wahrhaft Seienden liegt die Befreiung des Menschen. (Exzerpt von Tesar[130] <in> Z. f. d. g. St. 36, S. 244)[131].

10. Sonntag

Um $^1/_2$9 auf, zum Geheimrat; im Zimmer des Rechtsanwalts Schilling herumgesessen und etwas getan. Der Geheimrat hatte Besuch und ließ sich nicht bei mir sehen, obwohl ich meinen Mantel als Zeichen in den Kleiderständer gehangen hatte. Das tat mir leid. Um 1 ging ich essen zu Faber, dann Kaffeetrinken ins Industrie; las bequem die Zeitungen und war sehr unzufrieden mit mir. Dann wieder zum Geheimrat, Hochland gelesen, gefaulenzt. Kriege also doch kein Geld; entsetzlich. Schließlich repetierte ich etwas. Was soll ich tun? Um 7 weggegangen; der Geheimrat hat noch immer Besuch. Ich aß im Automat und ging ins Theater. Der verlorene Sohn von Emil Ludwig[132] (Cohn). Ein schauderlicher Schmarrn. Gemein, ohne jede Spur von Gestaltung, lächerlich, kitschig und dabei langweilig. Ich war munter geworden, aufgelegt sogar; ich konnte mich kaum mehr zusammenhalten: ich habe eine rasende Gier nach einer kolossalen Wirkung. Aber alles egal. Traurig nach Hause, müde ins Bett.

Die 5 Akte eines Stückes: L I E B E.

Das Publikum ist das Geschlecht, das aus dem Dunklen ins Helle sieht.

11. Montag

Um 7 Uhr auf, zur Bahn, Cari abgeholt. Etwas verspätet in der Eile. Traf sie. Sie hatte Falten um den Mund und sah alt aus. Schade. Ich war nicht freundlich. Es regnete, wir hatten keinen Schirm. So warteten wir etwas, dann gingen wir unsere Wohnung. Der Vermieter war schon böse, dass ich wieder wegen des Schlüssels kam. Heftige Rede. Cari weinte. Das arme Kind. Bekomme bei-

130 Ottokar (Otto) Tesar, damals Privatdozent an der Deutschen Universität in Prag.

131 Zeitschrift für die gesamte Strafrechtswissenschaft, 36. Jg., S. 244–251, Literaturbericht. 14. Rechtsphilosophie. Berichterstatter: Privatdozent Dr. Otto Tesar in Prag. Der Rezensent beginnt: „Verf. stellt in klarer Weise den Werdegang des auf griechischer Philosophie fußenden Gedankensystems, das Ethik und Metaphysik verschmilzt, in seiner Umformung durch die Mystik dar". Es folgt obiges Exzerpt.

132 Emil Ludwig, „Der verlorene Sohn", Komödie in drei Akten, S. Fischer, Berlin 1914 (siehe S. 142, Anm. 65).

nahe einen Herzschlag. Ich bin ein Prolet. Sie ging dann allein Möbel besehen, ich ging unterdes zum Geheimrat, der aber im Bett lag und sich nicht sehen ließ. Traurig, verzweifelt, kein Geld, nichts. An Wülfing habe ich gestern mit Angst geschrieben. Mittags traf ich Cari in der Bibliothek. Wir lasen etwas (draußen regnete es), dann gingen wir nach Hause, Mittag essen; nachher Kaffeetrinken im Café Cornelius. Ich wurde wieder gesprächiger und freundlicher. Wir saßen da wegen des strömenden Regens bis 4 Uhr, dann zu Morschhäuser. Die schönen Zimmer gekauft, 580 Mark. Na egal; irgendwie muss ich sehen, wie ich sie bezahle. Dann suchten wir noch einen Ofen, fanden aber keinen. Schließlich aßen wie im Bahnhofshotel zu Abend. *Cari gestand mir, dass sie auf ihr Schreiben an den König sofort vom Justizministerium eine zusagende Antwort bekommen habe.* Ist das nicht großartig? Ich war gerührt von ihrer Zartheit und Schönheit. Ich habe sie unendlich lieb, ich verfluchte den Geheimrat. Brachte sie zur Bahn. Es wurde ihr übel vor lauter Aufregung. Wir blieben noch bis 1/2 9 im Wartesaal sitzen. Ich war munter und kindlich und schrieb immer auf ein Blatt Oskar Miditz vor Freude über das schöne Bett, das wir gekauft haben. Ich ging um 9 Uhr, einer plötzlichen Regung folgend, zum Geheimrat. Er war auf. Ich ging in das Zimmer von Schilling und wartete, bis er mich rief. Er tat das und sah wie ein Richter aus. Ich war aber sehr unbefangen; wir tranken Wein, er rauchte furchtbar. Wir sprachen über die Croysche Bergregalsache. *Ich bekam 500 Mark dafür und Erlass meiner bisherigen Schulden.* Das sei genug für die Arbeit, aber nicht genug für meine Bedürfnisse. Schließlich kommt die Abrechnung: Ich habe 2 große Fehler; ich bin 1. unbescheiden, 2. unwahrhaftig. Alle Menschen klagen über meine Arroganz (ich hatte gerade die Geschichte von Juan-Chi-Kai[133] erzählt). Mir wurde tatsächlich angst. Alle, überall, wohin ich komme, dasselbe. Ich wittere den Bürger, den Proleten. Der armen Cari geht es genauso Aber >ich duckte mich<, stellte mich tot, schweigsam. Von Cari sagte er, sie sei in einem „Tingel-Tangel" gewesen. Schändlich. Ich wurde nicht einmal böse. Hinterher eine wahnsinnige Wut. Er meinte, le pauvre est toujours gueux. Alles schluckte ich hinunter. Hauptsache, dass ich Geld bekomme. Dabei ist mir eklig zumute. Ich hatte eine schreckliche Angst. Wie ist es denn nun im Leben. Ich weiß nur mir ja gar nicht mehr zu helfen. Um 1/2 3 nach Hause. Aufgeregt. Ich gehöre wirklich nicht zu den Karnickeln. Auch der tüchtige, gute Geheimrat: So scheußliche Banalitäten hat er heute Abend gesprochen, dass es unmöglich ist, ihn weiter ernst zu nehmen. Von der Wahrheitsliebe, von der Bescheidenheit, von der Lüge. Schwindel.

12. Dienstag

Um 8 Uhr auf, Ich will den Geheimrat an der Bahn treffen, um ihm zu zeigen, dass ich rechtzeitig aufgestanden bin. Aber er ist nicht da. So ging ich müde zur

---

133 Yüan Shi-Kai, chines. General, war nach der Revolution von 1911 Diktator Chinas.

Gasanstalt, zum Oberlandesgericht; hin- und hergefahren. Nichts getan. Fand am Oberlandesgericht in Liszts[134] <Informationen> eine Besprechung meines Buches vom Staat, kühl referierend, respektvoll. Dann zum Mittagessen; müde, mittags geschlafen bis 1/2 4. Der Briefträger brachte einen eingeschriebenen Brief: ein Scheck über 497 Mark von Wülfing! Großartig. Schickte durch die Post dem Spediteur 66 Mark. Kaufte nichts. Möchte gern schöne Korbmöbel haben. Zur Bibliothek; etwas gearbeitet. Den Geheimrat nicht zu Hause getroffen. Abends im Café Cornelius Zunge gegessen. Dann zum Geheimrat; etwas gearbeitet, Briefe geschrieben, Tagebuch geführt.

Ich las abends Flaubert: Die Schule der Empfindsamkeit[135]. Mir wurde ganz bange vor meiner Romantik und meiner Zerfahrenheit. Aber auch das ist Gehorsam. Ich glaube jeder Predigt, ich gehe immer in mich und komme deshalb nie aus mir heraus. Und die Menschen nennen mich unbescheiden!

Ich ging um 1/2 11 Uhr traurig nach Hause. (Der Geheimrat sitzt im Wohnzimmer und unterhält sich mit dem Bürovorsteher Schwarz; das ist auch ein besserer Umgang. Hätte ich nur erst mal mein Geld.)

Im Bett noch lange Flaubert gelesen und ganz erschrocken darüber, wo ich mich wiedererkenne. Oft Wut, Zerrissenheit, Empörung. Wut über Cari. Und dabei wäre ich ohne Cari ein elender, gemeiner, feister Bürger geworden, wäre dem Geheimrat gefolgt und hätte es fertiggebracht, römisch skeptisch katholisch zu werden. Ich hätte das Geld verehrt (Ich verehre es auch inzwischen), aber ich werde durch unglaubliche Dinge gezwungen, es immer wieder auszugeben; ich weiß nicht, was ich da tue.

13. Mittwoch

Bis 9 Uhr im Bett, müde, traurig. Ich weiß wahrhaftig nicht was ich tue und bin faul dabei, trotz aller Vorsätze. Zog mich an, rasierte mich. Brief von dem Rechtsanwalt aus Köln: Termin zur Verkündung einer Entscheidung ist auf den 26. Januar bestimmt. Die Strafakten sind adhäriert[136]. Angst. Erschrocken. Wut auf Cari. Welcher Aufwand von Affekten; für nichts und wieder nichts. Und dann wieder: Geld. Deshalb muss es wohl so sein, dass wir zusammengehören. Bestellte Kohlen. Beim Geheimrat vorbei. Bekam von dem Bürovorsteher (den ich freundlich grüßte, der unverschämt gleichgültig antwortete) einen Brief mit 500 Mark. Nicht mehr. Der Geheimrat ließ sich nicht sehen; Gott sei Dank,

---

[134] Franz von Liszt (1851–1919), dt. Strafrechtslehrer, Begründer der Zeitschrift für die gesamte Strafrechtswissenschaft.

[135] Gustave Flaubert (siehe S. 251f., Anm. 89 und 90), Die Schule der Empfindsamkeit. Geschichte eines jungen Mannes, Minden in Westfalen 1904, 511 S.

[136] adhäriert = angehängt.

dass ich das Geld habe. Aber wieder Angst. Welch ein elender Mensch bin ich doch. Dann ging ich zur Deutschen Bank, den Schein einzulösen, stand 1/2 Stunde mit Bürojungen an der Kasse, bekam endlich das Geld, 497 Mark! Erschrak wieder, kam mir wie ein Dieb vor; meinte, ich hätte es gestohlen. Lachte mir dann wieder heimlich ins Fäustchen, zitterte, meinte, jemand würde es mir nehmen. Kam mir so unsittlich vor, als säße ich bei einer Hure und würde ertappt. Dann zur Bibliothek; Zeitungen gelesen, nichts getan. Viel Angst und Besorgnisse wegen des Prozesses in Köln. Aber dann wieder Freude über das viele Geld in der Tasche (1 200 Mark). Ich bin doch ein Teufelskerl, soviel zusammenzukriegen.

(Der frühe Romantiker suchten den Zweck draußen, in Liebe zum Freund oder der zu einer Frau. Dort idealisiert er. >Dort< lebte er die Gestaltungskraft seiner Affekte aus. Heute haben die Affekte nicht mehr eine solche Tragweite; sie reichen nur aus, um sich selbst zu idealisieren; so entsteht die Idee der Persönlichkeit. Weiter nichts als die Romantik, die bei sich selbst nicht einsieht, warum sie nicht an sich selbst, statt an anderen arbeiten soll. Merkmal der spezifischen Romantik: Die Unfähigkeit zur Objektivität, zum Abstrakt von sich selbst, bleibt bestehen.)

Mittags zu Hause; nichts gearbeitet, herumgelesen, Flaubert macht mich krank. Nachher Korbmöbel besehen bei Ballauf; sie sind furchtbar teuer. Ich habe nicht genug Geld; >irrsinnige< Kauflust. Bei Tietz Öfen besehen. Kann mich nicht entschließen. Morgen ist noch Zeit. Im Café Cornelius. Dann zur Landesbibliothek; herumgelesen, etwas getan. Aber noch nichts niedergeschrieben. Es ist zum Verrücktwerden. Ich <diskutierte> mit einem Assessor, der von seinem Examen erzählte, über die <Prüfung>. Heftige Begierde. Dann ganz automatisch etwas gelesen. Im Café Industrie eine Tasse Schokolade. Zum Geheimrat (das Schwein würgt mich); brav geschrieben, sonst nichts getan, müde, aufgeregt, mein Herz klopft. Wenn der Krieg nicht bald zu Ende ist, erlebe ich sein Ende nicht. Schwindel.

14. Donnerstag
Morgens bis 9 im Bett. Zum Gericht; ziemlich gut gearbeitet. Mittags zu Hause; gelesen. Kaffee im Café Cornelius. Dann zur Landesbibliothek und herumgedrückt. Die >Spruchkammerakten< für Bergrecht durchstudiert. Zu Hause nicht eingepackt, ging in die Fach-Bibliothek; schrieb etwas. Zum Geheimrat; ich halte es nicht mehr aus. Also morgen. Mir wird oft Angst; dann wieder fröhlich. Ich komme nicht zum Repetieren. Es ist mir manchmal bange deswegen.

15. Freitag

Ich wurde auf die Schnelle rasiert. Zur Bahn; traf mein Kindlein. Sie trug die Blumentöpfe. Hatte sie sehr lieb. Wir tranken Kaffee im Wartesaal. Dort erzählte sie mir, dass auf Beschwerde der Hinsgen das Verfahren wieder eröffnet ist und neue Ermittlungen angestellt werden. Ich erschrak. Doch hatte ich zum Glück keine Zeit, lange nachzudenken. Wir gingen in unsere Wohnung; ich bekam die Schlüssel von dem Vermieter. Wir warteten dann auf die Leute, die die Sachen bringen. Es dauerte einige Zeit. Dann kam ein Blumentopf von Georg Eisler, zu meiner großen Freude weiße Blumen. Das betrachteten wir als gutes Vorzeichen. Er ist also in Düsseldorf im Hotel Prinz Alexander. Darauf kamen alle möglichen Leute, die Möbel, den Ofen usw. brachten. Es kam alles schön an, nur haben wir nicht genug Sachen für die schönen, großen Zimmer. Ich hatte mein Kindlein sehr lieb. Ging dann hinüber zu Georg Eisler ins Hotel. Er war freundlich und still, gedrückt und sah krank aus. Wir aßen zusammen im Restaurant Schauspielhaus und tranken Kaffee bei Weitz. Darauf wieder nach Hause. Ich ging mit Georg zu mir, mein Gepäck abholen. Wir kauften fürs Abendessen ein; schöne Wurst, aßen bei uns zu Abend. Es war wunderschön, die Korbmöbel waren angekommen und es gefiel Georg sehr gut. Um 9 Uhr gingen wir zusammen nach Hause, holten sein Gepäck im Hotel, suchten ein >billiges< kleines Zimmer, fanden es in der Nähe des Bahnhofs, wurden schlecht behandelt, >weilten< unter dem Dach in einem elenden Zimmer, wo es kalt war. Die armen Leute bekommen nichts für ihr Geld.

16. Samstag

Morgens müde auf, bald aber fröhlich. Wir tranken im Café Industrie Kaffee, suchten und fanden sofort 2 schöne, billige Zimmer in der Kurfürstenstraße. Das Haus kam uns aber wie ein Bordell vor und wir hatten beide Angst, ermordet zu werden. Dann gingen wir zu uns; es war schön geheizt, wir aßen zu Mittag, was Cari gekocht hatte. Es war etwas umständlich, schmeckte aber vortrefflich. Nachmittags tranken wir Kaffee; es regnete und war schlechtes Wetter. Ich ging mit Georg etwas spazieren an der Klosterkirche vorbei, wo ich betete. Er war allein und hatte einen wunderschönen Teppich gekauft. Wir aßen bei uns zu Abend, tranken Tee, waren fröhlich und freuten uns der Wohnung. Es ist ein Glück, dass Georg da war, sonst hätte ich keinen Mut und lebte in beständiger Sorge wegen des Geheimrats. So aber ist mir alles egal und ich habe Mut. Georg hat mir 200 Mark mitgebracht. Gott sei Dank. Wir müssen noch ein Büchergestell und einen Tisch haben, dann ist alles fein. Ich habe jetzt 2 Tage nichts getan. Wir gingen abends noch zu Pols, sprachen schön über Fritz und uns selber. Um 12 nach Hause; gut geschlafen. Das Haus ist ganz ungefährlich.

17. Sonntag
Um 9 auf, zusammen auf Georgs Zimmer Kaffee getrunken, langsam durch die Klosterstraße zur Grünstraße. Dort war Cari schon sehr fleißig. Wir freuten uns darüber. Ich blieb da, während Georg noch für sich allein spazieren ging. Wir warteten lange auf ihn. Er hatte schöne Sachen eingekauft, Gläser usw. Wir aßen dann zu Mittag, tranken nachmittags Kaffee, wollten spazieren gehen, aber es regnete immer. Schließlich wagten wir es, gingen am Rhein entlang, freuten uns, dass es Georg so gut bei uns gefiel. Er ging nach Hause, wir aßen für uns zu Abend, legten uns ins Bettchen. Herrlich, hatten uns sehr lieb; großartig. Ich ging um 1/2 10 nach Hause. Werde allmählich wieder ruhig und stark durch den vernünftigen und sicheren Georg.

18. Montag
Ich schlief bis 8, dann Georg geweckt. Wir tranken zusammen Kaffee und gingen zur Bibliothek. Dort wunderte er sich mit kindlicher Freude über alles, las protestantische Theologie, schlug in der Bibel nach; ich arbeitete etwas. Wir gingen dann zum Mittagessen nach Hause. Aber Cari hatte keinen Spiritus bekommen. Deshalb mussten wir draußen essen. Gingen zum Bahnhof, aßen im Wartesaal, Cari trank Kaffee; wir beide fuhren dann nach Köln. Im Fürstenhof Kaffee getrunken, unter dem Dom. Köln gefällt Georg großartig; er will hier wohnen. Ich ging zum Abmeldebüro, dann zum Staatsanwalt. Ziemlich ruhig, aber doch noch nicht überlegt genug. Es soll wieder alles vom Geheimrat abhängen. Der Staatsanwalt schrieb an den Geheimrat. Aber ich habe ziemliche Ruhe; es wird schon alles gut gehen. Fröhlich zur Bibliothek; dort herumgelesen, traf Georg. Wir aßen in einer kleinen Kölner Kneipe etwas zu Abend, gingen dann durch die Stadt. Er staunte oft; wir tranken im Piccadilly schön Schokolade, hörten schlichte Musik, sprachen über uns und andere Menschen, fuhren müde nach Hause zurück.

19. Dienstag
Um 1/2 9 auf. Nach dem Kaffee ging Georg zur Landesbibliothek, ich zu Cari; machten den Ofen an, sprach etwas mit dem Vermieter. Die Schelle ist kaputt, das ist lästig. Mein Kindlein habe ich sehr lieb; wir waren fleißig und arbeitsam. Dann ging ich ruhig zur Bibliothek; führte Tagebuch und arbeitete etwas, als Georg las und anscheinend Interesse für die wissenschaftliche Tätigkeit bekommen <hatte>. Wir gingen mittags langsam nach Hause, kauften Allesmögliche ein, aßen zu Hause nett zu Mittag. Ich freute mich über mein kleines, zierliches Kindlein, spülte nachher (und war glücklich, das tun zu können), kochte Kaffee. Nach dem Kaffee gingen Georg und ich wieder zur Bibliothek. Ich arbeitete sehr schön, brachte es zu Papier, Georg las die Bibel und Dostojewski. Um 7 Uhr gingen wir nach Hause, Georg in seine Wohnung in die Kurfürstenstraße, ich zu Cari. Wir aßen schön zu Abend. Ich war aber todmüde, spielte

eine Partie Schach und ich war erstaunt und glücklich, dass ich eine Wohnung habe und kam mir selber bedeutend vor. Müde nach Hause; zu Georg aufs Zimmer, noch eine Stunde gesprochen, dann zu Bett und gleich geschlafen.

20. Mittwoch
Traum vom Geheimrat: Er sprach freundlich mit mir; ich kniff mich in die Wange, um zu sehen, ob es auch kein Traum ist. Er verspricht mir, dem Staatsanwalt zu schreiben usw.

Um 1/4 9 auf, nachgedacht im Bett. Schnell angezogen und rasiert in dem sehr kalten Zimmer. Mit Georg Kaffee getrunken; dann zur Bibliothek. Wieder kein Brief, auch keine Ladung zum mündlichen Examen. Mir wird schon ganz angst. Ich kaufte ein, Bohnen usw. Dann brachten wir sie Cari, freuten uns über ihre Freundlichkeit und Zärtlichkeit. Gingen zur Bibliothek und arbeiteten etwas. Georg las herum und war faul. Mittags nach Hause; essen, es gab nur Knödel, das war nicht viel. Nach dem Essen waren wir schläfrig; ich war tief traurig (wegen des Gasofens) und eifersüchtig. Wie kommt das. Wir tranken Kaffee bis 4 Uhr. Dann gingen Georg und ich zur Bibliothek. Um 6 Uhr zu der Düsseldorfer Kneipe vom Sommer, wo Fritz, Georg und ich einmal im Sommer gesessen hatten. Dort sprachen wir über den Geheimrat. Ich kam mir schrecklich vor. Wie soll ich all diesen Schwindel loswerden? Dann nach Hause. Das Gas war da; Gott sei Dank. Wir tranken Tee, spielten Schach. Ich war tief gerührt, kam mir sehr elend und hässlich vor und konnte mir nicht denken, dass Cari mir treu bleibt, meinte zu fühlen, dass sie schon herrschsüchtig und unnahbar wird wie die Frau, die sich in die Küche zurückzieht und sich nicht hereinreden lässt. Traurig nach Hause. Wir sprachen noch auf dem Zimmer von Georg über Kluxen, dann gleichgültig, missmutig ins Bett.

21. Donnerstag
Traum: Ich weiß im Examen nichts; schreckliche Angst vor dem Müdewerden.

Wir standen um 1/2 8 auf, ging aber wieder ins Bett bis 1/2 9. Georg war früher aufgestanden, brachte mir Briefe mit: von Gross, der sein Repetitionsbuch zurückhaben will, und von der Kant-Gesellschaft. Ich schämte mich meiner Faulheit. Wir gingen in die Bibliothek. Es schneite schon. Ich arbeitete etwas an dem Gutachten für den Geheimrat, schrieb aus dem Repetitionsbuch von Gross ab, war eifrig und hatte oft große Angst vor dem Examen. Ich kann einfach nichts und habe überhaupt nicht repetiert.

Man muss alles selber machen. Wie weit ist der Verstand bereit, etwas durch andere schön machen zu lassen. Bei fast jedem Menschen habe ich beobachtet, dass er nicht nur Freude daran hat, wenn ein naher Verwandter oder Bekannter gut und tüchtig ist, sondern dass er auch eine Erleichterung darin findet und meint, es genüge, wenn sein Bruder oder sein Freund oder seine Frau gut und bedeutend ist und dass ihm dadurch die Pflicht, selbst auch sich gut und tüchtig zu bewähren, abgenommen wird. Fast alle Menschen haben das Bestreben, ihre Freunde zu rühmen, sie besser zu machen, sie zu idealisieren, nicht aus Liebe zu den Freunden, sondern auch Selbstsucht und Bequemlichkeit. Mittags aßen wir zu Hause; nach dem Essen tranken wir Kaffee. Ich ging dann mit Georg wieder in die Bibliothek; er blieb abends bei uns zum Essen. Ich habe einen Läufer gekauft, der nachmittags ankam, über den wir uns sehr freuten. So wird die Wohnung allmählich schön. Ich bin sehr glücklich darüber. Habe der Hammenstede nicht zum Namenstag gratuliert.

22. Freitag
Morgens bis 1/4 9 geschlafen; fröhlich auf. Wie gut tut mir der Georg. Wir tranken zusammen Kaffee, gingen bei meiner Wohnung vorbei (es war kein Brief und keine Ladung zum mündlichen Termin da; habe große Angst deswegen. Wohl hat Wülfing den Rock von Fritz Eisler geschickt). Wir gingen an der Tonhalle vorbei, um einmal zu sehen, ob wir morgen einer Probe von >Pfitzner<-Konzerten zuhören könnten. Es schien unmöglich. Ich ging dann noch beim Amtsgerichtsrat Klein am Amtsgericht vorbei. Er besorgte es prompt; wir sollen morgen um 10 Uhr in der Tonhalle zuhören dürfen. War sehr stolz darüber; freute mich, Georg die Freude gemacht zu haben. Georg ging dann baden, ich zu Tietz, kaufte noch einige Sachen. Dann zur Bibliothek; flott etwas geschrieben, ich werde schön fertig. Zusammen nach Hause; gegessen, schön Kaffee getrunken, nachher zu Dreien (weil Cari mitwollte) zum Schreiner, ein Regal kaufen. Wir kauften nach langen, ermüdenden Verhandlungen, während deren ich mich über den vernünftigen Georg freute, noch einen Tisch bei Düblers. Müde nach Hause; aß mit Cari alleine, wir freuten uns sehr, ich repetierte etwas, aber es war kaum der Mühe wert. Um 1/2 10 zu Georg; hörte ihn auf der Straße pfeifen: „Tamino mein“ aus der Zauberflöte. Wir gingen zum Bahnhof in den Wartesaal IV. Klasse, sprachen über Dostojewski, die Judenfrage. Er ist ein ernster, tüchtiger Mensch. Um 1/2 1 zu Bett; sehr müde.

23. Samstag
Bis 1/4 9 geschlafen. Müde. Morgens von Haas Heye geträumt. Er ist in gleichem Zimmer in der Klosterstraße und macht sich über mich in der infamen Weise vornehmer Leute lustig. Ich bin so klein und unterlegen.

Nach dem Frühstück mit Georg zum Amtsgericht, den Amtsgerichtsrat Klein abgeholt. Zur Tonhalle; Bruckners Nr. 7, der Freischütz und Mozart gehört. Ich war stolz und fröhlich, aber auf die Dauer ermüdet. Dachte mit Grauen an den Geheimrat. Mittags sehr schön zu Hause gegessen. Wir haben viel, sogar Wein gekauft. Nach dem Essen rasierte ich mich, dann tranken wir Kaffee; ein Feldpostbrief von Jup kam. Wir nahmen uns vor, ihm viel zu schikken. Georg will von Hamburg aus schicken. Es ist großartig. Ich brachte dann Georg nach Hause. Wir bestellten ein Regal bei einem Schreiner in der Hohestraße. Dann für Jup 3 Pakete gekauft, zu Eisler aufs Zimmer. Dem Hauswirt 5 Mark bezahlt (im voraus), dann nach Hause. Cari war ausgegangen. Ich war allein in der Wohnung und ruhig und froh. Wie kommt mir nur der Mut, so etwas mir zu leisten. Es ist großartig. Ich kann inzwischen wieder arbeiten, fühle mich stolz und stark. Schrieb einen Brief an Jup. Dann kam Cari. Ich führte mein Tagebuch weiter und war ganz glücklich und ruhig, obwohl viele Rechnungen kamen.

Nach dem Abendessen gingen Cari und ich schön ins Bettchen und hatten uns lieb. Cari ist wundervoll, schön, zärtlich und hinreißend gütig. Aber als sie erzählte, dass die Leute im Hause meinen, ich blieb des Nachts da, wurde ich wieder bang und erzählte ihr von meinen Sorgen, so dass sie Angst bekam. Währenddessen pfiff Eisler draußen; ich zog mich schnell an, ging zur Kurfürstenstraße, traf dort Georg. Wir gingen in eine kleine Kneipe an der Ecke Klosterstraße, beobachteten drei komische Gestalten, die sich über Geschäfte unterhielten und allmählich betrunken wurden und gingen spät um 1/2 1 ins Bett.

24. Sonntag

Bis 1/4 nach 9 geschlafen. Munter und ausgeschlafen auf zur Grünstraße gegangen. Dort mit Cari Kaffe getrunken. Herrliches, kaltes, etwas nebliges Wetter. Dann repetierte ich ein paar Minuten, Cari fing an zu kochen. Eisler kam, wir arbeiteten im Hause herum, schmierten die Tür, etwas >Streit< mit Cari, schnell wieder versöhnt, aßen zu Mittag, bescheiden aber sehr hübsch. Cari ist leider unfreundlich. Dann zogen wir uns an und fuhren nach Haus Meer. Unterwegs im Zug setzten wir uns neben eine hässliche, aber reich gekleidete, alte Frau, die sich wichtig machte und uns giftig ansah. Als wir in Haus Meer ausstiegen, stellte sich heraus, dass sie uns Drei als verdächtige Ausländer angezeigt hatte. Wir zeigte unsere Pässe (Cari wurde glücklicherweise nicht gefragt). Der Stationsvorsteher entschuldigte sich freundlich und alles war erledigt. Wir lachten, gingen noch etwas spazieren tranken im Forsthaus Meer sehr schön Kaffee, schrieben ein paar Karten. Ich war nachdenklich. Dann fuhren wir fröhlich nach Hause. In der Elektrischen ermahnte ein protestantischer Sektierer einen jungen, lümmeligen, hochmütigen Soldaten, an Jesus zu denken. Der junge Soldat sagte: „Ja, ja das muss man sich mal überlegen, das hat was auf sich." Wir aßen zu Hause zu Abend; Cari schrieb an Frau Eisler, tranken Tee und dann erzählte Cari von ihrer Zeit bei der Tante und beim Theater, besonders von ihren Reisen in Russland. Es war großartig: sie schien aber durch die Gegenwart von Georg Eisler besonders angeregt zu werden; das machte mich eifersüchtig. Ich war aber stolz, wie schön und überlegen sie alles darstellte. Georg Eisler war erstaunt und aufs höchst imponiert. Wir gingen um 1/2 10 >aus dem< Hause; zur Bahn, kauften ein Billett, tranken im Café Industrie im Billardsaal eine Tasse Schokolade, sprachen viel und eifrig. Ich war sehr produktiv. Dann um 12 nach Hause. An Deutschland verzweifelt. Georg ist ein großartiger Kerl, ein kluger, intelligenter, anständiger Jude. Das können doch Prachtkerle sein, was ich gar nicht gedacht hatte. Mir tut es gut, dass er da ist.

Ich will alles „machen". „Machen" und Macht. Der Zauberer. Das größte Geheimnis: der demütige Mensch will nichts machen, lässt alles durch Gott machen. Faust ist der Zauberer (er hat auch erst alles studiert. Der demütige Mensch ist nicht neugierig). Und Goethe hat das Problem nicht erfasst. Denn Faust stirbt als einer, der etwas machen kann: fruchtbares Land. Aber in Wahrheit kann man nichts machen. Die Vorsicht, zu meinen, etwas zu durchschauen, um es dann durchzusetzen. Die Natur aufhalten. Die Natur feindlich, der Mensch von Natur böse. Kant usw.

Christus wäre auch gekreuzigt worden, wenn er sich nicht für die Schwachen aufgeopfert hätte (er war ein Rebell und kein normaler Mensch; auf irgendeine Weise werden die immer daran glauben müssen). Aber trotzdem bleibt sein Tod ein freiwilliger Tod für die Schwachen. Warum? Weil er sein Schicksal ausgenützt hat, weil er es nicht umsonst getan hat.

25. Montag

Um 1/4 8 auf, Georg geweckt; zur Grünstraße gelaufen, die Rheinländer[137] und seinen Drillichrock geholt. Dann zusammen Kaffee getrunken und zur Bahn. Den schweren Koffer geschleppt. Herzlicher Abschied. Es tat mir leid, als Georg wegfuhr. Ich dachte daran, wie oft ich Fritz Eisler auf diesem Bahnhof habe abfahren gesehen. Traurig zur Oberlandesbibliothek; herumgesessen, etwas geschrieben an dem Gutachten für den Geheimrat. Mittags zu Hause Mehlspeise gegessen. Es war etwas wenig und ich war nicht guter Laune. Dann zur Landesbibliothek. Oft an Georg Eisler gedacht, nicht viel getan, aber immerhin etwas. Abends in der Grünstraße zu Abend gegessen. Dann ins Bettchen, todmüde, mit der schönen, lieben Cari. Um 10 schnell nach Hause gelaufen, traf auf der Straße am Bahnhof einen Mann, der Bab sehr ähnlich sah. Er war in einer Diskussion mit einem Proleten. Ich ging hin, stellte mich vor, wir gingen zusammen Biertrinken in der Tonhalle. Er war ein Schriftsteller, der über Architektur schreibt. Wir unterhielten uns nett. Ich freute mich der sonderbaren Bekanntschaft, ging ruhig ins Bett mit guten Vorsätzen

[137] Rheinländer, vermutlich Militärstiefel.

26. Dienstag

Erst um 10 Uhr aufgestanden; sehr müde, dann aber fröhlich. Am Landgericht etwas gearbeitet, herumgelaufen. Es wurde schnell Mittag. Zu Hause wieder Mehlspeise gegessen, aber es schmeckte mir schon besser. Dann nach Neuss gefahren. Traf Gross; wir sprachen zusammen, dann dort Kaffee getrunken, herumgeredet, ich bekam heftige Angst und Gewissensbisse, weil er so fleißig repetiert und ich überhaupt nichts weiß. Ärgerte mich. Gross sah übrigens höchst unvorteilhaft aus; ein echter Bürgerjunge, er geht den vorgeschriebenen Weg und kümmert sich nur darum, wie er anständig Geld verdient und lebt. Ich kann so etwas nur hassen und fühle mich gleichzeitig daneben beschämt. Traurig nach Hause. Will nicht mehr hingehen. Aber ich muss enorm fleißig sein.

Abends schön mit meiner lieben Cari gesprochen. Nach dem Abendessen fleißig gearbeitet, denn der neue große Tisch ist da und ist sehr schön und bequem, so dass meine Arbeitsfreude heftig emporloderte. Um 10 nach Hause. Traf auf der Graf Adolf-Straße zufällig wieder den Dr. Hecker (Gartenstraße 73, I), der morgen ein Buch über die Verwundeten veröffentlichen will. Finde das interessant. Es stellte sich heraus, dass er einen Bauplan für Croy in Dülmen gemacht hat; wir unterhielten uns also schön, tranken im Monopol Münchner Bier. Ich finde, dass ich in Düsseldorf mehr Glück habe als irgendwo anders, weil ich so viele Leute kennen lerne; traf auch noch die beiden Haas; komische Figuren, besonders der Ältere, ein kleiner, dicker Kartoffel, aber sehr selbstbewusst, im Pelzmantel. Er war etwas besoffen. Sie versprachen mir noch einmal die Kolleghefte von dem Repetitor Correl. Dann sehr zufrieden nach Hause und heftige Vorsätze.

27. Mittwoch

Um 1/4 nach 9 auf; schnell angezogen, vergnügt auf die Straße, aber noch immer kein Termin für's Mündliche. An der Nichte des Geheimrats vorbeigelaufen, erschrak und hatte Angst, man würde schlecht über mich reden. Wie sehr bin ich doch von diesen Leuten abhängig. Aber ich war gesund und munter und kam darüber hinweg. Bei Haas vorbei, dann zur Grünstraße, sehr schön und fleißig an dem Gutachten für den Geheimrat gearbeitet; schön zu Mittag gegessen. Habe mein schönes, zärtliches, edles Kindlein sehr lieb und staune immer von neuem über ihre Güte und Feinheit. Nach dem Mittagessen sehr müde; geschlafen, dann gingen wir durch den Hofgarten spazieren, tranken zu Hause Kaffee, ich arbeitete dann wieder, schrieb das Kollegheft ab. Abends um 5 Uhr ging Cari einkaufen. Ich arbeitete etwas, dann räumte ich die Bücherkiste von Eisler aus. Erschrak über die Menge schöner, wertvoller Bücher, dachte mit heftiger Wehmut an den lieben Eisler, schämte mich, soviel von ihm bekommen zu haben. Fand in der Erinnerung an ihn Trost (wegen der Proleten, wie es Geheimrat und Gross sind), freute mich, sein Bild bei mir zu haben und war dann ruhig und gefasst. Ich werde schon fertig werden, will mich auf nichts mehr einlassen; immer ruhig bleiben, ohne gemeine Affekte. Lieber Gott, hilf mir. Wie gut hat mir Georg getan; ich lese wieder die Bibel. Aber ich bin dabei fleißig und beherrscht, gebe meiner Faulheit und Bequemlichkeit nichts nach. Welche Gefahr bedeutet für mich der Geheimrat! Wem verdanke ich es, dass ich ihr entronnen bin? Meiner süßen Cari.

Peter Schlemihl[138] hat keinen Schatten, d. h. er hat keinen Namen (vergl. Eintragung vom 4. September). Schmidt oder Schmitt ist kein kleiner Gott.

28. Donnerstag

Morgens bis 1/4 nach 10 Uhr geschlafen! Ich fror im Bett. Ging bei der Frau Rüdiger vorbei; es ist kein Brief da! Unglaublich. Müde zur Bibliothek; nichts getan, herumgelesen, dann nach Hause. Wir haben keine Kohlen mehr. Zu Mittag gegessen (Reis); nach dem Essen rasiert, mit Cari durch den Hofgarten bei schönem Wetter spazieren gegangen. Sie ist wie ein liebes, munteres Kindlein und ganz stolz und glücklich, dass sie spazieren gehen kann. Ich habe sie immer lieber und werde auch gar nicht mehr unfreundlich. Wir tranken zusammen Kaffee; ich arbeitete dann sehr gut zu Hause, war fleißig und dankte Gott, dass ich inzwischen ruhig da wohne. Bin sehr stolz, dass es mir gelungen ist, mich einzurichten. Das ist wieder einmal eines meiner unnachahmlichen Kunststücke. Wir aßen schön zu Abend, ich arbeitete dann noch, Cari nähte den Lampenschirm. Ich ging um 1/2 11 ruhig und sehr zufrieden nach Hause, in einer Stimmung, so gleichmütig und gefasst, wie ich sie seit Jahren nicht mehr gehabt habe.

29. Freitag

In der Nacht von Donnerstag auf Freitag, 29. Januar 1915, hatte Cari folgenden Traum: Fritz Eisler kommt in unser Wohnzimmer in einem grauen Drillichrock mit dem Stock, der in meinem Arbeitszimmer an der Wand hängt. Er sah aus wie auf dem großen jüngeren Bild, das Georg uns zeigte. Er geht bis ungefähr in die Mitte des Zimmers und reichte Cari die Hand. Doch hatte er einen toten Vogel in der Hand, der zur Hälfte abgebalgt und geöffnet ist, so dass man das rote Fleisch und das Innere sehen kann. Er legt ihn auf den Tisch mit der Gebärde: so sieht man aus, wo ich bin. Cari hatte die Vorstellung, es sei Herbst und ganz nass und glitschig. Dann schaut er mit großen Augen im Zimmer herum und fragt nach mir. Cari antwortet, ich sei mit Georg Eisler (sie sagt nicht: mit Ihrem Bruder) ausgegangen. Dann sagt er: Ja, wenn niemand zu mir

---

[138] Adalbert von Chamisso, eigtl. Louis Charles Adélaide de Chamisso de Boncourt (1781–1838), dt. Dichter. „Peter Schlemihls wunderbare Geschichte", romantische Erzählung, 1814.

kommt, muss ich doch kommen. Das hält niemand aus, so allein zu sein. Dann ging er; in der Korridortür wandte er sich langsam um und sagte ernst warnend, als ob ein Toter spräche: „Grüßt Däubler!"

Dann träumte ihr wieder vom Geheimrat als Nilpferd. Er stampfte wütend in einem Wassertümpel in einer braunen Jauchelache. Cari sieht ihn im Traum immer nur von der Seite oder vom Rücken.

Ich stand erst um 1/2 10 auf; zog mich schnell an. Zur Klosterstraße: Gott sei Dank, es ist ein Brief da. Also heute Nachmittag! (Ich sah den ganzen Morgen gutgenährte, wohlhabende, gesetzte Männer, die wie juristische Beamte schienen und mir sofort als Symbol vorkamen). Fröhlich zum Oberlandesgericht, dort sehr gut gearbeitet an der Regalsache. Fand viele interessante Entscheidungen. Mittags Eier gekauft; dann nach Hause, rasiert, gegessen. Der Lampenschirm ist fertig, Cari ist ein großartiges Kindlein. Ich habe sie sehr gern, immer lieber, und bin dankbar. Nur werde ich so schweigsam. Nach dem Essen erzählte sie mir einen Traum. Sie kam mir vor wie eine Seherin; ich glaube an sie und verehre sie. Immer von neuem staune ich über ihren divinatorischen Sinn und ihre schweigsame Sicherheit, mit der sie die Menschen beurteilt. Wir spülten zusammen, dann ging ich zur Klosterstraße, bestellte unterwegs Kohlen, traf den Briefträger: am 25. Februar Termin! Noch sehr lange (der Geheimrat kann sich einpacken lassen); aber ich sehe darin eine Gunst des Himmels: Ich muss tatsächlich noch enorm repetieren! Immer habe ich Glück; weil ich gestern so ernst und brav war. Ich repetierte fleißig. Wir tranken zusammen zu Hause Kaffee, sprachen noch etwas, ich ging dann in die Bibliothek, schrieb >aus< dem Repetitorium von Haas ab, las einen Aufsatz von Prohaska über den slawischen Nationalcharakter; also Bogomile[139] waren in Kroatien. Seit Monaten habe ich das gewusst, ohne es jemals gelesen zu haben. Aufgeregt. Zum Direktor Nörrenberg, mit ihm interessant gesprochen, aber er scheint Angst vor mir zu haben. Erzählte ihm von Berlin, von Däubler und Österreich, wie es zerfalle und zerfallen muss. Wir waren uns einig, dass es eine furchtbare Situation ist, namentlich heute, wo Ungarn die Monarchie in der Hand hat. Der Direktor sagte mir, dass er auch am 25. Februar (1885) sein Examen gemacht hat. Als ich wegging, hatte ich Angst, man wird mich anzeigen, weil ich so über Österreich-Ungarn spreche; das habe ich immer. Warum? Vielleicht das Schuldbewusstsein, weil ich mit den Reden nicht mitteilen, sondern die Menschen unterwerfen, verblüffen und mich ihnen aufzwingen will. Nach Hause; zu Abend gegessen, Cari war traurig, so dass ich Angst bekam. Sie ist sehr lieb und gut. Sie bat so köstlich wie ein kleines, armes Kind, ich möge dableiben. Fast hätte ich es getan. Ich arbeitete in dem Wohnzimmer, wo

[139] Bogomilen, nach dem bulgarischen Priester Bogomil (2. Viertel des 10. Jh.s) benannte Sekte des Mittelalters auf dem Balkan, die eine dem manichäischen Dualismus ähnliche Auffassung hatten und die Entstehung der Katharer beeinflussten.

die schöne Lampe hängt, hatte mein Kindlein sehr lieb, sprach aber wenig. Ging dann traurig in die Kurfürstenstraße und gleich ins Bett. Führte Tagebuch.

30. Samstag
Cari träumte des Nachts: Eisler ist auf unserer Stiege und misst ab, ob ein Sarg darüber transportiert werden kann.

Müde, um 9 Uhr auf; schnell angezogen. Zur Bibliothek; schnell das Repetitionsbuch von Haas abgeschrieben. An die „Grenzboten" und Mohr geschrieben. Dann zu Haas, das Buch zurückgebracht. Eingekauft für mein schönes, liebes Kindlein und zur Grünstraße; rasiert, dann aßen wir zu Mittag. Cari war unwohl. Ich war stolz über die herrliche, bequeme, freundliche Wohnung. Nach dem Essen spülten wir zusammen. Ich habe schnell dazwischen Briefe an [ein Name nicht erkennbar] und Georg Eisler geschrieben. Es wurde spät darüber. Cari ging allein aus, zum Tietz, ich kochte derweil den Kaffee und repetierte; ich bin sehr fleißig und studiere nun Erbrecht. Abends kam das Regal; räumte den ganzen Abend auf. Cari war traurig, weinte oft. Ich habe sie sehr lieb; sie bat mich, abends dazubleiben; ich tat es aber nicht. Nachher ärgerte ich mich, aber ich will mich beherrschen; ging also ruhig nach Hause (unterwegs eine elegante Dame, die sich umsah; aber ich beherrschte mich). In der Kurfürstenstraße gleich zu Bett.

Traum: Ein riesengroßer, brauner Leichnam (Eisler).

31. Sonntag
Um 1/2 9 müde auf; aber ich blieb auf. Fühle mich ruhig und stark. Ging gleich zu Cari. Tat nichts, sondern ordnete Briefe usw. wie gestern Abend. Das Regal wird allmählich schön eingerichtet. Oft geriet ich in Angst vor den vielen Büchern, die ich von Eisler geerbt habe. Es ist doch unglaublich; ich komme mir als Schmarotzer vor. Aber der Eindruck der vielen schönen Bücher ist großartig. Ich war doch stolz und konnte arbeiten (es ist schon fast zu >kolossal< für mich).

Nachmittags war ich fleißig. Abends ging ich eine Viertelstunde für mich heraus, kaufte Zeitungen für Jup; nach dem Essen wieder gearbeitet. Es geht großartig. Ich fühle mich in der Familie zu Hause; ernst und beherrscht wie zu meinen besten, fleißigsten Zeiten. Schade, dass das nicht eher gekommen ist. Der verfluchte Geheimrat. Ich gehöre in eine Familie, aber nur die, die ich selbst gründe und beherrsche. Kam mir oft wie Jul. Bab vor. Abends wieder ruhig und beherrscht nach Hause.

Traum: Eisler war zu Besuch; ich suchte ihn zu überreden, noch länger zu bleiben. Die Züge fuhren 10 Uhr 20, 8 Uhr 50.

Februar 1915

1. Montag
Um 9 1/4 auf, den Hauswirt bezahlt. Mir tut das weh. Dann zur Landesbibliothek; an der Sache für den Geheimrat schön geschrieben. Sie scheint etwas zu werden; aber ich weiß es nicht. Oft Hoffnung auf schöne Briefe und dann wieder Angst vor ungefährlichen Briefen. Mittags nach Hause; schön artig gegessen, kein Brief. Nachmittags spülten wir, dann gingen wir eine Stunde durch den Hofgarten spazieren. Ich ging nach Hause und war wieder fleißig, während Cari einkaufte. Wir haben heute den M... [?] bezahlt: 280 Mark. Habe nur noch 80 Mark und noch einige Rechnungen zu bezahlen. Aber wie großartig ist meine Wohnung. Brief von Ernst Lamberts, der mich freute. Den ganzen Nachmittag mit heftigem Eifer Erbrecht studiert. Ob ich wohl fertig werde? Ich fange wieder an, auf mein Schicksal zu vertrauen. Oft an den Geheimrat gedacht (als ich über den Testamentsvollstrecker im BGB nachlas). Dazwischen Wilde gelesen. War stolz und übermütig. So schwanke ich hin und her. Cari bügelte nebenan. Wie schön ist das. So kann ich endlich wieder fleißig studieren. Abends beherrscht nach Hause. Etwas repetiert, dann eingeschlafen. Wanzen im Bett? Wanzen?

2. Dienstag
Lange geschlafen; gesund auf, großartige Verdauung. Fühle mich wohl, aber auf dem Wege zur Grünstraße las ich die Bekanntmachung: Ich habe mich in der Zeit vom 8. bis 18. Februar zu stellen. Also nun packt es mich doch. Oft Angst, dann wieder Ruhe. Sorge um Cari. Ging zur Grünstraße; sagte zuerst nichts, rasierte mich, fühlte mich unbeschreiblich wohl und gesund, aber ich trage den Tod in mir. Vielleicht ist dies alles nur die letzte Gunst des Schicksals, die schöne ruhige Wohnung, meine liebe, schöne Cari; alles nur noch ein freundliches Glück. Ich dachte an den armen Eisler. Schrieb Georg. Nach dem wunderschönen Mittagessen spülten wir; dann fuhrwerkte ich herum, während Cari meine Hose bügelte. Fuhr nach Grafenberg zu Bastgens; traf den ekelhaften Schulmeister von Professor und erschrak vor diesem bornierten Bürgertum, um dabei immer eine ideale Phrase zur Verfügung zu haben. Wir sprachen über den Krieg. Nachher kam Frau Bastgen; hörte, dass es allen gut geht, dachte an mich und mein armes, schönes Kindlein. Dann traurig zurück. Zu Hause aßen wir zu Abend; Cari war sehr unwohl. Hinterher legten wir uns aufs Sofa ihres Arbeitszimmers und hatten uns lieb. Was mag das bedeuten? Ging ruhig nach Hause, will mich beherrschen, warf den Brief für Georg in den Kasten an der Bahn. Es regnete stark.

3. Mittwoch

Morgens bis 9 im Bett; nachgedacht. Großartige Verdauung. So wohl fühlte ich mich noch nie. Ob ich wohl ausgebildet werde? Aber mir kam es vor, als wäre der Krieg inzwischen zu Ende. Ich habe immer das richtige Gefühl von der Sache. Zur Bibliothek; dort sehr langsam gearbeitet, kam aber doch vorwärts und habe den Entwurf für das Gutachten über das Bergregal fertig (warum schreiben die Juristen so gerne immer Substantiva?). Mittags schön zu Hause gegessen, hab mein Carilein sehr lieb. Wir aßen; gingen in unser herrliches Bett (könnte ich erst da schlafen), dann kochte ich Kaffee und arbeitete noch etwas. Bin erst heute mit dem Erbrecht fertig geworden; wir gingen spazieren. Cari lief wie ein artiges Töchterlein neben mir her. Kam mir oft als ein Mann wie Julius Bab vor. Ich bin erstaunt und glücklich, sie neben mir zu haben, und weiß gar nicht, wodurch ich das Glück verdient habe. Sie ist unendlich hingebend, gehorsam, verständig und klug. Wir gingen über die Losstraße [?] zurück. Kaufte für Jup Wurst und Sardellenbutter, dann für uns Feigen. Aßen wunderschön zu Abend; spielten Schach, dann arbeitete ich noch etwas, führte Tagebuch usw.

Der Mensch denkt, wie er scheißt. – Der Mensch hat ein Gesicht, das man nur als pars viscerum ansprechen konnte. Der ganze Mensch ein pars viscerum. Cari Brief: Präses. (Ich hatte den ganzen Morgen den Geheimrat mit dem Präses Steinbrück verglichen.)

4. Donnerstag

Schlief nachts gut; morgens lange im Bett. Wie kommt das. Ich kann einfach nicht aufstehen und kann mich nicht entschließen; beobachte mich dabei sehr genau. Um 1/2 10 auf; >lange gemeinsam gefrühstückt<, zur Post. Zur Bibliothek; fröhlich, kann gut arbeiten, aber sehr extensiv. Machte das Gutachten für den Geheimrat fertig, dann zur Grünstraße; fröhlich mit meiner lieben Cari gegessen, nachher rasiert. Wir gingen dann spazieren, begegneten Juristen. Mein armes, schönes Kindlein hatte ich so lieb. Zu Hause schön Kaffee getrunken; dann gearbeitet, aber wieder viel zu extensiv. Heute morgen habe ich in Seton-Watson[140] über die asiatische Frage gelesen, stolz und begeistert über diese kritische Politik, die schlagfertigen, tapferen Männer. Wurde wieder mutig und stolz. Abends etwas spazieren. Den Tagesbericht gelesen (Blockade Englands, Kämpfe in den Argonnen kommen vorwärts). Beim Abendessen Briefe von Jup und Eisler. Jup schrieb seine Empörung über die Offiziere, den

140 Robert W. Seton-Watson, Die Südslawische Frage im Habsburger Reiche, Meyer & Jessen, Berlin 1913. Der Historiker Seton-Watson (1879–1951) war in England die führende Autorität in Fragen der Geschichte und Sprachen der Nationalitäten der K. u. K.-Monarchie und im Ersten Weltkrieg der Mittelsmann zwischen den exilierten slawischen Führern und britischen Politikern.

ganzen Betrieb, seine Friedenssehnsucht. Mir tat der arme Junge leid; ich hatte ihn sehr lieb, Cari auch; wir wollen ihm noch mehr schicken. Aber ich habe Angst wegen des Briefes; wäre der Brief geöffnet worden, so wäre es dem armen Jup wohl schlimm ergangen. Schrieb am Abend gleich, auch an Georg. Währenddessen nähte und stopfte meine liebe Cari Strümpfe. Großartiges Kindlein. Sie weinte einmal. Wer weiß, wie lange wir noch in diesem schönen Zuhause sitzen. Traurig, ergeben philosophisch.

5. Freitag

Wieder zulange geschlafen; zur Bibliothek; herumgelesen, die Arbeit für den Geheimrat nochmals durchgesehen, aber noch nicht angefangen zu schreiben. Mittags nach Hause; Fisch gegessen, den die liebe, schöne Cari gekocht hatte. Nachher gespült, dann spazieren gegangen etwas durch den Hofgarten. Ich habe mein schönes Kindlein unbeschreiblich lieb; sie geht artig neben mir her. Ich ging nach Hause und kochte Kaffee, Cari kaufte sich ein Miederchen, für 13 Mark. Aber es ist wunderschön. Ich arbeitete für mich, repetierte etwas, wollte alleine sein. Aber als ich Cari in ihrem schönen Mieder sah, wurde ich ganz hingerissen; so zierlich. Ihre Beinchen sind unbeschreiblich schlank und fein. Ich dachte mit Abscheu an den Geheimrat und die ganze hässliche Blase. Wir aßen fröhlich zu Abend, plauderten zusammen. Ich ging dann um 10 Uhr nach Hause und freute mich auf morgen.

6. Samstag

Mein Carilein sang am Tisch für sich:

> Wenn die Fischlein laufen
> und die Hirschlein fliegen,
> dann hab ich mein Carlchen nicht mehr lieb.

Heute Abend sagte meine herzensschöne Cari, als wir zusammen ein Glas Wein tranken: Auf unser Glück. Welches Glück, dass eine so herrliche, schöne Frau sagt: unser Glück. Ich war eine Sekunde lang selig.

Ich ging zur Grünstraße, machte einen kleinen Umweg, kaufte Seife usw. rasierte mich, zur Badeanstalt; schön gebadet. Fühlte mich stark und wohl hernach (vorher war ich oft bange und voller Sorgen gewesen). Wir aßen schön zu Mittag, waren dann beide müde und schliefen. Als wir spülten, kam ein Brief von Georg Eisler: Calker will mir einen Posten beim Leibregiment verschaffen. Großartig. Ich war aufgeregt, Cari ist etwas traurig. Wir überlegten beim Kaffee. Ich sah, wie klug und lieb Cari ist und war wieder ganz erschüttert. Arbeitete des Nachmittags nichts mehr. Entschloss mich, gleich nach München zu fahren, weil ich vermutlich doch ausgehoben werde und so der Musterung zum Landsturm entgehe. Dann vielleicht doch Leibregiment. Ich ging bei Haas vorbei, bekam von Waldemar 20 Mark geliehen, unterhielt mich gut und freundlich mit ihnen, dann zur Bahn. In der Fürstenstraße mein Gepäck geholt, etwas eingekauft. Eilig zu Cari zurück. Das liebe, schöne Kind. Ich weine vor Liebe und Sehnsucht nach ihr. Sie erzählte vom Leibregiment, von ihren Brüdern, von dem Stephan. Wie schön, wie ergeben und edel und vornehm. Um 10 gingen wir ins Bett, hatten uns innig lieb.

7. Sonntag

Nachts um 4 Uhr wurde ich wach, stand auf und spülte den Mund. Dann ging es wieder ins Bettchen; hörte doch diese Nacht nicht auf. Ich schlief nicht ein. Um ... [?] stand Cari auf, war fleißig. Ich stand erst 1/4 8 auf; ist das nicht unerhört, wie gut sie ist. Wir gingen zusammen zur Bahn und freuten uns unserer Liebe. Waren froh und erzählten. Ich vergaß in Düsseldorf am Bahnhof, Cari die Schlüssel zu geben. In größter Aufregung; nun steht das arme Kindlein ratlos da. Gab die Schlüssel in Mülheim dem Stationsvorsteher, gab ihm 1,40 M. Hoffentlich kommen sie heute morgen noch an. Wurde erst allmählich wieder ruhig. Der Zug fuhr am Rhein vorbei, auf den Bergen lag Schnee. Ich schrieb meiner Cari in inniger Liebe einen Brief. In Wiesbaden wollte ich ihn schließlich in den Kasten werfen; eine freundliche Frau mit einem Kneifer nahm ihn mir ab, um ihn zu besorgen. Ich schreibe dies in Wiesbaden, wo ich Weihnachten 1912 von meiner schönen Cari abgeholt wurde. Soll man das glauben. Wie könnte ich je von ihr lassen. Sie ist lieb und schöner als alles auf der Welt.

Gyges, Kandaules[141]: Der Poet; kommt nicht aus für sich, muss <es> anderen zeigen. Wird erst glücklich, wenn andere ihn bewundern. Ein schönes ad alterum; der Poet: Die Soziologie als jüdische Wissenschaft.

Warum soll ich Leute wie Gross um ihre Korrektheit beneiden? So etwas wie Cari wird ihnen niemals begegnen. Eine edle und schöne Frau wird sie nie lieben. Also lass sie korrekt sein. Sie haben den Lohn, den sie verdienen. Ich aber werde belohnt. Es geht gerecht zu in der Welt. Keiner entgeht seinem Schicksal. Man soll sich nichts einbilden: Schicksal, Gerechtigkeit, Charakter, innerstes Wesen: alles das ist nur ein und dasselbe. Es gibt keine summarische Gerechtigkeit. Entweder ist der Einzelne vor der Gerechtigkeit nichts, und dann kann man die Gerechtigkeit nicht deshalb summarisch nennen, weil sie den Einzelnen nicht berücksichtigt; oder der Einzelne gilt etwas, dann wird er auch von der Gerechtigkeit begünstigt. Oder es gibt überhaupt keine Gerechtigkeit. Also egal. Millionen Einzelne ändern nichts daran.

---

[141] Gyges wurde 685 v. C. König von Lydien, nachdem er König Kandaules ermordet hatte. Carl Schmitt bezieht sich hier auf die Version des Herodot.

Ich bemerke an mir, dass ich jetzt lieber in der Bahn vorwärts fahre als rückwärts. Warum? Früher suchte ich der Gefahr den Rücken zu bieten (immer Feigheit). Jetzt suche ich (aus gewohnter Feigheit) die Gefahr möglichst früh zu erkennen und gewiss zu sein, was kommt.

Wilhelm Schäfer, der missratene Antiparasit.

<Entäußere> dich – begeistere dich.

Empfehle für Rheinlande: „<Vom> Rechtbehalten"

Warum weine ich, wenn ich das menschliche Leid meiner Jahre sehe: vielleicht, weil doch alles verherrlicht ist, das Schönste und Rührendste [zwei Wörter nicht lesbar.] Seit 12 Stunden fahre ich im Zug. Und immer wenn die Bürgerseele sich unterhält, ist es ein so unverschämtes Geschwätz darüber: wo es das beste Bier gibt, über Geschäfte, über Verdienen, über Essen, Restaurants, Essen, besonders wieder Essen, freches Genießen. die Weiber erzählen mit einem unbeirrten Enthusiasmus, wo sie die beste Ananastorte gegessen haben; es ist so gemein, dass ich mich entrüste und nicht weiß, wo ich lebe. Die einzigen einigermaßen Anständigen waren jüdische Bürger. Sonst nicht die geringste Spur von Ernst. Die Weiber sind dick, verfressen, schlemmen. Cari hat schon recht. Es ist zum Verrücktwerden. Ein dickes Weib widerlegen? Einen vollgefressenen Bürger? Der wird immer behäbiger [?]. So sehr du den Wunsch hast, ihn zu widerlegen, bist du immer der Widerlegte. Also während der Weltkrieg tobt, gehen die dicken Weiber über die Straße, verkuppeln ihre Töchter; es geht immer ruhig weiter.

7. Sonntag

Früh bis Würzburg allein im Coupé, dann stiegen ekelhafte Bürger ein. Ich trank eine Tasse Kaffee im Speisewagen, aber flüchtete und fürchtete, überall herausgeworfen zu werden. Todmüde kam ich abends um 11 10 in München an; Georg war an der Bahn. Wir freuten uns, uns wiederzusehen; aßen zusammen in einem Münchner Lokal zu Abend, sprachen eifrig. Ich war nicht erschrocken, dass ich wahrscheinlich Soldat werden muss, erzählte Georg den Traum von Cari. Er war ganz erschüttert. Um 12 Uhr gingen wir zu Bett.

8. Montag

Um 1/2 9 auf. Einfach gefrühstückt, dann brachte mich Georg zur Kaserne in der Türkenstraße. Eine schreckliche Sache. Zufällig kam Calker gleich. Ich ließ mich auf seine Kanzlei bringen, wartete dort eine Stunde, dann kam ich vor; wurde freudig und überaus gütig aufgenommen; ich schämte mich, dass ich etwas übel aussah. Ich soll mich gleich untersuchen lassen. Calker ist Major.

Ich wurde natürlich gleich von den Soldaten großartig behandelt, als sie sahen, wie gut ich mit Calker befreundet bin. Wartete eine Stunde vergeblich auf den Arzt (in München kam ich mir schon beinahe heimisch vor. Ich denke immer daran, dass Cari hier lange gelebt hat, und meinte, es müsste etwas zu bedeuten haben, dass ich jetzt so zufällig nach München gerufen werde). Dann wieder zu Calker, der mich für 6 Uhr bestellte. Um 3 soll ich untersucht werden. Holte Georg von der Bibliothek ab, erzählte ihm aufgeregt, wie gut Calker gegen mich ist. Wir aßen im Franziskaner in der Dienerstraße zu Mittag, tranken im Café Luitpold Kaffee (ich hoffte, etwas Herzklopfen zu bekommen), dann zur Kaserne zur Untersuchung. Ein kleiner, hochnäsiger, aber netter junger Arzt. Ich bin aufgrund meiner Augen untauglich; das tat mir leid. Denn ich meinte schon, in München etwas gefunden zu haben. Ging mit Georg Kaffee trinken im Odeon; zu Calker; er redete wieder wunderschön, dass ich gleich als garnisonsdienstfähig als Kriegsfreiwilliger angenommen werde, unglaublich. Muss also wieder nach Düsseldorf zurück. Ich schämte mich herzlich. Dann mit Georg Abendessen. Georg ist ganz glücklich, dass alles so gut gelaufen. Wir tranken Bier und aßen im Augustiner, gingen durch die Museumsstraße und sahen das Zimmer, in dem mein schönes Kindlein gesessen hat. Müde nach Hause. dann noch lange über die Bibel und die Thesen gesprochen; ich sprach gut. Morgen reise ich ab … [einige Wörter nicht erkennbar]. Bei Calker, tief traurig, dass ich wahrscheinlich doch Soldat werden muss.

9. Dienstag

Rasierte mich, ging wieder zu Bett. 1/4 9 auf; nach dem Frühstück gingen wir beide in die Bibliothek, Georg arbeitete fleißig am Aufsatz über das Judentum. Er ist ein gründlicher, wissenschaftlich veranlagter Mensch. Und gut. Denn ich habe kein Geld mehr, lebe hier auf seine Kosten und er hat sich gestern Abend telegrafisch Geld kommen lassen. Ich habe nur noch 5 Mark und könnte nicht nach Hause zurückreisen. Ich merke aber, dass er des Geld doch sehr hoch schätzt. Ich las im Zeitschriftensaal herum, kam mir mit meinen Büchern ziemlich klein und elend vor. Er las >Psychologie<. Erstaunt und erschrocken über die Macht der Juden. Die Psychoanalyse ist der reinste Ausdruck des Judentums. Dann in den Lesesaal. Brief an Geheimrat, Onkel André, Ernst Lamberts, Karten an Haas und Gross geschrieben. Um 1 mit Georg zum Essen in den Franziskaner. Nachher spazieren gegangen durch die Museumsstraße, an dem Haus der lieben Cari vorbei, durch die Hildegardstraße (was ist das eine elende Wohnung), an der Isar vorbei langsam zur Bibliothek, dann zum Café Wittelsbach, dort ein paar Stunden gesessen, über Georgs Zukunft gesprochen. Er will sich nicht entscheiden, ob er gleich Musik studiert oder erst das Geschäft in Hamburg in Ordnung bringt. Es interessierte mich sehr. Allmählich aber redeten wir uns müde. Wir gingen zum Abendessen in das Malteserbräu, schrieben Cari und Jup eine Karte. Georg war munter, als er Bier trank aus einer Milchflasche, so dass er knabenhafter und kindlicher war. Wir sprachen sehr hübsch, gingen dann bei der Pension vorbei, dann zum Bahnhof. Georg kaufte mir das Billett und gab mir 25 Mark. Wir winkten uns lange. Ich hatte einen schönen Platz und legte mich gleich schlafen.

10. Mittwoch

Nachts kamen öfters Menschen ins Coupé, übel riechende Soldaten, erschrak vor der Soldatenzeit, aber ich fühle, dass ich es aushalten muss. Nur meine liebe Cari tut mir so leid. Sie muss dann wieder alleine sein. Es ist schrecklich. Ich habe sie zärtlich und herzlich lieb. Todmüde und verschlafen kam ich in Frankfurt an; wusch mich dort, trank schlechten Kaffee, [ein Wort nicht deutbar], dann im Eilzug nach Köln. Vielleicht muss ich sehen, dass ich diese Woche noch heirate. Ich kam um 1 Uhr 19 in Düsseldorf an; wurde von meinem schönen Kindlein am Bahnhof stürmisch empfangen. Wir aßen bei uns zu Hause schön zu Mittag, tranken Kaffee. Ich ging zu Haas, sprach mit ihm schön über meine Angelegenheit; sein Vater will morgen nachmittag mit mir sprechen. Cari ging zum Standesbeamten, der freundlich war und uns kriegstrauen will. Also ist vielleicht doch eine schnelle Erledigung möglich. Der Geheimrat hat geschrieben, ich soll ihn besuchen. Ich schickte Cari mit dem >Hausbesuch< hin. Sie wurde von der Köchin Johanna schlecht behandelt. Wir ärgerten uns über das freche Personal des Geheimrats. Cari ging noch zur Bibliothek, beim Buchhändler vorbei, wo sie die Grenzboten bestellte. Abends gingen wir fröhlich zusammen ins Bettchen und waren wunderschön unartig. An Wülfing geschrieben wegen des Geldes.

Abends um 11 1/2 Uhr: Wie glücklich bin ich. Die reizendste, eleganteste Frau sitzt mir auf dem Schoß. Wunderschön angezogen. Ganz hingegeben. So eine Fülle von Seligkeit, eine übergroße Schwelgerei aller Genüsse. Wie habe ich das verdient?

11. Donnerstag

Geschlafen bis 8 Uhr, langsam aufgestanden, während Frau Schlaper nebenan die Zimmer in Ordnung macht. Eine sonderbare Situation. Aber meine Scheu vor den Frauen ist fast unheimlich. Schrieb an dem Gutachten für den Geheimrat, aber viel zu langsam. Nach dem Mittagessen gleich zu Haas. Der alte Geheimrat ist ein großartiger Kerl. Er kam mir wohlwollend entgegen und ich hoffte, vielleicht doch noch untauglich zu sein. Er schickte mich zu einem Augenarzt. Ich begleitete den Herbert Haas, der sehr freundlich war, noch ein Stück, fuhr dann zum Augenarzt, wartete lange, holte mir ein Buch, drängte mich endlich vor. Wurde sehr schlecht behandelt; emporgekommener Prolet, der merkt, wie leicht es ist, in der Welt fertig zu werden, und die Menschen schlecht behandelt. Dachte mir voller Wut heftige Zusammenstöße mit ihm aus und fühlte mich dem militärischen Mechanismus gegenüber sehr elend. Abends erzählte Cari, wir könnten morgen noch heiraten. Wir gingen daraufhin fröhlich und stolz zum Geheimrat, um ihn zu bitten, Trauzeuge zu sein. Um 7 Uhr kamen wir an. Der Neusser Redakteur Grunau war bei ihm. Eine sonderbare Situation. Der Geheimrat, der 60. Geburtstag hatte, war freundlich und höflich. Aber er riet ab, uns morgen schon zu trauen, weil sonst mein Leben lang in der Heiratsurkunde stünde, dass ich als Referendar geheiratet hätte, was immer etwas Verdächtiges sei. Cari war wütend. Ich spielte keine großartige Rolle. Wir gingen endlich, vom Geheimrat mit größter Höflichkeit bis an die Tür begleitet. Draußen erklärte Cari, dass sie nichts mehr mit ihm zu tun haben wolle. Ich habe versprochen, bis morgen 9 Uhr das Gutachten zu bringen; ich muss also die Nacht noch durcharbeiten. Wir gingen nach Hause, ich setzte mich gleich an die Arbeit, nachdem ich noch zu Haas gegangen war und ihm erzählte, dass ich heirate. Er versprach mir, beim Bezirkskommando eine Bescheinigung, dass ich am 15. eintreten werde, zu besorgen. Ich schrieb dann die ganze Nacht durch, bis ich fertig war, bis 4 Uhr morgens. Trank Mokka, den mir die schöne, reizende Cari gemacht hatte, und war außer mir vor ihrer verlockenden Eleganz und Schönheit. Endlich todmüde ins Bett.

12. Freitag

Um 1/2 9 schnell angezogen, gleich zum Geheimrat. Brachte ihm das Gutachten. Wir gingen bei schönem Wetter durch den Hofgarten spazieren. Der Geheimrat hat auf die Anfrage des Staatsanwalts nach dem Vorleben von Cari geantwortet, dass er zuverlässige Angaben darüber nicht machen könne. Welche Gemeinheit. Er sagt, ich solle nicht heiraten, bevor die Angelegenheit zu Ende sei. Also das ist der Zweck. Ich erschrak. Er ist ein hinterlistiger, boshafter Kerl. Wir tranken im Café Cornelius zusammen Kaffee, erzählten uns wunderschön vom Krieg, meinte, der Geheimrat unterhalte sich gut mit mir, und war stolz darüber. Es wurde 11 Uhr. Ich ging nach Hause, traurig, geärgert über das alberne, freche Personal. Ging zu Haas vorbei; der Scheck von Wülfing war gekommen; mit Cari gegangen, um es abholen. Dann zum Augenarzt, wurde gleich untersucht und freute mich, wie prompt alles ging. Meine Augen sind gar nicht so schlecht, ihretwegen wäre ich feld- und garnisonsdienstfähig. Ich habe also doppeltes Glück gehabt, dass ich nur als garnisonsdienstfähig nach München komme. Ich muss demnach hin. Nach dem Mittagessen ging ich bei Haas vorbei, erzählte auch seinem Vater von der bevorstehenden Heirat, freute mich über ihr Interesse und ging zur Post. Telegrafierte Georg Eisler, dass ich komme, und an Calker nach München dringend, dass der dem Bezirkskommando telegrafieren soll, ich trete am 15. ein. Nun bin ich gespannt. Abends lud ich Haas ein, Trauzeuge zu sein; hoffentlich kommt morgen alles zusammen.

13. Samstag

Morgens um 8 Uhr auf, Cari zur Bahn gebracht. Sie fährt nach Köln zum Konsulat. Ich ging telefonieren, von der Post zu Haas, ging zum Standesbeamten, ein ekelhafter, selbstgefälliger Kerl, fuhr zum Bezirkskommando. Um 1/2 5 nach

München-Gladbach gefahren zu Lamberts; freundlich aufgenommen. Um 1/2 10 wieder zu Hause. Ein freundlicher, liebenswürdiger Feldwebel; bekam die Bescheinigung, Calker ist ein herzensguter Mensch. Dann zur Bibliothek, schön mit dem Direktor gesprochen, ein guter Mensch; er will eine Satire schreiben (ich scheine also doch in den Augen solcher Leute etwas zu gelten); dann Hüsgen getroffen. Zur Bahn. Cari kam nicht. Zu Hause herumgesessen und Wein getrunken. Das ist eine sonderbare Geschichte. Um 1/2 3 kam Cari, sie hat eine Bescheinigung vom Konsulat; ich fürchte, sie reicht nicht aus. Wir tranken Mokka und gingen dann zum Standesamt. Mussten dort lange warten. Ich hatte jede Hoffnung verloren, Cari aber sprach immer vom Gegenteil. Schließlich kamen wir an die Reihe; merkwürdigerweise ging alles glatt. Der Standesbeamte erledigte ohne weitere Bedenken die Sache. Zwei alte Invalide waren zugegen. Wir wurden also getraut. Waren von Herzen froh und erstaunt. Als es erledigt war, bekamen wir unsere Bescheinigungen, gingen dann nach Hause, zogen uns um, gingen bei Haas vorbei, wo aber niemand zu Hause war. Dann ging ich schnell zum Geheimrat, während Cari bei Tietz einkaufte, um mich für meine Militärzeit auszustatten. Übermorgen bin ich also schon in der Kaserne. Oft freue ich mich darauf, oft wird mir angst. Der Geheimrat ist freundlich, gab mir 160 Mark; wir unterhielten uns über den Krieg. Es kamen noch ein paar Herren (sie erzählten, dass slawische Regimenter und Österreicher gemeutert haben und deshalb nach Frankreich gekommen sind). Traf Cari bei Kaletsch. Wir aßen schön zu Abend [Klammerzusatz nicht deutbar]. Der arme, betrogene Geheimrat. Aber er verdient es, denn er ist böse. Ich kaufte nachher noch unendlich viel ein, im Früchtegeschäft, holte die Grenzboten[142], wir packten zu Hause ein; es wurde spät darüber, ging endlich todmüde ins Bett.

14. Sonntag

Um 1/4 8 auf, schnell angezogen, zur Bahn. Dort Kaffee getrunken. Mein Herz tut mir weh, wenn ich mein schönes, hingebendes Carilein sehe. Ich bin wieder ganz verliebt. Fuhr also ab, winkte lange. Las im Zug Rob. Müller: „Was erwartet Österreich von seinem neuen Thronfolger?“ [143] War hingerissen von der Kraft und Begeisterung des Buches, bekam Vertrauen, fühlte mich stark und stolz; wusste, dass ich es noch zu etwas bringe. War stolz, jetzt Soldat zu wer-

142 „Die Grenzboten. Zeitschrift für Politik, Literatur und Kunst“ erschien von 1842–1922.

143 Robert Müller, Was erwartet Österreich von seinem jungen Thronfolger?, Schmidt, München 1914; wieder abgedruckt in: Robert Müller, Gesammelte Essays, Igel, Paderborn 1995. Robert Müller (1887–1924 Selbstmord), öster. Schriftsteller schrieb Romane, Novellen, Essays usw., führte ein unstetes Leben (Zeitungsverkäufer in USA, Matrose u. a. m.), engagierte sich für Georg Trakl, den er der Zeitschrift „Der Brenner“ empfahl, und für Karl May. Er war mit Buschbeck und anderen Mitarbeiter bei der vom Wiener „Akademischen Verband für Literatur und Musik“ herausgegebenen Zeitschrift „Der Ruf. Ein Flugblatt für junge Menschen“ (1912–1913).

den und schrieb in Königswinter meiner Cari einen schönen Brief. Der Nachmittag ging vorbei, es kamen Soldaten ins Coupé. Unterhielt mich mit einem Matrosen und einem Infanteristen, der bei Ypern verwundet war. Es war ein Schuhmacher aus Westfalen, sicher freiwillig. Wir sprachen gut zusammen, tranken im Speisewagen eine Flasche Bier zusammen, freute mich der anständigen und tüchtigen Menschen und hörte allerhand Wissenswertes. *In München traf ich Georg.* Wir freuten uns, uns wiederzusehen, aßen in einem bürgerlichen Lokal zu Abend, tranken Bier und sind gespannt auf morgen.

15. Montag
Um 1/2 9 auf, mit Georg schön spazieren gegangen, kaufte ihm das Buch von Robert Müller; zur Kaserne. Calker nach langem Warten getroffen. Er war freundlich und gütig (schien mir aber etwas verlegen). Sollte heute nachmittag 6 Uhr wiederkommen zur Einkleidung; das wäre also erledigt. Ging Georg in der Bibliothek abholen; wir aßen im Franziskaner zu Mittag, tranken Kaffee im Luitpold. Er hat allerhand Nützliches eingekauft. Wir suchten in der Gabelsberger Straße eine Wohnung und fanden eine, damit ich von Zeit zu Zeit aus der Kaserne komme und mich in der Einsamkeit erholen kann. Mir wurde doch angst. Um 6 Uhr zum Feldwebel des Depots III; ein freundlicher, netter Mann. Er meinte, ich solle vor dem Assessor nicht eingekleidet werden. Ich wollte eigentlich nicht. Überlegte mir die Sache. Die Menschen sind so entgegenkommend, dass mir ganz angst wird. Traf Georg im Luitpold; wurde allmählich klar darüber, dass es das Schönste sei, *wieder nach Düsseldorf zu fahren,* und hatte Sorge, ich werde morgen nicht sofort Urlaub bekommen. Es war unglaublich, wie alles gelang. Wollte mit Georg zum Konzert ins Odeon, aber es war zu teuer. Wir gingen dann Abendessen, tranken Kaffee, sprachen bis nachts 1/2 2 über die Judenfrage und gingen dann müde ins Bett.

16. Dienstag
Müde auf nach dem Traum, dass Cari mir nicht treu sei. Angst und Sorge. Um 1/2 10 zur Kaserne. Während Georg in die Bibliothek ging, wartete ich 1/2 Stunde auf den Hauptmann. Dann kam er. Morgen sofort Urlaub bis 26. in Zivil, Urlaubsschein, um den D-Zug zu benutzen. Alles entwickelte sich glänzend und ohne jede Mühe, so dass ich ganz erstaunt war. Der Hauptmann von Lammerzahn [?] ist ein feiner, eleganter Kerl, der mich wohlwollend und freundlich behandelte. Dass Calker noch einmal soviel für mich tun würde, hätte ich nie gedacht. Lief gleich zu Georg und in die Bibliothek, las dort schnell den Aufsatz über Dostojewski von Böhm. Wir gingen dann zum Essen in unseren Gigerl, dann spazieren in den Englischen Garten. Georg meinte, ich sei ein Egoist, weil ich immer an mich denke. Darauf tranken wir Kaffee im Odeon, lasen Zeitungen und waren freudig und zufrieden. In der Bibliothek wurde es sofort besser. Ich arbeitete etwas. Also heute kann ich wieder für

einige Tage zu meinem schönen Kindlein fahren. Nachdem wir aus der Bibliothek kamen, wurde uns besser. Wir sprachen schön über Georgs Zukunft. Er wurde wieder <kritisch>. Wir aßen schön zusammen zu Abend im Spaten. Dann reiste er nach Partenkirchen ab. Es tat mir leid. Ich ging noch etwas herum, aufgeregt und voll unerfüllbarer Begierde. Trank im Odeon Kaffee, schrieb Briefe an die Eislers und an Onkel André; dann nach Hause, bezahlt, zur Bahn; im vollen Coupé, todmüde, ohne recht schlafen zu können, nach Frankfurt. Froh, dass ich auf Militärkarte reisen darf. Telegrafierte in Frankfurt.

17. Mittwoch

Rasierte mich unterwegs, war aufgeregt, sprach mit Soldaten. Wurde um 1/2 2 von meinem süßen Kindlein an der Bahn in Düsseldorf abgeholt. Wir aßen an der Bahn zu Mittag, dann nach Hause; geschlafen. Mein schönes, süßes Kindlein. Um 1/2 6 standen wir auf. Ich war missmutig, wurde aber allmählich ruhiger. Ich merke erst jetzt mit Schrecken, wie viel ich noch zu repetieren habe. Cari ging einkaufen. Alles kostet viel Geld. Ich muss fleißig sein. Erst aber führte ich Tagebuch und sammelte mich. Das tut mir jedenfalls gut. Ich hatte mir große Sorge gemacht, es würde die Anklage von der Staatsanwaltschaft in Köln da sein; aber es ist nichts da. Das ist gut. Mehrere schöne Briefe, besonders ein guter Feldpostbrief von meinem Bruder Jup und ein rührend netter Brief von Ernst Lamberts, der mich sehr freute. Arbeitete abends noch etwas, war aber schnell todmüde. Wir gingen nach dem Essen gleich ins Bett, wuschen uns und hatten uns sehr lieb. Todmüde eingeschlafen.

18. Donnerstag

Um 7 schon wach, aber wieder ins Bett; Cari stand auf, ich schlief bis 9 Uhr. Dann tranken wir Kakao und ich arbeitete in meinem Zimmer; war müde, aber doch ziemlich fleißig. Cari bügelte und besorgte das Haus. Es ist großartig, dass ich noch einige Tage hier sein kann. Ich dachte viel an den Geheimrat. Welch unglaubliche Gemeinheit und feige Intrigenhaftigkeit liegt darin, dem Staatsanwalt auf seine Anfrage zu antworten, der Geheimrat wisse nichts Zuverlässiges über das Vorleben von Cari („Zuverlässig" hat er sich geäußert). Ich bin froh, dass ich noch die 160 Mark angenommen habe. Die ekelhafte Schweinerei ärgert mich aufs höchste. Aber ich habe ein sehr einfaches Mittel, mich zu rächen, indem ich mich möglichst wenig um ihn kümmere. Wir aßen schön zu Mittag, hatte ein Kotelett dafür eingekauft. Nach dem Essen tranken wir Kaffee, Cari fuhr nach Köln zum Staatsanwalt, und versäumte den Zug. Traurig. Cari benahm sich freundlich und liebenswürdig, ich verdiene sie gar nicht. Ging denn zum Oberlandesgericht, fand einen Aufsatz von Güthe[144] über die

[144] Georg Güthe, Geheimer Justizrat, verfasste u. a. Bücher zum Hypothekenrecht, zur Grundbuchordnung und zur Zwangsversteigerung.

Reichsgesetze, die wahrscheinlich in meinem mündlichen Examen von Wichtigkeit werden. Ich fühle, dass ich Glück habe; sprach mit dem Sekretär Nord, den ich heimlich hasse, aber ich sehe, dass man sehr leicht auch an gefürchtete Menschen herankommen kann. Dann nach Hause. Zu Hause den Ofen angemacht. Währenddessen kam Haas, der auch am 25. Termin hat. Wir sprachen nett zusammen. Ich schäme mich gar nicht meiner einfachen Wohnung. Dann richtete ich noch schön das Essen und ging zur Bahn; Cari abholen. Der Staatsanwalt war sehr freundlich, hat wieder eingestellt, aber der Brief vom Geheimrat hat uns sehr geschadet. Namenlose Wut über den Hund. Ich aß schön zu Hause; Cari war gerührt, dass ich alles so schön vorbereitet habe. Dann tranken wir Wein und gingen ins Bett; o herrliche, schöne Cari.

19. Freitag

Schlief bis 9 Uhr; die schöne Cari regt mich auf. Ich werde ganz nervös und zerrieben und arbeitete morgens etwas an dem Aufsatz von Güthe. Nervös und unzufrieden. Dann zum Oberlandesgericht. Dort noch schnell repetiert; ich weiß tatsächlich nichts, müde, unzufrieden, arbeitete erschreckt und erregt. Aß bescheiden zu Hause zu Mittag; las Zeitung; nachher herumgelesen und geschlafen, dann mit Cari etwas spazieren. Sie dringt auf eine <Vollmacht?>. Es war herrliches Wetter. Der Frühling liegt mir in den Gliedern. Ich bin müde und traurig, sehnsüchtig und schwer. Wer hilft mir? Lieber Gott. Währenddessen sterben Tausende Menschen. Dachte oft sehnsüchtig an meinen Bruder Jup, der im Schützengraben liegt. Wäre doch erst alles zu Ende.

Vierter Teil

Anhang

1 Otto Th. W. Stein. Theodor Däubler
Von der Heydt-Museum Wuppertal.

2 Geheimrat Hugo am Zehnhoff

3 Sören Kierkegaard
Gezeichnet von N. Chr. Kierkegaard

4 Friedrich van Calker

5 Walther Rathenau

6 Otto Weininger

7 Edvard Munch, August Strindberg. Lithographie 1896

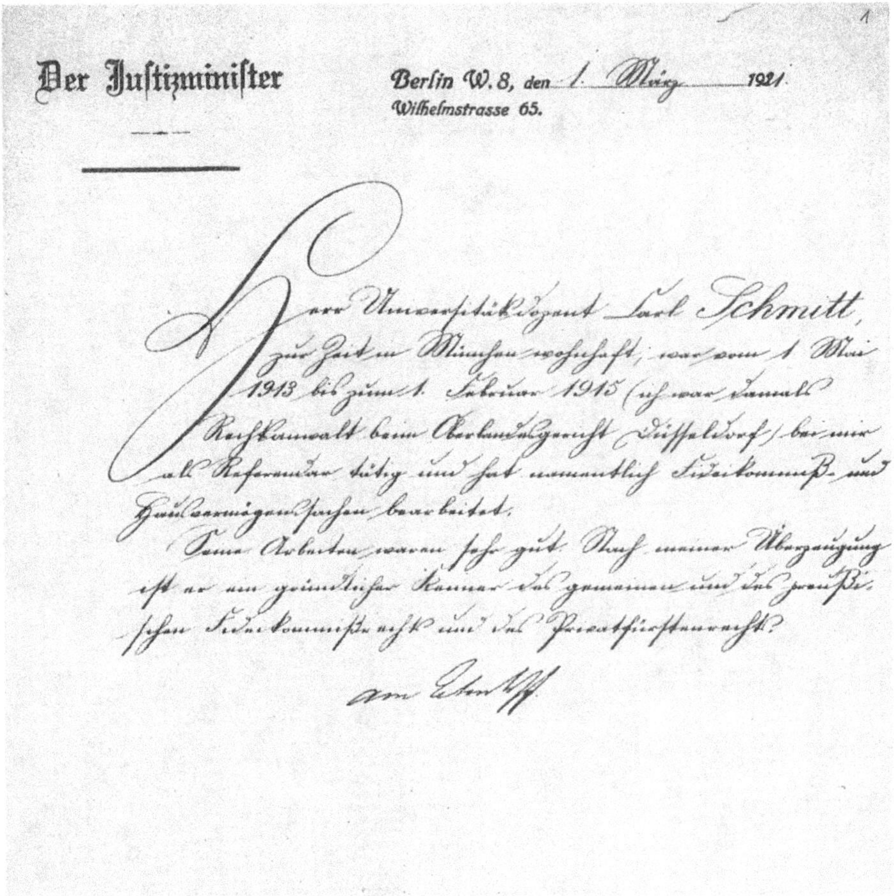

Der Justizminister

Berlin W. 8, den 1. März 1921.
Wilhelmstrasse 65.

Herr Universitätsdozent Carl Schmitt, zur Zeit in München wohnhaft, war vom 1. Mai 1913 bis zum 1. Februar 1915 (ich war damals Rechtsanwalt beim Oberlandesgericht Düsseldorf) bei mir als Referendar tätig und hat namentlich Fideikommiß- und Hausvermögenssachen bearbeitet.

Seine Arbeiten waren sehr gut. Nach meiner Überzeugung ist er ein gründlicher Kenner des gemeinen und des preußischen Fideikommißrechts und des Privatfürstenrechts.

am Zehnhoff

8 Hugo am Zehnhoff, Handschriftliches Zeugnis des Geheimrats und Justizministers für Carl Schmitt

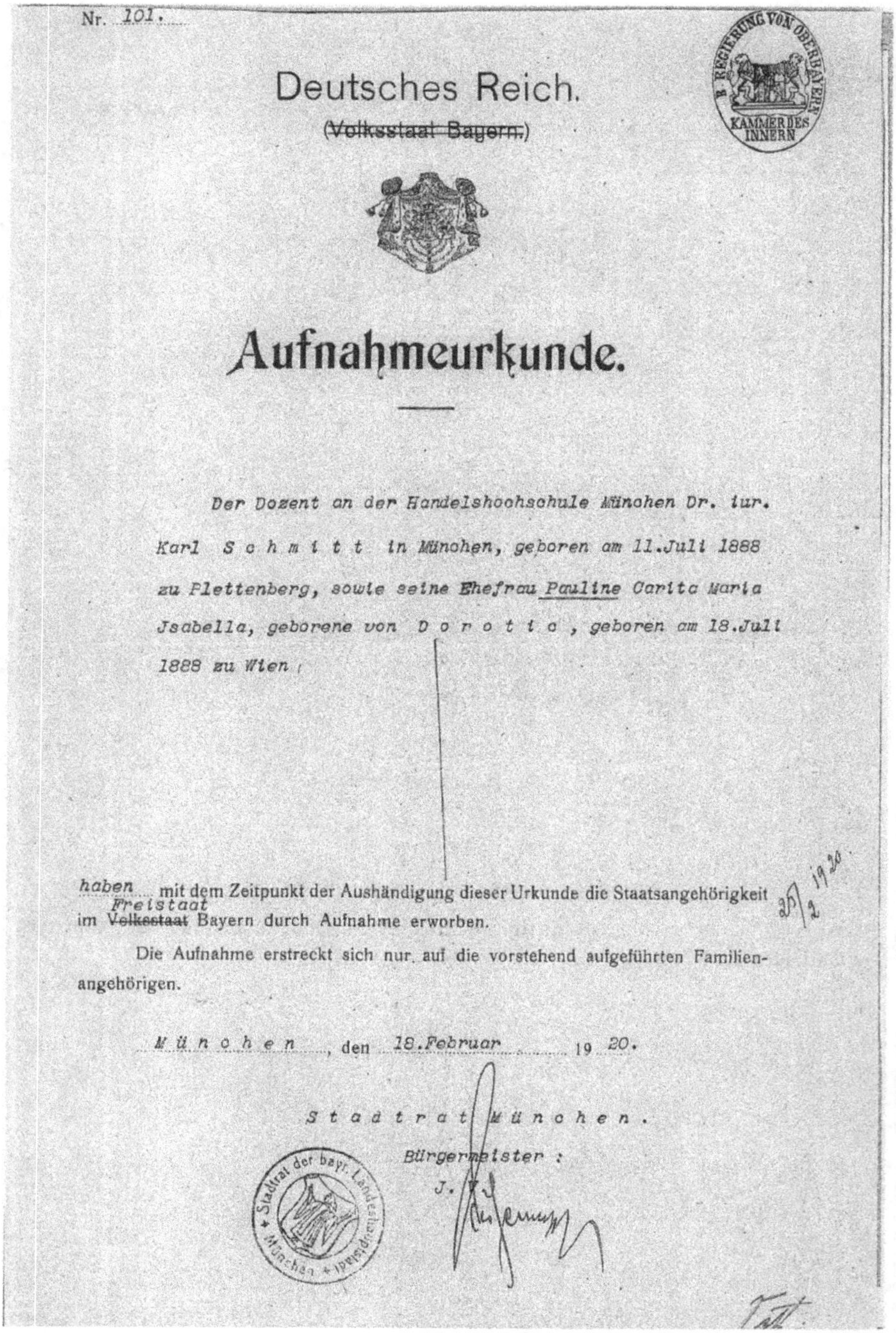

Nr. 101.

Deutsches Reich.

(~~Volksstaat Bayern.~~)

KAMMER DES INNERN

Aufnahmeurkunde.

Der Dozent an der Handelshochschule München Dr. iur. Karl S c h m i t t in München, geboren am 11.Juli 1888 zu Plettenberg, sowie seine Ehefrau Pauline Carita Maria Jsabella, geborene von D o r o t i c , geboren am 18.Juli 1888 zu Wien ;

haben mit dem Zeitpunkt der Aushändigung dieser Urkunde die Staatsangehörigkeit im ~~Volksstaat~~ Freistaat Bayern durch Aufnahme erworben.

Die Aufnahme erstreckt sich nur auf die vorstehend aufgeführten Familienangehörigen.

M ü n c h e n , den 18.Februar 1920.

S t a d t r a t M ü n c h e n .

Bürgermeister :

J. V.

Stadtrat der bayr. Landeshauptstadt München

9 Aufnahmeurkunde des Freistaates Bayern für Carl Schmitt und seine Ehefrau vom 18. Februar 1920

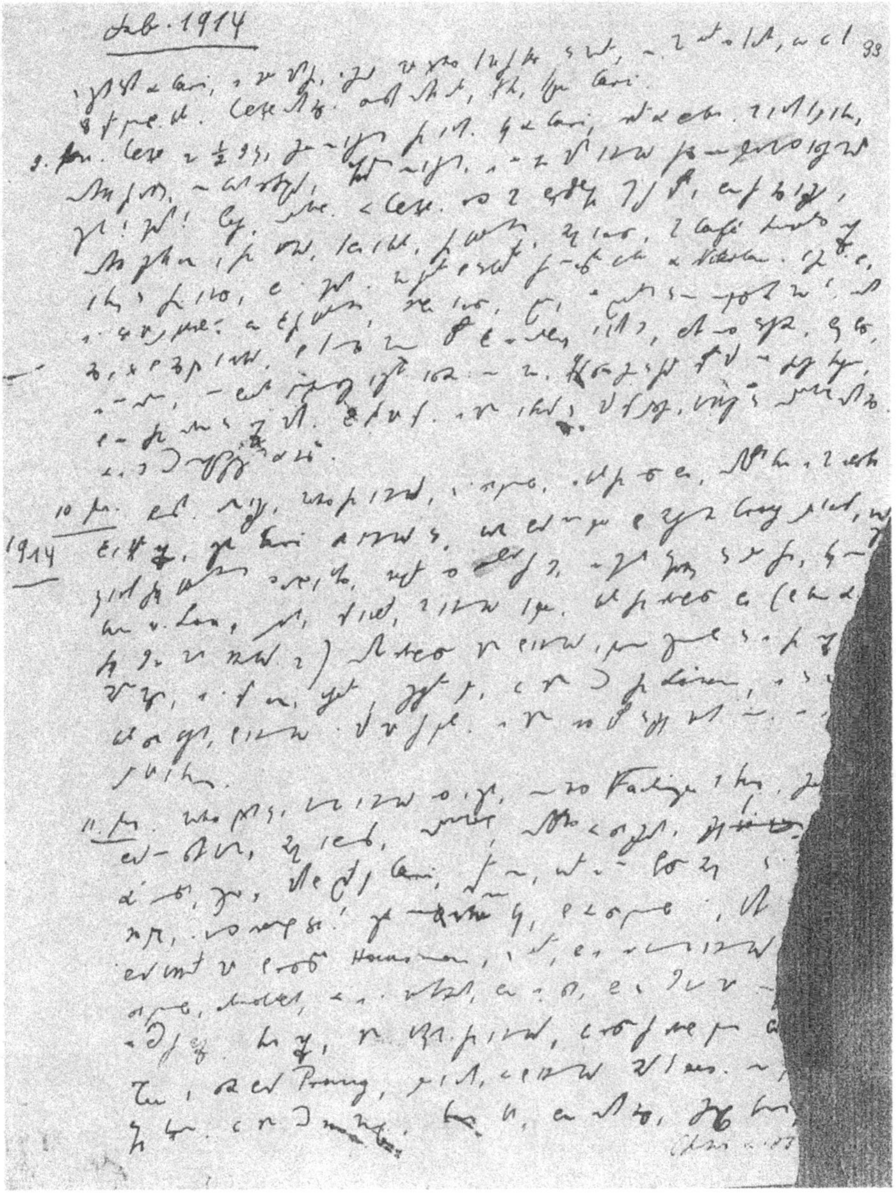

10a Zwei aus dem Tagebuch gerissene und wieder eingefügte Seiten vom 9. bis 13. Februar 1914

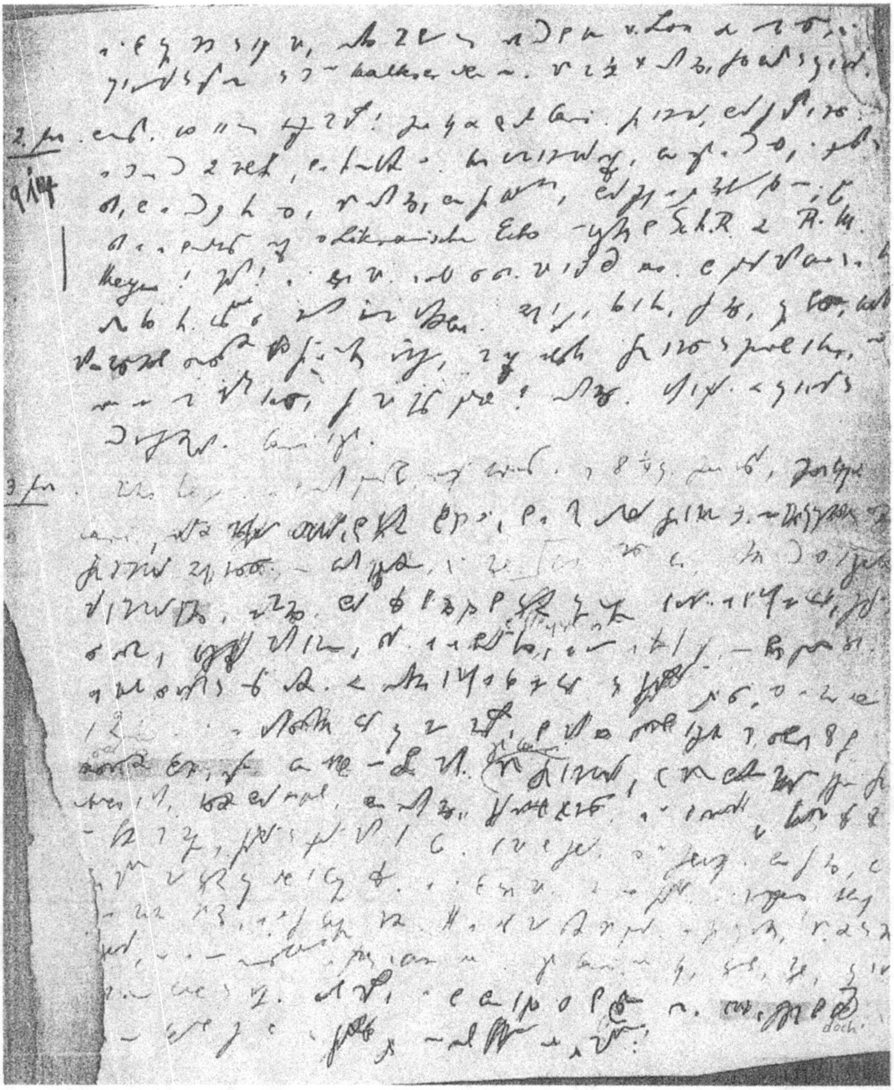

10b Zwei aus dem Tagebuch gerissene und wieder eingefügte Seiten vom 9. bis 13. Februar 1914

Carl Schmitt

Auswahl von Veröffentlichungen zwischen 1912 und 1915

Auswahl aus den „Schattenrissen“

Walther Rathenau

Mit aller gemanischen Innigkeit hatte Melchior Lechter die hohen gotischen Fenster geformt, durch die feierlich das fein gesiebte Licht und abgedämpft der Lärm des mechanistischen Zeitalters in das Privatkontor des Bankdirektors drang. Die Fußstapfen keiner Innenkunst hatten diesen Raum unbeleckt gelassen. Düster grinste aus jeder Ecke ein von Peter Behrens entworfenes Möbelstück; in schwerer Wucht hing Olbrecht von der Decke herab; Pankok krümmte sich im Friese, und immer wieder stieß das Auge auf Konturen, Gegenstände und Vasen, die in achselzuckender Resigniertheit erklärten, daß auch sie von Künstlerhand entworfen wären.

Ein Teppich, reif und reich wie Indiens Reisfelder vor wie nach der Ernte, dämpfte das wuchtige Stapfen der Prinzessinnen und Damen des hohen Adels, die den Bankdirektor an seiner Arbeitsstätte zu besuchen pflegten. Wie ein Felsblock aus schwarzem Granit bot der Schreibtisch dem Eindringen der Entgeistigung, der Entseelung, der fortschreitenden Mechanisierung höflich aber energisch die Spitze. Aus jedem Stuhlbein quoll die Quintessenz doppelschichtiger Kulthur, jede Maser war mit maßvollem Formempfinden gemästet; dem von Peter Behrens entworfenen Kanarienvogel sang die Bildung aus allen Knopflöchern, und dem prachtvollen schottischen Schäferhund hing sie in bannerartig geflammter Zunge wie ein roter Wimpel zum Halse heraus.

Mit ernstem Augenzwinkern sah ein von Liebermann mutig gemaltes Porträt auf die beiden struppigen Voyous von Edvard Munch, die wohl zu ahnen schienen, wie wenig sie würdig waren, der ausbalancierten Synthese griechischer Sophrosyne, römischer Virtus und germanischer Zweckfremdheit, die sie hier überwuchtete. Denn von der großen Längswand glühte in finsterer Farbenpracht, in gebändigter Unheimlichkeit der flächige Mythos eines Böcklin; in gleißender Sinnenfreude sprühte eine kostbare Farbenfontäne Franz von Stucks – ganz abgesehen von ihrem denkerischen Inhalt –, eine sandige Grunewaldlandschaft von Leistikow träumte gegenüber und führte die Kunst zu einer solch monumentalen Höhe, daß der Bankdirektor niemals umhin konnte, sich den Sand aus den Schuhen zu schütten, wenn er seine Andacht davor verrichtet hatte[1]. Daneben schwieg ein bluttriefendes Stilleben von Corinth, und auf der anderen Seite verstand es Max Klinger, Philosoph zu bleiben. Die religiöse Schlichtheit eines Fritz von Uhde aber erhob sich über den Zwiespalt der Konfessionen in diesem Zimmer und schien zu beten:

Herr, erlöse uns von dem Übel!

* * *

Walther, der an diesem Tage neben seinen geschäftlichen, literarischen und kulturellen Erfolgen auch das vierzigste Lebensjahr erreicht hatte, legte die Goldfeder aus der Hand, mit der er soeben ein Kapitel über Kautschuk und Thranszendenz elegant beendigt hatte. Der Aufsatz war für ein vielgelesenes Weltblatt und somit bestimmt, Gemeingut aller Gebildeten zu werden[2]. Dann griff er in die unterste Schublade des Felsblockes und tat bald darauf in wohliger Entspannung zwei Züge aus einer von Peter Behrens

---

[1] Gemeingut aller Gebildeten müssen auch die „Schattenrisse“ werden. Anmerkung des Herausgebers.

[2] Vgl. Apelles. Wie klein erscheinen dagegen El Greco und Cézanne! Oder hat der Herr Meier-Gräfe schon einmal vor einer Wiese von Cézanne Heuschnupfen bekommen? Die Frage nebenbei, ob die vielbesprochenen Vögel des Apelles Amseln oder Enten gewesen sind, ist schon deshalb abzulehnen, weil noch nicht feststeht, durch was für Früchte die pp. Vögel angelockt worden sind. Übrigens ist sie aufs gründlichste beantwortet durch Bankdirektor Rathenau: Denkschrift über den Entenschnabel in Kamerun. Berlin 1912 bei Vahlen. Kap. XIX, passim. – Mit dem Entenschnabel ist nicht etwa das Fräulein Ellen Key gemeint, wie sich aus dem Zusatz „in Kamerun“ deutlich ergibt.

entworfenen Upmann, die er dann unnachsichtlich in einer Onyxschale zerdrückte. Darauf suchte das Auge des Bankdirektors die Fäden, die in seinem Zimmer zusammenliefen. Er ergriff sie, und so saß er nun wieder vor seinem Felsblock, die Fäden in der Hand nüchtern, ehern, konziliant.

Richard Dehmel

„Glauben Sie mir, mein junger Freund, niemand in Deutschland wartet ängstlicher darauf, daß ich mich ausgeschrieben haben werde, als ich selbst."

„Also doch", dachte der junge Freund.

„Endlich einmal", fuhr der Dichter fort, „werde ich diesen Lyrismus überwinden, der beständig meinen philosophischen und politischen Studien ein Bein stellt."

„Wie bitte?" fragte der junge Freund.

„Sie wissen, daß die unselige Hochschutzzollpolitik die ständige Ausbreitung der Schlafkrankheit im Zusammenhang mit dem Abflauen der Dissidentenbewegung bereits das lyrische Kartell erschüttert haben."

„Wieso denn?" fragte der junge Freund.

„Aber auch die Persönlichkeit ist in Gefahr, das freie Ausleben des Individuums, das sich vor keinem Teufel fürchtet –"

„Ach, Sie meinen zwei Menschen?"

„Jawohl, wir Welt."

Der Dichter lächelte verlegen und streifte die Asche von seiner düsterglimmenden Zigarre auf den Kies des wohlgepflegten Gartens, in dessen Hintergrund des Dichters rotes Haus weit über die Elbe schaute.

„Ich kann ja nicht in Abrede stellen," sagte er leise, „daß einige meiner Gedanken sich bereits in meine Dichtungen eingeschlichen haben. Aber" – und hier schwoll seine Stimme an – „dieser beständige Kampf gegen das innere Singen, das gewalttätige Ringen des Ich –"

„Zu zwein?" fragte der junge Freund. …

„um eine adäquate Betätigung im Sinne der Vervollkommnung aller, die Sehnsucht zur ganzen Welt, die ekstatische Hingabe an das Schicksal der Gattung –"

„Zu zwein?" fragte der junge Freund.

„die uns die Wonnen des Einzelschicksals ertragen

lehrt –"; er unterbrach sich plötzlich und sagte unvermittelt: „Sehen Sie, ich habe geheiratet."

„Zu zwein?" fragte der junge Freund.

„Auch das. Noch bedürfen tausend große Gedanken einer heftigen Predigt, müssen, obwohl sie längst ausgesprochen sind, dem Bürger in die Ohren gegellt werden. Der Leser, mein Freund, ist ein ausgekitzeltes Vieh – – –. Aber die Unfähigkeit des deutschen Bürgers, aus Pfaffentum und Zölibat – –"

„– ? –" dachte der junge Freund.

„sich herauszuschmeißen, würgt mich. Denn sehen Sie, das ist das Geheimnis, und dieser Gedanke kann nicht geschrieben, gepredigt, gebrüllt, durch Autodafés blutig bezeugt werden, sondern er muß, wie alles Fruchtbare, ejakuliert werden."

„Der junge Freund fragte nichts.

Der Dichter, ergriffen und erschöpft, sank auf seinen Stuhl zurück, führte die Zigarre an die Lippen und blies Rauch energisch in die Luft.

„Doch sehn Sie", fuhr der Dichter fort:

„Schon singt der volle Mond in Kiefern,
Und auch der Sand ist still erwacht,
Raschelnd rinnt er in immer tiefern
Akkorden, drin die Sehnsucht lacht.

Ich bin allein in meiner Stärke,
Was nur, wer einsam ist, vermag,
Und alle meine hohen Werke
Sind herrlich, wie am ersten Tag."

„Sie sind ja übrigens jetzt gesammelt", sagte der junge Freund aufatmend.

„Jawohl, in zehn Bänden bei Fischer," erwiderte der Dichter, „und sie müssen Gemeingut aller Gebildeten werden[1]."

Das Auge des Dichters erglänzte feucht vor Ergriffenheit. Schweigend drückte er dem jungen Freund die Hand und begab sich in das rote Haus, in dem ein Licht erglommen war und aus dem eine Stimme erscholl: „Übermorgen lesen wir in Mannheim!"

Der junge Freund aber fuhr kopfschüttelnd mit dem Vorortzug nach Hause.

---

[1] Genau wie die „Schattenrisse". Anmerkung des Herausgebers.

Herbert Eulenberg

Auch große Männer rasieren sich. Vielleicht ist das gerade das Geniale. Nicht als ob sich nur unbedeutende rasieren ließen, große aber sich selbst rasierten, sondern die Tatsache des Rasierens überhaupt steht zur Behandlung. Die Frage ist tief, rührt an den Grund von Abgründen, es bedarf zu ihrer Lösung eines Komitees und einer Broschüre aus einem Nachlaß. Erschütternde Probleme, wie Ehebruch und Detumeszenz, Abtreibung und Verwandtes, bedürfen einer unbeirrten Genialität, eines hemdsärmeligen Schwunges und das Problem des Rasierens wird durch keine andere Strategie zur Strecke gebracht werden können. Immer genial, wenn's auch schwer wird! Aber es wird leicht. Hütet euch vor Hebbel! Scheut Schiller! Geht mir mit Goethe! Kleist kann mir geklaut werden! Pfeif' auf Virgil!

Doch hat das Problem noch eine andere Seite. Eine großartigere, ergreifendere, licht- und freudvollere, kurz, eine künstlerische. Diese Seite der Sache erfährt ihre endgültige Erledigung durch folgende Verse, deren historische Genesis in einem besonderen Schattenriß vor Augen gestellt zu werden verdient. Die Verse lassen die tiefen Zusammenhänge zwischen künstlerischer Schaffenstätigkeit und bürgerlicher Lebenseleganz deshalb außerordentlich deutlich erkennen, weil sie während des Rasierens entstanden sind.

Während des Rasierens? Freilich, während des Rasierens! Während der große Künstler sich selbst rasierte? Jawohl, während er sich selbst rasierte! Ist das etwa nicht ergreifend? Kolossal! Gehört das nicht in einen Schattenriß und eine Matinee? Jawohl, es gehört in einen ...

Zur Sache. Während die Vormittagssonne blitzende Perlen in das Badezimmer säte und den Rasierapparat in eine Symphonie von Silber, eine Sonate von Sonnenglanz, ein Fugato von Funkellichtern, ein Passacaglia von Alpakakristallen[1] verwandelte, saß der große

[1] Wir verstehen noch viel mehr von Musik, müssen uns aber auf diese Andeutungen beschränken. In der Anmerkung für Ungebildete wird man Näheres finden. Wer nicht weiß, was Passacaglia ist, sollte das Wort wenigstens gebrauchen, sonst blamiert er sich.

Künstler vor dem Rasierspiegel, unentwegt schabend und schaffend, denn sein Geist, vielleicht der beweglichste von der Welt, ruhte nie. So schoß es durch sein Gehirn: Abtreibung und Ehebruch, Schattenbild und Festreden, Dramen, bitte sehr, Dramen! Was ein richtiges Drama ist, will überlegt sein. Sodann schossen durch sein Gehirn: zwei Gemälde, mehrere Sonntagspredigten, vier Wanderbücher und etwa 25 geniale Menschen der Vergangenheit, an denen er seinen Schnabel noch nicht gewetzt hatte. Das schoß nur so. Das Auge des großen Künstlers spiegelte die innere Bewegtheit seines Geistes. Aber noch saß er da; unentwegt schabend und schaffend, denn das Bestreben jedes großen Künstlers ist es, Gemeingut aller Gebildeten zu werden[2], und auch das will überlegt sein und ist nicht so einfach.

In der Seele eines großen Künstlers gehen geheimnisvolle Dinge vor sich und Aufgabe eines Schattenrisses muß es sein, diese geheimnistiefen Schlünde jedem Gebildeten, jedem, der der allgemeinen Schulpflicht nicht entgangen ist – und wir haben in Deutschland höchstens 130 Analphabeten und nicht viel mehr Anabiturienten – allen geistig hochstehenden Gymnasiasten beiderlei Geschlechts, kurz, jedem Leser möglichst eindrucksvoll zu versetzen und seinem Herzen und Niveau näher zu bringen. Die vorliegenden Schattenrisse, die ihre Inspiration durch den hier in Frage stehenden großen Künstler erhalten haben, können daher nicht umhin, ihm an dieser Stelle ihren ehrerbietigsten Dank auszusprechen, insbesondere für die Belehrung über die Aufgabe eines richtigen Schattenrisses. Denn ein Schattenriß ist nicht so leicht, und ohne Genialität läßt sich wohl einer, lassen sich aber nicht 12 oder 50 schreiben.

Noch immer saß der große Künstler vor dem Rasierspiegel, unentwegt schabend und schaffend, und geheimnisvolle Dinge gingen in seiner Seele vor. Er litt an Problemen, von denen der einfache Bürgersmann keine Ahnung hat. Überhaupt sollte der Bürgersmann lieber respektvoll Bücher kaufen und die großen Künstler in ihrem schmerzzerrissenen oder je nachdem

[2] Da dies auch die Bestimmung der „Schattenrisse" ist, so ist es nur logisch, daß auch sie Anspruch darauf machen können, Gemeingut aller Gebildeten zu werden.

jauchzend glückseligen Skandalieren bewundern, statt seine Krämernase in die hohe Kunst zu stecken. Der Bürger hat seine Aufgabe erfüllt, wenn er durch seine bloße Existenz einigen Mitbürgern die Möglichkeit gegeben hat, sich abzusondern und immer von neuem zu wiederholen, daß sie keine Bürger sind. Aber einen Blick in die erhabenen Schlünde einer Künstlerseele darf er nur dann tun, wenn ein von Künstlerhand geschriebener Schattenriß ihm dieselben schaudernd enthüllt, wie das hier vorbildlich geschieht.

Denn noch immer saß der große Künstler vor dem Rasierspiegel, unentwegt schabend und schaffend, und die Dinge, die in seiner Seele – vielleicht der umfassendsten der Welt – vor sich gingen, waren, wie gesagt, fabelhaft. Dieser Schattenriß wird daher des freudigen Dankes aller Gebildeten gewiß sein, denn nicht jeden Tag sind solch tiefe Einblicke in große Seelen zu tun. Wir wiederholen, daß es schwer ist, sie zu begreifen. Einen Augenblick zum Beispiel blitzte der Gedanke durch den genialen Kopf, daß die Rasierseife nicht preiswert sei, und schon eine weitere Sekunde später entwarf er den Plan zu einem biblischen Drama! Alles derselbe Mensch! Es wäre natürlich lächerlich, das mystisch zu nennen, dafür stehen die Schattenrisse viel zu fest mit ihren gesunden Beinen auf der Mutter Erde und bejahen das Leben, auch die Industrie und den modernen Handel und Verkehr, aber fabelhaft, großartig sind solche Sachen doch wahrhaftig, und wer das nicht einsieht, sollte sich den Teufel um die Kunst scheren.

Und dennoch! Noch immer saß der große Künstler vor dem Rasierspiegel, unentwegt schabend und schaffend. Da blitzte ein Sonnenstrahl, das Auge des großen Künstlers desgleichen, er sprang auf und ergriff den bereitliegenden Bleistift. Die Muse war da! Hurra, die Inspiration!

Die eifrig zitternde Hand des großen Künstlers notierte:

> Das Leben ist nur Seifenschaum;
> das Leben ist aber auch ein Traum;
> drum ist der Seifenschaum auch Traum,
> und aller Traum ist Seife.
> Seh zu, wer das begreife.

Thomas Mann

Exzentrischer Sketch

Mann (eine kleine Militärtrommel rührend vor einem Wandspiegel, ad spectatores während des Rührens):

Die subtile Malice des modernen Kulturmenschen läßt ihn auch vor gröberen Effekten nicht zurückschaudern, wie denn in selbstvernichtender Konsequenz aus der Zartheit eine zarte Unzartheit, aus der Vornehmheit eine vornehme Unvornehmheit, aus der Feinheit eine feine Brutalität zu entwickeln, nicht außerhalb jeder Möglichkeit liegt. Von diesem Gesichtspunkt aus läßt es sich rechtfertigen, daß ich ein verhältnismäßig naturvölkisches Instrument, wie es eine Militärtrommel in gewissem Sinne darstellt, in einer Weise behandle, die mit der banalen und phantasiearmen Bezeichnung „Rühren" nicht ohne ein etwaiges Recht qualifiziert (Pfui!) werden kann. Immerhin steht mein Ruf als vornehmer Künstler auf zu unvornehm breiten Füßen, als daß ich mich nicht darauf verlassen könnte, die Nachbarschaft werde den Mangel der Ernstlichkeit in meinem Trommeln nicht verkennen. Ich würde es jedoch trotzdem als kränkenden Einwand betrachten müssen, wenn einer der Herren mein Trommeln anders als einen Ausbruch gewalttätiger, aber ziselierter Produktivität deuten wollte. Ich würde nicht anstehen, ihn aufs strengste zurechtzuweisen, denn ich bin des bis zur Trivialität wiederholten Vorwurfs müde. Ich bin kein Hündchen mit gesammelter Miene, sondern ein gewalttätiger Künstler, und werde kein Bedenken tragen, das durch eine weithin sichtbare Tat zu dokumentieren.

(Er schlägt einen Wirbel.)

(Es klopft laut und roh an die Tür, man hört Fußtritte.)

Mann (mit breitem Humor): Herein, wenn's kein Schneider ist.

(Kip und Tip treten ein. Kip im Cutaway und Fischer-Verlag, Tip im Smoking und ohne Monokel. Tip mit champagnerfarbenen Strümpfen und Krawatte; Kip entsprechend. Begrüßung.)

Kip (haranguierend): Verehrter Meister von Mann, Rechnung tragend den diversen Schreien, die unser

Jahrhundert qualifizieren (unus ex spectatoribus: Pfui!), und ausgehend insbesondere von der Tatsache, daß uns bisher der Wurzelboden gesunder Volkstümlichkeit abging, bekennen wir, das heißt mein verehrter Freund Tip und ich, uns hiermit, und zwar von dieser Stunde ab, zu einer uneingeschränkten Urwüchsigkeit und erheben hiermit einen neuen Schrei, den nach der Banalität. Wir hoffen, damit nicht nur ein für allemal dem Vorwurf blutleeren Ästhetentums, der uns wenig schert, die Spitze abgebrochen und den Boden entzogen bzw. demselben den Garaus gemacht zu haben, sondern auch einem dringend gefühlten Bedürfnis nachgekommen zu sein. Bitter not tut uns eine große Banalität!

(Mann schlägt einen Wirbel.)

Tip (Kips Rede fortsetzend): Pfeifen es doch schon die Spatzen von den Dächern, daß eine übergeschliffene Kulturgesättigtheit in ihrem Indifferenzpunkt einer ausgehöhlten Barbarei mit Augurenlächeln zuzwinkert, und muß es daher heiligste Pflicht jedes exklusiv denkenden Menschen sein, der Gefahr einer Banalität eben durch die Banalität zuvorzukommen und in der Banalität Schutz vor der Banalität zu suchen. Die scheinbare Dialektik dieser Argumentation löst sich auf durch die banale Erkenntnis, daß es heute mit Recht nicht so sehr auf die Kunst als auf den Verlag ankommt. Meine Herren, schlagen Sie irgendeine jener zierlichen Veranstaltungen wohlgesinnter Verleger auf und betrachten Sie die wohlerzogenen Damen und Herren, die dort ihren Geist abschlagen. Lesen Sie, meine Herrschaften, lesen Sie und fragen Sie sich, ob nicht das einzige, was uns von diesen unterscheiden kann, der Mut zum offenen Bekenntnis der Banalität ist; denn das allein ist heute keine Banalität mehr und die einzige Flucht vor der Banalität ist der Sprung in dieselbe. In diesem Sinne schließe ich mich den nach Inhalt und Form gleich ausgezeichneten Ausführungen meines Freundes Kip nicht nur rückhaltlos, sondern auch voll und ganz an, und mache ich dieselben zu den meinigen.

Mann (die Trommel gerührt bei Seite legend): In trautem Beisammensein dieser herzerhebenden Stunde drücke ich Ihnen die Hand. Die Herren spectatores werden bezeugen, daß sie mit Ihren glänzenden Ausführungen Gedanken ausgesprochen haben, die ich kurz vor Ihrem Erscheinen selber entwickelt habe. Ist es mir doch Schicksal und Beruf, das, was alle wissen, ebenfalls nicht zu übersehen und diese Sonderstellung niemandem zu verschweigen. Und im Vertrauen, meine Herren, man hat es mir für übel genommen, daß ich mich für den größten lebenden Künstler Deutschlands halte. Ich lächle darüber; in Wahrheit liegt die Sache so, daß ich viel zu rücksichtsvoll bin, um die hohen Erwartungen, die meine zahllosen Verehrerinnen auf mich setzen, zu enttäuschen. So kommt es denn, daß ich mich zwar für den größten Künstler halte; nicht, weil ich mich davon mit Gründen überzeugt hätte oder weil ich eitel wäre, sondern weil eine herzlose Mißachtung der heiligsten Empfindungen meiner Verehrerinnen darin läge, mich nicht für den größten zu halten. Nachdem somit die Situation klargestellt ist, umarme ich Sie herzlichst, bin vergnügt und singe.

(Umarmung. Mann nimmt die Trommel wieder auf und rührt sie. Alle drei ziehen ab nach der Melodie: „Komm in meine Liebeslaube", laut johlend):

Schiel ich nach den Ruhmeskränzen
Großer Kunsthero'n
Darf ich nicht herumscharwenzen
Um den guten Ton.
Jawohl, die Liebe
Zur Kunst, die wahre, echte Liebe,

Die spricht dem vornehmen Getriebe
Aus vollem Hi-Ha-Halse Hohn!
(con ottava): Ja, Hohn!
(Exeunt.)

Fritz Mauthner

Das Wörterbuch der Philosophie von Fritz Mauthner ist jetzt seit zwei Jahren im Buchhandel. Die überraschenden Aufklärungen, die darin über die Zusammenhänge zwischen den letzten Problemen der Philosophie und einer intentionalen Grammatik gegeben werden, haben das zweibändige, im ganzen gut und gern 1000 Seiten starke Werk zu einer Lieblingslektüre des Volkes der Dichter, Denker und der allmeinen Schulpflicht gemacht[1]. Damit ist zugleich der Beweis erbracht, daß die Wissenschaft, um populär zu werden, durchaus nicht von der eisigen Höhe herabzusteigen braucht, auf welche sich heute der jüngste Privatdozent zu versteifen beliebt.

Einige Verehrer haben den großen Schriftsteller nun darauf aufmerksam gemacht, und zwar in einem Briefe, der – wie so vieles andere – ebenfalls zu seinen schönsten Erinnerungen zählt, daß die tiefen Untersuchungen seines Wörterbuches noch nicht ganz vollständig zu sein schienen, und ihn gebeten, noch einige Feuilletons herzustellen. Der große Schriftsteller kam diesem Ansuchen noch am selben Nachmittag nach, und wir sind in der angenehmen Lage, dem deutschen Publikum schon heute eine Probe aus den Bürstenabzügen mitzuteilen.

Mit Vergnügen wird man wahrnehmen, wie der Bekenntnischarakter des Werkes, der für manchen getroffenen Universitätsprofessor als Einwand herhalten mußte, hier völlig unterdrückt ist. Wir geben nun den Artikel:

Schmarrn. Schmarrn ist ein Lehnwort, macht sich aber trotzdem gerade heute sehr breit und verhilft zu buchhändlerischen Erfolgen, wo nicht aufs Katheder. Übrigens habe ich das alles schon in meiner Kritik der Sprache, an der Hand des überraschenden Materials, bewiesen. Denken ist Sprechen, Sprechen ist Muskelbewegung, Muskelbewegung ist Anstrengung, Anstrengung ist unangenehm, unangenehm ist Aristoteles, Aristoteles ist Schmarrn, folglich ist Denken Schmarrn. Ich habe das alles, wie gesagt, im einzelnen gelehrt und darf darauf verweisen. Wollte man mir nun einwenden, daß infolgedessen auch mein Denken Schmarrn sei, so gebe ich das ohne weiteres zu, muß aber zur Widerlegung auf meinen Artikel a = a und die darin bewiesene Problematik des Identitätssatzes überhaupt Bezug nehmen. Es ist dem deutschen Volke dadurch die denkerische Möglichkeit gegeben, meine Ausführungen in ihrer ganzen Größe zu würdigen. Ich

[1] Den „Schattenrissen" darf es nicht anders gehen. Anmerkung des Herausgebers.

benutze die Gelegenheit, um zu wiederholen, daß Kant, Goethe und Beethoven die größten Deutschen sind und daß mir auf dem Piaristengymnasium schon die ganze Kritik der Sprache deutlich geworden ist an folgendem jüdischen Witz: Man wird aufgefordert, einen Satz von sechs Wörtern zu bilden, in dem zweimal das Wort Bodensee vorkommt. Die Antwort ist dann: Boden Se kalt oder boden Se warm? Die Sehnsucht, die in diesem Satz ergreifend zu Wort kommt, hat sich für mich in jeder Weise erfüllt: ich wohne nämlich am Bodensee und bade lauwarm.

Es bedarf des ganzen bornierten Hochmuts der Hochschulprofessoren, um das nicht einzusehen. In Walchs Wörterbuch allerdings kommt das Wort nicht vor. Immer hat es mich ergriffen, wenn ich des wackeren Uhland prachtvolle Verse las:

Singe, wem Gesang gegeben!

Selbstanzeigen

Gesetz und Urteil

Kant-Studien, Bd. XVIII, 1913, S. 166–67

Bei dem wachsenden Interesse, dessen sich rechtsphilosophische und -methodologische Fragen seit mehreren Jahren auch über die Grenzen der Fakultät hinaus erfreuen, liegt die Erwartung nahe, es würden in der Folge dieses Interesses auch für andere Gebiete der Philosophie beachtenswerte Analogien aus der Jurisprudenz hervorgehoben werden. Dass hier nicht nur historische und sprachgeschichtliche Relationen vorliegen, ergibt ein Blick auf die Terminologie der Logik wie der Ethik, der Obertitel der hiermit angezeigten Schrift könnte über einer philosophischen Arbeit stehen, die nichts Juristisches enthält, und vielleicht lässt sich auch in der häufig hervortretenden Freude Kants an Vergleichen, die der Jurisprudenz entnommen sind, das Indiz eines tieferen Zusammenhanges erkennen.

Die vorliegende Abhandlung geht von der Kollision aus, in die der Richter, der einmal nur das geltende Gesetz „anwenden" soll, gleichzeitig aber nie die Entscheidung unter Berufung auf eine „Lücke des Gesetzes" verweigern darf, gerät, wenn das Gesetz ihn ohne Antwort im Stiche lässt. Nach der landläufigen Anschauung ist auf jeden Fall ein Urteil immer nur dann richtig, wenn man es aus dem Gesetz ableiten kann. Die „Gesetzmäßigkeit" in diesem Sinne ist ihr alleiniges Kriterium der Richtigkeit einer Entscheidung. Neuere, „freirechtliche" Anschauungen verweisen auf die in der Gesamtheit der Rechtgenossen herrschenden Meinungen, oder auf die aus den Interessen des Verkehrs, sich ergebenden Regeln, oder auf Kulturnormen – kurz, sie suchen das Gebiet, das eine Regelung erfahren hat, über die durch das staatliche Gesetz gegebenen Grenzen durch die Herbeiziehung anderer Normenkomplexe zu erweitern.

Die vorliegende Arbeit stellt beiden Ansichten gegenüber für die Richtigkeit einer Entscheidung die Formel auf: eine Entscheidung ist dann richtig, wenn ein anderer Richter ebenso entschieden hätte. „Ein anderer Richter" bedeutet hier den empirischen Typus des modernen rechtsgelehrten Juristen.

Diese Formel, mit ihrer an eine Als-Obbetrachtung anklingenden Fassung, ist aus dem Postulat der Rechtsbestimmtheit abgeleitet und bedeutet, dass die Tendenz, richtig zu entscheiden in der Rechtspraxis den Sinn hat, eine Entscheidung zu fällen, wie sie von der gesamten Rechtspraxis gleichmäßig gefällt worden wäre. Die Rechtspraxis wird also gegenüber dem Gesetze selbständig, indem sie eigene, spezifische Kriterien der Richtigkeit erhält: Der methodologische Unterschied von Rechtslehre und Praxis wird a auf das schärfste betont, insbesondere wird es für unrichtig erachtet, das Kriterium der Richtigkeit einer in der Praxis ergangenen Entscheidung nur aus dem Gesetz deduzieren zu wollen. Denn die Regeln der Anwendung des Gesetzes sind selbst nicht mehr Inhalt des Gesetzes und gehören in ein Gebiet mit methodologischer Selbständigkeit.

Auch hier ergibt sich eine Analogie, die dem Philosophen auffallen wird: die Selbständigkeit der Lehre von der Urteilskraft. Wenn nun in einer Untersuchung, die von ausschließlich juristischen Interessen ausging und in sie zurückläuft, solch wichtige und frappante Analogien auftreten, so wird die Hoffnung begründet sein, dass für ein Interesse, welches von der Philosophie seinen Ausgang nimmt, selbst in diesen methodologischen Fragen der Rechtspraxis nicht nur „Anregungen“, sondern auch neue Worte, Bilder und Gedanken sich ergeben werden. Darauf hinzuweisen, ist der Zweck dieser Selbstanzeige.

Düsseldorf. Carl Schmitt.

Der Wert des Staates und die Bedeutung des Einzelnen

Kant-Studien, Bd. XIX, 1914, S. 529–30

Das Buch endet in dem Resultat, dass weder das Recht noch der Staat den Einzelnen als Subjekt originärer oder autonomer Werte anerkennen dürfen. Der Staat ist der Idee nach Funktion des Rechts. Er ist das einzige Rechtssubjekt im spezifischen Sinne, der einzige, der durch das Recht unmittelbar berechtigt und verpflichtet wird. Das Individuum ist lediglich Funktion des Staates.

Das Recht kann nicht aus der Macht oder irgend einem andern bloßen Faktum abgeleitet werden, auch nicht aus dem Staat als lediglich tatsächlichem Machtkomplex. Das Recht ist nicht im Staat, sondern der Staat im Recht. Aber der Staat ist der einzige Vollstrecker des Rechts, er verwirklicht das regnum juris in der Welt der Wirklichkeit. Darum ist er höchste (nicht nur stärkste) Macht, aber jedenfalls Macht.

Der große Gegensatz, der alle menschliche Geschichte bewegt, ist nicht der von Staat und Individuum, sondern der von Staat (– Macht) und Recht. Das Individuum scheidet ganz aus. Seine Bedeutung bleibt derivativ. Es ist soviel und nicht mehr als die Sache, der es gerecht wird. –

Das ist, aphoristisch zusammengestellt, das Ergebnis der Untersuchung. In der Einleitung ist es in längeren Ausführungen gegen das Bedenken der Unzeitgemäßheit verteidigt. Man sollte solche Bedenken immer der Zeit überlassen. Das Buch ist 1913 geschrieben, Anfang 1914 erschienen und heute wird jeder, der noch die Ruhe hat, sich der ungeheuren Ereignisse in historischen und kulturellen Zusammenhängen bewusst zu werden, erschüttert sein von der Gewalt des Unpersönlichen, in der man das Zeichen dieser großen Zeit erblicken kann.

Düsseldorf. Carl Schmitt.

Theodor Däubler, der Dichter des „Nordlichts"

(Veröffentlicht aus dem Nachlass in: Piet Tommissen (Hg.), Schmittiana I, Sondernummer der Schriftenreihe Eclectica, Brüssel 1988, XVII, 71–72, S. 22–39

Däubler ist in allem nur Künstler, aber sein Thema ist immer ein philosophisches. Er hat das *Nordlicht* geschrieben, ein Werk, das verkündet, wie die Erde das Nordlicht, die Menschheit den Geist erringt, den „Sieg über Tod und Nacht der Schollen" und das mit den Worten schließt: „die Welt versöhnt und übertönt der Geist". Danach scheint es sich um eine mit elementarer Kraft gestaltete Naturphilosophie zu handeln, um Dinge, für die nach der heute geläufigen Vorstellung Leute wie die Vorsokratiker oder die Gnostiker der ersten christlichen Jahrhunderte oder die idealistischen Philosophen des 19. Jahrhunderts zuständig sind. Aber alle diese Männer würden bewundernd staunen, wenn sie erwachten und sähen, wie heute, nach den barbarischen Stürmen des Materialismus, ihr Geistes- und Ideenverwandter sein Reich in einem fremden Gebiete, in der Kunst, gegründet hat. Sie würden staunen wie der Omaijade, dessen Herrschaft in Asien vernichtet und dessen Familie umgebracht war und der nun im Grabe erführe, dass ein Sohn durch wunderbare Schicksale gerettet sei und nach Irrfahrten und Mühsalen plötzlich in Spanien ein neues Kalifat errichtet habe.

In einem Dreifachen äußert sich der ungebrochene, unvermischte, spezifisch künstlerische Drang, der das *Nordlicht* geschaffen hat: in der Behandlung der Sprache, in der Freude an kunstvoll abgemessenen Formen und in der frappanten Epik der Darstellung.

I.

Das Mittel jeder poetischen Leistung ist die Sprache und zwar in einem doppelten Sinne. Sie ist Mittel, das heißt Instrument, Werkzeug der Mitteilung und gleichzeitig das Medium, in dem das poetische Werk im Gegensatz zu der Arbeit des Malers, Bildhauers oder Musikers, sein Leben hat. Eine Beurteilung des *Nordlichts* setzt daher voraus, dass das Verhältnis, in dem Däubler zur Sprache steht, klar geworden ist. Hier nun liegt das Exorbitante des Werkes; sein Verhältnis zur Sprache ist ein derartig ursprüngliches und unmittelbares, dass unsere Zeit der Mittelbarkeit dadurch vielleicht von ihm ferngehalten wird. Wer das *Nordlicht* aufschlägt, einen Blick hineinwirft und anfängt zu lesen, steht zunächst vor lauter Rätseln. Er glaubt bald, nur Banalitäten zu hören, dann findet er plötzlich die seltenste Weisheit in glänzender Formulierung, dann ein Gestammel, Schreien, Wortanhäufungen, kurz, es scheint nichts damit anzufangen. Was die Banalitäten anlangt, so sind sie da, so fabelhaft und unbedenklich wie bei Balzac und sie übertreffen die Banalitäten Balzacs an Banalität noch um ebenso viel, wie der Künstler Däubler den Künstler Balzac übertrifft. Doch ist mit der einem Übermaß künstlerischer Potenz entspringenden Unbedenklichkeit allein das Befremden des gebildeten Lesers von heute nicht erklärt. Der gebildete Leser übernimmt die Sprache so, wie sie sich ihm nach seinem lektürereichen Bildungsgange präsentiert. Der gute moderne Dichter passt sich sorgfältig diesen Assoziationen des gebildeten Lesers an; er weicht geschickt jedem Wort aus, von dem er als Kenner seiner Mitmenschen weiß, dass es unpassende Gedankenassoziationen hervorrufen könnte; er berechnet den Eindruck seiner Worte auf ein bestimmtes Publikum; seine Tätigkeit ist eine psychologisch-pädagogische, die Schönheit seines Werkes ist Fehlerlosigkeit. Sein Werk kann nicht groß sein und keinen langen Atem haben. Denn es ist unmöglich, im Angesicht großer und gewaltiger Visionen bei ihrer ‚Bändigung' sein Augenmerk vor allem auf das gebildete Publikum und dessen exquisiten Geschmack zu richten. Schon bei Liliencron hatten sie über Geschmacklosigkeiten geschrieen. Bei Däubler – der überhaupt kein Verhältnis zu einem Publikum hat und immer, wie Gott vor der Schöpfung, mit sich selber spricht – würden sie das Gruseln lernen können, wenn ihnen das nicht schon so geläufig wäre. Der gebildete Leser von heute hat jede Erwartung auf eine noch so bescheidene Produktivität der Sprache gegenüber aufgegeben. Er erwartet von seinem Dichter nur technische Behandlung des gegebenen Materials, Ausarbeitung, Ziselierung, Kunstgewerbe der Sprache gegenüber. Es liegt ihm fern, zu glauben, dass jede Gestaltung der Sprache, wie sie der allerdings seltene geniale Sprachkünstler leistet, eine rücksichtslose Ignorierung der bestehenden Konvention voraussetzt. Also gerade das, was dem Gebildeten seine Überlegenheit in Sachen des erlesenen Geschmacks gibt, soll unbeachtet bleiben. Das ist peinlich, aber leider sachlich wie psychologisch nicht zu umgehen. Denn wo aus der Sprache etwas Neues gemacht werden soll, kann nicht das Alte bestehen bleiben; der Sohn erschlägt auch hier den Vater. Und der Künstler, in dem die neue Sprache laut wird, ist damit organisch unfähig geworden, anders zu sprechen als es ihm selbstverständlich ist.

Richard Wagner hatte ein besonderes Verhältnis zur Sprache. Er empfand das Bedürfnis nach einer Neuschöpfung, nach einer Umgestaltung von Grund aus. Er sah in der Sprache das Wesentliche seiner Kunst, weshalb er die Dichtung immer voran stellte und die Musik ihr unterordnen wollte. Aber wie half er der Sprache? Es finden sich zweifellos bei ihm zahlreiche Verse, die überraschend stark wirken und deren Kraft man sich nicht entziehen kann. Doch sind es immer nur einzelne Verse. Seine Methode war eben, auf etwas Altes, hier den Stabreim, zurückzugehn, wie er es auch in den Inhalten seiner Musikdramen liebte, in das ganz Alte, Mythische, Archaistische zu fliehen, die Ewigkeit im Altertümlichen zu suchen, statt wie (wie Däubler) außer und über jeder Zeit zu finden. Da nun der Sprache, wie keinem entgehen konnte, mit Alliterationen nicht geholfen war, so half er ihr mit einem fremden Mittel, mit der Musik, die er an sie heranbrachte. Er bewährte sich auch dabei als den grossen Zauberer, den genialen Veranstalter des Gesamtkunstwerkes. Aber sein Mittel war ein äußerliches, mechanisches; er hatte eine Transfusion vorgenommen, um aus dem Blute der Musik der Sprache neues Blut zuzuführen. Was ihm dabei im ästhetischen Effekt insbesondere für die Musik gelungen ist, kann zunächst gleichgültig sein; es genügt, den Weg deutlich zu zeigen, den er eingeschlagen hat.

Neben diesem Zauberer erscheint Däubler wie ein Kind. Aber er ist auf dem rechten Wege, und die Wahrheit hat sich durch ihn, nicht durch den mächtigen Theatraliker, kund getan. Freilich geht auch Däubler gewaltsam mit der Sprache um, viel gewaltsamer als Wagner, aber er fasst sie in ihrem Wesen und bleibt bei ihr. Wagners Gewaltsamkeit richtet sich eigentlich auch nicht gegen die Sprache, sondern gegen die Musik, die er an die Sprache heranbringt, um sie untertan zu machen. Däubler dagegen geht ganz in die Sprache hinein, um die Musik aus ihr zu entfalten. Wagners musikhistorische Theorie, mit der er sein Gesamtkunstwerk legitimieren wollte und nach der alle Musik aus gehobener, feierlicher Sprache entstanden ist, dürfte überhaupt nicht zu dem Schlusse führen, dass die Musik, die sich nun einmal als etwas Selbständiges und Autonomes differenziert hat, unter Berufung auf ihre Geschichte wieder zur Sprache werden soll. Denn die (ästhetische) Natur der Musik hat mit ihrer psychologisch-historischen Entstehung nichts mehr zu tun. Auch hier verwechselt Wagner die Ewigkeit mit der Steinzeit, während gerade der eminente Historiker Däubler diesem Einwand nicht ausgesetzt ist. Er holt vielmehr alles, Farbe, Klang, inhaltliche Beziehung, aus der immanenten Fülle des Wortes heraus. Oft löst er das Wort vollständig in einen Klangwert auf, neben dem der Wortinhalt nur noch adminikulierend in Betracht kommt. Er beherrscht die Kunst, durch die absolute Musik eines Wortes, die Farben der Vokale und Konsonanten einen bestimmten Ausdruck zu erreichen, mit einer solchen Gewalt, dass daneben alle Versuche dieser Art, die von Rimbaud nicht ausgenommen, wie unsichere Ahnungen oder kleinliche Spielereien dastehn. Erst wenn einem klar geworden ist, dass gegenüber dem Wort als Klang die geläufigen Assoziationen, die sich heute an ein Wort knüpfen, zurücktreten müssen, und dass das einzelne Wort seinen Sinn nicht in dem Sprachsinn des bürgerlichen Lebens erschöpft, sondern eine rein ästhetische Funktion im Ganzen des Kunstwerkes hat, mit andern Worten: erst wenn einem klar geworden ist, dass es einen Naturalismus auch in der Sprache gibt und dass auch der überwunden werden muss, vermag man die ganze Schönheit und künstlerische Größe von Däublers Werk zu erkennen. Däubler hat es unternommen, die Sprache für die Zwecke seiner Kunst bis auf den Grund umzuschaffen und völlig zum ästhetischen Mittel zu machen, ohne Rücksicht darauf, was das gleiche Wort als höchst praktisches Verständigungsmittel des täglichen Lebens an Assoziationen mit sich führt. Ein solches Unternehmen, das eigene Reich der künstlerischen Sprache zu gründen, ist vielleicht das Kühnste und (im großartigstem Sinne) Sensationellste, was in der Geschichte irgend einer Kunst je erlebt wurde.

Das am nächsten liegende Beispiel für diese Sprache Däublers bietet sich in der sprachlichen Behandlung des ‚Ra'-Motivs. Nach Ra, dem ägyptischen Sonnengotte, ist das Ra-Drama im zweiten Teile des *Nordlichts* benannt. Der große Sonnengott ist der grausame, männliche Gott, der in der ganzen Natur das

Recht des Stärkeren gelten lässt und darauf auch seinen Staat gründet, der Gott der sichtbaren Welt, der alles Leben und alle Lebensfreude schafft, aber kein Leben schont, die große Offenbarung der Einheit von Leben und Tod, von Lust und Schmerz. Zu ihm, dem ‚mannbaren' Ra betet der Ägypterkönig Chuenaten, der sein Reich auf der Erde errichten will, in einem dithyrambischen Gebet. (*Nordlicht, II*. S. 155). Das ‚Ra' ist nun wiederzuerkennen in ‚Sahara', in der ‚Iranischen Rhapsodie', in Ararat, Tartarus usw., es ist ein Reservoir von Gedanken und Klangwerten, ein Herd, der bis in den einzelnen Vers hinein sein loderndes Feuer bald leuchtend und wärmend, bald sengend und brennend erstrahlen lässt. Oft allerdings fällt diesem Feuer auch aller übliche Wortgebrauch zu Opfer. So sagt Chuenaten am Schlusse seines eben erwähnten Ra-Gebetes, er wolle der „Ra-Wallfahrt alle Altare erraffen". Es soll, um es gemütlicher zu sagen, keinen Altar mehr geben, zu dem nicht dem Ra zu Ehren gewallfahrtet würde. Wie Chuenaten da spricht, drückt sich ein normaler Mensch von heute nicht aus. Aber Chuenaten besitzt weder den Vorzug ‚normal' noch den von heute zu sein. Wenn am Schlusse eines Gebetes, nachdem der geniale Barbar, der da betet, sich an der Allmacht des Ra berauscht hat, der ganze Vers untergehen soll in einem Wortklang, der den kommunikablen Sinn zwar nicht erstickt aber doch übertönt, so kann die Absicht im Erfolg künstlerisch gelingen oder nicht gelingen, ein prinzipieller ästhetischer Einwand ist jedoch gegen die Absicht nicht zu erheben. Am Schlusse des Ra-Dramas (II. S. 188–189) schreit Chuenaten, als die Ammonspriester ihn foltern und in seinen Eingeweiden wühlen:

Ra! Ra! Fatum, furchtbares Flammenentstammen!
Ich selbst bin das Feuer. Man packt mein Gedärme
Ach Schmerzbrände züngeln aus zuckenden Schrammen
Und setzen sich fest, und entsetzliche Schwärme
Von Brandfaltern flattern aus brennenden Resten
Des Leibes empor und verpesten die Länder!
Ah, Papis und ich, alle beide entpressten
Bei widrigen Festen, als Schwärmer und Schänder,
Der Erde den Sommergott, trächtig an Schrecken
Und Freund der Kastraten und rastloser Laster!
Ra! Ra! Du kannst rasende Schmerzen erwecken!
Du siefst, Hascher, Häscher, es wächst das Geknaster
Verprasster Brandgarben. Jetzt wackelt das Pflaster
Dort qualmen die Fackeln. Hier schwirren die Kerzen
Es fallen die raglasterfassten Pilaster.
Und mir greift von unten jetzt jemand zu Herzen.

Auch diese Stelle ist nicht als Beispiel schöner Verse, wie sie heute von Vielen gemacht werden können, sondern als Beispiel für die besondere Sprache des *Nordlichts* zitiert. Das Tempo der Stelle ist, dem erzählten Vorgang entsprechend, *prestissimo;* der ganze Vortrag nur für das Ohr und das innere, nicht für das Buchstaben lesende Auge bestimmt. Wird aber laut und schnell gelesen, wie es der schrecklichen Szene angemessen ist, so erfährt man welche Kunst sich in der Menge der Bilder, der Wortklänge und Farben offenbart. Dann liegt auch darin, dass Worte zusammengefasst werden wie in „ra-glast-erfassten Pilaster", nichts Bizarres mehr, sondern der selbstverständliche Ausdruck, dafür, dass hier der Gipfel des Schmerzes erreicht ist, der Ausbruch letzter Verzweiflung in beklemmender Anschaulichkeit, eine fast unheimliche Enthüllung dessen, was aus der Sprache gemacht werden kann, wenn ein großer Visionär sie mit ekstatischer Kraft für die Zwecke seiner Kunst gestaltet. In der eben zitierten Stelle ist von „Brandfaltern" und „Brandgarben" die Rede. Das sind großartige Bilder für die Flammen des Feuers. Aber man versteht ihre ganze Bedeutung erst, wenn man weiß, dass in diesen Worten das ‚ra' wieder auftritt, als reiner Klangwert, wie er sich durch den ganzen zweiten Teil des *Nordlichts* unzählige Male und mit immer neuer Wirkung hindurchzieht. Wie wirkt er in dem Vers der Iranischen Rhapsodie, (S. 313):

Wahrhaftig, der Satan ragt senkrecht zu Tage.

und wie, wiederum anders, in der ‚Alexandrinischen Phantasie' (S. 332), wo von dem Mittelmeer, an dessen Felsen Andromeda geschmiedet ist, gesagt wird:

Gar furchtbar sind des Wasserdrachens Brandungskrallen.

Die Beispiele ließen sich ins unendliche vermehren, die Vorliebe für Worte wie ‚gar', ‚trachten' usw. die häufig zu beobachten ist, erklärt sich nicht aus einer Spielerei oder Nachlässigkeit, sondern als völlige Hingabe an den Sprachklang. Auch über die Verwertung jedes einzelnen Vokales könnten lange Ausführungen gemacht werden. Aber der Reichtum ist übergroß, die Zahl der richtigen und interessanten Beispiele unermesslich, und es müssten gleich ganze Seiten (z. B. der ganze ‚Aethiopische Totentanz' Il. S. 139–147) zitiert werden.

Man darf von dieser Sprache nicht sagen, dass in ihr die Assonanzen und Alliterationen übertrieben seien. Von Assonanzen und Alliteration im gewöhnlichen Sinne kann hier überhaupt nicht mehr gesprochen werden. Sie sollen nicht mehr einen Vers putzen, der auch ohne sie bestehen könnte, sie sind nicht mehr fremde Zierart oder Ornament, sondern führen ins Wesen der Sprache, sie sind das einzelne Mittel, ihr Klang und Farbe zu geben, sie in Musik aufzulösen. Für den, der im Ernst alle künstlerische Wirkung aus der Sprache herausholen will, werden sie nicht mehr gelegentlich oder häufig verwandt, sondern sind das Ein und Alles. Der Reim wird zum erstenmale das Wesen der Poesie, nicht eine liebliche, gelegentlich auch tiefsinnige Spielerei, sondern der wichtigste Träger ihrer Wirkungen und noch mehr: er deckt Beziehungen der Gedanken auf, er wird das Gefäß tiefster Gedankenschönheit. Für den Dichter gibt es kein anderes Mittel als die Sprache. Däubler ergreift dieses Mittel mit dem Fanatismus eines Menschen, der dem Tod oder dem Wahnsinn anheimfällt, wenn er die fiebernde Gewalt seiner Visionen nicht in dichterische Form bringt. Aber seine Gewaltsamkeit gegenüber der Sprache ist in Wahrheit nur die vollkommenste Hingabe an sie. Die höchste Selbstbejahung wird zur tiefsten Selbstverneinung, die Selbstverneinung zur Selbstbejahung, das Leben wird aufgegeben, um es zu gewinnen. Däubler, der an vielen Stellen über den Reim spricht, drückt es selbst so aus:

Es wird sich nie das Ich im Thun verlieren,
Drum holen selber sich die holden Reime
Um unvergleichlich sich mit sich zu zieren.

II.

Als imposantes Beispiel eines schön gegliederten Aufbaues, der an die Proportionen der *divina commedia* erinnert, verdient die ‚Alexandrinische Phantasie' (das Weihnachtstriptychon) im zweiten Teile des *Nordlichts* (S. 327–377) Hervorhebung. Um den Zusammenhang der Gedanken kurz und möglichst einfach zu skizzieren: Die Erde hat sich von der Sonne losgerissen und erkaltet allmählich; aber in ihrem Innern birgt sie den feurigen Sonnenkern. Alles Leben, alle Entwicklung auf der Erde, insbesondere der Gegensatz von Mann und Weib wird auf das kosmische Verhältnis von Sonne und Erde zurückgeführt. (Der Anfang des ‚Orphischen Intermezzo' legt das in herrlicher Programmatik dar.) In jeder Blüte, in jedem menschlichen Gehirn drängt sich ein Sonnenfunke aus der Erde zur Sonne zurück. Auch den Mond hat die Erde der Sonne zurückgeworfen. Aber er ist erkaltet, tot, das Symbol allen Todes und aller Lebensverneinung, wie der Buddha, der zweite Mond der Erde, der in der ‚Indischen Symphonie' seinen Todesgesang erhebt. Die Erde und die Menschheit schweben in der Gefahr, das Schicksal des Mondes zu teilen, zu erkalten und zu ersterben. Doch soll es der Erde gelingen, ihr Eigenlicht zu gewinnen: das Nordlicht, das an den Polen gesiebte Sonnenlicht, das die Erde aus ihrem Kern ausströmt, ist dieser Sieg über den Tod und die Nacht, es ist der Geist, die Überwindung des Gegensatzes von Leib und Seele, die Überwindung aller Relativität, die Erlösung des Göttlichen aus den Ketten der Materie. Im zweiten Bande des Nordlichts wird der ganze Weg dargestellt, den die Menschheit nimmt um das Nordlicht zu erringen. Nachdem in Ägypten der reine Sonnenkult vernichtet ist – das wird im ‚Ra-Drama' erzählt –, beginnt der Zug in Indien, und geht über Iran und das Mittelmeer nach Nordwesten in stufenförmiger Steigerung, bis im Norden die Nacht des Tartarus, die vollkommene Skepsis und die fundamentale Negation überwunden ist und das Nordlicht erscheint. Am Schlusse jeder Epoche stürzt das ‚Ich' in den Ararat und kommt dann in neuer Inkarnation wieder auf die Erde. In der ‚Alexandrinischen Phantasie', die sich an die ‚Iranische Rhapsodie' anschließt, handelt es sich nun um das Auftreten des Christentums. Die Mittelmeerkultur, wie sie sich im römischen Weltreich zur Geltung gebracht hatte, wird als ein Hindernis der Entwicklung nach Norden aufgefasst. Das Mittelmeer erscheint als „das Ungeheuer, das den Menschheitsweg verlegte"; das Christentum bringt den Zug zum Norden wieder in Bewegung und vollbringt vor allem eine große Tat: es spricht der Frau eine Seele zu.

Die ‚Alexandrinische Phantasie' ist als Triptychon, als dreiteiliges Altarbild, aufgebaut, in der Weise, dass erst in 61 Terzinen (dem linken Altarflügel), die programmatische Einleitung gegeben wird. Darauf folgt das große Hauptbild: die Ereignisse an einem Weihnachtsfest in Alexandrien, die nach ihrem kulturhistorischen Kolorit etwa in das dritte christliche Jahrhundert zu legen sind. Dann kommen, als rechter Altarflügel, wiederum 61 Terzinen, der Schluss des Gesanges. Nur die Szene des Hauptbildes hat historische Färbung und spielt auf der Erde. Die Szenen der beiden Altarflügel liegen beide in mystischer Erdenferne. Auf dem ersten Altarflügel erscheint der Sternenhimmel: Perseus, der am Schluss der ‚Iranischen Rhapsodie' zu den Sternen emporgeflogen und ein Sternbild geworden ist, sieht die Bilder des Zepheus und der Kassiopeia, die Eltern der Andromeda. (Die visionäre Gewalt dieser Szene ist unbeschreiblich, besonders für den, der aus geschichtlichem Wissen die große Bedeutung des Sternenhimmels für die Perser und die Philosophie der ersten christlichen Jahrhunderte kennt.) Der mythische Perseus erkennt seine Aufgabe: den Kampf mit dem Wasserungeheuer, dem Mittelmeer, die Befreiung der Seele des Weibes, der Andromeda. Dann sinkt er herab, um auf der Erde zu erscheinen, er wird als Mensch geboren. Die Geburt, der Übergang aus der Präexistenz in die Existenz, aus der intelligibelen Welt in die der Erscheinung wird so erzählt:

Ich höre ein Geräusch von fernen Menschenstädten:
Es ist, als ob sich Rufe in die Sänge mischten
Und meines Pferdes Flügelsymphonien lähmten.
Es wird, als ob sie Dunkellurche schrill durchzischten.

Nun werde ich empfunden – und von unverschämten
Erdkeuchern abermals in einen Leib getrieben:
Es ist, als ob Geschreie meinen Sinn verbrämten!

Schon wieder fühle ich sich viel um mich verschieben.
Mir scheints, dass ich Geburtsrufe ringsum vernehme
Jetzt seh ich Schemen, die vermummt zerstieben,

Und steh darauf bewusst und fest im Stoffsysteme!

Damit schließt das linke Altarbild. Das Mittelbild beginnt mit einer wahrhaft genialischen Szene: die rasenden Orgien der alexandrinischen Weiber am Weihnachtstage, das frenetische Toben der Bachantinnen, die tolle Wut des priapischen Kultes, der hier Heidnisches und Christliches in wildem Wirrwar mischt. Dazwischen hört man die lauten Diskussionen, die der gnostische Magier Papias („er ist ein Strauch, aus dem die Seele ausgefahren ... er dünkt sich dämonisch und ist nur gebrechlich."), das ‚Ich' (der menschgewordene Perseus) und der Heide Apollonius über die Berechtigung der Orgie und die wahre Bedeutung Christi führen, bis die Raserei ermattet und die Menge sich verliert.

Und nun erscheinen, nach dem wüsten heidnischen Spuk, sieben christliche Jungfrauen, in milder inniger Schönheit und begeistern und ermahnen sich zum Märtyrertum. Der heilige Augustinus tauft das ‚Ich', den Perseus, als ‚Georg'.

Das rechte Flügelbild erzählt dann den Kampf des heiligen Georg mit dem Wasserdrachen, seinen Sieg über das Mittelmeer und die Befreiung der Andromeda, die zur christlichen Angelika geworden ist. Der Schauplatz liegt jetzt wieder in der mystischen Welt, „in hehren Traumesweiten", fern von der Erde. Der heilige Georg entschwindet, um im folgenden Gesang als der Franke Roland in Spanien wieder aufzutreten.

Auf die Symbolik und Mystik des *Nordlichts* ist hier nicht einzugehen. Der Künstler offenbart sich in der Sicherheit, mit der er die Form findet und schafft um in den Zusammenhängen einer umfassenden, mystisch-kosmologischen Geschichtsdeutung die historische Szene zu geben, ohne die Linie des Ganzen zu unterbrechen. Die beiden Altarflügel, die Terzineneinleitung und der Terzinenschluss, sind die beiden Angeln, in denen die große historische Szene schwebt, die Überleitungen, die eine Welt historischer Bilder mit dem Reiche mystischer Schauungen verbinden, die beiden hochgelegenen Bergspitzen, zwischen denen sich das Tal senkt. So ist ein gewaltiger Bogen konstruiert. Immer wieder, in den Erzählungen, in der Anlage der Gesänge und Gedichte tritt dieses Bestreben nach der abgerundeten Form hervor, ergibt sich mit einer ganz unbewussten Selbstverständlichkeit eine rein architektonische Linie. In der ‚Indischen Symphonie' (*Nordlicht II.* S. 233) erscheint der Buddha, der zweite Mond der Erde mit dem Schrei: „Ich bin! Das Martyrium der Erde verschwinde." Er legt seine Lehre, d.h. sich selbst dar und sagt dann von sich: „Ich gleiche dem Monde." Seine Stimme wächst an, bis die runde Pracht des Vollmonds erreicht ist, dann nimmt sie ab und verschwindet müde und leise wie der Mond. – Am Schlusse der grossen Gesänge des zweiten Teiles stürzt das ‚Ich' jedesmal in den Schacht des Ararat. Das Fortschreiten der Geschichte geht immer in diesem Rhythmus von Höhen und Abgründen, in grossen Bogen und Schleifen. In der ‚Auferstehung des Fleisches' (II. S. 472) erheben sich das ‚Ich' und die ganze Menschheit zum letztenmale aus dem Grabe des Ararat; in dem Gedichte ‚der Tartarus' wird dann die Schilderung dieser Auferstehung des Fleisches gegeben: die Millionen Menschen stürzen wie ein Katarakt, wie eine „wuchtige Leiberlawine" in den Ararat und werden wieder herausgeschleudert; so „bilden Lebendig und Tod eine Schleife". Und um endlich diese Art, in Formen zu sehen und darzustellen an einer einzelnen Zeile zu zeigen: in den ‚Drei Ereignissen' (11. S. 442) steht der Vers: „im Thale steigt der Rauch als wie aus einer Opferschale". Hier sind durch den Reim am Anfang und am Ende des Verses in wunderbarer Phonetik zwei Höhepunkte bestimmt, zwischen denen die Mitte sich senkt, sodass in der Tat der Querschnitt einer Schale gewonnen ist. Diese Beispiele ließen sich um tausend vermehren. Sie beweisen, dass überall die künstlerische Betrachtung das Primäre ist. Jedoch kann auch die philosophische Erkenntnis zu einem System, d.h. einer Architektonik, kommen und es erhebt sich die Frage, ob es nicht letzten Endes doch eine philosophische Tendenz ist, die das Bestreben nach der Form regiert.

III.

Die Neigung zur Reflexion ist bei Däubler so stark, dass die unreflektierte Sicherheit des Künstlers unter den unerschöpflichen philosophischen Problemen des *Nordlichts* wie unter riesigen Steinen begraben würde, wenn nicht eine gigantische Künstlerkraft selbst ihnen Form und Gestalt zu geben wüsste. Denn was ist der Gedanke des *Nordlichts?* Der Sieg des Geistes, die Ueberwindung aller Relativität, die Erringung der Transzendenz. Das Nordlicht selbst erscheint, um es in der Terminologie Hegels auszudrücken, als die Negation der furchtbarsten aller Negationen. Der Inhalt des Buches ist das Schicksal des Geistes der Menschheit; dies Thema wird durchgeführt durch alle Perioden der menschlichen Geschichte. Orpheus im ‚Pan', der Ägypterkönig Chuenaten im ‚Ra-Drama', der Budha in der ‚Indischen Symphonie', sie alle tragen ihre Philosophie vor; in der ‚Iranischen Rhapsodie', in der ‚Alexandrinischen Phantasie', im ‚Roland', vor allem in den ‚Drei Ereignissen', überall laute und heftige Diskussionen, die sich immer um die Fragen drehn: was wird aus der Menschheit? gelingt es das Nordlicht zu gewinnen? was bedeutet der Gegensatz von Mann und Weib? was bedeutet das Böse in der Welt? was die schauerlichen Orgien, die immer wiederkehren?

Die Fähigkeit Däublers, abstrakte Gedanken in prägnante Formulierungen zu bringen ist ungewöhnlich; die intellektuelle Leistung des *Nordlichts* ist mit der Schellings oder Hegels durchaus zu vergleichen. Man höre das Sonett ‚die Vorsonne':

Ich bin der Glaube an die Macht der Sonnen,
Und meine Inbrunst zeitigt alle Strahlen.
Ich walle aus mir selber in die Zahlen
Und halte mich von Ewigkeit umsponnen.

In mir erschöpfen nimmer sich die Bronnen.
Mein Ich entstammt ja festen Wahlen
Der Ringnatur in ihren Wandelqualen.
Drum werde ich. Doch hat mich nichts begonnen!

Ich bin! und weil ich bin, so will ich leben.
Und da ich leben will bin ich ein Wesen:
Doch ewig nur als wahrstes Sein und Streben!

Ich bin nur ich in meinem Mich – erlesen.
Und um zu werden, muss ich mir entschweben,
Denn nur auf mir beruht das Urgenesen.

Gleichzeitig aber wirken überall eine erstaunliche Kraft kulturhistorischer Intuition und unmittelbares Leben. Nur um die Vielseitigkeit recht deutlich zu machen, sei auf die verschiedenen Bilder hingewiesen: der Brand Roms unter Nero im I. Band des *Nordlichts,* der Tod des Chuenaten in der Pyramide (II. S. 187); die kurze, wehmütige Idylle in Schwaben, in der Däubler die deutsche Sprache mit dem schönsten Marienhymnus beschenkt hat (II. S. 442); die Verbrennung der Hexen in den ‚Drei Ereignissen' (II. S. 461). Alles ist da konkret, auch die Diskussionen sind gespannt heftig und lebendig, die Unmittelbarkeit ist so stark, dass hier im Gegensatz zu der Gefahr verstiegener Abstraktion, eher die andere zu bestehen scheint, es könne alles im Einzelnen, Episodischen und Anekdotischen untergehn. Johannes Schlaf hat Däubler den Epiker des Europäers genannt. Wenn man das im ästhetischen Sinne Bezeichnende an Däublers Art künstlerischer Gestaltung ausdrücken will, so kann man ihn in der Tat nur einen Epiker nennen.

In der eben erwähnten schwäbischen Idylle – es ist die ergreifende Stelle, an der, zum einzigen Male, herauszuhören ist, dass hier der Dichter von seinem persönlichen, menschlichen Leid und Unglück spricht – steht folgendes Gedicht:

Ich weiß das Lied von einem Wichte,
Eine ganz einfache Geschichte:
Er war das Lauenenkind von März
Und hatte wie der Mensch ein Herz.

Sein Vater war vielleicht die Kälte,
Drum kriegte er von allen Schelte;
Wenne seine Mutter Windsbraut blies
So hieß es, dass sie ihn verstieß.

Auf einmal kamen laue Winde,
Die Spechte klopften an die Rinde,
Da hüpfte auch des Wichtes Herz.
Doch trieb mit ihm die Freude Scherz.

Er sah die Schwalben Nester bauen,
Das Frühjahrsgrün auf allen Auen,
Ganz einsam blieb nur er, der Wicht,
Und rief: noch blüht die Linde nicht!

Es kam der Blütentraum der Kirschen,
Im Wald des Kalben von der Hirschen
Auf einmal schlug die Nachtigall:
Und horch, man horchte überall!

Das Wichtlein blickte hin zur Linde,
Sie rauschte kaum im leisen Winde
Warum wohl die sein Traumbild war?
Wer weiß, sie schien ihm wunderbar.

Mit Blitz und Donner kam der Regen,
Um auch die Rosen wegzufegen.
Da fürchtete sich unser Wicht,
Es blieb sein Herz im Lenz so schlicht.

Die Mutter fiel ihm ein im Sturme.
Er blieb mit einem Regenwurme
Im Nasen oder gar versteckt.
Dann ist sein Freund, der Wurm, verreckt.

Auf einmal gab es keine Winde,
Verblüht war aber auch die Linde.
Gar blutig lachte noch der Mohn,
Da starb der Wicht an Leid und Hohn.

Diese ‚einfache Geschichte' und das oben mitgeteilte Sonett scheinen unvereinbare Dinge. Aber der Gegensatz, der in ihnen frappant wird, ist nur die Kraft, die das *Nordlicht* geschaffen und gestaltet hat zu einem Werke, in dem die Sonne nicht untergeht. Die künstlerische Intuition enthält nämlich bei Däubler immer zwei Elemente: die abstrakte Deutung und die konkrete Leiblichkeit der Schauung. Die Fülle von Geschehnisse und Deutung ist typisch für Däublers Kunst. Das prachtvolle Gedicht ‚Vollmond' (II. S. 527) beginnt so:

Es ist der Mond der Gott des Todes aller Wesen.
Es schleppt die Erde ihn als Leiche durch den Raum.

In der ersten Zeile wird erklärt, was der Mond, philosophisch gesprochen, im System des *Nordlichts* bedeutet, er wird abstrakt definiert. Sofort aber schließt sich in der zweiten Zeile daran die Erzählung an, in großartigster Anschaulichkeit. – Oft enthält die Deutung selbst wieder das Geschehnis: die wandernden Eisberge sind Tiere, die das Nordlicht fasziniert hat (V. S. 546). Die drei apokalyptischen Reiter (11. S. 483), die Lustseuche, der Rationalismus (genauer: der Geist des mechanistischen Zeitalters), und die Rebellion, treten nicht als allegorische Figuren auf, sondern in der Weise, dass drei Erzählungen gegeben werden, von denen besonders die dritte, die Schilderung der Rebellion, den Geschichtsphilosophen durch die überraschende Klarheit der intuitiven Deutung interessiert, indem sie beginnt: „Die Freiheit will ich. Und mein Wesen wird ein Bauer. Ich gebe es nicht auf: Ich sprenge die Kultur!" Das heißt jede Revolution beginnt mit der Rückkehr zur Natur, mit dem Physiokratismus in irgend einer Form, beruft sich auf ein Naturrecht und stellt sich in Gegensatz zur herrschenden Kultur. Dann aber wird sofort erzählt, wie die aufständischen Bauern den Ritter überfallen und wie schließlich „der Freiheit Feuerlieder" gesungen werden.

Der Gedanke des Nordlichts selbst ist ja rein evolutionistisch-historisch aufgefasst. Einmal freilich hat es den Anschein, als sei alles Leben, alles Werden und alle sichtbare Erscheinung aufgegeben zugunsten des abstrakten Problems und Gedankens: das Sonett ‚Die Epheuranke' (I. S. 341) schließt mit den Worten: „Die Dinge sterben ab, die Rätsel bleiben". Doch enthält diese, übrigens in einer ganz bestimmten (Nacht-) Stimmung laut werdende Auffassung der Dinge und der ‚Rätsel' nicht die Reduction auf ein abstraktes, statisches Gedankenverhältnis, vielmehr liegt in dem, was als Rätsel bezeichnet wird, eben wieder die Entwicklung, das unermüdlich sich weiter ereignende Geschehnis, das dem Epiker unentbehrlich ist. Auch die Rätsel und Probleme fügen sich der Form der Dichtung. Sie treten von vornherein so auf, als wären sie nur Material der epischen Darstellung. In der Welt des menschlichen Gedankens, wie sie das *Nordlicht* bedeutet, lebt dieselbe epische Spannung, wie in der Welt der konkreten Geschichtlichkeit. Durch das ganze Werk geht die große, einheitliche Erwartung, ihr Grund ist immer derselbe, nämlich das Schicksal des ‚Ich' der Menschheit, das Schicksal der Erde als eines kosmischen Körpers und das Schicksal des Geistes, die bange Sorge, ob die Erde das Nordlicht gewinnen wird, ob die Rätsel überwunden werden. So ist das Nordlicht nicht als Lyrik zu werten, es ist vor allem nicht ‚Gedankenlyrik', sondern ein durch und durch episches Kunstwerk auch da, wo es ganz in der philosophischen oder mystischen Deutung der Welt aufzugehn scheint.

IV.

In Däublers *Nordlicht* sind kosmisch-metaphysische Inhalte unter einem ins Unermessliche gespannten Horizont verarbeitet. Aber die spezifische Bedeutung dieses Werkes ist so wenig eine philosophische, wie die von Dantes *Göttlicher Komödie* eine theologische. Der verwirklichte Wille zur künstlerischen Form ist das Ausschlaggebende, die Gestaltung ist alles, sie ist es, die den Eindruck des Werkes bestimmt und es nach seiner Wirkung und seinem Massen, nach den Linien und Farben zu einem Kunstwerk macht.

Die Frage: Warum ist das *Nordlicht* ein Kunstwerk? ist dabei, auch wenn es sich um den Künstler Däubler handelt, wichtiger, d. h. sie ist richtiger gestellt als die andere: Warum ist Däubler ein Künstler? denn die letzte Formulierung legt zu sehr die Meinung nahe, es handele sich lediglich um die subjektive Beziehung eines Menschen zu seinem Werk, um eine psychologische Untersuchung. Ein darauf gerichtetes Interesse kann zu höchst interessanten Fragen und Antworten kommen, aber die individuellen Absichten und Gesinnungen des Künstlers sind zu unterscheiden von dem objektiven Effekt, der in dem Kunstwerk als abgeschlossener Totalität vorliegt. Wahrscheinlich waren Dantes Absichten höchst moralische, so moralisch, dass sie heute jedem (promovierten wie nicht-promovierten, reaktionären wie revolutionären) Gymnasiasten genügen würden, um das Werk als unkünstlerisch abzulehnen. Wahrscheinlich war die Absicht und Gesinnung des Angelus Silesius, als er seine wunderschönen Vierzeiler reimte, genau dieselbe, wie die irgend eines Autors einer ‚Nachfolge Christi in Reimen'. Vielleicht ist ferner jedes Kunstwerk in der Tat nur der Bluterguss, von dem Hebbel spricht. Aber der eine ‚befreit' und erleichtert sich durch ein schlechtes, der andere durch ein gutes Gedicht, die Erleichterung mag bei dem schlechten Gedicht faktisch noch größer, das persönliche Erlebnis noch intensiver sein als bei dem guten; wer will das ausrechnen und was kommt darauf an? Der imposante Bau lobt seinen Meister. Was das Werk über den Meister sagt ist wichtiger als was der Meister über sein Werk sagt, erst recht wichtiger als alles, was die Menschen über den Meister sagen können. Gegen die Auffassung, nach der Däubler vor allem nur Künstler ist, einzuwenden, dass seine Interessen in kosmischen und metaphysischen Spekulationen aufgingen, ist überhaupt kein Argument. Dass der Verfasser eines Werkes wie das *Nordlicht,* etwa im Gegensatz zu irgend einem lyrischen Kleinkünstler, Interesse für große philosophische und ethische Gedanken hat, ist selbstverständlich, aber kein Einwand gegen sein Künstlertum. Dass aber das Thema eines Werkes, weil es auch für Religions- oder Geschichtsphilosophen interessant ist, eine künstlerische Behandlung ausschließe, ist ein unbegründeter Einwand. Die Beschränkung, in der die künstlerische Meisterschaft gefunden werden kann, liegt nicht in der Beschränktheit der Ideen oder Horizonte. Man hat eine Zeitlang Gottfried Keller über die Maßen gelobt und als den Dichter hingestellt, den wir heute brauchen. Es ist pädagogisch durchaus berechtigt, die Aufmerksamkeit des künstlerischen Publikums einmal auf die relative Belanglosigkeit des behandelten Stoffes zu lenken. Dass nun aber jeder ein großer Künstler sein soll, der kein Interesse für die großen Gedanken der Menschheit und der Geschichte hat, diesen verführerischen Schluss sollte man denen überlassen, die ein persönliches Interesse daran haben.

Tausende beschäftigen sich heute damit, zu sagen, was sie leiden; so unermüdlich und in solchem Umfange, dass man erstaunt fragt, woher sie nur die Zeit zum Leiden nehmen. Und wenn sie leiden, so ist das der Kunst gleichgültig. Denn es ist kein Gott, der ihnen gegeben hat zu sagen, was sie leiden; deshalb ist ihr Leiden eine persönliche Angelegenheit von ihnen und ihren Angehörigen. Aber auch der Gott, der die Gabe verleiht, von dem eigenen Leid zu sagen, ist nicht immer der gleiche. Der große Philosoph, der große Priester, der große Künstler, der große Politiker, sie alle sind in ihrer Art beredt, allen ihren großen Taten ist ein Leiden vorhergegangen, eine Negation, deren großartige Negation eben ihre Tat ist. Das Besondere des Künstlers liegt nicht in einem Erkenntniswert, nicht in dem religiösen Glauben, den seine Inhalte erwecken, nicht in der Tauglichkeit, auf den Willen der Menschen einzuwirken, sondern in der Gestaltung dessen, was ihn bewegt, in der Form, die er seinen Visionen gibt. Die Gestaltung setzt, wie jede Synthese, ein Vielfaches voraus, die Stilisierung erhält ihre Wirksamkeit durch Unterscheidung des Wichtigen vom Unwichtigen, des Wesentlichen vom Unwesentlichen und wenn auch alle große Kunst einfach ist, so bleibt sie doch wegen des Erfordernisses der Form die Synthese eines Vielfachen. Daher lässt sich die Schönheit eines Kunstwerkes soweit beschreiben und mitteilen als man seinen Linien und Figuren nachgehen und die Elemente der Zusammenfassung nachweisen kann. Es ist unrichtig, von einem einzelnen Satze zu sagen, dass er ein Kunstwerk sei. Es gibt keinen Inhalt, der sich künstlerisch in einem einzigen Wort so erledigt, dass das Wort für sich ein Kunstwerk wäre, so wenig, wie es ein Bild gibt, das aus einem einzigen Strich bestände, so wenig, wie der Mensch, der ein noch so eindrucksvolles ‚Ach' oder ‚Oh' ausstößt, damit eine künstlerische Gestaltung geleistet hat.

So entfällt ein Bedenken gegen das *Nordlicht*, das dem an Aphorismen gewöhnten Menschen der Gegenwart nahe liegt: das *Nordlicht* sei zu umfangreich, es enthalte zu viele verschiedene Dinge, als dass es ein Kunstwerk sein könne, es sei unübersehbar in seiner chaotischen Menge von Bildern und Gedanken. Es kommt eben alles darauf an, was aus den vielen verschiedenen Dingen gemacht ist. (Von der Möglichkeit, dass die Unübersehbarkeit ihren Grund im Leser haben kann, soll dabei ganz abgesehen werden.) Bei dem kolossalen Vorwurf ist es allerdings natürlich, dass von vielen Dingen die Rede ist, wenn die ganze Menschheitsgeschichte abgerollt wird in hunderten von Bildern, die oft in ekstatischer Heftigkeit hingeworfen sind, die oft einander jagen und sich überstürzen, in denen unzählige Gedanken nur angedeutet werden und vieles unfertig ist, in denen es sogar manchmal den Anschein hat, als habe der Dichter die Linie des Werkes aus den Augen verloren. Auch ist es schwer, in Allem zu folgen. Denn alles in dem Werke ist unerhört neu, unerhört traditionslos; der Geist, der ihn bewegt, sprengt die Gesetze. Eine summarische und kursorische Lektüre sagt einem nicht mehr, als dem Klavierdilettanten eine komplizierte Orchesterpartitur. Aber gerade darin sehe ich das spezifisch Künstlerische, die beispiellose Souveränität künstlerischer Gestaltung, dass hier alles, von der Architektonik der Gedanken bis zum einzelnen Verse, der immanenten Idee dienstbar gemacht ist, und jede Einzelheit verschwindet. Der einzelne Satz mag ohne diesen Zusammenhang bis zur Banalität trivial sein, unverständlich und konfus, sein Sinn und Zweck, d.h. seine Schönheit ergibt sich erst aus der Beziehung zum Zentralpunkt und seiner Funktion in der Welt, die hier neu erschaffen ist. Viel Gedanken- und Wortgepräge, viele Zusammensetzungen, deren Plastik in Schwulst auszuarten scheint, viele Überschwänglichkeiten des dithyrambischen Schwunges, sind für den, der sie liest, weil er das Buch gerade an dieser Stelle aufgeschlagen hat, nur deshalb absurd, weil er nicht weiss, in welcher Umgebung er sich bewegt und er sich vielleicht falsche Zusammenhänge willkürlich denkt. Er benimmt sich dann, wie ein moderner Techniker, der über den Pomp eines Priestergewandes in Lachen ausbricht, weil er sich dergleichen in einem Flugapparat oder einer Trambahn nicht denken kann. „Sie naiven Seltsamkeiten eines deutschen Pantheisten, Ausrufe, Schreie, Exaltationen und Erregungen eines Fakirs, die Gewohnheit ganz laut, ja zu laut zu denken, soll man derartige Exzessen tadeln? Die Schönheiten kompensieren sie, ohne sie wären auch die Schönheiten nicht da. In der Leidenschaft liegt sein Genie. Übrigens ist diese Geistesart ein Typus, sie hat dasselbe Recht, da zu sein, wie die andern. Was anderswo Unvernunft wäre, ist hier Vernunft". So spricht Taine über Michelet. Dasselbe ist für Däubler geltend zu machen, für den aber noch hinzukommt, dass bei ihm eben alles aus einem in unsern Tagen fabelhaft erscheinenden künstlerischen Instinkt entspringt, und viele Gedichte, die ‚eingestreut' sind, namentlich die Sonette, die Linie nicht anders unterbrechen wie Heiligenstatuen das hemmungslose Emporstreben eines gotischen Pfeilers.

* * *

Ich habe auf Einiges in Däublers *Nordlicht* aufmerksam gemacht, um zu zeigen, dass eine ihrer Natur nach künstlerische Begabung das erstaunliche Werk hervorgebracht hat. Sollte die Gesamtleistung des *Nordlichts* geprüft werden, so würden umfangreiche Untersuchungen nicht genügen, um dem Übermaß der Gedanken und Gestalten gerecht zu werden. Auch soll nicht entschieden werden, wie viel reif und endgültig an dem Nordlicht ist. So, wie es vorliegt, ist es eine große Erfüllung, freilich ein noch grösseres Versprechen. Von dem Philosophen Däubler ist, um nicht den Anschein zu erwecken, als könne das nebenbei erledigt werden, nicht gesprochen, weder von dem großen Deuter der Geschichte, an dem kein Geschichtsphilosoph mehr vorbeigehn darf, noch von dem großen Mystiker, in dem die größte Zeit des deutschen Mystizismus wieder aufgegangen zu sein scheint, wenn er von sich sagt:

Erblicke ich die eigenstillen Dinge,
So bin ich nimmer ein Gemüt auf Erden,
Sondern der Geist, als der ich uns durchdringe.
So bin ich alle, die noch kommen werden!
Die Dichter und Erdichteten der Tiefen:
So bin ich Pan und auch der Schreck der Herden,

Vergil und alle Wiesen, die ihn riefen.

Wie aber passt Däubler in unsere Zeit, in der schon jeder Künstler eine *rara avis,* dieser Mann aber geradezu ein *portentum* ist? Kommt er nicht hundert Jahre zu spät?

Es sieht oft so aus, als habe die gegenwärtige Zeit mit ihrem Historizismus für alles Verständnis. Ihre Toleranz in Angelegenheiten der Kunst kennt keine Grenzen. In hunderttausend Rezensionen, Dissertationen, Seminarabhandlungen und Essays würdigt sie tausend Künstler *d'ogni grado, d'ogni forma, d'ogni età.* In dem Pantheon einer solchen Zeit scheint für jeden Platz zu sein. Und wie heute jeder Fürsorgezögling auf Grund des bloßen Umstandes, dass er moralisch zu verkommen droht, das öffentliche Interesse für sich beansprucht, so auch jeder, der sich an die Kunst heranmacht. Das ist freilich keine Zeit für das *Nordlicht.* Aber dieses Werk hat mehr Zeit als seine Zeitgenossen, es kann ihm gleichgültig sein, ob es hundert Jahre zu früh oder zu spät gekommen ist, und wenn die Dimensionen des Pantheons der heutigen Zeit zu eng sind für Däubler, so braucht er nicht ungeduldig zu werden, bis es einstürzt.

Ein literarischer Kritiker von bedeutendem Urteil, Julius Bab, erhofft von unserer Zeit eine neue Dichtung der Tat und sieht sie zum Teil schon in zahlreichen Dichtem der Gegenwart verwirklicht. Er erkennt in dem Schluss des *Hamlet* einem Vorgang, der für unsere Zeit symbolisch ist: der tapfere Held Fortinbras erscheint und Hamlet, der Romantiker, stirbt. Aber es ist lediglich Sache der Stimmung, die Zeit so aufzufassen. Wenn ich demgegenüber von meiner Stimmung sprechen darf, so würde ich den Schluss einer Komödie als Symbol heranziehen: die letzte Szene von Gogols Revisor. Der falsche Revisor, dem seine Rolle aufgedrängt wurde, der sie sich aber vergnügt hatte gefallen lassen, hat sich aus dem Staube gemacht, die biedern Schlauberger, die sich gefreut hatten, so großartig mit dem Revisor fertig geworden zu sein, erwachen von den fröhlichen Gelagen, der allgemeinen Behaglichkeit und den muntern Hoffnungen zu einer elenden Ernüchterung und nun erschallt der Ruf: „Der Revisor!" und der echte Revisor erscheint.

Rezensionen

Schattenrisse

Zwiebelfisch
Fünfter Jahrgang, 1913, S. 153

Eine literarisch-satirische Bierzeitung ohne positiven Wert, aber in alkoholischer Stimmung doch recht lustig zu lesen. Unsere „ersten Autoren", Dehmel, Eulenberg, Thomas Mann werden fast zu bös mitgenommen und an Seiten gepackt, die vielleicht wirklich ihre schwachen sind. Anderes gegen Andere gerichtet trifft wieder daneben, vieles ist dumm und abgeschmackt, vieles wiederum nicht ohne Geist. Herr Negelinus, der seine Anonymität sehr ängstlich hütet, scheint aus Düsseldorf zu stammen; wenigstens ist seine Zusendung dort abgestempelt und seine Bosheit gegen rheinische – „Propheten" am schärfsten.

Das literarische Echo. Halbmonatsschrift für Literaturfreunde,
16. Jg. Nr. 10, S. 683, Stuttgart, 15.2.1914

Aus „Neue Essayliteratur" von R. M. Meyer (Berlin)

Sehr scharfe Eigenart bekundet dagegen der witzige Parodist, der sich Johannes Negelinus mox doctor nennt. Der Übermut, der die Lyrik des Parodisten ist, tritt in der „Systematischen Tabelle" oder in dem durchgeführten Refrain, dass die Schattenrisse Gemeingut aller Gebildeten werden müssen, oder in den Satzungen der Schattenrissakademie erfreulich jugendlich heraus. Gerecht finde ich weder die Auffassung von Eulenberg noch die von Rathenau und am wenigsten die von Wilhelm Schäfer, unklar die von Thomas Mann oder Fritz Mauthner. Aber als Spiel, als freie Ironie stehen die Schattenrisse weit über dem Durchschnitt dieser an billigen Parodien im Stile Meyrinks und der „Lustigen Blätter" so reichen und an bedeutsamen nach Mauthner und dem Äolsharfenalmanach so armen Zeit.

Schuld und Schuldarten

Archiv für Kriminal-Anthropologie und Kriminalität
Nr. 47, S. 180, Leipzig 1912, S. 180

Verf. erklärt, er wolle von der Bedeutung des Wortes Schuld ausgehen, um ihre Begriffsbestimmung im formalen Sinne zu geben, ohne den mat. Inhalt des Begriffes zu erörtern. Nach diesem Begriffe bestimme sich, was Schuldarten sind und mit welchem Rechte Vorsatz und Fahrlässigkeit Schuldarten genannt werden.

H. Groß

Gesetz und Urteil

Archiv für öffentliches Recht
Band 32, 1912, Heft Nr. 1–2, S. 296–299

„Die entscheidende Frage", so beginnt die Abhandlung: „ist die: wann ist eine richterliche Entscheidung richtig?" Das vierte Kapitel (S. 71) gibt die Antwort darauf. „Eine richterliche Entscheidung ist heute dann richtig, wenn anzunehmen ist, dass ein anderer Richter ebenso entschieden hätte. ‚Ein anderer Richter' bedeutet hier den empirischen Typus des modernen rechtsgelehrten Juristen." Damit wendet sich der Verf. einerseits gegen jene Auffassung, die das subjektive Rechtsgefühl des Richters zur Rechtsquelle erhebt. Nicht in der Subjektivität des Richters liegt das Kriterium der Richtigkeit einer Entscheidung: es ist von ihm als Einzelnem gänzlich unabhängig.

Darüber, ob eine Entscheidung richtig ist, entscheidet die Praxis selbst. Sie hat ihr spezifisches Kriterium (S. 100). Andererseits bekämpft er die Lehre vom Willen des Gesetzgebers, von der Lückenlosigkeit der Rechtsordnung, von den üblichen Auslegungsregeln (S. 15f., 22ff.). „Man darf die Frage: wann ist richtig entschieden? nicht mit der Frage: wann ist richtig interpretiert? identifizieren" (S. 11). Die gebräuchlichen Auslegungsmittel sind aber nicht wertlos. Nur als Mittel zur Erforschung des gesetzgeberischen Gedankens besitzen sie keine Maßgeblichkeit. Sofern sich aber der Richter ihrer bedient, um festzustellen, wie wohl der typische Richter entscheiden würde, fehlt ihnen, fehlt dem positiven Recht die die Daseinsberechtigung durchaus nicht. „Weil die glatte Subsumation unter ein Gesetz das sicherste Mittel ist, um die Gewissheit zu begründen, ein anderer Richter hätte ebenso entschieden, deshalb ist die Entscheidung, die im Anschluss an den einleuchtenden Inhalt des Gesetzes ergeht, immer richtig" (S. 87). Seinen Leitsatz gewinnt der Verf. aus der zutreffenden Erwägung, dass eines der Haupterfordernisse des Rechtsbestimmtheit sei (S. 46ff.). Es widerstrebt uns, dass gleichgelagerte Fälle ungleich sollten entschieden werden dürfen. Eben deshalb müsse in Richter so entscheiden wie der typische Richter. Die Schrift, die noch eine Fülle feiner Bemerkungen über den Zweck der Entscheidungsgründe (S. 82ff.), der kollegialen Besetzung des Gerichtes (S. 72ff.), des Instanzenzuges (S. 76f.) enthält, ist sehr fesselnd geschrieben und ragt weit über den Durchschnitt der zahllosen, dem Problem der Rechtsanwendung gewidmeten Arbeiten hervor. Der Verfasser hat, wie er in der Vorrede sagt, ein starkes Bedürfnis nach methodischer Klarheit und ein auf die Wirklichkeit des Rechtslebens gerichtetes Interesse geleitet. Man hätte dies der Schrift ohnehin angemerkt. Auch könnte man dem Endergebnis vorbehaltlos zustimmen, wenn der Verf. die Natur seines Leitsatzes richtig erkannt hätte und sich der Beschränktheit seines Anwendungsgebietes bewusst geworden wäre. Dass er dies nicht tat, ist das Bedenkliche seiner scharfsinnigen Auseinandersetzungen. Wenn der Jurist sagt: diese Entscheidung ist richtig, so sagt er damit: Der Richter hat so entscheiden sollen. Was für ein Sollen kann das sein?

Da der Jurist urteilt, doch nur ein rechtliches Sollen. „Der Richter soll so entscheiden wie der Durchschnittsrichter“ heißt dann also: „Der Richter ist rechtlich dazu verpflichtet, es besteht ein Befehl für ihn, so zu entscheiden und nicht anders.“ Verf. sträubt sich gegen diese Erkenntnis (S. 78, 94, 98). „Die vorgeschlagene Formel hat ... nichts mit einem Gesetzesbefehl an den Richter zu tun. Sie liefert nur ein methodisches Prinzip der heutigen Rechtspraxis.“ Aber da Verf. die moderne Praxis nicht etwa bloß beschreiben, sondern mit einem Postulat an sie herantreten will, so ist sein Leitsatz notwendig praktischer, und zwar rechtlicher Natur. Damit fällt der Leitsatz unter die große Klasse der durch Verweisungen entstandenen Rechtssätze, der Rechtsquellen mit abgeleiteter Rechtssatzwirkung. Wie da Gesetz auf die Anschauungen der Gesellschaft über öffentliche Ordnung, Anstand, Polizeimäßigkeit, öffentliches Interesse, gute Sitten verweisen kann, so kann es auch die Auffassung eines konstruierten Durchschnittsrichters für maßgebend erklären. Kann! Dem Verf. ist zuzugeben, dass im Privatrecht die Rechtsgewissheit, die Gleichmäßigkeit der Behandlung ein wichtigeres Gut ist als die Durchführung des historischen Willens des Gesetzgebers, und darum wird man hier die Verweisung auf eine sachverständliche Durchschnittsauffassung meist annehmen dürfen. Auch gibt es Fälle, wo sich das Gesetz wegen seiner missverständlichen Ausdrucksweise zu einer solchen Verweisung bequemen muss, da es über seine Macht ist, zu befehlen, es solle trotz seiner Dunkelheit nicht missverstanden werden, und machtloses Recht nicht geltendes Recht ist. Aber jene Verweisung gilt nicht notwendig überall. Bei der deutschen Reichsverfassung z. B. wird eine Verweisung auf die Auffassung der Ausleger schwerlich der Sinn der Verfassung sein; von solch unsicheren Zufällen werden die Gründer des Reiches ihre Rechte nicht haben abhängig machen wollen. Halb mit Recht, halb zu Unrecht verwahrt sich Verf. gegen den möglichen Vorwurf, „dass hier eine neue Art von ‚Normen‘, die ‚Gesetze der Praxis‘, an Stelle der freirechtlichen oder kulturellen oder ähnlicher Normen eingeführt würden“ (S. 118). Zu Unrecht: denn die Auffassung des Durchschnittsrichters hat mit der Auffassung des Volks über Treu und Glauben, gute Sitten u. dgl. eine große Verwandtschaft. Mit Recht, insofern es sich hier um neu entdeckte Normen handelt. Schon längst hat man die Regel aufgestellt, die Gesetze seien anzuwenden so wie sie verstanden werden, nicht wie der Gesetzgeber sie sich gedacht hat (Schlesinger in den Götting. Gelehrten Anzeigen 1864 s. 1974; Binding, Handbuch des Strafrechts I 1885 s. 456f.; Kraus in Grünhuts Ztschr. Bd. 32 s. 621). Der Leitsatz des Verfassers ist also im Grunde nur eine schärfere Ausprägung und Begrenzung dieses alten Gedankens. Auch nützt dem Verf. wenig die Behauptung, sein empirischer Typus des normalen Richters sei etwas ganz anderes als der „Gesetzgeber“, dessen Willen man bei der Gesetzesauslegung zu Hilfe nehme (S. 79). Vielmehr besteht Wesensverwandtschaft zwischen den beiden Typen, nur dass man sich das eine Mal die aus dem Charakter des Gesetzes zu erschließende wahrscheinliche Gestalt des Gesetzesverfassers konstruiert, im anderen Falle die nach den Zeitumständen wahrscheinlichste Gestalt des Gesetzesauslegers. Denn bei Unmöglichkeit der Annahme eines physischen Gesetzgebers ist der Gesetzgeber, richtig verstanden, die Konstruktion eines Menschen, dem man die Urheberschaft des Gesetzes zutraut; ihn fragt man in Gedanken bei zweifelhaften Fällen, und seine Antwort bildet die Grundlage der Entscheidung. Endlich ist recht bedenklich, was Verf. von der Rechtslehre in ihrem Verhältnis zur Rechtspraxis behauptet (S. 61). „Die Auslegung eines Rechtssatzes durch die Rechtslehre und seine ‚Auslegung' durch den Richter sind wesentlich verschiedene Dinge." Nein, die beiden Tätigkeiten sind genau die gleichen. Denn wenn wirklich das Gesetz auf den Typus des normalen Richters verweist, dann ist es die Aufgabe der Rechtslehre, die Verweisung zu berücksichtigen. Im übrigen hat der Richter nur die Ermittlung des Tatbestands vor dem Rechtslehrer voraus. Wie üblich beschränkt sich Verf. auf die Darstellung des Justizrechts. Ihm allein sind auch die praktischen Beispiele entlehnt. Besonderen Eindruck hat auf Verf. die Rechtsprechung des Reichsgerichts über die Haftung des Grundbuchrichters gemacht, der von der von einer Rechtsanschauung des Reichsgerichts abweicht (S. 118f.). Daraus folgert Verf. die Geltung seines Leitsatzes in der Praxis. Der Schluss ist aber nicht zwingend. Zu den tatsächlichen dem einzelnem drohenden gesellschaftlichen Schäden gehört auch eine ungünstige richterliche Entscheidung. Wenn daher der Grundbuchbeamte jemand durch Missachtung der Rechtssprechung schädigt, so haftet er selbstverständlich für den so von ihm verursachten tatsächlichen Schaden, ohne dass daraus irgend etwas für die Richtigkeit oder Unrichtigkeit der Gesetzesanwendung gefolgert werden darf. Reicher wäre die Ausbeute im Vermögensrecht gewesen. Hier hat sich in der Rechtsprechung der Verwaltungsgerichte ganz allmählich und unbewusst die Anschauung entwickelt, dass auch bei schlechtestem freien Ermessen die Behörde grundsatzmäßig verfügen, sich an ihre Praxis halten muss und gleiche Dinge nicht mit ungleichem Maß messen darf. Es würde, so sagt z.B. der badische Verwaltungsgerichtshof in seiner Entscheidung vom 12. November 1906 (Ztschr. f. bad. Verwaltung 1907 S. 210), „gegen Treu und Glauben verstoßen", wenn die Verwaltungsbehörde eine bisher, vielleicht fälschlicherweise, als Realwirtschaft anerkannte Wirtschaft plötzlich als gewöhnliche Wirtschaft behandeln wollte (Dazu Gesetz, Gesetzesanwendung und Zweckmäßigkeitserwägung 1913, S. 326, dort S. 325 N 18, S. 137ff. weitere Angaben und Ausführungen). Auch hat der typische Richter SCHMITTS einen Vorläufer im „ordentlichen Verwaltungsbeamten" OTTO MAYERs (Deutsches Verwaltungsrecht I 1895 S. 198).

Nochmals: Bei allen zu erhebenden Bedenken ist die Abhandlung CARL SCHMITTs ein vorzüglicher Beitrag zur Lehre vom Verhältnis zwischen Gesetzgebung und Justiz.

Kiel a.o. Prof. Dr. Walter Jellinek

Kant-Studien
Bd. XVII, 1912, S. 464–467

Sch. will in seinen methodologischen Untersuchungen „die leitende Idee der heutigen Praxis auffinden und dieser dadurch nützen, dass er ihr zur Selbstbesinnung auf ihre Zwecke und Mittel hilft“. Er stellt sich die Aufgabe, „die Methode der modernen Rechtspraxis auf eine Formel zu bringen, die ausdrückt: Wann haben wir von einer rechtlichen Entscheidung zu sagen, dass sie richtig sei?“. In bewusster Scheidung zwischen Wert- und Wirklichkeitsbetrachtung hebt er den Beurteilungsmaßstab aus einem Postulat, stellt aber die Verbindung zwischen seiner normativen Betrachtung und dem zur Untersuchung stehenden empirisch-bestimmten Erscheinungskomplex dadurch her, dass er die empirische Geltung dieses Postulats in der Summe eben dieser der Erfahrung zugänglichen Vorgänge (moderne Rechtspraxis) zum Ausleseprinzip erhebt.

Er weist erneut darauf hin, dass jede Besinnung über das Merkmal der Richtigkeit für die Praxis strikt zu scheiden sei von der juristischen Verarbeitung des Rechtsstoffs, „des geltenden Rechts“. Es gelte daher für die ganze Untersuchung diese methodisch vollständig selbständigen Geltungen innerhalb desselben Wissensgebietes auseinander zu halten (auch S. 57). Damit sei auch grundsätzlich zu scheiden zwischen den Fragen: „Wann ist richtig entschieden?“ und: „Wann ist richtig interpretiert?“ Die Richtigkeit einer Entscheidung leitet er aus dem Postulat der Rechtsbestimmtheit ab. Die Legitimation dieses Kriteriums, dessen praktische Allgemeinheit und methodische Bedeutung vollständig zusammenfalle (S. 56), sucht er zu erweisen durch dessen widerspruchslose Anwendbarkeit auf alle Erscheinungen der Rechtspraxis (S. 59ff.). In den diesem Thema gewidmeten Ausführungen lehnt Sch. nicht nur noch einmal das herrschende Kriterium der Gesetzmäßigkeit mit aller Schärfe ab, sondern er zeigt auch, dass etwa das Postulat der Gerechtigkeit als Kennzeichen der Richtigkeit richterlicher Entscheidungstätigkeit wegen überaus häufiger Unmöglichkeit der Verwendung nicht in der Auswahl unter den denkbaren Postulaten den Vorzug verdienen könne.

Die Formel für solche richtige Entscheidung präzisiert Sch. dahin: „Eine richterliche Entscheidung ist heute dann richtig, wenn anzunehmen ist, dass ein anderer Richter ebenso entschieden hätte. „Ein anderer Richter“ bedeutet hier den empirischen Typus des modernen rechtsgelehrten Juristen.“ (S. 71) Den Hauptwert der Formel sieht Sch. aber darin, dass letztere eine widerspruchslose Lösung der Komplikationen gewähre, „die sich daraus ergeben, dass der einen Seite dem Gesetz seine Autorität gewahrt bleiben müsse, sodann aber gleichzeitig Entscheidungen praeter und zuweilen solche contra legem ergehen müssten, die als richtig bezeichnet würden, obwohl sie kaum noch „quellenmäßig“ zu nennen seien.“

Sch. gewinnt diesen Ausweg durch die Reflexion, dass ein Moment die Frage nach einem lediglich der Praxis eigenen Prinzip methodischer Betrachtung von allen jenen Ansichten scheide, welche aus der Erfüllung des Kriteriums der Gesetzmäßigkeit solche Richtigkeit ableiten wollten. Denn letztere – mögen sie sich auf das geschriebene Recht allein stützen, mögen sie über positive Kulturnormen oder Satzungen des freien Rechts herbeiziehen – legten doch immer zeitlich und logisch die Bedeutung ihrer Normen vor die Entscheidung. Von ihnen aus trete der Richter an diese Entscheidung heran, um durch Subsumption seine Entscheidung als quellenmäßig zu legitimieren. Gegenüber diesem Kriterium der Gesetzmäßigkeit verlege das praktisch spezifische Merkmal der Richtigkeit das Schwergewicht dahin, dass der Richter nur „eine Norm als Mittel benutze, um zu berechnen, was heute bei diesen Normen, bei diesen Präjudizien, von der Praxis des Rechts allgemein als richtig betrachtet würde" (S. 98).

Die Subsumption verliere daher vollständig den Charakter eines Endzwecks und komme nur insoweit in Betracht, als sie der Verwirklichung des ausgewählten Postulats diene. Wo daher solche subsumierende Tätigkeit in dem obersten Zweck nicht möglich sei, müsse die Gesetzmäßigkeit hinter der Rechtsbestimmtheit zurückstehen, wenn anders nicht das Kriterium der Richtigkeit cessieren solle. Richtig bleibe dagegen die contra legem ergangene Entscheidung dann, wenn „sie von dem anderen Richter (der gesamten Praxis) in der gleichen Weise getroffen wäre". (S. 112) Jene vorausberechnete Tätigkeit könne der Richter ohne in haltloseste Subjektivität zu verfallen, darum ausüben, weil es für ihn nur darauf ankomme, die empirisch gegebenen Wertbeziehungen, wie sie in dem anderen Richter existent würden, „in ihrer wirklichen Lebendigkeit" zu werten. Dieser andere Richter sei ein empirischer Typus, daher sei dem Postulat der Rechtsbestimmtheit durch den Hinblick auf diesen „ein sicherer und bestimmbarer Inhalt gegeben, der zwar mit der Entwicklung der Praxis wechsele, aber deshalb nicht weniger klar" sei (S. 116).

Die Bedeutung der geistvollen Gedankengänge Sch.s kann nur verständlich sein bei der Vergegenwärtigung jener Bestrebungen, die man gemeinhin unter dem Sammelnamen „freirechtliche Forderungen" zu begreifen pflegt. Wie diese den Unwert der üblichen Interpretationsmethoden darzutun suchen für die Erkenntnis dessen, was Recht ist, wo das Gesetz schweigt, und wie der Richter in solchem Falle sprechen solle, so weist auch Sch. die tatsächliche Voraussetzung, ob es wohl gelänge eine Entscheidung auf das Gesetz zurückzuführen oder nicht, als ausschließliches Kriterium ihrer Richtigkeit zurück.

Es liegt hier der gemeinsame Ursprung von Sch.s Schrift mit dem Freirechtlertum. Sch. aber kommt über diese unfruchtbare Kritik, welche die Freirechtler in immer neuen Wendungen üben, weit hinaus. Er zerstört nicht nur, sondern er ist auch bestrebt aufzubauen. Er trennt sich in dem Augenblick von den Freirechtlern, in dem er mit seiner Behauptung hervortritt, sie fielen eigentlich genau in denselben Fehler, wie die von ihnen angefeindeten Dogmatiker, wenn sie richtige Interpretation und richtige Entscheidung einfach identifizierten (S. 29).

Die vielfache Berechtigung der Angriffe der Freirechtler gegen die selbstgefällige Unfehlbarkeit, mit der sich die altererbten juristischen Interpretationsmethoden der Welt gaben, kann nun freilich ebensowenig verkannt werden, wie auf der anderen Seite Veranlassung zu der nicht selten zu beobachtenden Abkehr von den alten Betätigungsweisen zu bestehen scheint. Als unter den mit unerbittlicher Logik geführten Schlägen der Freirechtler sich die „Lückenhaftigkeit“ der Methoden, welche die „Lückenlosigkeit“ des Gesetzes zu garantieren vermeinten, auftat, da zeigte sich teils Mutlosigkeit, die das Gewohnte widerstandslos aufzugeben bereit war, teils brach jener dogmatische Fanatismus hervor, der in seiner Ueberhebung über die Gesetze der Logik doch etwas altväterisch anmutet.

Beides freilich scheint des Juristen wenig würdig zu sein. Das einzige, was der moderne juristisch gebildete Mensch von der Summe der Freirechtspostulate denken darf, das hat auch hier Ludwig Mitteis dahin betont, dass die „heutige Zivilistik nicht den Vorwurf scholastischer Unfruchtbarkeit verdiene: ... dass wir aber auch der Stimme der freirechtlichen Kritik nicht unser Ohr verschliessen dürften ... Dass wir Manches zu bessern hätten, halte auch er für sicher.“ (Deutsche Jur. Ztg. 1909 S. 1039 ff.)

Was Mitteis hier zum Wissen wird, ruht in der Einsicht, dass die Logik keine andere Aufgabe hat, als die Menschen über ihre jeweils zu beurteilende Tätigkeit zu orientieren. Bei der Neuheit der Beweisführung, die von einzelnen philosophisch durchgebildeten Freirechtlern gegen die Hermeneutik angetreten wurde, schien deren Kritik dem in solchen Gedankengängen ungewohnten juristischen Denken oft über den wirklich zwingenden Bereich Folge zu heischen. Das rein Formale der Kritik wurde nur selten in der ganzen Tragweite gewürdigt. Gibt man die Mangelhaftigkeit des von Menschen geschaffenen Werkes (gen. das geschriebene Recht) zu, so kommt auch der Freirechtler dahin, unter den in Gemäßheit seiner Postulate erweiterten Normenkomplex zu subsumieren.

Freilich ist man in der Jurisprudenz noch immer weit davon entfernt, solche Lückenhaftigkeit des Gesetzes anzuerkennen. Man quält sich optima fide mit sinnlosen Fiktionen herum, während z. B. in Spanien das Bewusstsein von der Lückenhaftigkeit des Gesetzes bereits im Jahr 1889 in den Disposiciones adicionales des Código civil zum legislatorischen Prinzip erhoben worden ist (deficiencias y dudas que hayan encontrado al aplicar este Código).

Auf dieser Folie nun wird die Bedeutung von Sch.s Schrift klar. Sie ruht darin, dass Sch. nach dem Postulat der Rechtsbestimmtheit die verschiedenen subsumierenden Tätigkeiten in ein bestimmt gelagertes Verhältnis zu einander bringt. Er zeigt, welch hohen Wert subtil ausgearbeitete Arbeitsmethoden für die Garantierung der Rechtssicherheit haben, sofern sie nur allgemein anerkannt sind (S. 91).

In der Tat kommt es ja lediglich auf die Auswahl der Werte an, von denen aus der Dogmatiker seinen Gedankengang ablaufen lässt. Sind diese Werte allgemein anerkannt, so ist die Gewinnung gleichlautender Entscheidungen durch die verachteten alten Methoden in weitem Masse gewährleistet. Man kann dieses Resultat und damit die Bedeutung der Schrift Sch.s nicht genug aus der

Darstellung herausheben. Sie folgt unmittelbar aus seiner Stellung zum Freirecht. Er bestreitet mit dem Freirecht die Eignung der üblichen Methoden zur absoluten Findung des Rechts und damit unmittelbar der richtigen Entscheidung – er bestreitet keineswegs deren Legitimation in gefeilter und mehr und mehr anerkannter Ausarbeitung eine der wesentlichsten Voraussetzungen richtiger Entscheidung zu sein. Denn richtige Entscheidung sei abhängig von richtiger Interpretation, sobald zu letzerer noch andere Momente hinzukämen. Richtige Interpretation wieder wird zumeist in jenen subtilen Methoden erreicht werden können. Sie werden zur realen Macht zur Erreichung der Rechtssicherheit (S. 91 trotz der gegensätzlichen und auch in sich selbst nicht sicheren Ausführungen S. 28). Der Umstand, dass diese feinsinnige Gedankenführung, welche über die einfache Kritik hinausgeht (obwohl sie sich deren Resultate z. B. durch Berufung auf Th. Sternberg restlos zu eigen macht), darf allen denen unter den Juristen, die sich der formalen Struktur der Logik nicht bewusst waren, von neuem zu denken geben.

Folgt man den Ausführungen Sch.s im einzelnen, so fällt schon rein äußerlich gesehen des Verfassers weitgehende Kenntnis der neuen Werke der rein philosophischen Literatur auf. Wer sehen muss, wie böse es damit in der Rechtsphilosophie bestellt ist, oder aber, wie man dort mit vornehmer Ahnungslosigkeit sogar die Geistesarbeit eines Kant in einigen wunderlichen Redewendungen endgültig vernichtet zu haben glaubt – der wird sicherlich für den Verfasser eingenommen, wenn er z. B. dessen genaue Kenntnis von Vaihingers „Als Ob"-Philosophie sieht (z. B. SS. 14, 27 und 37). Wird man doch auch in der Unterscheidung zwischen subjektiver Wertfindung einerseits und der Herstellung einer Relation zwischen den in den empirisch gegebenen Typen (Richter) allgemein anerkannten Werturteilen und dem Entscheidungsobjekt unschwer den Einfluss der an Kant orientierten wissenschaftlichen Philosophie erkennen.

Freilich gilt es anfangs, sich durch im Ton etwas fibelhaft gehaltene Ausführungen durchzuschlagen, bis man sich dem Genuss der Kenntnisnahme einer geschlossenen und dann mit liebenswürdiger Ironie gewürzten scharfsinnige Theorie hingeben kann. Doch scheint Sch. absichtlich das Problem in immer erneuten Wendungen herausgearbeitet zu haben. Er wendet sich an die Praxis. Wem die reiche Spezialisierung des Wissens fortschreitend nur das Bewusstsein bringt, welch geringen Ausschnitt aus dem Wissensmöglichen selbst der gesamte der Menschheit errungene Komplex des Wissens bedeutet, der wird freilich mit niemand (er habe denn die philosophische Betrachtung zur Lebensaufgabe gewählt) zu schmählen geneigt sein, wenn sich dessen Bekanntschaft mit der Philosophie als etwas schadhaft erweisen sollte. Auch Sch. wendet sich so sicherlich nicht gegen das Nichtwissen selbst, sondern er will durch das jenen breiten Ausführungen immanente Unwerturteil wohl lediglich der vorschnellen Anmaßlichkeit des Urteilers wehren. Vielleicht aber wäre es für den Zweck, den Sch. sich gesetzt hat, besser gewesen, wenn er den normalen empirischen Typus auf etwas breiter Grundlage apostrophiert hätte. Denn der edle Ritter von der Mancha wird – wie er urteilend sein gedankendürres Sprüchlein tummelt – nicht allein unter den Adressaten von Sch.s Ausführungen erkannt werden (die objetkive Feststellung S. 297 Anm. dieser Zeitschrift über den Wiener Strafrechtslehrer Löffler).

Dem rein methodischen Zweck der Darstellung wird man es auch zu gut halten können, dass Sch. nicht überall den kulturphilosophischen Problemen, welche hier und dort an die Objekte seiner Forschung sich herandrängen, gerecht wird. So wird seine Kritik des Rufes nach Richterpersönlichkeiten durchaus nicht befriedigen. Denn die verschmähte voluntaristische Bewegung kann doch nur aus der grossen Reaktion des Individuums gegen jenen Nivellierungsprozess begriffen werden, den Windelband so unvergleichlich plastisch geschildert hat. Von den grossen Zusammenhängen, die hier wirklich sind, findet sich bei Sch. kein Wort.

Ob nun aber das Ziel, die Praxis zu leiten, erreicht werden kann? Diese Antwort muss von der Lösung der Kardinalfrage abhängig sein, ob gleicher Weise genügende Inhalte mit der Formel gegeben sind, und ob diese Inhalte hinreichend veränderungsfähig sind. Nur letzteres erscheint zweifelsfrei. Und treibt nicht das Postulat der Rechtsbestimmtheit letzten Endes wieder der Unterordnung unter eine der Entschließung zeitlich und logisch frühere Norm zu? Möchte doch Sch. seine bei S. 78 präzisierten Argumente in immer neuen Gedanken stützen, denn hier liegt der Schlüssel seiner ganzen so überaus bedeutsamen wissenschaftlichen Stellungnahme.

Leipzig Felix Holldack

Der Wert des Staates und die Bedeutung der Einzelnen

Sozialistische Monatshefte
redigiert von Joseph Berels, 18. Heft, 14. Okt. 1914 (S. 1148–1149).

[Nachdem zunächst G. Chatterton Hill, Individium und Staat, besprochen wurde, fährt der Rezensent fort:] Im Titel ähnlich, aber völlig anderen Geistes ist die im gleichen Verlag veröffentlichte Abhandlung Der Wert des Staates und die Bedeutung des Einzelnen von Carl Schmitt, eine rechtsphilosophische Arbeit, die, im Zusammenhang mit dem jetzt so verbreiteten Streben an den Kantisch-Fichtisch-Hegelschen Idealismus von neuem anzuknüpfen, den Rechtsbegriff ganz ablöst von aller Besonderheit historisch-sozialer Bedingungen zu fassen trachtet und die Aufgabe des Staates (ob die politische Praxis auch davon abweiche) in der Realisierung der einem solchen Rechtsbegriff entsprechenden Normen sucht. Wie man sich immer zu solchen Konstruktionen stelle, die, vom Standpunkt einer den Kausalzusammenhängen nachgehenden Soziologie betrachtet, ja äußerst paradox erscheinen: die Energie der Logik, mit der unter Ablegung aller abschwächenden Kompromisse der Autor seinen Gedankengang verfolgt, interessiert in hohem Maß. Je schärfer Prinzipien, wahre oder falsche, formuliert, in ihren Voraussetzungen und Folgerungen dargelegt worden, um so fruchtbarer kann sich das Werk einer kritischen Auseinandersetzung gestalten.

Conrad Schmidt

Theologisches Literaturblatt
hg. von Dr. theol. Ludwig Ihmels, 35. Jg., Leipzig 1914 (S. 494–95).

Schmitts rechtsphilosophische Untersuchung, in welcher der Tatsachenjurisprudenz eine Normenjurisprudenz entgegentritt ist ein Symptom dafür, dass die historische Rechtsschule sich genötigt sieht, der Rechtsphilosophie ihr Feld einzuräumen, und dein Theologen interessant unter dem Gesichtspunkt, wie auch in der Rechtswissenschaft Empirismus und Historizismus allmählich überwunden wird. Die eigentliche Bewegungskraft des Rechts liegt doch nicht in kritischer Sichtung des historisch Gewordenen, sondern diese selbst wird vollzogen von einem ursprünglichen Rechtssinn, dem das historisch Gewordene entsprungen ist, wie ihm die Fortbildung desselben entwächst. In scharfsinniger Weise weist Schmitt dem Historizismus nach, wie dieser die ideelle Bewertung, welche derselbe bestreitet, selbst stets voraussetzt. Aber der Idealismus, welchen Schmitt dem Empirismus entgegenstellt, ist nun nicht ein Realidealismus, welcher die Empirie sachgemäß würdigt, sondern ein an Kants Apriorismus anknüpfender und an Fichte und Hegel erinnernder antiempirischer Idealismus, den er mehr behauptet als begründet. Wenn er den auf induktivem Wege gewonnenen Staatsbegriff ablehnt und behauptet, der Begriff des Staates könne nur dadurch ermittelt werden, dass ihm in einem System von Werten eine Stelle angewiesen wird, so ist doch die Frage: wo kommt denn dieses von alter Empirie losgelöste System von Werten her? Und da würden wir wieder bei der aprioristischen Spekulation Hegels anlangen. Mir scheint, bei genauerer Erwägung müsste Schmitt sehen, dass wir ohne Empirie keine Anschauung und keine Idee vom Staat haben, und müsste daher der Induktion und der Abstraktion mehr Bedeutung zugestehen, als er dies bisher gewillt ist. Wenn Schmitt das Recht, das er nur berücksichtigt, insofern es seine rechtsphilosophische Definition des Staates begründet, ansieht als „reine, wertende, aus Tatsachen nicht zu rechtfertigende Norm“ (S. 2) oder nach anderen Aussagen eine Reihe oder Summe von Normen, und wenn er die Ableitung des Rechtes aus dem sittlichen Bewusstsein ausdrücklich ablehnt, so ständen wir glücklich wieder (wenn auch in veränderter erkenntnistheoretischer Form) bei dem alten Naturrecht (S. 76), das wir längst als überwunden ansahen. Wenn Schmitt gemäß seiner idealistischen Konstruktion den Sinn des Staates darin findet, den Übergangspunkt von der vorempirischen Norm des Rechtes zur realen empirischen Welt zu bilden, so entstammt seine Definition des Staates als Rechtsstaat, dessen Sinn ausschließlich darin bestehen soll, Recht zu verwirklichen, doch lediglich einer historischen Tradition, welche die meisten Ethiker als längst überschritten ansehen. Dass Recht und Staat in engem Zusammenhang stehen, weiß jeder. Aber dass dieser durch die Formel gelöst sei: „Der Staat ist aus dem Rechte abzuleiten und sein Wesentliches in einer besonderen Position zum Recht zu erblicken“ (S. 42), werden wenige Juristen zugestehen, und noch weniger Historiker und Ethiker können es zugestehen. Der Satz S. 54: „Vom Recht bis in jedes Element beherrscht, kann der Staat nur das Recht wollen“, empfängt in diesen Tagen welthistorischer Vorgänge eine Beleuchtung, die ihre völlige Einseitigkeit und ganze Unhaltbarkeit verdeutlicht. In dieser Einseitigkeit der gründlich eindringenden Untersuchung liegt ja, nun eine starke Anregungskraft begründet. Aber die Einseitigkeit macht sie auch für diejenigen unwirksam, die dem Verf. darin nicht zuzustimmen imstande sind, dass als Subjekt des juristischen Denkens „die transzendentale Einheit der juristischen Apperzeption“ anzusehen sei. Denn dass wir hierbei auf dem Boden der Willkür stehen, erhellt daraus, dass Schmitt gar nicht für nötig gehalten hat, sich mit dem gegenwärtig doch sehr verbreiteten Begriff des Kulturstaates auseinander zu setzen. Bei aprioristischer Konstruktion ist aber gar nicht einzusehen, weshalb nicht ebenso gut vom Begriff der Kultur wie von dem des Rechtes ausgegangen werden könne. Wenn Schmitt behauptet, der Sinn des Staates liege darin, Recht zu verwirklichen, (S. 68), was soll einen anderen hindern, die Theorie durchzuführen, sein Sinn sei, Kultur zu verwirklichen? Die rechtsphilosophische Folgerung aus der Staatstheorie für die Bedeutung des Einzelnen spricht sich auch in dem Satz (S. 88): Die Souveränität der transzendentalen Einheit der Apperzeption vor dem konkreten Bewusstsein als psychologischem Faktum bedeutet, in die Rechtsphilosophie übertragen, nur die Belanglosigkeit des Einzelnen.“ Also im Widerspruch zum Individualismus das entgegengesetzte Extrem! Der Satz, dass das Gesetz um des Menschen willen, nicht aber der Mensch um des Gesetzes willen da sei (S. 99), hat doch nicht bloß die praktische Geltung, die der Verf. ihm zugestehen will, sondern auch wichtige prinzipielle: allerdings gibt es kein Gesetz ohne die Gesellschaft, aber es gibt auch kein Gesetz vor den Individuen. Der Verf. meint diesen Gesichtspunkt durch die Wertbetrachtung zu überschreiten, die ihm Axiom ist.

Lemme – Heidelberg

Schmollers Jahrbuch für Gesetzgebung, Verwaltung und Volkswirtschaft im Deutschen Reich
39. Jg., 1915, S. 451–453

Die letzten 40 Jahre waren der Philosophie des Rechtes nicht günstig. Die Universalität der Bildung, ohne welche das Philosophieren zum gelehrten Handwerk wird, war einem engen Geiste der Spezialisation gewichen; die Philosophen übergaben sich im ganzen willenlos dem Naturalismus der Zeit und hatten für Erkenntnis der großen Systeme des Geistes weder Fähigkeit noch sonderliches Interesse; die Juristen verloren mehr und mehr den Zusammenhang mit dem allgemeinen Gedanken, eine unendliche Akribie der Gesetzgebung förderte mehr die kommentatorischen und kompilatorischen Talente als systemschaffende Genies.

Bei solcher Lage konnten die Rechtsphilosophie von Lasson (1888) nur wenig, die rechtsphilosophischen Schriften von Kohler nur mehr in die Breite als in die Tiefe Einfluss üben. Stammlers Versuche, an Kant anzuknüpfen, sind trotz unzweifelhafter Verdienste im einzelnen und trotz des relativen Wertes in Hinsicht auf den sonstigen Stand im ganzen nicht eben als glücklich zu bezeichnen.

Die spärlichen rechtsphilosophischen Untersuchungen, die gegenwärtig erscheinen und von denen wir die kleine Schrift von Carl Schmitt anzeigen wollen, sind nicht eigentlich selbständige Arbeiten, entwickeln nicht den entscheidenden Begriff, die entscheidende philosophische Stellung von sich aus, sondern suchen Anlehnung an eines der gegenwärtigen Systeme oder Schemata, erwarten von daher ihre eigentliche Begründung oder setzen sie darin voraus. Aber der allgemeine Stand der Dinge rechtfertigt es, dass man diese Versuche heute anders beurteile, als es etwa um 1820 der Fall gewesen wäre; das Urteil darf bei weitem anerkennender sein, wenn man schon mit der einfachen Tatsache, dass überhaupt auf diesem Gebiete einiges gearbeitet wird, höchst zufrieden sein muss.

Carl Schmitt nun stützt sich wesentlich auf Rickert, dessen Normenlehre er an einem Gegenstand der Rechtsphilosophie mehr zu verwerten als zu bewähren sucht. Es zeichnet ihn aber dabei ein großer Scharfsinn und eine bemerkenswerte Konsequenz des Denkens aus. Daneben treten freilich einige literarische Mängel hervor: die Ausführung ist nicht immer gleichmäßig, die Sprache bisweilen nicht ganz angemessen. Es fehlt Schmitt im Ganzen wohl noch an Belesenheit und Kenntnis der rechtsphilosophischen Literatur; daher stellt er die Ansicht, die er widerlegen will, oft einseitig und nicht eben glücklich vereinfacht dar. Aber es soll darauf kein allzu großes Gewicht gelegt werden; solche Mängel lassen sich bei weiterer Arbeit beseitigen. Viel wichtiger ist, dass das Problem ohne Rücksicht auf die Schwierigkeit mit Energie ergriffen und durchdacht wird, und im Besitz dieser eigentlich philosophischen Fähigkeit hat sich Carl Schmitt erwiesen, wenn auch der Weg, den er geht, noch nicht richtig ist.

Schmitt beginnt mit einer Auseinandersetzung über die Begriffe von Recht und Macht und über ihr Verhältnis zueinander. Indem er das Recht dem Bereiche der Norm zuweist, bringt er es in einen absoluten Gegensatz zur Macht. Das Recht, welches weder als Zweck noch als Wille definiert werden könne, hat mit der Wirklichkeit keine ursprüngliche Gemeinschaft; es kann weder von sich aus wirken, noch steht es unter dem Einfluss des Lebens. Die Frage, ob das Recht aus den Tatsachen abgeleitet werden könne, muss demnach verneint werden: „Wenn es ein Recht geben soll, dann darf es nicht aus der Macht abgeleitet werden, denn die Verschiedenheit von Recht und Macht ist schlechthin nicht zu überbrücken."

So wird das Recht zu einer Abstraktion, welche keine Realität und keine Beziehung zur Realität hat; ja, „da es für das Recht keine andere Welt gibt als die des Rechts, so kann sich das Recht aus sich selbst heraus nicht verwirklichen wollen".

Ich möchte hier gleich auf den durchgehenden Mangel der ganzen Normenlehre hinweisen. Die logische Priorität – hier des Rechtes vor der Macht – ist nicht die willkürliche Kreatur einer abstrahierenden Gedankentätigkeit und sie wird nicht dadurch bewiesen, daß Wirklichkeit und ein Etwas, welches nur das eine Kriterium hat, nicht wirklich, d.h. Norm zu sein, in absoluten Gegensatz gestellt werden. Die Priorität, welche gedankenmäßiger Natur ist, ist in der Wirklichkeit begründet, weil auch diese gedankenmäßig ist. Es ist nicht mehr als eine merkwürdige Liebhaberei der Zeit, etwas um deswillen so hoch zu stellen, weil man es für das Absolut-Nichtwirkliche hält und weil es nun gleichsam wie ein Geist über den Wassern zu schweben das Ansehen gewinnt.

Diese ganze Anschauung ist aus einem starken Widerspruch gegen die Wirklichkeit und ihre Erforschung hervorgegangen; anstatt aber hinter der Empirie den Goldgrund des Gedankens zu sehen und zurechtzuweisen, was etwa gefehlt worden ist, gibt man mit der Empirie kampflos zugleich auch die ganze Wirklichkeit preis und zieht sich in die nebelhafte Region der Norm zurück, wo denn alle Kühe grau sind. Die Welt der Tatsachen wird mit solcher Verachtung behandelt, als sei es das Sinnlose an sich und das gegen den Gedanken sich ganz gleichgültig Verhaltende. Dass die Wirklichkeit nicht nur mit dem Geiste verwandt, sondern die einfache Realisation des Geistes ist, wird nicht erkannt.

Von einer Priorität des Rechtes vor der Macht kann dann nicht gesprochen werden, wenn zugleich die Gegensätzlichkeit beider Sphären als eine absolute behauptet wird. Was dem Begriffe nach vorausgehen soll, muss zugleich in der Erscheinung vorhanden sein. Die Apriorität des Rechtes hat Schmitt ursprünglich als richtiges Ziel vor sich gesehen, aber er hat den Beweis von einer falschen Position aus geführt.

Dem Staat kommt nun nach Schmitt die Funktion zu, auf das Sein eine Einwirkung im Sinne rechtlicher Normen hervorzubringen. Es bekommt auf diese Weise den Charakter eines Durchgangspunktes, was in Wahrheit die Verwirklichung der Sache, die Sache selbst ist. Um aber überhaupt eine Vereinigung von Recht und Staat hervorzubringen, ist Schmitt gezwungen, im Widerspruch mit seiner früheren Auseinandersetzung dem Recht selbst einen Willen, eine Funktion beizulegen. „Der Zweck, der den Staat ausmacht, ist nicht ein vom Staat selbst gesetztes Ziel; das Recht setzt vielmehr in demselben Moment, da es Zweck werden soll, den Staat als Träger dieses Zweckes." Der Satz ist zwar noch einseitig, da das Recht nur als formales Prinzip gefasst wird, aber er enthält den richtigen Kern, dass der Staat die Offenbarung des Rechtes ist. Schmitt fällt aber später wieder in den Widerspruch zurück, indem er sagt: „Die Rechtsnorm geht nie eine Verbindung mit der Wirklichkeit ein."

Die formale Fassung des Rechtes zeigt sich auch bei der Erörterung der Bedeutung, die dem Einzelnen zukommt, als Hemmnis zu voller Erkenntnis. Wenn „der einzelne Mensch als Tatsache nichts bedeutet, sondern etwas werden muß, was in einer anderen Sphäre liegt", so muss sich der sittliche Charakter des Staates herausstellen. Das aber hat Schmitt richtig erkannt: „Die große, überpersönliche Organisation ist nicht von einzelnen als ihr Werk geschaffen; sie fügt sich nicht in die Reihe von Mitteln und Zwecken von noch so vielen Menschen ein; es ist nicht denkbar, daß der Egoismus der Menschen, aus sich selbst über sich hinauswachsend, ein übermenschliches Gebilde für seine Zwecke als Mittel errichtet hätte"; dies ist Sache der geistigen Aufgabe, die der Mensch zu erfüllen hat, und sie macht seine Bedeutung aus: „Durch die Zurückführung des Wertes des Individuums auf seine Aufgabe und deren Erfüllung ist die Würde des einzelnen nicht vernichtet, sondern erst der Weg zu einer gerechtfertigten Würde gezeigt."

Hildburghausen Walther Köhler

Kritische Vierteljahresschrift für Gesetzgebung und Rechtswissenschaft
Dritte Folge. Band XVII, Heft 3/4, 1916. München/Berlin/Leipzig, S. 337–342

Schmitt setzt sich die rechtsphilosophische Erforschung des Verhältnisses zwischen Staat und Individuum zur Aufgabe. Staat ist ihm weder ein einzelner konkreter Gegenstand, noch eine empirisch gewonnene Abstraktion, sondern „der in seiner Idee erfasste Staat" – also eine erkenntnistheoretische Vorstellung. Und da der Rechtsphilosoph spricht, so haben wir es hier zunächst mit dem Problem Staat und Recht zu tun. Recht und Macht werden uns vorgeführt als zwei nebeneinanderstehende Welten. Das Recht ist Norm, und kann demgemäß nur von der höchsten Gewalt ausgehen. Umgekehrt ist deshalb höchste Gewalt nur das, was vom Recht ausgeht. Damit ist für Verf. der Primat des Rechts begründet. Der Staat ist dann das Rechtsgebilde, dessen Sinn ausschließlich in der Aufgabe besteht, Recht zu verwirklichen. Der damit in die Definition des Staats aufgenommene Zweck ist aber das Recht selbst, das den Staat in eine Funktion des Rechts verwandelt. Aus der Aufgabe der Rechtsverwirklichung ergibt sich wieder, daß er die höchste Gewalt sein muß. Erst der also gewonnene Staat bringt den Imperativ in das Recht; die Erzwingbarkeit einer Norm hat mit ihrem Rechtscharakter nichts zu tun. Der Zwang und die Macht zu ihrer Verwirklichung steht dem Staat zu als Mittler und Verwirklicher des Rechts; nur die empirische Erscheinung ist ein Staat, die diese Macht bewährt. Der Gegensatz zwischen zwingenden und dispositiven Rechtssätzen, polizeilichem und kriminellem Unrecht, veräußerlichen und unveräußerlichen Rechtsgütern usw. beruht ausschließlich auf dem Bestreben, diese beiden Dinge: Rechtsgedanken und Mittel seiner Verwirklichung, als verschiedene Kriterien anzunehmen. In Wahrheit bildet das den Staat beherrschende, originär-abstrakte Recht keinen Gegensatz zu dem dienenden, vermittelnden konkret-staatlichen Recht, das nicht Mittel zum Zweck ist, dessen Zweckhaftigkeit vielmehr in seiner Aufnahme der empirischen Welt als des Wirkungsfeldes beruht.

Mit der Anerkennung dieser überpersönlichen Dignität des Staats verschwindet das Individuum, dessen Wert innerhalb des Staats sich nur nach seiner Aufgabe richten kann. Das Individuum wird damit zum bloßen Funktionär, es ist für den Staat gleichgültig, es tritt in den Rhythmus des Staats ein. Dies gilt auch für den Herrscher; der Wille des absoluten Herrschers ist nur deshalb Gesetz, weil er seinem Amt nach nichts mehr wollen kann, als was Recht ist. Das Individuum ist aber nicht Spielball des Staates, sondern auf seiner Würde beruht die des Staates selbst. Politisch oder mechanisch ist die Frage der Freiheit des Individuums, nur der Staat als Machtkomplex oder Faktum kann in die Sphäre des Individuums als Faktum eingreifen. Ein Recht des Individuums auf Freiheit ist weder juristisch noch philosophisch anzuerkennen. Der Gegensatz heißt nicht Recht und Individuum oder Staat und Individuum, sondern Recht und Staat, und im Staat hat kein Individuum Autonomie.

Verf. verkennt selbst nicht die Gefahr, dass seine Theorie als „kulturfeindliches Chinesentum" aufgefasst wird. Diese Selbsterkenntnis an dieser Stelle wirkt umso wohltuender, als Verf. sonst recht wegwerfende Bemerkungen über jedermann macht, der sich erlaubt, anderer Ansicht zu sein. Vorliegend hilft er sich durch den Satz, es unterlaufe dann eine Verwechselung mit dem, was Tagespolitik unter „Regierung" verstehe. Wäre Verf. nicht in seinen Abstraktionen befangen, so hätte er erkennen müssen, dass hier die Probe aufs Exempel zu machen war. Leider hat er dies nicht getan. Damit ist der wunde Punkt seiner Deduktionen berührt: Der Staat, wie ihn Verf. vorführt, existiert nicht in der Realität. Die Theorie des Verf. stellt die Tatsachen des Lebens einfach auf den Kopf, bezeichnend sind zwei Sätze: Was die Menschen in der Öffentlichkeit als Gründe ausgeben und vorschützen, sei eben ein (wohl: der) Grund, nicht die bloße Angabe des Motivs (S. 97), und der Satz, dass Gott mit einem Amt auch den nötigen Verstand gebe, sei nicht nur soziologisch, sondern auch juristisch überall anerkannt (S. 103).

Verf. bewegt sich in den typischen Redewendungen des konstruierenden Begriffsjuristen naturrechtlichen Andenkens. Damals war maßgebend der absolute Staat und das absolute Individuum. Die Betrachtung des Staates und seines Verhältnisses zum Individuum mußte notwendig einen dieser beiden Faktoren für souverän erklären. Darüber ist Verf. nicht hinweggekommen; und da für ihn (S. 6) „unsere Zeit keine individualistische" ist, bleibt ihm nur der absolute Staat übrig, in dem folgerichtig der Einzelne verschwindet, zum Nichts wird, soweit ihn nicht der Staat oder das Recht zum Funktionär beruft. Der Feuilletonist der jüngsten Gegenwart könnte seine helle Freude an den Deduktionen des Verf. haben, die das Verhältnis zwischen Staat und Individuum in der jüngsten Gegenwart so richtig zu kennzeichnen scheinen. Und doch würde auch er vielleicht nachdenklich, wenn wirklich aus den gegenwärtigen Ausnahmezuständen die Regel werden sollte. Es ist auch nicht recht zu begreifen, inwiefern die Utopie eines „Staats nur in der Idee" das uns Gemäße, oder gar der reine Rechtsstaat des Verf. überhaupt mit dem realen Leben zu vereinbaren sein soll. Und nur ein Erzeugnis des realen Lebens ist der Staat. Er ist nicht bloßer Nachtwächterstaat, will sagen ausschließlich Rechtsverwirklicher, sondern er ist zugleich, vielfach sogar in erster Linie ein eminent politisches Gebilde, was gerade seine rechtsphilosophische Behandlung so schwer macht. Es ist ja sehr bequem, die „Regierung" als politische Einrichtung dem rechtsphilosophischen Abstraktum Staat gegenüberzustellen, und damit das sehr schwierige Verhältnis Recht, Macht und Staat in der Weise zu vereinfachen, wie dies Verf. tut. Damit verliert man aber den Boden der Wirklichkeit unter den Füßen; es gibt nicht einen Staat schlechthin oder an sich, sondern nur sehr konkrete Staaten. Der Staat mit seinen Einrichtungen ist kein absoluter, sondern ein äußerst relativer Begriff. Und wenn Verf. wiederholt auf den Ausschließlichkeitsgedanken für „den Staat" postuliert, so verfällt er folgerichtig in denselben Fehler, den der naturrechtlich geschulte Politiker des absoluten Staates machte, als er von seiner „Souveränität" träumte. Im Ergebnis führt diese längst überwunden geglaubte Gedankenreihe uns um Jahrunderte zurück, sie führt nicht nur zum Recht des Stärkeren und zum bellum omnium contra omnes nach außen, sondern auch nach innen. Der Staat besteht nun einmal aus Individuen, ohne die er undenkbar ist. Und der individualistisch geschulte Denker vermag sich nicht anders zu helfen, als daß er einen Gegensatz zwischen dem Individuum oder den individualistisch gedachten Staat konstruiert; ihm ist entweder dieser Staat absolut oder das Individuum. Nur trägt dann der angebliche Universalismus des Staats ausgesprochen individualistische Züge. Und so erklärt es sich denn auch, daß der angeblich universalistische und jedem Individualismus abholde Staat des in einer „nichtindividualistischen Zeit" lebenden Verf. anscheinend so wundervoll auf die verschiedensten Erscheinungen des realen Lebens passt – in dessen allerrauhester Gegenwart wir nur allzu deutlich merken, wie ungeheuer individualistisch die Staatsauffassung der Gegenwart ist und zu welchen Folgen sie führt.

In Wahrheit ist weder der Staat noch das Individuum absolut. Beide bedingen sich gegenseitig. Ohne Individuum ist die Zusammenfassung „Staat" nicht denkbar, und ohne diese Zusammenfassung ist das Individuum dem Stärkeren preisgegeben. Und diese Zusammenfassung zum Staat ist eben die Aufgabe des Rechts; es will nicht das Individuum zugunsten eines allumfassenden Staats erdrücken, sondern im Gegenteil rettet es ihm seine Sphäre als Einzelner innerhalb und gegenüber der Gesamtheit sowohl, wie deren höheren Gliederungen. Nicht weiter ist das Individuum Funktionär, als es Teil und Glied einer umfassenderen, höheren Lebenseinheit ist. Deshalb hat es notwendig subjektive öffentliche Rechte, und zwar als wahre Rechte und objektive Schranken der Staatsgewalt, nicht nur als jederzeit wieder niederlegbare, aus Zweckmäßigkeitsgründen errichtete Selbstschranken des Staates. Tatsache ist es dann, wie dieses Problem verwirklicht ist und wie sich diese subjektiven öffentlichen Rechte bemessen, welche Frage in den einzelnen Staaten unendlich verschieden beantwortet ist.

Die Arbeit krankt an dem Fehler, in den Abstraktion, Spekulation und begriffslogischer Aufbau nur zu leicht verfallen lassen; nämlich, den ursprünglichen Ausgangspunkt über dem einmal gewonnenen Begriff nicht mehr zu sehen. Nur so kann ich es mir erklären, daß Verf. nach Vaihinger der Fiktion solche Bedeutung einräumt, dass sie ihm geradezu das Wesen der Sache auszumachen scheint. Die dadurch entstehende Einseitigkeit des Verf. ist umso bedauerlicher, als er z.T. recht gute Gedanken entwickelt; namentlich ist seine Fortführung der Kantschen Lehren gegen Stammler, Natorp und Cohen recht lesenswert. Nur darf Verf. nicht glauben, mit seinen Abstraktionen, Prämissen und Vereinfachungen das Ei des Kolumbus gefunden zu haben. Andere Leute haben eben andere Ansichten. Und wie mir scheint, sind die Ansichten des Verf. weder durchaus nicht so unbestreitbar richtig, wie Verf. offenbar annimmt, noch teilweise im Grunde sonderlich originell.

Ludwig Waldecker

Sören Kierkegaard
Der Begriff der Angst
3. Kap., § 2

Angst dialektisch bestimmt in Richtung auf Schicksal

Man pflegt im Allgemeinen zu sagen, dass das Heidentum in der Sünde liege, vielleicht wäre es richtiger zu sagen, es liege in Angst. Das Heidentum ist überhaupt Sinnlichkeit, aber eine Sinnlichkeit, die ein Verhältnis hat zu Geist, ohne dass doch der Geist im tiefsten Sinne als Geist gesetzt wird. Diese Möglichkeit aber ist eben Angst.

Fragen wir nun näher, welches der Gegenstand der Angst sei, so muss man hier wie allerwegen antworten, er ist Nichts. Angst und Nichts entsprechen ständig einander. Sobald die Wirklichkeit der Freiheit und des Geistes gesetzt ist, ist die Angst behoben. Was aber bedeutet im Heidentum das Nichts der Angst nun des Näheren? Es ist das Schicksal.

Schicksal ist ein Verhältnis zu Geist, das äußerlich ist, es ist ein Verhältnis zwischen Geist und einem Andern, welches nicht Geist ist und zu dem dieser dennoch in einem „geistigen" Verhältnis stehen soll. Schicksal kann das gerade Entgegengesetzte bedeuten, da es eine Einheit von Notwendigkeit und Zufälligkeit ist. Darauf hat man nicht immer geachtet. Man hat von dem heidnischen Fatum (dies wiederum verschieden abgewandelt in der orientalischen und der griechischen Auffassung) gesprochen[1], als wäre es die Notwendigkeit. Einen Rest dieser Notwendigkeit hat man übrig bleiben lassen in der christlichen Anschauung, wo sie dazu gelangt ist, das Schicksal zu bedeuten, d.h. das Zufällige, das für die Beziehung auf die Vorsehung nicht Messbare (Inkommensurable). Indes verhält es sich nicht so; denn Schicksal ist gerade Einheit von Notwendigkeit und Zufälligkeit. Dies ist sinngemäß damit ausgedrückt, dass das Schicksal blind ist; denn der, welcher blind vorwärts geht, geht ebenso sehr notwendig wie zufällig. Eine Notwendigkeit, die sich ihrer selbst nicht bewusst ist, ist im Verhältnis zum nächsten Augenblick eben damit Zufälligkeit. Das Schicksal ist also das Nichts der Angst. Es ist Nichts, denn sobald der Geist gesetzt ist, ist die Angst behoben, aber das Schicksal ebenfalls, da die Vorsehung eben damit gesetzt ist. Darum kann man vom Schicksal sagen, was Paulus von einem Götzen sagt: „es ist kein Götze in der Welt“ [2], und dennoch ist der Götze Gegenstand der heidnischen Religiosität.

Am Schicksal hat also die Angst des Heiden ihren Gegenstand, ihr Nichts. Ins Verhältnis zum Schicksal kann er nicht kommen, denn im gleichen Augenblick, da es das Notwendige ist, ist es im nächsten Augenblick das Zufällige. Und dennoch steht er im Verhältnis zu ihm, und dies Verhältnis ist die Angst[3]. Näher kann der Heide dem Schicksal nicht kommen. Der Versuch, den das Heidentum dazu machte, ist tiefsinnig genug gewesen, ein neues Licht darüber zu werfen. Wer das Schicksal erklären soll, der muss ebenso zweideutig wie das Schicksal sein. Das war das Orakel auch. Aber das Orakel konnte wiederum das gerade Entgegengesetzte bedeuten. Das Verhältnis des Heiden zum Orakel ist also wiederum Angst. Hier liegt das Tragische am Heidentum mit seiner tiefen Unerklärlichkeit. Das Tragische liegt doch nicht darin, dass die Aussage des Orakels zweideutig ist, sondern darin, dass der Heide es nicht zu unterlassen wagt, sich bei ihm Rats zu erholen. Er ist im Verhältnis dazu, er darf nicht versäumen, es zu befragen, sogar im Augenblick der Ratserholung ist er in einem zweideutigen Verhältnis dazu (sympathetisch oder antipathetisch). Und nun denke man an die Erklärungen des Orakels.

Der Begriff Schuld und Sünde kommt im tiefsten Sinne nicht zum Vorschein im Heidentum. Sofern er zum Vorschein käme, würde das Heidentum an dem Widerspruch zugrunde gehn, dass einer schuldig wird durch das Schicksal. Dies ist nämlich der höchste Widerspruch, und aus diesem Widerspruch bricht das Christentum hervor. Das Heidentum fasst diesen Widerspruch nicht, dazu ist es zu leichtsinnig in der Bestimmung des Begriffs Schuld.

Der Begriff Sünde und Schuld setzt eben den Einzelnen als den Einzelnen. Es ist von keinerlei Verhältnis zur ganzen Welt, zu alle dem Vergangenen die Rede. Nur davon ist die Rede, dass er schuldig ist, und doch soll er es durch das Schicksal werden, mithin durch alles das, davon nicht die Rede ist, und er soll dadurch etwas werden, was den Begriff Schicksal gerade aufhebt, und dies soll er werden durch das Schicksal.

Dieser Widerspruch auf missverstandne Weise aufgefasst, ergibt den missverstandenen Begriff von Erbsünde, richtig verstanden ergibt er den wahren Begriff, dergestalt nämlich, dass ein jedes Individuum es selbst ist und das Geschlecht, und dass das spätere Individuum nicht wesentlich verschieden ist vom ersten. In der Möglichkeit der Angst sinkt die Freiheit überwältigt vom Schicksal hin, nun steht ihre Wirklichkeit[4] auf, jedoch mit der Erklärung, dass sie schuldig geworden sei. Die Angst auf ihrer äußersten Spitze, da, wo es ist, als ob das Individuum schuldig geworden sei, ist noch nicht die Schuld. Die Sünde kommt also weder als eine Notwendigkeit noch als ein Zufall, und daher entspricht dem Begriff der Sünde: die Vorsehung.

Innerhalb des Christentums findet man die Angst des Heidentums im Verhältnis zum Schicksal überall da, wo der Geist zwar zugegen ist, aber nicht wesentlich gesetzt wird als Geist. Die Erscheinung zeigt sich am deutlichsten, wenn man ein Genie beobachtet. Das Genie[5] ist unmittelbar als solches überwiegend Subjektivität. Noch ist es nicht als Geist gesetzt; denn als solches wird es lediglich durch Geist gesetzt. Als unmittelbar kann es Geist sein (hier liegt die Täuschung, als wäre seine außerordentliche Begabung Geist gesetzt als Geist), hat dann aber ein Anderes außerhalb seiner, welches nicht Geist ist, und steht selbst in einem äußerlichen Verhältnis zu Geist. Daher entdeckt das Genie fort und fort das Schicksal, und je tiefer das Genie, desto tiefer entdeckt es das Schicksal. Für die Geistlosigkeit ist dies natürlich eine Torheit, aber in Wirklichkeit ist es das Große; denn kein Mensch wird mit der Idee der Vorsehung geboren, und die, welche meinen, man empfange sie allmählich durch die Erziehung, greifen höchlich fehl, ohne dass ich deshalb die Bedeutung der Erziehung leugnen möchte. Damit erweist das Genie eben seine urtümliche Macht, dass es das Schicksal entdeckt, und darnach. erweist es wiederum seine Unmacht. Für den unmittelbaren Geist, wie es das Genie allezeit ist, nur dass es unmittelbarer Geist in gesteigerten Sinne[6] ist, ist das Schicksal Grenze. Erst in der Sünde wird die Vorsehung gesetzt. Darum hat das Genie einen ungeheuren Kampf um zur Vorsehung zu gelangen. Gelangt es nicht zu ihr, so kann man an ihm so recht das Schicksal studieren.

Das Genie ist ein allgewaltiges An-sich[7], welches als solches die ganze Welt erschüttern würde. Um der Ordnung willen ersteht deshalb gleichzeitig mit ihm eine andre Gestalt, das Schicksal. Das Schicksal ist Nichts; es ist das Genie selbst, das es entdeckt, und je tiefer das Genie, desto tiefer entdeckt es das Schicksal; denn jene Gestalt ist bloß die Vorwegnahme der Vorsehung. Verharrt nun der geniale Mensch dabei, allein Genie zu sein und kehrt sich nach außen, so wird er das Erstaunliche vollbringen, und dennoch wird er fort und fort dem Schicksal unterliegen, wo nicht außerhalb seiner selbst, handgreiflich sichtbar für jedermann, so doch inwendig. Darum ist die Existenz eines Genies allezeit gleichsam ein Märchen, wenn er nicht dazu kommt, sich in tiefstem Sinne in sich selbst hineinzukehren. Das Genie vermag alles, und doch ist es abhängig von einer Geringfügigkeit, die keiner begreift, einer Geringfügigkeit, welcher das Genie selbst mit seiner Allgewalt wiederum allgewaltige Bedeutung verleiht. Darum vermag ein Unterleutnant[8], wenn er Genie ist, Kaiser zu werden, die Welt umzugestalten, so dass es einzig ein Kaisertum gibt und einen Kaiser. Darum kann aber auch das Heer zum Kampfe aufgestellt dastehen, die Umstände für die Schlacht schlechthin günstig sein, vielleicht im nächsten Augenblick schon verspielt, ein Königreich von Helden kniefällig bitten, dass der Befehl gegeben werden möge, aber er kann nicht, er muss warten bis zum 14. Juni, und weshalb? weil dies der Tag von Marengo ist. Darum kann alles bereit sein, er selber halten vor der Front der Legionen, bloß darauf wartend, dass die Sonne aufgehe und ihn begeistere zu der Rede, welche die Soldaten mitreißen soll, und die Sonne kann aufgehen herrlicher denn je, ein begeisternder und entflammender Anblick für jedermann, jedoch nicht für ihn, denn so herrlich war sie bei Austerlitz nicht aufgegangen und allein die Sonne von Austerlitz gibt Sieg und Begeisterung. Daher die unerklärliche Leidenschaft, mit der solch ein Mann oft rasen kann wider einen schlechthin unbedeutenden Menschen, mag er sonst auch sogar gegen Feinde Menschlichkeit und Liebenswürdigkeit zeigen. Ja, weh dem Manne, weh dem Weibe, weh dem unschuldigen Kinde, weh dem Tier des Feldes, weh dem Vogel, dessen Flug, weh dem Baum, dessen Ast ihm in die Quere kommt in dem Augenblick, da er ein Warnzeichen[9] nehmen muss.

Das Äußerliche als solches bedeutet nichts für das Genie, und darum kann niemand ihn verstehen. Alles beruht darauf, wie er selbst es versteht in der Gegenwart seines heimlichen Freundes (*des* Schicksals). Das Ganze kann verloren sein, der einfältigste und der klügste Mensch können sich darin vereinigen, ihm von dem fruchtlosen Unternehmen abzuraten. Doch das Genie weiß, er ist stärker als die ganze Welt, sofern an dieser Stelle sich kein zweifelhafter Kommentar findet zu der unsichtbaren Schrift, in welcher er des Schicksals Willen liest. Liest er sie nach Wunsch, so spricht er mit seiner allgewaltigen Stimme zum Schiffer: „Fahr du nur, du trägst Cäsar und sein Glück"[10]. Alles kann gewonnen sein, und im gleichen Augenblick, da er die Nachricht empfängt, klingt vielleicht ein Wort mit, dessen Bedeutung kein Geschöpf versteht, auch Gott im Himmel nicht (denn in gewissem Sinne versteht nicht einmal er das Genie) und er sinkt ohnmächtig zusammen.

Solchermaßen ist das Genie aus dem Allgemeinen herausgesetzt. Er ist groß durch seinen Glauben an das Schicksal, entweder er siegt oder er fällt. Denn er siegt durch sich selbst, und fällt durch sich selbst oder richtiger alles beides durch das Schicksal. Im Allgemeinen bewundert man seine Größe nur wenn er siegt, jedoch ist er nie größer als wenn er fällt aus sich selbst[11]. Dies muss nämlich dahin verstanden werden, dass das Schicksal sich nicht auf äußerliche Weise ankündigt. Wenn er vielmehr eben in dem Augenblick, da, menschlich gesprochen, alles gewonnen ist, die zweifelhafte Lesart entdeckt, und nun zusammensinkt, so muss man wohl ausrufen: welch ein Gigant gehörte nicht dazu, ihn zu stürzen! Darum aber vermochte es niemand außer er selbst. Der Glaube, welcher der Welt Reiche und Lande seiner gewaltigen Hand unterwarf, während die Menschen ein Märchen zu schauen meinten, derselbe Glaube hat ihn gestürzt, und sein Fall war ein noch unbegreiflicheres Märchen.

Darum ist dem Genie zu andrer Zeit angst als den gewöhnlichen Menschen. Diese entdecken die Gefahr erst im Augenblick der Gefahr, bis dahin sind sie sicher, und wenn die Gefahr vorüber ist, sind sie abermals sicher. Das Genie ist im Augenblick der Gefahr am allerstärksten, seine Angst liegt vielmehr in dem Augenblick zuvor und dem Augenblick hernach, dieser Moment des Zitterns, da er sich mit jenem großen Unbekannten unterreden muss, der das Schicksal ist. Vielleicht ist seine Angst am allergrößten gerade im Augenblick hernach, weil die Ungeduld der Gewissheit stets in umgekehrtem Verhältnis zur Kürze des Abstands wächst, da ja fort und fort mehr zu verlieren ist, je näher man dem Siege gewesen, und am allermeisten im Augenblick des Sieges, und weil des Schicksals Folgerichtigkeit gerade die Folgewidrigkeit ist.

Das Genie als solches kann sich nicht religiös auffassen, gelangt daher weder zur Sünde noch zur Vorsehung, aus diesem Grunde liegt es im Verhältnis der

Angst zum Schicksal. Noch nie hat ein Genie ohne diese Angst existiert, es sei denn, dass es zugleich religiös gewesen ist.

Bleibt es dabei stehen unmittelbar bestimmt zu sein und sich nach außen zu kehren, so wird es freilich groß und sein Werk erstaunlich, aber es kommt niemals zu sich selbst und wird nicht groß für sich selbst[12]. All sein Tun kehrt sich nach außen, aber der, wenn ich so sagen darf, planetarische Kern, der alles ausstrahlt, entsteht nicht. Die Bedeutung des Genies für sich selbst ist gar keine, oder ebenso zweifelhaft wehmütig wie die Teilnahme, mit der die Einwohner einer der Färöer-Inseln sich daran erfreuen würden, falls auf dieser Insel ein eingeborener Färöer lebte, der durch Schriften in verschiedenen europäischen Sprachen ganz Europa erstaunte, die Wissenschaften durch seine unsterblichen Verdienste umgestaltete, dagegen nie eine Zeile färöisch schriebe und zuletzt selber vergäße, es zu sprechen. Sich selbst wird das Genie im tiefsten Sinne nicht bedeutungsvoll, sein Bereich kann nicht höher bestimmt werden als der des Schicksals in Beziehung auf Glück, Unglück, Ansehen, Ehre, Macht, unsterbliche Berühmtheit, welches alles zeitliche Bestimmungen sind. Jede tiefere dialektische Bestimmung von Angst ist ausgeschlossen. Die letzte wäre die, für schuldig angesehen zu werden, dergestalt, dass die Angst sich nicht wider die Schuld richtet, sondern wider den Schein von ihr, und das ist eine Bestimmung von Ehre. Dieser Seelenzustand eignete sich recht für eine dichterische Behandlung. Jedem Menschen kann dergleichen widerfahren, aber das Genie würde es alsogleich so tief fassen, dass es nicht mit Menschen stritte, sondern mit den tiefsten Mysterien des Daseins.

Dass nun solch eine geniale Existenz trotz ihrem Glanz und ihrer Herrlichkeit und ihrer Bedeutung Sünde ist, das zu begreifen, erfordert freilich Mut, und man versteht es schwerlich, ehe denn man gelernt den Hunger der verlangenden Seele zu stillen. Mittlerweile ist es dennoch so: dass solch eine Existenz nichtsdestoweniger bis zu einem gewissen Maße glücklich sein kann, beweist nichts. Man kann ja seine Begabung als Zerstreuungsmittel auffassen, und indem man sie in die Wirklichkeit umsetzt, sich keinen Augenblick über die zeitlichen Kategorien erheben, in denen das Zeitliche liegt. Nur durch eine religiöse Besinnung hin werden Genie und Talent in tiefstem Sinne zu etwas Berechtigtem. Nimmt man ein Genie wie Talleyrand[13] , so hat in ihm ja wohl die Möglichkeit einer weit tieferen Besinnung auf das Leben gelegen. Ihr ist er ausgewichen. Er ist der Bestimmung in ihm gefolgt, die sich nach außen kehrte. Sein bewundertes Genie als Intrigant hat sich herrlich erwiesen, seine Spannkraft, seines Genies Sättigungsvermögen (um einen Ausdruck zu brauchen, den die Chemiker von ätzenden Säuren brauchen) sind bewundert worden, aber er gehört der Zeitlichkeit zu. Hätte ein solches Genie die Zeitlichkeit als unmittelbare verschmäht, hätte sich gegen sich selbst gekehrt und gegen das Göttliche, welches religiöse Genie wäre da nicht zum Vorschein gekommen! Welche Qualen aber hätte er dann nicht ausstehen müssen! Unmittelbaren Bestimmungen folgen ist im Leben eine Erleichterung, entweder man ist groß oder klein, aber der Lohn ist auch danach, man ist entweder groß oder klein, und wer geistig nicht so gereift ist, dass er begreift, selbst unsterbliche Ehre durch alle Geschlechter hin sei doch bloß eine Bestimmung der Zeitlichkeit, wer nicht begreift, dass das, dem die Seele der Menschen nachtrachtet und was sie schlaflos hält in Sehnen und Begehren, sei etwas überaus Unvollkommenes im Vergleich mit der Unsterblichkeit, welche für jeden Menschen ist, und welche mit Recht der ganzen Welt gerechten Neid wecken würde, falls sie einem einzigen Menschen vorbehalten bliebe, – er wird nicht weit kommen mit seiner Erklärung von Geist und Unsterblichkeit.

[Fußnoten des Übersetzers Emanuel Hirsch.]

1 Hegel, Philosophie der Geschichte, Werke, Jub. Ausg. XI 323; Philosophie der Religion, Werke, Jub. Ausg. XVI 44; Encyclopädie § 384, Zusatz, Werke, Jub. Ausg. X 38; Encyclopädie 147, Zusatz, Werke, Jub. Ausg. VIII 33z ff.

2 1. Kor. 8,4, nach einer von Luther leicht abweichenden Deutung des griechischen Textes.

3 Gestrichene Anmerkung des Entwurfs hierzu (Papirer V B 55,17): „Daß Spinozas Substanz etwas andres bedeutet, sieht man leicht; denn seine Substanz ist eine innere Notwendigkeit, in welcher eben darum das Zufällige (das Accidentielle) ständig verschwindet. Überhaupt ist Spinozas Substanz ein bloßer metaphysischer Ausdruck für die christliche Vorsehung, welche ihrerseits dem Schicksal derart entspricht, daß sie die Einheit des Notwendigen und des Zufälligen ist, derart zwar, daß das Zufällige für sie ist, aber auch derart, daß für sie nichts Zufall ist".

4 Verstehe: Die Wirklichkeit der Freiheit.

5 Vgl. hierzu Hegels Lehre vom Genius im Menschen, Encyclopädie 405, Zusatz 3, Werke, Jub. Ausg. X 167f, vor allem 167: „Unter dem Genius haben wir die, in allen Lagen und Verhältnissen des Menschen über dessen Tun und Schicksal entscheidende, Besonderheit desselben zu verstehen. Ich bin nämlich ein Zwiefaches in mir, – einerseits das, als was ich mich nach meinem äußerlichen; Leben und nach meinen allgemeinen Vorstellungen weiß, – und andrerseits das, was ich in meinem auf besondere Weise bestimmten Inneren bin. Diese Besonderheit meines Inneren macht mein Verhängnis aus; denn sie ist das Orakel, von dessen Ausspruch alle Entschließungen des Indivuduums abhangen".

6 in gesteigertem Sinne: bei Kierkegaard lat. sensu eminentiori. Kierkegaard drückt hiermit aus, dass er das Genie (sachlich in Übereinstimmung mit Hegel) für eine gesteigerten Fall des Genius im Menschen hält (vgl. Anm. 5).

7 An-sich: auch bei Kierkegaard deutsch.

8 Gemeint ist von hier ab bis zum Ende des Absatzes Napoleon.

9 In der (kürzeren) Fassung des Entwurfs steht folgender Satz: (Papirer V B 5 5, 18): „Das Gesetz in diesem Märchen vermag kein Mensch zu entdecken, denn niemand versteht das Schicksal außer er selbst." Statt Märchen könnte man hier und im Text auch „Abenteuer" übersetzen.

10 Eine im Altertum oft erzählte Anekdote; vgl. z.B. Plutarch, Caesar 38.

11 Vgl. Schiller „Das Siegesfest": „Ajax fiel durch Ajax' Kraft."

12 für sich selbst: Die Hegelische Entgegensetzung gegen das (weiter oben von Kierkegaard dem Genie zugeeignete) An-sich. Dem Sinne nach dürfte man hier „in sich selbst" übersetzen.

[13] In dem ganzen Absatz über das Verhältnis des Genies zum Religiösen spricht Kierkegaard auf versteckte Weise auch von sich selbst. Das Urteil über Tailleyrand vollends liest nur der richtig, welcher unter der Fiktion eines seine unerhörte Begabung gegen sich und das Göttliche kehrenden Talleyrand das Ziel erkennt, nach dem Kierkegaard sich selbst heimlich beurteilt. Warum gerade Tailleyrand gewählt ist, erhellt zum Teil genauer aus der zweiten Erwähnung in dieser Schrift (S. V. IV 376): Dass er (das Genie) die Schuld so tief entdeckt, zeigt, dass der Begriff für ihn in gesteigertem Sinne gegenwärtig ist, ebenso wie dessen Gegensatz, die Unschuld. Ebenso war es mit dem unmittelbaren Genie im Verhältnis zum Schicksal; denn ein jeder Mensch hat ein kleines Verhältnis zum Schicksal, aber dabei bleibt es, beim Geschwätz, welches nicht bemerkt, was Talleyrand entdeckt (und vor ihm bereits Young gesagt) hat, und doch nicht so gut vollbracht hat wie das Geschwätz es tut, dass die Sprache da ist, um Gedanken zu verbergen* – nämlich, dass man keine hat.

Anmerkung*: Talleyrand 1807 zum spanischen Gesandten Isquierdo: „La parole a été donnée à l'homme pour déguiser sa pensée"; Eduard Young, gest. 1765, Love of Fame II 207 f.:

"Where nature's end of language is declined,
And men talk only to conceal the mind."

Die Sentenz geht ins Altertum zurück (Plutarch „De recta ratione audiendi" c. 7, p. 41 D).

Kurzbiografien

Friedrich van Calker (1864–1957)

Der Strafrechtler Friedrich van Calker wurde in Wedel (Holstein) als Sohn der Eheleute Wilhelm van Calker und Anna, geb. Gruber geboren. Sein jüngerer Bruder Wilhelm (1869–1937) wurde ebenfalls Jurist. Friedrich van Calker wuchs in Lindau am Bodensee auf und besuchte das Gymnasium in Kempten im Allgäu. Danach studierte er Jura in Freiburg (Breisgau), München und Berlin. 1888 promovierte er in München, und 1891 habilitierte er sich an der Universität Halle. Dort las er über Strafrecht, Prozessrecht, internationales Privatrecht und Militärstrafrecht. 1896 wurde er nach Straßburg berufen und im gleichen Jahr zum Ordinarius für Strafrecht, Straf- und Zivilprozessrecht ernannt. Ab 1902 war er Mitglied in der Kommission für die Revision der Strafprozessordnung und der Kommission für die Vorbereitung der Revision des Strafrechts. Er erhielt den Ehrentitel Geheimer Rat und wurde 1912 für die Nationalliberale Partei in den Reichstag gewählt. Während des Ersten Weltkrieges fungierte er in München als Oberst im Bayerischen Leibregiment. Nach dem Krieg und dem Verlust Elsass-Lothringens war er ab 1921 ordentlicher Professor an der Universität und zugleich an der Technischen Hochschule in München tätig. Seine Emeritierung erfolgte am 1. April 1934.

Friedrich van Calker war seit 1891 mit Luise, geb. Schindler, verheiratet und hatte mit ihr drei Kinder, Gertrud, Friedrich und Ingeborg. Die Familie war evangelisch. Er verstarb am 15. Mai 1957 in Moosach bei Grafing. An seinem Standardwerk: „Strafrechtlicher Grundriss zu Vorlesungen und Leitfaden" arbeitete Carl Schmitt bei einer der frühen Fassungen mit.

Theodor Däubler (1876–1934)

Der deutsche Dichter Theodor Däubler wurde am 17. August 1876 in Triest, der Hauptstadt der damaligen österreichischen Provinz Istrien geboren. Er war das älteste Kind deutscher Eltern; der katholische Vater stammte aus dem bayerischen Schwaben, die protestantische Mutter aus Schlesien. Die geistige Atmosphäre im Elternhaus war fortschrittlich-liberal, freisinnig-aufgeklärt. Das Einkommen des Vaters als Großhandelskaufmann ermöglichte der Familie einen gehobenen Lebensstandard. Die Kinder, Theodor und seine drei Jüngeren Schwestern Elena, Else und Edith wurden von einheimischem Dienstpersonal betreut und wuchsen zweisprachig deutsch-italienisch auf.

Däubler fühlte sich als einsames Kind, fand sich in der Schule nicht zurecht und erhielt Privatunterricht. Als auch dieser nicht die gewünschten Ergebnisse brachte, wurde ihm im Alter von fünfzehn Jahren erlaubt, als Schiffsjunge zur See zu fahren. Doch war er den Strapazen der Seefahrt nicht gewachsen. Heimgekehrt fasste er Vertrauen zu seinen Privatlehrern, begeisterte sich für Schopenhauer, lernte antike Sprachen und las griechische, lateinische und moderne italienische Autoren. Nun reifte in ihm der Plan, nach Abitur und Militärdienst Dichter zu werden. Zuvor aber bereiste er mit seinen Eltern auf einer langen ausführlichen Reise ganz Italien.

Danach entschlossen sich seine Eltern, nach Wien zu ziehen. Nach abgebrochenem Militärdienst nahmen ihn in Wien deutsche Musik (Beethoven und Wagner) und die deutsche Sprache gefangen. Doch ihn zog es zurück zum Süden. Am Fuße des Vesuvs begann er *Das Nordlicht* in deutscher Sprache zu schreiben, dessen ersten Teil er bis 1900 im Wesentlichen vollendete. Dem folgte bis 1903 das Intermezzo *Pan.* Dann ging er nach Paris, wo er die wichtigsten Passagen des zweiten Teils vom *Nordlicht* dichtete.

Dem Aufenthalt in Paris und seinen zahlreichen Kontakten mit der dortigen Künstlerszene verdankte er seine ausgezeichnete Kenntnis der modernen europäischen Kunst. Aber er lebte dort im Quartier Latin unter großen Entbehrungen und hatte nur ein kümmerliches Einkommen durch Artikel, die er für Tageszeitungen schrieb. Doch hielt es ihn niemals lange an einem Ort. Schreibend vagabundierte und gastierte er außerdem in Italien und Deutschland. Dabei machte er u. a. die Bekanntschaft des Bildhauers Ernst Barlach und des Schriftstellers Moeller van den Bruck. Barlach nannte ihn später in seinen Erinnerungen einen Alleswisser und Nichtsbesitzer, Moeller van den Bruck bot ihm die entscheidende Hilfe bei der Herausgabe der dreibändigen *Florentiner Ausgabe des Nordlichts*, nachdem er 1910 dieses größte Versepos des 20. Jahrhunderts vollendet hatte.

Dann wurde wieder Italien der Schwerpunkt seines Schaffens. Es entstanden die *Hymne an Italien* und die symphonische Dichtung *Hesperien.* Es ist auch die Zeit seiner Kontakte mit dem jugendlichen Carl Schmitt und seinen däublerbegeisterten Freunden Eisler und Kluxen. Bei Ausbruch des ersten Weltkrieges befand er sich in Italien. Als Italien in den Krieg eintrat, verhalfen ihm seine Dresdener Mäzene Ida und Erwin F. Bienert zur Ausreise über die Schweiz nach Deutschland. Für die Zeit des Krieges lebte er vom Militärdienst freigestellt in Dresden und Berlin. Dort entstanden seine Aufsätze zur modernen Kunst, die dem Expressionismus zum Durchbruch verhalfen und in seinem Prosaband *Die Treppe zum Nordlicht* 1919 ihren Niederschlag fanden.

1921 bis 1926 packte ihn wieder das Reisefieber. Über Italien und Griechenland führte es ihn bis Kleinasien und Ägypten, aber die Entbehrungen und Strapazen des Vagabundierens ruinierten seine Gesundheit. Er suchte Heilung durch Kuraufenthalte in Marienbad, Capri und Neapel. Der dichterische Ruhm ließ inzwischen seine Geldquellen reichlicher fließen. Sein Lebenswerk war vollendet. Er begab sich auf Vortragsreisen und bereiste noch einmal fast ganz Europa. In Griechenland empfing er das Kommandeurskreuz des Erlöserordens, in Deutschland erhielt er die Goethe-Medaille, wurde Mitglied der Preußischen Akademie der Künste und Präsident der Sektion Deutschland des PEN-Clubs.

Noch einmal brach er 1931 in den Süden auf, besuchte Griechenland und Italien. Auf der Rückfahrt wurde im Herbst 1932 in Italien eine fortgeschrittene Erkrankung an Tuberkulose diagnostiziert, von der er sich zunächst eine Heilung in Deutschland erhoffte. Aber er unterbrach seine Kur für Vorträge in der Tschechei, Ungarn, Österreich und Italien. Dabei erlitt er im März 1933 in Italien einen Schlaganfall. Vergeblich suchte er in St. Blasien im Schwarzwald, wohin ihn seine jüngste Schwester Edith begleitete, Erholung von seinen Leiden. Er starb dort am 13. Juni 1934 als evangelischer Christ, wie es in seinem Testament aus den letzten Tagen heißt.

Wem an einem ausführlicheren Abriss seines Lebens und Werkes gelegen ist, sei auf das vorzügliche Nachwort von Friedhelm Kemp in den im Kösel-Verlag zu München 1956 herausgegebenen Dichtungen und Schriften Däublers (S. 865–892) hingewiesen, das auch bei dieser Kurzbiographie Pate gestanden hat.

Dem ist hinzuzufügen, dass Carl Schmitt während seiner Untersuchungshaft in Nürnberg im August 1946 sich die Bedeutung Theodor Däublers in seinem Leben klarmachte und ihm in dem Kapitel „Zwei Gräber" in seinem Buch *Ex Captivitate Salus* (S. 45–53) ein Denkmal setzte, das dem Leser in diesem Zusammenhang nicht vorenthalten werden sollte:

> Das andere Grab liegt in den Reihen eines individualistisch gepflegten Großstadtfriedhofes am Reichssportfeld. Es ist das Grab des Dichters, dessen Vers von „der Heiden sanftem Sterben" ich soeben zitierte. Theodor Däubler kam aus dem Süden, aus Triest, über Rom, Florenz und Paris nach Berlin. Als er hier eintraf, 1912, lagen schon die Schatten des nahenden Weltkrieges auf dem Wilhelminischen Deutschland und seiner Hauptstadt. Der neugierige Intellektualismus dieses Berlin konnte auf dem Gebiet der Musik Richard Strauß noch gut folgen. In der Malerei reagierte er lebhaft auf die Problematik neuer Raumbegriffe. In der Sprache und Literatur war er zu selbstgefällig, als das er hellhörig hätte sein können. Junge Todesvögel, wie Georg Heym und Georg Trakl, blieben nicht unbemerkt. Nichts blieb unbemerkt, auch Däubler nicht. Aber was sollte man mit diesem armen, ungepflegten Bohemien anfangen? Er war ein Koloss von Mensch und hatte einen Koloss von Werk bei sich, das dickleibige, dreibändige Epos vom Nordlicht. Johannes Schlaf, mit seinen kosmischen Witterungen, signalisierte

es sofort als das Epos Europas. Aber wer sonst konnte um 1912 in Berlin glauben, dass dieses der große europäische Dichter war, der die geistige und artistische Vollendung französischer und italienischer Kunst in sich aufgenommen hatte, unendlich moderner als alle Aestheten und Literaten, deren ganzer Stolz es war, modern zu sein?

Der ungepflegte Koloss war in Wirklichkeit ein Genius europäischer Sensibilität, ein Genius der Sprachen, wie es nur ein Illyrer sein kann. Insofern war er ein modernes, artistisches Gegenbild zu seinem theologischen Landsmann aus dem 4. Jahrhundert, Hieronymus, dem Vater der lateinischen Vulgata, deren phonetische Schönheit wir seit Charles Péguy hören und fühlen. Was der europäische Impressionismus des 19. Jahrhunderts, was Futurismus, Kubismus und Expressionismus in vielen chaotischen Ansätzen aufgebrochen hatten, fand in der deutschen Sprache eine unerwartete Erfüllung. Das deutsche Gedicht wurde ein neues Wunderwerk von Klang und Farbe und Gedanke. Es wurde zu einer Partitur, deren tonale und koloristische Fülle durch den Leser und Hörer fortwährend intoniert, interpretiert und dirigiert wird. Viele Dichter waren an der sprachlichen Wandlung beteiligt, darunter große Namen, wie Stefan George und Rainer Maria Rilke. Aber erst durch Däubler ist die deutsche Sprache zu dem reinen Wunderinstrument einer neuen Tonalität geworden.

Däubler war oft in Berlin, obwohl er dort weder ein Domizil noch eine Heimat hatte. Er liebte diese Passage ins Unabsehbare, trotz ihrer aufbrecherischen Neuerungsbesessenheit und trotz hässlicher Erfahrungen mit ihren Menschen. Er hat keine Hymne an Berlin gedichtet, wohl aber eine Ode an Rom, einen Sang an Mailand, Hymnen an italienische Städte und herrliche Ansätze zu einem Hymnus an den Kölner Dom und andere deutsche Stätten. Aber er wollte in Berlin begraben sein, nachdem er den weiten Weg vom Mittelmeer durch Westeuropa gewandert war.

Es will sich der Wandrer zu Wartenden legen.

Rilke und Stefan Gorge haben sich in die Schweiz begeben und dort ihr Grab gefunden. Däubler, der Dichter gnostisch leuchtender Verse über die Auferstehung des Fleisches, hat sich in Berlin im Sande der Mark Brandenburg zu den Wartenden gelegt. Auf seinem Grabstein steht der Vers:

Die Welt versöhnt und übertönt der Geist.

Müssen wir fragen: welcher Geist? Der absolute Geist Hegels, der solange in Berlin residierte, oder der Geist der christlichen Trinität, an dessen Zeichen sich Annette geklammert hat, oder einer der vielen anderen Geister, an deren Unterscheidung wir uns bewähren sollen? Der dichterische Pantheismus Däublers umfasst sie alle mit gleicher Begeisterung und reißt sie alle in den Strom seiner Rhythmen. Er kann alles gut heißen. Er kann in grenzenloser Simultanität jedes Wort und jeden Begriff leuchten und erklingen lassen. „Alles wird zu eines Balles urversuchtem Rundungstraum.“

Dieser Dichter lebt mit allen religiösen und philosophischen Entitäten wie der große Pan mit allen Pflanzen und Tieren. Er lagert sich zu ihnen wie in der berühmten antiken Plastik der Vater Nil zu seinen Kindern. Aber ein Vers, der auf einem Grabstein steht, verbleibt nicht in dem Bereich einer nur poetischen Unverbindlichkeit. Er nimmt unvermeidlich etwas von religiösem oder metaphysischem oder philosophischem Bekenntnis und von einer Entscheidung an.

Jener Vers von dem Geist, der die Welt versöhnt, ist der letzte Vers von Däublers großem Epos Das Nordlicht, sein Schluss, seine Konklusion. Das Werk selbst ist so voller Leben und Seele, dass wir uns hier mit polemischen Antithesen von Geist und Leben und Geist und Seele nicht aufzuhalten brauchen. Das war mir von Anfang an klar. Aber der eigentlich geschichtsphilosophische Sinn des Nordlicht-Symbols ist mir lange verborgen geblieben. Ich habe, in einer noch sehr jugendlichen Schrift aus dem Jahre 1916, eine christliche Deutung gegeben, und Däubler, in seiner grenzenlosen Großzügigkeit, hat das ohne Widerspruch hingenommen. Heute weiß ich, dass das Nordlicht in dem fahlen Schein einer Menschheits-Gnosis leuchtet. Es ist das meteorologische Signal einer sich selbst rettenden Menschheit, eine autochthone Strahlung, die von den Promethiden der Erde in den Kosmos hinein gesendet wird. Der geistesgeschichtliche Zusammenhang, in dem Däublers Idee vom Nordlicht zu verstehen ist, wurde mir erst deutlich, als ich einen Aufsatz von Proudhon kennen lernte, mit einer längeren Anmerkung über das Schicksal der Erde und ihrer Menschen. Der ideenreiche französische Revolutionär, der solche Spekulationen liebte, spricht davon, dass es das Schicksal der Erde ist, allmählich zu erkalten und wie der Mond zu sterben. Die Menschheit muß dann mit ihrem Planeten sterben, wenn es ihr nicht gelingt, sich zum Geist – Spiritualité, Conscience, Liberté – zu sublimieren. Für Däubler ist das Polarlicht der tellurische Zeuge und Bürge eben dieser Rettung der Menschheit durch den Geist und im Geist. Proudhons kosmisch-geschichtsphilosophische Phantasie vom Schicksal der Erde und ihrer Menschen fand ich in seinen kunstphilosophischen Aufsätzen, die 1865 als Buch in Paris erschienen sind. Sie fielen mir erst im Jahre 1938 in die Hände, vier Jahre nach dem Tode Däublers, volle 28 Jahre, nachdem ich mit meinen Studien über das Symbol des Nordlichts begonnen und dabei anfangs auch einige Bemerkungen von Charles Fourier und Gustave Flaubert gefunden hatte. Die geheimnisvolle Hand, die unsern Griff nach Büchern lenkt, hat mir jene Stelle bei Proudhon erst spät zugeführt und aufgeschlagen. Ich vermute, dass die promethidische Nordlicht-Idee aus Saint-Simonistischen Kreisen stammt. Jedenfalls wird sie dort ihre geistesgeschichtliche Virulenz empfangen haben. Wie weit Theodor Däubler in ihre Esoterik eingeweiht war, ist mir nicht bekannt. Seine intuitive Kenntnis antiker Mysterien war erstaunlich, doch betreffen die antiken Mysterien Sonne, Mond, Erde und Gestirne. Dabei ist – nach der von Bachofen behandelten Schrift des Plutarch – die Seele dem Monde, der Geist der Sonne und der Leib der Erde zugeordnet. Das Nordlicht ist kein antikes Mysterien-Symbol. Däubler kannte und wusste unendlich Vieles aus Gesprächen und auch aus scheinbar zufälligen, phonetischen Begegnungen, die seinen Witterungen immer neue Nahrung gaben. Der genius loci von Florenz, die unabsehbare Wirkung Bachofens und andere Ideenherde des 19. Jahrhunderts haben auch ihn erfasst. Er machte öfters Andeutungen eines esoterischen Wissens, sprach aber niemals über die geistesgeschichtlichen Zusammenhänge, deren Kenntnis für mich den Zugang zum Wissen bedeutet.

Mir hat jene Begegnung mit der Anmerkung Proudhons den Sinn des Nordlicht-Symbols enthüllt. Ich erkannte jetzt den Ursprung von Däublers Geist-Begriff, der sich aus metaphysisch-deutschen Quellen, aus esoterisch-mediterranen Zisternen und aus prometheisch-atlantischen Golfströmen nährt. Dabei wurde mir nachträglich ein langsames, langjähriges Wachstum bewusst, das mich von Däubler innerlich entfernt hat. Ich hatte mich seit 1910 mit großem Eifer in den Dienst seines Werkes gestellt. Fritz Eisler hat mich darin mit seiner großen Klugheit und Feinfühligkeit bestätigt. Eislers Andenken habe ich die Nordlicht-Broschüre von 1916 gewidmet, nachdem er im September 1914 in Frankreich gefallen war. Aus alledem war eine innige persönliche Freundschaft mit Däubler entstanden. Nach dem ersten Weltkrieg ließ sie nach. Däublers Name hatte sich durchgesetzt. Mir kam jetzt Konrad Weiß näher, ein katholischer Schwabe, der Dichter der Cumäischen Sibylle (1921), des Tantalus (1929) und des Christlichen Epimetheus (1933). Das alles ist ohne Trennungen oder Erklärungen vor sich gegangen, ohne Optionen und Dezisionen, ohne Beredungen oder Diskussionen, so, wie die Maser des Holzes in einem Baume wächst. Es gehört zu den Linien unseres Lebens, die wir wohl nachzeichnen, aber nicht voraussehen oder während ihres Wachstums bestimmen können.

Konrad Weiß ist im Januar 1940 in München gestorben und dort begraben. Ich für meine arme Person habe die Hoffnung aufgegeben, in den Bergen über der Mosel begraben zu werden, im Lande meiner Väter. Aber ich hoffe immer noch, ein Grab im westfälischen Sauerland zu finden, auf dem katholischen Friedhof in Eiringhausen, wo meine Eltern ruhen, über der Lenne, einem sauerländischen Fluss, der in meiner Kindheit noch schönes, stolzes Bergwasser führte und den ich im Laufe meines Lebens zu einem armen Kanal für Industrie-Abwässer habe werden sehen. Doch würde ich es auch nicht als Degradierung empfinden, wenn sich meine leiblichen Reste im Sande der Mark Brandenburg mit der Erde vereinigten, in der Erwartung des jüngsten Tages und der Auferstehung der Toten. Ich entwerfe keine Grabinschrift. Nicht einmal „Hic et Nunc“ soll dort stehen. Wenn aber mein Kind etwas von dem Arcanum im Fatum seines Vaters wissen möchte und mich nach Worten fragt, die den innersten Kern meines Lebens berühren, so kann ich ihm keinen Vers von Däubler zitieren. Ich kann ihm nicht promethidisch antworten, sondern nur als ein christlicher Epimetheus, mit einer Strophe von Konrad Weiß:

So wird der Sinn, je mehr er sich selber sucht,
Aus dunkler Haft die Seele geführt zur Welt.
Vollbringe, was du musst, es ist schon
Immer vollbracht und du tust nur Antwort.

Für meine Tochter Anima Louise zum 25. August 1946.

Pauline Carita Maria Isabella Schmitt, geborene von Dorotić, gen. Cari

Für ihre Kriegstrauung mit Carl Schmitt an ihrem Wohnsitz Köln am 13. Februar 1915 brachte die Braut mit Hilfe des dortigen österreichischen Konsulats Personalpapiere bei, aus denen ihr adeliger Name, das Geburtsdatum 18. Juli 1888 und die Geburtsstadt Wien hervorgingen. Diese Personalien fanden auch Eingang in die Aufnahmeurkunde des Ehepaares für die Staatsangehörigkeit im Freistaat Bayern vom 18. Februar 1920. Demgegenüber hat das Landgericht Bonn festgestellt, dass Carl Schmitt bei den Personalangaben arglistig getäuscht wurde und am 18. Januar 1924 die Ehe nach § 1334 BGB für nichtig erklärt. Zu diesem Zeitpunkt war Pawla (Pauline) Dorotić, wie sie in der Scheidungsakte genannt wird, aus dem Leben des Bonner Professors Carl Schmitt längst verschwunden. Sie hatte das Hab und Gut seiner Münchener Wohnung einschließlich seiner Bibliothek verkauft und sich aus dem Staube gemacht.

Bei dem von Carl Schmitt gleichzeitig angestrengten kirchlichen Verfahren auf Nichtigkeitserklärung der Ehe hat der Untersuchungsrichter offenbar vergeblich versucht, ihren Spuren nachzugehen, als er sie im „Kirchlichen Anzeiger für die Erzdiözese Köln“ vom 1. April 1925 für den 8. April 1925 vor das Erzbischöfliche Offizialat zur eidlichen Aussage lud. Auch ist seinerzeit der Frage nach ihrem serbischen Adelstitel nachgegangen worden. Carl Schmitts spätere Frau, die serbische Studentin Duschka Todorowić, war dabei als Übersetzerin tätig. Darauf spielte sie vermutlich an, als sie zu Nicolaus Sombart sagte, sie habe Carl Schmitt von seiner ersten Frau befreit. Trotz aller Bemühungen scheiterte die kirchliche Annullierung der Ehe. Die deutschen kirchlichen Instanzen, zunächst das Erzbischöfliche Offizialat von Köln (am 18. Juni 1925), anschließend das Bischöfliche Offizialat Münster als Berufungsinstanz (am 9. Juli 1926), haben die damals für eine Nichtigkeitserklärung erforderlichen Voraussetzungen nicht als erwiesen angesehen. An einer Fortsetzung des Verfahrens bei der Rota Romana war Carl Schmitt nach eigenen Angaben in den 30iger Jahren nicht mehr interessiert, während noch 1929 der französische Philosoph Jacques Maritain (1882–1973) in Paris die Möglichkeiten sondiert hat.

Die vorstehenden Fakten ergeben sich aus den beiden Werken: Helmut Quaritsch, Positionen und Begriffe Carl Schmitts, Berlin 1991, S. 32/33 und Piet Tommissen, Neue Bausteine zu einer Bibliographie Carl Schmitts, „Schmittiana“ V, 1996, S. 176–182, sowie „Schmittiana“ VII, 2001, S. 389 (dort andere Hypothesen über die Nationalität der v. Dorotić). Die sich Mitte der 20er

Jahre abzeichnende Berühmtheit Carl Schmitts ließ zahlreiche phantastische Gerüchte über seine geschiedene Frau sprießen. Der bekannte Arbeitsrechtler Bernd Rüthers hat davon in seinem Buch „Entartetes Recht. Rechtslehren und Kronjuristen im Dritten Reich", München 1988, 1989, einige Proben gegeben, auf die hier im Bestreben, auch über unseriöse Angelegenheiten seriös zu berichten, nicht näher eingegangen werden kann.

Die Erschließung der frühen Briefe und Tagebücher Carl Schmitts ergänzt nunmehr die Kenntnis der Vita dieser Frau. Carl Schmitt lernte sie im Frühjahr 1912 in Düsseldorf kennen. In seinem Brief vom 19.05.12 berichtete er von einer entzückenden Freundschaft mit einer spanischen Tänzerin, die vorgab in ganz Europa aufzutreten. Sie gab sich als Spanierin aus und nannte sich gemäß der spanischen Version von Pauline „Pabla" (Brief vom 20.06.1912). Im Brief vom 28.10.1913, mit dem er seine Verlobung mitteilt, heißt sie dann Pabla v. Dorotić und im Brief vom 16.11.1913 wird sie mit dem von Carita abgeleiteten Kosenamen „Cari" genannt, nachzulesen in „Jugendbriefe".

Carl Schmitts Tagebuch von 1912 enthält Briefe, die er ihr im Oktober nach Görlitz und ab November nach Wiesbaden schickte. In beiden Städten war sie als Tänzerin engagiert und erhielt für ihre Darbietungen ein Honorar von monatlich ca. 130 Mark bei freier Kost und Logis; Arbeitsverhältnisse, die später Carl Schmitts väterlicher Freund, der Geheime Justizrat Hugo am Zehnhoff, als Tingeltangel bezeichnete. 1913/14 ist nachträglich die Rede von einer angestrebten künstlerischen Karriere und davon, dass Carl Schmitt eine Plakatwerbung finanzierte. Entsprechende Illusionen waren aber anscheinend nicht mehr zu realisieren, vor allem, wenn man bedenkt, dass ihr Geburtsdatum manipuliert und sie damals bereits um die 30 Jahre alt war. Im Jahr 1913 enden definitiv ihre tänzerischen Auftritte, denn danach ist von konkreten Engagements keine Rede mehr. Vielmehr war eine baldige Vermählung beschlossene Sache. Hinsichtlich der kirchlichen Trauung gab sie an, nicht katholisch zu sein. Das stand im Einklang mit dem von ihr behaupteten serbischen Adelstitel, doch praktizierte sie anschließend sofort den katholischen Ritus. Dann verschwand am 20. Oktober 1913 der für die Hochzeit erforderliche Pass, und die Beschaffung neuer Papiere durch das österreichische Konsulat zog sich endlos hin. Vorübergehend hatte das verlobte Paar in der Düsseldorfer Wohnung Carl Schmitts bereits zusammen gelebt, ein angesichts der von Carl Schmitt angestrebten juristischen Laufbahn auf die Dauer nicht haltbarer Zustand. Bis zur Kriegstrauung mit provisorischen Papieren im Februar 1915 verging noch anderthalb Jahr, in dem sie auf Kosten Carl Schmitts in verschiedenen Kölner Pensionen und kurze Zeit auch in seinem Elternhaus in Plettenberg gewohnt hat. Für die Zeit nach der Hochzeit wurde in Düsseldorf eine gemeinsame Wohnung in guter Wohnlage eingerichtet. Als Carl Schmitt wenige Tage darauf zum Militär musste, verlangte sie eine Vollmacht über sein Bankkonto.

Für die ersten Ehejahre mag man die Tatsache, dass Carl Schmitt unter dem Doppelnamen Schmitt-Dorotić veröffentlichte, als ein Zeichen anfänglicher glücklicher Eintracht nehmen. Darüber hinausgehende Angaben sind bei dem derzeitigen Stand der Edition seiner Tagebücher nicht verantwortbar.

Fritz Eisler (1887–1914)

Fritz Eisler wurde als ältester Sohn des erfolgreichen jüdischen Verlegers Heinrich Eisler am 18. Juni 1887 in Hamburg geboren. Die Familie stammte aus Ungarn und hatte die k. u. k.-Staatsbürgerschaft. Dem Vater gehörten mehrere Zeitschriften, darunter die „Hamburger Woche", „Küche und Teller" (das bedeutendste Organ des Gastwirtstandes), die „Afrikanische Bordzeitung" (das Organ der Reichspostdampfer und der Woermann-Linie) und „Das neue Deutschland", die Wochenschrift der Konservativen Partei. Er beschäftigte außerdem in seinen Handelsunternehmen „Heinr. Eisler Annoncen-Expedition" (damals das zweigrößte Unternehmen dieser Art in Deutschland) und in der gleich gelagerten Fa. „Labisch & Eisler G.m.b.H." etwa 100 Angestellte. Welch großes Vertrauen er genoss, macht der Umstand deutlich, dass er zum vereidigten Sachverständigen der Gewerbekammer in Presse- und Reklamewesen ernannt und durch einen langjährigen Vertrag mit der Hamburger Finanzdeputation zu deren alleinigen Annoncenexpedienten für alle staatlichen Institute bestellt wurde.

Sein ältester Sohn Hans Friedrich (genannt Fritz) studierte Jura in Lausanne (Winter 1905–06), München (Sommer 1906 bis Winter 1907), Kiel (Sommer 1907 bis Winter 1908), Straßburg (1908–10), wo er sein Studium als Referendar und mit seiner Promotion zum Dr. jur. summa cum laude zunächst abschloss. Seine Dissertation liegt gedruckt vor: „Rechtsgut und Erfolg bei Beleidigung und Kreditgefährdung", Breslau, Schletter, 1911, 170 S., Nr. 140 in der Reihe „Strafrechtliche Abhandlungen". Wie Carl Schmitt hatte er den Strafrechtler Friedrich van Calker zu seinem Doktorvater gewählt. Von diesem wurde er im Herbst 1912 als Assistent an die Universität Straßburg berufen, nachdem er zunächst bis Oktober 1912 in Hamburg weiter studiert hatte. Einem von van Calker ausgestelltem Zeugnis ist zu entnehmen, dass er sich als Assistent im Strafrechts-Seminar durch Kritik und eigene Vorträge ausgezeichnet hat. Am 1. April 1913 wurde er außerdem als Handlungsbevollmächtigter im Geschäft des Vaters angestellt.

Obwohl Fritz Eisler in Hamburg geboren wurde, war er wie sein Vater ungarischer Staatsbürger. Am 31. August 1912 reichte er allerdings ein Gesuch auf Naturalisation bei der zuständigen Hamburger Behörde ein, das aber abschlägig beschieden wurde. Doch er wiederholte den Antrag bereits am 20. Februar 1913. Der Hamburger Polizeipräsident teilte der Aufsichtsbehörde für die Standesämter unter dem 25. September 1913 folgendes mit: „Trotzdem aber kann ich wegen der ungarisch-jüdischen Abstammung des Gesuchstellers, derentwegen auch der Königliche Regierungspräsident in Schleswig jetzt wiederum Bedenken erhoben hat, sowie wegen der wiederholten Bestrafungen seines Vaters (Lotterievergehen und Verletzung des Briefgeheimnisses) die Gewährung des Gesuchs nicht befürworten." Erst am 24. Februar 1914 entschied der besagte Polizeipräsident, der Naturalisation nicht mehr zu widersprechen, „nachdem der Antragsteller die Erklärung abgegeben hat, dass er nicht in den hamburgischen Staatsdienst, sondern in das umfangreiche Geschäft seines in gesicherten Verhältnissen lebenden Vaters einzutreten beabsichtigt". Am 29. Mai 1914 wurde ihm dann die Einbürgerungsurkunde der Freien und Hansestadt Hamburg ausgestellt.

Als sich Fritz Eisler am Anfang des Ersten Weltkrieges in Budapest zum Militärdienst stellte, wurde er von der österreichischen Militärbehörde für untauglich erklärt. Dennoch meldete er sich 1914 freiwillig zu den Waffen und sofort zum 5. Feldarmeeregiment 9 bei der Artillerie eingezogen. Bereits am 27. September 1914 wurde er an der Westfront von einem Granatsplitter getroffen und war auf der Stelle tot. In der „Hamburger Woche", Jg. Nr. 42, 1914 widmete ihm die Redaktion folgenden Nachruf neben dem Bild des Gefallenen: „Dr. jur. Hans Fritz Eisler, der auf dem westlichen Kriegsschauplatz gefallen ist, war unserer Zeitschrift seit Jahren als Mitarbeiter und Berater eng verbunden. Wir haben mit ihm einen Freund verloren, dessen wertvolle und ungewöhnliche Gaben, geleitet von zielbewusstem Willen, auf ein Leben voll reicher Erfolge hinweisen. Schon waren seine Vorbereitungen für die Laufbahn eines juristischen Hochschullehrers dem ersehnten Abschluss nahe, da rissen ihn die großen Bewegungen unserer Zeit aus seiner Straßburger Studierstube. In den Reihen des 9. Feldartillerieregiments, das ihn als Kriegsfreiwilligen annahm, hat Fritz Eisler, während er als Befehlsübermittler seine Pflicht tat, den Heldentod gefunden.

Gebettet von seinen Kameraden, deren Freundschaft und Vertrauen er sich erworben hatte, ruht er nun in fremder Erde als einer der Abertausenden, die ihr Blut für deutsche Größe und deutsche Freiheit lassen mussten. – Es ist uns, die wir diesem treuen Menschen nicht nur durch gemeinsame Arbeit, sondern auch durch die herzlichsten Empfindungen verbunden waren, Pflicht, an dieser Stelle ein Wort des Abschieds und des Dankes zu sagen und zu bekennen, dass sein Gedächtnis in uns lebendig sein wird."

Der Biographie Fritz Eislers ist noch anzufügen, dass ihm Carl Schmitt die Bekanntschaft mit dem Dichter Theodor Däubler verdankte und dass Carl Schmitt aus dem Nachlass Fritz Eislers dessen Studie „Einleitung zu einer Untersuchung der Bedeutung des Gewohnheitsrechts im Strafrecht" (Zeitschrift für die gesamte Strafrechtswissenschaft, 36. Jg., 1914–15, S. 361–369) herausgegeben hat.

Georg Eisler (1892–1983)

Fritz Eislers jüngerer Bruder Georg wurde am 14. August 1892 in Hamburg geboren. Nach dem Abitur begann er eine kaufmännische Tätigkeit im Verlag seines Vaters. Erste Kontakte zur Familie Schmitt in Plettenberg nahm der junge Hamburger im Oktober 1911 auf, als er von der beabsichtigten Seereise der Schwester Carl Schmitts nach Portugal erfuhr und vorsorglich seine Telefonnummer mitteilte, um nötigenfalls behilflich sein zu können. Seine Hilfsbereitschaft kennzeichnet auch die große Freundschaft mit Carl Schmitt nach dem Tod seines Bruders im Herbst 1914 bis zur Emigration der Familie Eisler nach England im Jahr 1934. Seine Hilfe bestand zunächst in Sach- und Geldzuwendungen, dann in Honoraren für Informationen an die dem Verlag Eisler gehörende Zeitung „Hamburger Morgen", später in vielen persönlichen Ratschlägen in Carl Schmitts Affären während und nach der Scheidung von seiner ersten Frau. 1934 hat sich dann Carl Schmitt dafür durch seine Hilfe bei der Emigration revanchieren können.

Leider ist nur wenig über den Lebenslauf Georg Eislers in Erfahrung zu bringen. Entsprechende Bemühungen des Bibliographen Carl Schmitts, Prof. Piet Tommissen, bei den Nachkommen der Schwester Eislers scheiterten an der Voreingenommenheit der Familie Isay gegenüber Carl Schmitt. Vermutlich dürfte die umfangreiche Korrespondenz zwischen Georg Eisler und Carl Schmitt als verloren betrachtet werden.

Was wir heute von ihm wissen, beschränkt sich auf die Kenntnis eines zeitweiligen Studiums der Philosophie und Religionswissenschaften an der Universität Heidelberg, dem aber sofort wieder die Tätigkeit im Verlag Eisler folgte. Einen letzten Besuch bei Carl Schmitt in Berlin machte er 1934 gemeinsam mit der Soziologin Käte Asch. Ab 1940 lebte er in New York. Von dort kommend, hat er sich zwischen 1948 bis 1959 mehrfach in Hamburg aufgehalten und dort seine Wiedergutmachungsansprüche durchgesetzt. Der Siebzigjährige hat schließlich wieder in Hamburg Fuß gefasst und telefonischen Kontakt mit Carl Schmitt aufgenommen. Ein letztes Telefongespräch erfolgte anlässlich des Todestages von Fritz Eisler am 27. September 1982.

Georg Eisler verstarb am 11. August 1983 und fand auf dem jüdischen Friedhof in Hamburg-Olsdorf seine letzte Ruhe.

Franz Kluxen (1887–1968)

Franz Joseph Friedrich Kluxen, geboren am 17. März 1888 in Münster als Sohn von Bernhard Kluxen, dem Gründer und ersten Inhaber des gleichnamigen (nicht mehr existierenden) Textilkaufhauses am Prinzipalmarkt in Münster, war im Gymnasium (heute: Rivius-Gymnasium) zu Attendorn 1903 und 1904 in der Unter- und Obersekunda (Klassen 10 und 11) Klassenkamerad von Carl Schmitt. Es ist nicht auszuschließen, dass Kluxen seines Benehmens wegen von der Schule entfernt wurde, denn den Lehrer-Konferenz-Protokollen sind mehrere Vorfälle zu entnehmen, die unter den damals geltenden strengen Maßstäben diese Maßnahme wahrscheinlich machen. Nach heutigem Verständnis waren es harmlose Jugendstreiche, für die er einmal mit 2 Stunden Karzer bestraft wurde.

Die Wege Carl Schmitts und Fritz Kluxens kreuzten sich erneut an der Universität Straßburg, wo Kluxen vermutlich Betriebswirtschaft studierte, um sich auf seine Tätigkeit im väterlichen Geschäft vorzubereiten. Beide waren zwar total gegensätzliche Charaktere, doch anerkannten sie sich in ihrem Anderssein. Trotz oder vielmehr wegen dieser Gegensätzlichkeit hielt der Kontakt bis zum Tode Kluxens am 20 September 1968. In seinem Glossarium gesteht Carl Schmitt unter dem 17. 5. 1948, dass es Kluxen war, „der mich in die durch und durch genialische Geistigkeit der deutschen 19. Jahrhunderts, in R. Wagner und Otto Weininger, initiiert hat." Er veröffentlichte mit 19 Jahren die Schrift „Das ‚deutsche Drama' Richard Wagners als künstlerisches Ideal und schöpferische Tat" (Burgsteinfurt 1906) und begann moderne französische Malerei, hauptsächlich Picasso, zu sammeln. Schicksal und Umfang seiner Kunstsammlung werden z. Zt. kunstgeschichtlich erforscht.

Franz Kluxen übernahm 1922 die Führung des väterlichen Geschäfts und bekam damit die Möglichkeit, seine fortschrittlichen Gedanken erfolgreich zu verwirklichen. Von dem ernormen Ausmaß der Zerstörung Münsters durch alliierte Luftangriffe im Zweiten Weltkrieg war der große Geschäftskomplex Kluxen am Prinzipalmarkt voll betroffen. Der Betrieb konnte nach dem Krieg zunächst nur in kleinem Rahmen weitergeführt werden. Nach der Währungsreform begann auf Initiative von Franz Kluxen der Wiederaufbau der drei Giebelhäuser Prinzipalmarkt 1–3, die 1954/55 mit einer Geschäftsfläche von 3000 qm wieder errichtet und durch Münsters erste Rolltreppen miteinander verbunden wurden. Nach seinem Tod stellte die Tagespresse diese Aufbauleistung Kluxens besonders heraus und lobte gleichzeitig sein soziales Engagement für seine Mitarbeiter.

Kluxen war mehrfach verheiratet, doch keine seiner Ehen hatte auf die Dauer Bestand. Carl Schmitt sagte über seinen Freund, der nur in Internaten erzogen worden war und nie ein Familienleben kannte, ihm habe die Mutter gefehlt.

Eduard Rosenbaum (1887–1979)

Eduard Rosenbaum studierte Rechts- und Staatswissenschaften in München, Berlin, Straßburg, Kiel und Bern. Promoviert wurde er am 13. Juni 1911 in Kiel; sein Doktorvater war der Nationalökonom Bernhard Harms (1876–1939), der Begründer des „Instituts für Weltwirtschaft" (1911) in Kiel. Seine Dissertation „Ferdinand Lassalle. Studien über den historischen und systematischen Zusammenhang seiner Lehre" wurde bei Fischer (Jena 1911) gedruckt; sie wird gelegentlich noch lobend erwähnt. 1914 stellte ihn die (Hamburger) Handelskammer als wissenschaftlichen Hilfsarbeiter ein, doch bereits 1918 avancierte er zu ihrem stellvertretenden Syndikus und wurde 1919 außerdem Direktor der ihr angegliederten (1735 errichteten) Commerzbibliothek. Von 1928 bis 1933 war er Schriftleiter der vom Hamburger Welt-Wirtschafts-Archiv herausgegebenen Wochenschrift „Wirtschaftsdienst". Er veröffentlichte Aufsätze und weitere Bücher, darunter den weit verbreiteten Band „Der Vertrag von Versailles. Inhalt und Wirkung“, Leipzig (Reclam 1921, 8. durchgesehene Ausg. 1933). Rosenbaum wurde 1934 von der Handelskammer pensioniert und emigrierte nach London, wo er sich als Bibliothekar an der „London School of Economics and Political Science“ einen Namen machte und bei der Herausgabe des Gesamtwerkes von David Ricardo (1772–1832) herangezogen wurde. Nach Kriegsende kehrte er nach Deutschland zurück, war Mitarbeiter von Zeitschriften wie „Merkur“ und stellte u.a. mit Klaus Matthias eine Monographie über den mit Carl Schmitt befreundeten Schriftsteller Gustav Steinbömer (1881–1972) zusammen. Rosenbaum verschied in der Nacht zum 22. Mai 1979 in London.

Sein Verhältnis zu Carl Schmitt kennzeichnen extreme Höhen und Tiefen. Nach überschwänglicher Begeisterung (siehe die Rolle Rosenbaums in den „Jugendbriefen“) zerbrach ihre Freundschaft, weil Rosenbaum hinter dem Rücken von Carl Schmitt dessen Kontakte zu seinem eigenen Vorteil nutzen wollte. Während des ersten Weltkrieges fanden beide in München wieder zusammen. Von gegenseitiger Unterstützung berichtete z.B. Piet Tommissen in „Schmittiana II“, als Carl Schmitt 1933 dem Frankfurter Privatdozenten Heinz Marr (1876–1940) ein Plagiat auf Kosten Rosenbaums nachwies. Nach der Rückkehr Eduard Rosenbaums aus seinem Londoner Exil vermutete Carl Schmitt in ihm einen seiner unversöhnlichen Verfolger, der die Gemeinheit begeht, ihn 1950 mit seinem Angriff im „Rheinischen Merkur“, Nr. 48 vom 25. November 1952, in den Hungertod zu treiben. Bereits am 21. September 1949 notierte er in seinem „Glossarium“: „Rosenbaum tauchte inzwischen auch wieder auf, lässt nichts Gutes an mir, hass- und ressentiment-erfüllt, aber das ist ja gleich. I do not know that I did well, but I did honestly (Grey).“

Hugo am Zehnhoff (1855–1930)

(Aus einem Artikel von Wilhelm Kisky in: Kölnische Volkszeitung Nr. 109 vom 11. Februar 1926, 66. Jg. S. 2, zu seinem 70. Geburtstag).

Dr. Hugo am Zehnhoff ist in Bornheim bei Bonn geboren, lebte aber von frühester Kindheit an in Köln, wo er Schule und Gymnasium besuchte, und betrachtet sich als Kölner. Er studierte in Bonn, Leipzig und Göttingen Rechtswissenschaft. Der Glanz der Göttinger Juristen-Fakultät hielt ihn fest; er promovierte hier und wurde im Bezirk des Oberlandesgerichts Celle Referendar. Nach zwei Jahren wurde er in seinen Heimatbezirk übernommen und im Oktober 1882 in Köln als Rechtsanwalt beim Oberlandesgericht zugelassen. Bei Errichtung des Oberlandesgerichts in Düsseldorf im Jahre 1906 siedelte er dorthin über, weil die Mehrzahl seiner Klienten im Bezirk des neuen Obergerichts wohnte. Lange Zeit gehörte am Zehnhoff dem Vorstand der Anwaltskammer an, und 1906 wurde er Vorsitzender des Vorstandes in Düsseldorf und Geheimer Justizrat.

In der Politik bekannte er sich als Katholik und Rheinländer, seiner Tradition und Überzeugung gemäß zur Zentrumspartei. Bei den Landtagswahlen vom 3. November 1898 wurde er vom Wahlkreise Schleiden-Malmedy-Montjoie gewählt. Nun traten neue Aufgaben an ihn heran. Seit Jahren beherrschten die Kanalpläne der Regierung die innere Politik in Preußen. Dem neuen Landtage ging am 15. März 1899 eine neue Kanalvorlage zu. Der Abgeordnete am Zehnhoff wurde von der Kommission zum Berichterstatter gewählt. Was er in dieser Eigenschaft bei der Kanalvorlage von 1899, die vom Landtag abgelehnt wurde, wie bei der folgenden im Jahre 1904 geleistet hat, ist oft gerühmt worden. Sein Bericht, das Ergebnis rastloser, scharfsinniger und tiefschürfender Arbeit erregte allgemeine Bewunderung. Der zuständige Minister Thielen bezeichnete ihn vor dem Plenum des Landtages als das „Muster einer eingehenden, klaren und unparteiischen Darlegung“.

Am 3. Mai 1904 hielt am Zehnhoff bei den Verhandlungen über die Kanalvorlage im Plenum des Landtages seine große Rede, die schon oft und noch in jüngster Zeit von den verschiedensten Seiten als die beste Rede bezeichnet worden ist, die je im Hohen Hause gehalten wurde. Der alte Pastor Bodelschwingh war über die Leistung am Zehnhoffs so begeistert, dass er ihm vom Podium herab in ehrlicher Bewunderung zurief: „Sie sind ja ein ganz gewaltiger Redner. Mann, Sie können reden!“ – Die Kanalvorlage wurde in der von am Zehnhoff vorgeschlagenen Fassung vom Landtag angenommen und am 1. April 1906 Gesetz.

Neben den Verkehrsfragen und dem Justizministerium, für dessen Etat er von 1904 bis 1906 Referent war, waren es insbesondere alle die Landwirtschaft betreffenden Fragen, die den Abg. am Zehnhoff beschäftigten. Das Doppelmandat behielt er bis 1908, dann schied er aus dem Landtag aus. Im Reichstag, wo er besonders bei der Beratung des Erbschaftssteuergesetzes im Jahre 1906 hervortrat, blieb er bis nach der Revolution. Für die Nationalversammlung kandidierte er nicht, wohl aber für die preußische Landesversammlung.

Nach dem Zusammentritt der Landesversammlung wurde am Zehnhoff von der Zentrumsfraktion für das Justizministerium präsentiert und von den übrigen Koalitionsparteien akzeptiert. So wurde er der erste parlamentarische Justizminister in Preußen. Am 25. März 1919 trat er sein Amt an.

Die November-Revolution hatte wie alle Revolutionen mit besonderem Nachdruck die Aufhebung der Standesvorrechte des Adels verlangt und diese auch, soweit sie rein politischer Natur waren, sofort beseitigt. Recht schwierig war es nun, die rechtliche Form für die in politischer wie wirtschaftlicher Beziehung wichtige Frage zu finden. Es geschah in dem sog. Adelsgesetz vom 23. Juni 1920, das zahllose Vor- und Sonderrechte beseitigte und damit eine reiche, viele Jahrhunderte alte Rechtsentwicklung zum Abschluss brachte. Das Gesetz wurde in der Fassung der Regierung d.h. des Justizministers ohne Debatte fast einstimmig von der Landesversammlung angenommen. Es war das ein Erfolg Dr. am Zehnhoffs, wie es ähnliche nicht viele in der gesamten parlamentarischen Geschichte gibt. Hand in Hand mit der Beseitigung der Standesvorrechte ging die des gebundenen Grundbesitzes, insbesondere der Fideikommisse, die durch die sogen. Zwangsauflösungsverordnung vom 19. November 1920 erfolgte. Auf dem Gebiete des Fideikommissrechts wie der Sonderrechte war am Zehnhoff seit Jahren eine der ersten Autoritäten in Deutschland, und seine Sachkenntnis kam der neuen Gesetzgebung in hervorragendem Maße zu gute. Die Zwangsauflösungsverordnung wie auch das Adelsgesetz sind sein eigenstes Werk.

Das zweite große Reformwerk betraf das Strafvollzugswesen und gipfelte in der Neuordnung des Gefängniswesen, das von den Generalstaatsanwälten losgelöst und besonderen Behörden, den Strafvollzugsämtern übertragen wurde, sowie in einer Reform des Begnadigungswesens, das ebenfalls von der Staatsanwaltschaft abgetrennt und richterlichen Beamten als den „Beauftragten des Justizministers für Gnadensachen" übertragen wurde.

In der langen Reihe der preußischen Justizminister gibt es keinen, mit dessen Namen so viele grundlegenden Neuerungen verbunden sind und der in der preußischen Rechtsentwicklung so tiefe Spuren hinterlassen hat wie am Zehnhoff in seiner Amtstätigkeit.

Es bleibt noch ein Wort zu sagen über seine Beamtenpolitik. Das Justizministerium ist neben dem Ministerium des Innern diejenige Behörde in Preußen, die die größte Zahl von höheren Beamten hat. Wie die Beamtenschaft wechselt, geht daraus hervor, dass der Minister am Zehnhoff in seiner bisherigen Amtszeit schon fast alle 13 Oberlandesgerichte und ebenso fast alle 87 Landgerichte neu besetzt hat. Für die Auswahl der Richter, Staatsanwälte und Strafvollzugsbeamten ist grundsätzlich nur die persönliche Eignung des Bewerbers ausschlaggebend. Die Zugehörigkeit zu einer Konfession oder Partei bildet kein Hindernis mehr. Manches Unrecht aus früherer Zeit wurde in zäher, kluger Arbeit wiedergutgemacht. Besonderen Wert legt am Zehnhoff auf persönliche Fühlungnahme mit seinen Beamten, auch denen in der Provinz. Häufige Reisen und regelmäßige Besprechungen in Berlin dienen diesem Zweck, und dank seinem erstaunlichen Personengedächtnis kennt er die leitenden Beamten alle, von den übrigen die meisten.

Zu der fachministeriellen Tätigkeit tritt die allgemein politische als Mitglied des Staatsministeriums im Kabinett. Oberster Grundsatz, dem er alles unterordnet, ist ihm auch hier das Recht. Gar manches, was die katholische Kirche und die katholische Bevölkerung in Preußen nach der Revolution als Erfolg und Gewinn buchen können, wird seinem klugen Vorgehen im Kabinett verdankt.

So sehen wir den Juristen, Parlamentarier, Justizminister. Gewiss ein Mensch mit ungewöhnlichen Leistungen und von ungewöhnlichem Format. Das richtige Bild gewinnen wir aber erst, wenn wir die Persönlichkeit als Ganzes nehmen. Kein Gebiet menschlichen Wissens ist ihm fremd, an keinem Problem, das menschlichen Geist bewegt hat oder bewegt, geht er interesselos vorüber. Er ist Theolog und Philosoph, Historiker und Germanist, und alles in einem Maße, das die Spezialisten in Erstaunen setzt.

Sein Wissen ist das eines mittelalterlichen Humanisten, sein Scharfsinn lässt ihn den schwierigsten Dingen auf den Grund sehen und in jeder Frage sich schnell zurechtfinden. Nicht nur sein deutsches Vaterland, alle europäischen Länder mit Ausnahme von Russland, hat er kreuz und quer durchreist. Italien und Belgien besuchte er regelmäßig Jahr für Jahr, und in den beiden Ländern gibt es kaum eine historische oder kunsthistorisch denkwürdige Stätte, die er nicht gesehen hätte. Reisen nach den Vereinigten Staaten und, über Konstantinopel und Kleinasien, nach dem Heiligen Lande vermittelten ihm wertvolle Eindrücke aus der außereuropäischen Welt.

Wenn er aber im Landtag das Wort ergreift, hat er sogleich das Ohr des Hauses. Seine Reden zum Justizetat sind jedesmal Meisterstücke und haben ihm noch immer vollen Erfolg gebracht. Von der äußersten Rechten bis zur äußersten Linken werden seine überragende Sachkenntnis, seine Loyalität und seine Gerechtigkeit anerkannt, und einmal geschah es gar an einem Tage, dass die Kreuzzeitung ihm hohes Lob spendete und ein Kommunist im Landtag in einer Rede über die preußische Schmach- und Schandjustiz (!) seine größte Hochachtung vor der Person des Ministers bekundete. Sein Ansehen bei allen Parteien des Hauses hat es ihm schon oft ermöglicht, die stärksten Stürme mit wenigen Worten zu beschwichtigen, was vielleicht keinem anderen gelungen wäre.

Trotz oder vielleicht gerade wegen seines sanguinischen, manchmal ins Cholerische übergehenden Temperaments wird er nicht nur von seinen Freunden, sondern von allen, die ihm manchmal näher getreten sind, verehrt und geliebt. Unendlich groß ist die Zahl derer, die Rat und Hilfe suchend zu ihm pilgerten. Stets hilfsbereit, immer geneigt zu verzeihen und Gutes zu tun, findet er auch in verzweifelten Fällen noch einen Grund zu milder Beurteilung. Als echter Sohn des Rheines liebt er heitere Geselligkeit und offene Gastfreundschaft und sucht in angeregter Unterhaltung Erholung von der Tagesarbeit. Seit Jahren ist er von einem Gichtleiden geplagt, das ihm manchmal die Herrschaft über seinen Körper, namentlich das Gehen und Stehen erschwert.

*

(Aus einem Artikel von Wilhelm Kisky in: Unitas, Monatsschrift des Verbandes der wissenschaftlichen Kath. Studentenvereine Unitas, Nr. 2 (November 1930) zu seinem Tod am 24. November 1930).

In den letzten drei Jahren seines Lebens war er an den Rollstuhl gefesselt. Aber der ungefüge, kranke Körper wurde immer wieder emporgerissen und empfing immer neues Leben von dem feurigen, unaufhörlich arbeitenden Geist, der bis zuletzt beweglich und frisch blieb. Noch der Siebziger hatte außer über die Gicht kaum über eine Alterserscheinung zu klagen und sagte allenfalls senectus ipse morbus. Niemals zum Beispiel begegnete es ihm, dass er in der Unterhaltung oder sonst zur Unzeit einschlief. Nach seinem Rücktritt vom Amt lebte er in Düsseldorf und verbrachte regelmäßig einige Sommermonate in Godesberg-Plittersdorf. An seinem 75. Geburtstag, am 11. Febr. d. J., sah er zum letzten Male, selbst heiter und frisch, eine große Schar von Freunden und Verehrern um sich. Bald darauf begannen seine Kräfte abzunehmen; auch ein Aufenthalt in Plittersdorf brachte nicht die erhoffte Besserung. Vorzeitig kehrte er, von Todesahnung befallen, nach Hause zurück. Sein Zustand verschlimmerte sich schnell, und am 24. August, am Tage des heiligen Bartholomäus, an dem, wie er noch morgens seiner Umgebung sagte, klimatisch der Herbst anfängt, kam das Ende. Drei Tage später wurde sein Leib, wie er gewünscht, nur von wenigen Verwandten und Freunden geleitet, auf dem alten Friedhof seiner geliebten Stadt Köln zur letzten Ruhe bestattet.

Literaturverzeichnis

Werke von Carl Schmitt

Bücher

Über Schuld und Schuldarten. Eine terminologische Untersuchung
Reihe „Strafrechtliche Abhandlungen", 25. Serie, Heft 120, Schletter, Breslau 1910
Inaugural-Dissertation, Rechtswissenschaftliche Fakultät der Universität Straßburg
2. Aufl.: Keip, Frankfurt/M., u. Yushido, Tokyo 1977

Gesetz und Urteil. Eine Untersuchung zum Problem der Rechtspraxis
Otto Liebmann, Berlin 1912
2. Aufl.: C. H. Beck, München 1969
3. Aufl.: Keip, Goldbach 1995

Schattenrisse
Skiamacheten, Auslieferung Otto Maier, Leipzig 1913
Parodien, unter dem Pseudonym „Johannes Negelinus, mox doctor" in Zusammenarbeit mit Fritz Eisler
Wiederabgedruckt in: Ingeborg Villinger, Carl Schmitts Kulturkritik der Moderne. Text mit Kommentar und Analyse der „Schattenrisse" des Johannes Negelinus, Akademie, Berlin 1995

Der Wert des Staates und die Bedeutung des Einzelnen
J. C. B. Mohr (Paul Siebeck), Tübingen 1914
2. Aufl.: Hellerauer Verlag-Jakob Hegner, Dresden-Hellerau 1917
3. Aufl.: Duncker u. Humblot, Berlin (in Vorbereitung).
Französische Übersetzung: La valeur de l'Etat et la signification de l'individu, Reihe „Les classiques de la pensée politique", Droz, Genève 2003, 152 S., Übersetzung, Einleitung („Carl Schmitt, penseur de l'Etat", S. 7–51) u. Anmerkungen von Sandrine Beaume.

Aufsätze

„Über Tatbestandsmäßigkeit und Rechtswidrigkeit des kunstgerechten operativen Eingriffs"
In: Zeitschrift für die gesamte Strafrechtswissenschaft, XXXI, 1911, S. 467–478.

„Drei Tischgespräche"
In: Die Rheinlande. Monatsschrift für deutsche Kunst und Dichtung, XXI, 1911, S. 250.
Übernommen in: Carl Schmitt, Jugendbriefe. Briefschaften an seine Schwester Auguste 1905 bis 1913, Berlin 2000, S. 183–184.

„Der Adressat"
In: Die Rheinlande, XXI, 1911, S. 429–430.

„Der Spiegel"
In: Die Rheinlande, XXII, Januar–Dezember 1912, S. 61–62.
Übernommen in: Carl Schmitt, Jugendbriefe. Briefschaften an seine Schwester Auguste 1905 bis 1913, Berlin 2000, S. 185–189.

„Kritik der Zeit"
In: Die Rheinlande, XXII, Januar–Dezember 1912, S. 323–324.
Rezension des Buches von Walther Rathenau, Kritik der Zeit, S. Fischer, Berlin 1912.

„Don Quijote und das Publikum"
In: Die Rheinlande, XXII, Januar–Dezember 1912, S. 348–350.

„Richard Wagner und eine neue ‚Lehre vom Wahn'"
In: Bayreuther Blätter. Deutsche Zeitschrift im Geiste Richard Wagners, Bayreuth, XXXV, 7–9, Juli–September 1912, S. 239–241.
Autorenangabe im Inhaltsverzeichnis: „Carl Schmidt".

„Die Philosophie und ihre Resultate"
In: Die Rheinlande, XXIII, Januar–Dezember 1913, S. 34–36

„Schopenhauers Rechtsphilosophie außerhalb seines philosophischen Systems"
In: Monatsschrift für Kriminalpsychologie und Strafrechtsreform, X, 1, April 1913, S. 27–31.

„Juristische Fiktionen"
In: Deutsche Juristen-Zeitung, XVIII, 1913, 12, Sp. 804–806.

„Selbstanzeige des Buches ‚Gesetz und Urteil'"
In: Kant-Studien, Berlin, XVIII, 1913, 1, S. 165–166.

„Selbstanzeige des Buches ‚Der Wert des Staates und die Bedeutung des Einzelnen'"
In: Kant-Studien, XIX, Berlin 1914, S. 529–530.

„Fritz Eisler, Einleitung zu einer Untersuchung der Bedeutung des Gewohnheitsrechts im Strafrecht"
In: Zeitschrift für die gesamte Strafrechtswissenschaft, XXXVI, 1914, S. 361–369.
Von Carl Schmitt aus dem Nachlass herausgegebener Aufsatz seines am 27. September 1914 gefallenen Freundes.

„Die Buribunken. Ein geschichtsphilosophischer Versuch"
In: Summa, 1918, 4, S. 89–106.

Bestandsverzeichnis des Nachlasses Carl Schmitt

Nachlass Carl Schmitt: Verzeichnis des Bestandes im Nordrhein-Westfälischen Hauptstaatsarchiv, bearb. von Dirk van Laak und Ingeborg Villinger, Respublica-Verlag, Siegburg 1993.

Werke anderer Autoren

Adelsbuch	= Urkundenbuch der zur Verwaltung der Gymnasial- und Stiftungsfonds in Cöln gehörigen Stiftungen, Bd. 2 (M–Z), 2. Aufl., 1914.
Anselm von Canterbury	Cur Deus Homo. Warum Gott Mensch geworden (lat./dt.), Hg. Franciscus Salesius Schmitt, München 1967.
Angelus Silesius	Cherubinischer Wandersmann, Andertes (II.) Buch Geistreicher Sinn- und Schlussreimen. Nach der Auflage von 1675 bei Ignatii Schubarthi, Glatz. Der cherubinische Wandersmann, Leipzig o. J.
Asch, Käte	Die Lehre Charles Fouriers, Jena 1914.
Bab, Julius	Der Mensch auf der Bühne, Dramaturgie für Schauspieler, 3 Bde., Berlin 1910.
Baumgarten, Alexander Gottlieb	Aesthetica, 2 Bde., 1750–1758, Nachdruck 1961.
Becher, Johannes R.	Verfall und Triumph, Berlin 1914.
Becker, Werner	Briefe an Carl Schmitt, Hg. Piet Tommissen, Berlin 1998.
Birt, Theodor	Römische Charakterköpfe. Ein Weltbild in Biographien, 4. Aufl. Leipzig 1913.
Berend, Alice	Der Glückspilz, München 1919.
Bismarck, Herbert von, Fürst, Hg.	Fürst Bismarcks Briefe an seine Braut und Gattin, Stuttgart 1900.
Bonaventura (Pseudonym)	Die Nachtwachen des B., 1. Aufl. 1805.
Buddensieg, Tilmann	Peter Behrens und die AEG 1907–1914, Berlin 1979.
Buddha	Über die vier edlen Wahrheiten. Das Leben des Buddha. Eine Zusammenstellung alter Berichte aus den kanonischen Schriften der südlichen Buddhisten. Aus dem Pali übersetzt und erläutert von J. Dutoit, Leipzig 1906.
Chamisso, Adelbert von	Peter Schlemihls wundersame Geschichte, 1. Aufl. 1814.
Chatterton-Hill, Georges	Individuum und Staat. Untersuchungen über die Grundlage der Kultur, Tübingen 1913.
Dante Alighieri	Die Göttliche Komödie, Stuttgart 1966.
Däubler, Theodor	Das Nordlicht, Florentiner Ausgabe in 3 Bde., München und Leipzig 1910 (entst. 1898–1910). Das Nordlicht, Genfer Ausgabe, 2 Bde., Leipzig 1921. Ode und Gesänge, Hellerau bei Dresden 1913 (enthält vier der später unter dem Titel „Hymne an Italien“ vereinigten

Gedichtzyklen: „Ode an Rom", „Sang an Siena", „Sang an Pisa", „Sang an Voltera", „Hymne an Sizilien" und „Sang an Genua").
Wir wollen nicht verweilen, Autobiographische Fragmente, München 1914, 2. Aufl., Dresden-Hellerau 1915.
Der sternhelle Weg, Dresden-Hellerau 1915 (mit Entstehungsvermerk „Geschrieben: Bellaria, Sommer 1908 und Dresden, Frühjahr 1915").
Hesperien. Eine Symphonie. München und Berlin 1915 (Entstehungsvermerk: „Florenz, im März 1914").
Hymne an Italien, München 1916, 2. Auflage, Leipzig 1919, 3. durchgesehene Auflage, Leipzig 1924.
Mit silberner Sichel, Dresden-Hellerau 1916 (Entstehungsvermerk: „Geschrieben in Kloster auf Hiddensee im Herbst 1915"), 2. Aufl., Leipzig 1921.
Der neue Standpunkt, Dresden-Hellerau 1916, 2. Aufl., Leipzig 1920.

Dehmel, Richard
Zwei Menschen. Roman in Romanzen, Berlin 1903
Ausgewählte Gedichte, Berlin 1905.
Gesammelte Werke, Berlin 1906–1909.

Döllinger, Ignaz von
Beiträge zur Sektengeschichte des Mittelalters, 2 Bde., 1890.

Eckhart, Meister
Deutsche Schriften, Hg. F. Pfeiffer, 1. Aufl. Leipzig 1857.

Eulenberg, Herbert
Schattenbilder. Eine Fibel für Kulturbedürftige in Deutschland, Berlin 1910.
Belinde, Berlin 1912

Eulenspiegel, Till
Ein kurzweilig lesen von Dyl Ulenspiegel, Faksimile hg. von E. Schröder, Leipzig 1912.

Ewers, Hanns Heinz
Alraune, 1911.
Der Student von Prag (Drehbuch), o. J.

Fichte, Johann Gottlieb
Der geschlossene Handelsstaat, 1. Aufl., Tübingen 1800.
Grundlage des Naturrechts nach den Prinzipien der Wissenschaftslehre, 1. Aufl. Jena 1796–97; Hg. Fritz Medicus, Leipzig o. J.

Flaubert, Gustave
Madame Bovary, 1857, dt. 1892.
Die Schule der Empfindsamkeit. Geschichte eines jungen Mannes, Minden in Westfalen 1904.
Bouvard et Pécuchet, 1881, dt. 1909.

Freud, Sigmund
Die Traumdeutung, 1900.
Zur Psychologie des Alltagslebens, 1901.
Der Witz und seine Beziehung zum Unbewussten, 1905.
Totem und Tabu, 1913.

Genealogisches Handbuch des in Bayern immatrikulierten Adels, Neustadt an der Aisch 1998.

Gildemeister, J. und H. von Sybel	Der Heilige Rock von Trier und die zwanzig ungenannten Röcke. Eine historische Untersuchung, Düsseldorf 1844.
Gogol, Nikolai Wassiljewitsch	Der Revisor, 1836, dt. 1856.
Goethe, Johann Wolfgang von	Faust, I. und II. Teil.
Grillparzer, Franz	Ein treuer Diener seines Herrn, 1. Aufl. 1830.
Gruchot, J. A.	Beiträge zur Erläuterung des Deutschen Rechts in besonderer Beziehung auf das Preußische Recht mit Einschluss des Handels- und Wirtschaftsrechts. Berlin 1857–1933.
Güthe, Georg	Die Grundbuchordnung für das Deutsche Reich und die preußischen Ausführungsbestimmungen, 2 Bde., Berlin 1913.
Harden, Maximilian	Apostata (Essays), 2 Bde., Berlin 1892.
Harnack, Adolf von	Lehrbuch der Dogmengeschichte, 3 Bde., 1. Aufl. Freiburg, 1886–1890.
Hartleben, Otto Erich	Ausgewählte Werke, 3 Bde., Hg. F. F. Heitmüller, Berlin 1909.
Hauptmann, Gerhart	Festspiel in deutschen Reimen, 1913.
Hebbel, Christian Friedrich	Genoveva, 1. Aufl. Hamburg 1843.
Hegel, Georg, Wilhelm, Friedrich	Grundlinien der Philosophie des Rechts, Leipzig 1911. Phänomenologie des Geistes, Leipzig 1909.
Hiller, Kurt	Das Recht über sich selbst (Dissertation), 1910.
Hiller, Kurt und Jakob van Hoddis, Hg.	Der Condor, Heidelberg 1912.
Hugo, Victor	Notre-Dame de Paris, 1. Aufl. 1831.
Ibsen, Henrik	Brand, 1866 Die Kronprätendenten, 1862, dt. 1872 Komödie der Liebe, 1862 Peer Gynt, 1866, dt. 1882 Soldaten, 1858
Ihering, Rudolf von	Der Zweck im Recht, 2 Bde., Leipzig 1877–83.
Ihringer, Bernhard	Der Schuldbegriff bei den Mystikern der Reformationszeit, Leipzig 1912.
Joyce, James	Ulysses, (Tagbuch: „Ulysses", 1922, Nachtbuch „Finnegans Wake", 1939). Dt. Übers. Werke, Frankfurter Ausgabe, Frankfurt a. M. 1969.
Jung, Erich	Positives Recht, Gießen 1907.
Kahn, Alfred	Die Zinsforderungen, in: Das literarische und artistische Urheberrecht, Berlin 1908.

Key, Ellen	Das Jahrhundert des Kindes, 1900.
Kierkegaard, Sören	Stadien auf dem Lebensweg, 1845, dt. 1886 und 1914. Der Begriff der Angst, 1844, dt. 1890. Der Gesichtspunkt für meine Wirksamkeit als Schriftsteller, o. O. 1859. Angriff auf die Christenheit, Hg. A. Dorner u. Chr. Schempf, Stuttgart 1896. Das Tagebuch einer Verführers. Berlin 1910. Der Begriff des Auserwählten, Dresden-Hellerau 1917. Gesammelte Werke, 12 Bde., 1909–1922.
Kluxen, Franz	Das „deutsche“ Drama Richard Wagners als künstlerisches Ideal und schöpferische Tat, Burgsteinfurt 1906.
Knapp, Georg Friedrich	Die staatliche Theorie des Geldes, Leipzig 1905
Kohler, Josef	Urheberrecht an Schriftwerken und Verlagsrecht, Stuttgart 1907.
Kreitmeier, Klaus	Die Ufa-Story – Geschichte eines Filmkonzerns, München Wien 1992.
Leconte de Lisle, Charles Marie	Poémes antiques, 1852. Poémes barbares, 1862. Poémes tragiques, 1884.
Ludwig, Emil	Der verlorene Sohn (Komödie in drei Akten), Berlin 1914.
Mann, Thomas	Der kleine Herr Friedemann, 1898. Buddenbrooks, 1901. Tristan, 1903. Fiorenza, 1906. Königliche Hoheit, 1909. Der Tod in Venedig, 1913. Tonio Kröger, 1914. Bekenntnisse des Hochstaplers Felix Krull, Fragment 1912. Altes und Neues. Kleine Prosa aus 5 Jahrzehnten, Frankfurt a.M. 1953.
Marx, Karl	Das Kapital, Band I, 1. Aufl. 1867; Bde. II u. III, Hg. Friedrich Engels, 1. Aufl. 1885–1894.
Mauthner, Fritz	Beiträge zu einer Kritik der Sprache, 3 Bde., Stuttgart 1906. Dritter Band: Zur Grammatik und Logik; um Zusätze vermehrte Auflage, Leipzig 1923. Wörterbuch der Philosophie, 1. Ausgabe, München 1910/11.
Meyer, Anton Guido von	Corpus iuris Confoederationes Germaniae: oder vollständige Sammlung der Quellen des deutschen Bundesrechts vom Lüneviller Frieden bis zu den neuesten Bundesgesetzen, 2 Bde. Frankfurt a.M. 1882; letzte Auflage als Nachdruck 1978.
Mewes, Rudolf	Die Kriegs- und Geistesperioden im Völkerleben und Verkündigung des nächsten Weltkrieges. Eine astrologisch-physiologische Skizze, Berlin 1897; wesentlich erweiterte Aufl., Leipzig 1917.

Meyer, Richard Moritz — Die Weltliteratur im 20. Jahrhundert. Vom deutschen Standpunkt aus betrachtet, Stuttgart 1913.
Deutsche Stilistik, 2. verbesserte u. vermehrte Aufl., München 1913.
Die deutsche Literatur des 19. Jahrhunderts, Berlin 1899.
Grundriss der neueren deutschen Literaturgeschichte, Berlin 1902.
Die deutsche Literatur bis zum Beginn des 19. Jahrhunderts, Berlin 1916.

Moeller van den Bruck, Arthur — Die Deutschen. Unsere Menschengeschichte. Bd. V: Gestaltende Deutsche (m. Beitrag über Theodor Däubler), Minden 1910.

Müller, Robert — Was erwartet Österreich von seinem jungen Thronfolger?, München 1914.

Nietzsche, Friedrich — Menschliches, Allzumenschliches, in: Friedrich Nietzsche, Werke I, (Ullstein Materialien Nr. 35071) Frankfurt a. M. – Berlin – Wien 1969.

Nostradamus — Centuries, 1558, Paris 1866.

Polenz, Wilhelm von — Der Büttnerbauer, Berlin 1895.

Prohaska, Dragutin — Über den slawischen Nationalcharakter, Zagreb o. J.

Quaritsch, Helmut Hg. — Complexio oppositorum. Über Carl Schmitt, Berlin 1988
Positionen und Begriffe Carl Schmitts, Berlin 1989, 2. Aufl. 1990, 3. Aufl. 1994.

Radbruch, Gustav — Grundzüge der Rechtsphilosophie, Leipzig 1914.
Der innere Weg. Aufriss meines Lebens, Stuttgart 1952.

Rathenau, Walther — Reflexionen, Leipzig 1908.
Kritik der Zeit, Berlin 1912.

Reinach, Théodore — De l'état de siège et des institutions de salut Public à Rome, en France et dans les législations étrangères, Eds Pichon, Paris 1885.

Resch, Alfred — Das Kindheitsevangelium nach Lucas und Matthaeus, unter Herbeiziehung der außercanonischen Paralleltexte quellenkritisch untersucht, Leipzig 1897.

Rickert, Heinrich — Der Gegenstand der Erkenntnis, 2. Aufl., Tübingen 1904.
Die Grenzen der naturwissenschaftlichen Begriffsbildung, Tübingen 1913.

Rosenbaum, Eduard — Ferdinand Lassalle. Studien über den historischen und systematischen Zusammenhang seiner Lehre, Jena 1911.

Rumpf, Max — Der Strafrichter
Bd. 1: Die tatsächlichen Feststellungen und die Strafrechtstheorie, Berlin 1912.
Bd. 2: Praktische Strafrechtsprobleme, Berlin 1913.

Schäfer, Wilhelm — 33 Anekdoten, 1911.
Karl Stauffers Lebensgang, München 1913.
Lebenstag eines Menschenfreundes, 1915.

Schmitz O. A. H. (Oskar Albert Heinrich) — Das Land der Wirklichkeit. Französische Gesellschaftsprobleme, Berlin 1907, 3. vermehrte Aufl., München 1914.
Das Land ohne Musik. Englische Gesellschaftsprobleme. Berlin 1907.

Schopenhauer, Arthur — Die Welt als Wille und Vorstellung, 1. Aufl. 1819/1844.
Parerga und Paralipomena, 1. Aufl. 1851; Leipzig o. J.

Seiberth, Gabriel — Anwalt des Reiches – Carl Schmitt und der Prozess „Preußen contra Reich" vor dem Staatsgerichtshof, Berlin 2001.

Seton-Watson, Robert W. — Die Südslawische Frage im Habsburger Reiche, Berlin 1913.

Shakespeare, William — Richard III.
Ein Sommernachtstraum
Othello

Siméon, Pierre — Recht und Rechtsgang im Deutschen Reiche. Lehrbuch zur Einführung in das bürgerliche Gesetzbuch und seine Nebengesetze, 2 Bde., Berlin 1913.

Speer, Florian — Ibach und die anderen. Rheinisch-bergischer Klavierbau im 19. Jahrhundert, Wuppertal 2002.

Simmel, Georg — Soziologie. Untersuchungen über die Formen der Vergesellschaftung, Leipzig 1908.

Sombart, Nicolaus — Carl Schmitt, ein deutsches Schicksal zwischen Männerbund und Matriachatsmythos, München/Wien 1991.

Stammler, Rudolf — Theorie der Rechtswissenschaft, Halle 1911.

Sombart, Werner — Der moderne Kapitalismus, 2 Bde., Berlin 1912.
Das europäische Wirtschaftsleben im Zeitalter des Frühkapitalismus, Berlin 1903–1908.

Strindberg, August — Beichte eines Toren (Autobiographie), frz. 1887; 10. Aufl., München 1915.

Swedenborg, Emanuel — Himmel und Hölle, 1. Aufl. 1758, dt. 1854.

Thöl, Johann Heinrich — Handelsrecht, 1. Band, Leipzig 1879.

Thoma, Ludwig — Josef Filsers Briefwexel, 1909/1912.

Tolstoj, Lew Nikolajewitsch — Auferstehung, dt. 1899.
Die Kreutzersonate, dt. 1890.
Wovon die Menschen leben, in: Volkserzählungen, Regensburg o. J.

Tommissen, Piet — In Sachen Carl Schmitt, Wien und Leipzig 1997.

Vaihinger, Hans — Die Philosophie des Als-Ob. System der theoretischen, praktischen und religiösen Fiktionen der Menschheit auf Grund eines idealistischen Positivismus, Berlin 1911.

Villinger, Ingeborg — Carl Schmitts Kulturkritik der Moderne, Berlin 1995.

Wagner, Richard	Der Ring der Nibelungen: Rheingold, 1854, Die Walküre, 1856, Siegfried, 1871, Götterdämmerung, 1874.
Weininger, Otto	Geschlecht und Charakter – Eine prinzipielle Untersuchung, Wien 1903; Nachdruck der 1. Auflage, München 1997.
Weller, Uwe	Maximilian Harden und die Zukunft, Bremen 1970.

Periodika

Archiv für öffentliches Recht
Archiv für Rechts- und Wirtschaftsphilosophie
Der Brenner. Halbmonatsschrift für Kunst und Kultur
Das literarische Echo. Halbmonatsschrift für Literaturfreunde
Das neue Jahrhundert. Wochenzeitschrift für religiöse Kultur
Das jüdische Echo. Bayerische Blätter für die jüdischen Angelegenheiten
Der Ruf. Ein Flugblatt für junge Menschen
Der Sturm. Wochenschrift für Kultur und Künste
Der Tag (Tageszeitung)
Die Grenzboten. Zeitschrift für Politik, Literatur und Kunst
Die neue Deutsche Rundschau
Die Woche
Die Zukunft
Deutsche Juristen-Zeitung (DJZ)
Deutsche Monatsblätter
Dramaturgischen Blätter der Volksbühne
Frankfurter Zeitung
Hochland
Journal de Genève
Kant-Studien
Kritische Vierteljahresschrift für Gesetzgebung und Rechtswissenschaft
Kölner Zeitung (KZ). Stadtanzeiger
Logos. Zeitschrift für internationale Kulturphilosophie
Lustige Blätter
Nord und Süd
Preußische Jahrbücher
Rheinisch-Westfälische Zeitung
Rivista del diritto commerciale
Saturn. Eine Monatsschrift
Schmittiana
Schmollers Jahrbuch
Sozialistische Monatshefte
Simplicissimus
Theologisches Literaturblatt
Vorwärts
Zeitecho. Ein Kriegs-Tagebuch der Künstler
Zeitschrift für den Zivilprozess
Zeitschrift für die gesamte Strafrechtswissenschaft
Zeitschrift für internationales Recht
Der Zwiebelfisch. Eine kleine Zeitschrift für Buchwesen und Typographie

Abbildungsnachweis

Abb. 1	Von der Heydt-Museum Wuppertal. © VG Bild-Kunst. Bonn 2003
Abb 4	© Foto Holger Petersen – Voller Ernst.
Abb. 7	The Munch Museum / The Ellingsen Group. © VG Bild-Kunst. Bonn 2003
Abb. 8	Nordrhein-Westfälisches Hauptstaatsarchiv Düsseldorf. Sign. RW 265–20 539.
Abb. 9	Nordrhein-Westfälisches Hauptstaatsarchiv Düsseldorf. Sign. RW 265–21 623.
Abb. 9, 10a, b	Nordrhein-Westfälisches Hauptstaatsarchiv Düsseldorf. Sign. RW 265–21 629.
Abb. 2, 3, 5, 6	Verlagsarchiv

Personenregister

Die ständig wiederkehrenden Namen der Verlobten Cari, der Brüder Fritz und Georg Eisler und des Geheimrates Hugo am Zehnhoff (siehe Kurzbiographien) wurden nicht berücksichtigt. Namen in Fußnoten wurden ebenfalls nicht aufgenommen, das gilt ebenso für Daten und Berufe, die „Gemeingut aller Gebildeten“ sind.

Bei Adressen gilt, wenn nicht anders verlautet, als Standort Düsseldorf. Lebensdaten, die in den Anmerkungen bereits erfasst wurden, wurden nicht wiederholt. Für Amtsgericht, Landgericht und Oberlandesgericht stehen die Abkürzungen AG, LG bzw. OLG. (Überaus schwierig gestalteten sich die Recherchen nach den zahlreich genannten Referendaren, die als unbezahlte Hilfskräfte offiziell nicht erfasst wurden. Das änderte sich erst zu Anfang der zwanziger Jahre, als der vorgenannte Geheime Justizrat Hugo am Zehnhoff als preußischer Justizminister sein besonderes Augenmerk auf die Referendarausbildung richtete.)

www.ingramcontent.com/pod-product-compliance
Lightning Source LLC
LaVergne TN
LVHW010654300926
849161LV00005B/1119